APRENDIZAGEM E PERFORMANCE MOTORA

S353a   Schmidt, Richard A.
        Aprendizagem e performance motora : dos princípios à aplicação / Richard A. Schmidt, Timothy D. Lee ; tradução: Denise Costa Rodrigues ; revisão técnica: Ricardo Petersen. – 5. ed. – Porto Alegre : Artmed, 2016.
        xxii, 314 p. : il. ; 28 cm.

        ISBN 978-85-8271-295-5

        1. Educação física. 2. Aprendizagem motora. 3. Capacidade motora. 4. Coordenação motora. I. Lee, Timothy D. II. Título.

        CDU 796.012.1

Catalogação na publicação: Poliana Sanchez de Araujo – CRB 10/2094

Richard A. Schmidt
Timothy D. Lee

APRENDIZAGEM E PERFORMANCE MOTORA
dos princípios à aplicação

5ª EDIÇÃO

Tradutor:
Denise Costa Rodrigues

Revisão Técnica:
Ricardo Petersen
Professor titular da Escola de Educação Física, Fisioterapia e Dança (ESEFID),
da Universidade Federal do Rio Grande do Sul (UFRGS).

2016

Obra originalmente publicada sob o título *Motor learning and performance: from principles to application*, 5th Edition
ISBN 9781450443616

Copyright © 2014, Richard A. Schmidt and Timothy D. Lee

All rights reserved. Except for use in a review, the reproduction or utilization of this work in any form or by any electronic, mechanical, or other means, now known or hereafter invented, including xerography, photocopying, and recording, and in any information storage and retrieval system, is forbidden without the written permission of the publisher.

Original English language edition published by Human Kinetics.

Gerente editorial: *Letícia Bispo de Lima*

Colaboraram nesta edição:

Editora: *Dieimi Lopes Deitos*

Capa: *Márcio Monticelli*

Leitura final: *Nádia da Luz Lopes*

Editoração: *Techbooks*

Reservados todos os direitos de publicação, em língua portuguesa, à
ARTMED EDITORA LTDA., uma empresa do GRUPO A EDUCAÇÃO S.A.
Av. Jerônimo de Ornelas, 670 – Santana
90040-340 – Porto Alegre – RS
Fone: (51) 3027-7000   Fax: (51) 3027-7070

Unidade São Paulo
Av. Embaixador Macedo Soares, 10.735 – Pavilhão 5 – Cond. Espace Center
Vila Anastácio – 05095-035 – São Paulo – SP
Fone: (11) 3665-1100   Fax: (11) 3667-1333

SAC 0800 703-3444 – www.grupoa.com.br

É proibida a duplicação ou reprodução deste volume, no todo ou em parte, sob quaisquer formas ou por quaisquer meios (eletrônico, mecânico, gravação, fotocópia, distribuição na Web e outros), sem permissão expressa da Editora.

IMPRESSO NO BRASIL
PRINTED IN BRAZIL
Impresso sob demanda na Meta Brasil a pedido de Grupo A Educação.

Jack A. Adans (1922-2010) foi um grande pesquisador da aprendizagem motora. Este livro é dedicado à memória de Jack, em agradecimento por tudo que ele nos ensinou.

Sobre os Autores

Richard A. Schmidt é professor emérito do Departamento de Psicologia da UCLA. Atualmente, tem sua empresa de consultoria, a Human Performance Research, e trabalha na área de fatores e performance humana. Reconhecido como um dos principais líderes em pesquisa sobre comportamento motor, Dr. Schmidt tem mais de 35 anos de experiência e inúmeros trabalhos publicados na área.

Criador da "Teoria de Esquema", Dr. Schmidt fundou o Journal of Motor Behavior, em que atuou como editor por 11 anos. Foi autor da 1ª edição de *Motor control and learning*, em 1982 e da 1ª edição desta obra, em 1991. Ambos os livros estão agora em sua 5ª edição.

Schmidt recebeu o título de *Doutor Honoris Causa* da Catholic University of Leuven, Bélgica, em reconhecimento ao seu trabalho. É membro da North American Society for the Psychology of Sport and Physical Activity (NASPSPA), onde foi presidente em 1982 e recebeu as duas mais altas honras da organização: o Distinguished Scholar Award, pelas contribuições feitas à pesquisa sobre controle e aprendizagem motora (em 1992), e o President's Award, por contribuições significativas ao desenvolvimento e crescimento da NASPSPA (em 2013). Também é membro da Human Factors and Ergonomics Society e da Psychonomic Society, tendo recebido o C.H. McCloy Research Lectureship da American Alliance for Health, Physical Education, Recreation and Dance. Suas atividades de lazer incluem corrida de veleiros, corrida amadora em automóvel Porsche e esqui.

Timothy D. Lee é professor no Departamento de Cinesiologia da McMaster University em Hamilton, Ontário, Canadá. Desde 1979, tem publicado com regularidade artigos sobre comportamento motor e psicologia. Mais recentemente, atuou como editor do Journal of Motor Behavior e Research Quarterly for Exercise and Sport e como membro da equipe editorial da Psychological Review. Desde 1984, sua pesquisa tem apoio de bolsas do Natural Sciences and Engineering Research Council of Canada.

Lee é membro e ex-presidente da Canadian Society for Psychomotor Learning and Sport Psychology (SCAPPS) e membro da North American Society for the Psychology of Sport and Physical Activity (NASPSPA), Psychonomic Society e Human Factors and Ergonomics Society. Em 1980, recebeu o prêmio inaugural Young Scientist Award da SCAPPS, e em 2011 foi nomeado *fellow* da sociedade – sua maior honraria. Em 1991-92 recebeu uma bolsa de pesquisa sênior da Dienst Onderzoekscoordinatie, da Catholic University em Leuven, Bélgica, e em 2005 realizou uma prestigiada palestra como cientista sênior na NASPSPA.

Em seu tempo livre, Lee gosta de jogar hóquei e golfe. Fascinado por *blues*, atualmente está colocando em prática os anos de pesquisa, ao aprender a tocar *blues* na guitarra.

Timothy D. Lee, PhD, (esquerda) e Richard A. Schimdt, PhD, (direita).

Agradecimentos

Esta edição de *Aprendizagem e performance motora* é resultado do trabalho de muitas pessoas, a quem agradecemos. A Rainer Martens, que primeiramente concebeu a ideia e cujo incentivo levou à publicação da 1ª edição (Schmidt, 1991). A Craig Wrisberg, coautor das três edições subsequentes (Schmidt & Wrisberg, 2000, 2004, 2008). Aos editores na Human Kinetics, que fizeram do processo um trabalho agradável. Para esta edição, gostaríamos de agradecer especialmente a Myles Scharg e Kate Maurer, por sua atuação na leitura dos originais. Também agradecemos a Liz Sanli, por seu trabalho árduo nos complementos do livro, e a Jasmine Caveness, Marilyn Lomeli e Dianne Hopkins, por suas contribuições ao processo editorial. E, finalmente, agradecemos às nossas esposas, Gwen Gordon e Laurie Wishart, por sua compreensão e apoio, não só a este livro, mas também em vários outros empreendimentos.

Richard A. Schmidt
Timothy D. Lee

Prefácio

A maioria de nós se sente empolgado quando observa uma disputa acirrada, um jogo ou uma performance, concentrando-se nas habilidades complexas, bem controladas, evidenciadas pelos jogadores ou músicos. Nessas situações, nos maravilhamos com aqueles que têm de obter sucesso "imediato" na execução de sua habilidade – a maneira como uma pessoa com alto nível de habilidades se sobressai, às vezes sob "pressão" extrema para fazê-lo.

Este livro foi escrito para pessoas que apreciam atividades de alto nível e para aqueles que gostariam de saber mais sobre como tais performances incríveis ocorrem. Assim, leitores em áreas diretamente relacionadas com cinesiologia e educação física (como ensino e treinamento) irão beneficiar-se do conhecimento desta obra. Mas o conteúdo vai muito além desses campos, sendo relevante para aqueles que estudam reabilitação em fisioterapia e terapia ocupacional, bem como para os instrutores e facilitadores de muitas outras áreas em que as habilidades motoras desempenham um papel importante, como a música, a ergonomia e as militares. O livro destina-se a iniciantes no estudo da habilidade e exige pouco conhecimento de fisiologia, psicologia ou metodologias estatísticas.

O nível de análise do texto concentra-se no *comportamento* motor – a produção evidente, observável dos movimentos habilidosos. Evidentemente, há muitas áreas científicas ou campos de estudo envolvidos na compreensão do presente comportamento. Qualquer habilidade é o desfecho de processos estudados em muitos campos diferentes, como neurologia, anatomia, biomecânica, bioquímica e psicologia social e experimental; e este livro poderia ter se concentrado em qualquer um desses campos fundamentais. Entretanto, o foco do estudo é mais amplo do que os campos fundamentais que dão suporte a ele. O foco é *comportamental*, com maior ênfase na performance de habilidades humanas de vários tipos. Para ter certeza, falaremos sobre esses outros níveis de análise de tempos em tempos em todo o livro, em uma tentativa de explicar que processos ou eventos ocorrem para sustentar essas habilidades de alto nível. Assim, este livro será útil para cursos de aprendizagem motora elementar e performance motora, em um grupo relativamente amplo de áreas científicas.

Ao longo da obra, construímos um modelo conceitual da performance humana. O termo "modelo" é utilizado em uma variedade de formas em muitos ramos da ciência, e os modelos são encontrados com frequência. Um modelo consiste tipicamente em um sistema de partes que são familiares para nós; quando montadas de determinada maneira, estas partes imitam determinados aspectos do sistema que estamos tentando entender. Um exemplo é o modelo bomba-e-tubo de nosso sistema circulatório, em que o coração está representado por uma bomba, e as artérias e as veias são tubos de vários diâmetros e comprimentos. Poderíamos na verdade construir o modelo (embora alguns sejam puramente conceituais); que poderia ser usado em demonstrações na sala de aula ou "experimentos" sobre os efeitos da pressão arterial sobre os capilares da "mão".

Nosso primeiro objetivo ao escrever este livro foi explorar o conceito do que são habilidades. Acreditamos que os instrutores, técnicos, terapeutas e treinadores, bem como outros que lidam com a aprendizagem ou o ensino de habilidades, irão se beneficiar com uma compreensão conceitual de tão alto nível de habilidade. Ao buscar esse objetivo, adotamos a (suposta) ideia de que as habilidades podem ser compreendidas, em sua maior parte, pelo emprego de conceitos relativos a informações e seu processamento. Definimos a construção de um modelo conceitual que iria capturar (ou explicar) muitos dos meandros da habilidade de performance motora. Começamos esse processo considerando o ser humano como um sistema de entrada-saída; então, gradualmente, à medida que introduzimos novos tópicos ao texto, expandimos o modelo, adicionando esses novos conceitos. Gradualmente, ao construir sobre o conhecimento e conceitos apresentados em partes anteriores do texto, aumentamos a complexidade do modelo conceitual. Simplesmente apresentar o modelo conceitual acabado tornaria a compreensão muito difícil para os estudantes, e esperamos que o processo sistemático de construção do modelo, apresentado aos poucos, forma uma base lógica que permite aumentar sua complexidade. Esse processo de construção deve tornar a versão final do modelo compreensível em sua totalidade.

Nosso segundo objetivo foi organizar o livro de modo a ajudar o aluno utilizando nossas experiências de ensino. O texto é dividido em duas partes. Após a introdução ao estudo das habilidades motoras no Capítulo 1, Parte I, que examina como o sistema motor funciona por meio da investigação dos princípios da performance humana e o desenvolvimento progressivo de um modelo conceitual das ações humanas. O foco está principalmente na performance humana com base em uma perspectiva de processamento da informação; mas a aprendizagem motora não pode ser ignorada, por isso é mencionada brevemente. O Capítulo 2 discute a natureza do processamento da informação, a tomada de decisão e o planejamento do movimento. O Capítulo 3 considera os conceitos de atenção e memória. O Capítulo 4 diz respeito a informações recebidas de diferentes fontes sensoriais relevantes para o movimento. O Capítulo 5 examina os processos subjacentes à produção de movimento, com especial atenção para o papel de programas motores. O Capítulo 6 considera os princípios básicos de performance que formam os "blocos de construção" de performance habilidosa – análogo às leis fundamentais da física. Finalmente, no Capítulo 7, a ênfase desloca-se para as diferenças nas capacidades do movimento entre as pessoas e como essas diferenças possibilitam a previsão de sucesso em situações novas; as diferenças entre os componentes no modelo conceitual ajudam na compreensão dessas diferenças entre as pessoas. Ao concluir a Parte I, o estudante deve ter uma visão razoavelmente coerente das propriedades conceituais e funcionais do sistema motor. Estes princípios parecem apropriados para maximizar a performance de habilidades já aprendida. A Parte II do livro usa o modelo conceitual para auxiliar no entendimento de processos de *aprendizagem* motora humanos. Grande parte dessa discussão utiliza os termos e conceitos introduzidos na Parte I. Esse método funciona bem no nosso ensino, provavelmente porque a aprendizagem motora geralmente é inferida a partir de mudanças no comportamento motor; portanto, é fácil discutir essas alterações em termos dos princípios comportamentais da Parte I.

Nessa segunda parte, o Capítulo 8 trata alguns problemas metodológicos exclusivos do estudo de aprendizagem, por exemplo, a maneira como medir a performance e quando medi-la, o que também tem aplicação para a mensuração da performance em situações análogas de ensino. O Capítulo 9 considera questões amplas de aprendizagem, de retenção e de transferência, tal como o papel importante da prática. O Capítulo 10 refere-se à questão de como e quando praticar e como lidar com os muitos fatores que os instrutores podem controlar diretamente para tornar a prática mais eficaz. Finalmente, o Capítulo 11 aborda o tópico crítico de *feedback*, examinando que tipos de informação do movimento os alunos precisam para uma aprendizagem eficaz e quando ela deve ser fornecida. Ao final, os leitores terão acumulado o conhecimento progressivamente, o que, em nossa experiência, fornece uma visão consistente de como as habilidades são realizadas e aprendidas.

Muitos exemplos do mundo real de performance motora e princípios de aprendizagem são aqui discutidos. Além disso, incluímos a seção Foco na Prática definida a partir do conteúdo do texto principal. Estrategicamente localizada logo após discussões pertinentes dos princípios, essa seção indica aplicações no ensino, no treinamento ou na terapia. Procuramos escrever um livro que pudesse ser utilizado por atletas, professores, treinadores, fisioterapeutas e outros instrutores em diversas áreas, melhorando a performance humana em contextos reais. Para atingir esse objetivo, nosso objetivo é que o conteúdo desta obra se detenha cada vez mais nos temas mais relevantes para a prática.

O terceiro objetivo foi definir um estilo de apresentação simples, direto e altamente legível para aqueles com pouca base na área de performance motora. Como resultado, o conteúdo principal não enfatiza a pesquisa e os dados que contribuem para o nosso conhecimento da aquisição de habilidades motoras e performance. Pontos importantes são ocasionalmente ilustrados por dados de um experimento fundamental, mas a ênfase é no conhecimento conceitual integrado de como o sistema motor funciona e como ele aprende. No entanto, para aqueles que desejam uma relação mais estreita com dados básicos, incluímos a seção Foco na Pesquisa, ajustada a partir do texto principal e descreve os experimentos importantes e os conceitos em detalhes.

Finalmente, exigimos que os princípios discutidos fossem fiéis aos dados empíricos e de pensamento na área de estudo. Depois de décadas fazendo pesquisa básica em aprendizagem e performance motora, desenvolvemos o que acreditamos ser pontos de vista defensáveis, coerentes, pessoais (modelos conceituais, se desejar) sobre como as habilidades são realizadas e aprendidas, e nosso objetivo é apresentar este modelo para o leitor, para facilitar a compreensão. Nossos pontos de vista são baseados em uma vasta literatura de ideias teóricas e dados empíricos, juntamente com muita reflexão sobre as ideias concorrentes e, aparentemente, achados de pesquisa contraditórios. Nosso objetivo tem sido o de escrever "a verdade", pelo menos como nós atualmente a compreendemos e como ela pode ser entendida com o nível atual de conhecimento. Incluímos uma breve seção no fim de cada capítulo com leituras adicionais que fornecem pontos de vista concorrentes e justificativas científicas adicionais.

Os alunos encontrarão uma gama de recursos de aprendizagem dentro de cada capítulo, incluindo descrições de abertura do capítulo, objetivos, palavras-chave, perguntas de "Verifique sua compreensão" e "Aplique seus conhecimentos".

Esta 5ª edição de *Aprendizagem e performance motora* estende a abordagem utilizada nas quatro edições anteriores. Temos buscado, ao longo das edições, integrar os últimos achados da pesquisa e aqueles que ainda continuam relevantes por longos períodos de tempo. Mas esta nova edição também pode ser considerada bastante diferente: de muitas maneiras, ela retorna à abordagem adotada na 1ª edição, ao fornecer uma base teórica e conceitual para a aprendizagem e performance motora que pode ser aplicada de forma tão ampla quanto possível. Como a aprendizagem e a performance motora são provavelmente as atividades mais disseminadas que seres humanos experimentam na vida diária, nosso objetivo foi abordar o maior número possível dessas aplicações. As generalizações e as limitações desses princípios representam a grandeza da existência humana, e esperamos que a abordagem deste livro reflita positivamente naqueles que o lerem.

Richard A. Schmidt
Timothy D. Lee

Sumário

1 Introdução à aprendizagem e à performance motora   1
Como as habilidades são estudadas
Por que estudar as habilidades motoras? 4
A ciência da aprendizagem e performance motora 4
▶ **Foco na Pesquisa 1.1:** Franklin M. Henry, pai da pesquisa de comportamento motor 5
Definição de habilidades 6
Componentes das habilidades 7
Classificação das habilidades 8
▶ **Foco na pesquisa 1.2:** escores de erro em tarefas discretas 10
Compreensão sobre performance e aprendizagem 12
▶ **Foco na pesquisa 1.3:** escores de erro em tarefas contínuas 13
Resumo 14
Auxílios para aprendizagem 15

PARTE I   Princípios de performance habilidosa humana

2 Processando informação e tomando decisões   19
O lado mental da performance humana
Abordagem do processamento de informação 20
Tempo de reação e tomada de decisão 22
▶ **Foco na pesquisa 2.1:** estágios de processamento de Donders 26
▶ **Foco na pesquisa 2.2:** a lei de Hick 27
▶ **Foco na prática 2.1:** interruptores de luz 30
▶ **Foco na prática 2.2:** estratégias de antecipação 32
▶ **Foco na pesquisa 2.3:** avaliação de habilidades de antecipação 33
Sistemas de memória 35
Resumo 36
Auxílios para aprendizagem 37

3 Atenção e performance   39
Limitações no processamento da informação
▶ **Foco na prática 3.1:** William James sobre atenção 41
O que é atenção? 41
Limitações na identificação do estímulo 42

Limitações na seleção da resposta 46
Limitações da programação do movimento 48
▶ **Foco na pesquisa 3.1:** distração na direção 49
▶ **Foco na pesquisa 3.2:** paradigma de dupla estimulação 51
Tomada de decisão sob estresse 56
▶ **Foco na prática 3.2:** pânico automotivo 58
Resumo 60
Auxílios para aprendizagem 61

4 Contribuições sensoriais à performance habilidosa 63
Processamento de *feedback* no controle motor
Fontes de informação sensorial 64
Processamento da informação sensorial 67
▶ **Foco na prática 4.1:** correção de erro do rebatedor 70
Princípios de controle visual 74
▶ **Foco na pesquisa 4.1:** "visão cega" revela processamento de corrente dorsal e ventral 75
▶ **Foco na pesquisa 4.2:** controle do olhar 82
▶ **Foco na prática 4.2:** visibilidade em acidentes noturnos carro-caminhão 84
Audição e controle motor 85
▶ **Foco na prática 4.3:** quando a visão diminui a performance 86
Resumo 87
Auxílios para aprendizagem 87

5 Programas motores 89
Controle motor de ações breves
Teoria do programa motor 91
Evidência para programas motores 93
▶ **Foco na pesquisa 5.1:** o experimento de Henry-Rogers 95
▶ **Foco na prática 5.1:** balanços contidos no beisebol 100
▶ **Foco na pesquisa 5.2:** início de programa motor 101
Programas motores e modelo conceitual 103
Problemas na teoria do programa motor: problemas de novidade e de armazenagem 106
Teoria do programa motor generalizado 107
▶ **Foco na pesquisa 5.3:** invariâncias e parâmetros 111
▶ **Foco na pesquisa 5.4:** organização temporal relativa na locomoção 112
▶ **Foco na prática 5.2:** impressões digitais de organização temporal relativa 114
▶ **Foco na prática 5.3:** analogia do sistema estéreo 118
Resumo 119
Auxílios para aprendizagem 120

6 Princípios de velocidade, precisão e coordenação 123
Movimentos de controle e organização temporal
Troca velocidade-precisão 124
▶ **Foco na pesquisa 6.1:** tarefas de Fitts 127
▶ **Foco na prática 6.1:** lei de Fitts nas ações cotidianas 128

Fontes de erro em movimentos rápidos 131
Exceções à troca velocidade-precisão 133
Análise de um movimento rápido: rebater uma bola de beisebol 136
Precisão em ações coordenadas 138
▶ **Foco na prática 6.2:** coordenação no uso do taco de golfe 141
▶ **Foco na pesquisa 6.2:** coordenação como processo de auto-organização 145
Resumo 146
Auxílios para aprendizagem 147

7 Diferenças individuais 149
Como as pessoas diferem em suas capacidades de performance
Estudo das diferenças individuais 150
Capacidades *versus* habilidades 153
Há uma capacidade motora global? 154
▶ **Foco na prática 7.1:** Babe (Mildred "Babe" Zaharias) 155
▶ **Foco na pesquisa 7.1:** correlação: a estatística das diferenças individuais 155
Capacidades e produção de habilidades 158
Previsão e seleção com base na capacidade 163
▶ **Foco na prática 7.2:** *Moneyball* 163
▶ **Foco na pesquisa 7.2:** efeito da idade relativa 164
Resumo 169
Auxílios para aprendizagem 170

PARTE II Princípios de aprendizagem de habilidade

8 Introdução à aprendizagem motora 175
Conceitos e métodos na pesquisa e prática
Aprendizagem motora definida 178
Como a aprendizagem motora é medida? 181
▶ **Foco na pesquisa 8.1:** curvas de aprendizagem: fatos ou artefatos? 183
Distinção entre aprendizagem e performance 184
▶ **Foco na prática 8.1:** autoavaliações de aprendizagem 187
Transferência de aprendizagem 189
Resumo 193
Auxílios para aprendizagem 194

9 Aquisição, retenção e transferência de habilidade 197
Como se obtém *expertise*
Aquisição da habilidade 199
▶ **Foco na prática 9.1:** princípios da prática do golfe 201
▶ **Foco na pesquisa 9.1:** aprendizagem nunca termina 208
▶ **Foco na prática 9.2:** Fitts e Bernstein aprendem a jogar hóquei no gelo 210

Retenção da habilidade 212
Transferência de habilidade 216
▶ **Foco na prática 9.3:** ensinar para transferência de aprendizagem 217
▶ **Foco na pesquisa 9.2:** sistemas de jogos para treinamento virtual 222
Resumo 224
Auxílios para aprendizagem 225

10 Organização e programação da prática 227
Como a estrutura da prática influencia a aprendizagem
Considerações sobre a prática sem tarefa 228
Motivação 229
Organização da prática e repouso 235
▶ **Foco na prática 10.1:** prática mental na reabilitação de AVC 236
Prática variável *versus* constante 240
▶ **Foco na pesquisa 10.1:** habilidades especiais: uma exceção à prática variável? 244
Prática bloqueada *versus* aleatória 245
Resumo 252
Auxílios para aprendizagem 252

11 *Feedback* aumentado 255
Como o fornecimento de *feedback* influencia a aprendizagem
Classificações do feedback 256
Funções do *feedback* aumentado 260
▶ **Foco na pesquisa 11.1:** revisão de ideias sobre como o *feedback* funciona 262
Quanto *feedback* fornecer 265
▶ **Foco na pesquisa 11.2:** *feedback* aumentado a partir de *replays* de vídeos 266
Quando fornecer *feedback* 274
▶ **Foco na prática 11.1:** orientação física na reabilitação de AVC 277
▶ **Foco na prática 11.2:** orientação física na aprendizagem de natação 279
Resumo 284
Auxílios para aprendizagem 284

Glossário 287
Referências 295
Índice 307

Créditos

Figuras

Figura 2.6 Reprinted, by permission, from R.A. Schmidt and T.D. Lee, 2011, *Motor control and learning: A behavioral emphasis,* 5th ed. (Champaign, IL: Human Kinetics). 65; Data from Merkel 1885.

Figura 2.7 Reprinted, by permission, from R.A. Schmidt and T.D. Lee, 2011, *Motor control and learning: A behavioral emphasis,* 5th ed. (Champaign, IL: Human Kinetics). 65; Data from Merkel 1885.

Figura 2.8 Reprinted, by permission, from R.A. Schmidt and T.D. Lee, 2011, *Motor control and learning: A behavioral emphasis,* 5th ed. (Champaign, IL: Human Kinetics). 70.

Figura 2.9 Reprinted, by permission, from J.A. Adams and S. Dijkstra, 1966, "Short-term memory for motor responses," *Journal of Experimental Psychology* 71: 317.

Figura 3.3 Reprinted from D.J. Simons and C.F. Chabis, 1999, "Gorillas in our midst: Sustained inattentional blindness for dynamic events," *Perception* 28: 1059-1074. By permission of D.J. Simons and C.F. Chabis.

Figura 3.5 Part *a* reprinted, by permission, from R.A. Schmidt and T.D. Lee, 2011, *Motor control and learning: A behavioral emphasis,* 5th ed. (Champaign, IL: Human Kinetics), 108; part *b* reprinted, by permission, from R.A. Schmidt and T.D. Lee, 2011, *Motor control and learning: A behavioral emphasis,* 5th ed. (Champaign, IL: Human Kinetics), 110; Data from Davis 1959.

Figura 3.7 Reprinted from M.I. Posner and S.W. Keele, 1969, Attentional demands of movement. In *Proceedings of the 16th Congress of applied physiology* (Amsterdam, Amsterdam: Swets and Zeitlinger). By permission of M.I. Posner.

Figura 3.8 Reprinted, by permission, from R.A. Schmidt and T.D. Lee, 2011, *Motor control and learning: A behavioral emphasis,* 5th edition. (Champaign, IL: Human Kinetics). Data from Weinberg and Ragan 1978.

Figura 4.7 Reprinted, by permission, from D.N. Lee and E. Aronson, 1974, "Visual proprioceptive control of standing in human infants," *Perception & Psychophysics* 15: 529-532.

Figura 4.11 Reprinted, by permission, from T.J. Ayres, R.A. Schmidt et al., 1995, Visibility and judgment in car-truck night accidents. In *Safety engineering and risk analysis--1995,* edited by D.W. Pratt (New York: The American Society of Mechanical Engineers), 43-50.

Figura 5.3 Reprinted with permission from *Research Quarterly for Exercise and Sport,* Vol.24, 22-32, Copyright 1953 by the American Alliance for Health, Physical Education, Recreation and Dance, 1900 Association Drive, Reston, VA 20191.

Figura 5.4 Reprinted, by permission, from R.A. Schmidt and T.D. Lee, 2011, *Motor control and learning: A behavioral emphasis,* 5th edition. (Champaign, IL: Human Kinetics), 183.

Figura 5.5 Part *a* reprinted, by permission, from R.A. Schmidt and T.D. Lee, 2011, *Motor control and learning: A behavioral emphasis,* 5th edition. (Champaign, IL: Human Kinetics), 195; part *b* reprinted, by permission, from R.A. Schmidt and T.D. Lee, 2011, *Motor control and learning: A behavioral emphasis,* 5th edition. (Champaign, IL: Human Kinetics), 195; Data from Slater-Hammel 1960.

Figura 5.6 Reprinted from W.J. Wadman, 1979, "Control of fast goal-directed arm movements," *Journal of Human Movement Studies* 5: 10. By permission of W.J. Wadman.

Figura 5.8 Adapted from T.R. Armstrong, 1970, *Training for the production of memorized movement patterns: Technical report no. 26* (Ann Arbor, MI: University of Michigan, Human Performance Center), 35. By permission of the Department of Psychology, University of Michigan.

Figura 5.9a e b Reprinted, by permission, from R.A. Schmidt and T.D. Lee, 2011, *Motor control and learning: A behavioral emphasis,* 5th edition. (Champaign, IL: Human Kinetics), 212.

Figura 5.10a e b Reprinted, by permission, from D.C. Shapiro et al., 1981, "Evidence for generalized motor programs using gait-pattern analysis," *Journal of Motor Behavior* 13: 38.

Figura 5.11 Adapted, by permission, from J.M. Hollerbach, 1978, *A study of human motor control through analysis and synthesis of handwriting.* Doctoral dissertation, (Cambridge, MA: Massachusetts Institute of Technology).

Figura 5.12 Reprinted from M.H. Raibert, 1977, *Motor control and learning by the state-space model: Technical report no. A1-TR-439* (Cambridge, MA: Artificial Intelligence Laboratory, Massachusetts Institute of Technology), 50. By permission of M.H. Raibert.

Figura 6.1 Adapted from *Categories of human learning,* A.W. Melton (Ed.), P.M. Fitts, Perceptual-motor skills learning, categories of human learning pg. 258.

Figura 6.2 Reprinted, by permission, from R.A. Schmidt and T.D. Lee, 2011, *Motor control and learning: A behavioral emphasis,* 5th ed. (Champaign, IL: Human Kinetics), 226. Data from Fitts 1954.

Figura 6.3a e b Adapted from P.M. Fitts, 1954, "The information capacity of the human motor system in controlling the amplitude of movement," *Journal of Experimental Psychology* 47: 381-391.

Figura 6.4 Reprinted, by permission, from R.A. Schmidt et al., 1979, "Motor-output variability: A theory for the accuracy of rapid motor acts," *Psychological Review* 86: 425. Copyright © 1979 by the American Psychological Association.

Figura 6.5 Reprinted, by permission, from R.A. Schmidt et al., 1979, "Motor-output variability: A theory for the accuracy of rapid motor acts," *Psychological Review* 86: 425. Copyright © 1979 by the American Psychological Association.

Figura 6.8 Reprinted, by permission, from R.A. Schmidt and D.E. Sherwood, 1982, "An inverted-U relation between spatial error and force requirements in rapid limb movements: Further evidence for the impulse-variability model," *Journal of Experimental Psychology: Human Perception and Performance* 8: 165. Copyright © 1982 by the American Psychological Association.

Figura 6.9 Reprinted, by permission, from R.A. Schmidt and T.D. Lee, 2011, *Motor control and learning: A behavioral emphasis,* 5th ed. (Champaign, IL: Human Kinetics), 238.

Figura 6.12 Reprinted, by permission, from P.A. Bender, 1987, *Extended practice and patterns of bimanual interference.* Unpublished doctoral dissertation (Los Angeles, CA: University of Southern California).

Figura 6.13a e b Reprinted, by permission, from T.D. Lee et al., 2008, "Do expert golfers really keep their heads still while putting?" *Annual Review of Golf Coaching* 2: 135-143.

Figura 6.14 Reprinted from *Physics Letters A, Vol.118,* J.A.S. Kelso, J.P. Scholz, and G. Schöner, "Nonequilibrium phase transitions in coordinated biological motion: Critical fluctuations," pg. 281, copyright 1986, with kind permission of Elsevier.

Tabela 7.2 by permission, from J.N. Drowatzky and F.C. Zuccato, 1967, "Interrelationships between selected measures of static and dynamic balance," *Research Quarterly* 38: 509-510.

Figura 7.4 Reprinted, by permission, from E.A. Fleishman and W.E. Hempel, 1955, "The relation between abilities and improvement with practice in a visual discrimination task," *Journal of Experimental Psychology* 49: 301-312. Copyright © 1955 by the American Psychological Association.

Figura 8.2 Reprinted, by permission, from J.A. Adams, 1952, "Warm up decrement in performance on the pursuit-rotor," *American Journal of Psychology* 65(3): 404-414.

Figura 8.3 Reprinted, by permission, from C.J. Winstein and R.A. Schmidt, 1990, "Reduced frequency of knowledge of results enhances motor skill learning," *Journal of Experimental Psychology: Learning, Memory and Cognition* 16: 677-691. Copyright © 1990 by the American Psychological Association.

Figura 8.4 Adapted, by permission, from H.P. Bahrick, P.M. Fitts, and G.E. Briggs, 1957, "Learning curves—facts or artifacts?" *Psychological Bulletin* 54: 256-268. Copyright © 1957 by the American Psychological Association.

Figura 9.3 Adapted, by permission, from R.A. Schmidt and T.D. Lee, 2011, *Motor control and learning: A behavioral emphasis,* 5th ed. (Champaign, IL: Human Kinetics), 451; Adapted from MacKay, 1976, personal communication.

Figura 9.4 Reprinted, by permission, from E. Neumann and R.B. Ammons, 1957, "Acquisition and long term retention of a simple serial perception motor skill," *Journal of Experimen-*

tal Psychology 53: 160. Copyright © 2011 by the American Psychological Association.

Figura 9.5 Reprinted from E.A. Fleishman and J.F. Parker, 1962, "Factors in the retention and relearning of perceptual motor skill," *Journal of Experimental Psychology* 64: 218. Copyright © 1962 by the American Psychological Association.

Figura 10.1 Adapted, by permission, from B.A. Boyce, 1992, "Effects of assigned versus participantset goals on skill acquisition and retention of a selected shooting task," *Journal of Teaching in Physical Education* 11(2): 227.

Figura 10.2 Reprinted, by permission, from R. Lewthwaite and G. Wulf, 2010, "Social-comparative feedback affects motor skill learning," *Quarterly Journal of Experimental Psychology* 63: 738-749.

Figura 10.3 Reprinted, by permission, from G. Wulf, 2003, "Attentional focus on supra-postural tasks affects balance learning,"*Quarterly Journal of Experimental Psychology* 56A: 1191-1211.

Figura 10.4 Reprinted, by permission, from D.M. Ste-Marie et al., 2012, "Observation interventions for motor skill learning and performance: An applied model for the use of observation," *International Review of Sport and Exercise Psychology* 5(2): 145-176.

Figura 10.6 Reprinted, by permission, from R.A. Schmidt and T.D. Lee, 2011, *Motor control and learning: A behavioral emphasis,* 5th ed. (Champaign, IL: Human Kinetics), 365. Data from Baddeley and Longman 1978.

Figura 10.7 Reprinted from L.E. Bourne and E.J. Archer, 1956, "Time continuously on target as a function of distribution of practice," *Journal of Experimental Psychology* 51: 27.

Figura 10.10 Reprinted, by permission, from K.M. Keetch, R.A. Schmidt, T.D. Lee, and D.E. Young, 2005, "Especial skills: Their emergence with massive amounts of practice," *Journal of Experimental Psychology: Human Perception and Performance* 31: 970-978. Copyright © 2005 by the American Psychological Association.

Figura 10.11 Adapted, by permission, from J.B. Shea and R.L. Morgan, 1979, "Contextual interference effects on the acquisition, retention, and transfer of a motor skill," *Journal of Experimental Psychology: Human Learning and Memory* 5: 179-187. Copyright © 1979 by the American Psychological Association.

Figura 10.12 Reprinted with permission from *Research Quarterly for Exercise and Sport,* vol. 68, pg. 103. Copyright 1997 by the American Alliance for Health, Physical Education, Recreation and Dance, 1900 Association Drive, Reston, VA 20191.

Figura 10.14 Adapted with permission from *Research Quarterly for Exercise and Sport,* vol. 68, pg. 357-361. Copyright 1997 by the American Alliance for Health, Physical Education, Recreation and Dance, 1900 Association Drive, Reston, VA 20191.

Figura 11.3 Reprinted with permission from *Research Quarterly for Exercise and Sport,* Vol. 78, pg. 43, Copyright 2007 by the American Alliance for Health, Physical Education, Recreation and Dance, 1900 Association Drive, Reston, VA 20191.

Figura 11.4 Adapted by permission. ©Bob Scavetta. Any adaptation or reproduction of the "1.5 Seconds of Thought" is forbidden without the written permission of the copyright holder.

Figura 11.5 Reprinted, by permission, from R.A. Schmidt and T.D. Lee, 2011, *Motor control and learning: A behavioral emphasis,* 5th ed. (Champaign, IL: Human Kinetics), 401; Data from Kernodle and Carlton 1992.

Figura 11.6 Reprinted, by permission, from C.J. Winstein and R.A. Schmidt, 1990, "Reduced frequency of knowledge of results enhances motor skill learning," *Journal of Experimental Psychology: Learning, Memory, and Cognition* 16: 910. Copyright © 1990 by the American Psychological Association.

Figura 11.8 Reprinted from *Human Movement Science,* Vol 9, R.A. Schmidt, C. Lange, and D.E. Young, "Optimizing summary knowledge of results for skill learning," p. 334, copyright 1990, with permission of Elsevier.

Figura 11.9 Reprinted, by permission, from W. Yao, M.G. Fischman, and Y.T. Wang, 1994, "Motor skill acquisition and retention as a function of average feedback, summary feedback, and performance variability," *Journal of Motor Behavior* 26: 273-282.

Figura 11.12 Adapted, by permission, from Schmidt and Lee, 2011, *Motor control and learning: A behavioral emphasis,* 5th ed. (Champaign, IL: Human Kinetics), 387. Adapted from Armstrong 1970.

Figura 11.13 Reprinted, by permission, from S.P. Swinnen et al., 1990, "Information feedback for skill acquisition: instantaneous knowledge of results degrades learning," *Journal of Experimental Psychology: Learning, Memory, and Cognition* 16: 712. Copyright © 2011 by the American Psychological Association.

Figura 11.14 Reprinted from M.A. Guadagnoli and R.M. Kohl, 2001, "Knowledge of results for motor learning: Relationship between error estimation and knowledge of results frequency," *Journal of Motor Behavior,* 33: 217-224.

Fotos

Página iii Courtesy of Jack Adams

Página 1 © Zumapress/Icon SMI

Página 3 © Jerome Brunet/ZUMA Press

Página 5 Reprinted, by permission, from Weinberg, R.S., and Gould, D. 12003, Foundations of Sport and Exercise Psychology, Champaign, IL: Human Kinetics, 10.

Página 7 © Lee Mills/Action Images/Icon SMI

Página 12 © Human Kinetics/J. Wiseman, reefpixorg

Página 19 © Cliff Welch/Icon SMI

Página 24 © Human Kinetics

Página 29 © Human Kinetics

Página 31 © Chris Ison/PA Archive/Press Association Images

Página 34 © Human Kinetics

Página 39 © Human Kinetics

Página 44 Reprinted from D.J. Simons and C.F. Chabis, 1999, "Gorillas in our midst: Sustained inattentional blindness for dynamic events," _Perception_ 28: 1059-1074. By permission of D.J. Simons and C.F. Chabis.

Página 45 © Zuma Press/Icon SMI

Página 47 © Human Kinetics

Página 50 © Zuma Press/Icon SMI

Página 55 © Jim West/Age Fotostock

Página 63 © Human Kinetics

Página 66 © Human Kinetics

Página 78 © Photo courtesy of Philip de Vries

Página 79 Reprinted from D.N. Lee and E. Aronson, 1974, "Visual proprioceptive control of standing in human infants," _Perception & Psychophysics_ 15: 529-532. By permission of D.N. Lee.

Página 80 All four photos © Human Kinetics

Página 85 © Ed Bock/Lithium/age fotostock

Página 89 © Tonyi Mateos/Age Fotostock

Página 99 © Human Kinetics

Página 108 © Zumapress/Icon SMI

Página 115 © Human Kinetics

Página 123 © STOCK4B/Age Fotostock

Página 129 © Human Kinetics

Página 134 © Human Kinetics

Página 143 © Human Kinetics

Página 146 © Quim Roser/Age Fotostock

Página 149 © Human Kinetics

Página 152 © Zumapress/Icon SMI

Página 155 © Everett Collection Inc./age footstock

Página 160 © Javier Larrea/Age Fotostock

Página 168 © Human Kinetics

Página 175 © A. Farnsworth/Age Fotostock

Página 177 © Human Kinetics

Página 190 © Human Kinetics

Página 192 © Martin Rickett/PA Archive/Press Association Images

Página 197 Courtesy Timothy D. Lee.

Página 203 © Human Kinetics

Página 209 © Human Kinetics

Página 215 © George Shelley/Age Fotostock

Página 219 Courtesy Richard A. Schmidt

Página 221 © Norbert Michalke/ imagebroker/age fotostock

Página 222 © Zuma Press/Icon SMI

Página 227 © GEPA/Imago/Icon SMI

Página 235 © Human Kinetics

Página 241 © Tony Ding/Icon SMI

Página 249 © Denis Meyer/Age Fotostock

Página 255 © Human Kinetics

Página 261 © Human Kinetics

Página 268 © Laura Leonard Fitch

Página 280 © Tim Ockenden/PA Archive/Press Association Images

1

Introdução à Aprendizagem e à Performance Motora

Como as Habilidades são Estudadas

PALAVRAS-CHAVE

Erro absoluto (EA)
Erro constante (EC)
Erro constante absoluto (EC)
Erro variável (EV)
Habilidade
Habilidade aberta
Habilidade contínua
Habilidade discreta
Habilidade fechada
Habilidade seriada
Raiz quadrada do erro quadrático médio (RMSE)
Rastreamento

PERFIL DO CAPÍTULO

Por que estudar as habilidades motoras?
A ciência da aprendizagem e performance motora
Definição de habilidades
Componentes das habilidades
Classificação das habilidades
Compreensão de performance e aprendizagem
Resumo

OBJETIVOS DO CAPÍTULO

O Capítulo 1 fornece uma visão geral da pesquisa em habilidades motoras humanas com referência particular ao seu estudo na aprendizagem e na performance motora. Este capítulo irá ajudá-lo a compreender

- ▶ o método científico na pesquisa sobre habilidades,
- ▶ diferentes taxonomias usadas para classificar habilidades,
- ▶ variáveis comuns usadas para medir performance motora e
- ▶ fundamento para o desenvolvimento de um modelo conceitual de performance motora.

Em 2012, uma menina americana de nome Gabrielle ("Gabby") Douglas conquistou o mundo dos esportes com seus feitos na ginástica nos Jogos Olímpicos de Londres e, quase instantaneamente, tornou-se um modelo para muitas meninas que subitamente queriam aprender ginástica. O "esquilo voador", como era carinhosamente conhecida por suas colegas de equipe, ganhou a medalha de ouro na competição individual geral – sem dúvida o maior título da ginástica feminina. Nos anos de 1980, Jim Knaub que havia perdido o movimento de suas pernas em um acidente ganhou várias maratonas importantes na divisão em cadeira de rodas, conquistando o mais profundo respeito. A partir de 1970 até a década de 1990, David Kiley recebeu o título de "Rei dos esportes em cadeira de rodas" por (a) ganhar cinco medalhas de ouro nos Jogos Paraolímpicos de 1976 no Canadá; (b) escalar a montanha mais alta do Texas; (c) jogar no time de basquetebol masculino em cadeira de rodas dos EUA cinco vezes; (d) competir no mais alto nível de tênis, raquete e esqui. E, desde o festival de música de Woodstock, em 1969, Johnny Winter, que é (de acordo com o segundo autor) o melhor guitarrista do mundo, continua a encantar suas plateias com suas habilidades versáteis. Esses e outros incontáveis exemplos indicam que as habilidades são parte fundamental da existência humana. Como as pessoas conseguem atingir um desempenho de tão alto nível, como essas habilidades são desenvolvidas e como as pessoas conseguem desenvolver parte delas, nos seus filhos, nos seus alunos ou nelas mesmas – todas essas questões geram fascinação, incentivando mais aprendizagem sobre o movimento humano.

Uma descrição do estudo da performance e aprendizagem motora começa aqui. A visão geral apresentada neste capítulo introduz o conceito de habilidade e discute várias características de sua definição. O capítulo adiante fornece exemplos de esquemas de classificação de habilidades importantes para aplicações posteriores. Finalmente, para ajudá-lo a compreender as habilidades de maneira eficaz usando este livro, a lógica por trás de sua organização é descrita: primeiro, os princípios e processos subjacentes à performance habilidosa, seguidos da maneira como essas potencialidades podem ser desenvolvidas com a prática.

A notável capacidade humana de executar habilidades é uma característica fundamental de nossa existência. É quase que exclusivamente humana, embora vários animais relativamente avançados na escala evolutiva possam ser treinados para produzir o que podemos chamar de comportamentos habilidosos (p. ex., cães de circo fazerem cambalhotas, ursos pedalarem bicicletas). Sem a capacidade para a performance habilidosa, não poderíamos digitar a página que estamos preparando agora e você não poderia lê-la. E para os alunos envolvidos em educação física e cinesiologia, treinamento, fisioterapia (ou fonoaudiologia ou terapia ocupacional), quiropraxia, medicina ou fatores humanos e ergonômicos, aqui está a oportunidade para aprender sobre os fundamentos de uma ampla variedade de esportes e esforços atléticos, música e ações diárias simplesmente comuns que são tão fortemente fascinantes e empolgantes. As habilidades humanas tomam várias formas, obviamente – desde aquelas que enfatizam o controle e a coordenação de nossos grupos musculares maiores em atividades que empregam um uso relativamente maior de força como futebol ou acrobacias, até aquelas em que os menores grupos musculares devem ser sintonizados de maneira precisa, como na digitação ou no conserto de um relógio. Esse texto concentra-se em geral no amplo espectro do comportamento habilidoso porque é útil compreender que muitas características comuns estão subjacentes à performance de habilidades associadas a situações industriais e militares, esportes, reaquisição das capacidades de movimento perdidas devido a lesões ou AVC ou simplesmente as atividades diárias da maioria das pessoas.

A maioria dos humanos nasce com a capacidade de produzir muitas habilidades e é necessário somente um pouco de maturação e experiência para produzi-las de maneira quase completa. Como exemplos, podemos citar caminhar e correr, mastigar, equilibrar-se, e evitar estímulos dolorosos desses comportamentos relativamente inatos. Mas imagine que criaturas simples e desinteressantes seríamos se essas ações hereditárias fossem tudo o que podemos fazer sempre. Todos os organismos biológicos têm a facilidade notável de aprender com suas experiências, detectar características ambientais importantes (e ignorar outras) e produzir comportamentos que não eram parte de suas capacidades originais. Os humanos parecem ter a maior flexibilidade de todas, o que possibilita alcançar proficiência em profissões como químicos ou programadores de computador, para competição em música ou atletismo ou simplesmente para conduzir as vidas diárias de maneira mais eficiente. Assim, produzir comportamentos habilidosos e a aprendizagem que leva ao seu

▌ Johnny Winter, o melhor guitarrista do mundo (de acordo com o segundo autor deste livro), demonstrando suas habilidades motoras.

desenvolvimento estão firmemente interligados na experiência humana. Este livro é sobre ambos esses aspectos das habilidades – performance humana habilidosa e aprendizagem humana.

Este livro *não* é sobre habilidades em que o grau de sucesso é determinado pela decisão de quais de muitas ações já aprendidas a pessoa deve desempenhar. Quando o rato de laboratório aprende a apertar uma barra à apresentação de um som, ele não está aprendendo como pressionar a barra; o animal está, sim, aprendendo quando executar essa ação já aprendida de pressionar a barra. Outro exemplo, no jogo de pôquer, não importa *de que maneira* as várias cartas são jogadas (ou seja, movidas). O que importa é a tomada de decisão cognitiva sobre que carta jogar e quando fazer isso. O estudo desses tipos de processos de tomada de decisão entra principalmente em campos como a psicologia experimental e a neurociência cognitiva, e esses processos foram deliberadamente não incluídos aqui.

POR QUE ESTUDAR AS HABILIDADES MOTORAS?

Pelo fato de as habilidades comporem grande parte da vida humana, cientistas e educadores tentaram durante séculos compreender os determinantes de habilidades e os fatores que afetam sua performance. O conhecimento adquirido é aplicável em inúmeros aspectos da vida. Pontos importantes aplicam-se à instrução de habilidades, em que métodos para o ensino eficiente e a transferência efetiva para situações da vida são preocupações primárias. Há também considerável aplicabilidade para melhorar as performances de alto nível, como esportes, música e habilidades cirúrgicas. Evidentemente, muito do que os treinadores e professores de música e educação física fazem durante suas atividades profissionais envolve, de uma maneira ou de outra, instrução de habilidades. Os profissionais que compreendem esses processos relacionados com habilidades de maneira mais efetiva sem dúvida têm uma vantagem quando seus "indivíduos" começam suas atividades para as quais foram treinados.

Outras áreas de aplicação também podem ser enfatizadas. Existem muitas aplicações em treinamento de habilidades para a indústria, em que habilidades profissionais efetivas podem significar sucesso no local de trabalho e podem ser determinantes importantes de satisfação, tanto com o trabalho como com a vida em geral. Ensinar habilidades ocupacionais de maneira mais eficaz e determinar quais de um grande número de indivíduos são mais adequados para determinadas profissões, são situações comuns em que o conhecimento sobre habilidades pode ser útil na indústria. Em geral, essas aplicações são consideradas dentro de fatores humanos (ergonomia). Os princípios também se aplicam a situações de fisioterapia e terapia ocupacional em que a preocupação é com (re)aprendizagem e produção de movimentos que foram perdidos devido a traumatismo craniano ou lesão medular, AVC, defeitos congênitos ou algo semelhante. Embora todas essas áreas possam ser diferentes e as capacidades físicas dos aprendizes possam variar muito, os princípios que levam à aplicação bem-sucedida geralmente são os mesmos.

A CIÊNCIA DA APRENDIZAGEM E PERFORMANCE MOTORA

Não é incomum que à medida em que uma área de interesse cresce, o estudo sistemático dos princípios envolvidos também se desenvolva. Com a aprendizagem motora e a performance não é diferente, pois surgiu uma ciência que possibilita a formalização dos termos e conceitos para outros usarem. Quando usamos a palavra "ciência", o que queremos dizer?

O conceito de ciência implica várias coisas: (a) uso ativo da teoria e teste de hipóteses para aperfeiçoar nosso conhecimento; (b) determinada "infraestrutura" que envolve livros e periódicos, organizações científicas que lidam tanto com aspectos fundamentais da ciência e maneiras de aplicar o conhecimento em situações do mundo real e órgãos de fomento para fornecer fundos para pesquisa; e, evidentemente, (c) a existência de cursos de estudo da área em universidades e faculdades.

Teorias e hipóteses

Certamente o coração de toda ciência são as teorias que pretendem explicar como as coisas funcionam. Uma teoria é uma estrutura feita pelo homem cujo propósito é explicar como vários fenômenos ocorrem. O teórico evoca o que chamamos de *construtos hipotéticos* – elementos ou peças imaginários, que interagem de várias maneiras na teoria. O teórico em seguida descreve as maneiras pelas quais os construtos hipotéticos interagem uns com os outros para explicar algum fenômeno empírico. Em seguida, usando dedução lógica, os cientistas determinam certas previsões que a teoria faz em sua forma atual. Essas previsões formam a base da hipótese que pode ser testada normalmente no laboratório. Essas hipóteses tomam a forma de declarações como "se eu pedir aos aprendizes para praticar sob a condição x, então a aprendizagem deve ser melhorada."

As teorias são normalmente testadas por meio de experimentos, que determinam se a hipótese prevê ou não o que acontece. No campo da aprendizagem e performance motora, esses experimentos tomam a forma de ter pelo menos dois grupos de indivíduos aleatoriamente atribuídos a tratamentos experimentais, com um grupo executando uma tarefa sob a condição x (como no exemplo mencionado), outro grupo executando sob outras condições que sejam razoavelmente bem compreendidas (algumas vezes chamada de "condição controle"). Se, nesse exemplo, o grupo que pratica sob a condição x supera o grupo na condição controlada, então dizemos que a hipótese tem sustentação. Entretanto, uma determinada teoria pode prever um desfecho que faria sentido para várias teorias diferentes, portanto, um experimento que sustenta uma hipótese nem sempre é o tipo mais forte de evidência. O que em geral é muito

Foco na
PESQUISA 1.1

Franklin M. Henry, pai da pesquisa de comportamento motor

Antes da Segunda Guerra Mundial e durante os anos de 1950 e 1960, quando grande esforço era direcionado para as habilidades militares, como pilotar um avião, grande parte da pesquisa em comportamento do movimento e aprendizagem era feita por psicólogos experimentais com uso das habilidades motoras relativamente finas. Pouco esforço era dedicado às habilidades motoras amplas que seriam aplicáveis a muitos esportes. Franklin M. Henry, treinado em psicologia experimental, mas que trabalhava no Departamento de Educação Física, na Universidade da Califórnia, em Berkeley, estava preenchendo essa lacuna com uma nova tradição de experimentação laboratorial que iniciou um novo direcionamento importante na pesquisa sobre as

Franklin M. Henry (1904 – 1993)

habilidades de movimento. Ele estudou, principalmente, as habilidades motoras amplas, com performances intencionalmente representativas dos tipos de tarefas vistas em campos de jogos e em ginásios. Mas ele usou tarefas de laboratório – que possibilitavam o estudo rigoroso dessas habilidades empregando métodos análogos aos usados em psicologia experimental. Ele examinou alguns tópicos de pesquisa, como as diferenças entre as pessoas, programação da prática, as formas matemáticas das curvas de performance.

A influência de Henry nos campos da educação física e cinesiologia foi disseminada por volta dos anos de 1970 e 1980.

mais forte é se os resultados vierem ao *contrário* da previsão; isso leva à inferência lógica de que a teoria deve estar incorreta, possibilitando-nos rejeitar uma das teorias possíveis. Isso ocorre porque uma teoria não pode "sobreviver" por muito tempo se algo previsto a partir dela não ocorrer. Devido a essa diferença na potência das maneiras pelas quais as hipóteses são testadas, os cientistas tendem a buscar previsões de uma teoria que poderia não se manter se testada no laboratório.

Quais os tipos de habilidades têm sido estudadas?

A ciência da aprendizagem e performance motora tem sido usada para estudar muitas variedades de habilidades. Logo no início (pesquisa e escritos realizados no início de 1900 ou talvez um pouco antes), dois tipos de investigações podem ser identificadas: (a) investigações de habilidades de alto nível, relativamente complexas, como telegrafia e digitação (p. ex., Bryan & Harter, 1897, 1899) e (b) estudos por biólogos e fisiologistas relativos aos mecanismos fundamentais do controle neural do músculo, produção de força muscular (Fullerton & Cattell, 1892) e o estudo dos nervos e sistema nervoso (Fritsch & Hitzig, 1870; Sherrington, 1906).

DEFINIÇÃO DE HABILIDADES

Como as habilidades são amplamente representadas e diversas, é difícil defini-las de maneira que se aplique a todos os casos. Guthrie (1952) forneceu uma definição que captura grande parte das principais características que enfatizamos aqui. Ele definiu **habilidade** como a "capacidade de atingir algum resultado final com o máximo de certeza e um mínimo dispêndio de energia ou de tempo e energia" (p. 136). Em seguida, consideramos alguns dos componentes (ou características) importantes dessa definição.

Primeiramente, a execução de habilidades implica uma meta ambiental desejada, como ficar em uma parada de mãos na ginástica ou ser capaz de andar após um AVC. As habilidades, em geral, são consideradas diferentes dos *movimentos*, que não necessariamente possuem qualquer meta ambiental específica, como balançar o dedo mínimo de modo preguiçoso. Evidentemente, as habilidades consistem em movimentos porque quem os executa poderia não atingir uma meta *ambiental* sem fazer pelo menos um movimento.

Em segundo lugar, ser habilidoso implica atingir essa meta de performance, este "resultado final", com máximo de *certeza*. Por exemplo, enquanto joga dardos o arremessador acerta no centro do alvo. Mas isso não garante que ele é um arremessador de dardos habilidoso porque esse resultado foi atingido sem muita certeza. Tal desfecho poderia ter sido resultado de uma jogada de sorte no meio de centenas de outras que não foram tão sortudas. Para ser considerado "habilidoso" é preciso que a pessoa produza a habilidade de maneira confiável, ao ser solicitada, sem a sorte como fator determinante. Essa é uma razão pela qual as pessoas valorizam tanto o atleta campeão que, com apenas uma chance e apenas segundos restantes no final de um jogo, faz o gol que leva o time à vitória.

Em terceiro lugar, uma característica importante em muitas habilidades é a minimização, e assim a conservação da energia necessária para a performance. Para algumas habilidades, isso claramente não é a meta, como no arremesso de peso, em que a única meta é arremessar a uma distância máxima. Mas para muitas outras habilidades, a minimização do gasto de energia é crucial, possibilitando ao corredor de maratonas manter um ritmo eficiente ou possibilitar ao lutador poupar força para os últimos minutos da disputa. Evoluímos até andar como o fazemos, em parte, porque nosso estilo de caminhada minimiza o gasto de energia ao andar uma determinada distância. Essa noção de energia mínima aplica-se não apenas aos custos de energia fisiológica, mas também à energia psicológica, ou mental, necessária para a performance. Muitas habilidades foram aprendidas tão bem que os realizadores não têm de prestar atenção nelas, liberando seus processos cognitivos para outras características da atividade, como estratégia em basquetebol ou expressividade na dança. Um grande colaborador da eficiência de performance habilidosa é, evidentemente, a prática, sendo que a aprendizagem e a experiência levam a performances relativamente sem esforço que são tão admiradas em pessoas altamente habilidosas.

Finalmente, outra característica de muitas habilidades é para o executante altamente proficiente atingir suas metas em tempo mínimo. Muitas habilidades têm isso como única meta, como uma prova de natação. No entanto, a minimização do tempo pode interagir com outras característi-

A habilidade implica em uma pessoa produzir um resultado final com um elevado grau de certeza. Por exemplo, um jogador de dardos pode consistentemente lançar o dardo perto do seu alvo.

cas de habilidades mencionadas. Os cirurgiões que conduzem cirurgia invasiva precisam trabalhar rapidamente para minimizar a oportunidade de adquirir infecções. Contudo, evidentemente precisam trabalhar com cuidado. Acelerar a performance frequentemente resulta em movimentos imprecisos que carregam menos certeza em termos de atingir suas metas ambientais. Além disso, o aumento da velocidade gera movimentos para os quais os custos de energia, algumas vezes, são mais altos. Assim, compreender as habilidades envolve otimizar e equilibrar vários aspectos que são importantes para diferentes extensões em diferentes situações. Em resumo, as habilidades geralmente envolvem atingir alguma meta ambiental bem-definida por meio de:

- maximização da certeza do alcance do objetivo,
- minimização dos custos físicos e mentais da performance e,
- minimização do tempo utilizado.

COMPONENTES DAS HABILIDADES

A performance elegante do dançarino habilidoso e os talentos artísticos de um escultor experiente podem parecer simples, mas as metas de performance na verdade foram realizadas por meio de uma combinação complexa de processos mentais e motores interativos. Por exemplo, muitas habilidades envolvem ênfase considerável em fatores sensório-perceptivos, como a detecção de que um adversário no tênis defenderá um saque no seu lado esquerdo ou que você está se aproximando rapidamente de um carro que parou de repente na estrada a sua frente. Frequentemente, os fatores sensoriais requerem uma análise em décimos de segundos dos padrões de impulso sensorial, como discernir quais movimentos combinados de uma equipe inteira de futebol americano indicam que o jogo é de corrida para o lado esquerdo. Esses eventos perceptivos levam a decisões sobre o que, como e quando fazer. Essas decisões frequentemente são o principal determinante de sucesso. Por fim, evidentemente, as habilidades em geral dependem da qualidade do movimento gerado como resultado dessas decisões. Mesmo se a situação for percebida de maneira correta e as decisões de resposta forem adequadas, o realizador não será eficaz em atingir a meta ambiental caso execute as ações de maneira precária.

Esses três elementos são cruciais para quase toda habilidade:

- perceber as características ambientais relevantes,
- decidir o que fazer, onde e quando fazer para atingir a meta,
- produzir atividade muscular organizada para gerar movimentos que atinjam a meta.

Os movimentos têm várias partes reconhecíveis. Os componentes posturais sustentam as ações; por exemplo, os braços e as mãos de um cirurgião precisam ser sustentados por uma "plataforma" estável para ter um desempenho preciso. Os componentes do transporte corporal, ou de locomoção, movem o corpo em direção ao ponto em que a habilidade ocorrerá, como ao carregar uma caixa com telhas escada acima para colocar no telhado de uma casa.

É interessante, mas talvez lamentável, que cada um desses componentes de habilidades parece ser reconhecido e estudado isolado dos outros. Por exemplo, os fatores sensoriais na percepção são estudados por psicólogos cognitivos, cientistas interessados nas (entre outras coisas) atividades complexas de processamento da informação envolvidas em enxergar, ouvir e sentir. Alguns desses fatores fazem parte da psicofísica, o ramo da psicologia que examina a relação entre estímulos físicos objetivos (p. ex., intensidade da vibração) e sensações subjetivas que esses estímulos criam quando percebidos (altura). Fatores no controle do movimento em si são geralmente estudados por cientistas em neurociências, psicologia cognitiva, biomecânica e fisiologia. A aprendizagem da habilidade é estudada por ainda outro grupo de cientistas em cinesiologia e educação física, em psicologia experimental ou educacional ou no campo dos fatores humanos e ergonomia. Um problema importante para o estudo das habilidades, portanto, é o fato de que vários componentes de habilidades são estudados por grupos amplamente diferentes de cientistas, com frequência com pouca sobreposição e comunicação entre eles.

Todos esses vários processos estão presentes em quase todas as habilidades motoras. Ainda assim, não devemos ter a ideia de que todas as habilidades são fundamentalmente as mesmas. Na verdade, os princípios da performance e aprendizagem humana dependem, até certo ponto, do *tipo* de habilidade de movimento a ser realizado. Assim, as maneiras pelas quais as habilidades foram classificadas são discutidas adiante.

CLASSIFICAÇÃO DAS HABILIDADES

Existem vários sistemas de classificação de habilidades que ajudam a organizar os achados de pesquisa e tornam a aplicação um pouco mais simples. Elas serão apresentadas nas seções adiante:

Habilidades abertas e fechadas

Uma maneira de classificar as habilidades de movimento preocupa-se com a extensão até a qual o ambiente é estável e previsível durante toda a performance. Uma **habilidade aberta** é aquela pela qual o ambiente é variável e imprevisível durante a ação. Exemplos incluem a maioria dos esportes em equipe e dirigir um carro no tráfego onde é difícil prever os movimentos futuros de outras pessoas. Uma **habilidade fechada,** por outro lado, é aquela para a qual o ambiente é estável e previsível. Exemplos incluem nadar em uma raia vazia em uma piscina e furar um buraco em um bloco de madeira. Essas designações de "aberta" e "fechada" na verdade marcam apenas os pontos finais de um contínuo, com as habilidades ficando entre ter vários graus de previsibilidade ou variabilidade ambiental (ver Gentile, 2000, para uma discussão mais completa).

Essa classificação destaca uma característica importante para as habilidades, definindo a necessidade do realizador de responder a variações momento-a-momento no ambiente. Assim, ela traz os subprocessos associados a percepção, reconhecimento de padrão e tomada de decisão (em geral com a necessidade de realizar esses processos rapidamente) de maneira que a ação seja adaptada ao ambiente. Esses processos são discutivelmente minimizados nas habilidades fechadas, em que o executante pode avaliar as demandas ambientais com antecedência e as realizam sem necessidade de fazer modificações rápidas à medida que o movimento se desdobra. Essas características estão resumidas na Tabela 1.1.

Habilidades discretas, contínuas e seriadas

Um segundo esquema para classificar as habilidades refere-se ao ponto até o qual o movimento é um fluxo contínuo de comportamento, em oposição a uma ação breve, bem-definida. Em um extremo desse sistema de classificação está a **habilidade discreta**, que em geral tem início e fim facilmente definidos, com frequência com uma duração muito breve do movimento, como arremessar uma bola, disparar um rifle ou acender uma luz. As habilidades discretas são particularmente importantes no contexto de muitos esportes e ações da vida diária, em especial considerando o grande número de habilidades discretas de batida, chute e arremesso que compõem muitas atividades esportivas, bem como habilidades do dia a dia, como abotoar, assinar o nome e amarrar o cadarço dos sapatos. As habilidades discretas frequentemente resultam em um escore de desfecho medido, que pode ser combinado com outros escores resultando em vários tipos de escores de "erro", discutidos na seção Foco na Pesquisa 1.2 e 1.3.

Na outra extremidade desta classificação está a **habilidade contínua**, que não tem nenhum início ou fim especial, sendo que o comportamento flui por muitos minutos, como nadar e tricotar. Como discutido adiante, as habilidades discretas e contínuas podem ser bem diversas, exigindo processos diferentes para performance e demandando que elas sejam ensinadas de maneira um pouco diferente como resultado.

Uma habilidade contínua particularmente importante é o **rastreamento**, no qual os movimentos do membro do executante controlam uma alavanca, uma roda, um cabo ou algum outro dispositivo para acompanhar os movimentos de alguma trilha-alvo. Dirigir um carro envolve rastreamento, com os movimentos da direção feitos para que o carro siga a trilha, definida pela estrada. Os movimentos de rastreamento são muito comuns nas situações de habilidades do mundo real e muitas pesquisas têm sido direcionadas para sua performance e aprendizagem. As tarefas de rastreamento, algumas vezes, são pontuadas com uso de um escore de erro especial, chamado de raiz quadrada do erro quadrático médio (RMSE) apresentado em detalhes em Foco em Pesquisa 1.3, "Escores de Erro nas Tarefas Contínuas".

Entre os polos do contínuo de habilidade discreto-contínua encontra-se a **habilidade seriada**, que frequentemente é considerada como um grupo de habilidades discretas ligadas para compor uma ação de habilidade nova, mais complexa. Ver a Tabela 1.2 para um resumo comparativo. Aqui, a palavra "seriada" implica que a ordem dos elementos geralmente é essencial para uma performance bem-sucedida. Mudar marchas do carro é

TABELA 1.1 Contínuo de habilidades abertas e fechadas

Habilidades fechadas ←──────────────────────────────────→ Habilidades abertas		
Ambiente previsível	Ambiente semiprevisível	Ambiente imprevisível
Ginástica	Andar em uma corda	Jogar futebol
Tiro de arco	Dirigir um carro	Luta
Digitação	Jogar xadrez	Perseguir um coelho

TABELA 1.2 Contínuo de habilidades discretas-seriadas-contínuas

Habilidades discretas	Habilidades seriadas	Habilidades contínuas
Começo e fim distintos	Ações discretas ligadas	Nenhum começo ou fim distinto
Arremessar um dardo	Bater um prego	Dirigir um carrinho de mercado
Apertar um interruptor	Trabalho de linha de montagem	Nadar
Atirar com rifle	Rotina de ginástica	Tarefa de rastreamento

Foco na
PESQUISA 1.2

Escores de erro em tarefas discretas

Com bastante frequência em pesquisas, somos solicitados a gerar um método para computar um escore de acurácia para um determinado indivíduo que está testando uma série de tentativas em um exame, frequentemente envolvendo tarefas discretas. Como veremos aqui, existem várias maneiras de fazê-lo.

Suponha que está testando indivíduos em uma tarefa de arremesso, na qual indivíduos têm de arremessar uma bola exatamente a 15,24 metros de onde estão. Dois indivíduos hipotéticos realizam essa tarefa em cinco tentativas, e os resultados são os seguintes:

Indivíduo	Tentativa 1	Tentativa 2	Tentativa 3	Tentativa 4	Tentativa 5
Chester	14,02 m	15,85 m	11,89 m	16,76 m	18,29 m
John-Lee	12,19 m	16,46 m	14,63 m	14,02 m	14,94 m

Qual desses dois indivíduos foi mais talentoso nessa tarefa? O problema aqui é gerar um único número que reflita com precisão suas habilidades na tarefa (um "escore" de acurácia do arremesso), com base naquelas cinco tentativas de arremesso. São possíveis várias medidas candidatas.

Erro constante (EC)

A maneira mais evidente de determinar que indivíduo foi mais preciso é computar o desvio de erro de cada arremesso, em relação ao alvo, e depois calcular a média desses desvios de erro. Por exemplo, na tentativa 1, o escore de erro de Chester foi –1,22 (seu arremesso foi de 14,02 metros e portanto 1,22 metros menos que o alvo). O escore de erro na segunda tentativa foi +0,60 (seu arremesso de 15,84 metros, 0,60 metros além). Após os escores de erro para cada tentativa serem computados, a média pode ser calculada para determinar o desvio de erro médio. Isso é chamado **erro constante** médio dos indivíduos. A interpretação é que Chester tendeu a errar o alvo de 15,24 metros em 0,12 m; John-Lee tendeu a errar em 0,79 m.

A fórmula para o erro constante é

$$EC = [\Sigma(X_i - T)/N]$$

Em que Σ = "soma de", i = número da tentativa, X_i = escore para tentativa ith, T = distância do alvo e N = número de tentativas.

Erro absoluto (EA)

Outra maneira relativamente evidente de combinar os escores em um único número é considerar o *valor absoluto* (ou seja, com o sinal ignorado ou removido) do erro em cada tentativa e fazer a média desses escores de erro para as várias tentativas. Por exemplo, para Chester a primeira tentativa tem um erro de 1,22 m; quando tomamos o valor absoluto, a primeira tentativa tem um erro absoluto de 1,22 m; a segunda tentativa tem um erro de +10,60 metros, cujo valor absoluto é 0,60. Se usarmos esse procedimento para o restante das tentativas para Chester e todas as tentativas para John-Lee, o erro absoluto médio computado para Chester é 1,95; para John-Lee é 1,28. Aqui, com a direção dos erros sendo desconsiderada, a interpretação é que Chester errou mais o alvo do que John-Lee.

A fórmula para o **erro absoluto** médio **(EA)** é

$$AE = [\Sigma\,(|X_i - T|)/N]$$

Em que Σ, i, X, T e N são definidos como antes para erro constante, e as barras verticais (|) significam "valor absoluto de".

Erro variável (EV)

A terceira medida de habilidade é na verdade uma medida da inconsistência do indivíduo – ou seja, quão diferente foi cada escore individual em comparação com seu escore médio (EC). Para computar o **erro variável (EV)**, elevamos ao quadrado a diferença entre cada escore de erro da tentativa e o próprio erro constante do indivíduo $[(X_i - EC)^2]$, somamos aqueles de todas as tentativas e dividimos pelo N. Agora, como esses são valores ao quadrado, retornamos a seu estado original computando a raiz quadrada deste valor.

Nesse exemplo, para a primeira tentativa de Chester, a diferença entre X_1 e o EC médio de Chester (que foi +0,12 m) é [(1,22 – (+0,12)] = –1,34 m que, quando ao quadrado, é 1,79 m. Para a segunda tentativa, a diferença entre X_2 e o EC médio de Chester é [(+0,6) – (+0,12)] = 0,5 m que, quando ao quadrado, é 0,78 m. Agora faça o mesmo para as tentativas 3, 4 e 5; adicione todas as cinco diferenças ao quadrado; divida este número por N = 5; depois faça a raiz quadrada daquele número; e finalmente tem o EV. O escore é interpretado como a inconsistência em responder, ou seja, quão variável é a performance sobre o próprio EC do indivíduo. Evidentemente, ao computar o valor para John-Lee, usaríamos seu EC (que é –0,79) nos cálculos. O escore EV computado para Chester foi de 2,22 m e para John-Lee o EV foi de 1,37 m. A interpretação é que embora o arremesso médio de Chester esteja mais próximo da meta do que o arremesso médio de John-Lee, Chester foi mais inconsistente naqueles arremessos do que John-Lee.

A fórmula para erro variável é

$$EV = \sqrt{[\Sigma\,(X_i - EC)^2/N]}$$

Em que Σ, X, i, EC e N são definidos como antes e $\sqrt{}$ é a raiz quadrada.

EA foi empregado como medida de erro muito frequentemente até que os pesquisadores Schutz e Roy (1973) destacaram algumas dificuldades estatísticas com ele. Atualmente, os pesquisadores tendem a usar EC (como medida de viés médio, ou erro direcional) e EV (como medida de inconsistência). Algumas vezes, os pesquisadores usam uma estatística chamada **erro constante absoluto** (abreviado |EC|) em vez de EC para uma medida de viés do indivíduo. O |EC| é simplesmente o valor médio absoluto do escore de EC computado como definido anteriormente. A vantagem é que o |EC| retém a magnitude de um desvio médio do alvo, mas evita que dois escores sejam "cancelados" quando as medidas dos indivíduos são feitas juntas para apresentar um escore do grupo. Muito mais informações sobre esses escores de erro são apresentadas no Capítulo 2 do livro de Schmidt e Lee (2011).

Exemplo de habilidade contínua, nadar sozinho.

uma habilidade seriada, com três elementos discretos de ação de mudança da alavanca (juntamente com os elementos acelerador e embreagem) conectados em uma sequência para criar uma ação maior. Outros exemplos incluem a realização de uma rotina de ginástica e a maioria dos tipos de culinária. As habilidades seriadas diferem das discretas, pois as durações do movimento tendem a ser um pouco mais longas, embora cada componente retenha um início e um fim discretos. Uma visão da aprendizagem de habilidades seriadas sugere que os elementos de habilidade individuais presentes no início da aprendizagem sejam combinados, formando um elemento único maior que o realizador controle quase como se fosse verdadeiramente discreto por natureza (p. ex., a maneira suave e rápida como um ginasta muda de uma manobra para outra nas argolas).

COMPREENSÃO SOBRE PERFORMANCE E APRENDIZAGEM

De certa forma, a performance habilidosa e a aprendizagem motora são conceitos inter-relacionados que não podem ser facilmente separados para análise. Ainda assim, uma separação temporária dessas áreas é necessária para apresentação e para facilitar uma compreensão subsequente. Muitos dos termos, princípios e processos que os cientistas usam para descrever os progressos na prática e na aprendizagem (o subcampo da aprendizagem motora) na verdade advêm da literatura sobre os processos subjacentes na produção de performance motora habilidosa (o subcampo da performance humana; o campo do comportamento motor frequentemente inclui tanto aprendizagem motora como performance humana).

Foco na
PESQUISA 1.3

Escores de erro em tarefas contínuas

Tarefas contínuas, como rastrear, são capazes de produzir muitos escores de erro em uma única tentativa. Considere a Figura 1.1 como exemplo de um segmento de uma única tentativa de uma tarefa de rastreamento para um único indivíduo. O rastreamento cinza representa a meta do estímulo, como uma pista de uma estrada ao longo da qual um motorista pode dirigir seu carro. A linha contínua representa o centro exato (não marcado) da trilha de extremidade a extremidade. A linha pontilhada representa um comportamento de rastreamento de um indivíduo, neste caso, quão perto do centro da estrada o carro é mantido. Como a habilidade pode ser medida nessa única tentativa de uma performance contínua?

Um método comum usado por pesquisadores que estudaram tarefas de rastreamento é computar uma medida chamada **erro quadrático médio (RMSE).** Faz-se isso computando a distância da resposta de rastreamento do indivíduo a partir da linha alvo nos pontos de distância estabelecidos ao longo da trilha (p. ex., a cada 3,04 m da rodovia percorridos) ou, mais comumente, em um intervalo de tempo constante ao longo da trilha (p. ex., a cada 100ms). Esse método efetivamente "fatia" o movimento em intervalos iguais de comportamento de rastreamento, do começo ao fim.

Com cada "fatia" da trilha, o pesquisador, então, computa a que distância a posição de rastreamento do indivíduo está do alvo. Como a linha contínua na Figura 1.1 representa o centro da trilha, é conveniente definir a linha contínua como posição "zero". Portanto, se o indivíduo estiver à direita do alvo, a medida recebe um valor de erro positivo; se a posição de rastreamento for para a esquerda do alvo, a medida adquire um valor negativo. O escore da raiz quadrada do erro quadrático médio é computado calculando primeiramente os desvios quadrados para cada posição medida ao longo da trilha, depois calculando a raiz quadrada da soma desses escores.

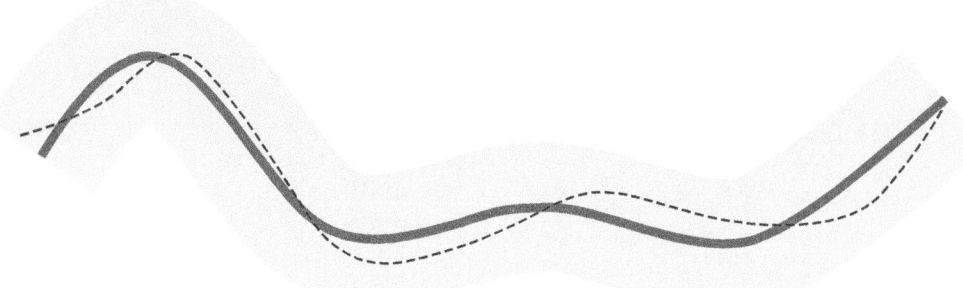

FIGURA 1.1 Medindo RMSE em uma tarefa de rastreamento. A área cinza é a metade estímulo (como uma rodovia); a linha contínua representa o centro da rodovia não mascarada, e pode ser considerada o objetivo do indivíduo. O pontilhado representa o desempenho do indivíduo na tentativa de seguir a linha contínua.

O RMSE é uma medida mais complexa de performance do que qualquer escore de erro para tarefas discretas, pois representa dois componentes do comportamento. O RMSE reflete tanto a tendência de viés do indivíduo (p. ex., em média dirigir mais perto da extremidade direita da pista do que da extremidade esquerda) bem como a inconsistência no comportamento de rastreamento (quão variável a performance tende a ser). É bem reconhecida como uma medida boa de quão efetivamente a pessoa rastreou.

Portanto, enquanto em um primeiro momento possa parecer mais lógico tratar a aprendizagem motora antes da performance motora (uma pessoa tem de aprender antes de realizar), torna-se estranho apresentar informações sobre a aprendizagem sem primeiro ter fornecido esta informação básica sobre performance.

Por essa razão, este livro é organizado em duas partes, sendo que a primeira introduz a terminologia, os conceitos e princípios relacionados com a performance humana habilidosa sem muita referência a processos associados à aprendizagem. Os princípios aqui provavelmente aplicam-se mais fortemente à performance de ações já habilidosas. Tendo examinado os princípios de como o sistema motor produz habilidades, a discussão volta-se para como esses processos podem ser alterados, facilitados e treinados por meio da prática. Isso envolve aprendizagem motora, cujos princípios aplicam-se mais fortemente à instrução de habilidades motoras.

Ao estudar a performance e aprendizagem motora-habilidade, é útil compreender em que cada conceito se encaixa ao processo complexo de realizar uma habilidade. Por essa razão, e para ajudar a aplicar informações de habilidades a uma variedade de situações, este livro desenvolve um modelo conceitual. Esse modelo representa o grande quadro de performance motora; e à medida que novos tópicos são introduzidos, eles são adicionados ao modelo, juntando a maioria dos processos e eventos mais importantes que ocorrem à medida que os executantes produzem habilidades. Os modelos desse tipo são fundamentais no ensino e na ciência, pois abarcam muitos fatos e conceitos aparentemente não relacionados, ligando o conhecimento do mundo real com os conceitos a serem discutidos.

Os modelos podem ser de muitos tipos, evidentemente, tais como o modelo de canalização e bombeamento do sistema circulatório humano e a variedade de bolas que modelam a estrutura de átomos, o sistema solar e as moléculas na química. Para habilidades, uma conceitualização útil é um modelo de fluxo de informação, que considera como a informação de vários tipos é usada na produção e aprendizagem de uma ação habilidosa. As primeiras porções do texto constroem esse modelo, primeiramente considerando como as informações sensoriais que entram no sistema por meio de receptores são processadas, transformadas e armazenadas. Depois, a isso se adiciona a maneira como essa informação sensorial leva a outros processos associados à tomada de decisão e plano de ação. Ao modelo conceitual emergente são então adicionadas características de iniciação de ação bem como atividades envolvidas enquanto a ação está acontecendo, como controle de contrações musculares e detecção e correção de erros; isto está altamente relacionado com a análise pelo executante das sensações produzidas como resultado de se realizar a ação – processos relacionados com *feedback*. Na segunda porção do texto, que lida com aprendizagem, o modelo fornece uma compreensão eficaz dos processos que são ou não influenciados pela prática.

RESUMO

As pessoas consideram as habilidades motoras um aspecto importante, fascinante da vida. O conhecimento sobre habilidades provém de uma variedade de disciplinas científicas e pode ser aplicado em muitas situações, tais como esporte, ensino, treinamento, indústrias e fisioterapia.

A habilidade em geral é definida como capacidade de produzir algum resultado final desejado com o máximo de certeza e o mínimo de tempo e energia. Muitos componentes diferentes estão envolvidos; as principais categorias são processos perceptivos ou sensoriais, tomada de decisão e produção de movimento. As habilidades podem ser classificadas ao longo de inúmeras dimensões, como habilidades abertas *versus* fechadas, e habilidades discretas, contínuas e seriadas. Essas classificações são importantes porque os princípios de habilidades e sua aprendizagem frequentemente diferem para categorias diferentes de habilidades.

A organização particular do texto de materiais deve facilitar uma compreensão das habilidades. Após essa introdução, a Parte I restante trata dos princípios da performance habilidosa humana e os processos subjacentes, focando em como as várias partes do sistema motor atuam para produzir ações habilidosas. A Parte II examina como modificar esses vários processos pela prática e aprendizagem motora. A compreensão de como todos esses componentes podem operar juntos é facilitada por um modelo conceitual de performance humana que é desenvolvido em todo o texto.

AUXÍLIOS PARA APRENDIZAGEM

Aprendizagem interativa

Atividade 1.1: classificar habilidades como discretas, seriadas ou contínuas por natureza selecionando a categoria adequada para cada um dos cinco exemplos.

Atividade 1.2: revisar os tipos de erro medidos na pesquisa de aprendizagem motora combinando várias medidas de erro com suas definições.

Exercício de princípios para aplicação

Atividade 1.3: o exercício de princípios para aplicação deste capítulo aplica os conceitos em sua própria experiência, pedindo a você para analisar uma habilidade motora que aprendeu no passado ou está aprendendo atualmente. Você irá descrever a habilidade como aberta ou fechada e como discreta, contínua ou seriada e identificar as metas da habilidade e os fatores que contribuem para seu sucesso quando realizá-la.

Verifique sua compreensão

1. Defina uma habilidade e indique por que cada um dos termos adiante é importante para essa definição.
   - Meta ambiental
   - Certeza máxima
   - Custos mínimos de energia
   - Tempo mínimo

2. Distinga entre habilidades abertas e fechadas e entre habilidades discretas, seriadas e contínuas. Dê um exemplo de cada.

3. Liste e descreva três elementos fundamentais para quase toda habilidade.

4. Defina uma teoria e descreva como os cientistas usam teorias para conceber experimentos.

Aplique seu conhecimento

1. Liste três habilidades motoras que aprendeu, seja recentemente ou quando era mais jovem (p. ex., balançar um bastão de beiseseboll, amarrar o cadarço dos sapatos ou tocar uma música no piano). Classifique cada uma das habilidades que listou, distinguindo entre aberta e fechada e entre habilidades discretas, seriadas e contínuas. A certeza máxima, os custos mínimos de energia e o tempo mínimo são igualmente importantes para cada uma das tarefas que listou? Por que ou por que não?

Sugestões de leitura complementar

Revisões históricas da pesquisa de habilidades motoras conduzidas por Irion (1966), Adams (1987) e Schmidt e Lee (2011). A primeira edição de *Controle Motor e Aprendizagem* (Schimdt, 1982) contém um capítulo dedicado ao estudo científico das habilidades motoras. Snyder e Abernethy (1992) dedicaram um capítulo aos estágios iniciais da carreira de Franklin Henry. Os sistemas de classificação das habilidades são revisados em Poulton (1957), Gentile (1972) e Farrell (1975). Ver a lista de referência para esses recursos adicionais.

PARTE I

Princípios de Performance Habilidosa Humana

O Capítulo 1 introduziu apenas alguns tipos de performance motora que nos fascinam – desde os poderosos movimentos dos atletas de elite até as virtuosas performances musicais. Agora, começamos uma exploração em duas partes dessas performances motoras habilitadas. Na Parte I, enfatizamos os princípios baseados na pesquisa de como essas performances motoras podem ocorrer. À medida que introduzimos os vários conceitos relativos à performance motora, "construímos" um modelo conceitual de performance habilidosa humana em toda a primeira parte do livro. Esse modelo contém e resume muitos dos fatores mais importantes que estão subjacentes às performances e é útil como um guia para a compreensão de como as habilidades motoras são realizadas. Na Parte I, o foco é principalmente nos fatores que possibilitam que as performances motoras habilidosas ocorram sem muita referência à prática e aprendizagem de habilidades. Após explicarmos a terminologia e os conceitos fundamentais de performance humana na Parte I, nos voltamos na Parte II, para alguns dos princípios que governam a maneira como determinados componentes delineados na Parte I são adquiridos com a prática e a experiência.

2

Processando Informação e Tomando Decisões

O Lado Mental da Performance Humana

PALAVRAS-CHAVE

Abordagem de processamento da informação
Antecipação espacial
Antecipação temporal
Armazenamento sensorial de curto prazo (ASCP)
Estereótipos da população (das pessoas)
Lei de Hick
Memória
Memória de curto prazo (MCP)
Memória de longo prazo (MLP)
Pré-período
Tempo de movimento (TM)
Tempo de reação (TR)
Tempo de reação de escolha
Tempo de resposta
TR simples

PERFIL DO CAPÍTULO

Abordagem do processamento de informação
Tempo de reação e tomada de decisão
Sistemas de memória
Resumo

OBJETIVOS DO CAPÍTULO

O Capítulo 2 descreve a conceitualização de como as decisões são tomadas na realização das habilidades motoras. Este capítulo vai ajudá-lo a compreender

- ▶ a abordagem do processamento da informação,
- ▶ os estágios que ocorrem durante o processamento da informação,
- ▶ os vários fatores que influenciam a velocidade do processamento de informação,
- ▶ o papel da antecipação na aceleração da velocidade de resposta e
- ▶ sistemas de memória e seus papéis na performance motora.

O batedor estava pronto dessa vez. O lançador havia acabado de lançar três bolas lentas em curva em sequência. Embora o batedor tivesse dois *strikes* contra ele, sentiu-se confiante porque pensou que o próximo arremesso seria uma bola rápida, e estava preparado para ela. À medida que o arremesso aproximava-se dele, movimentava-se para frente e começava a balançar o taco para que ele encontrasse a bola, mas logo percebeu que essa era outra curva. Ele não conseguiu modificar o balanço em tempo e o taco cruzou a base principal bem antes de a bola chegar. O lançador venceu-o novamente.

Como a previsão falha do rebatedor interferiu em sua performance? Que processos foram necessários para reparar a ação? Até que ponto o estresse do jogo interferiu? Certamente uma grande preocupação do executante habilidoso é a avaliação da informação, que leva à tomada de decisão sobre a ação futura. Mas sobre qual informação o rebatedor estava refletindo enquanto o arremesso se aproximava da base principal – o giro da bola? Sua velocidade? Sua localização? O tipo, a velocidade e a localização de arremessos anteriores? Com que rapidez balançar o taco? Onde tentar bater na bola? Processar toda, ou até mesmo parte dessa informação, certamente teria influenciado no sucesso do rebatedor ao bater na bola.

Sem dúvida, uma das características mais importantes da performance habilidosa é decidir o que fazer (e o que não fazer) em situações em que essas decisões são necessárias de maneira rápida e previsível. Afinal de contas, o arremesso de beisebol mais maravilhosamente executado para a primeira base é ineficaz se o arremesso tivesse de ter sido direcionado para outro lugar. Este capítulo considera fatores que contribuem para essas capacidades de tomada de decisão, incluindo o processamento de informações ambientais e alguns dos fatores que contribuem para a decisão real. Começamos com uma abordagem geral para compreender como o sistema motor usa a informação, o que formará a base do modelo conceitual de performance humana.

ABORDAGEM DO PROCESSAMENTO DE INFORMAÇÃO

Pesquisadores acharam útil pensar sobre o humano como um processador de informações, muito semelhante a um computador. A informação é apresentada para o humano como *input*; vários estágios do processamento dentro do sistema motor humano geram uma série de operações sobre essa informação; e a resposta subsequente (*output*) é o

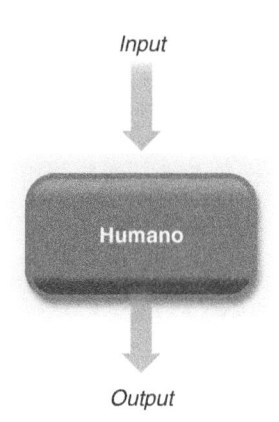

FIGURA 2.1 Abordagem simplificada de processamento de informação ao pensamento sobre a performance humana.

movimento habilidoso. Essa simples **abordagem do processamento da informação** é mostrada na Figura 2.1.

A principal meta dos pesquisadores interessados na performance de habilidades motoras é entender a natureza específica dos processos no quadro rotulado "Humano" na Figura 2.1. Existem muitas maneiras de abordar esse problema; uma, particularmente útil, supõe que existem estágios de processamento da informação separáveis pelos quais a informação deve passar no seu caminho entre *input* e *output*. Para os nossos propósitos, temos três desses estágios:

- Identificação do estímulo
- Seleção da resposta
- Programação do movimento

Essa análise de estágios da performance geralmente supõe que a informação periférica entra no sistema e é processada no primeiro estágio. Quando, e apenas quando, esse estágio concluiu suas operações, o resultado passa para o segundo estágio, cujo processamento é finalizado e então o resultado do segundo estágio é passado para o terceiro estágio e assim por diante. Uma suposição fundamental é que os estágios são não sobrepostos, ou seja, todo o processamento em um determinado estágio é concluído antes de o produto de classificação ser passado para o próximo estágio; ou seja, o processamento em dois estágios diferentes não pode ocorrer ao mesmo tempo. Esse processo finalmente resulta em um *output* – a ação. O que ocorre nesses estágios de processamento?

Estágio de identificação do estímulo

Durante esse primeiro estágio o problema do sistema é decidir se um estímulo foi apresentado e, se foi, qual é ele. Assim, a identificação do estímulo é principalmente um estágio sensorial, que analisa as informações ambientais a partir de uma variedade de origens, como visão, audição, toque, cinestesia e olfato. Os componentes, ou dimensões separadas desses estímulos, são consideradas "montadas" neste estágio, como a combinação de extremidades e cores que formam uma representação de um carro no tráfico. Os padrões de movimento também são detectados, como, por exemplo, se outros objetos estão movendo-se, em que direção e com que rapidez, e assim por diante, como seria necessário para dirigir um carro em tráfego pesado. Acredita-se que o resultado desse estágio é parte de uma representação do estímulo, sendo que essa informação é passada para o próximo estágio – seleção da resposta.

Estágio de seleção da resposta

As atividades do estágio de seleção da resposta começam após o estágio de identificação do estímulo fornecer informações sobre a natureza do estímulo ambiental. Esse estágio tem a tarefa de decidir que resposta fazer, dada a natureza da situação e o ambiente. No exemplo de dirigir, a escolha de respostas disponíveis pode ser ultrapassar outro veículo, reduzir a marcha ou fazer uma manobra de desvio. Assim, esse estágio requer um tipo de processo de transição entre *input* sensorial e *output* de movimento.

Estágio de programação do movimento

Esse último estágio começa seu processamento após receber a decisão sobre que movimento fazer como determinado pelo estágio de seleção da resposta. O estágio de programação do movimento tem a tarefa de organizar o sistema motor para fazer o movimento desejado. Antes de produzir um movimento, o sistema deve preparar os mecanismos de níveis mais baixos no tronco cerebral e na medula espinal para ação e deve recuperar e organizar um programa motor que subsequentemente irá controlar o movimento. No exemplo de dirigir um carro, se o estágio de seleção da resposta determinou que uma resposta de frenagem era necessária, então, a organização do programa motor responsável pela execução de uma ação de frear ocorreria no estágio de programação do movimento.

Expansão do modelo conceitual

A Figura 2.2 adiciona alguns detalhes à noção simples de processamento da informação descrito na Figura 2.1, incluindo os estágios do processamento já descrito. Essa elaboração é a primeira revisão de nosso modelo conceitual, que detalharemos ao longo do texto, ao introduzirmos ideias mais fundamentais da performance humana.

Claramente, esses estágios estão todos incluídos no sistema de informação humana e não são diretamente observáveis sob circunstâncias usuais. No entanto, vários métodos laboratoriais possibilitam aos cientistas aprender sobre esses estágios. O **tempo de reação** (abreviadamente **TR**) é uma das ferramentas mais importantes que os pesquisadores usam há muitas décadas para aprender sobre esses estágios. Iremos examinar o TR em muito mais detalhes para compreender como funciona o processamento da informação.

TEMPO DE REAÇÃO E TOMADA DE DECISÃO

Uma medida importante de performance que indica a velocidade e a eficácia da tomada de decisão é o intervalo de TR – o intervalo de tempo que passa após um estímulo subitamente apresentado, frequentemente não previsto até o *começo* da resposta. O conceito e a avaliação do TR são importantes porque representa uma parte de alguns eventos do dia a dia, como frear rapidamente em resposta a um evento não previsto no tráfego; ao responder para segurar um copo que foi acidentalmente derrubado; e, no esporte, em eventos como as corridas de velocidade, em que um tom auditivo serve como estímulo para começar a corrida.

Um ditado antigo diz que uma imagem vale mais que mil palavras. Isso certamente é confirmado pela foto redesenhada de uma corrida antiga (Figura 2.3) reimpressa de Scripture (1905). O juiz do lado esquerdo da foto já disparou a arma, talvez algumas centenas de milissegundos antes, como você pode ver pela posição da fumaça da pistola elevada acima do juiz. E os corredores ainda estão parados em suas posições de preparo e apenas agora estão começando a se mover. A foto ilustra bem o atraso substancial envolvido no TR. Ser capaz de minimizar o TR nessa situação é crucial para dar início ao movimento tão rapidamente quanto possível. Pelo fato de o TR ser um componente fundamental de muitas habilidades, não é surpreendente que muita atenção de pesquisa tenha sido direcionada para ele.

Mas o TR também tem um significado teórico importante, que é a principal razão de ele ter atraído tanta atenção para a pesquisa. No entanto, algumas vezes, há confusão sobre o que o TR é e como ele é medido. Para revisar, os pesquisadores definem o intervalo de TR de maneira muito cuidadosa; é o período de tempo que começa quando o estímulo é primeiramente apresentado e termina quando a resposta do movimento *começa*. Observe que o intervalo de TR não inclui o tempo que é tomado para completar o movimento, como ilustrado

FIGURA 2.2 Modelo de processamento de informação expandido, mostrando três estágios cruciais do processamento no pensamento sobre a performance humana.

FIGURA 2.3 Ilustração de atraso do TR em um início de corrida; o tiro para o início foi dado, mas os atletas ainda estão em suas marcas devido ao atraso no processamento do sinal a partir do disparo da arma (o atraso está contido no intervalo do tempo de reação).

na Figura 2.4. Esse período de tempo desde o final do TR até a conclusão do movimento é em geral chamado de "**tempo de movimento**" (ou simplesmente **TM**). Portanto, termos como "TR de freio" usados para descrever o tempo que uma pessoa leva para pressionar o pedal do freio no carro são tecnicamente incorretos, pois o tempo usado para pressionar o freio inclui o tempo para o movimento do pé a partir do acelerador até pressionar o freio, o que ocorre *após* o intervalo de reação. O que muitos chamam de TR do freio é na verdade o total de TR mais TM – o que é chamado de **tempo de resposta**.

O intervalo de TR é uma medida das durações acumuladas dos três estágios sequenciais e não sobrepostos de processamento observados na Figura 2.2. Qualquer fator que aumente a duração de um ou mais desses estágios irá, portanto, estender o TR. Por essa razão, os cientistas interessados no processamento da informação usaram o TR como uma medida das velocidades do processamento nesses estágios. Adiante, uma discussão de como as alterações no TR podem nos informar sobre os estágios de processamento.

Fatores que influenciam a tomada de decisão

Existem muitos fatores que influenciam o TR, variando desde a natureza da informação do estímulo apresentada até a natureza do movimento exigida pelo executante. Alguns dos fatores mais importantes relacionados com a performance humana são considerados nessa seção.

Número de alternativas de estímulo-resposta

Considere o seguinte exemplo envolvendo o ato de dirigir um carro. No semáforo, o número de possí-

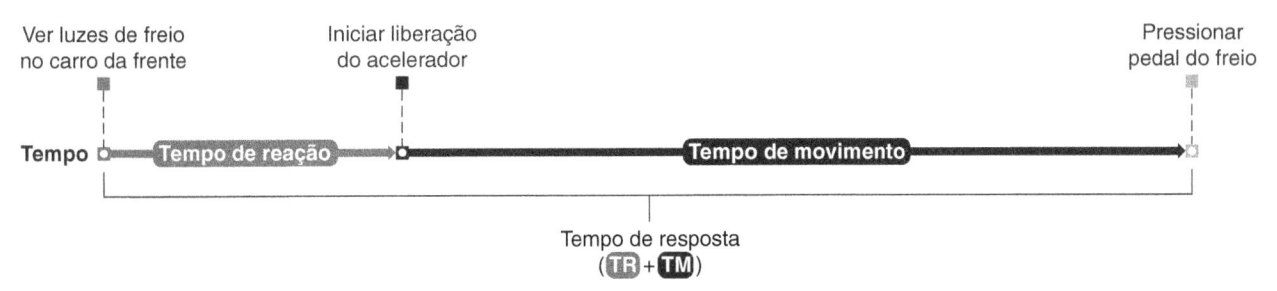

FIGURA 2.4 Mensuração do tempo de reação, tempo de movimento e tempo de resposta para pressionar o pedal do freio no carro.

Dirigir um carro no tráfego apresenta ao motorista uma ampla gama de possíveis estímulos e respostas.

veis situações de emergência que requerem uma resposta evasiva em geral é menor do que no tráfego pesado. Eventos inesperados de vários veículos ao seu redor servem para amplificar as possíveis situações problemáticas que podem ocorrer, em comparação com tráfego extremamente leve ou ausente. Um dos fatores mais importantes que influenciam o tempo de início de uma ação é o número de estímulos (cada um tendo sua própria resposta), que pode possivelmente ocorrer a qualquer momento. Experimentos laboratoriais controlados desse tipo, geralmente, envolvem vários estímulos possíveis, como luzes e várias respostas diferentes das quais o indivíduo pode escolher, como pressionar diferentes teclas dependendo de que luz de estímulo foi iluminada.

A Figura 2.5 ilustra uma configuração experimental típica em que a gama de estímulos contém oito luzes possíveis que podem acender e um painel de resposta com oito teclas de resposta correspondentes. Embora as oito luzes de estímulos e teclas de resposta sejam observadas em cada versão do experimento, o pesquisador instrui o participante sobre o número de alternativas de estímulo-resposta (E-R) do qual esperar um estímulo (uma luz subitamente iluminada) em qualquer bloqueio dado de tentativas. Por exemplo, na Figura 2.5c, o participante saberia que qualquer uma das quatro luzes do meio poderia ser acesa, o que exigiria a resposta de pressionar a tecla designada das teclas correspondentes. Observe, no entanto, que em qualquer tentativa dada, apenas uma luz de estímulo será iluminada, então, apenas uma tecla precisa ser pressionada.

Isso é chamado de **tempo de reação de escolha**, em que o executante deve escolher uma resposta de um subgrupo de possíveis movimentos predeterminados. Geralmente, o executante recebe um sinal de alerta, seguido de um **pré-período** de duração imprevisível (p. ex., 2, 3 ou 4s, sendo que a ordem é randomicamente determinada). Quando o estímulo de reação é subitamente apresentado, é somente então que o executante é informado sobre que botão pressionar; o TR é o tempo necessário para detectar e reconhecer o estímulo e selecionar e iniciar a resposta adequada.

Número de alternativas E-R = 1

a

Número de alternativas E-R = 2

b

Número de alternativas E-R = 4

c

Número de alternativas E-R = 8

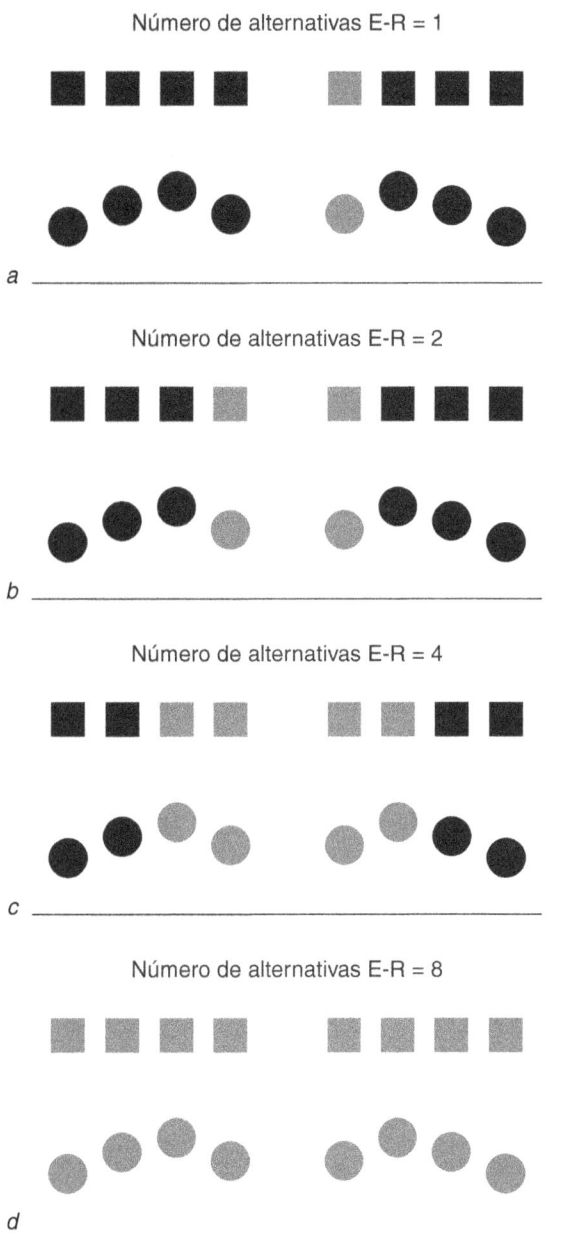

d

FIGURA 2.5 Diferentes combinações de número de alternativas estímulo-resposta. Os quadros representam estímulos visuais potenciais; os círculos representam as teclas a pressionar em resposta a esses estímulos. As cinzas representam os eventos E-R que são possíveis; as cores pretas representam as teclas de não estímulo e não resposta.

Geralmente, à medida que o número de possíveis alternativas E-R aumenta, há um aumento do tempo necessário para responder a qualquer um deles. A situação mais rápida envolve apenas um estímulo e uma resposta, chamada de **TR simples**. TR aumentado devido a um número maior de alternativas E-R é de crucial importância na compreensão da performance habilidosa, formando a base da **Lei de Hick** (ver Foco na Pesquisa 2.2). O aumento do TR é muito grande quando o número de alternativas é aumentado de um a dois. Como observado na Figura 2.6, o TR pode aumentar de cerca de 190 ms com TR simples na Figura 2.6 para mais de 300 ms para um caso de duas escolhas – pelo menos um aumento de 58% no tempo necessário para processar a informação de estímulo para a resposta! À medida que o número de escolhas torna-se maior, adicionar escolhas extras ainda aumenta TR, mas os aumentos tornam-se cada vez menores (p. ex., o aumento de 9 a 10 escolhas pode ser apenas de 20 ms, ou cerca de 2 ou 3%). Mesmo essa pequena quantidade de atraso pode ser crucial para determinar o sucesso em muitas situações.

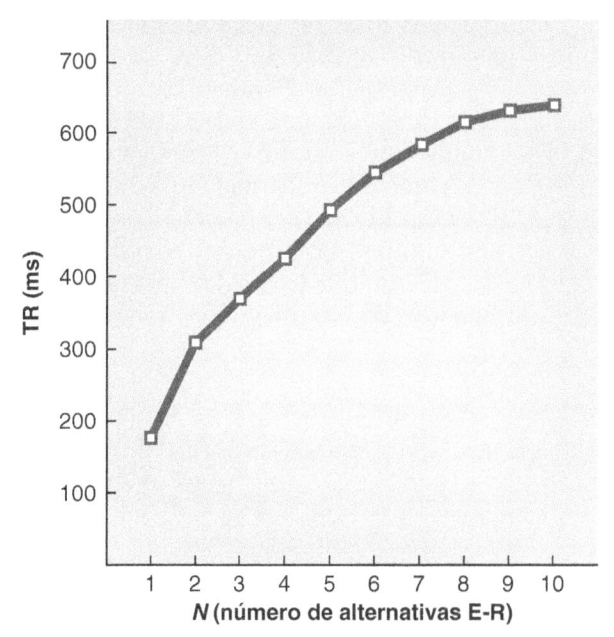

FIGURA 2.6 Relação entre o número de possíveis alternativas de estímulo-resposta (E-R) e tempo de reação.

Reimpressa, com autorização, de Schmidt e Lee 2011; Dados de Merkel 1885.

Foco na
PESQUISA 2.1

Estágios de processamento de Donders

Determinar as durações das atividades mentais remonta há anos, e um dos primeiros experimentos envolvendo humanos foi realizado pelo médico holandês F. C. Donders, em 1868. A lógica dos "fatores aditivos" de Donders era de que a ideia sobre as durações dos vários estágios poderia ser compreendida adicionando, ou subtraindo, o tempo tomado para exigências específicas da tarefa. Dê uma olhada nas ilustrações na Figura 2.5. A ilustração na Figura 2.5a representa a situação mais simples – a tarefa do participante é pressionar a tecla de resposta tão rapidamente quanto possível quando o estímulo anterior aparece. Nenhum outro estímulo aparecerá e nenhuma outra resposta será necessária – a tarefa é meramente responder tão rapidamente quanto possível nessa situação. De acordo com Donders, uma tarefa como essa (que ele chamou de tipo A, ou que atualmente é chamada de TR simples) exige apenas o processo de "detecção do estímulo", já que o realizador sabe a resposta a ser dada antes de o estímulo vir.

Compare essa tarefa com outra em que o participante tem de responder ao sinal, como na Figura 2.5a, com um pressionamento rápido da tecla. No entanto, nessa tarefa (um tipo C, atualmente chamado de "reação vai/não vai"), um dos outros estímulos aparecerá algumas vezes. A tarefa do participante é *não responder* com um pressionamento de botão nesses ensaios, mas responder apenas quando o estímulo especificado aparece. Donders raciocinou que essa tarefa também exigia detecção do estímulo, como na tarefa tipo A. Mas, além disso, essa tarefa requer que o participante realize um processamento de "identificação do estímulo" – identificando que o estímulo foi aquele especificado antes da resposta. Assim, a diferença em TR entre as duas tarefas supostamente exigiu o estágio adicional de identificação do estímulo.

Finalmente, Donders considerou um terceiro tipo de tarefa – uma tarefa tipo B (atualmente chamada de tarefa de TR de escolha) – que exigia que os indivíduos respondessem a um dos estímulos alternativos com um pressionamento adequado da tecla, como mostrado na Figura 2.5, *b* a *d*. Essa tarefa é semelhante à tarefa tipo C em que o estímulo deve ser detectado e identificado. Mas, além disso, a tarefa B requer que o indivíduo responda selecionando a tecla apropriada para pressionar. Assim, comparada com a tarefa C, o TR adicional exigido para completar a resposta B é causado pela inserção de um estágio de "seleção da resposta" do processamento.

Requisitos dos três tipos de tarefa de Donders

Tipo	Detecção do estímulo	Identificação do estímulo	Seleção da resposta
Reação do tipo A	Sim	Não	Não
Reação do tipo C	Sim	Sim	Não
Reação do tipo B	Sim	Sim	Sim

Pode ser interessante saber que quando um de nós (RAS) estava em licença sabática em Utrecht, na Holanda, o prédio do laboratório de Donders estava localizado em F.C.-Dondersstraat (em inglês, F.C. Donders Street), que estava diretamente no caminho que RAS fazia de bicicleta para o laboratório em que trabalhava.

Exploração adicional

1. De acordo com a lógica de Donders, se o TR do tipo A foi de 150 ms, o TR tipo B foi de 240 ms, e o TR de tipo C foi de 180 ms, quais seriam as durações da identificação do estímulo e estágios de seleção de respostas?

2. Donders foi o primeiro a explorar o conteúdo e os trabalhos dos estágios do processamento de informação por meio do rearranjo das condições da tarefa para que fossem capazes de adicionar ou subtrair exigências de processamento específicas de maneira sistemática. Contudo, a abordagem não ocorre sem problemas. Examine criticamente as seguintes suposições deste método:

    a. Que os estágios do processamento estão dispostos em série, sem sobreposições no tempo.

    b. Que, em comparação com a reação A, a tarefa de reação do tipo C requer apenas estágio adicional de reconhecimento do estímulo, e nenhum outro; uma suposição análoga envolve as tarefas de tipo B e C e o estágio de seleção da resposta.

    Até que ponto você acha que essas suposições estão corretas?

Foco na PESQUISA 2.2

A Lei de Hick

Há mais de um século, Merkel (1885, citado por Woodworth, 1938) pediu que alguns indivíduos em um experimento de TR de escolha pressionassem uma tecla de reação quando um de 10 possíveis estímulos fossem apresentados. Os estímulos eram os numerais arábicos de 1 a 5 e os numerais romanos de I a V. Cada estímulo foi pareado com um dedo da mão ou polegar e uma tecla de resposta. Por exemplo, os estímulos possíveis em um conjunto de tentativas poderiam ser os numerais 2, 3 e V (um caso de três escolhas), e os indivíduos tinham de responder seja com o dedo indicador direito, com o dedo médio direito ou com o polegar esquerdo se e quando o estímulo associado era apresentado. Merkel variou o número de alternativas de estímulo-resposta possíveis em diferentes conjuntos de tentativas. (É importante lembrar que apenas um dos N estímulos possíveis é apresentado em uma determinada tentativa.)

Os resultados de Merkel são mostrados na Figura 2.6, em que o TR de escolha é plotado como uma função do número de alternativas de estímulo-resposta. Observe que, à medida que o número de pares aumentou, houve um aumento pronunciado em TR (quase 120 ms; ver Figura 2.6) de $N = 1$ para $N = 2$; este aumento torna-se menor à medida que o número de alternativas é aumentado em direção a 10 (de $N = 9$ para $N = 10$, em que o TR de escolha aumenta quase 3 ms; ver Figura 2.6)

Bem mais tarde, Hick (1952), e independentemente Hyman (1953), descobriram que a relação entre o TR de escolha e o logaritmo para a base 2 do número (N) de alternativas estímulo-resposta, abreviado $\text{Log}_2(N)$, era linear (ver Figura 2.7). [$\text{Log}_2(N)$ é a potência à qual a base 2 deve ser elevada para igualar a N. Por exemplo, o logaritmo da base 2 de 8 é 3, abreviado $\text{Log}_2(8) = 3$, porque a base 2 elevada à terceira potência, $(2^3) = 8$.] Essa relação tornou-se conhecida como Lei de Hick e é válida para uma ampla variedade de situações usando diferentes tipos de participantes, movimentos diferentes e diferentes tipos de materiais de estímulo. É uma das leis mais importantes da performance humana.

> *continua*

> *continuação*

A Lei de Hick em forma de equação é: TR de escolha = a + b Log (N), em que a é a intersecção de TR e b é a curva.

A relação implica que o TR de escolha aumenta em uma quantia constante toda vez que o número de alternativas de estímulo-resposta (N) é *dobrado* (p. ex., de N = 2 para N = 4, em que o $Log_2(N)$ é 1 ou 2, respectivamente; ou de N = 8 para N = 16, em que $Log_2(N)$ = 3 e 4, respectivamente). Isso leva a uma importante interpretação da lei de Hick: pelo fato de a quantidade de informações necessária para resolver a incerteza entre N possíveis escolhas ser $Log_2(N)$, a Lei de Hick diz que o TR de escolha está linearmente relacionado à *quantidade de informação* que deve ser processada para resolver a incerteza sobre as várias alternativas estímulo-resposta possíveis. Dobrar a quantidade de informação a ser processada dobrando o N, portanto, aumenta o TR de escolha a uma quantidade constante (a duração necessária para responder a uma das alternativas); ou seja, essa operação (dobrar N) aumenta o TR de escolha a uma quantidade constante. Essa quantidade constante é a curva da relação log conhecida como Lei de Hick.

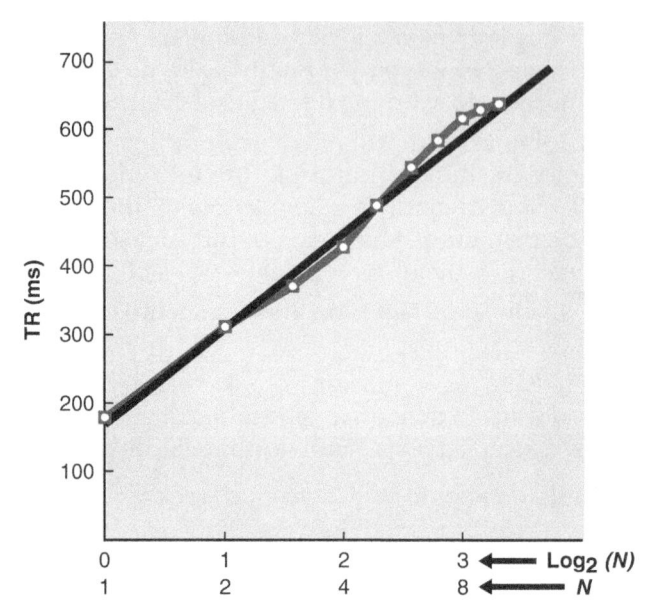

FIGURA 2.7 Lei de Hick: relação estável que existe entre TR de escolha e número de alternativas de estímulo-resposta (N) é recolocada em gráfico usando dados de Merkel da Figura 2.6, com TR de escolha como função de $Log_2(N)$.

Reimpressa, com autorização, de Schmidt e Lee 2011. Dados de Merkel 1885.

Exploração adicional

1. Como o conceito de "incerteza" relaciona-se com a quantidade de informação na Lei de Hick?
2. Cite dois fatores que poderiam influenciar na magnitude da curva (b) da Lei de Hick e descreva como as variações nesses fatores seriam propensas a aumentar ou diminuir a curva.

Compatibilidade de estímulo-resposta

Um importante determinante do TR de escolha é a compatibilidade de estímulo-resposta (E-R), geralmente, definida como a extensão até a qual o estímulo e a resposta que evoca são conectados de uma maneira "natural". Virar o guidão de uma bicicleta para a direita para mover naquela direção é um exemplo de compatibilidade E-R porque o movimento do guidão e a mudança para a direção pretendida são as mesmas – ou seja, são consideradas direcionalmente compatíveis. Imagine quão difícil seria precisar de um movimento para a esquerda do guidão para virar para a direita. Talvez isso explique uma razão pela qual dirigir um barco a vela seja mais complicado do que dirigir uma bicicleta – o marinheiro precisa virar o leme para a esquerda para mudar a direção do barco para a direita.

A Figura 2.8 ilustra dois tipos de "mapeamentos" de compatibilidade espacial de E-R. o conjunto de estímulos e respostas na ilustração em 2.8a é a mais compatível das duas porque uma ou outra luz de estímulos pede ao participante para responder naquela direção e no mesmo lado do corpo que a luz. No exemplo 2.8b, no entanto, a luz direita pede que a mão esquerda seja movida e a luz da esquerda pede que a mão direita seja movida.

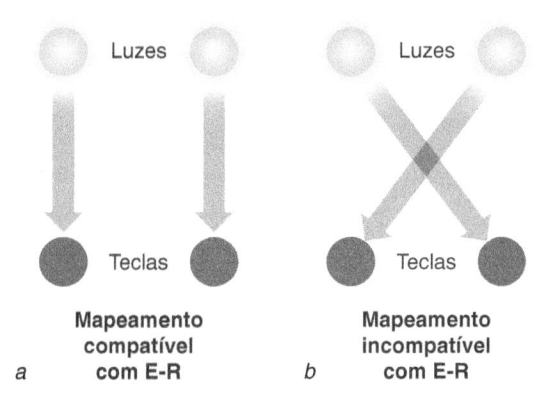

FIGURA 2.8 Relação entre dois estímulos e duas respostas é mais espacialmente "compatível com E-R" no arranjo à esquerda (a) do que no arranjo à direita (b).

Reimpressa, com autorização, de Schmidt e Lee 2011.

O mapeamento espacial dos estímulos e resposta exigida não é quase tão espacialmente direto e sem ambiguidade; esta situação é chamada de "incompatível com E-R".

Está bem estabelecido que para um determinado número de alternativas de E-R, a compatibilidade E-R crescente diminui o TR de escolha. Acredita-se que esse seja o efeito da "dificuldade" relativa do processamento da informação no estágio de seleção da resposta, em que as ligações mais naturais entre estímulos e respostas compatíveis levam a resolução mais rápida da incerteza e, portanto, a TR de escolha mais curtas. As regras gerais relativas ao número de possíveis estímulos e TR de escolha ainda se aplicam a arranjos de E-R incompatíveis, contudo.

Estereótipos populacionais

Existem muitos tipos de compatibilidade E-R que não apenas o mapeamento espacial. Por exemplo, tendemos a virar botões em sentido horário para aumentar o volume de um aparelho de som

Associações aprendidas, como apertar um interruptor para baixo para apagar a luz, são frequentemente realizadas sem consciência até que nossas expectativas sejam violadas.

ou para aumentar a velocidade de um ventilador. Na América do Norte, colocamos o interruptor para cima para acender a luz; na Europa, essa relação é inversa. No entanto, nesses casos, é mais difícil argumentar que o mapeamento do estímulo e resposta representa uma relação naturalmente existente, e não uma puramente arbitrária. Em vez disso, a associação provável é aprendida – algumas vezes, atuamos de maneira habitual devido a uma aprendizagem cultural específica, chamada de **estereótipos populacionais**.

Algumas cores representam estereótipos populacionais comuns. Vermelho é frequentemente associado a pare ou perigo, verde a siga ou segurança. Os semáforos exploram essa relação, assim como muitas outras luzes em nosso ambiente. Os pequenos LED (*light-emitting diodes*) em nossas máquinas de café são vermelhos enquanto o café está sendo feito e ficam verdes quando o café está pronto para ser tomado. Novamente, no entanto, tendemos a não prestar atenção a esses estereótipos em nossas atividades diárias a menos que a relação esperada seja violada.

Quantidade de prática

Um executante altamente experiente pode superar as desvantagens da baixa compatibilidade de E-R,

Foco na
PRÁTICA 2.1

Interruptores de luz

A compatibilidade estímulo resposta (E-R) e os estereótipos populacionais são uma parte muito grande de nossa existência diária. Em geral, nós a percebemos apenas em situações em que surgem questões inesperadas. Um exemplo comum ocorre quando entramos em um cômodo e acionamos o interruptor para acender a luz ou um banco de luzes. Na cultura norte-americana (mas não em algumas outras partes do mundo), acendemos as luzes acionando o interruptor para *cima;* colocando-o para *baixo* apagamos as luzes. Agimos assim quando entramos em um cômodo e tendemos a não conferir um pensamento à ação. No entanto, um interruptor de luz que foi instalado de cabeça para baixo vai nos trazer a questão à atenção consciente.

Uma questão semelhante ocorre a respeito da organização espacial dos interruptores em relação às localizações espaciais das luzes no local que eles controlam. Suponha que você entre em um cômodo que tem uma luz perto de você, uma no meio do cômodo e uma no canto distante, controladas por três interruptores em um painel localizado na parede próxima da porta que você usa para entrar no local. Que interruptor você acionaria para acender a luz do meio? Um painel que foi "mapeado de maneira compatível" terá o interruptor mais próximo controlando a luz mais próxima, o interruptor do meio controlando a luz do meio e assim por diante. Mas com que frequência você ficou confuso ao acender a luz errada por causa de um mapeamento luz-interruptor incompatível? Novamente, a questão chama nossa atenção de maneira especial quando ocorre o inesperado.

Os exemplos poderiam continuar. Por que o pedal do freio fica sempre à esquerda do pedal do acelerador nos carros? Por que o sistema de CD em nosso carro tem números maiores atribuídos às últimas faixas de um CD? Por que seu carro sempre aumenta a velocidade quando se pisa no acelerador? Em todos esses exemplos, o *designer* que fez o primeiro pedal de acelerador de um carro, um sistema de numeração de um CD ou a lógica de um volante de direção poderia ter feito de outra maneira. Agora, no entanto, todos nós já tivemos benefícios suficientes da experiência com uma determinada organização que se tornou *estereótipo populacional*. Imagine o incômodo e os movimentos perdidos – ou, na verdade, o perigo – do sistema desenhado com alguma outra relação estímulo-resposta.

como o velejador de competição habilidoso quase que instantaneamente move a cana do leme para a direita quando o barco deve virar para a esquerda. Pesquisas têm demonstrado que dois fatores importantes que afetam o TR de escolha são (a) a natureza ou a quantidade de prática ou ambas, e (b) a compatibilidade estímulo-resposta. Para um determinado número de alternativas de estímulo resposta, quanto maior o nível de prática, geralmente menor o TR será. Em geral, a prática reduz a inclinação do aumento do TR à medida que o número de alternativas estímulo-resposta aumenta. Isso significa que há apenas um pequeno efeito de prática no TR simples, mas há efeitos muito grandes da prática no TR de escolha. Com quantidades extremamente grandes de prática, executantes de alto nível podem produzir reações que se aproximam do processamento automático; essas reações são muito rápidas e são pouco desaceleradas, se é que o são, à medida que o número de escolhas de E-R aumenta mais.

Isso se adapta bem à experiência prática. Para um motorista iniciante, a conexão entre a apresentação de uma luz vermelha para parar e a resposta de pressionar o pedal do freio é muito desajeitada. No entanto, após centenas de horas de prática de direção, a ligação entre a luz vermelha e o pedal do freio torna-se extremamente natural, levando quase automaticamente ao movimento.

Antecipação para minimizar atrasos

Uma maneira fundamental de os executantes lidarem com os atrasos longos de TR é a antecipação. Em geral, um executante altamente habilidoso prevê o que vai acontecer no ambiente e quando irá ocorrer, e então consegue realizar várias atividades de processamento da informação antes do estímulo. O homem da linha de defesa no futebol americano, que detecta alguma coisa na forma de agir do oponente, que indica que uma jogada de corrida irá acontecer reage rapidamente e interrompe a jogada para evitar uma grande perda. Um motorista de caminhão experiente que faz viagens longas sabe que muitos motoristas de carro não compreendem a distância de um veículo de 18 rodas e faz uma mudança de pista evasiva para evitar um carro de movimentação lenta e um potencial acidente.

Pessoas altamente habilitadas sabem quais estímulos provavelmente serão apresentados, onde eles irão aparecer e quando irão ocorrer, de modo que essas pessoas podem prever as ações necessárias para tomá-las. Armado com essa informação, um executante pode organizar movimentos antecipados, concluindo algumas ou todas as atividades de processamento da informação em geral conduzidas durante a seleção da resposta ou estágio de programação do movimento. Isso possibilita ao

A prática pode superar os atrasos de processamento causados pela baixa compatibilidade estímulo-resposta. Por exemplo, um navegador habilidoso sabe mover o leme para a direção oposta à qual o barco precisa ser virado.

executante iniciar o movimento muito mais cedo ou em um momento consonante com os movimentos do ambiente, como ao prever onde e quando uma bola lançada vai chegar na base principal de maneira a ser recebida de forma eficaz com um movimento oportuno do taco. Devido a essas capacidades para antecipar, executantes habilidosos parecem comportar-se quase como se tivessem "todo o tempo de que precisam", sem serem apressados para responder ao estímulo usando os processos de tempo de reação previamente discutidos.

Tipos de antecipação

A antecipação pode ocorrer de diferentes maneiras. Dois conceitos estreitamente relacionados são a antecipação de evento e a **antecipação espacial**. Por exemplo, dois saques importantes no badminton são os saques "*clear*" e "*drop*". O *clear* é alto e longo e envia o oponente para a parte de trás da quadra. O *drop* tem a intenção de cair exatamente no outro lado da rede, o que leva o oponente à frente da quadra. A antecipação, no badminton, envolve prever o tipo de saque que o oponente vai dar e estar na posição correta para retornar o saque quando ele é recebido. Em outras situações, pode ser evidente o que vai ocorrer e onde, mas pode haver incerteza quanto a quando vai ocorrer, como na antecipação do *snap* da bola no futebol americano. Isso geralmente é chamado de **antecipação temporal**. Embora haja uma grande vantagem em saber quando algum evento ocorrerá, não ser capaz de prever *o que* irá ocorrer evita que o executante organize de maneira completa o movimento antecipadamente.

Benefícios da antecipação

Se o homem da linha de defesa no futebol americano pode prever que jogada será feita (antecipação do evento), bem como quando o *snap* ocorrerá (antecipação temporal), ele pode iniciar seu movimento simultaneamente com o *snap* da bola. Em muitos aspectos, uma antecipação correta irá resultar no intervalo de processamento equivalente ao "TR" igual a 0 ms e ele pode começar a ação si-

Foco na
PRÁTICA 2.2

Estratégias de antecipação

Os ganhos efetivos obtidos quando os jogadores preveem de maneira correta, juntamente com as grandes perdas quando os jogadores preveem de maneira incorreta, produzem elementos estratégicos importantes em muitas atividades esportivas rápidas. Uma estratégia é fazer tudo para evitar que seu oponente preveja corretamente. Uma maneira de fazer isso é ser tão imprevisível quanto possível ao decidir onde e quando determinadas ações são feitas de modo que o oponente não possa prever de forma eficaz. O oponente que prevê de maneira incorreta muito frequentemente será forçado a mudar para uma estratégia de mera reação, que é claramente mais lenta e menos eficaz do que a antecipação.

Outra estratégia importante é possibilitar a seu oponente prever, mas em seguida fazer o movimento essencialmente "oposto" ao que foi previsto. Um jogador de raquetebol move-se (e com a linguagem corporal adequada), como se fosse fazer um "saque *dink*" suave próximo da parede frontal, fazendo com que o oponente se mova para frente rapidamente. Então, como parte do plano, o *dink* previsto subitamente torna-se um saque forte, pegando o oponente mal-posicionado. Essa estratégia é parte substancial de quase todo esporte rápido. É dependente do fato de que se você pode enganar seu oponente com a antecipação, você tem a vantagem devido aos altos custos da falsa antecipação – ou seja, tirar o oponente da posição ideal ou exigir que ele gere um ação inteiramente nova.

multaneamente com o sinal, ou mesmo antes dele em determinadas circunstâncias e é provável que seja muito eficaz. A antecipação eficaz nem sempre é fácil porque requer que o executante tenha uma grande quantidade de conhecimento sobre as tendências do oponente em várias circunstâncias.

Vários fatores afetam a capacidade de prever de maneira eficaz. Um é a regularidade dos eventos. Por exemplo, se nosso oponente de raquetebol sempre dá o saque do nosso lado de *backhand* (fraco), podemos prever esse evento e enfrentá-lo de várias maneiras. Com certeza a capacidade de antecipar seria minimizada se três ou quatro saques diferentes fossem aleatoriamente usados em vez disso. De maneira semelhante, se o *quarterback* do futebol americano sempre tem *snap* no segundo de dois sinais verbais rítmicos, a equipe defensiva pode prever o evento importante e ficar altamente preparada para ele. Variar o momento dos sinais de *snap* evita que a equipe defensiva preveja temporalmente, mesmo que ainda possibilite que os colegas oponentes do *quarterback* prevejam tanto temporal como espacialmente (já que aprenderam o que tem de ser feito e quando no *huddle*). As metas aqui são para a equipe atacante responder como uma unidade única à conta-

Foco na
PESQUISA 2.3

Avaliação de habilidades de antecipação

Que habilidades separam um especialista de um novato? A maioria concorda que um rebatedor experiente no beisebol ou críquete possui habilidades motoras que são mais precisas, menos variáveis e geralmente mais eficientes do que aquelas de um rebatedor menos habilidoso. As habilidades motoras do especialista são simplesmente "melhores" e mais finamente harmonizadas. Para algumas habilidades, no entanto, e mais importante ainda para as habilidades abertas, os pesquisadores mostraram que os especialistas têm também uma grande vantagem na antecipação percentual (antecipar os movimentos de objetos no mundo externo). Como os pesquisadores sabem disso?

Uma das técnicas experimentais mais frequentemente usadas é mostrar videoclipes editados de atletas em ação e pedir ao espectador que faça determinadas previsões. Por exemplo, um vídeo de um arremessador no beisebol pode ser editado de tal maneira que uma determinada parte do corpo (p. ex., o braço que vai fazer o arremesso) foi retirada da visão do espectador. Presumivelmente, editar uma parte do corpo que é crucial para determinar que tipo de arremesso está sendo feito (p. ex., bola rápida ou bola curvada) interferiria nessa antecipação *apenas se* o atleta estivesse usando aquela informação perceptiva. Outro método de edição de vídeo é congelar a exibição em determinados pontos da ação. Com certeza, um espectador mais habilitado seria capaz de detectar mais informações em um quadro congelado anterior do que um espectador menos habilitado. A ideia que está subjacente em ambos esses métodos de edição de "oclusão" é descobrir que tipos de informação estão sendo usadas pelos executantes mais altamente habilidosos e quanto tempo antes essa informação é útil para fazer julgamentos antecipatórios.

Exploração adicional

1. O que é um *eye tracker* e como este equipamento é usado para avaliar o efeito do "olho quieto"?
2. O que são exibições em pontos de luz e como elas são usadas na pesquisa para avaliar o movimento biológico?

gem do *snap* e não possibilitar à equipe defensiva qualquer capacidade de antecipação. Isso fornece ao oponente a maior vantagem relativa.

Custos da antecipação

Existem muitas vantagens fortes na antecipação; mas assim como ocorre com a maioria das estratégias para tentar obter uma vantagem, ela vem com riscos. A desvantagem principal ocorre quando a ação prevista não é o que realmente ocorre. Novamente, no futebol americano, se o jogador defensivo prevê que o *snap* irá ocorrer no segundo som, mas o *quarterback* pega o *snap* no terceiro som, o jogador de linha poderia mover-se muito cedo, incorrendo em penalidade para seu time. De maneira semelhante, quando se prevê que um oponente vai bater na bola para o lado esquerdo da quadra, o tenista vai mover-se naquela direção antes do saque ser batido, mas corre o risco de perder ponto se o saque na verdade for batido para a direita. Com certeza, prever corretamente pode resultar em muitos benefícios, mas os custos de prever incorretamente podem ser desastrosos.

Anteriormente, discutimos a noção de que antecipar possibilita que várias atividades de processamento de informação ocorram antes de modo que elas não ocorram após o estímulo de reação ser apresentado. Suponha que um executante tenha passado por esses processos pre-

Um jogador da defesa habilitado pode ser capaz de antecipar o momento do *snap* e a jogada que ocorrerá em seguida, reduzindo seu tempo efetivo de reação para *quase* zero.

paratórios, mas, então, os eventos no ambiente mudam. Os "custos" do processamento da informação neste caso são na verdade aumentados. Primeiro, a pessoa deve inibir, ou desfazer a ação já preparada (falsamente antecipada) e esse processo requer tempo para ser concluído. Então a ação correta deve ser preparada e iniciada, estendendo ainda mais o atraso do processamento. Assim, embora uma antecipação correta possa reduzir o período de intervalo para essencialmente 0 ms, uma antecipação incorreta irá requerer mais atividades de processamento, e um atraso mais longo, comparado com uma resposta a um evento neutro ou não previsto.

Outro problema ocorre se a antecipação incorreta tiver resultado em um movimento, como você viu muitas vezes em eventos esportivos. Como antes, o executante ainda tem o problema de exibir a ação incorreta e preparar a correta. Mas pode haver outro problema: a ação inadequada pode ser na direção incorreta, levando a pessoa para mais longe do melhor local e produzindo uma desvantagem biomecânica decorrente de sua direção errada. Isto torna a ação corretiva ainda mais difícil, de grande custo energético e demorada.

SISTEMAS DE MEMÓRIA

Aqui, mudaremos o método ligeiramente para discutir um conceito importante de pensar sobre as habilidades, chamado de **memória**, que com frequência é vista simplesmente como o armazenamento dos resultados das várias atividades de processamento da informação discutidas até agora. Os vários tipos de memória e suas características serão úteis mais adiante durante a discussão sobre os vários aspectos da performance humana. Primeiramente, consideramos três sistemas de memória distintos envolvidos no controle do movimento: armazenamento sensorial de curto prazo, memória de curto prazo e memória de longo prazo.

Armazenamento sensorial de curto prazo

A mais breve de todas as memórias, o **armazenamento sensorial de curto prazo (ASCP)** é considerado como aquele que mantém a informação por um período de tempo curto. Confiamos nesse armazenamento de memória durante quase todas as nossas atividades diárias sempre que vemos, ouvimos ou sentimos. Por exemplo, após localizar o recipiente de leite na geladeira, usamos essa memória visual breve para alcançá-lo enquanto então desviamos os olhos para buscar outro objeto. A informação visual é adquirida pelos olhos e a informação acústica pelos ouvidos; e os efeitos posteriores dos movimentos são representados brevemente como informação antecipada. Quanto tempo dura? Pesquisas iniciadas por Sperling (1960) sugeriram que a informação visual pode durar não mais que cerca de 1 s na ASCP. A ideia básica é que a ASCP é responsável por armazenar grandes quantidades de informação sensorial apenas por tempo suficiente para que algumas delas sejam abstraídas e em seguida processadas (na memória de curto prazo, MCP). A ASCP não é considerada como sendo sustentada por atenção – é simplesmente uma "célula de manutenção" breve para a informação sensorial.

Memória de curto prazo

A **memória de curto prazo (MCP)**, que os pesquisadores, algumas vezes, chamam de "memória de trabalho", é um local de manutenção temporário da informação, como um número de telefone dado para você verbalmente. A menos que repitamos o item, todos nós sabemos que este número de telefone será perdido da memória em um curto período de tempo (provavelmente dentro de no máximo alguns minutos). As informações requerem repetição como o processo pelo qual evitamos perder a informação da MCP. Repetir o número de telefone várias vezes para si mesmo, seja em silêncio ou em voz alta, é um processo para relembrar a informação e, portanto, de mantê-la disponível na MCP.

Por exemplo, indivíduos em um estudo realizado por Peterson e Peterson (1959) receberam informação verbal (um trigrama de três letras) e evitava-se que a repetissem várias vezes por ter de contar de trás para frente de 3 em 3 a partir de um número específico de dois dígitos. Dentro de cerca de 10 s, a probabilidade de lembrar o trigrama com sucesso foi de menos de 0,20 e ficou abaixo de 0,10 após cerca de 20 s. Assim, a informação verbal (oito itens) na MCP é retida mais tempo do que na ASCP, mas era perdida muito rapidamente quando não recebia atenção prolongada.

Um estudo semelhante ao de Peterson e Peterson, mas usando habilidades motoras, foi conduzido por Adams e Dijkstra (1966) para estudar a MCP de informação do movimento. Indivíduos cegos para o estudo movimentaram uma lâmina em uma trilha de um ponto de partida até uma parada mecânica e tentaram repetir esse movimento (com a parada removida) após vários períodos de tempo. Os resultados do estudo de Adams-Djikstra são apresentados na Figura 2.9. Nesse experimento, a perda de memória é representada pelos aumentos de erro com o tempo. Como no estudo de Peterson e Peterson, o esquecimento rápido ocorreu durante os primeiros 20 s do período de retenção, com outras reduções ocorrendo nos próximos 60 s. Essa evidência sugere que a informação pode ser retida por um período de tempo que é muito mais longo do que a ASCP, mas está sujeita a ser esquecida se não receber atenção prolongada.

Memória de longo prazo

A **memória de longo prazo (MLP)** contém informações muito bem aprendidas que foram coletadas durante a vida. Os experimentos têm demonstrado que a MLP é essencialmente ilimitada em capacidade, como indicado pela grande quantidade de informações que são armazenadas por períodos de tempo muito longos. Essas informações nunca devem ser esquecidas: você nunca parece esquecer como andar de bicicleta ou jogar uma bola, mesmo após muitas décadas sem prática. Mesmo uma perda aparente de informação da memória, como o nome de alguém ou seu número de telefone antigo, pode ser apenas devido a uma inacessibilidade temporária da informação armazenada. Por exemplo, você pode reconhecer o nome de uma pessoa se alguém mencioná-lo – sugerindo que a memória estava lá, mas que a recuperação dela representou um problema. Acredita-se que os itens armazenados na MLP são muito abstratos, com informações codificadas por conexões elaboradas com outras informações armazenadas e por imagens, sons, odores e similares, que os neurocientistas aos poucos começam a entender de maneira mais completa.

Essencialmente, uma grande quantidade de informação pode ser armazenada na MLP por meio de processamento na MCP (ensaio, conexão da informação com outras informações e assim por diante), então o armazenamento da MLP geralmente é realizado com esforço. Dizer que alguém aprendeu algo significa que a informação foi processada de alguma maneira a partir da MCP para a MLP. Isso também se aplica às habilidades de movimento, com programas motores para ação (discutido no Capítulo 5) armazenados na MLP para execução posterior. Para muitas habilidades motoras, particularmente aquelas contínuas como andar de bicicleta ou nadar, as evidências e a experiência comum sugerem uma retenção quase perfeita após anos, até mesmo décadas, sem uma prática de intervenção; isto é, bem contrário ao esquecimento observado nas habilidades verbais e cognitivas bem aprendidas (p. ex., vocabulário em língua estrangeira). No entanto, habilidades distintas, como arremesso ou acrobacias de ginástica, são mais facilmente esquecidas. Mais detalhes sobre retenção são apresentados no Capítulo 9.

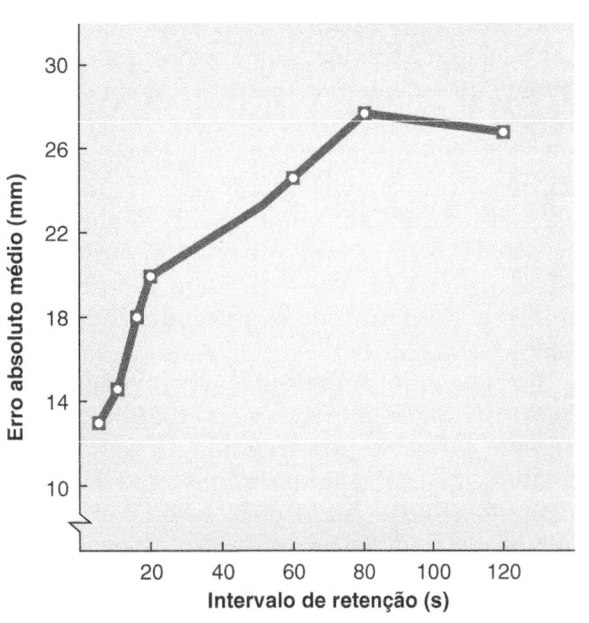

FIGURA 2.9 Erro na lembrança de um movimento de posicionamento cego aumenta rapidamente durante diferentes durações de intervalo de retenção (de Adams & Dijkstra, 1966).

Reimpressa, com autorização, de Adams e Djikstra 1966.

RESUMO

O sistema motor humano pode ser considerado um processador de informação – para habilidade motora, a informação é recebida de vários órgãos do sentido, é processada por meio de vários estágios e seu produto são os movimentos. O sistema tem três estágios principais: um estágio de identificação do estímulo, que detecta a natureza da informação ambiental; um estágio de seleção da resposta, que resolve a incerteza sobre que ação deve ser tomada; e um estágio de programação do movimento, que organiza o sistema para a ação. O tempo de reação é uma medida importante da velocidade de processamento de informação. Sua duração é fortemente afetada pelas alternativas de estímulo-resposta (conforme a Lei de Hick), pela "naturalidade" da relação entre o estímulo e seus movimentos relacionados (compatibilidade de estímulo-resposta) e pela previsibilidade dos eventos futuros. Três sistemas de memória são descritos: um armazenamento breve (ASCP) mantém a informação sensorial por alguns segundos no máximo; uma memória de curto prazo (MCP) que é capaz de manter cerca de oito itens de informação por períodos mais longos de tempo; mas esses itens duram apenas pelo tempo que podem ser mantidos pela atenção (cerca de 30 s sem atenção); e uma memória de longo prazo (MLP), que é capaz de manter a informação em armazenamento permanente durante anos.

AUXÍLIOS PARA APRENDIZAGEM

Aprendizagem interativa

Atividade 2.1: identificar o estágio do processamento da informação em que cada um de uma lista de ação ocorre.

Atividade 2.2: organizar os estágios de processamento da informação na ordem correta.

Atividade 2.3: revisar os sistemas de memória combinando cada um com sua definição.

Exercício dos princípios à prática

Atividade 2.4: o exercício dos princípios à prática deste capítulo leva você a escolher uma habilidade que consegue realizar ou que está aprendendo a realizar. Você irá descrever a habilidade, incluindo a meta do movimento e as ações básicas envolvidas. Você também irá selecionar outra pessoa para realizar essa habilidade e descrever uma atividade de processamento para cada estágio de processamento de informação e um fator que possa influenciar a tomada de decisão sobre a habilidade.

Verifique sua compreensão

1. Descreva as atividades de processamento de informação que podem ocorrer nos estágios de identificação do estímulo, seleção da resposta e programação do movimento para um goleiro de *hockey* em um jogo e para um profissional de caiaque que navega em um conjunto de corredeiras.

2. Descreva e forneça um exemplo em que a antecipação espacial é importante para o desfecho esportivo e descreva e forneça um exemplo em que a antecipação temporal é importante para um desfecho esportivo.

3. Forneça um exemplo de uma compatibilidade estímulo-resposta e um exemplo de incompatibilidade estímulo-resposta que encontrou hoje.

4. Três sistemas de memória estão envolvidos no processo de aprendizagem. O papel principal do armazenamento sensorial de curto prazo (ASCP) é armazenar grandes quantidades de informação sensorial antes do processamento pela memória de curto prazo (MCP), que é um local de manutenção temporário da informação, que pode permanecer na MCP por meio de ensaio. A informação na MCP pode ser processada a fim de ser armazenada na memória de longo prazo (MLP). Esse processamento da MCP para a MLP pode ser descrita como aprendizagem. Explique como cada um dos três sistemas de memória (ASCP, MCP e MLP) é envolvido na aprendizagem de uma nova rotina de dança. Forneça exemplos

de informações específicas que seriam processadas.
5. A antecipação pode desempenhar um papel em muitos contextos. Uma atividade em que o sucesso ou fracasso da antecipação pode ser particularmente claro é o de esportes com raquete, em que os jogadores devem prever o próximo saque do oponente. Discuta como a antecipação em um jogo de *squash* pode ser tanto benéfica como prejudicial, dependendo da situação. Que fatores podem afetar o desfecho da antecipação?

Sugestões de leitura complementar

Muitas referências boas podem ser encontradas na abordagem de processamento da informação em psicologia, incluindo o trabalho de Lachman, Lachman, e Butterfield (1979) e Sternberg (1989). Marteniuk (1976) aplicaram esta abordagem ao pensamento sobre a pesquisa de habilidades motoras. O livro de Welford (1980) sobre os tempos de reação fornece uma boa visão geral das várias aplicações deste método. Rasmussen (1986) discute muitas aplicações do processamento da informação e o livro de Adams (1976) continua sendo uma fonte excelente de discussões de memória, com particular relevância às habilidades motoras. Ver a lista de referência para essas fontes adicionais.

3

Atenção e Performance
Limitações no Processamento da Informação

PALAVRAS-CHAVE

Aceleração não intencional
Acidentes "olhei-mas-não consegui-ver"
Assincronia de início do estímulo (SOA)
Atenção
Atenção sustentada
Ativação
Cegueira inatencional
Colapso (*choking*)
Efeito coquetel de festa
Estreitamento perceptivo
Foco externo da atenção
Foco interno da atenção
Hipervigilância
Identificação de estímulo
Paradigma da estimulação dupla
Período refratário psicológico (PRP)
Princípio do U invertido
Processamento automático
Programação do movimento
Seleção de resposta
Técnica de tarefa de atenção (*PROBE-TASK TECHNIQUE*)

PERFIL DO CAPÍTULO

O que é atenção?
Limitações na identificação do estímulo
Limitações na seleção de resposta
Limitações na programação do movimento
Tomada de decisão sob estresse
Resumo

OBJETIVOS DO CAPÍTULO

O Capítulo 3 descreve o papel da atenção como fator limitador da performance humana. Este capítulo irá ajudá-lo a compreender

- ▶ a atenção e suas várias propriedades e definições,
- ▶ a atenção como limitação da capacidade de processar a informação,
- ▶ a atenção como limitação da capacidade de realizar ações, e
- ▶ a performance sob condições de estresse aumentado.

A tarefa de dirigir até a loja ilustra por que o tópico da atenção é tão complexo. Considere o seguinte:

- ▶ Você está dirigindo para o supermercado, mas infelizmente esqueceu a lista, que estava na porta da geladeira, e você está tentando lembrar o que havia nela – ovos, leite, creme de amendoim, hmmm, não, leite não, comprei um pouco ontem....
- ▶ Você recebe um telefonema. É sua colega de quarto e ela pede a você para levar macarrão para o jantar e também alguns pimentões verdes.
- ▶ Há um cruzamento à frente; o semáforo está verde por algum tempo e pode ficar amarelo a qualquer momento, então é melhor estar pronto...
- ▶ A temperatura está bem alta hoje; pode ser que seja necessário ligar o ar-condicionado. Qual desses controles eu uso?
- ▶ O que minha colega de quarto pediu para eu levar? Pense, vou lembrar – macarrão e ... cebolas verdes, sim, é isso.
- ▶ O sinal está amarelo; dá tempo de parar com segurança, ou devo acelerar no cruzamento?

E assim por diante. Em um curto período de tempo esse cenário ilustrou a natureza do conceito de atenção e fatores que o influenciam. A atenção parece ser limitada pelo fato de que apenas uma determinada quantidade de capacidade de processamento da informação parece existir. Se estiver sobrecarregada, muita informação pode ser perdida. Além disso, a atenção parece ser seriada, pois parece concentrar-se primeiramente em uma coisa, depois em outra, apenas com grande dificuldade (se há) podemos concentrar atenção em duas coisas ao mesmo tempo. Algumas vezes, a atenção é direcionada para eventos sensoriais externos (o que outros motoristas estão fazendo). Algumas vezes, ela é concentrada nas operações mentais internas (tentando lembrar os itens na lista de compras). E algumas vezes é voltada para informações sensoriais internas (sensações dos músculos e articulações). Além disso, existem as dificuldades para fazer duas tarefas ao mesmo tempo, como conversar ao telefone celular enquanto dirige. A atenção é muitas tarefas diferentes (ver também a afirmação de William James em Foco na Prática 3.1).

Foco na
PRÁTICA 3.1

William James sobre atenção

Considere a seguinte afirmação, feita há mais de um século, pelo famoso psicólogo William James (1890):

> Todo mundo sabe o que é a **atenção**. É a tomada de posse pela mente, de maneira clara e vívida, de um entre aqueles vários objetos ou linhas de pensamento que parecem simultaneamente possíveis. Focalização e concentração de consciência estão em sua essência. Isso implica a retirada de algumas coisas, a fim de lidar de maneira eficaz com as outras. (p. 403-404)

Apesar de seu comentário questionável de que "todo mundo sabe o que é a atenção", James continua revelando a complexidade do tema. Nesta declaração James sugere que a atenção assuma pelo menos três papéis diferentes. Primeiro, James diz que a atenção envolve "tomar posse pela mente ... de uma entre ... várias linhas de pensamento". Por meio dessa declaração, ele sugere que a atenção envolve um processo de *seleção* no qual o indivíduo está manipulando várias linhas em curso do pensamento, cada uma competindo por recursos atuais (ou consciência). Em segundo lugar, ele afirma que a atenção envolve "focalização ... da consciência." Essa é uma diferença sutil, mas importante, da primeira ideia. Atenção envolve um processo ativo, *diretivo* do pensamento atual, presumivelmente um que seja dinâmico – que mude com as necessidades de mudança do executante. E por último, James sugere que a atenção requer "a retirada de algumas coisas para lidar eficazmente com as outras." Aqui, ele está novamente envolvendo algo sutilmente diferente – que há um limite para a *quantidade* de atenção que pode ser alocada. O executante deve ser capaz de mudar a quantidade de alocação de atenção quando ocorrem mudanças nas exigências da tarefa.

Como discutiremos neste capítulo, as intuições e descrições de James sobre atenção eram bastante precisas.

O QUE É ATENÇÃO?

Todos os exemplos anteriores representam usos diferentes de atenção. Mas o que *é* atenção? Em nossa opinião, a atenção é um recurso (ou "conjunto" de recursos ligeiramente diferentes) que está disponível e que pode ser usado para várias finalidades. Em muitos aspectos, a atenção é como uma conta bancária, que contém recursos financeiros que nos possibilitam realizar atividades da vida diária. As maneiras pelas quais esses recursos de atenção são alocados definem como usamos a atenção.

Uma maneira de pensar sobre a atenção está relacionada com as limitações em fazer duas coisas ao mesmo tempo. Os psicólogos abordaram essas limitações no processamento de informações primeiramente tentando entender as exigências separadas de tarefas que interferem umas nas outras. A ideia foi que, se duas tarefas interferem uma na outra, então ambas exigem algum acesso à capacidade limitada de processar a informação; isto é, ambas requerem atenção. A Figura 3.1 ilustra essa ideia. Ambos os círculos representam a capacidade total que está disponível para ser alocada. No exemplo da conta bancária, esse seria o total de todo o dinheiro que temos disponível. A Figura 3.1 ilustra como a quantia fixa de atenção (recurso de capacidade) deve ser dividida entre a tarefa "principal" e alguma tarefa secundária. Quando a tarefa principal é relativamente "simples" e não requer muita atenção, como representado na Figura 3.1*a*, então mais capacidade atencional permanece para outras tarefas.

Essa noção tem fortes implicações para a compreensão da performance habilidosa. Em muitas

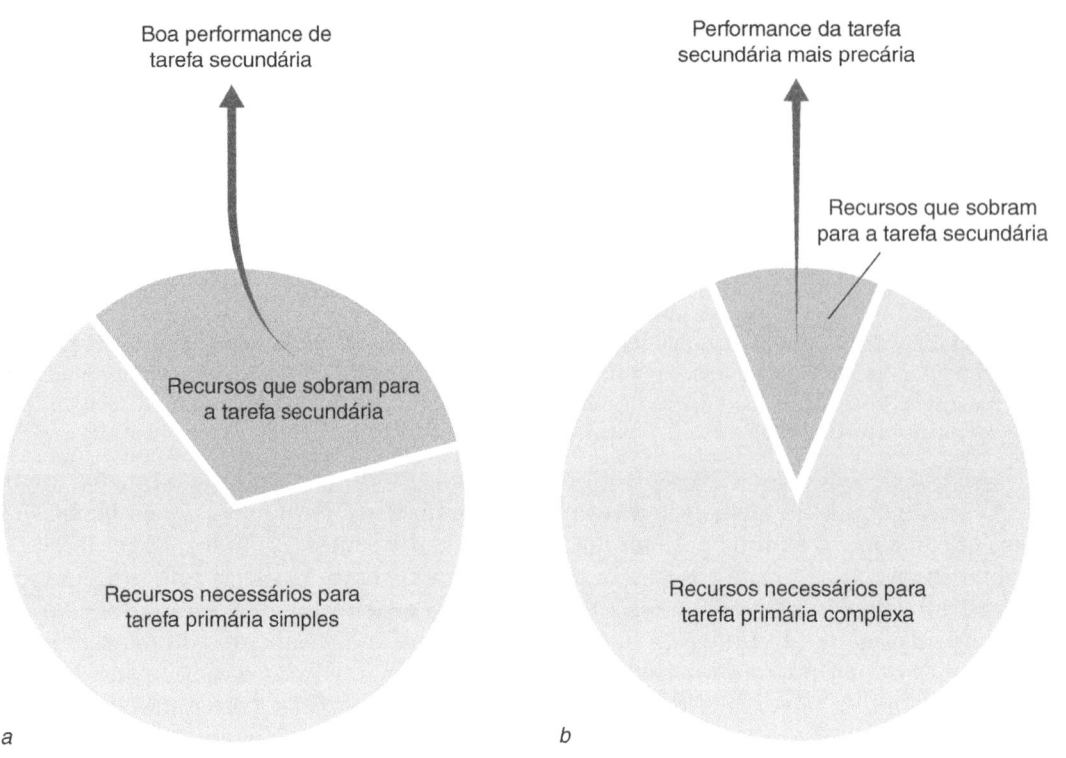

FIGURA 3.1 Atenção que sobra para uma tarefa secundária é reduzida quando a tarefa primária é mais complexa (b) comparada com quando a tarefa primária é simples (a).

Baseada em Posner e Keele 1969.

habilidades, existe uma quantidade esmagadora de informações que poderiam ser processadas, algumas delas relevantes para a performance (p. ex., o que outros motoristas estão fazendo, como no exemplo anterior) e algumas delas irrelevantes para a performance (p. ex., música que está tocando no rádio). O problema do executante é como lidar com essa potencial sobrecarga. O executante deve aprender a saber do que participar e quando, e deve desviar a atenção habilmente entre os eventos no ambiente, monitorando e corrigindo suas próprias ações, planejando ações futuras e fazendo muitos outros processos que competem pelos recursos limitados de capacidade atencional.

As seções adiante voltam-se para a questão de quando e em que condições as tarefas interferem umas nas outras. Uma maneira de entender os tipos de interferência multitarefas envolve as etapas de processamento das informações descrito no Capítulo 2 – **identificação do estímulo, seleção da resposta e programação do movimento** (ver figura 2.2). É útil perguntar se, dentro de cada fase, há interferência entre dois processos que concorrem pela capacidade disponível. Há evidências de que algum processamento pode ocorrer "em paralelo" (isto é, sem atenção) na etapa de identificação do estímulo, mas que muito menos processamento paralelo ocorre no estágio de seleção da resposta. Por último, interferência considerável frequentemente existe entre as tarefas no estágio de programação do movimento.

LIMITAÇÕES NA IDENTIFICAÇÃO DO ESTÍMULO

Algumas evidências sugerem que o processamento da informação nos estágios periféricos, sensoriais do modelo de processamento de informação pode ser feito em paralelo. Com processamento paralelo dois ou mais fluxos de informações podem entrar no sistema ao mesmo tempo e podem ser processados em conjunto, sem interferência uns com os outros. Para outras tarefas, no entanto, a capacidade de informação excede os limites de atenção, exigindo que nós *desviemos* a atenção entre as fontes concorrentes. Ainda outras pesquisas revelam que a **atenção sustentada** tende a diminuir após longo período de processamento da informação. Essas influências sobre o processamento de informação são discutidas nas próximas seções.

Processamento paralelo

A informação de diferentes aspectos da exibição visual, como a cor e a forma dos objetos, aparentemente pode ser processada em conjunto sem interferência. Evidências para o processamento paralelo na identificação de estímulo advêm de uma análise do efeito de Stroop (Stroop, 1935; MacLeod, 1991). Imagine que você é um indivíduo pesquisador, a quem se pediu que respondesse o mais rapidamente possível, nomeando a cor da tinta em que palavras são impressas, como na Figura 3.2. Em alguns casos, as palavras impressas não têm nenhuma relação semântica com as cores em que são impressas, como na lista *a*. Em outros casos, a lista em *b*, as cores de tinta competem com os nomes das palavras em si. O efeito de Stroop é a tendência do conjunto de estímulos à direita de exigir mais tempo para a conclusão dos nomes das cores do que o da esquerda. As evidências sugerem que a cor da tinta e a palavra que a tinta indica são inicialmente processadas juntas e em paralelo. A interferência é causada mais tarde pelos dois estímulos que concorrem por diferentes respostas.

Também há considerável processamento paralelo dos sinais sensoriais dos músculos e articulações associados à postura e à locomoção e as pessoas parecem lidar com isso junto e sem muita consciência. A ideia é que, considerando os processos que ocorrem no estágio de identificação do estímulo, alguma informação sensorial pode ser processada em paralelo e sem muita interferência – ou seja, sem atenção.

Cherry (1953) desenvolveu a tarefa de "escuta dicótica" para investigar essas ideias. Os indivíduos usavam fones de ouvido, de tal forma que correntes separadas de informação eram direcionadas para cada orelha; eles foram orientados a prestar atenção a um canal e ignorar o outro. Depois de um curto período de tempo os indivíduos removiam os fones de ouvido e eram convidados a repetir a informação que havia sido apresentada ao ouvido "atendido". Inesperadamente, também se pediu a eles para revelar o que havia sido apresentado no ouvido "não atendido". Os indivíduos em grande parte foram incapazes de lembrar a informação do não atendido, embora pudessem identificar algumas "características superficiais" da mensagem, tais como o sexo do falante e o volume da voz.

Cherry (1953) chamou isso de **efeito coquetel** e representa outro exemplo de processamento paralelo. O efeito é esse: imagine-se em uma sala grande em uma festa, em que muitos grupos de pessoas estão envolvidos nas conversas. Há ruído considerável em torno da conversa em que você está envolvido – música alta, outras conversas e assim por diante – mas você ainda pode participar de uma conversa com êxito, excluindo efetivamente o ruído de fundo. Mas nem toda a informação está bloqueada. Você pode estar envolvido em uma conversa e de repente ouvir seu nome sendo falado em uma conversa em que você não está completamente envolvido. Mesmo que você tenha efetivamente "excluído" aquele "ruído" de fundo, parte dela foi processada em paralelo no estágio de identificação do estímulo, a fim de que você pudesse ouvir o seu próprio nome. O efeito coquetel mostra que mesmo algumas características "não atendidas" do processamento sensorial são processadas em paralelo com outras informações "atendidas" nos primeiros estágios de processamento sensorial.

CASA	AZUL
LÁPIS	PRETO
CAVALO	LARANJA
RELÓGIO	VERDE
RIO	AMARELO
LETRA	VERMELHO
a	b

FIGURA 3.2 Efeito de Stroop. Cronometre enquanto dá nome às cores das palavras impressas em cada lista.

Cegueira inatencional

A seção anterior ilustra como a informação de estímulo pode ser processada em paralelo, mesmo apesar dos esforços para bloqueá-la. E ainda, por vezes, uma busca visual muito simples, dirigida para a meta, como a procura por uma entrada específica ou o número de um edifício, parece absorver a nossa atenção, tornando-nos "cegos" para outras coisas. Alguns achados notáveis por vários grupos de pesquisa demonstraram que nós podemos negligenciar características aparentemente óbvias em nosso ambiente quando estamos envolvidos na busca visual atenta. Por exemplo, participantes de uma pesquisa no estudo de Simons e Chabris (1999) assistiram a um vídeo de seis pessoas que passavam bolas de basquete entre si enquanto todos os jogadores estavam em constante movimento. Três jogadores em um "time" estavam vestidos com calças jeans e camisetas pretas, e outros três de jeans e camisetas brancas no outro "time". Cada time passou a bola somente para os jogadores do seu próprio time. Os indivíduos experimentais assistiram a um vídeo dessa atividade; sua única tarefa era contar o número de passes feitos pelo time vestido de branco. Você pode ver a situação experimental em www.youtube.com/watch?v=vJG698U2Mvo.

Depois que o vídeo de 30 s terminou, o experimentador pediu aos participantes a resposta do número de passes realizados e após isso perguntou se eles haviam visto algo incomum. Apenas cerca de metade de todos os indivíduos testados respondeu que viram alguém vestido de gorila no meio do grupo de jogadores, que bateu no peito (no estilo de um gorila), mais ou menos na metade do vídeo. Notavelmente, a outra metade não relatou ter visto o "gorila", embora sua visualização fosse clara (ver Figura 3.3). Quando o vídeo foi repetido para eles, esses indivíduos ficaram chocados por não ter visto o "gorila" evidente.

Esse fenômeno, que recebeu o rótulo de "cegueira inatencional", foi originalmente descoberto por Neisser e Becklen (1975), que usaram uma tarefa semelhante, mas com uma mulher com um guarda-sol em vez de uma pessoa com roupa de gorila. O efeito foi muito estudado desde que resultados de Neisser-Becklen foram publicados.

Entretanto, negligenciar a visão bastante evidente do "gorila" tem probabilidade de ocorrer apenas em um conjunto restrito de circunstâncias quando o espectador é envolvido em uma tarefa de pesquisa específica. Assistir ao vídeo sem instruções de busca específicas produziu menos casos desta "cegueira inatencional" (Simons &

FIGURA 3.3 Efeito de cegueira inatencional. Os indivíduos (observadores do vídeo) contaram o número de passes da bola feitos entre os jogadores de camisetas brancas. Mais tarde, cerca de metade desses indivíduos não se lembravam de ter visto o "gorila" andar pelo meio do grupo.
Reproduzida, com permissão de Simons e Chabis 1999.

Chabris, 1999). Assistir ao vídeo uma segunda vez, ou pensar que algo inesperado poderia ocorrer, também elimina o efeito. Furley e colaboradores (2010) descobriram que jogadores de basquete altamente qualificados apresentavam menor probabilidade de não ver o "gorila" do que os jogadores menos habilitados.

Apesar dessas limitações no efeito de cegueira inatencional, os achados revelam que ela não se restringe a assistir vídeos, mas pode ser demonstrada em eventos de ação. Estudos de outro "campo" de pesquisa revelam que as pessoas que estão envolvidas em tarefas que demandam atenção são propensas a negligenciar coisas muito óbvias, como uma mudança em uma pessoa a quem eles estão dando orientações (Simons & Levin, 1998) ou uma pessoa em um monociclo vestido com uma roupa de palhaço em um campus universitário (Hyman et al., 2010). Na verdade, vários acidentes automobilísticos parecem ligados a esse fenômeno. Isso recebeu o rótulo de "**olhei-mas-não consegui-ver**"; aqui, mesmo que haja evidências de que o motorista olhou, ele ainda dirigiu em direção à calçada destinada ao pedestre, bicicleta ou outro veículo, causando um acidente (Brown, 2005; Langham et al, 2002); o motorista simplesmente "não viu" o outro objeto vindo, embora tenha "olhado" para ele.

A **cegueira inatencional** explica por que nós momentaneamente deixamos de reconhecer um amigo que encontramos por acaso enquanto procuramos por outra pessoa em uma multidão. Nossa pesquisa tem sido direcionada para uma pessoa com características visuais específicas e nos tornamos temporalmente distraídos para as pessoas que não correspondem àqueles critérios de pesquisa. Mágicos e batedores de carteira utilizam essencialmente o mesmo conceito. Um enfoque, pela "vítima", em um detalhe específico, especialmente se a atenção tiver sido direcionada pelo mágico ou ladrão, leva a vítima a "cegar" para as intenções da outra pessoa (Stephen et al., 2008).

Atenção sustentada

A Segunda Guerra Mundial gerou um impulso nas pesquisas sobre atenção sustentada a fim de melhor compreensão dos limites de operadores de radar que estavam em vigilância à procura de aviões inimigos. Mackworth (1948), que era líder dessa pesquisa, projetou uma tarefa na qual os sujeitos observariam o ponteiro de um aparelho semelhante a um relógio que mexe segundo por segundo. Mas, ocasionalmente, depois de muito tempo, após intervalos longos, irregulares (imprevisíveis), o ponteiro pularia 2 s. Descobriu-se que a detecção desses últimos saltos era confiável nos primeiros 30 min de trabalho, mas diminuía drasticamente depois disso. Esses foram chamados de "decrementos de vigilância" ou reduções da vigilância.

Sabe-se que alguns fatores afetam a vigilância, ou atenção sustentada; estes incluem a motivação, o nível de despertar e, é claro, a fadiga (claramente relacionada com a quantidade acumulada de tempo para realização da tarefa). Fatores ambientais, tais como temperatura e ruído, também são conhecidos por afetar a atenção sustentada (ver Davies & Parasuraman, 1982, para mais detalhes). Depois de um período de tempo, a tarefa de se concentrar em um único alvo de nossa atenção torna-se uma tarefa progressivamente mais difícil.

Esses efeitos são bastante evidentes na base diária, pois influenciam muitas profissões em que a vigilância é uma necessidade. Por exemplo, considere a tarefa de trabalhar como agente de segurança em um aeroporto movimentado. Antes de as pessoas poderem embarcar, elas precisam passar por uma série de verificações de segurança, o que inclui uma varredura nos raios X da sua bagagem de mão. Cada peça de bagagem que passa pelo raio

FIGURA 3.4 Segurança de um aeroporto tem de manter o esforço durante longos períodos de tempo.

X deve ser submetida a uma inspeção visual por um operador humano que procura pela presença de objetos que não sejam permitidos a bordo (Figura 3.4). As mais óbvias (armas, facas) devem ser relativamente fáceis de detectar. Mas os problemas enfrentados pelo agente de segurança incluem tentar decidir se algo que se parece com um objeto proibido o é realmente, ou não, o que atrasa o processo de verificação. Experimentos em tarefas de busca visual revelam que o número e similaridade de objetos que distraem desempenham um papel importante no sucesso da pesquisa. A tarefa do agente torna-se ainda mais difícil pelo fato de que encontrar objetos proibidos é (felizmente) uma ocorrência rara – então, a atenção sustentada para a tarefa é de preocupação primordial (Wolfe et al., 2005).

LIMITAÇÕES NA SELEÇÃO DA RESPOSTA

A interferência entre as tarefas nunca é mais evidente do que quando o executante deve realizar duas ações simultaneamente, sendo que cada tarefa exige operações mentais, como atender a um telefonema enquanto despeja água em uma máquina de café. Ambas as atividades são consideradas realizadas durante a seleção de resposta, pois exigem que as escolhas sejam feitas entre várias possíveis respostas alternativas – que mãos usar para despejar a água e pegar o telefone, com que orelha escutar, monitorar a água para que ela não derrame e para que não se despeje muito, e assim por diante. Essas atividades são orientadas pelo *processamento controlado*, que é considerado (a) lento; (b) exigente de atenção, com interferência causada pelo processamento concorrente; (c) organizado em série, com uma dada tarefa de processamento vindo antes ou depois de outras tarefas de processamento; e (d) volicional, facilmente interrompida ou evitada. O processamento relativamente esforçado, controlado é uma parte muito grande das atividades de processamento das informações conscientes, que envolve operações mentais entre atividades relativamente mal-aprendidas, ou até mesmo completamente novas. Ter de realizar duas tarefas de processamento de informação juntas pode interromper completamente ambas as tarefas.

Um tipo de processamento da informação separado, muito diferente, parece ocorrer em pessoas altamente práticas. Alguns anos atrás, Peter Vidmar, um medalhista olímpico de 1984, prata em ginástica, afirmou que antes de subir no aparelho, ele prestava atenção apenas no primeiro movimento em sua rotina – a subida; o restante dos elementos ocorria mais ou menos "automaticamente", isto é, sem a necessidade de atenção (Vidmar, 1984). Esses elementos posteriores precisavam apenas de pequenos ajustes durante a sua ocorrência, possibilitando ao Vidmar concentrar-se em aspectos de ordem superior de sua rotina, como estilo e forma. É como se grande parte do processamento de informação necessário nessa rotina complexa de ginástica fosse fundamentalmente diferente do processamento controlado, não exigindo muito atenção. Essa forma de lidar com a informação, o **processamento automático**, é (a) rápido; (b) não demandante de atenção, em que tais processos não geram (muita) interferência em outras tarefas; (c) organizado em paralelo, ocorrendo juntamente com outras tarefas de processamento; e (d) involuntário, muitas vezes inevitável.

O processamento automático de informações é considerado resultado de uma grande quantidade de prática. A sua capacidade de rapidamente reconhecer coleções de letras como palavras que você está lendo agora vem de anos de prática. Muitos anos atrás, Bryan e Harter (1897, 1899) realizaram estudos de operadores de telégrafo, cujo trabalho era identificar (receber) e enviar código Morse – que é composto por períodos variáveis de ruído breve (chamados de pontos e traços), que combinam definindo letras e números. Bryan e Harter descobriram que operadores de telégrafo concentravam-se em letras individuais na fase inicial da aprendizagem, mas que, à medida que ganhavam proficiência, processavam o código Morse como combinações de letras, mais tarde como palavras completas e até mesmo frases.

A eficácia do processamento automático tem fortes implicações não só para muitas tarefas diárias (como a leitura), mas também para habilidades de alto nível de desempenho. Se uma tarefa é realizada de forma automática, muitas atividades de processamento da informação importantes podem ser produzidas não apenas rapidamente, mas em paralelo com outras, tarefas simultâneas e sem performance perturbadora. É como se certos estágios (p. ex., seleção de resposta) fossem ignorados todos juntos.

Custos e benefícios da automaticidade

Performances automáticas, cujos benefícios são quase óbvios, estão relacionadas com o processamento da informação em paralelo, rapidamente, e sem interferência de outras tarefas de processamento. Por exemplo, depois de muita prática, jogadores de vôlei de alto nível podem ler os padrões de movimento de seus adversários automaticamente que significam que a bola vai ser cortada a partir de, digamos, seu lado esquerdo (p. ex., ver Allard & Burnett, 1985). Mas o que ocorre se, após produzir consistentemente um padrão que leva uma jogada para a esquerda, a equipe adversária usar o mesmo padrão levando a uma jogada para a direita? O processamento automático, pelos jogadores da defesa, levaria a uma decisão rápida e a um movimento para contra-atacar a jogada *esperada*, uma resposta que seria sem perspectiva, dada a jogada atual.

Claramente, então, a automaticidade pode ter obstáculos, bem como benefícios. Embora o processamento muito rápido seja eficaz quando o ambiente é estável e previsível, pode levar a terríveis erros quando o ambiente (ou um oponente) muda a ação no último momento. Assim, a automaticidade parece mais eficaz em habilidades fechadas, em que o ambiente é relativamente previsível. Com habilidades abertas, tantos mais padrões são possíveis de modo que o executante deve desenvolver uma resposta automática para

▎ A automaticidade possibilita que atletas altamente habilitados processem a informação sobre os movimentos de seus adversários rapidamente e respondam.

cada um deles; isto geralmente é possível somente após muitos anos de experiência.

Desenvolvimento de automaticidade

Como as pessoas desenvolvem a capacidade de processar as informações automaticamente? Muita prática é um ingrediente importante, então, você não deve esperar para ver a automaticidade desenvolver-se rapidamente. A prática da automaticidade é geralmente mais eficaz sob uma condição de "mapeamento consistente", em que a resposta gerada está relacionada de maneira *consistente* com um determinado padrão de estímulo. Por exemplo, a resposta para uma luz vermelha enquanto dirige é sempre fazer o veículo parar. Isso contrasta com uma condição de "mapeamento variado", em que um determinado estímulo, às vezes, leva a uma resposta e, às vezes, a outra resposta (Schneider & Shiffrin, 1977). Um exemplo é a incrível variedade de *layouts* de botões em diferentes marcas de televisão com controle remoto, em que uma determinada função (a mudança do canal) exige o pressionamento de botões diferentes, dependendo da marca. A diversidade de tais condições de "mapeamento variado" torna o processamento automático quase impossível de alcançar, e essas tarefas requerem processamento controlado considerável para evitar cometer erros.

Seleção da resposta e direção distraída

A direção distraída de um automóvel é um excelente exemplo que envolve a capacidade limitada de atenção. Mas uma questão importante é: a direção distraída afeta a etapa de seleção de resposta ou o estágio de programação do movimento? Leis aprovadas em muitos estados dos EUA e em outros países proibiram o uso de telefones celulares durante a direção de carro. Por quê? O pressuposto é que a operação manual de um telefone celular interfere na operação de um veículo motorizado; este argumento coloca a culpa no déficit da tarefa dupla telefone celular-direção como uma limitação da programação do movimento. Mas a pesquisa sugere outra coisa, que mãos livres e o uso do telefone sem as mãos ou segurando-o são quase que igualmente problemáticos ao exceder os limites de capacidade de atenção do condutor. A origem do problema está na capacidade exigida pela *conversa* por telefone, e não se o motorista está segurando, olhando, ou manipulando o telefone (p. ex., Strayer & Johnston, 2001). As ações físicas envolvidas na manipulação do telefone celular não adicionam significativamente para as demandas de atenção necessárias para manter uma conversa enquanto dirige (ver Ishigami & Klein, 2009, para uma revisão importante desta pesquisa). A discussão em Foco na Pesquisa 3.1 fornece mais informações sobre os métodos utilizados para compreender as demandas de atenção da direção distraída.

Lembre-se, porém, que o uso de um telefone celular ao mesmo tempo em que realiza outras atividades pode ser tão perigoso quanto falar (ou escrever mensagens de texto) e dirigir. Por exemplo, em um estudo observacional, Thompson e colaboradores (2013) descobriram que pessoas que mandavam uma mensagem ou falavam em um telefone celular enquanto atravessavam um cruzamento movimentado andaram cerca de 20% mais lentamente do que pedestres não distraídos. Os pedestres que digitavam mensagens de texto também eram mais propensos do que os pedestres não distraídos a não olhar para ambos os lados antes de entrar no cruzamento.

LIMITAÇÕES DA PROGRAMAÇÃO DO MOVIMENTO

Como visto no Capítulo 2, a fase de programação do movimento é o terceiro na sequência de etapas de processamento de informações. Aqui, depois de o executante ter percebido o que o ambiente possibilitará, e depois de ter escolhido uma resposta que atenda a essas demandas, ele ainda deve organizar o sistema motor, a fim de realmente executar a ação. Nessa fase, ele deve fazer ajustes críticos que ocorrem em vários níveis (p. ex., nos membros, músculos, e na medula espinal). Esses ajustes evidentemente levam tempo. Um bom exemplo é a ação de um esgrimista, que tem de pré-programar um movimento apesar de ter de executar o movimento em face de um ambiente potencialmente mutável. No exemplo a seguir, a ação programada é um pouco complicada, envolvendo um movimento em direção ao centro do ombro e, em seguida, acompanhado de uma súbita mudança na ação.

Foco na
PESQUISA 3.1

Distração na direção

Os pesquisadores usaram abordagens distintas para compreender os efeitos de várias distrações, como falar em um telefone celular, quando ao controle de um veículo. O problema evidente de se realizar o tipo mais lógico de pesquisa – usando motoristas em situações reais de tráfego – é que ele traz outros motoristas, os participantes da pesquisa, e às vezes os próprios pesquisadores para situações potencialmente perigosas, o que não é ético. Assim, os pesquisadores desenvolveram diferentes métodos para avaliar o custo da atenção de se realizar várias tarefas durante a direção.

A abordagem estatística para o problema específico do uso do telefone celular durante a direção usa os registros de chamadas dos indivíduos que estavam envolvidos em um acidente. Os achados de um estudo que usou esse método revelaram que a probabilidade de se envolver em um acidente automobilístico aumentou 400% quando um motorista estava falando ao telefone celular (Redelmeier & Tibshirani, 1997). Esses autores também descobriram que o aumento da taxa de acidentes enquanto se fala ao telefone celular durante a direção de um carro é quase o mesmo que dirigir com uma concentração de álcool no sangue (CAS) de 0,08% – a definição legal de se dirigir sob a influência (DSI) do álcool em alguns estados e países.

O tipo mais comum de experimento envolve humanos dirigindo em simuladores em ambientes laboratoriais. Alguns simuladores fornecem ambientes de direção extremamente realistas, possibilitando aos pesquisadores ter o controle sobre as "condições de tráfego" e variadas distrações sem colocar ninguém em perigo.

Alguns pesquisadores foram mais longe ao criar um ambiente ao ar livre, usando um carro real e um ambiente de direção simulado em uma área segura em outros aspectos, como um grande estacionamento vazio. Na verdade, um dos primeiros estudos desse tipo foi realizado há mais de 40 anos, e os autores sugeriram, naquela época, que telefones celulares e motoristas eram uma mistura perigosa (Brown, Tickner & Simmons, 1969).

Evidentemente, cada método tem vantagens e desvantagens. Os registros de ligações envolvem dados reais sobre as chamadas que ocorreram. Mas, a ocorrência de um acidente e uma chamada, como mostrado nos registros, diz muito pouco sobre o estado do indivíduo durante a chamada. Os simuladores proporcionam ao pesquisador um excelente controle de cargas de trabalho mentais, distrações contínuas, o momento de ocorrência de eventos críticos e a mensuração de comportamentos. Mas essas são todas simulações de um ambiente de condução, não o real. Ambientes ao ar livre, em carros reais, mas com condições de condução simuladas, também têm a vantagem do controle, por um bom pesquisador, dos eventos, mas, novamente, sem a realidade de uma experiência de direção em tráfego real. No final, as informações fornecidas por todos os tipos de atividades de pesquisa juntas fornecem aos pesquisadores as melhores respostas para essas questões críticas sobre direção distraída.

Exploração adicional

1. Como a natureza de uma determinada conversa por telefone celular pode afetar a capacidade de uma pessoa de atentar para a tarefa de dirigir?
2. Você acha que um motorista que tem uma discussão com um passageiro dentro de um carro teria os mesmos efeitos sobre a direção que o motorista que conversa no telefone celular? Por quê ou por que não?

O esgrimista move o florete em direção ao ombro do oponente, mas, em seguida, altera rapidamente a direção e toca a cintura. Muitas vezes, responder ao primeiro movimento, o falso, parece ter interferido na velocidade do adversário de responder ao segundo movimento, e o ponto é perdido. O atraso na resposta sugere uma forte interferência entre as atividades nas fases posteriores de processamento da informação. Especificamente, o atraso ocorre por causa da interferência na fase de programação do movimento, que tem a tarefa de organizar o sistema motor para fazer o movimento desejado.

Parte dessa visão vem de evidências de pesquisas consideráveis que utilizam o chamado **paradigma de dupla estimulação**, em que o indivíduo é obrigado a responder, com respostas separadas, a cada um dos dois estímulos apresentados muito próximos no tempo (ver Foco na Pesquisa 3.2). Esse paradigma é, em muitos aspectos, análogo ao problema enfrentado pelo adversário do esgrimista, que deve responder a um movimento e depois outro em rápida sucessão. Os atrasos para responder ocorrem devido a interferência que surge na programação do primeiro e segundo movimentos tão rapidamente quanto possível.

Período refratário psicológico

O atraso na resposta ao segundo de dois estímulos estreitamente espaçados é denominado o período refratário psicológico (PRP). Uma questão importante diz respeito a quanto tempo uma pessoa demora para mudar de (a) dar uma resposta dirigida a um objetivo a um estímulo para (b) dar uma resposta diferente dirigida a um objetivo a um estímulo diferente. O sistema motor processa o primeiro estímulo e gera a primeira resposta. Em seguida, se o pesquisador apresentar o segundo estímulo durante o tempo em que o sistema está processando o primeiro estímulo e a sua resposta, o início da segunda resposta pode ser retardado consideravelmente (o efeito PRP).

Uma explicação para o PRP é que há um tipo de "gargalo" no estágio de programação do movi-

▍ A esgrimista da esquerda faz um movimento enganoso e está agora no processo de fazer um segundo movimento, possibilitando marcar um ponto e revelar as limitações do estágio de programação do movimento.

Foco na
PESQUISA 3.2

Paradigma de dupla estimulação

A pesquisa sobre o **período refratário psicológico (PRP)** usa o "paradigma de dupla estimulação", em que se pede ao indivíduo, por exemplo, para responder a um tom (Estímulo) levantando a mão direita de uma chave o mais rapidamente possível. Um tempo muito curto após o tom, uma luz (Estímulo$_2$) pode aparecer; o indivíduo tem de responder levantando a mão esquerda da chave o mais rapidamente possível. A separação entre os inícios dos dois estímulos, chamada **assincronia de início do estímulo (SOA)**, pode variar de zero a algumas centenas de milissegundos. Os pesquisadores em geral estão interessados no tempo de reação (TR), para o segundo estímulo (TR$_2$), como uma função de SOA. (Ver a linha do tempo do paradigma mostrado na Figura 3.5a.)

Os achados gerais de um estudo que usa esse paradigma estão no gráfico na Figura 3.5b, em que o TR$_2$ é representado como uma função de SOA. A linha horizontal (TR$_2$ marcado) é o valor de TR$_2$ quando o primeiro estímulo não é de todo apresentado; representa o TR "comum" (sem interferência) a este estímulo usando esta resposta.

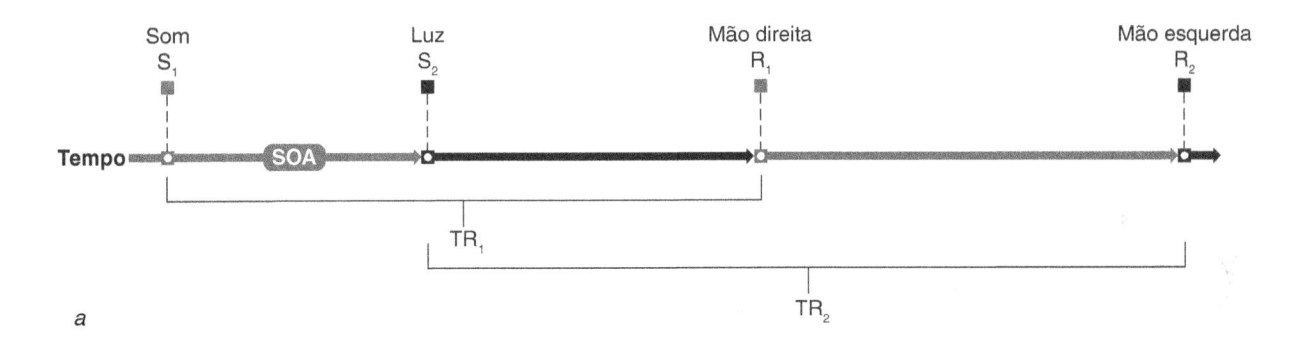

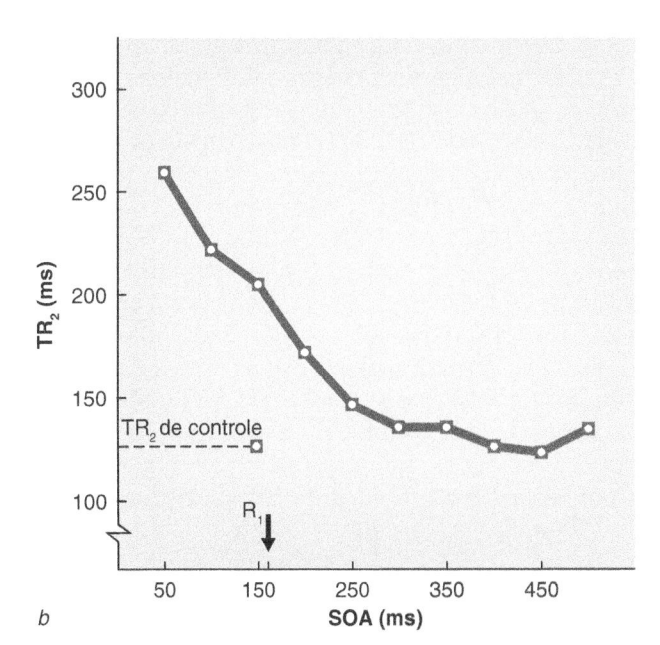

FIGURA 3.5 Paradigma da dupla estimulação (a) e resultados de experimento por Davis (1998) (b), mostrando que o TR$_2$ é prolongado grandemente na menor SOA.

Reimpressa, com autorização, de Schmidt e Lee 2011; Dados de Davis 1959.

> *continua*

> *continuação*

Dependendo da duração de SOA, há um atraso acentuado no TR_2 enquanto o primeiro estímulo está sendo processado. Quando a SOA é de cerca de 50 ms, o atraso é muito grande, e pode ser mais que o dobro do valor de TR_2, se comparado com o valor controle. À medida que a SOA se prolonga, o atraso em TR_2 diminui, mas ainda há algum atraso na produção de TR_2 mesmo com a SOA de 200 ms ou mais. A hipótese de canal único (Welford, 1952), que foi originalmente proposta como responsável por efeitos como esses, argumenta que o processamento do primeiro estímulo e da resposta bloqueia completamente o processamento do segundo estímulo e da resposta até esse momento em que o processamento do primeiro estímulo e da resposta foi concluído. Um pensamento mais recente sobre dados como esses acredita que o maior atraso em TR_2 surge da interferência entre os estágios de programação do movimento dessas ações.

Exploração adicional

1. Por que a comparação mais importante neste paradigma é o TR para o segundo de dois estímulos pouco espaçados, e não a resposta ao primeiro estímulo?
2. Como se esperaria que a magnitude do efeito de PRP mudasse dependendo do número de escolhas envolvidas na resposta ao primeiro estímulo?

---

mento, e que este estágio pode organizar e iniciar apenas uma ação de cada vez, como esquematizado na Figura 3.6. Qualquer outra ação deve esperar até que o estágio tenha terminado de iniciar o primeiro. Esse atraso é maior quando o tempo entre estímulos (SOA) é curto, pois nesse momento o estágio de programação do movimento está apenas começando a gerar a primeira resposta; essa resposta deve ser emitida antes que o estágio comece a gerar a segunda resposta. À medida que a SOA aumenta, mais da primeira resposta terá sido preparada no momento em que o segundo estímulo for apresentado, para que haja menos atraso antes do estágio de programação do movimento ser desfeito.

Mais um achado é de interesse nesse momento. Quando a SOA é muito curta, digamos menos do que 40 ms, o sistema motor responde ao segundo estímulo de uma maneira muito diferente. O sistema responde ao primeiro e ao segundo estímulo como se fossem um só, o que produz ambas as respostas simultaneamente. Nesse fenômeno, denominado *agrupamento*, os primeiros estágios de processamento presumivelmente detectam ambos os estímulos como um único evento e organizam uma única ação, mais complicada, em que ambos os membros respondem simultaneamente.

O fenômeno de refratariedade psicológica que acabamos de discutir é responsável por muitos dos processos subjacentes em falseamentos. No basquete, por exemplo, o jogador que faz os arremessos pré-programa uma única ação, relativamente complexa, que envolve um movimento para iniciar uma jogada, um atraso para retê-la, e então o arremesso real – tudo feito em rápida sucessão. O movimento do arremessador é organizado como uma única unidade e é preparado como qualquer outro movimento seria no estágio de programação do movimento. No entanto, o jogador de defesa vê apenas a primeira parte dessa ação; isso pode ser considerado como o primeiro estímulo (S_1) no paradigma de dupla estimulação, e desencadeia a resposta para bloquear o arremesso, que só ocorre mais tarde. O processamento do primeiro estímulo conduz a grandes atrasos na resposta à nova informação de que o arremesso foi retido, que é uma farsa (como indicado pelo fato de que o segundo estímulo, S_2, o arremesso real, está sendo feito agora). O resultado é que a primeira resposta (movimento para bloquear) não pode ser retida, e ocorre essencialmente como foi planejada. Isso cria um atraso muito grande para iniciar uma segunda resposta corretiva ao bloqueio do arremesso real, que é feito mais ou menos ao mesmo tempo em que o jogador defensivo está caindo de volta no solo após "pegar a farsa". Isso tudo torna o arremesso muito fácil para o jogador de ataque e deixa, ao mesmo tempo, o jogador da defesa desorientado.

Alguns princípios de falseamento surgem de pesquisas sobre refratariedade. Primeiramente, o falso – a primeira resposta – deve ser realista, distinta e clara, para que o jogador de defesa trate-a como um arremesso real. Segundo, para um falsea-

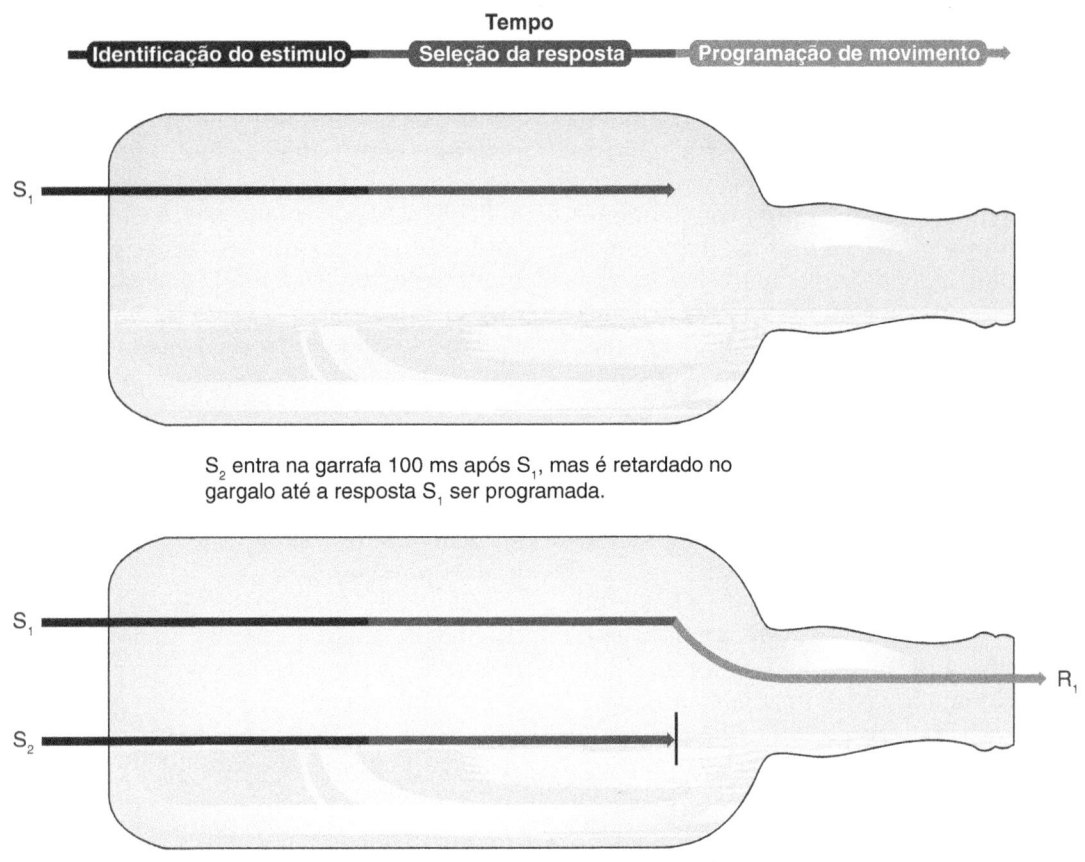

FIGURA 3.6 Um gargalo de processamento da informação no estágio de programação do movimento ocorre quando dois estímulos (S_1 e S_2) são apresentados com 100 ms de intervalo. Em (a), o primeiro estímulo entra no sistema de processamento da informação. Em (b), o segundo estímulo é introduzido, mas é retardado no gargalo enquanto a primeira resposta é programada. Isso é semelhante ao que acontece em resposta a um falseamento em esportes rápidos.

mento eficaz, a ação única programada que contém, tanto o arremesso falso como o real é planejado de modo a separar o arremesso falso (estímulo 1) e o real (estímulo 2) de modo suficiente para gerar um atraso relativamente grande para a resposta ao estímulo 2. A partir dos dados na Figura 3.5, para que o falso seja maximamente eficaz, essa separação fica em torno de 60 a 100 ms. Se a separação for demasiadamente curta, o jogador da defesa pode ignorar o falso e responder, em vez disso, ao arremesso real (agrupamento). Se a separação for muito longa, o defensor responderá ao segundo estímulo com um TR essencialmente normal, e o arremessador terá perdido a vantagem do falseamento.

Técnica de tarefa de atenção (*probe-task*)

Alguns pesquisadores usam uma abordagem diferente para o estudo da atenção exigida durante o estágio de programação do movimento, chamada de **técnica de tarefa de atenção**. Aqui, o pesquisador faria o indivíduo realizar uma tarefa (chamada tarefa primária; poderia ser de natureza discreta ou contínua). Em algum ponto estratégico no desempenho da tarefa primária, o pesquisador iria sondar (ou testar) a atenção exigida na tarefa principal apresentando uma tarefa secundária, em geral um estímulo discreto, como um tom ou luz (o estímulo de sondar, probatório). Agora, a tarefa adicional do indivíduo seria responder ao estímulo tão rapidamente quanto possível, com uma resposta manual (p. ex., pressionar uma tecla) ou vocal (p. ex., dizer "pare") e o TR iria medir o atraso para responder à sondagem. Com essa estratégia, o pesquisador usaria o TR probatório como uma medida da atenção exigida pela tarefa primária; uma tarefa primária que exige mais atenção resultaria em respostas mais lentas ao sinal de estímulo probatório do que uma tarefa primária que demandou menos atenção.

Um exemplo de como essa técnica é utilizada na pesquisa é o trabalho de Posner e Keele (1969). Em seu estudo, os indivíduos foram convidados a fazer um movimento rápido, objetivo, visualmente guiado usando uma alavanca, por meio da rotação de 135° para um alvo. Os indivíduos fizeram esses movimentos para grandes ou pequenos alvos – sendo que a ideia é que os alvos menores podem exigir mais da capacidade de atenção devido ao aumento dos requisitos de precisão do apontar. A técnica de atenção foi usada para avaliar as demandas de atenção em vários pontos durante o movimento – ou antes do início do movimento, no ponto de iniciação, ou em vários pontos posteriores. Ensaios que avaliaram o TR também foram realizados em uma condição de controle, na qual não foi feito nenhum movimento de apontar.

Os resultados do estudo de Posner e Feele são apresentados na Figura 3.7. Existem vários fatores interessantes aqui. Primeiro, o valor de TR de controle (representado como uma contínua na figura perto de 260 ms), era consideravelmente menor do que os TR probatórios para qualquer um dos outros pontos dos dados no gráfico. Isso foi interpretado como indicando que todas as partes dos movimentos de apontar exigiam alguma atenção, uma vez que o TR foi elevado em relação à condição de não movimento (controle). Segundo, a natureza "curvada" das curvas, tanto do alvo pequeno como do grande no gráfico, sugere que as demandas de atenção não foram uniformemente distribuídas por todo o movimento. Os TR probatórios elevados nas posições que representam o início (posição 0°) e final (posição 135°) do movimento sugeriram que esses foram partes do movimento que demandaram mais atenção do que as posições médias (isto é, posições de 15, 45, 75, e 105°). Por último, o TR probatório para a curva de alvo pequeno era geralmente maior do que para a curva de grande alvo, indicando que movimentos com maior exigência de precisão demandam mais atenção do que os movimentos com exigências menos precisas.

Contudo, essas técnicas de tarefa de atenção secundárias não são isentas de limitações e problemas. Como veremos mais adiante (no Capítulo 6), a produção de dois movimentos ao mesmo tempo introduz desafios de coordenação especiais para o sistema de processamento. Se os movimentos são compatíveis (p. ex., manter um ritmo de batimento com duas mãos, como em tambores), então, dois

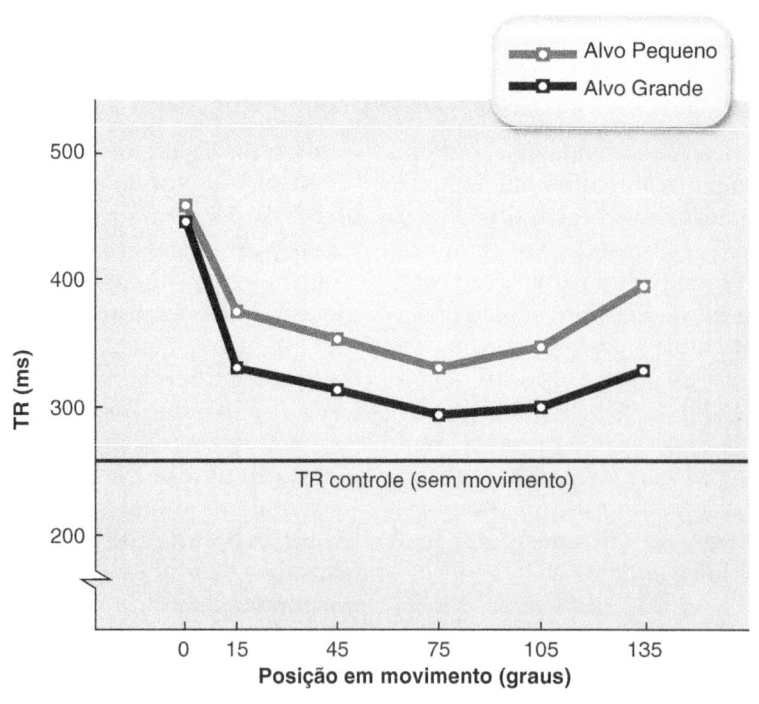

FIGURA 3.7 Demandas de atenção como medido por TR probatório em vários pontos durante o movimento de apontar visualmente guiado para um alvo grande ou pequeno. A linha reta denota TR médio para o estímulo probatório quando nenhum movimento de apontar está sendo feito.

Reproduzida, com permissão, de Posner e Keeie 1969.

membros podem ser coordenados de tal modo que não há detrimento para a performance (p. ex., Helmuth & Ivry, 1996). Um problema surge quando duas ou mais ações independentes têm exigências *espaciais* e *temporais* incompatíveis. Por exemplo, um membro pode ser exigido para produzir uma ação espacial enquanto outro produz uma ação diferente – tal como esfregar a barriga e bater na cabeça ao mesmo tempo. Polirritmos, em que um membro produz um batimento mais rápido do que o outro membro (p. ex., 4:3 ritmos), são um exemplo de tarefa desafiadora devido às exigências de tempo incompatíveis.

O problema da técnica de atenção (*probe-task*) é que responder manualmente a uma sondagem pode produzir efeitos de interferência específicos (mais e acima daqueles associados à atenção) em uma tarefa primária manual (McLeod, 1980). No estudo de McLeod, isso ocorreu porque a natureza da resposta manual para a sondagem foi incompatível com o movimento exigido para a tarefa principal. Assim, as demandas de atenção avaliadas pelo atraso no TR probatório foram "contaminadas" pela concorrência entre as exigências do movimento. McLeod (1980) constatou que muito menos competição ocorreu entre uma tarefa de membro primária e uma resposta probatória vocal, por exemplo, e forneceu uma avaliação menos contaminada da demanda de atenção. Esse tipo de ideia deu origem à noção de "*pools*" de atenção, em que um determinado *pool* estaria relacionado com respostas vocais e outro *pool* estaria relacionado com respostas motoras. Teremos muito mais a dizer sobre a movimentação de dois membros ao mesmo tempo quando discutirmos a coordenação no Capítulo 6.

Foco da atenção durante a ação

Uma área de pesquisa relativamente recente em relação ao estágio de programação do movimento diz respeito a um *foco* de atenção recomendado do executante. O executante se sentiria melhor direcionando o seu foco para uma fonte *interna*, por

▌ Produção de dois movimentos ao mesmo tempo introduz um desafio maior se os movimentos forem incompatíveis, como quando um tocador de tambor toca uma batida mais rápida com uma mão do que com a outra.

exemplo, por meio da monitoração do movimento em curso, ou a atenção seria direcionada mais efetivamente a um alvo *externo*, tal como um objeto a ser atingido ou o efeito pretendido que a ação terá sobre o ambiente? Pesquisa considerável conduzida por Wulf e colaboradores sugere que, em quase todas as situações, um **foco externo de atenção** resulta em performance mais qualificada do que um **foco interno de atenção**. Esses estudos têm revelado benefícios muito impressionantes para a performance, observados em uma ampla variedade de tarefas de laboratório e do esporte, e para crianças, adultos e idosos saudáveis (ver Wulf, de 2007, para uma revisão).

Um aspecto dessa pesquisa que ainda precisa ser esclarecido é este: em que nível de habilidade um foco externo seria preferível a um foco interno? Talvez essas instruções de foco interno beneficiem indivíduos que são apenas iniciantes, com um foco externo preferido para aqueles que alcançaram talvez até apenas uma proficiência mínima (p. ex., Beilock et al., 2002; Perkins-Ceccato, Passmore, & Lee, 2003). Vamos voltar à questão do foco de atenção quando se considera o processo de aprendizagem no Capítulo 9.

Outro aspecto a considerar sobre essa pesquisa é que esses efeitos ocorrem quando alguém está focado em alvos internos ou externos *durante* a execução da habilidade. Por exemplo, uma ginasta especialista pode passar por uma série de pensamentos internos *e* externos durante uma preparação pré-performance. Mas, quando vem o momento de realizar o movimento, a pesquisa sugere que um foco externo vai produzir os resultados mais qualificados. E, como nós discutimos mais adiante neste capítulo, as consequências para um especialista de reverter para um foco interno durante a execução do movimento podem ser desastrosas, e podem explicar uma grande proporção dos casos famosos de atletas e músicos que "entraram em colapso" (*choked*) sob pressão (Beilock, 2010). Atletas qualificados que desempenham rotineiramente com um foco externo de atenção, às vezes, mudam seu foco sob pressão para a produção do movimento (talvez pensando em como realizar o movimento, ou como vai sentir o movimento quando ele é realizado). Essa mudança no foco atencional pode reduzir a qualidade do desempenho, levando ao foco mais internalizado e uma grande ansiedade. Essa espiral descendente gera uma das causas de **colapso**.

TOMADA DE DECISÃO SOB ESTRESSE

A **ativação**, o nível de excitação produzido sob estresse, é um aspecto comum de situações de performance habilidosa. Isso é certamente verdadeiro para muitos eventos desportivos, em que a pressão para ganhar e a ameaça de perder, bem como influências de multidão, são fontes importantes de ativação emocional para os jogadores. O nível de ativação imposta por uma situação é um determinante importante de performance, particularmente se o desempenho for dependente da velocidade e precisão na tomada de decisões.

Princípio do U invertido

Pode-se pensar em ativação como o nível de excitação ou ativação gerado no sistema nervoso central. Por exemplo, os baixos níveis de ativação estão associados a estados semelhantes ao sono, e níveis elevados estão associados a estados agitados e extremamente alertas encontrados em situações que ameaçam a vida. As influências do nível de ativação sobre a performance têm sido estudadas há muitos anos. O **princípio do U invertido** (ou, a Lei de Yerkes-Dodson, [1908]) representa uma visão antecipada da relação entre ativação e performance. A ideia é que o aumento do nível de agitação geralmente melhora a performance, mas só até certo ponto. A qualidade da performance atinge seu pico em algum valor intermediário de ativação e ela deteriora à medida que o nível de ativação aumenta mais – por isso a função em U invertido.

O suporte para a aplicação do princípio do U invertido para a performance motora humana foi fornecido por um estudo de Weinberg e Ragan (1978). A tarefa envolveu jogar bolas a um alvo, e os níveis de estresse foram induzidos por comparação (falsa) das performances dos indivíduos com as de outros indivíduos como eles (meninos estudantes dos primeiros anos do ensino médio). Na condição de "alto estresse", 90% do grupo de "comparação" supostamente apresentou uma performance mais precisa do que os indivíduos do teste. Os autores supuseram, com boa justificativa, acreditamos, que os meninos estudantes dos primeiros anos do ensino médio iriam considerar esse tipo de *feedback* da informação como provocadora de ativação ou estresse. Os grupos de estresse moderado e baixo foram informados de que 60 e 30%, respectivamente, do grupo de comparação pontuaram com mais precisão do que eles. Quando os indivíduos realizaram a tarefa novamente, após essas falsas declarações indutoras de estresse, os seus desempenhos estavam conforme as previsões do princípio de U invertido, como mostrado na Figura 3.8.

O princípio de U invertido pode ser surpreendente para muitos que lidam com o esporte e treinamento, pois geralmente se acredita que quanto maior o nível de motivação ou ativação, mais eficaz será a performance. Os treinadores frequentemente gastam uma grande quantidade de tempo antes dos jogos tentando levantar o nível de ativação do time, e ouvimos os comentadores de esportes dizerem que a performance de um time foi ruim porque os jogadores não estavam "empolgados" o suficiente para a competição. No entanto, essa visão geral é contrariada pelas evidências experimentais: um nível alto de ativação somente é eficaz até certo ponto, enquanto aumentar ainda mais a ativação na verdade prejudica a performance.

Variações do princípio do U invertido

Com os anos, a forma geral do U invertido tem sido uma boa orientação para a reflexão sobre a relação entre agitação e performance. No entanto, provavelmente é melhor não colocar muita fé na forma "simétrica" dessa função em U. Como mostrado na Figura 3.9, as evidências mais recentes e a teorização sugeriram que diferenças de tarefa, assim

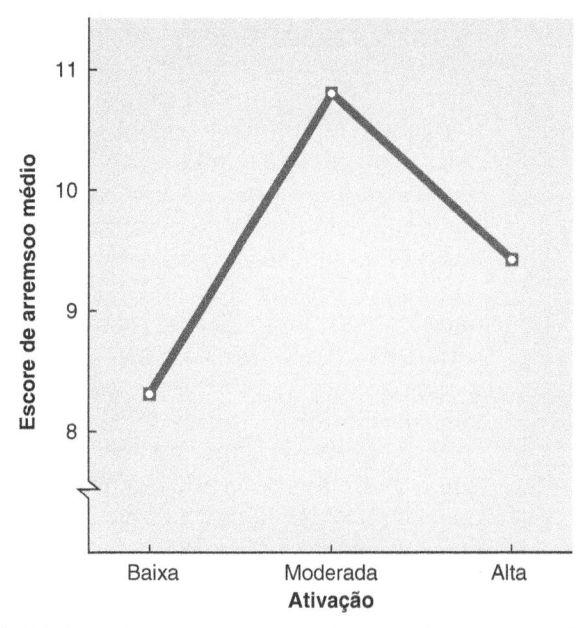

FIGURA 3.8 Instruções indutoras de estresse têm efeitos sobre a performance que são compatíveis com as previsões do princípio do U invertido (de Weinberg & Ragan, 1978).

Reimpressa, com autorização, de Schmidt e Lee 2011; Dados de Weinberg e Ragan 1978.

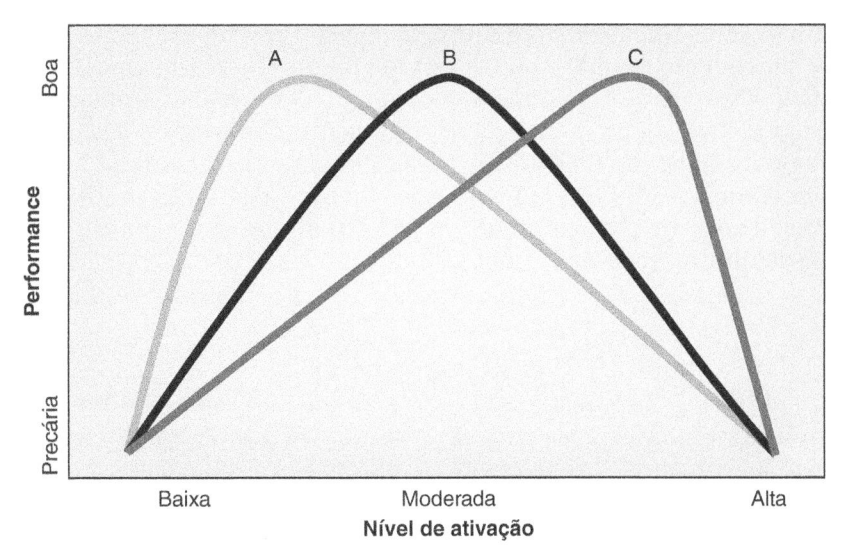

FIGURA 3.9 Variações ao princípio de U invertido.

Foco na PRÁTICA 3.2

Pânico automotivo

Era uma manhã normal – a professora de 35 anos de idade relatou que havia acabado de deixar o filho na creche antes de ir para a escola. Ela parou para tomar um café no *drive-through* local e moveu o câmbio de engatado para ponto morto para poder pegar a carteira. Depois de colocar o copo no suporte de café, ela pretendia colocar o pé no freio enquanto mudava o câmbio de volta do ponto morto para engatado. De repente, o carro moveu-se abruptamente para frente e ganhou velocidade. Pressionar mais forte o pedal do freio parecia apenas fazer o carro ir mais rápido. Pensando que os freios haviam falhado, a professora pressionou com mais força ainda, e desta vez o pedal foi todo até o fim. O carro atravessou o estacionamento, totalmente fora de controle, com a motorista em completo estado de pânico, antes de colidir com um veículo estacionado no outro lado da rua. Os *air bags* foram acionados, e felizmente ninguém ficou seriamente ferido. Foi só então, já que o motor continuou a rodar com as rodas ainda guinchando, que a mulher percebeu seu erro – ela havia pressionado o acelerador em vez do freio.

Essa história ilustra uma série de questões importantes sobre o controle motor ao qual voltaremos mais adiante no livro: como orientamos os movimentos na ausência de *feedback* visual; como os erros de seleção de movimento podem ocorrer sem nossa detecção; como e quando fazemos correções de erros; e finalmente, e mais importante para nossa discussão atual, o fato de que os modos normais de processamento de informações podem deixar de operar quando estamos em um estado de pânico, às vezes, chamado de **hipervigilância**.

À medida que você reflete sobre essa história, há uma série de soluções fáceis para a situação que vem à mente. Desligar a ignição, mudar a marcha para o ponto morto e tirar o pé do pedal teriam todos resolvido o problema. Mas nesses casos de **aceleração não intencional**, um fenômeno que ocorre muito comumente, nenhuma dessas ações corretivas é normalmente tomada (Schmidt, 1989). Em vez disso, é geralmente algum agente externo, tal como uma árvore, parede, ou outro veículo, que faz o carro parar.

A hipervigilância ocorre nos mais altos níveis de ativação. Nos casos de aceleração não intencional, o controlador parece "congelar" na direção, tanto em termos de controle do movimento normal como de atividades de processamento de informações. Em um estado hipervigilante, a tomada de decisão é gravemente limitada, resultando em uma incapacidade de produzir ações "criativas" (por exemplo, desligar a chave de ignição) e um desempenho ineficaz em geral. Felizmente, estados de hipervigilância são relativamente raros. Mas quando eles ocorrem, o destino do indivíduo é quase completamente mudado para o funcionamento "lutar ou fugir" de um sistema de processamento de informações em pânico.

---

como as diferenças individuais na "agitação" do indivíduo, podem resultar em mudanças para as formas de curva, com performance ideal ocorrendo quer nas extremidades inferiores como superiores do contínuo de agitação.

Considere as três curvas hipotéticas ilustradas na figura 3.9. A curva cinza claro marcada "A" mostra um aumento acentuado da performance em níveis relativamente baixos de ativação, com pico de performance e, em seguida, começo de declínio mesmo antes de um nível moderado de ativação.

Tal curva pode representar a forma da função ativação-performance para uma tarefa particularmente complexa, talvez exigindo controle motor fino (enfiar uma agulha) ou cognição (jogar xadrez), ou para um indivíduo que funciona melhor em condições calmas. Em contrapartida, a curva cinza com a indicação "C" poderia representar a função ativação-performance para uma tarefa muito simples, talvez exigindo grandes quantidades de força com muito pouca cognição (p. ex., *powerlifting*) ou para uma pessoa que prospera sob pressão. O ponto aqui é que o U invertido simples (curva preta marcada como "B" na Figura 3.9) pode representar melhor muitas outras tarefas que têm níveis médios de complexidade, envolvimento cognitivo, e assim por diante. Esses princípios foram reconhecidos e estudados nas áreas de psicologia do esporte e exercício, em que o problema geral tem sido compreender os efeitos do estresse e ativação na performance e examinar como os procedimentos de ativação-regulação podem ser utilizados para gerenciar os níveis de ativação antes da performance (p. ex., Weinberg & Gould, 2011).

Estreitamento perceptivo

Uma mudança importante no processamento da informação que ocorre com a ativação alta é o **estreitamento perceptivo** – a tendência para o campo perceptivo encolher sob estresse. Esse fenômeno é conhecido como "visão de túnel", em que o mundo parece ser visto através de um tubo de tal maneira que todo o foco esteja em visão central. Também foi chamado de "foco de arma", em que a vítima de um roubo a mão armada, em pânico, não consegue identificar o ladrão porque sua atenção estava voltada para a arma. Por exemplo, considere como a visão muda para o novato no esporte relativamente estressante de mergulho em alto mar. Weltman e Egstrom (1966), por exemplo, apresentaram estímulos de reação em vários locais periféricos para estudantes de mergulho que tinham sido solicitados a realizar uma tarefa motora simples. Em terra, onde o mergulhador pode operar sob nível baixo de ativação, a faixa de possíveis fontes de estímulo às quais o indivíduo pode responder é relativamente ampla, representando a maior parte do campo visual. Todavia, no fundo de uma piscina, e especialmente no fundo do oceano, em que se pensa que a ativação aumenta, o campo visual torna-se mais estreito e intensamente focado; sistematicamente menos estímulos periféricos são detectados, com maior foco sobre os aspectos esperados ou importantes da tarefa e maior foco naquelas fontes de informações mais pertinentes ou esperadas na tarefa (localizada na visão central). Isso é um mecanismo importante porque possibilita à pessoa dedicar mais atenção àquelas fontes de estímulo que são imediatamente mais prováveis e relevantes. O estreitamento perceptivo não é limitado à visão, mas aparentemente ocorre com cada um dos sentidos de uma maneira análoga.

A hipótese de utilização de dicas de Easterbrook (1959) também ajuda a explicar o princípio do U invertido. Quando o nível de ativação é baixo e o campo de percepção é relativamente amplo, o executante tem acesso a, e utiliza, uma ampla variedade de dicas, sendo que apenas algumas delas são relevantes para o desempenho eficaz, por isso a performance fica abaixo do ideal. À medida que o nível de ativação aumenta e o foco de atenção se estreita para a maioria das dicas relevantes, mais e mais das dicas irrelevantes são excluídas, de modo que a proficiência aumenta porque o executante está respondendo às dicas mais relevantes. Embora que, quando há ainda mais ativação, o estreitamento perceptivo aumentado significa perda até mesmo de algumas das dicas relevantes, por isso a performance começa a sofrer, particularmente onde as dicas não são altamente esperadas. O nível ideal de ativação presumivelmente é aquele em que o foco atencional estreitado exclui muitas dicas irrelevantes, mas possibilita que a maioria dos índices relevantes sejam detectados.

Colapso sob pressão

Um dos momentos mais dramáticos nos eventos esportivos de alto nível ocorre quando um indivíduo ou equipe, aparentemente a caminho de determinada vitória, faz a coisa inimaginável, joga desleixadamente, e perde. Exemplos relativamente recentes de colapsos de equipe incluem as equipes de beisebol de 2011, Boston Red Sox e Atlanta Braves, sendo que ambos perderam grandes lideranças em setembro e não foram às finais. Rory McIlroy forneceu um exemplo individual no torneio de golfe Masters de 2011, quando ele fez 7 tacadas no *back nine* em um colapso de domingo. Todo mundo provavelmente pode lembrar-se de acontecimentos como esse, e não há falta de exemplos em cada esporte.

O que define um "colapso"? E, mais importante, por que ele ocorre e como pode ser evitado? Segundo a maioria dos relatos, *colapso sob pressão* é mais do que simplesmente uma performance fracassada em uma situação importante. Não se esperaria, nem mesmo dos melhores jogadores de basquete, que acertassem todos os tiros livres ou todo arremesso com salto nos últimos segundos, com o jogo na linha. Em vez disso, o termo "colapso sob pressão" é reservado para situações em que os executantes mudam sua rotina normal ou não conseguem se adaptar a uma situação de mudança, resultando em falha de performance. As razões para um colapso têm tanto a ver com erros de processamento de informações como com erros na performance motora.

A teoria de controle de atenção (Eysenck et al., 2007) sugere que níveis elevados de ansiedade tendem a reduzir as atividades de atenção seletiva "controladas" do executante e aumentam a atenção para determinados indícios potencialmente salvadores da vida. Essa mudança de controle de atenção resulta em um aumento da competição por recursos, que tem um efeito devastador sobre a eficiência de processamento e, finalmente, leva à degradação da performance e ao colapso.

Em contrapartida, pesquisadores como Beilock (2010) sugerem que o colapso sob pressão ocorre quando existe uma mudança no *foco de atenção* de alguém. À medida que a pressão aumenta para uma boa performance em uma situação crítica, atletas que entram em colapso frequentemente mudam da performance em um tipo superaprendido, automático de foco atencional (externo) para um foco atencional mais consciente, controlado (interno). Essa mudança em atenção equivale a mudar para um tipo de controle típico de habilidades nos primeiros estágios da prática.

RESUMO

Uma boa maneira de pensar sobre a atenção é imaginar um "*pool*" de recursos de tal maneira que, se as atividades de processamento de informações de uma determinada tarefa excedem os recursos disponíveis, a performance desta tarefa e, talvez, uma segunda tarefa tentada ao mesmo tempo, irá sofrer. De acordo com um conjunto limitado de circunstâncias, o processamento pode ser feito "em paralelo"; ou seja, a performance em duas tarefas pode ser realizada junta, sem interferência. Assim como, em circunstâncias comuns de um coquetel, em que podemos ignorar as conversas em torno de nós, a concentração em uma conversa com uma determinada pessoa pode ocorrer até, por exemplo, seu nome ser falado em uma conversa próxima. Outros achados tendem a concordar; informações sobre a cor da tinta de uma palavra e o significado da palavra parecem ser processadas em paralelo; mas há considerável interferência envolvendo a seleção da ação (o teste de Stroop). Pessoas podem tornar-se "cegas" para determinados estímulos se a atenção for direcionada fortemente para outros lugares, por exemplo, não conseguindo perceber o "gorila" à vista quando a atenção dos indivíduos estava fortemente direcionada para outro alvo. Isso parece estar relacionado com uma classe de colisão de veículo automotores em que um motorista *olhou, mas não conseguiu ver* (isto é, perceber) um veículo que se aproxima. Por outro lado, muitas tarefas altamente praticadas tendem a ser realizadas sem muita atenção; isto é difícil de conseguir sem extensa prática sob condições adequadas. Embora possa parecer que somos capazes de dirigir um carro sem muita atenção, estudos de motoristas que tentam dirigir e conversar ao telefone celular ao mesmo tempo mostram que esta é uma combinação perigosa. A maior limitação da atenção parece estar no estágio de programação do movimento. O chamado período refratário psicológico (PRP) fornece as evidências. O ponto de vista geral parece ser que, embora possamos ser capazes sob determinadas circunstâncias de responder sem atenção nos estágios de identificação dos estímulos e seleção de resposta, apenas uma ação pode ser programada de cada vez durante o estágio de programação do movimento.

AUXÍLIOS PARA APRENDIZAGEM

Aprendizagem interativa

Atividade 3.1: revise os conceitos associados a limitações na atenção combinando termos relacionados a suas definições.

Atividade 3.2: indique se cada uma em uma lista de características aplica-se ao processamento controlado ou processamento automático.

Atividade 3.3: usando uma figura do texto, explore como a relação do U invertido entre ativação e performance varia de acordo com a situação e a pessoa.

Exercício de princípios para aplicação

Atividade 3.4: o exercício de princípios para aplicação deste capítulo prepara para escolher uma atividade e analisar as demandas de atenção de três situações de performance dentro da atividade. Você também vai indicar se a demanda por atenção refere-se principalmente ao estímulo de identificação, à programação de resposta, ou à programação de movimento, e examinar como o estresse pode afetar a tomada de decisão durante esta atividade.

Verifique sua compreensão

1. Tanto o processamento paralelo como o serial pode ocorrer durante o estágio de identificação do estímulo de processamento de informação. Forneça exemplos dos tipos de informações que podem ser processadas em paralelo e em série quando um escalador de montanhas decide que movimento fazer.

2. Explique como um falseamento no basquetebol em cadeiras de rodas ilustra uma interferência forte entre atividades no estágio de programação do movimento do processamento da informação.

3. Com relação à atenção, explique porque um salva-vidas em uma piscina lotada pode achar mais difícil executar seu trabalho à medida que ele se aproxima do fim do seu turno. Quais os fatores que influenciam a sua capacidade de manter a atenção? Sugira duas políticas que um local com piscina poderia adotar para facilitar a atenção sustentada dos salva-vidas.

Aplique seu conhecimento

1. A maneira como a informação é processada durante o estágio de seleção da resposta de um processamento de informação pode ser muito diferente entre um novato e um especialista que realiza a mesma tarefa. Descreva os tipos de processamento, destacando as principais características de cada um. Como a interferência na tarefa está relacionada com cada tipo de processamento? Como uma pessoa que está dançando uma valsa pode realizar diferentemente como um novato e como um especialista?

2. Quando se faz *mountain biking*, alguns ciclistas que não têm nenhum problema em fazer uma trilha reta têm dificuldade em executar a tarefa idêntica (andando em uma linha reta) em uma ponte que tem a mesma largura (ou mais larga) do que a trilha, resultando em um desempenho pior ou mesmo uma queda. Que papel o foco na atenção pode desempenhar neste fenômeno? Como o princípio do U invertido poderia ser usado para ajudar a explicar por que uma ponte sobre um desfiladeiro pode tornar a tarefa de andar de bicicleta em uma linha reta mais difícil?

Sugestões de leitura complementar

Muitos livros e artigos de revisão sobre a atenção e performance humana foram escritos. As obras de Wickens e McCarley (2008), Chun, Golomb, e Turk-Browne (2011) e Kahneman (2011) são excelentes recursos recentes (2007). O livro de Wulf sobre o foco de atenção é de especial relevância para o desempenho motor e aprendizagem. O livro de Chabris e Simons 2010) discute a cegueira da desatenção e outras questões fascinantes relacionadas com a atenção. Davies e Parasuraman (1982) discutem a atenção sustentada em mais detalhes. Weinberg e Gould [2011] discutem a agitação, o estresse e outros temas de especial importância na psicologia do esporte e do exercício. O livro de Beilock (2010) sobre colapso também é uma leitura fascinante. Ver a lista de referência de todos estes recursos adicionais.

4

Contribuições Sensoriais À Performance Habilidosa

Processamento de Feedback no Controle Motor

PALAVRAS-CHAVE

Aparelho vestibular
Arranjo óptico
Comparador
Corrente dorsal
Corrente ventral
Efeito do olho quieto
Exterocepção
Feedforward
Fluxo óptico
Fuso muscular
M1
M2
M3
Órgãos tendinosos de Golgi
Propriocepção
Receptor cutâneo
Receptores articulares
Sistema de controle de circuito fechado
Tau
Visão cega

PERFIL DO CAPÍTULO

Fontes de informação sensorial
Informação sensorial do processamento
Princípios de controle visual
Audição e controle motor
Resumo

OBJETIVOS DO CAPÍTULO

O capítulo descreve os papéis do *feedback* sensorial no controle motor humano. Este capítulo irá ajudá-lo a compreender

- ▶ os tipos de informação sensorial disponíveis para controle motor,
- ▶ o controle motor como um sistema de processamento de circuito fechado,
- ▶ como informações de *feedback* e *feedforward* funcionam no modelo conceitual, e
- ▶ os papéis da visão no controle motor.

O sucesso na performance habilidosa com frequência depende de quão efetivamente o executante detecta, percebe e usa informações sensoriais relevantes. Muitas vezes, o vencedor de uma competição é aquele que detectou um padrão de ação em um adversário mais rapidamente, como em muitos esportes e jogos. O sucesso pode também ser medido pela detecção correta de erros nos próprios movimentos do corpo e nas posições, fornecendo uma base para modificações subsequentes, como na dança ou ginástica. Um cirurgião requer percepção de toque hábil (háptica) para detectar um crescimento anormal durante um exame físico de um paciente. Consequentemente, uma ênfase considerável é direcionada para melhorar a habilidade com que os executantes detectam e processam a *informação sensorial* porque estas melhorias podem levar a grandes ganhos em performance.

FONTES DE INFORMAÇÃO SENSORIAL

As informações para desempenho habilidoso surgem a partir de algumas fontes, e podem ser categorizadas em dois tipos principais. Um tipo vem do ambiente e é denominado *exteroceptivo* (o prefixo "externo" significa que a informação é fornecida a partir do exterior do corpo). O outro tipo de informação é denominado *proprioceptivo* (o prefixo "próprio" significa que a informação decorre de dentro do corpo). A **exterocepção** fornece informações para o sistema de processamento sobre o estado do ambiente em que existe o corpo de alguém, e a **propriocepção** fornece informações sobre o estado do corpo em si. Essas fontes de informação são tipos de *feedback inerente (ou intrínseco)*. O termo "*feedback*" é usado para situações em que, durante o movimento, surgem sensações porque o corpo está se movendo, o que produz informações que são "retroalimentadas" para o executante. Por exemplo, quando nos movemos de um lugar para outro, a informação está disponível a partir dos músculos que se contraem, e há mudanças no que vemos enquanto nos movemos. O *feedback* proprioceptivo, algumas vezes, também é chamado de "*feedback* produzido pelo movimento".

O *feedback* ser "inerente" significa que a informação está diretamente disponível para o executante e está disponível "naturalmente" por meio dos sentidos. Uma grande distinção é feita adiante no livro quando discutimos o fornecimento de *feedback aumentado* – informações sobre as quais o executante "normalmente" não tem consciência; são informações "extras" fornecidas por uma fonte externa. Um exemplo é um vídeo que mostra uma pessoa realizando uma habilidade.

Exterocepção

A mais proeminente das fontes de informação exteroceptiva, evidentemente, é a *visão*. Enxergar serve à importante função de definir a estrutura física do ambiente, como a extremidade de uma escadaria ou a presença de um objeto bloqueando a passagem de alguém, fornecendo assim a base para prever eventos eminentes. A visão também fornece informações sobre o movimento dos objetos no ambiente em relação aos seus próprios movimentos – como o trajeto de voo de uma bola enquanto você está correndo para pegá-la – o que pode ser usado para se fazer alguns julgamentos preditivos sobre a direção do movimento a se fazer. Outra função da visão é detectar seu próprio movimento dentro do ambiente (estável), como seu trajeto em direção a um objeto externo e quanto tempo irá passar antes de você chegar.

O segundo tipo importante de informação exteroceptiva vem do ouvir, ou *audição*. Embora a audição não esteja evidentemente envolvida em habilidades motoras como a visão, existem muitas atividades que dependem muito de habilidades auditivas bem desenvolvidas; um exemplo evidente é o dos sons de um instrumento musical que você está tocando. No entanto, a audição é importante também para muitas outras habilidades, como utilizar o som do casco do barco movendo-se na água para avaliar a velocidade da embarcação, o som de uma ferramenta poderosa quando um carpinteiro habilidoso corta diferentes materiais, ou os sons de um motor quando um mecânico de automóveis ajusta o carburador.

Propriocepção

O segundo tipo principal de informação é a partir do movimento do corpo, em geral chamado de propriocepção. Esse termo refere-se à sensação dos movimentos das articulações, tensões nos músculos e assim por diante, fornecendo informações sobre o estado das partes do corpo em relação umas às outras e em relação ao ambiente. Vários receptores importantes fornecem essa informação.

O **aparelho vestibular**, na orelha interna, fornece sinais relacionados com o movimento, a orientação (p. ex., de cabeça para baixo), ou ambos, no ambiente. Essas estruturas são sensíveis à aceleração da cabeça e são posicionadas para detectar a orientação da cabeça com relação à gravidade. Não é surpreendente que essas estruturas sejam fortemente implicadas na postura e no equilíbrio.

Várias outras estruturas fornecem informações sobre o que os membros estão fazendo. Os receptores na cápsula que circunda cada uma das articulações, chamados **receptores articulares**, fornecem informações sobre as posições extremas das articulações. Embutidos nos músculos esqueléticos estão os **fusos musculares**, orientados em paralelo com as fibras musculares. Como os músculos mudam de comprimentos quando as articulações que os recobrem são movidas, os comprimentos do fuso muscular também mudam; acredita-se que isso fornece informação indireta sobre a posição articular e outros aspectos do movimento. Proximamente à junção entre o músculo e o tendão, estão localizados os **órgãos tendinosos de Golgi**, que são muito sensíveis ao nível de força das várias partes do músculo ao qual são fixados. Finalmente, na maioria das áreas da pele encontram-se os **receptores cutâneos**, incluindo vários tipos de detectores especializados de pressão, temperatura, toque e assim por diante. Os receptores cutâneos são essenciais para a sensação háptica, a sensação de toque.

Contudo, nenhum desses receptores responde a apenas uma característica física. O sinal de uma fonte particular, por exemplo, os fusos musculares, fornece informações ambíguas sobre a posição da articulação porque o receptor pode ser afetado por vários outros estímulos físicos (velocidade do movimento, tensão muscular e orientação com relação à gravidade) ao mesmo tempo. Por essa razão, acredita-se que o sistema nervoso central usa uma combinação complexa de estímulos desses vários receptores como base para a consciência corporal.

Em razão dos múltiplos e complexos receptores envolvidos, a percepção da trajetória de um movimento pode ser afetada pelo modo como o movimento é produzido. Pode haver uma diferença dependendo se o movimento foi uma ação normal, ativa ou uma ação guiada, passiva, como quando um instrutor ou terapeuta move um paciente por meio do movimento. A percepção da trajetória adequada do movimento de um braço, por exemplo, pode ser bastante diferente se o movimento for guiado por um terapeuta, comparado com ser gerado ativamente pelo paciente. Além disso, muitas técnicas de orientação, como a manipulação artificial dos movimentos do aprendiz durante uma ação (criando o movimento do braço na natação, no salto na ginástica), podem afetar as sensações proprioceptivas geradas de maneira acentuada. Essas técnicas podem ser úteis nos estágios iniciais da aprendizagem, mas pelo fato de distorcerem as sensações proprioceptivas (e por outras razões que discutiremos mais tarde), elas poderiam ser excessivamente utilizadas em situações instrucionais ou terapêuticas. Retornaremos ao conceito de orientação mais tarde, quando discutiremos aprendizagem.

No entanto, essas alterações na propriocepção podem ser usadas de maneira positiva também, como quando são exploradas por engenheiros de fatores humanos no *design* de equipamento. Aumentar a resistência na mola do sistema de direção do automóvel aumenta a "sensação", o que pode tornar o veículo mais fácil de controlar e mais agradável de dirigir. Talvez, por uma razão semelhante, digitadores experientes preferem teclados que fornecem algum *feedback* háptico (Asundi & Odell, 2011), que fornece o gratificante "clique" auditivo, indicando ao operador que a tecla foi pressionada de maneira bem-sucedida. Fornecer botões de instrumento de aviões de formatos e localizações diferentes para diferentes funções torna a confusão entre eles menos provável associando sensações proprioceptivas distintas com cada botão.

Existem muitas fontes diferentes de informação sensorial para o controle motor, que variam não apenas em termos de onde a informação é detectada, mas também em termos de como é

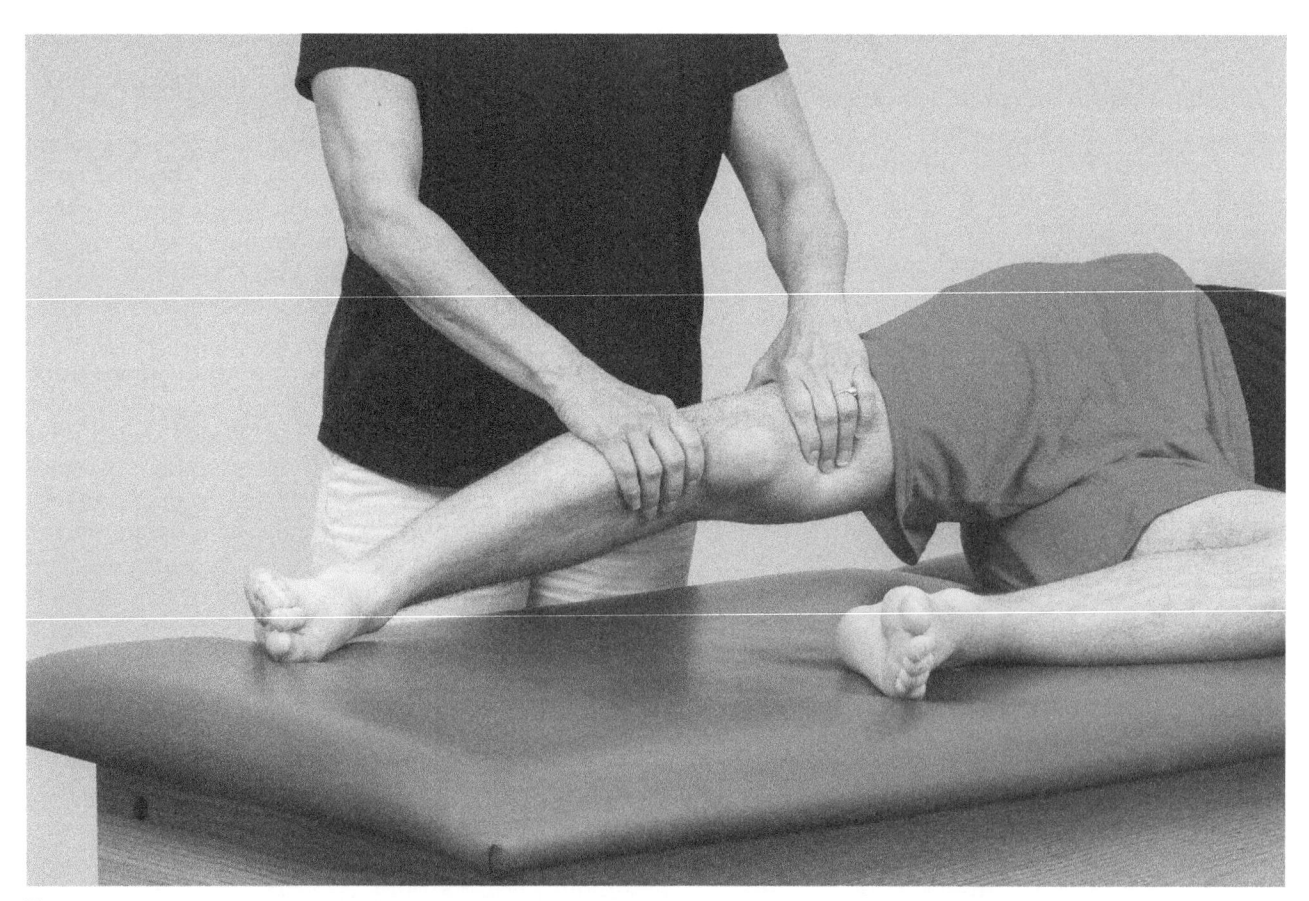

▌ Um médico ou terapeuta confia no sentido do toque para detectar anormalidades durante um exame.

processada e usada. Ainda assim, as próximas seções consideram essa variedade de sensações como um único grupo, concentrando-se nas maneiras comuns em que o sistema nervoso central processa esta informação para a performance habilidosa.

PROCESSAMENTO DA INFORMAÇÃO SENSORIAL

Uma maneira importante de pensar sobre como a informação sensorial é processada durante o movimento é por analogia com sistemas de controle de circuito fechado, uma classe de mecanismos usada em muitas aplicações na vida diária. A Figura 4.1 fornece um exemplo de um sistema de circuito fechado simples.

Sistemas de controle de circuito fechado

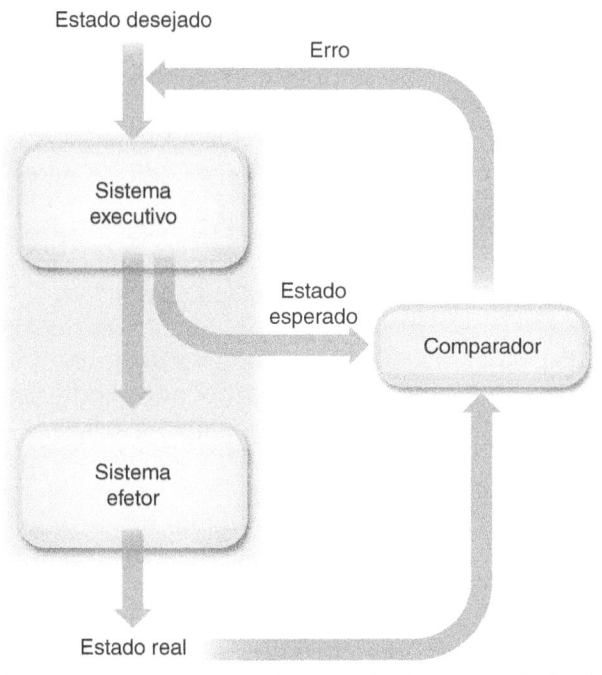

O **sistema de controle de circuito fechado** simples ilustrado na Figura 4.1 pode ser iniciado de várias maneiras; mas uma maneira comum ocorre quando você entra com um estado desejado ou meta do sistema, como a temperatura desejada em sua casa no inverno. A informação sensorial sobre a saída (*output*) do sistema (a temperatura real do ambiente) é medida por um termômetro e é comparada com a temperatura esperada. Qualquer diferença entre a temperatura esperada e a temperatura real representa um erro (p. ex., a temperatura está muito baixa); esta informação errada é transmitida para um executivo para decidir que ação tomar para eliminar ou reduzir o erro. O executivo envia um comando para um efetor, neste caso ligar o aquecedor, que realiza a ação. Esta ação eleva a temperatura ambiente até o estado real igualar o estado esperado (em que o erro na temperatura agora é zero); esta informação é enviada para o executivo, e o executivo envia uma nova instrução para desligar a produção de calor. Esse processo continua indefinidamente, mantendo a temperatura próxima do valor desejado durante todo o dia. Esse tipo de sistema é chamado de "circuito fechado" porque o circuito do executivo para o efetor e de volta para o executivo novamente é completamente "fechado" por informação sensorial, ou *feedback*, formando um "circuito" que sustenta o mecanismo na regulação do sistema para atingir uma meta em particular.

Os mesmos processos gerais operam na performance humana, como conseguir pegar uma xícara. A informação visual sobre a posição da mão em relação à xícara representa o *feedback*. Diferenças entre a localização da mão e a localização desejada são sentidas como erros. Um executivo determina uma correção, modificando o sistema efetor para trazer a mão para o local adequado. Evidentemente, em habilidades mais complicadas, o *feedback* consiste em uma coleção de diferentes tipos de informação sensorial que surge de uma variedade de receptores tanto dentro como fora do corpo. Cada tipo de informação é comparada com um nível de referência correspondente, e os erros são então processados pelo nível executivo no sistema.

Todos os sistemas de controle de circuito fechado têm quatro partes distintas:

1. Um executivo para tomada de decisões sobre erros
2. Um sistema efetor para executar as decisões
3. Uma referência de correção contra a qual o *feedback* é comparado para definir um erro

FIGURA 4.1 Sistema de controle de circuito fechado básico.

4. Um sinal de erro, que é a informação realizada pelo executivo

Controle de circuito fechado dentro do modelo conceitual

Esses processos de circuito fechado ajustam-se ao modelo conceitual expandido para controle do movimento, como mostrado na Figura 4.2. Isto é simplesmente uma expansão do modelo conceitual da performance humana apresentado no Capítulo 2, que introduz os estágios de processamento da informação (ver Figura 2.2). No entanto, agora são adicionadas as noções de controle de circuito fechado vistas na Figura 4.1 para atingir um sistema mais completo que complementa nossa discussão de performance motora humana.

Esse modelo conceitual é útil para compreender os processos envolvidos não apenas em movimentos relativamente lentos (p. ex., posicionamento lento de um membro na fisioterapia) em que compensações podem ser feitas durante a ação, mas também em movimentos relativamente rápidos (p. ex., balançar um machado) em que a correção do erro deve esperar até que os movimentos tenham sido completados.

O sistema executivo consiste nos processos de tomada de decisão discutidos no Capítulo 2 – a identificação do estímulo, a seleção da resposta e os estágios de programação do movimento. O executivo, então, envia comandos para um sistema efetor que consiste em várias partes. Uma é o programa motor, que produz comandos para centros inferiores na medula espinal, que finalmente resultam na contração dos músculos e no movimento das articulações. Ao mesmo tempo, a informação é especificada para definir as qualidades sensoriais do movimento correto, como a "sensação" de um balanço efetivo do machado. Essa informação representa o *feedback sensorial antecipado* do executante, ou seja, as sensações que deveriam ser geradas caso o movimento fosse realizado corretamente. Um exemplo é o estado do termostato quando é configurado para 21°; o *feedback* que chega da temperatura ambiente (o *feedback* real) é então comparado com o *feedback* previsto (21°, indicado pelo estado do termostato) e um erro é computado, o que é então entregue ao executivo. Como tal, a informação que especifica que o termostato deve estar prevendo uma temperatura de 21° é frequentemente chamada de informação de *feedforward*. O termo **feedforward** é usado para distingui-lo de *feedback*, ou das qualidades sensoriais da ação em si. A informação *feedforward* representa consequências sensoriais *antecipadas* do movimento que devem ser recebidas caso o movimento esteja correto, de modo que o erro seria agora zero.

O *output* (o movimento) resulta em informação de *feedback* proprioceptivo e exteroceptivo, coletivamente chamado de *feedback* produzido pelo movimento. Quando os músculos contraem, o sistema recebe *feedback* sobre forças bem como sobre pressões exercidas sobre objetos em contato com a pele. Os músculos em contração causam movimento e, como resultado, o *feedback* das articulações em movimento e as mudanças na posição do corpo com relação à gravidade. Finalmente, o movimento, em geral, produz alterações no ambiente, que são sentidas pelos receptores para visão e audição, gerando ainda mais *feedback*. Esses estímulos produzidos pelo movimento, cuja natureza é criticamente dependente da produção de uma ação em particular pelo executante, são comparados com seus estados antecipados no **comparador.** A diferença computada representa erro, que é retornado ao executivo. Esse processo refina e mantém o comportamento do executante, mantendo os erros em níveis aceitavelmente baixos.

Observe que os estágios de processamento são criticamente importantes no modelo de circuito fechado na Figura 4.2. Toda vez que o *feedback* de uma ação vai para o executivo para correção, ele deve passar pelos estágios do processamento. Os vários estágios do processamento são todos sujeitos aos mecanismos de atenção, como discutido no Capítulo 3. No entanto, essa não é a única maneira na qual o *feedback* pode ser usado, e discutimos vários circuitos de nível mais baixo, semelhantes a reflexos mais adiante no capítulo.

O modelo de circuito fechado na Figura 4.2 é útil para compreender a manutenção de um estado em particular, assim como é necessário para realizar muitas atividades de longa duração. Por exemplo, simplesmente manter a postura, em que o objetivo é uma posição natural, ereta, requer *feedback*. Várias posturas aprendidas devem ser controladas da mesma maneira, como posicionar o corpo em uma parada de mão nas argolas na ginástica. Além disso, a maioria das habilidades de movimento que envolvem os vários membros requerem uma postura precisa, estável como uma "plataforma". Sem essa base, o movimento, como

Aprendizagem e Performance Motora 69

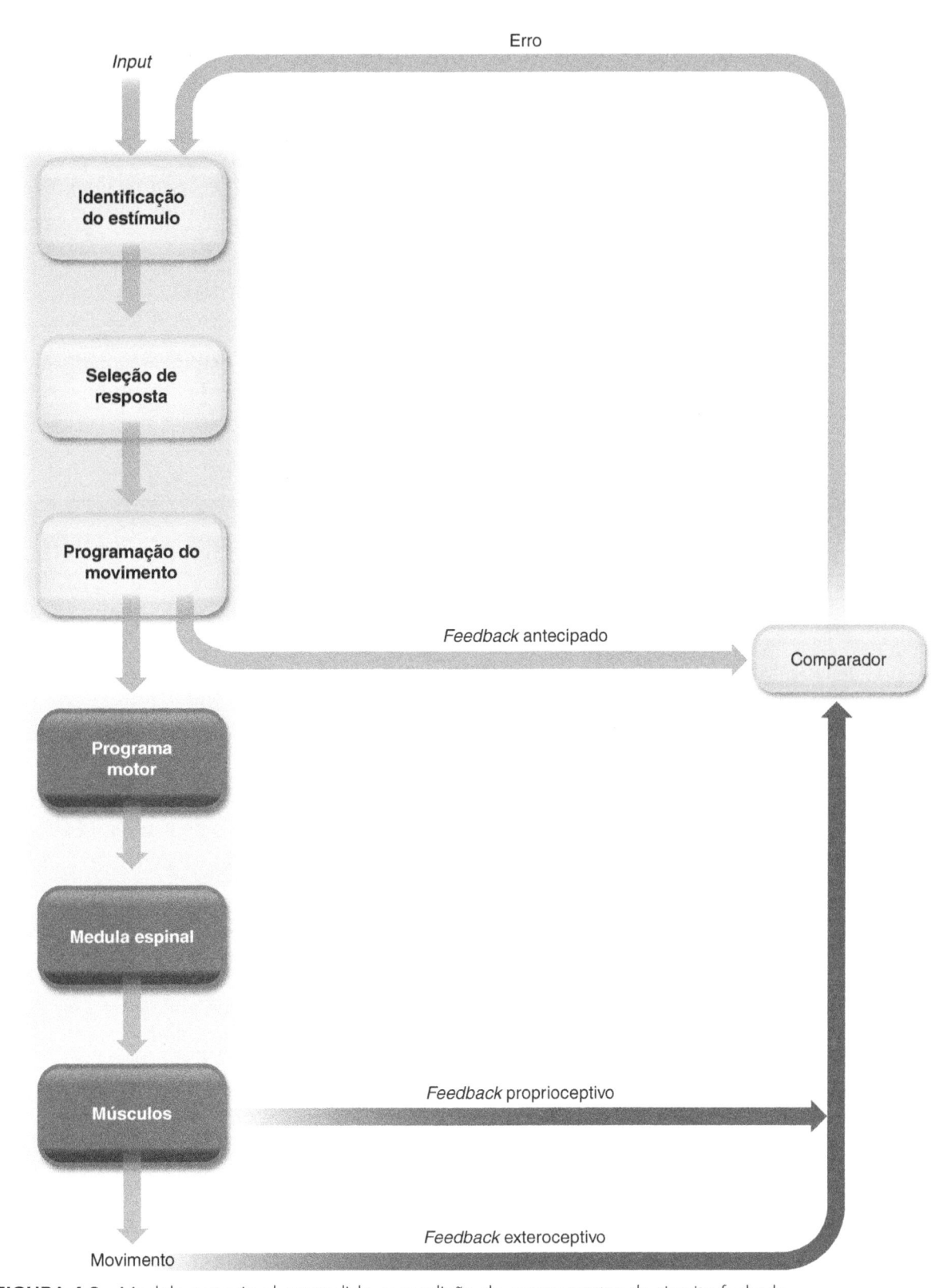

FIGURA 4.2 Modelo conceitual expandido com adição de componentes de circuito fechado.

o de arremessar dardos ou atirar com uma pistola, seria inconsistente. Acredita-se que o comparador define e mantém as posições relativas desejadas dos vários membros assim como a orientação geral no espaço.

Outras tarefas são mais dinâmicas. Por exemplo, em uma habilidade de fazer trilhas, um executante tem de seguir algumas trilhas de variação constante movendo um controle. Dirigir um carro é um exemplo clássico, em que os movimentos da direção resultam de erros visualmente detectados na posição do carro na estrada. Existem outros incontáveis exemplos, pois essa classe de atividade é uma das mais frequentemente representadas no funcionamento do mundo real.

Sem dúvida, os modelos de controle de circuito fechado, como aquele mostrado na Figura 4.2 são os mais eficazes para compreensão desses tipos de comportamento. Assim, compreender como esse modelo opera fornece uma ideia considerável sobre a performance humana e possibilita muitas aplicações importantes. Compreender as limitações do modelo para controle do movimento também é importante, como discutido em seguida.

Limitações do controle de circuito fechado

A inclusão dos estágios do processamento da informação no sistema, como detalhado na Figura 4.2,

Foco na
PRÁTICA 4.1

Correção de erro do rebatedor

Ao balançar o taco de beisebol em um lançamento, o executante primeiro avalia a situação do ambiente e, em seguida, seleciona um movimento para atender às demandas percebidas. Os estágios de processamento selecionam um programa e preparam-no para a iniciação. Após o movimento ser iniciado, os processos de execução da resposta realizam esse movimento mais ou menos como planejado. Desde que o ambiente permaneça no mesmo estado em que estava quando o movimento foi organizado, o movimento deve ser eficaz na concretização da demanda do ambiente, de modo que o taco bata na bola.

Mas e se algo no ambiente muda de repente? Por exemplo, se a bola faz uma curva inesperada, agora o rebatedor quer balançar em um local diferente ou talvez parar todo o balanço. O modelo conceitual possibilita uma estimativa de quanto tempo seria necessário para esse tipo de informação influenciar um movimento em curso. Tais informações devem passar pelos estágios de processamento, portanto, exigindo várias centenas de milissegundos antes de a primeira alteração no movimento poder ocorrer.

Embora esses processos de modificação estejam ocorrendo, o movimento ainda está sendo realizado como originalmente planejado. Portanto, as primeiras partes do primeiro movimento ocorrem antes de o rebatedor poder iniciar a correção para parar ou alterar a ação. Uma de duas ocorrências comuns no beisebol é observada se o rebatedor detecta a curvatura da bola demasiadamente tarde: (a) o movimento inicial é realizado quase completamente, resultando em um erro sem esperança, ou (b) o rebatedor tenta parar ("frear") o balanço, mas é tarde demais para parar o seu ímpeto de levar o taco através da placa. No entanto, uma de duas outras ocorrências comuns no beisebol é observada se o rebatedor for bem-sucedido em modificar o plano original: o rebatedor ou ajusta o balanço e faz contato com a bola ou para o balanço antes de o taco cruzar a placa.

ilustra a flexibilidade do controle do movimento, possibilitando várias estratégias e opções e alterando a natureza do movimento produzido, dependendo de circunstâncias particulares. No entanto, esses estágios de processamento representam uma grande desvantagem na mesma velocidade – eles são lentos, especialmente quando há alta demanda para tempo de processamento, recursos, ou ambos, como em muitas ações complexas (discutido no Capítulo 3). As seções adiante descrevem casos em que o modelo de circuito fechado é menos eficaz para guiar o movimento.

Tarefas de perseguição

Uma generalização importante que surge dos Capítulos 2 e 3 é que os estágios de processamento de informação requerem tempo considerável. Assim, o sistema de circuito fechado com esses processos envolvidos nele deve ser lento também. Os estágios de processamento são componentes cruciais nas situações de tempo de reação (TR), em que apresentar um estímulo requer vários processos que levam a um movimento. O modelo de circuito fechado pode ser considerado da mesma maneira, mas o estímulo neste exemplo é o erro que impulsiona o executivo, e o movimento é a correção selecionada pelo executivo. Inúmeros estudos de perseguição sugerem que o sistema pode produzir respostas separadas (ou seja, correções) a uma taxa máxima de cerca de três por segundo. Essa é mais ou menos a taxa que seria esperada se o sistema estivesse usando processos de TR como um componente crítico, reagindo a erros fazendo correções.

No modelo conceitual, apresentado na Figura 4.2, cada correção está baseada em um coleção de informações sobre os erros que ocorreram ao longo dos últimos cem milissegundos. Esse erro é processado no estágio de identificação do estímulo; uma correção do movimento é escolhida no estágio de seleção da resposta; e a correção é organizada e iniciada no estágio de programação do movimento. Portanto, as tarefas de perseguição que envolvem mais de três mudanças de direção por segundo normalmente são realizadas de maneira precária. O que torna uma bola de futebol difícil de ser recuperada é a natureza frequentemente imprevisível dos quiques que ela dá. Por esse motivo, processos de controle de circuito fechado são mais relevantes para as tarefas que são relativamente lentas ou têm uma longa duração no tempo.

Tarefas rápidas, distintas

Uma visão baseada em *feedback* do controle do movimento não consegue explicar, de maneira adequada, a produção de movimento em habilidades que são muito rápidas, como as ações balísticas em habilidades esportivas (p. ex., arremessar e chutar) e pressionar uma tecla durante mensagens de texto. Como regra geral, com as ações humanas mais rápidas, o executante inicia um movimento completamente planejado para atingir a meta. Se mais tarde informações sensoriais indicarem que este movimento será incorreto e, portanto, deveria ser interrompido ou radicalmente alterado, esta informação é processada de maneira relativamente lenta e descuidada, de modo que as primeiras centenas de milissegundos do movimento inicial ocorrem mais ou menos sem modificação. Como você verá mais tarde neste capítulo, no entanto, a informação sensorial desempenha um papel cada vez mais importante e eficaz à medida que o movimento é feito mais lentamente.

Essa lentidão do processamento de *feedback* tem implicações para o controle dos ajustes momento-a-momento em movimentos muito rápidos (digamos, movimentos menores que 300 ms ou em torno disso), como digitar uma mensagem de texto ou tanger as cordas de um banjo em uma canção *bluesgrass*. De acordo com o modelo conceitual, o *feedback* decorrente do movimento rápido não teria tempo bastante para ser processado antes de o movimento ser completado. O *feedback*, portanto, não influenciaria o controle fino, momento-a-momento. Mais do que qualquer outra observação, essa lentidão do controle de *feedback* levou os cientistas a acreditarem que a maioria dos movimentos rápidos devem ser organizados (ou, como se costuma dizer, programados) com antecedência. Nessa visão, o controle de momento-momento é incluído como parte do programa pré-organizado e não é dependente dos processos relativamente lentos associados ao *feedback* (essa ideia é discutida com mais detalhes no Capítulo 5). O *feedback* também pode atuar de maneira reflexiva para modificar os movimentos muito mais rapidamente do que o indicado no modelo básico de circuito fechado apresentado na Figura 4.2. Esse aspecto do controle de *feedback* é discutido adiante.

Controle proprioceptivo de circuito fechado

Até aqui, apenas uma espécie de processos de circuito fechado foi considerada: controle voluntário, consciente de ações pela informação sensorial. Mas há outras maneiras em que a informação sensorial está envolvida no controle do movimento, especialmente considerando os muitos tipos de correções, modificações e mudanças sutis nas habilidades que ocorrem automaticamente (sem percepção consciente).

Há um número de mecanismos reflexivos que operam abaixo do nosso nível de consciência. Um dos mais bem conhecidos é chamado reflexo patelar. Se alguém senta em uma maca com o joelho dobrado e a perna livremente suspensa e, em seguida, uma pequena batida é aplicada no tendão patelar (normalmente com um pequeno martelo de borracha, como feito por um neurologista), a resposta ao toque é uma breve contração do músculo quadríceps (na coxa) e uma pequena extensão (alongamento) do joelho. O tempo desde o toque até que o quadríceps seja ativado é de apenas 30 a 50 ms. Essa resposta reflexiva ocorre sem qualquer controle ativo, voluntário e ocorre muito rapidamente para vir por meio das etapas de processamento da informação.

Aqui está o que acontece. Nessa posição sentada, um toque no tendão patelar, que liga a patela à tíbia da parte inferior da perna, aplica um breve movimento descendente da patela. Em seguida, pelo fato de a patela estar ligada ao músculo quadríceps, que (juntamente com os fusos musculares no quadríceps) é um pouco alongado também, os fusos musculares respondem, enviando um sinal para a medula espinal por meio de neurônios aferentes (sensoriais). Esses neurônios fazem sinapse (conectam) com neurônios eferentes (motores) que levam de volta ao mesmo músculo que foi alongado (aqui, quadríceps), causando uma breve contração. Isso ocorre muito rapidamente, e, involuntariamente, em parte porque os neurônios aferentes e eferentes trafegam em uma distância relativamente curta e são ligados por uma única sinapse. Assim, esse reflexo foi denominado reflexo de extensão monossináptico. Quase todos os músculos esqueléticos do corpo podem exibir esse reflexo, operando da mesma maneira geral.

Dê uma olhada na Figura 4.3, que é outra expansão do nosso modelo conceitual. Dentro da caixa "efetora" (programa motor-medula espinal-músculos), nós adicionamos um circuito de *feedback* (o chamado circuito M1) do músculo para a medula espinal e de volta para o mesmo músculo. Esse circuito é um componente importante do reflexo de extensão monossinátipca. Esse circuito de *feedback* está em um nível relativamente baixo na medula espinal, assim as respostas não envolvem controle voluntário consciente e refletem respostas estereotipadas, involuntárias, geralmente muito rápidas a estímulos.

Agora, suponha que você é um sujeito em um experimento simples. Você está em pé, e sua tarefa é manter um de seus cotovelos em um ângulo reto para suportar uma carga moderada em sua mão, tal como um livro. Você tem um mostrador em sua frente para indicar a altura do livro, e você é instruído a segurar o livro em alguma posição alvo. De repente, sem poder prever isso, o experimentador acrescenta outro livro para a carga. Sua mão começa a cair, mas depois de um atraso você compensa a carga adicionada e traz a sua mão até a posição alvo novamente. Em toda a probabilidade, a sua resposta foi quase imediata e involuntária, mas dessa vez mais de um reflexo estava envolvido. O reflexo monossináptico que acabamos de descrever era responsável por uma resposta inicial, muito breve, à carga adicionada. No entanto, levar a mão de volta para a posição de destino provavelmente envolveu um ou mais reflexos adicionais.

A resposta ligeiramente mais lenta (latência 50-80 ms) ocorre porque o músculo bíceps estendido distribuiu um sinal (neurônios da via aferente dos fusos musculares) para a medula espinal. Aqui, no entanto, esse sinal também é enviado até a medula espinal, e esses neurônios fazem sinapse com vários neurônios de nível superior. Em seguida, o sinal é enviado de volta para baixo da via na medula espinal em que faz sinapse com os neurônios motores que conduzem ao músculo bíceps, causando um segundo disparo de atividade do bíceps. Esse segundo disparo de atividade (rotulada de M2 na Figura 4.3) é mais forte e mais prolongado do que o primeiro (a monossináptica, **M1**, resposta), mas chega com um atraso ligeiramente maior (50-80 ms) porque o sinal teve de trafegar mais longe e porque várias sinapses estavam envolvidas. O circuito M1 na Figura 4.3 vai do músculo para níveis superiores no SNC. Juntos, esses reflexos monossinápticos (M1) e multissinápticos (**M2**) são apenas dois dos muitos tipos de mecanismos reflexivos pelos quais as ações podem ser modificadas rapidamente (e automaticamente), levando ao atingimento do objetivo em modo de circuito fechado.

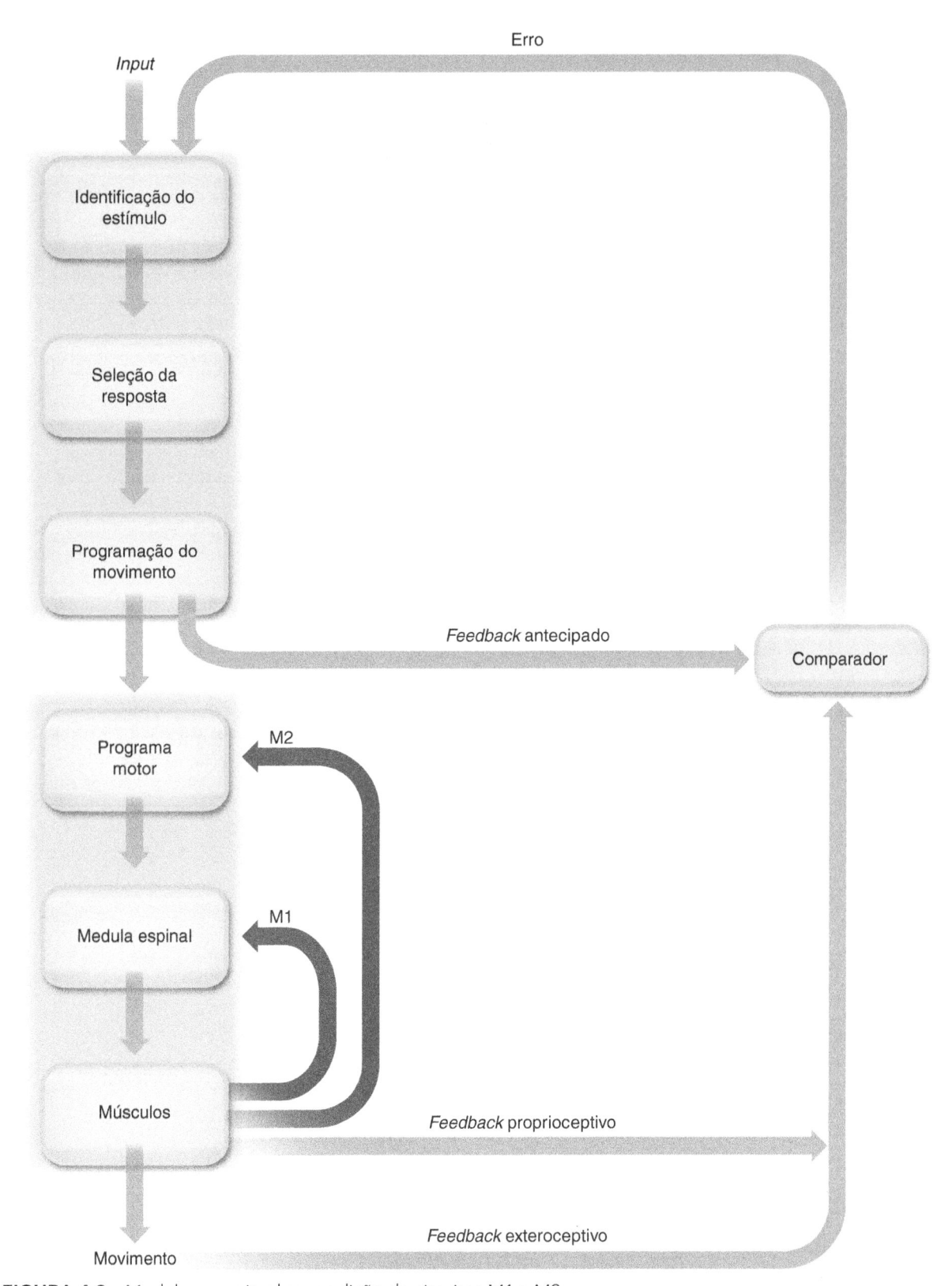

FIGURA 4.3 Modelo conceitual com adição de circuitos M1 e M2.

PRINCÍPIOS DE CONTROLE VISUAL

A visão parece operar de maneira um pouco diferente do que os reflexos proprioceptivos que acabamos de ver. A visão, naturalmente, tem um papel muito importante nas atividades diárias, e as pessoas privadas de visão têm um tempo relativamente difícil de funcionamento no nosso mundo dominado por ela. Mas a visão também parece funcionar de maneira um pouco diferente dos demais sentidos no suporte às habilidades. Por essas razões, a visão merece um lugar próprio neste capítulo.

Dois sistemas visuais

Nos últimos 40 anos ou mais, tornou-se cada vez mais claro que dois sistemas visuais essencialmente separados estão subjacentes ao funcionamento humano, em vez de apenas um. A informação visual é distribuída a partir da retina do olho ao longo de dois fluxos de processamento separados para diferentes lugares no cérebro, e existe boa evidência de que essas duas vias distintas de informações são utilizadas de maneira diferente no controle do comportamento.

Esses dois sistemas, ilustrados na Figura 4.4, são chamados de **corrente dorsal** e **corrente ventral** por causa de suas distinções anatômicas (Ungerleider & Mishkin, 1982; observe que eles também têm sido referidos como os sistemas ambiente e focal, respectivamente). Informações visuais em ambas as correntes trafegam primeiro da retina do olho para o córtex visual primário. No entanto, naquele ponto pensa-se que o processamento de informação torna-se especializado. A informação útil para a identificação de um objeto é enviada para o córtex temporal inferior por via da corrente ventral. A informação que é especificamente utilizada para o controle do movimento dentro do ambiente visual é enviada para o córtex parietal posterior por meio da corrente dorsal.

A corrente ventral é especializada para identificação consciente de objetos que ficam primariamente no centro do campo visual. Sua principal função parece ser o fornecimento de respostas para a questão geral "O que é isso?" Assim, nós usamos esse sistema para olhar e identificar algo, como as palavras nessa página que você está lendo agora. Esse sistema contribui para a percepção consciente de objetos e é gravemente degradada por condições de pouca luz, como você sabe de suas tentativas de ler ou fazer trabalhos manuais finos sem luz adequada.

Acredita-se que a corrente dorsal é especializada no controle de movimento. Distinta da corrente ventral, que é sensível apenas aos eventos na visão central, a visão dorsal envolve todo o campo visual, central e periférico. Ela opera de maneira não consciente, contribuindo para o controle fino de movimentos sem a nossa consciência (ver Foco

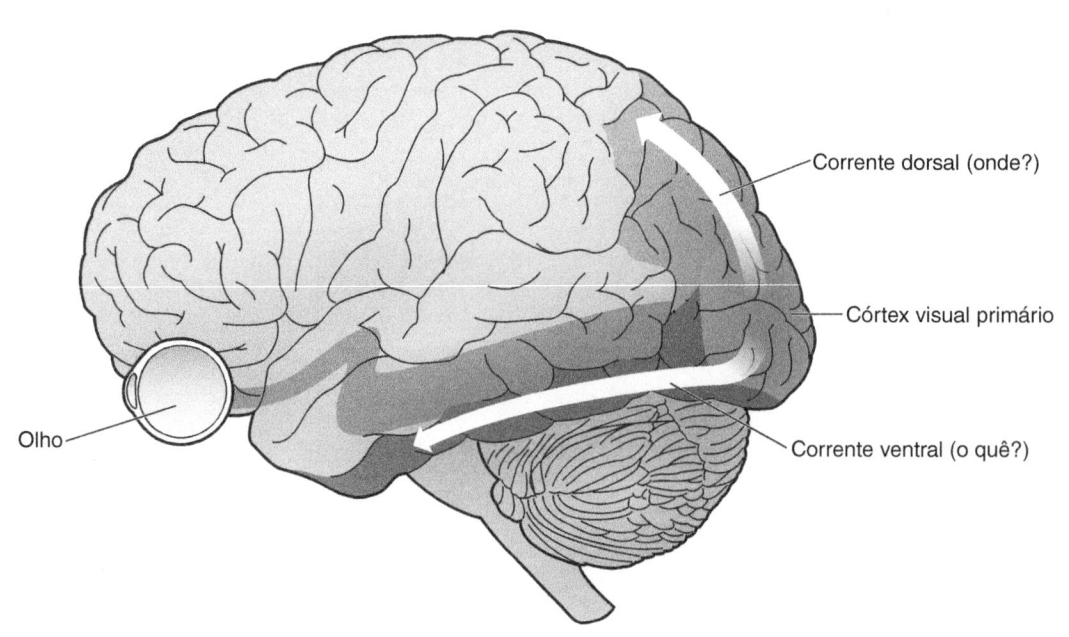

FIGURA 4.4 Ilustração de vias da corrente dorsal e ventral no cérebro.

Foco na
PESQUISA 4.1

"Visão cega" revela processamento de corrente dorsal e ventral

O termo *"visão cega"* pode, a princípio, soar autocontraditório, mas este fenômeno curioso levou muitos à descoberta do sistema visual dorsal (ambiente). A visão cega é geralmente definida como uma condição médica na qual a pessoa pode responder aos estímulos visuais sem percebê-los conscientemente. De acordo com Weiskrantz (2007), a ideia originalmente resultou de trabalho sobre o córtex visual dos macacos, em que foi demonstrado que o animal, embora tecnicamente "cego", podia ainda responder a vários tipos de estímulos visuais. Estudos posteriores demonstraram o fenômeno em humanos também (p. ex., Humphrey, 1974;. Weiskrantz et al, 1974).

Talvez, o mais surpreendente, e mais convincente, a evidência veio do estudo de dois pacientes neurológicos humanos, TN e DB (iniciais dos pacientes; de Gelder et al., 2008; Weiskrantz et al., 1974). TN havia tido dois AVCs sucessivos, que causaram grandes danos neurológicos em seu córtex visual, o que lhe deixou "cego" dos dois olhos por todas as medidas tradicionais de visão. Depois de considerável estudo, os pesquisadores levaram TN para um corredor, pedindo-lhe para andar pelo mesmo sem sua bengala habitual. Sem o conhecimento de TN, os pesquisadores colocaram vários objetos no corredor os quais ele teria de superar. Para o espanto óbvio dos pesquisadores, TN evitou todos eles, mesmo pressionando-se contra a parede para evitar uma lata de lixo. O paciente DB, cujo córtex occipital havia sido removido cirurgicamente devido a um tumor, também estava "cego" de acordo com as medidas tradicionais de visão. Os pesquisadores usaram testes de escolha forçada, nos quais se pedia a DB para adivinhar onde, entre dois locais na frente dele, um objeto havia sido colocado. Seus palpites foram consideravelmente mais precisos do que o acaso, embora ele não pudesse "ver" os objetos. Ele também se mostrou sensível a intervalos de tempo de apresentação do objeto longos ou curtos, a cor, contraste, ao movimento, e ao início e término da presença do alvo. Muito claramente, ambos os indivíduos estavam "vendo" os objetos dos quais não estavam conscientes.

Esses achados em seguida foram interpretados no sentido de que nós possuímos dois sistemas visuais: um sistema ventral (também chamado "focal"), com o sistema de acesso à consciência (que DB e TN tinham perdido completamente), e um sistema dorsal que não tem acesso à consciência (que estava íntegro em TN e DB). (As vias anatômicas para estes sistemas são ilustradas na Figura 4.4.) O fenômeno de visão cega demonstra claramente que podemos responder a objetos em nosso ambiente de modo inconsciente, guiados por informações visuais das quais somos completamente inconscientes.

Bridgeman e colaboradores (1981) forneceram algumas das evidências mais fortes para o papel de um sistema dorsal para o controle de movimento. Indivíduos sentados em uma sala escura na frente de uma tela sobre a qual foi projetado um retângulo (como uma moldura) com um ponto de luz em seu interior. Sem a consciência do indivíduo, a moldura foi movida para frente e para trás ligeiramente alguns graus, com o ponto ficando em posição fixa sobre a tela dentro do quadro em movimento. Sob essas condições, o indivíduo confiavelmente experimentou a ilusão de que o ponto estava se movendo para frente e para trás dentro do quadro, em vez do inverso, que foi realmente o caso. Em termos da noção de dois sistemas visuais, o sistema ventral (o único com acesso à consciência) foi "enganado", julgando que o ponto estava em movimento quando na verdade estava parado.

> *continua*

> *continuação*

Em seguida, Bridgeman e colaboradores tentaram manipular o sistema dorsal. Os indivíduos foram instruídos de que, se a moldura e o ponto fossem subitamente desligados, deixando a sala em escuridão total, eles teriam de apontar uma alavanca para a última posição do ponto o mais rapidamente possível. Evidentemente, a percepção *consciente* do indivíduo era que o ponto estava se movendo para trás e para frente. Assim, se o sistema ventral estivesse sendo utilizado para controlar a mão, os movimentos de apontar deveriam variar da direita para a esquerda também, em coordenação com os "movimentos" (conscientemente) percebidos do ponto. Pelo contrário, quando as luzes eram apagadas, os indivíduos apontavam para onde o ponto realmente estava, não para onde eles percebiam que ele estava. A interpretação foi que a informação visual para a localização do ponto estava sendo usada pelo sistema dorsal inconsciente, e este sistema não foi enganado pelos movimentos da moldura. Essa evidência sustenta a existência de dois sistemas visuais distintos: o sistema ventral para consciência com viés pelos movimentos da moldura e o sistema dorsal para controle do movimento, que não era influenciado pelos movimentos da moldura.

Exploração adicional

1. Pacientes com *ataxia óptica* e *agnosia visual* têm sido foco de estudo por neurofisiologistas. Que informações esses pacientes forneceram aos pesquisadores em relação à distinção entre correntes visuais ventrais e dorsais?
2. Que outros tipos de ilusões visuais foram utilizadas em pesquisas para separar processamento de corrente dorsal e ventral?

---

na Pesquisa 4.1). Claramente, uma razão pela qual é difícil reconhecer a existência de visão dorsal é que ela não é consciente. Sua função é fornecer respostas às perguntas: "Onde está?" ou talvez "Onde eu estou em relação a ele?"

Controle visual de habilidades motoras

Como a informação visual é utilizada para o controle do movimento, e que fatores determinam sua eficácia? É útil dividir essa discussão em partes separadas, em especial porque lida com os papéis distintos dos sistemas dorsais e ventrais.

Apesar da caracterização de visão ventral como um sistema de identificação de objetos, seria errado concluir que não tem papel algum no controle do movimento. A visão ventral tem acesso à consciência, por isso é processada por meio dos estágios de processamento de informação discutidos no Capítulo 2, levando à ação em grande parte da mesma forma como qualquer outra fonte de informação. No modelo conceitual na Figura 4.3, a visão pode ser vista apenas como mais uma fonte de informações resultantes da ação, então, seu único acesso ao circuito seria por meio dos estágios de processamento de informação. Em certo sentido, isso é óbvio. Você pode olhar e conscientemente identificar um carro vindo, o que então levaria à decisão de tentar evitá-lo. A visão ventral está criticamente envolvida aqui, e falhas para identificar objetos de modo adequado podem levar a erros graves. Isso é particularmente importante ao dirigir à noite, quando a precisão do sistema ventral (acuidade visual) é degradada de modo considerável.

Antes de perceber que poderia haver um sistema dorsal de controle de movimento, os cientistas acreditaram que um sistema ventral consciente era a única maneira pela qual a informação visual poderia influenciar a ação. Nessa visão ultrapassada, um batedor do beisebol observando um lançamento vir em direção à base baseou-se apenas nos processos relativamente lentos nos estágios de processamento de informações para detectar o padrão de voo da bola e iniciar mudanças no controle do movimento. Essa ideia foi sustentada por inúmeras experiências que pareciam mostrar que o controle visual da ação (processamento de fluxo ventral) era particularmente lento e pesado. No entanto, informações recentes sobre o sistema visual dorsal, juntamente com as ideias sobre processos de fluxo óptico na visão, mudaram muito nossa compreensão do processamento da informação visual para a ação.

Controle do movimento da corrente dorsal

James J. Gibson (p. ex., Gibson, 1966) alterou radicalmente a maneira como os cientistas teorizaram sobre o controle visual do movimento. Um conceito particularmente importante promovido por Gibson era o de padrões de fluxo óptico, e como esta informação do ambiente foi usada pelo sistema visual para controlar o movimento do corpo (como o balanço) e para fornecer informações sobre o momento dos eventos, tais como o tempo para fechar a lacuna entre o executante e um objeto.

Por exemplo, andar de bicicleta ao longo de um caminho ou rua movimentada requer processamento rápido de muitas fontes de informação visual. O ciclista precisa estar ciente das placas e sinais de trânsito, os pedestres que atravessam a rua, carros virando para outro lado e para o caminho que se aproxima e, é claro, a abertura temida da porta do motorista de um carro estacionado. À medida que o ciclista olha para esse ambiente texturizado, cada característica visível reflete os raios de luz, que entram nos olhos em ângulos específicos; coletivamente, isto é chamado **arranjo óptico**. Pelo fato de o ciclista estar se movendo, cada objeto no ambiente muda a sua posição em relação ao ciclista continuamente, causando uma mudança nas informações fornecidas pelo arranjo óptico. Essa mudança na informação é denominada **fluxo óptico** e pode ser considerada um "fluxo de luz" através da retina. O ponto importante é que o fluxo óptico oferece inúmeros tipos importantes de informações sobre o movimento do ciclista através do ambiente, tais como

- tempo antes de uma colisão entre o ciclista e um objeto,
- direção do movimento em relação aos objetos no ambiente,
- movimento de objetos ambientais em relação ao ciclista,
- estabilidade e equilíbrio do ciclista, e
- velocidade de movimento através do ambiente.

Informações sobre tempo para contato A Figura 4.5 apresenta um exemplo de como o arranjo óptico pega informações sobre um objeto visto pela primeira vez a distância (digamos 25 m de distância – objeto A), em seguida, a uma distância mais próxima (15 m de distância – objeto B), em seguida, a uma distância muito próxima (5 m – objeto C). O ângulo de luz determinado a partir das extremidades do objeto a uma distância A é muito pequeno (α_1); aumenta ligeiramente quando fica 10 m mais próximo (α_2), e, em seguida, expande-se a uma taxa muito mais rápida durante os próximos 10 m (α_3).

O padrão de fluxo óptico de um objeto que se aproxima, tal como o carro estacionado, indica o tempo restante até que o objeto atinja o plano do olho (Lee e Young, 1985). A imagem retinal de um objeto que se aproxima expande à medida que o objeto se aproxima, e se expande mais rapidamente à medida que o objeto se aproxima mais rapidamente. Essas mudanças no fluxo óptico são captadas pelo sistema dorsal, fornecendo informações sobre a distância do objeto e o tempo até que o objeto entre em contato com o plano

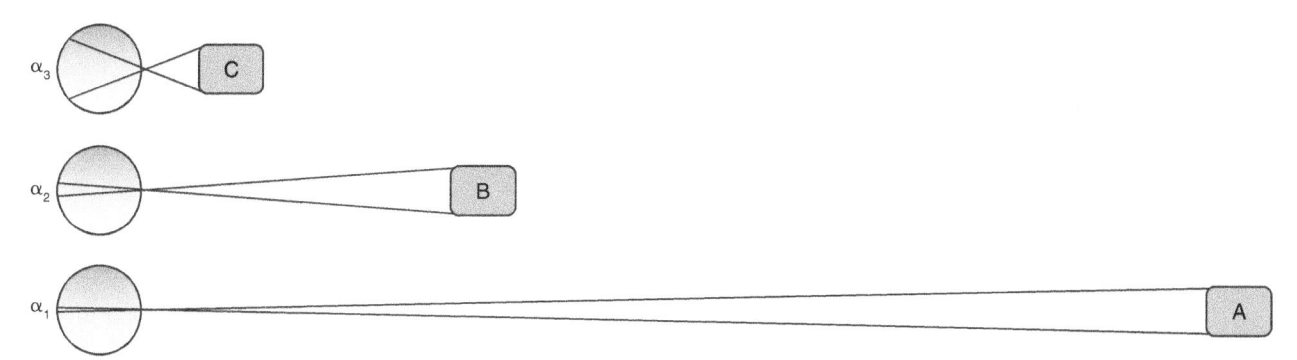

FIGURA 4.5 Objetos A, B, e C estão trafegando com a mesma velocidade na direção da direita para a esquerda em direção a um olho (círculos cinzas). Os tamanhos da imagem óptica do objeto na parte posterior do olho (a retina) a distâncias diferentes são α_1, α_2 e α_3. Observe que quando o objeto se desloca de A para B, o tamanho da imagem da retina muda em um ritmo mais lento do que para a mesma distância percorrida a partir de B para C. Essas alterações no fluxo óptico são captadas pelo sistema dorsal, fornecendo informações sobre a distância do objeto e o tempo até que o objeto entre em contato com o plano do olho.

do olho. Esse tempo-para-contato é abreviado pela letra grega tau (τ). A variável óptica **tau** (τ), que é definida como o tamanho da imagem da retina dividido pela taxa de mudança de tamanho da imagem, acaba por ser proporcional ao tempo que resta até o contato. Assim, τ é derivada a partir da informação de fluxo óptico e usada pela corrente dorsal para especificar o tempo para contato com o objeto. Essa informação de momento de ocorrência é crucial em ações interceptativas que envolvem momento coincidente, como golpear ou pegar uma bola, dirigir ou preparar o corpo para a entrada na água durante um mergulho.

Direção de movimento de objetos Uma pessoa pode correr na floresta, evitando árvores com sucesso, usando informações de fluxo óptico sobre as taxas relativas de mudança nos ângulos visuais das árvores. Supõe-se que os objetos mostrados na Figura 4.6 são árvores. Para árvore A, os ângulos de luz a partir das bordas esquerda e direita expandem na mesma velocidade de ambos os lados, indicando que o olho está trafegando diretamente em direção à árvore A e irá colidir com ela. Para a árvore B, por outro lado, os ângulos de luz a partir do lado direito estão expandindo sistematicamente mais de forma mais lenta do que aqueles a partir do lado esquerdo. Isso indica que o olho vai passar a árvore B com B em seu lado esquerdo.

Equilíbrio Manter o equilíbrio tem sido tradicionalmente o domínio de informações proprioceptivas na detecção de oscilação e perda de estabilidade. Por exemplo, quando o corpo oscila para a frente, a articulação do tornozelo é movida e a musculatura associada é alongada, produzindo sinais de movimento dos fusos musculares e outros proprioceptores. Além disso, os receptores na orelha interna são sensíveis aos movimentos da cabeça, fornecendo informações sobre as oscilações do corpo e equilíbrio.

No entanto, a visão também desempenha um papel-chave no controle do equilíbrio. Olhe para frente para um objeto na parede. Sem mudar a direção do olhar, mova a cabeça ligeiramente para a frente e para trás e preste atenção às mudanças na informação visual. Você provavelmente notará que os objetos na visão periférica parecem mover-se

▎ À medida que uma ciclista de montanhas anda pela trilha, ela processa continuamente a mudança do fluxo de informações visuais sobre o ambiente.

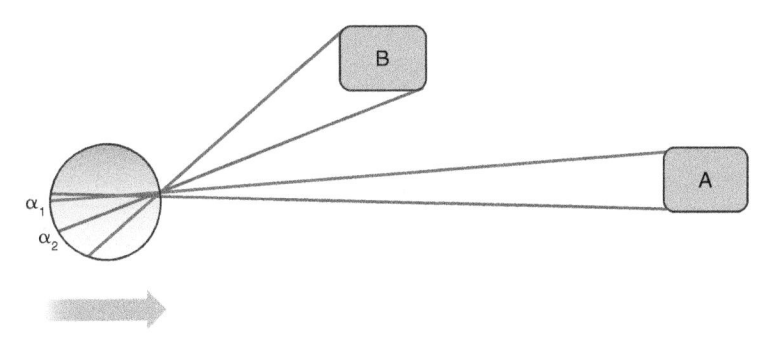

FIGURA 4.6 O observador, representado aqui por um olho, está voltado para o objeto A e irá passar pelo objeto B do seu lado esquerdo; em nosso exemplo, A e B são árvores. O sistema ambiente detecta que os raios de luz de ambos os lados da árvore A estão expandindo mais ou menos na mesma velocidade, enquanto os raios de luz do lado esquerdo da árvore B estão expandindo mais rapidamente do que aqueles do lado direito. Isso indica que, se o observador não mudar o curso ela irá colidir com a árvore A e irá passar a árvore B com B no lado esquerdo do olho.

rapidamente para trás e para a frente e que estas mudanças são dependentes do movimento de sua cabeça. Essas informações periféricas poderiam servir para o controle de equilíbrio?

Lee e Aronson (1974) demonstraram que o equilíbrio é fortemente afetado pela variação da informação visual, o que sugere que as variáveis de fluxo óptico de visão periférica são essenciais para ele. Em sua experiência, o indivíduo fica em uma sala pequena, especial cercada por paredes suspensas a partir de um teto muito alto, de tal forma que as paredes não chegam a tocar o chão. As paredes podem ser movidas, com o piso mantido parado, para influenciar apenas a informação de fluxo óptico. Mover as paredes um pouco longe leva o indivíduo a balançar ligeiramente para a frente, e mover as paredes para mais perto leva o sujeito a balançar para trás. Com uma criança pequena, um movimento das paredes para longe pode levá-la a cair para frente, e um movimento das paredes para frente pode causar uma queda desajeitada para a posição sentada (ver Figura 4.7).

Mover a parede gera para a pessoa a informação de fluxo óptico que comumente significa que a cabeça está se movendo para a frente; isto é, que a pessoa está fora de equilíbrio e caindo para frente. A compensação postural automática é balançar para trás. Essas compensações visualmente baseadas são muito mais rápidas do que pode ser explicado pelo processamento consciente no sistema ventral, com latências de cerca de 100 ms (Nashner & Berthoz, 1978). Esses experimentos sugerem que a informação de fluxo óptico e o sistema dorsal estão criticamente envolvidos no controle das atividades normais de balanceamento.

Esse papel da visão no controle do equilíbrio também tem fortes implicações para posturas apren-

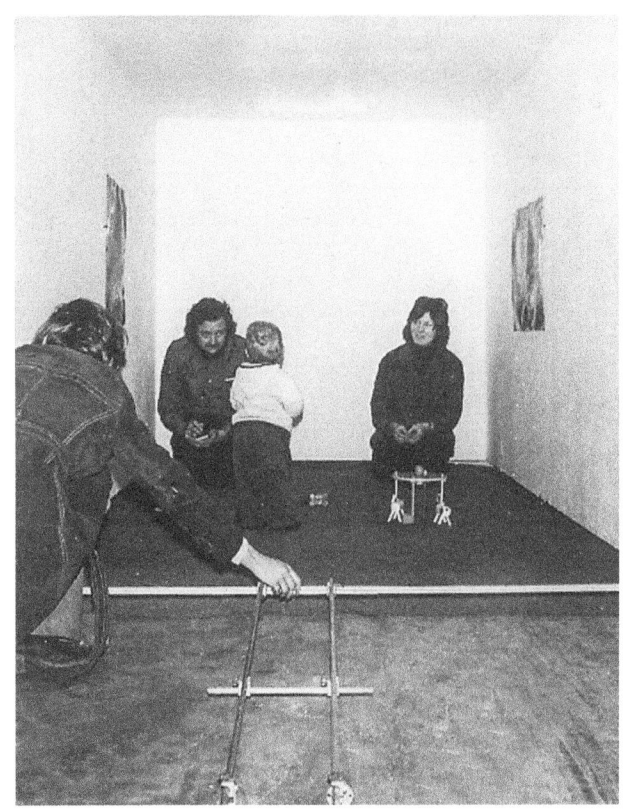

FIGURA 4.7 Aparelho de sala móvel de David N. Lee. Mover as paredes para a frente (longe da câmera) leva o indivíduo jovem a balançar para frente, e mover a parede para trás leva o indivíduo a "estatelar" sentado. Essa evidência sugere que a visão é fundamental para o equilíbrio. (Lee é o segundo da esquerda na foto).

Reproduzida, com autorização, de Lee e Aronson 1974

didas. Ao realizar uma parada de mão nas argolas, em que é importante manter-se tão imóvel quanto possível, o sistema visual pode sinalizar mudanças muito pequenas na postura, fornecendo uma base para correções mínimas para manter a postura estável.

Controle do movimento da corrente ventral

A corrente ventral fornece informações sobre o "o que" no controle motor. Um rebatedor de beisebol especialista sabe que os diferentes tipos de arremessos têm diferentes giros – rotações da bola que ajudam o rebatedor a prever a trajetória de um arremesso. Um assistente de dentista não só deve conhecer a diferença entre o aspecto de uma sonda falciforme e uma sonda periodontal, mas também tem de ser capaz de identificar cada uma com um rótulo verbal associado quando solicitado. Assim, a corrente ventral em geral precisa de informações apresentadas em condições visuais bem iluminadas a fim de identificar as informações do objeto, que então podem ser usadas nos processos de tomada de decisão consciente para a ação.

Visão e planejamento do movimento A identificação do objeto, através do fluxo ventral, desempenha um papel crucial no planejamento do movimento antes do início de uma ação. Por exemplo, dê uma olhada nos objetos na Figura 4.8 e pense sobre qual maneira de preensão usaria para pegar cada objeto. Para o copo de suco (objeto a), uma

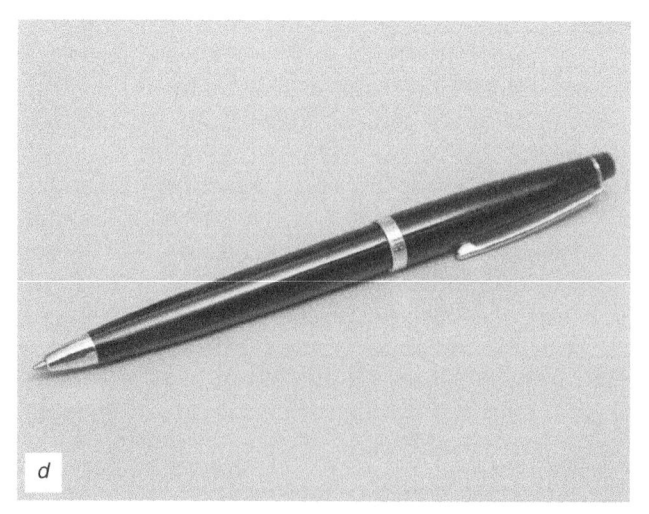

FIGURA 4.8 A corrente ventral identifica as propriedades visuais de um objeto com a finalidade de antecipar o planejamento da preensão de objetos a até d. No entanto, as propriedades visuais de objetos não contam toda a história – intenções sobre que ação será realizada com um objeto também determinam qual preensão usar. Por exemplo, pense em como você pegaria o objeto d se estivesse planejando escrever com ele, e compare isso com a maneira como pegaria o objeto d se planejasse usá-lo para furar uma caixa de papelão (ver Rosenbaum et al. 2013).

preensão com a mão toda. Um pegar com quatro dedos é necessário para a caneca de cerveja (objeto b), mas a preensão com polegar e outro dedo é apropriada para a xícara de chá (objeto c). A caneta (objeto d), em geral, é pega com uma preensão de precisão se o executante pretende usá-la para escrever algo. No entanto, se o executante pretende usar a caneta como uma ferramenta, digamos, para furar uma caixa de papelão, então uma preensão com força seria usada. Assim, informações fornecidas pela corrente ventral são combinadas com o objetivo de ação para processamento adicional nos estágios de planejamento do movimento (ver Rosenbaum et al. 2013 para um tratamento mais completo).

Feedback de processamento visual Anteriormente, mencionamos que a informação visual pode ser usada com muita rapidez (com latências menores que 100 ms) para fazer ajustes no controle do movimento. Em outras situações, no entanto, correções visualmente baseadas envolvem os estágios relativamente lentos de processamento da informação; e uma linha de pesquisa foi identificar quanto tempo é necessário para efetuar essa atividade de processamento.

Após as tentativas iniciais de Woodworth (1899), uma estratégia única foi projetada por Keele e Posner (1968) para medir o tempo para processar *feedback* visual. A meta do indivíduo era completar um movimento de mão de apontar para um alvo com o mínimo de erro de espaço e temporal. A distância do alvo era de 15 cm, e havia quatro metas de TM do alvo (150, 250, 350, e 450 ms). Assim, os movimentos foram concluídos em tempos que variaram de muito rápido (meta de 150 ms, mas na verdade eram concluídos em 185-190 ms) até bastante lento (450 ms). Os indivíduos receberam *feedback* verbal sobre seus TMs após cada tentativa de ajudá-los a mover no TM adequado. Uma característica clinicamente importante do projeto de pesquisa foi que os indivíduos concluíram algumas das tentativas no escuro – luzes ambiente foram subitamente extintas em 50% de tentativas aleatoriamente selecionadas apenas no início do movimento. A previsão era simples: se o *feedback* visual fosse utilizado para guiar o movimento sobre o alvo, então, ter as luzes acesas deveria produzir objetivos mais precisos do que quando as luzes ambiente estavam apagadas. Mas, se o movimento era feito muito rapidamente para usar *feedback* visual, então, não seria de se esperar nenhuma diferença na precisão.

Os resultados de Keele e Posner são apresentados na Figura 4.9. A primeira coisa a observar é que, à medida que o TM ficava mais longo no tempo, a precisão em acertar o alvo aumentou, mas, principalmente, ocorreu para os movimentos feitos com as luzes acesas. É importante notar que as precisões com as luzes acesas *versus* luzes apagadas foram idênticas para o TM mais curto, e as curvas divergiram quando os movimentos tornaram-se mais longos no tempo. Esses dados sugerem que, quando o TM foi de aproximadamente 190-250 ms, este foi o tempo mínimo para usar *feedback* visual nessas ações. Assim, movimentos mais lentos beneficiaram-se de ter as luzes ambiente acesas.

Apesar das descobertas anteriores que sugerem que o tempo para usar o *feedback* visual pode ser processado em menos de 100 ms, essa evidência aqui sugere que o tempo mínimo de usar *feedback* visual ao apontar é de 190 ms e 250 ms. Se a compensação visual for inesperada, como na tarefa de Keele e Posner, a quantidade de tempo necessária para processar o *feedback* visual é mais ou menos semelhante daquela para *escolha* de TR. Se a disponibilidade de *feedback* visual puder ser prevista, então, o tempo de processamento é reduzido essencialmente àquele para TR *simples* (Elliott, Hansen, e Grierson, 2010].

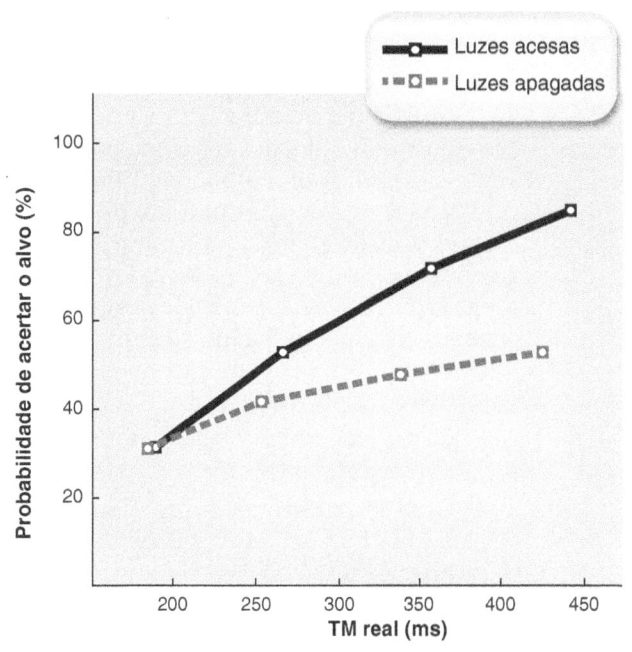

FIGURA 4.9 Movimentos concluídos em tempos inferiores a 200 ms não apresentaram melhora em precisão com as luzes do ambiente acesas (em comparação com luzes apagadas), mas os movimentos feitos em tempos de mais de 250 ms realmente se beneficiaram de ter as luzes acesas.

Dados de Keele e Posner 1968.

Foco na
PESQUISA 4.2

Controle do olhar

Os dispositivos de gravação do movimento ocular fornecem aos pesquisadores medidas muito precisas do *olhar* – onde uma pessoa está olhando durante uma ação ou evento perceptual. Esses estudos revelaram que controlamos voluntariamente o olhar utilizando dois tipos diferentes de movimento do olho: movimentos oculares de perseguição simples e movimentos sacádicos distintos.

O objetivo dos movimentos de perseguição simples é manter o alvo do nosso olhar fixo na fóvea da retina. Os olhos se fixam em um objeto que está ou imóvel ou movimentando-se lentamente, possibilitando ao espectador pegar detalhes precisos. Movimentos de objetos mais rápidos, por outro lado, são caracterizados por fixações breves e as mudanças rápidas para um local diferente no ambiente visual. A informação é obtida durante as fixações, mas não durante os sacádicos entre fixações. As mudanças sacádicas fornecem-nos a capacidade para obter as informações de maneira rápida a partir de uma ampla gama de fontes no nosso ambiente visual, por exemplo, conforme necessário durante a direção de um carro (olhar para fora das janelas da frente e lateral, verificar os vários espelhos, etc).

Os pesquisadores descobriram algo muito interessante sobre a maneira como atletas altamente habilidosos e menos habilidosos usam a visão imediatamente antes do início da ação. Executantes especialistas mantêm os olhos fixados por um período mais longo de tempo antes do início do movimento do que os não especialistas. Além disso, os indivíduos podem melhorar sua performance se forem treinados para fixar seu olhar por um período mais longo de tempo imediatamente antes da ação. Esses achados foram replicados em muitos tipos diferentes de atividades (p. ex., lance livre do basquete, tiro ao alvo, golfe, malabarismo) e foram chamados de **efeito "olho quieto"** (ver Vickers, 2007, para uma boa revisão).

Resta a considerável incerteza a respeito do(s) mecanismo (s) responsável(is) por esses últimos efeitos. Uma hipótese é que um período prolongado de olhar pode estabilizar o sistema perceptual, facilitando os processos de movimento dependentes deles. Outra visão é que esse período de inatividade oferece uma oportunidade para mudar os recursos de atenção para um foco de controle ideal. Embora muitas outras possíveis razões não possam ser excluídas neste momento, a generalidade do efeito "olho quieto" sugere que esses mecanismos provavelmente surgem com o desenvolvimento de habilidades. Claramente, há muito mais pesquisa a ser realizada sobre esse tema.

Exploração adicional

1. O que são cones e bastonetes do olho, e com que informações específicas contribuem para a visão?
2. Qual é a diferença entre olhar e ver? Como é que a atividade conhecida como Parkour revela que o que os *traceurs* e *traceuses* veem é diferente do que o resto de nós vê?

Visão no modelo conceitual

A distinção entre o processamento visual de corrente dorsal e ventral tem implicações óbvias para o nosso modelo conceitual, como apresentado na Figura 4.3. Embora o processamento de corrente ventral ainda ocorresse como sugerido no modelo (por meio dos estágios de processamento lentos, no "circuito externo"), seria de se esperar que o processamento de corrente dorsal fosse inconsciente – talvez quase semelhante ao reflexo. Pelo fato de o processamento de corrente dorsal ser inconsciente, de certo modo rápido e inflexível, é alimentado de volta para níveis relativamente baixos no sistema nervoso central, consideravelmente "a jusante" a partir dos processos que selecionam e iniciam o movimento, mas "a montante" a partir dos músculos e medula espinal. Assim, pode-se pensar na visão dorsal como funcionando em níveis intermediários do sistema fazendo ajustes mínimos nas ações já programadas, como compensação do movimento da cabeça no balanço do golfe e alterações na postura para manter o equilíbrio nas argolas paradas. Por essa razão, adicionamos um circuito de *feedback* a partir do movimento resultante até o nível do programa motor na Figura 4.10.

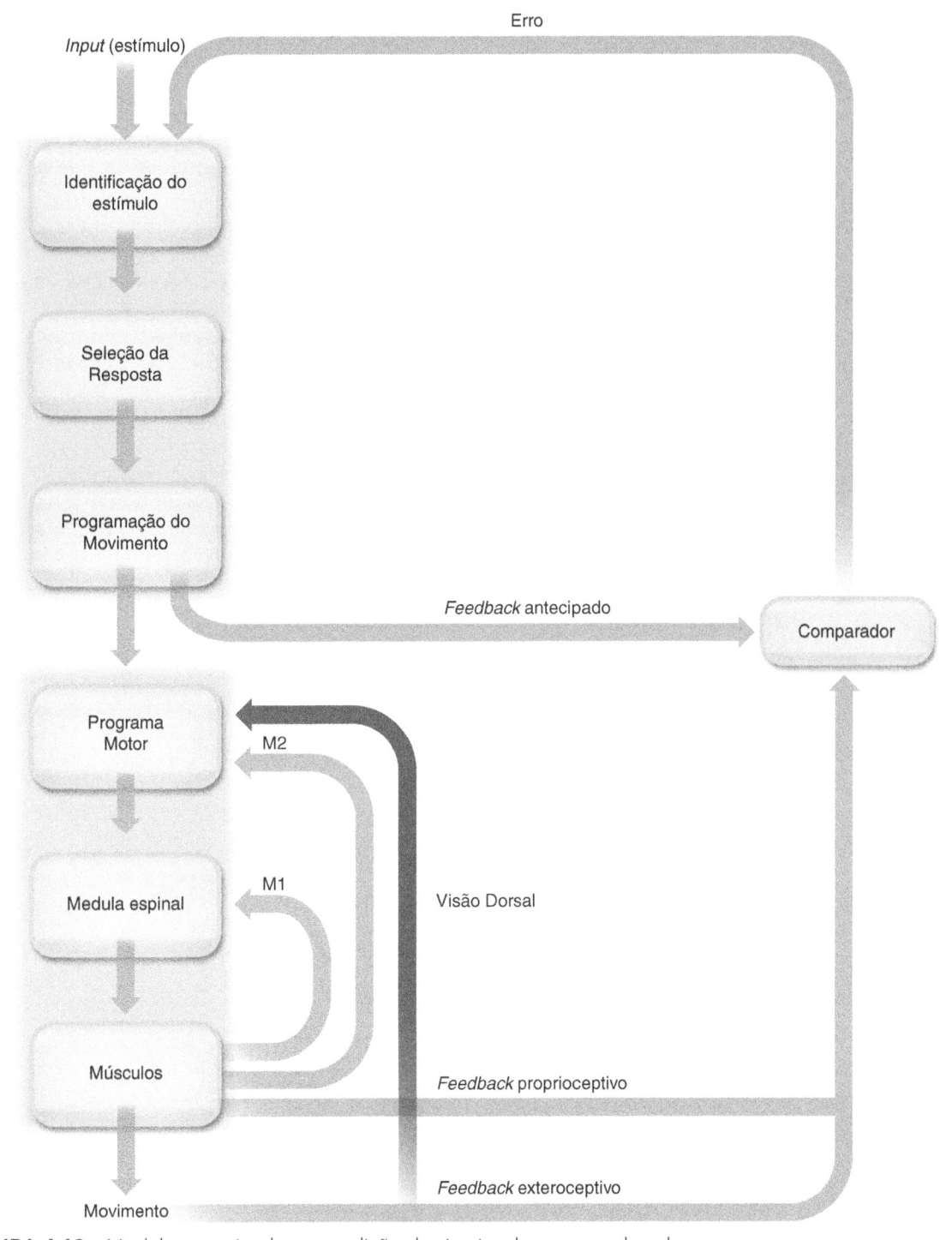

FIGURA 4.10 Modelo conceitual com a adição de circuito de corrente dorsal.

Foco na PRÁTICA 4.2

Visibilidade em acidentes noturnos carro-caminhão

Um acidente não incomum de automóvel ocorre à noite – o motorista de um carro indo no limite de velocidade bate na traseira de um veículo que está parado ou movendo-se muito lentamente (talvez um caminhão em uma colina). O motorista do carro não teve problemas para ver as lanternas traseiras na parte de trás do veículo estacionado ou movendo-se lentamente. Em vez disso, o problema era que o motorista não sabia o que as luzes estavam "fazendo." O que poderia estar acontecendo aqui?

Em uma noite clara, o motorista provavelmente consegue ver as luzes traseiras a partir de uma longa distância (talvez uns 2 km ou algo em torno disso). Presumivelmente, a taxa de expansão visual (neste caso, as luzes parecendo moverem-se muito mais além) do fluxo óptico sobre a retina fornece a informação de que o veículo da frente está parado (ou indo muito lentamente), e não está na mesma velocidade que o carro. Mas o problema é ilustrado muito claramente na Figura 4.11 (de Ayres et al., 1995) – a taxa de expansão é tão pequena (menor do que o limiar para a detecção de qualquer expansão, sendo que a taxa de limiar para ser capaz de detectar qualquer expansão é de 0,2 graus/segundo). A partir da Figura 4.11, isto significa que o condutor atrás não consegue perceber que a expansão até o carro está a cerca de 122 m do objeto, em que é imediatamente possível detectar que o arranjo óptico está em expansão. O problema é que 122 m é muito próximo da distância a que um carro a 95 km/h pode ser levado a uma frenagem completa, e isto está abaixo das condições ideais (ou seja, uma boa visibilidade). Portanto, o motorista que está atrás não percebe que o caminhão está em movimento muito mais lento do que ele até que seja quase que demasiado tarde. A menos que o motorista que está atrás esteja extremamente alerta, o carro pode bater com facilidade no caminhão em movimento lento.

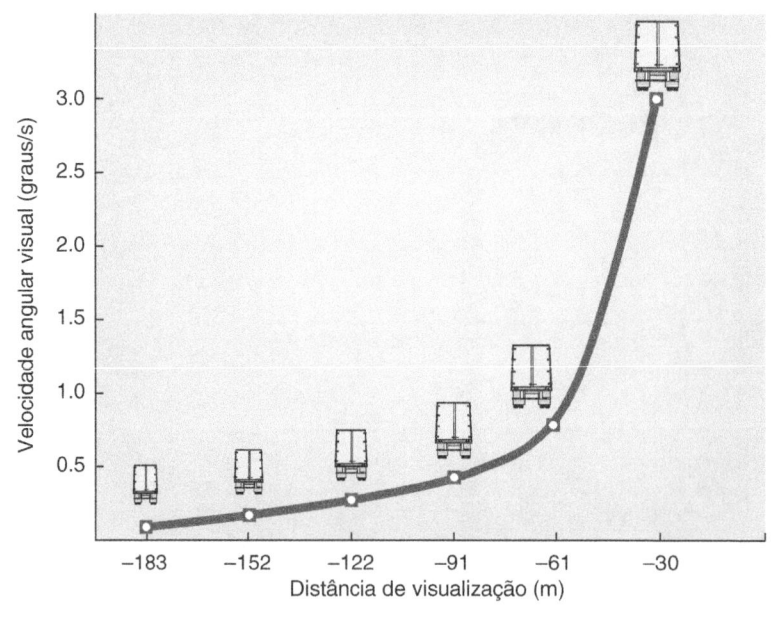

FIGURA 4.11 A taxa de expansão visual de um carro a cerca de 95 km/h que se aproxima de um caminhão em movimento lento (supondo um veículo de 1,80m de largura) permanece abaixo do limiar até que o caminhão esteja aproximadamente a cerca de 122 m de distância.

Reproduzida, com autorização, de Ayres, Schmidt et al., 1995.

Outra questão é que, a uma distância muito longe, a visibilidade das luzes traseiras não necessariamente indica ao motorista que aquilo do qual ele está se aproximando seja realmente um caminhão. Poderiam ser luzes sobre dois objetos separados, como os sinais de trânsito (espaçados por uma pequena distância), ou duas luzes traseiras de uma motocicleta, ou algo diferente de um veículo. Alguns proponentes de segurança de veículos defenderam a colocação de material retrorrefletivo adicional em caminhões para torná-los mais visíveis ou ostensivos. Mas isso realmente não reduz o problema de percepção visual criado aqui, porque a taxa de expansão visual do material retrorrefletivo é essencialmente a mesma que a das luzes. Portanto, quando você está a cerca de 150 m do caminhão, tem o mesmo problema de não ser capaz de identificar o que o objeto está fazendo, de acordo com a velocidade.

AUDIÇÃO E CONTROLE MOTOR

Talvez uma das áreas de pesquisa menos estudadas é o papel do *feedback* auditivo em movimento. No entanto, sabemos que ele pode ter efeitos profundos sobre o controle motor. Por exemplo, um palestrante que fala em um microfone em uma grande sala de concertos e ouve sua voz projetada no sistema de som bem na parte de trás da sala vai enfrentar um atraso para ouvir o *feedback* auditivo de sua voz. Tais atrasos são bem conhecidos por aumentar erros de temporização e taxas retardadas do falar e por perturbar outras formas de movimento, tais como tocar um instrumento musical (Pfordresher & Dalla Bella, 2011). Ironicamente, o *feedback* auditivo atrasado é, algumas vezes, eficaz no tratamento da gagueira, talvez porque leva os indivíduos a retardarem suas falas (Lawrence & Barclay, 1998).

O *feedback* auditivo também tem outros papéis na performance. Um defensor externo no beisebol pode ser enganado na previsão de que uma *line drive* vista deixando o taco do rebatedor vai passar por cima de sua cabeça. Na verdade, o som do contato taco-bola indicou corretamente que era uma bola rebatida suavemente exigindo que o defensor externo corresse para dentro, e não para trás. Aqui, a informação visual distorceu a informação correta fornecida pelo som (ver Gray, de 2009, para mais). O excesso de sombreamento da audição pela visão também é ilustrado no efeito de McGurk, discutido em Foco na Prática 4.3.

A questão de como o *feedback* auditivo é processado em controle de movimento permanece amplamente não respondida, embora suspeitemos de que a informação é processada de acordo com a descrição em nosso modelo conceitual na Figu-

▌ Um carpinteiro habilidoso pode usar o som de uma serra cortando a madeira como fonte de informação

ra 4.10, sendo que tanto mecanismos de *feedback* antecipatório (*feedforward*) como *feedback* real têm papéis importantes no movimento. Com certeza, muita pesquisa precisa ser feita nessa área.

Foco na PRÁTICA 4.3

Quando a visão diminui a performance

No Capítulo 3, discutimos as várias propriedades da atenção. Levar a atenção de alguém em direção a uma fonte externa específica é considerado um importante mecanismo, e a visão pode fornecer informações cruciais para a performanece eficaz. No entanto, os executantes frequentemente descobrem que o controle visual domina os outros sentidos e que a informação visual conduz a uma captura inevitável de atenção. Na verdade, muitos acreditam que a visão tende a dominar todas as outras fontes para nossa atenção, e este predomínio nem sempre produz desfechos positivos. Em muitas atividades, os executantes têm a opção de escolha dos modos de controle que eles usam, como o motorista do carro de corrida ou o piloto que pode monitorar os sons do motor ou informações cinestésicas do "improviso", em oposição à informação visual fornecida pelos inúmeros indicadores na cabine ou à informação vista pelo para-brisas. E, por vezes, essa informação não visual é mais confiável do que as informações fornecidas pela visão.

A informação visual é obviamente muito importante em muitas situações, mas em outras um excesso de confiança na visão pode resultar em performance ineficaz. Um bom exemplo vem da corrida de veleiro, que é muito rica em informação visual sobre as formas aerodinâmicas das velas e a maneira como o vento está soprando sobre elas. Essa informação visual pode render performance relativamente boa. No entanto, concentrar-se na visão é ignorar outras formas de informação, tais como os sons que o barco faz quando atravessa a água, a ação e a posição do casco sentida pela "intuição" e forças no leme, sendo que tudo fornece informações adicionais úteis sobre a velocidade – mas somente se a pessoa no comando estiver atendendo-as. Alguns marinheiros de corridas usaram métodos de treinamento com os olhos vendados, em uma tentativa de aprender a diminuir a sua dependência na visão e compartilhar os recursos de atenção com outras metas internas (sentidos) para otimizar o desempenho. A ideia é que quando a visão é evitada por um longo período de tempo, os marinheiros desenvolvem a sensibilidade para as fontes de informação menos dominantes.

Ilusões visuais fornecem uma poderosa demonstração de efeitos visuais de dominância. Na ilusão de tamanho-peso, por exemplo, dois recipientes opacos, um muito maior do que o outro, são preenchidos com quantidades de areia, de modo que eles têm pesos idênticos. Solicita-se que o indivíduo levante ambos e julgue qual está mais pesado. A visão (e experiência) diz-nos que o recipiente maior é geralmente mais pesado do que o menor, e quando a propriocepção não confirma isso naturalmente concluímos que o oposto – que o recipiente *menor* deve ter mais peso nele do que o recipiente maior. Aqui, a informação visual está substituindo a propriocepção.

O efeito McGurk revela uma interação visão-audição. Por exemplo, um indivíduo é convidado a assistir e ouvir um vídeo de alguém falando uma palavra repetidamente (p. ex., "*blow*"). Se você fechar os olhos e ouvir a parte de áudio do vídeo é evidente que a pessoa está dizendo "*blow*". Mas o vídeo na verdade é de alguém murmurando a palavra "*flow*" repetidamente, com "*blow*" sendo fornecido no áudio. A maioria das pessoas que assistem ao vídeo e também ouvem o relatório de áudio relatam que a pessoa está dizendo "*flow*", embora o que realmente se ouça seja "*blow*". E, às vezes, as pessoas até mesmo relatam algo completamente diferente de "*flow*" ou "*blow*". Aqui, a visão está distorcendo as informações (verdadeiras) fornecidas pela audição.

Esse efeito McGurk e a ilusão tamanho-peso são apenas dois exemplos de como o domínio visual tende a ofuscar as contribuições feitas pelos outros sentidos.

RESUMO

A eficácia com que um executante processa várias formas de informação sensorial frequentemente determina o nível de desempenho geral. Sinais sensoriais do ambiente em geral são denominados informações exteroceptivas, enquanto aquelas do corpo são denominadas informações proprioceptivas. Para a performance humana é útil pensar nesses sinais como operando em um sistema de controle de circuito fechado, que contém um executivo para tomada de decisão, um efetor para a realização das ações, *feedback* sobre o estado do ambiente, e um comparador para contrastar o estado do meio ambiente com o objetivo do sistema.

No modelo conceitual de performance humana, o controle de circuito fechado é adicionado aos estágios de processamento de informações discutidas em capítulos anteriores. Esse modelo é particularmente eficaz para a compreensão de como ações mais lentas bem como as tarefas de perseguição são realizadas. Para o modelo conceitual são adicionados vários processos semelhantes a reflexos, que respondem por correções sem envolver os estágios de processamento das informações. Na passagem para M1, M2 e **M3** (ou tempo de reação voluntário), estas respostas mostram flexibilidade sistematicamente aumentada e aumento da latência. Finalmente, a visão é considerada como um caso especial de controle de circuito fechado. Duas correntes visuais são introduzidas, uma corrente dorsal para controle motor e uma corrente ventral para identificação de objetos, e o papel do fluxo dorsal no equilíbrio e na produção e correção de ações é considerada. Esses sistemas sensoriais são então integrados ao modelo conceitual, o que ajuda a mostrar como esses vários eventos sensoriais podem suportar ou modificar ações qualificadas e sob quais condições operam.

AUXÍLIOS PARA APRENDIZAGEM

Aprendizagem interativa

Atividade 4.1: identificar os papéis dos órgãos sensoriais envolvidos na propriocepção combinando cada receptor com a sua localização e função.

Atividade 4.2: identificar qual componente de um sistema de controle de circuito fechado refere-se a cada uma de uma série de ações.

Atividade 4.3: indicar se cada um em uma lista de características aplica-se à corrente de processamento visual dorsal ou ventral.

Atividade 4.4: escolher os rótulos para o modelo conceitual de controle motor para avaliar seus estágios, incluindo as vias de controle de circuito fechado e informação de corrente visual.

Exercícios de princípios à prática

Atividade 4.5: o exercício de princípios à prática para este capítulo pede para escolher uma atividade, identificar fontes de informações proprioceptivas e exteroceptivas durante a atividade e avaliar quais fontes de informação são úteis para o executante. Você também vai aplicar o conceito de controle de circuito fechado para a atividade.

Verifique sua compreensão

1. Nomeie as quatro partes distintas de um sistema de controle de circuito fechado. Descreva como cada uma dessas partes pode funcionar para uma criança empilhando blocos de brinquedo.
2. Explique como o padrão de fluxo óptico pode informar um defensor externo que está tentando pegar uma bola voando sobre quando e onde a bola irá atingir a altura da luva do defensor.
3. Como o controle de movimento de corrente ventral desempenha um papel no planejamento do movimento ao abrir várias portas durante todo o dia?

Aplique seu conhecimento

1. Várias fontes de informação sensorial estão disponíveis para uma esquiadora à medida que ela trafega seu caminho abaixo em uma corrida de esqui alpino. Descreva e forneça exemplos de informação exteroceptiva e proprioceptiva que ela pode receber durante sua corrida e indique porque esta informação é importante para o movimento.
2. Como os processos de controle de circuito fechado são usados (se é que o são) depende da tarefa que é executada. Contraste o papel desempenhado pelos processos de controle de circuito fechado para lançar uma linha de pesca e traçar um padrão de roupas para um tecido. Esse papel mudaria se qualquer uma das tarefas fosse acelerada?

Sugestões para leitura adicional

Uma visão geral do controle de circuito fechado do movimento é fornecida por Ghez e Krakauer (2000), com funções específicas atribuídas aos reflexos da medula apresentados por Pearson e Gordon (2000). Elliott e Khan (2010) editaram um livro excelente que fornece muitas contribuições a respeito dos vários papéis da visão no controle motor. As contribuições do processamento de corrente ventral e dorsal são debatidas em Norman (2002). E uma discussão mais abrangente sobre os diversos temas apresentados neste capítulo podem ser encontrados no Capítulo 5 do Schmidt e Lee (2011). Consulte a lista de referência para estes recursos adicionais.

5

Programas Motores
Controle Motor de Ações Breves

PALAVRAS-CHAVE

Característica de superfície
Características invariantes
Controle de circuito aberto
Deaferentação
Fenômeno de reversão reflexa
Gerador central de padrão (GCP)
Neuropatia sensorial
Parameterizado
Parâmetros
Problema da novidade
Problema de armazenamento
Programa motor
Programa motor generalizado (PMG)
Tempo relativo
TR de sobressalto

PERFIL DO CAPÍTULO

Teoria de programa motor
Evidência para programas motores
Programas motores e modelo conceitual
Problemas na teoria do programa motor: problemas da novidade e de armazenagem
Teoria do programa motor generalizado
Resumo

OBJETIVOS DO CAPÍTULO

O Capítulo 5 descreve como os programas motores são usados no controle do movimento. Este capítulo irá ajudá-lo a compreender

- ▶ o controle motor como um sistema de circuito aberto e o papel dos programas motores,
- ▶ a evidência experimental para programas motores,
- ▶ as limitações e os problemas no conceito do programa motor simples e,
- ▶ os programas motores generalizados e as evidências para este conceito expandido.

Assistir a um guitarrista arrancar uma série de notas com grande velocidade ou um pianista correr o teclado para cima e para baixo faz-nos lembrar que em muitas habilidades, algumas ações separadas podem aparecer em uma sequência muito rápida. Embora essas ações separadas sejam produzidas enquanto se mantém um ritmo específico para a sequência que deixa a impressão de um movimento único, fluido, coordenado. Como o músico habilidoso produz tantos movimentos tão rapidamente? O que os controla e como eles são combinados para formar o todo? O músico habilidoso nos dá a impressão de que esses movimentos rápidos podem ser organizados de antemão e fluem sem muito controle de *feedback*.

Este capítulo apresenta a ideia do controle de circuito aberto, introduzindo o conceito do programa motor como responsável por este tipo de controle de movimento. Então, as várias vias de *feedback* discutidas no capítulo anterior são examinadas em relação a sua interação com os programas motores, fornecendo um quadro mais completo da interação das contribuições centrais e periféricas aos movimentos. O capítulo também se concentra no conceito de um **programa motor generalizado (PMG)**, uma teoria que pode ser responsável pela observação comum de que movimentos podem ser variados ao longo de determinadas dimensões – por exemplo, tocar a sequência de guitarra ou piano mais lentamente ou mais rapidamente (ou mais alto ou mais suavemente) sem sacrificar sua estrutura subjacente (ou seja, o ritmo).

Em muitas ações, particularmente as rápidas produzidas em ambientes estáveis e previsíveis (p. ex., salto ornamental, martelar), a maioria das pessoas iria supor que um executante de alguma maneira planeja o movimento antecipadamente e em seguida o desencadeia, possibilitando que a ação ocorra em seu curso sem muita modificação ou consciência dos elementos individuais. Além disso, o executante não parece ter muito controle consciente do movimento, após o mesmo ser desencadeado; o movimento apenas parece "cuidar de si mesmo". Talvez isso seja óbvio. Certamente, você não consegue exercer controle direto, consciente, das milhares de contrações musculares individuais e movimentos articulares – todos os *graus de liberdade* que devem ser coordenados à medida que a ação habilitada está se desenrolando. Simplesmente, há muita coisa ocorrendo para que os mecanismos atencionais de capacidade limitada (que discutimos nos Capítulos 3 e 4) controlem qualquer um deles individualmente.

Se essas contrações individuais não são controladas diretamente por processos dos quais você está consciente, então, como eles *são* controlados e regulados? De muitas maneiras, essa questão é uma das mais fundamentais para o campo do comportamento motor porque chega ao âmago de como os sistemas biológicos de todos os tipos controlam suas ações. Este capítulo concentra-se nas maneiras como o sistema nervoso central é organizado funcionalmente durante uma ação e como esta organização contribui para o controle do movimento que está se desencadeando. Assim, este capítulo está muito próximo do Capítulo 4, que considerou as maneiras como a informação sensorial contribui para a produção do movimento. Este capítulo adiciona a ideia de comandos centralmente organizados que a informação sensorial pode modificar um pouco. Em primeiro lugar, no entanto, vem o conceito importante de um **programa motor,** que é um *conjunto pré-estruturado de comandos de movimento que define e molda o movimento.*

TEORIA DO PROGRAMA MOTOR

O conceito de programa motor, que é o tema central de todo este capítulo, baseia-se em um tipo de mecanismo de controle que é, de algumas maneiras, o oposto do sistema de circuito fechado discutido em todo o Capítulo 4. Esse tipo de organização funcional é chamado de **controle de circuito aberto.**

Controle de circuito aberto

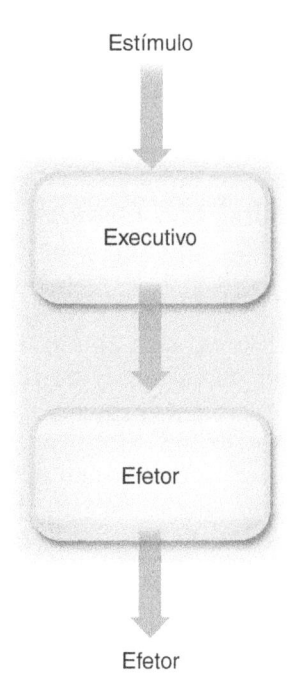

O sistema de circuito aberto básico é ilustrado na Figura 5.1 e consiste essencialmente em duas partes: uma executiva e uma efetora. Essa estrutura de circuito aberto tem duas das principais características usadas no controle do circuito fechado (Figura 4.1), mas sem mecanismos de *feedback* e comparador para determinar erros do sistema. O controle de circuito aberto começa com a entrada sobre o estado desejado sendo dada para o nível executivo (ou de tomada de decisão), cuja tarefa é definir que ação precisa ser tomada. O executivo, então, passa instruções para o nível efetor, que é responsável por realizar essas instruções. Após as ações serem completadas, o trabalho do sistema cessa até que o executivo seja ativado novamente. Evidentemente, sem *feedback*, o sistema de circuito aberto não é sensível ao fato de se as ações geradas ou não no ambiente foram eficazes em atingir a meta; e como o *feedback* não está presente, modificações da ação não podem ser feitas enquanto a ação está em andamento.

Esse tipo de sistema de controle pode ser observado em muitos mecanismos diferentes do mundo real. Por exemplo, um sistema de circuito aberto é usado na maioria dos semáforos, em que ele sequencia o tempo das luzes vermelha, amarela e verde que controla o fluxo do tráfego. Se um acidente acontece naquele cruzamento, o sistema de circuito aberto continua a sequenciar as luzes como se nada estivesse errado, embora o padrão comum fosse ineficaz para lidar com este problema de fluxo do tráfego novo, inesperado. Assim, o sistema de circuito aberto é eficaz, desde que as coisas aconteçam como esperado, mas é inflexível em face de mudanças não previstas.

Um forno de micro-ondas é outro exemplo de um sistema de circuito aberto. O usuário coloca algo congelado no forno e programa descongelamento para 5 min, e então cozinha em alta potência

FIGURA 5.1 Sistema de circuito aberto básico.

por outros 2 min. Aqui, o programa diz à máquina que operações fazer em cada etapa e especifica o momento de cada operação. Embora alguns fornos de micro-ondas sejam sensíveis à temperatura do item que está sendo cozido, muitos não são, e essas últimas máquinas seguem as instruções sem considerar se irão resultar no estado desejado (o produto pronto para ser comido).

Geralmente, as características de um sistema de controle puramente com circuito aberto podem ser resumidas como se segue:

▶ Instruções de avanço especificam as operações a serem feitas, seu sequenciamento e momento de ocorrência.

▶ Após o programa ser iniciado, o sistema executa as instruções, essencialmente sem modificação.

▶ Não há capacidade de detectar ou corrigir erros porque o *feedback* não está envolvido.

▶ Sistemas de circuito aberto são mais eficazes em ambientes estáveis, previsíveis, em que a necessidade de modificação dos comandos é baixa.

Programas motores como sistemas de circuito aberto

Muitos movimentos – especialmente os que são rápidos, breves e forçados, como chutes e pressionar um botão – parecem ser controlados em um circuito aberto, sem muito controle consciente já que o movimento está em andamento. O realizador nessas tarefas não tem tempo para processar a informação sobre os erros de movimento e deve planejar o movimento em sua totalidade antes do início do movimento. Isso é bastante diferente do estilo de controle discutido no capítulo anterior, em que os movimentos eram mais lentos (ou mais longos no tempo) e eram amplamente baseados em processos de *feedback* de vários tipos.

O controle de circuito aberto parece especialmente importante quando a situação ambiental é previsível e estável. Nessas circunstâncias, os movimentos humanos parecem ser realizados sem muita possibilidade de, ou necessidade de, modificação. Essa ideia geral foi popularizada há mais de um século pelo psicólogo William James (1891) e permaneceu como uma das maneiras mais importantes de compreender o controle do movimento.

Considere uma meta como bater em uma bola lançada no beisebol. O nível de execução, que consiste nos estágios de tomada de decisão do sistema definido no Capítulo 2, avalia o ambiente no estágio de identificação do estímulo, processando essa informação como velocidade e direção da bola. A decisão sobre executar o balanço ou não é tomada no estágio de seleção da resposta. Em seguida, o movimento é programado e iniciado no estágio de programação do movimento, em que detalhes sobre a velocidade, a trajetória e o momento de ocorrência do balanço são determinados.

O controle é, então, passado para o nível efetor para execução do movimento. O programa motor selecionado agora realiza o balanço distribuindo comandos para a medula espinal, que subsequentemente direciona as operações do sistema esquelético envolvido no balanço. Esse movimento então influencia o desfecho – resultando no movimento desejado (rebater a bola imediatamente) ou não (p. ex., errar a bola, jogar a bola para cima).

Embora os estágios de tomada de decisão determinem que programa iniciar e tenham um papel na forma subsequente do movimento (p. ex., sua velocidade e trajetória), a execução do movimento na verdade não é controlada pelos estágios conscientes de tomada de decisão. Portanto, o movimento é realizado por um sistema que não está sob controle consciente direto. Sob essa visão, o programa motor é o agente que determina quais músculos vão contrair, em que ordem, quando e por quanto tempo (momento de ocorrência).

A prática, que leva a aprender ações habilidosas, é considerada como uma "construção" de programas motores novos, mais estáveis, mais precisos ou de operação mais longa (ou alguma combinação destes). Inicialmente, um programa pode ser capaz apenas de controlar uma cadeia curta de ações. Com a prática, no entanto, o programa torna-se mais elaborado, capaz de controlar cadeias cada vez mais longas de comportamento, talvez até mesmo modulando várias atividades reflexivas que sustentam a meta geral de movimento. Esses programas são então armazenados na memória e devem ser recuperados e preparados para iniciação durante o estágio de programação da resposta.

Controle de circuito aberto no modelo conceitual

Como esse conceito de controle de circuito aberto e o programa motor adaptam-se ao modelo conceitual de performance humana? A Figura 5.2 mostra o modelo conceitual desenvolvido no Capítulo 4 (Figura 4.10), agora com partes destacadas (sombreamento em cinza claro) que abrangem os componentes do circuito aberto. O modelo conceitual pode ser aqui considerado como um sistema de controle de circuito aberto com *feedback* adicionado (as partes não sombreadas) para produzir correções por meio de outros circuitos discutidos anteriormente. Esse modelo conceitual mais completo tem duas maneiras básicas de operação, dependendo da tarefa. Se o movimento for muito lento ou de longa duração (p. ex., enfiar uma agulha), o controle é dominado pelos processos de *feedback*. Se o movimento for muito rápido ou breve (p. ex, um soco ou chute), em seguida as partes de circuito aberto tendem a dominar. Na maioria das tarefas, o comportamento motor não é de circuito aberto nem fechado isoladamente, mas uma mistura complexa dos dois.

Para ações muito rápidas ou muito breves, a teoria dos programas motores é útil porque fornece um conjunto de ideias e um vocabulário para falar sobre uma organização funcional do sistema motor. Se determinado movimento é considerado uma "ação programada", ele parece ser organizado com antecedência, desencadeado mais ou menos como um todo, e realizado sem muita modificação do *feedback* sensorial. Essa linguagem descreve um estilo de controle motor com organização do movimento *central,* em que os detalhes do movimento são determinados pelo sistema nervoso central e são, então, enviados aos músculos, e não controlados pelos processos periféricos que envolvem o *feedback*. Obviamente, ambos os estilos de controle são possíveis, dependendo da natureza da tarefa, o tempo envolvido e outros fatores.

EVIDÊNCIA PARA PROGRAMAS MOTORES

Um número de linhas separadas de evidências converge para dar suporte à existência de controle do programa motor. Essa evidência vem de algumas áreas bem diversas de pesquisa: (a) estudos de tempo de reação em humanos; (b) experimentos em animais e estudos de caso envolvendo animais e humanos em que o *feedback* foi removido; (c) o impacto sobre o desempenho quando o movimento é inesperadamente bloqueado; (d) a análise dos comportamentos quando humanos tentam parar ou mudar uma ação; e (e) estudos de movimentos iniciados por estímulos surpreendentes.

Evidências de tempo de reação

Em experimentos de TR, a duração do atraso do TR foi retardada quando mais informação precisava ser processada (p. ex., Lei de Hick), quando o processo não era "natural" (p. ex., em situações S-R incompatíveis), e assim por diante. Geralmente, o TR foi determinado principalmente pela lentidão da identificação do estímulo e os estágios de seleção da resposta. Nesta seção revisamos evidências de que o TR também é influenciado pelos fatores que afetam o estágio de programação do movimento

Efeitos da complexidade da resposta

Geralmente, pede-se aos indivíduos em experimentos de TR que respondam a um estímulo iniciando e realizando um movimento predeterminado tão rapidamente quanto possível (como discutido no Capítulo 2). A duração do atraso do TR é medida como o intervalo desde a apresentação do estímulo até o movimento começar, de modo que qualquer tempo adicionado para o movimento em si não contribui diretamente para o TR. No entanto, começando com o trabalho de Henry e Rogers (1960; ver Foco na Pesquisa 5.1), muitos experimentadores mostraram que o TR é afetado por várias características do movimento *a ser realizado,* presumivelmente influenciando a complexidade (e duração) do estágio de programação do movimento.

Henry e Rogers (1960) descobriram que o TR simples foi elevado com aumentos na complexidade do movimento a ser realizado *após* a resposta ser iniciada. Isso, além de muito mais pesquisas sobre esse achado importante desde a publicação

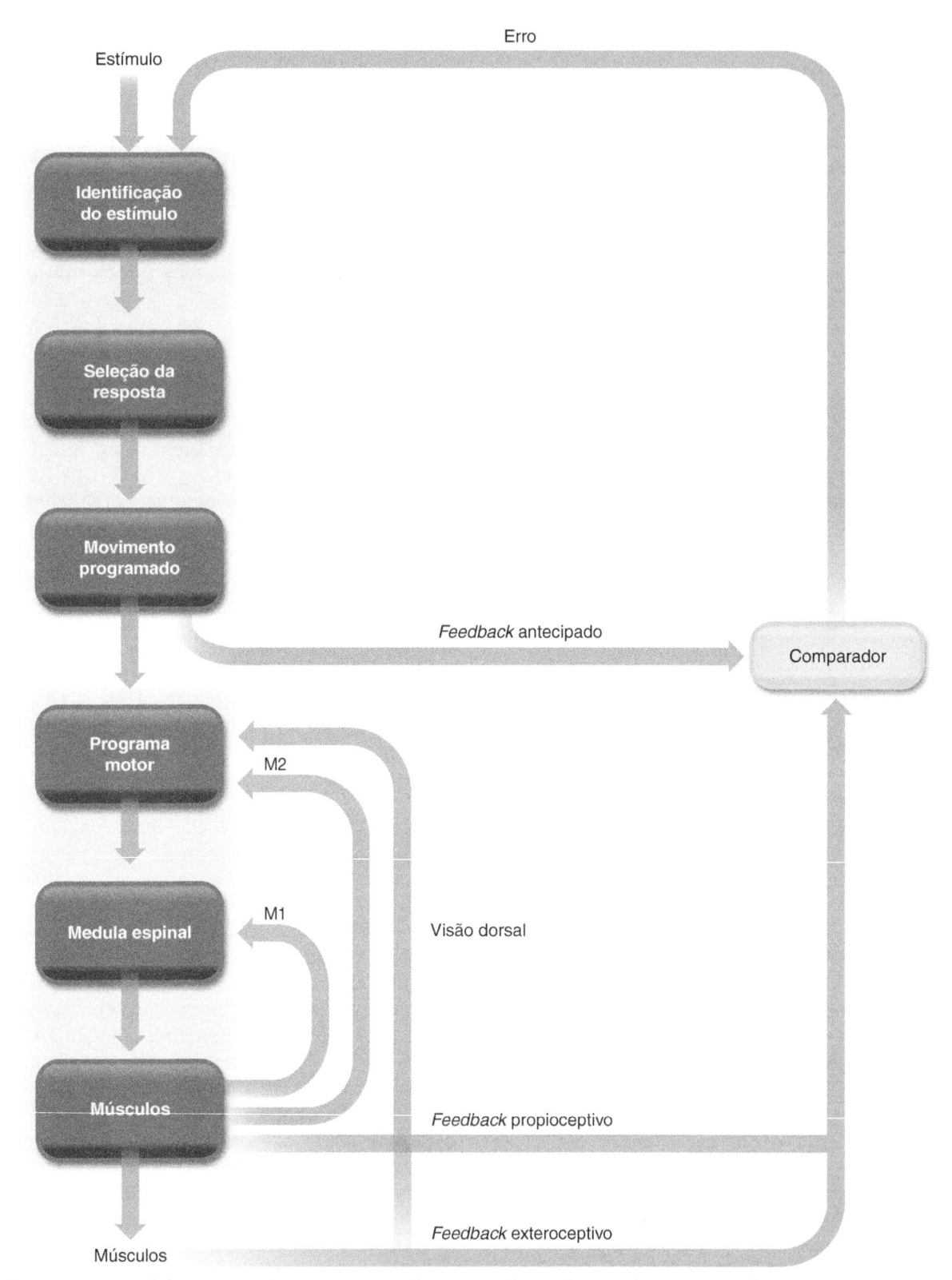

FIGURA 5.2 Modelo conceitual com processos de circuito aberto destacados em cinza claro.

Foco na
PESQUISA 5.1

O experimento de Henry-Rogers

Uma das muitas contribuições importantes de Franklin Henry foi um trabalho que ele e Donald Rogers publicaram em 1960. O experimento foi simples, assim como muitos experimentos importantes o são. Os indivíduos responderam o mais rapidamente quanto possível a um estímulo, fazendo um de três movimentos que foram preparados com antecedência. Apenas um desses movimentos seria necessário para uma longa sequência de ensaios, de modo que este foi essencialmente um paradigma de TR simples (ver Capítulo 2). Os movimentos, projetados para serem diferentes em complexidade, eram (a) uma elevação simples do dedo; (b) uma elevação simples do dedo mais uma extensão para bater em uma bola suspensa e (c) um movimento que exige uma elevação do dedo seguida por uma batida na bola mais distante com o dorso da mão e, em seguida, mover para o botão de acionamento e depois segurar a bola próxima (ver Fischman, Christina, & Anson, 2008, para mais detalhes; ver também a Figura 5.3).

O indivíduo sentado começaria com o dedo no botão de liberação (rotulado como "D" na Figura 5.3). Para a ação mais complexa, o indivíduo responderia às luzes de estímulo levantando o dedo do botão de liberação, estendendo para frente para bater a bola de tênis mais distante, movendo para baixo para apertar o botão na base (E), então, finalmente, estendendo para frente e para cima para bater na segunda bola de tênis; para o movimento de complexidade intermediária, o indivíduo respondeu aos estímulos de luz levantando o dedo da chave de liberação e depois estendendo para bater na bola de tênis distante; para o movimento mais simples, o indivíduo apenas teve de levantar o dedo da chave de liberação. Cada uma dessas ações tinha de ser feita o mais rapidamente possível.

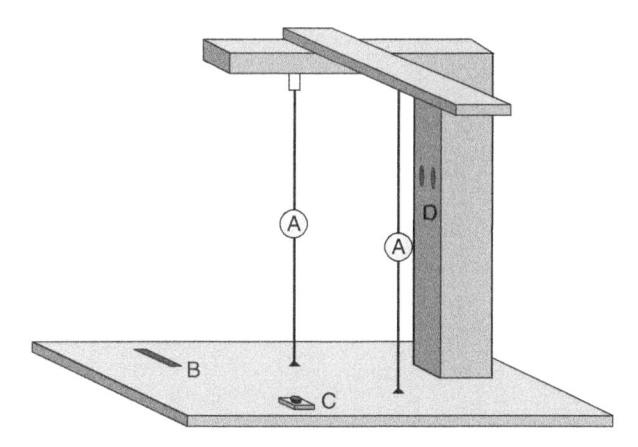

FIGURA 5.3 Aparelhos utilizados por indivíduos no experimento de Henry e Rogers (1960). Pares relevantes são: A: bolas de tênis; D = chave de liberação; E = botão de pressão; H = estímulo de luz.
Reproduzida de Howell, 1953.

Henry e Rogers mediram o TR para *iniciar* cada uma dessas ações – o intervalo desde a apresentação do estímulo até o início do movimento exigido. (Lembre-se que o TR não inclui o tempo para completar o movimento em si.) Eles descobriram que o tempo para dar início ao movimento aumentou com complexidade adicional do movimento.

> *continua*

> *continuação*

O movimento de elevação do dedo (a) teve um TR de 150 ms; o movimento de complexidade intermediária (b) teve um TR de 195 ms; e o movimento com duas reversões na direção (c) teve um TR de 208 ms.

Observe que, neste caso, o estímulo para sinalizar o movimento (processado durante o estágio de identificação do estímulo) e o número de opções do movimento (processado durante o estágio de seleção da resposta) continuou constante em todas as condições diferentes. Assim, pelo fato de o único fator que variou ter sido a complexidade do movimento, a interpretação foi que os TRs elevados foram em parte causados por aumento do tempo para programação do movimento ocorrer antes da ação. Essa noção teve efeitos profundos na compreensão dos processos de organização do movimento e levou a muitos outros esforços de pesquisa para estudar esses processos de maneira mais sistemática (revisado em Christina, 1992). Mais importante, esses dados sustentam a ideia de que o movimento rápido é organizado com antecedência, o que é compatível com o conceito de programa motor.

Exploração adicional

1. Analise as diferenças nas ações necessárias para os três movimentos no estudo de Henry e Rogers. Descreva pelo menos três diferenças nas exigências dos movimentos que podem levar a aumentos da complexidade do programa motor.
2. Que alterações adicionais poderiam ser feitas para as exigências de ação do movimento mais complexo (C) que se espera com o aumento do tempo de programação do movimento?

---

do trabalho de Henry e Rogers, produziu o seguinte conjunto de achados (Klapp, 1996):

- TR aumenta quando elementos adicionais em uma série são somados à ação (p. ex., uma rebatida para frente unidirecional no tênis de mesa provavelmente seria iniciada com um TR mais curto do que um *backswing* mais uma batida para a frente).
- TR aumenta quando mais membros devem ser coordenados (p. ex., o acorde de piano com uma mão seria iniciado com um TR menor do que um acorde de duas mãos).
- TR aumenta quando a duração do movimento torna-se mais longa (p. ex., uma rebatida do taco de 100 ms seria iniciada com um TR mais curto do que uma rebatida do taco de 300 ms).

A interpretação é que, quando o movimento a ser produzido é mais "complexo" em qualquer uma dessas maneiras (número de elementos, número de membros envolvidos, a duração global da ação), o TR é mais longo porque mais tempo é necessário para organizar o sistema motor antes do início da ação. Essa organização prévia ocorre, como discutido no Capítulo 2, no estágio de programação do movimento. O efeito no TR da natureza do movimento a ser feito fornece evidências de que pelo menos parte da ação é organizada com antecedência, justo como uma teoria do programa motor esperaria.

Reações de sobressalto

Na seção anterior, discutimos a ideia de que o TR fica mais longo com um aumento na "complexidade" do movimento a ser realizado. Aqui, vamos nos concentrar na pesquisa mostrando que o TR pode ser reduzido drasticamente sob determinadas condições.

Todos nós já estivemos em situações em que um evento completamente inesperado, tal como um ruído alto ou luz muito brilhante, causou uma reação grave – ficamos *sobressaltados*. A resposta é frequentemente acompanhada de contrações em músculos da face e do pescoço e movimentos protetores dos membros superiores. Uma propriedade muito interessante da resposta de sobressalto é que esses movimentos são iniciados mais rapidamente do que pode ser explicado pelas respostas voluntárias a um estímulo.

Uma série inovadora de estudos envolveu o **TR de sobressalto** como paradigma para revelar percepções sobre a programação do movimento. Nesses estudos (revisado em Carlsen et al., 2011; Valls-Solé, Kumru & Kofler, 2008), normalmente, pede-se ao indivíduo para dar uma resposta rápida, forçada, por vezes, complexa a um estímulo moderadamente intenso (auditivo ou visual). Ás vezes, o estímulo é acompanhado por um sinal acústico extremamente alto (p. ex., 130 decibéis [dB]; por comparação, o som de uma serra elétrica é de cerca de 110 dB). O sinal acústico alto em geral produz os indicadores típicos de sobressalto (pescoço e músculos da mandíbula retesados, entre outras reações). No entanto, o que também acontece é que o movimento preparado é produzido normalmente, mas com um TR que pode ser até 100 ms mais curto do que nos ensaios de controle sem o estímulo alto. O padrão das ações permaneceu inalterado.

Esses achados se encaixam muito bem no conceito de programa motor. A ideia aqui é que o realizador preparou um programa motor com antecipação ao estímulo de responder, que é normalmente liberado por um sinal de "ir" interno, voluntário do executante para os efetores. O TR de sobressalto tem o efeito de acelerar a liberação desse sinal, seja por meio de aceleração do tempo de processamento do executivo ou talvez até ultrapassando o executivo. A pesquisa não é clara nesse ponto quanto a exatamente *por que* o mesmo movimento é iniciado muito mais rapidamente nos ensaios de sobressalto do que nos ensaios normais, sem sobressalto, mas o papel do programa motor para a realização da resposta está claramente implicado.

Experimentos de deaferentação

No Capítulo 4, mencionamos que as informações dos músculos, das articulações e da pele são reunidas em nervos sensoriais, que entram na medula espinal em vários níveis. Uma técnica cirúrgica denominada **deaferentação** envolve o corte (por meio de cirurgia de um ou mais) de feixes de nervos aferentes de um animal, em que eles entram na medula, de modo que o sistema nervoso central já não possa receber informações de alguma parte da periferia. As vias motoras sobre a atividade não são afetadas por esse procedimento, pois a informação sobre a atividade motora passa pelo lado (sem cortes) ventral (frente) da medula. A informação sensorial de todo um membro, ou mesmo de vários membros, pode ser eliminada por esse procedimento.

O que os animais experimentais são capazes de fazer quando privados de *feedback* dos membros? Filmes de macacos com membros superiores deaferentados revelam que eles ainda são capazes de trepar, brincar de perseguir uns aos outros, se higienizarem e alimentarem-se de maneira essencialmente normal. Na verdade, é difícil reconhecer que esses animais têm uma perda total da informação sensorial dos membros superiores (Taub, 1976; Taub e Berman, 1968). Os macacos são prejudicados de algumas maneiras, no entanto; eles têm dificuldade de controle fino do dedo, como ao pegar uma ervilha ou manipular objetos pequenos. Em geral, porém, é notável quão pouco esses animais são prejudicados na maioria das atividades.

Se o movimento é rápido o suficiente, o programa motor controla toda a ação; o movimento é realizado como se o executante fosse privado de *feedback*. A capacidade de mover-se rapidamente, portanto, dá apoio adicional à ideia de que algum programa central lida com o controle do movimento, pelo menos até que o *feedback* do movimento possa começar a ter um efeito.

Estudos de casos de humanos também apoiam essa conclusão geral. Lashley (1917) descobriu que um paciente com um tiro nas costas, que não tinha informações de *feedback* sensorial das pernas, ainda conseguiria posicionar seu joelho em um ângulo especificado sem *feedback*. E as pessoas que perderam muito de seu *feedback* sensorial (chamados pacientes com **neuropatia sensorial**) são capazes de realizar muitas atividades nos seus ambientes desde que haja informação visual disponível (Blouin el al., 1996).

Esses estudos mostram que a informação sensorial do membro em movimento certamente não é absolutamente essencial para a produção de movimento, e está claro que muitos movimentos podem ocorrer quase normalmente sem ela. Essa evidência sugere que as teorias de controle de movimento devem estar geralmente incorretas se elas exigirem informação sensorial do membro respondente. Pelo fato de as teorias em *feedback* não poderem ser responsáveis por essas ações, muitos teóricos declararam que os movimentos têm de ser organizados de forma central via programas motores e realizados em circuito aberto, não criticamente dependente de *feedback* (p. ex., Keele, 1968). Nesse sentido, a evidência de deaferentação fornece suporte à ideia de que os movimentos podem ser organizados centralmente em programas motores.

Gerador de central de padrão

A ideia de programas motores é semelhante àquela do **gerador central de padrão (GCP)**, que foi desenvolvido para explicar determinadas características de locomoção em animais, como a natação em peixes, a mastigação em hamsters e o deslize em cobras (Grillner, 1975). Uma organização central geneticamente definida é estabelecida no tronco cerebral ou na medula espinal. Quando essa organização é iniciada por um breve estímulo de disparo do cérebro, por vezes chamada de *neurônio de comando*, produz comandos rítmicos de oscilação para a musculatura como se estivesse definindo uma sequência de atividades direita-esquerda-direita, assim como pode servir de base de locomoção. Esses comandos ocorrem mesmo se os nervos sensoriais forem cortados (deaferentados), sugerindo que a organização é verdadeiramente de origem central.

Um exemplo de uma rede simples que poderia ser responsável pelos padrões alternantes flexor-extensor de locomoção é mostrado na Figura 5.4. Aqui, o gatilho de entrada ativa o neurônio 1, que ativa os flexores bem como o neurônio 2. Então, o neurônio 3 é ativado, o que ativa os extensores. O neurônio 4 é, então, ativado, o que ativa o neurônio 1 novamente, e o processo continua. Isto é, evidentemente, muito mais simples para explicar todos os eventos em locomoção, mas mostra como uma coleção de neurônios individuais pode ser conectada um ao outro na medula espinal produzindo um padrão alternante.

A noção de GCP é quase idêntica ao programa motor. O principal diferencial é que o programa motor envolve atividades aprendidas que são controladas centralmente (como chutar e jogar), enquanto o GCP envolve atividades mais geneticamente definidas, como locomoção, mastigação e respiração. Em qualquer caso, há boas evidências de que muitas atividades geneticamente definidas são controladas por GCP (Zehr, 2005).

Ações inibidoras

Outra linha de evidência para apoiar o programa motor pode ser encontrada em experimentos em que se exige que os indivíduos inibam ou parem

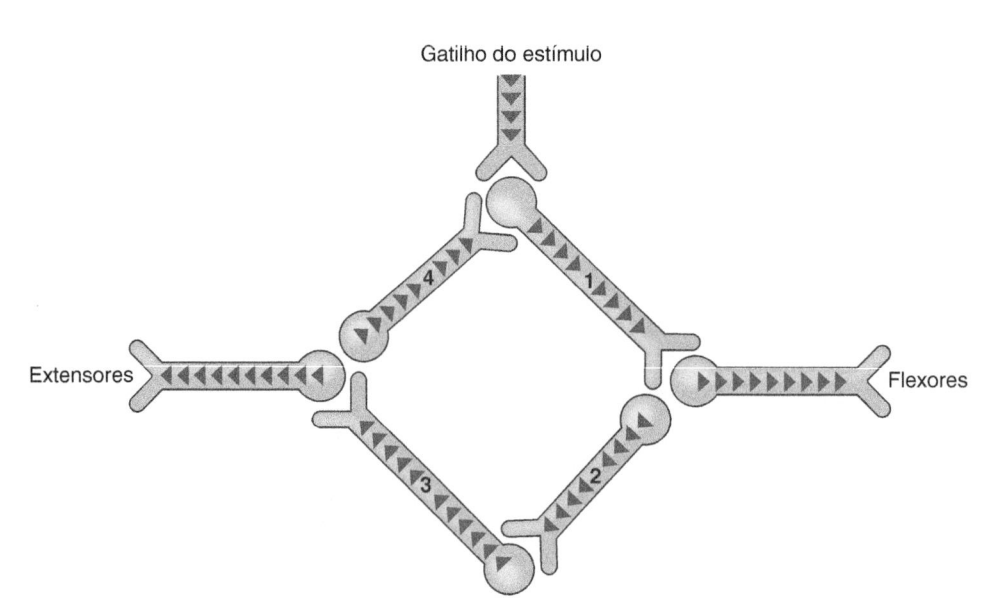

FIGURA 5.4 Ilustração simplificada de um gerador de padrão central.
Reproduzida, com permissão, de Schmidt e Lee 2011.

▌ O conceito de um gerador central de padrão é usado para descrever atividades simples, geneticamente definidas, como andar, enquanto a teoria do programa motor aplica-se às habilidades aprendidas, como andar de bicicleta.

um movimento depois de ter iniciado o processo de realizar a ação. Esse é o tipo de atividade que alguém vê muito frequentemente no rebate da bola de beisebol (ver Foco na Aplicação 5.1 em balanços contidos.). A pergunta feita pelos pesquisadores diz respeito ao "ponto de não retorno" – em que ponto após começar os estágios de processamento que levam ao movimento alguém está comprometido com a realização, ou pelo menos com o início, da ação? Em outras palavras, em que ponto o sinal é liberado para enviar o programa motor para os músculos?

O paradigma do "sinal de parada" é o método mais frequentemente utilizado para estudar a inibição da ação e uma contribuição inicial a esta pesquisa foi fornecida por Slater-Hammel (1960), descrita em detalhe no Foco na Pesquisa 5.2. Os resultados desse estudo, que envolveu uma forma muito simples de elevar o dedo de um botão (presumivelmente com pouco atraso biomecânico), sugeriram que o ponto de não retorno ocorreu cerca de 150 a 170 ms antes do tempo de quando o movimento foi iniciado. Uma ação como um *swing*

> ## Foco na
> ## PRÁTICA 5.1
>
> ### Balanços contidos no beisebol
>
> O balanço (*swing*) do taco no beisebol é um bom exemplo de um programa motor em ação. O típico *swing* consiste em uma ação coordenada que envolve um passo com o pé principal em direção à bola que está vindo, seguido de uma rápida rotação do tronco e dos ombros, impulsionando o taco com uma velocidade angular grande e tempo de movimento geral mínimo. Há uma boa razão para acreditar que o passo e o *swing* são parte de um programa motor único, iniciado por bons rebatedores em quase cada arremesso; mas partes deste *swing* podem ser inibidas antes de uma execução plena em muitos desses arremessos. Como os rebatedores fazem isso, e quão bem-sucedidos eles são fazendo isso?
>
> A física do beisebol nos diz que há muito pouco tempo disponível para um grande rebatedor de uma liga rebater uma bola de beisebol. Para arremessos na faixa 137 a 153 km/h, a bola leva menos de meio segundo (500 ms) para alcançar a zona de rebate depois de ser liberada da mão do arremessador. O rebatedor geralmente prepara-se para o arremesso e pode iniciar o passo antes de o arremessador ter, na verdade, largado a bola. E em algum ponto ao longo do caminho, geralmente antes de a bola atingir o ponto médio em seu voo em direção à placa, o rebatedor deve decidir se deseja prosseguir com o *swing* (incluindo para onde apontar o bastão para sua colisão pretendida com a bola) ou inibir a sua execução. O resultado consiste em quatro tipos diferentes de respostas do rebatedor (ver Gray, de 2009, para muito mais sobre essas ideias):
>
> 1. Um rebatedor inibe com sucesso o programa motor, e o balanço nunca é iniciado.
> 2. O rebatedor começa o balanço, mas inibe a conclusão do programa motor, resultando na paragem do taco antes que cruze a base (que a define como um "não *swing*").
> 3. O rebatedor começa o balanço, mas falha em inibir o programa motor no tempo, resultando em uma velocidade retardada do taco à medida que atravessa a base (resultando em um "*swing* completo", de acordo com as regras do beisebol).
> 4. O rebatedor começa e termina o programa motor sem tentar inibir o balanço (um exemplo clássico de um *swing* completo).

do beisebol tem um tempo de conclusão do movimento muito mais longo do que a elevação do dedo usada por Slater-Hammel. No entanto, evidências consideráveis sugerem que um programa motor é liberado e é responsável pelo início da ação em tarefas como esta e que serve para realizar toda a ação, a menos que um segundo programa de sinal para parar seja iniciado em tempo de interromper sua conclusão (ver Foco na Pesquisa 5.2; também Verbruggen & Logan, 2008).

Padrões de resposta muscular

A linha final de evidências que sustenta o controle do programa motor vem de experimentos em que os padrões de atividade muscular são examinados quando um executante é instruído a realizar uma ação breve do membro (mover uma alavanca na direção de extensão de uma posição a outra). A Figura 5.6 mostra traçados de eletromiograma (EMG) integrados de um movimento rápido de extensão do cotovelo (Wadman et al., 1979). No movimento normal (linhas pontilhadas), primeiro há uma ativação do músculo agonista (neste caso, o tríceps); em seguida, o tríceps desliga e o músculo antagonista (o bíceps) é ativado para desacelerar o membro; e, finalmente, o agonista é novamente ativado perto do final para estabilizar o membro na área-alvo. Esse padrão de tripla ativação (agonista-antagonista-agonista) é típico de movimentos rápidos deste tipo.

Foco na
PESQUISA 5.2

Início de programa motor

Há pouco tempo, as corridas como o *sprint* de 100 m era cronometrado manualmente, com um cronômetro. A cronometrista ativou o cronômetro quando viu a fumaça da pistola do juiz de partida e parou quando os corredores cruzaram a linha de chegada. Mas, vamos considerar *como* ela parou o cronômetro. Se ela parou quando viu o corredor cruzar a linha, então, o relógio na verdade seria realmente parado pouco tempo depois porque a conclusão de sua tarefa seria atrasada por dois fatores: (1) a quantidade de tempo necessária para enviar as instruções motoras para a mão que segura o relógio e (2) os atrasos biomecânicos de apertar o botão.

Nosso interesse é a primeira preocupação, quanto tempo leva para enviar as instruções motoras? Para responder a esta pergunta, Arthur Slater-Hammel (1960) realizou um experimento que foi semelhante ao exemplo da cronometrista que acabamos de apresentar. Indivíduos mantiveram um dedo em um botão, enquanto observavam um relógio analógico movendo-se a uma revolução por segundo; levantar o dedo do botão trazia o ponteiro para uma parada instantânea. Os indivíduos foram instruídos a levantar o dedo da chave de tal maneira que o ponteiro do relógio parasse exatamente no ponto que marcava 800, ou aproximadamente na posição de 10 horas no relógio (800 refere-se a um lapso de 800 ms após o início da posição 12.00; ver Figura 5.5a). Nota-se que, para realizar essa tarefa com precisão, eles precisariam iniciar a ação em algum ponto antes de o ponteiro do relógio realmente atingir a posição 800 (da mesma maneira como o juiz do tempo precisaria iniciar a ação de parar seu *timer* antes de o corredor cruzar a linha de chegada).

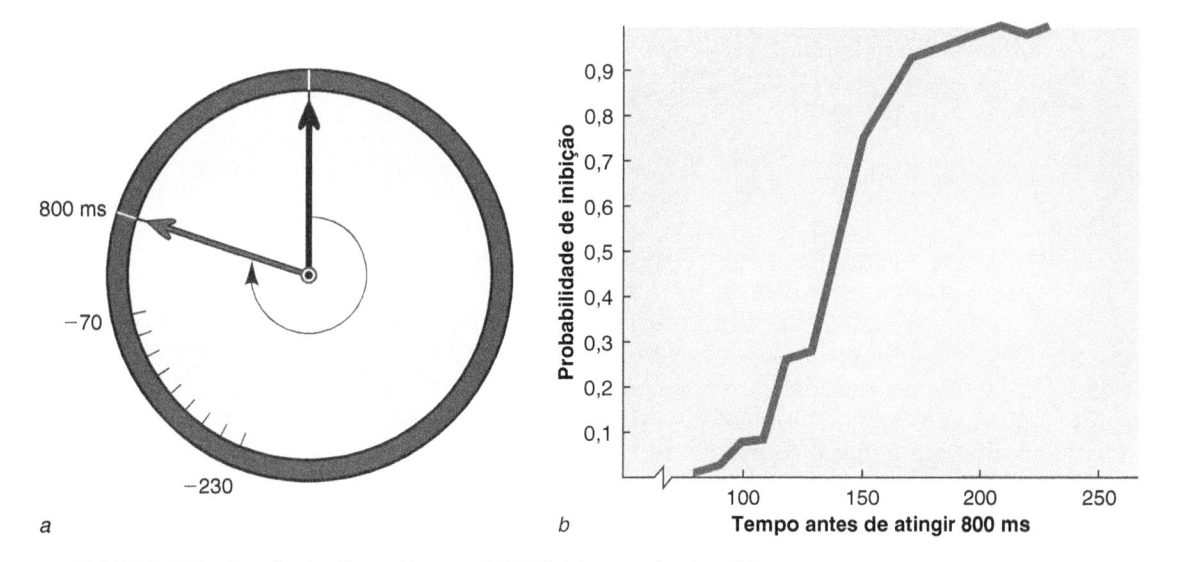

FIGURA 5.5 Tarefa de Slater-Hammel (1960) (a) e resultados (b).
Reimpressa, com autorização, de Schmidt e Lee 2011. Dados da Parte b de Slater-Hammel 1960.

Um aspecto importante do estudo de Slater-Hammel era a inserção de experimentos especiais (comprobatórios), que ocorreram raramente e de maneira imprevisível. Nesses ensaios comprobatórios o experimentador pararia o ponteiro do relógio em

> *continua*

> *continuação*

vários locais antes de chegar a 800. Se isso acontecesse, o trabalho dos indivíduos era simplesmente manter o dedo na chave; assim, os ensaios comprobatórios exigiram uma *inibição* da tarefa normal de levantamento do dedo para parar o ponteiro. A lógica era simples – se o programa motor ainda não tinha sido enviado para os músculos quando o ponteiro havia parado, então, o indivíduo deveria ser capaz de inibir com sucesso o levantamento do dedo. Mas haveria pouca chance de mudar uma ação balística tão curta se o ponteiro parasse após o programa motor levantar o dedo que já tivesse sido enviado.

Slater-Hammel plotaram a probabilidade de inibir a ação com sucesso como uma *função do intervalo de tempo entre 800 e onde o ponteiro de relógio tinha parado.* Os dados são apresentados na Figura 5.5b. Quando o intervalo antes do elevador do dedo pretendido era relativamente grande (maior do que 210 ms), parar o ponteiro do relógio resultava na inibição do movimento com sucesso quase o tempo todo. No entanto, à medida que esse intervalo diminuísse, os indivíduos levantavam o dedo cada vez com maior frequência, ao ponto de que, quando o ponteiro do relógio parou em −700 (100 ms antes da posição 800), o indivíduo não poderia quase nunca inibir o movimento. Geralmente, quando o ponteiro do relógio foi parado cerca de 150 a 170 ms antes da elevação pretendida do dedo, o indivíduo poderia inibir o movimento com sucesso em cerca de metade do tempo. Esse achado pode ser interpretado no sentido de que o sinal interno de "ir" é emitido cerca de 150 a 170 ms antes da ação pretendida. Esse sinal de "ir" é um gatilho para a ação, após o qual o movimento ocorre mesmo que nova informação indique que o movimento deve ser inibido.

Exploração adicional

1. A estimativa de Slater-Hammel do tempo necessário para prever a chegada do ponteiro na posição 800 é complicada pelo fato de que os indivíduos tinham um erro constante (EC) de +26 ms sobre os ensaios normais. Quais são as implicações deste EC de viés positivo?
2. Como esse paradigma de sinal de parar poderia ser adaptado para examinar o tempo necessário para adotar ações de previsão em tarefas esportivas, como rebater uma bola de beisebol?

Ocasionalmente, e de maneira bastante inesperada, em alguns ensaios, a alavanca foi bloqueada mecanicamente pelo experimentador para que nenhum movimento fosse possível. A Figura 5.6 também mostra o que acontece com o padrão de EMG nesses ensaios bloqueados (linhas contínuas). Embora o membro não se mova de maneira alguma, há um padrão semelhante de organização muscular, com o início do agonista e antagonista ocorrendo aproximadamente nos mesmos momentos de quando o movimento não era bloqueado. Mais tarde, depois de cerca de 120 ms ou mais, há uma ligeira modificação da padronização, provavelmente causada pelas atividades reflexas (p. ex., reflexos de alongamento) discutidas no Capítulo 4. Mas os achados mais importantes são de que o músculo antagonista (bíceps) até mesmo contraiu completamente quando o movimento estava bloqueado e que ele contraiu no mesmo momento em que contrai nos movimentos normais.

O *feedback* do membro bloqueado deve ter sido maciçamente interrompido, embora a padronização do EMG fosse essencialmente normal para 100 ms ou algo em torno disso. Portanto, esses dados contradizem teorias que argumentam que o *feedback* do membro em movimento (durante a ação) atua como um sinal (um gatilho) para ativar a contração do músculo antagonista no momento adequado. Em vez disso, esses achados fornecem suporte à ideia de programa motor de que as atividades do movimento são organizadas com ante-

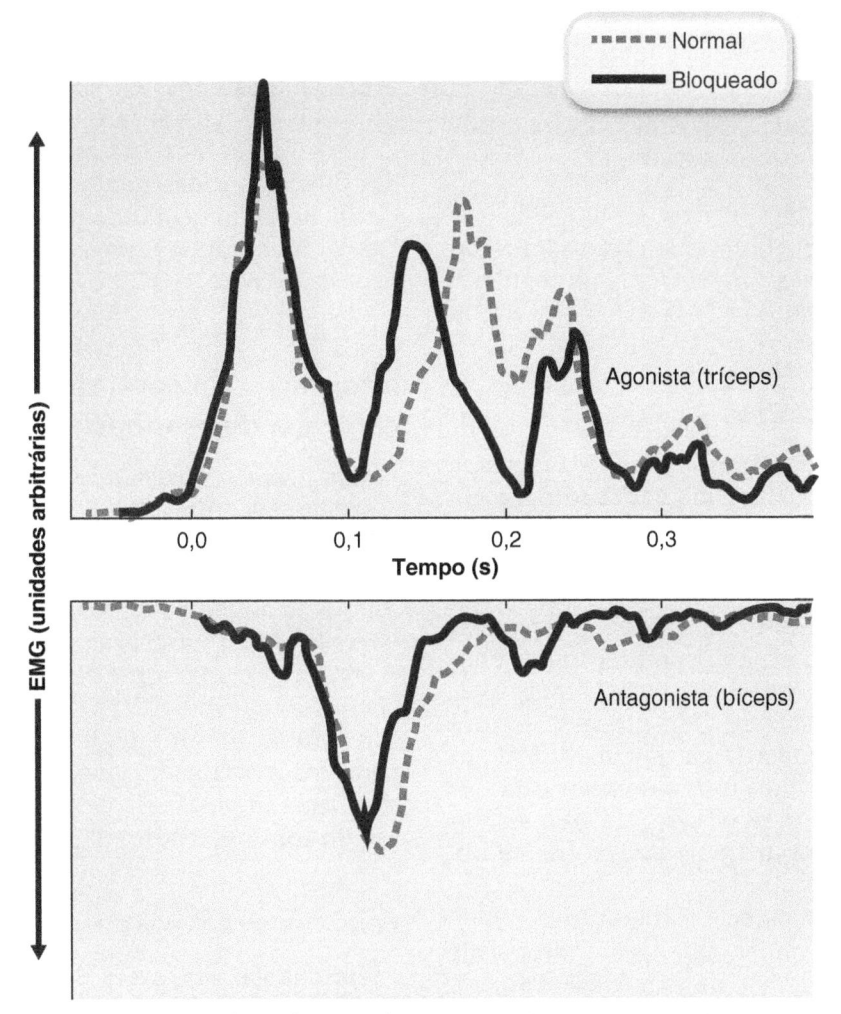

FIGURA 5.6 Resultados eletromiográficos de músculos agonistas (traços superiores) e antagonistas (traços inferiores) quando o indivíduo realmente produziu o movimento (tentativas normais – linhas pontilhadas) e quando o movimento foi bloqueado por uma perturbação mecânica (tentativas bloqueadas – linhas contínuas).

Reproduzida, com autorização, de Wadman et al 1979.

cedência e trabalham com informações sensoriais não modificadas por 100 a 120 ms, pelo menos até as primeiras atividades reflexivas poderem estar envolvidas.

PROGRAMAS MOTORES E MODELO CONCEITUAL

Programas motores são uma parte crucial do modelo conceitual observado na Figura 5.2, operando dentro do sistema, por vezes, em conjunção com *feedback*, produzindo ações habilidosas flexíveis. A parte do circuito aberto dessas ações fornece a organização, ou padrão, que os processos de *feedback* podem modificar mais tarde, se necessário. Adiante estão alguns dos principais papéis dessas organizações de circuito aberto:

▶ Definir e emitir os comandos para a musculatura que determinam quando, quão forte, e por quanto tempo os músculos têm de contrair e quais devem contrair

▶ Organizar os diversos graus de liberdade dos músculos e articulações em uma única unidade

► Especificar e iniciar ajustes posturais preliminares necessários para apoio da próxima ação
► Modular as muitas vias reflexas para garantir que o movimento seja atingido

Nas seções seguintes, vemos exemplos de pesquisa de como os programas motores usam informações antecipatórias e *feedback* para regular o controle do movimento.

Ajustes antecipatórios

Imagine que você está em pé com os braços ao lado do corpo e um experimentador fornece um comando para levantar um braço rapidamente para apontar direto em frente. Qual será a primeira atividade de EMG detectável (muscular) associada a este movimento? A maioria das pessoas poderia supor que a primeira contração seria nos músculos do ombro que levantam o braço. Mas, na verdade, a atividade de EMG nesses músculos ocorre relativamente tarde na sequência. Em vez disso, os primeiros músculos a contrair estão na região lombar e nas pernas, cerca de 80 ms antes do primeiro músculo naquele ombro [Belen'kii, Gurfinkel, & Pal'tsev, 1967].

Essa ordem pode parecer estranha, mas é realmente uma maneira muito "inteligente" de o sistema motor operar. Pelo fato de os músculos do ombro serem mecanicamente ligados ao restante do corpo, as suas contrações influenciam as posições dos segmentos ligados ao braço – o ombro e as costas. Ou seja, o movimento do braço afeta a postura. Se nenhuma compensação de postura for feita em primeiro lugar, levantar o braço faria com que o tronco flexionasse, bem como deslocasse o centro de gravidade para frente, causando uma ligeira perda de equilíbrio. Portanto, em vez de ajustar para esses efeitos *após* o movimento do braço, o sistema motor compensa antes do movimento por "saber" que modificações posturais serão em breve necessárias.

Há boas evidências de que esses ajustes posturais preparatórios são realmente apenas uma parte do programa de movimento para fazer o movimento do braço (W.A. Lee, 1980). Quando o movimento do braço é organizado, o programa motor contém instruções para ajustar a postura com antecedência, bem como as instruções para mover o braço, de modo que a ação seja um todo coordenado. Assim, não devemos pensar no movimento do braço e controle da postura como eventos separados; em vez disso, eles são simplesmente partes diferentes de uma ação integrada de levantar o braço e manter a postura e o equilíbrio. Curiosamente, esses ajustes preparatórios desaparecem quando o realizador inclina-se contra o suporte, pois o ajuste postural não é necessário aqui.

Integração do controle central e de *feedback*

Embora esteja claro que a organização central dos movimentos é uma fonte importante de controle motor, também está muito claro (ver Capítulo 4) que as informações sensoriais podem modificar esses comandos de várias maneiras importantes, como visto no modelo conceitual na Figura 5.2. Assim, a pergunta torna-se como e sob que condições esses comandos de programas motores interagem com as informações sensoriais para definir o padrão de movimento global. Essa é uma das questões mais importantes da pesquisa da compreensão do controle motor.

Fenômeno reflexo-reversão

Além das várias classes de mecanismos reflexos discutidos no Capítulo 4 que podem modificar a resposta originalmente programada (Figura 4.10), existe outra classe de modulações reflexivas que tem efeitos muito diferentes no comportamento do movimento. Vários experimentos mostram como as respostas reflexas são integradas com controle programado de circuito aberto.

Em um estudo, por exemplo, o experimentador aplica um estímulo tátil leve no topo do pé de um gato enquanto ele está andando em uma esteira. Se esse estímulo for aplicado enquanto o gato estiver *colocando* o pé naquele momento na superfície da esteira (em preparação para acionar o rolamento), a resposta é a extensão ligeira da perna, como se fosse colocar mais carga naquele pé. Essa resposta tem uma latência de cerca de 30 a 50 ms e é claramente não consciente e automática. Se exatamente o mesmo estímulo é aplicado no exato momento em que o gato está *levantando* o pé da superfície (em preparação para a fase de balanço), a resposta é muito diferente. A perna flexiona para cima no quadril e joelho, de modo que o pé passe acima da trajetória comum na fase de balanço. Assim, o mesmo estímulo tem efeitos diferentes (invertido) quando apresentado em diferentes locais do ciclo do passo.

Essas alterações no reflexo – invertendo seu efeito de extensão para flexão (ou vice-versa) dependendo em que parte do ciclo da passada o estímulo é aplicado – foram chamadas de **fenômeno de inversão do reflexo** (Forssberg, Grillner & Rossignol, 1975). Ele desafia nossos conceitos habituais de um reflexo, que geralmente é definido como uma resposta inevitável, automática, estereotipada para um determinado estímulo: aqui, o mesmo estímulo gerou duas respostas diferentes.

Essas variações na resposta devem ocorrer por meio de interações de vias sensoriais com o programa de movimento contínuo para locomoção (o GCP, gerador central de padrão). O GCP é responsável por muitos dos principais eventos, como contrações musculares e seu momento de ocorrência, que ocorrem na locomoção e em outras atividades rítmicas. Além disso, acredita-se que os GCPs estão envolvidos na modulação dos reflexos, possibilitando respostas como o fenômeno de inversão do reflexo. A lógica é que o GCP determina se e quando determinadas vias reflexas podem ser ativadas na ação, tal como ilustrado na Figura 5.7a e b. Durante a parte da ação em que o pé do gato está sendo levantado do chão (fase do balanço), o GCP inibe o reflexo de extensão e possibilita o reflexo de flexão (isto é, possibilita que ele seja ativado, Figura 5.7a). Se o estímulo ocorre, ele é encaminhado para a musculatura de flexão, não para a musculatura de extensão. Quando o pé está sendo colocado na superfície de caminhada, o GCP inibe o reflexo de flexão e possibilita o reflexo de extensão (Figura 5.7b). Ele faz tudo de novo no ciclo de passo seguinte. Finalmente, observe que, se nenhum estímulo ocorrer, não há nenhuma atividade reflexa e o GCP realiza a ação "normalmente" sem contribuição de um ou outro reflexo.

Flexibilidade do movimento

Há muito mais a ser aprendido sobre essas respostas reflexas complexas, mas elas, sem dúvida, desempenham um papel importante na flexibilidade e no controle de habilidades. Os reflexos do gato provavelmente estão organizados para ter um papel importante na sobrevivência. Receber um estímulo tátil sobre a parte superior do pé, enquanto está balançando para frente, provavelmente significa que o pé atingiu algum objeto, e que o gato vai tropeçar se o pé não for levantado rapidamente sobre o objeto. No entanto, se o estímulo for recebido durante o início do apoio, a flexão da perna faria o animal cair porque está balançando a perna oposta neste momento. Esses podem ser pensados como reflexos temporários em que eles existem apenas no contexto de realização de uma parte específica de uma determinada ação, garantindo que o objetivo seja alcançado mesmo se uma perturbação for encontrada. Achados análogos foram produzidos na fala, em que "puxões" ligeiros e inesperados do lábio inferior durante a produção de um som causam modulação rápida, reflexiva, com as respostas reais extremamente dependentes do som específico que está sendo tentado (ABBS, Gracco & Cole, 1984; Kelso

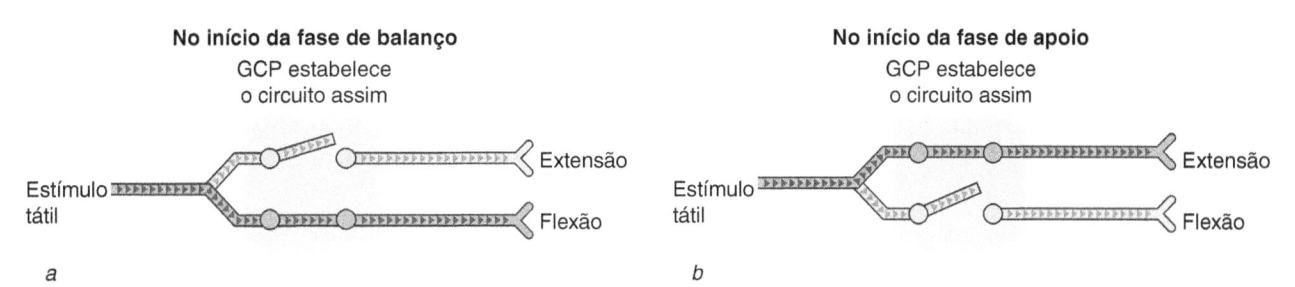

FIGURA 5.7 Papel dos GCPs em reversões reflexas. Em (a), a aplicação de um estímulo tátil no início da fase de balanço de um GCP resulta em movimento de flexão; em (b), a aplicação do mesmo estímulo táctil no início da fase de apoio de um GCP resulta em extensão do movimento. O efeito do estímulo foi revertido.

et al., 1984). A meta crucial para o sistema motor nessas situações parece ser assegurar que a ação pretendida é gerada e o objetivo ambiental (neste caso, o som de fala desejado) é atingido.

Esse recurso adaptável de um programa de movimento oferece flexibilidade considerável nessa operação. O movimento pode ser realizado como programado se nada der errado. Se algo der errado, então, reflexos apropriados estão autorizados a participar do movimento para assegurar que o objetivo seja atingido.

PROBLEMAS NA TEORIA DO PROGRAMA MOTOR: PROBLEMAS DE NOVIDADE E DE ARMAZENAGEM

O controle de circuito aberto ocorre principalmente para possibilitar que o sistema motor organize uma ação inteira, em geral rápida, sem ter de depender do processamento de informações relativamente lento envolvido em um modo de controle de circuito fechado. Vários processos devem ser tratados por essa organização prévia. No mínimo, o seguinte deve ser especificado no processo de programação a fim de gerar movimentos especializados:

▶ Os músculos específicos que têm de participar da ação
▶ A ordem pela qual esses músculos estão envolvidos
▶ As forças das contrações musculares
▶ A **organização temporal relativa** e o aquecimento entre essas contrações
▶ A duração de cada contração

A maioria das teorias de programas motores assume que um movimento é organizado com antecedência por meio do estabelecimento de um mecanismo neural, ou rede, que contém informações sobre o tempo e o evento. Uma espécie de "*script*" do movimento especifica determinados detalhes essenciais da ação à medida que ocorre no tempo. Portanto, os cientistas falam em "executar" um programa motor, que é claramente análogo aos processos envolvidos na execução de programas de computador.

No entanto, a teoria do programa motor, pelo menos como desenvolvido até agora neste capítulo, não leva em conta vários aspectos importantes do comportamento do movimento. Talvez as limitações mais graves da teoria do programa motor são: (1) falha em explicar para quais movimentos novos são produzidos em primeiro lugar; e (2) a falta de eficiência que seria necessária para armazenar o grande número de programas motores que seriam necessários para mover-se.

Essa capacidade para a produção de novas ações levanta problemas para a teoria do programa motor simples como a desenvolvemos até este ponto no capítulo. Desse ponto de vista, um dado movimento é representado por um programa armazenado na memória de longo prazo. Assim, cada variação de uma tacada do tênis, por exemplo, associada a variações na altura e velocidade da bola, posição do oponente, distância da rede, e assim por diante, exigiria um programa exclusivo e separado armazenado na memória porque as instruções para a musculatura seriam diferentes para cada variação. Estender essa visão ainda mais sugere que precisaríamos, literalmente, de um número incontável de programas motores armazenados na memória apenas para jogar tênis. Adicionando a isso o número de movimentos possíveis em todas as outras atividades, o resultado seria uma quantidade absurdamente grande de programas armazenados na memória de longo prazo. Isso leva ao que tem sido chamado **problema de armazenamento** (Schmidt, 1975), que diz respeito a como todos esses programas separados poderiam ser armazenados na memória.

Há também o **problema de novidade**. Por exemplo, quando estou jogando tênis, não há duas tacadas, a rigor, iguais. Ou seja, cada tacada requer uma diferença muito ligeira na quantidade de contração dos músculos participantes. Nesse sentido, em seguida, cada tacada que faço é 'nova', o que implica que o sistema precisaria de um programa separado para cada tacada. Se os programas motores, que são armazenados na memória, são responsáveis por todos esses movimentos rápidos, então, como algo essencialmente novo poderia ser realizado com elegância e habilidade sem violar o problema de armazenamento mencionado anteriormente? A teoria simples de programa motor, tal como apresentada aqui até este ponto, não consegue explicar a performance dessas novas ações.

Para resumir, essas observações levantam dois problemas para a compreensão do comportamento do movimento diário:

1. Como (ou onde) os seres humanos armazenam o número quase incontável de programas motores necessários para uso futuro do problema de armazenamento?

2. Como os executantes produzem comportamento verdadeiramente novo, como a realização de uma variante de um balanço no tênis que você nunca realizou anteriormente? O programa para tal ação não pode ser representado em um programa motor já armazenado: o problema de novidade.

Há muitos anos, o psicólogo britânico Sir Fredrick Bartlett (1932), ao escrever sobre tênis, disse o seguinte: "Quando faço a tacada, (...) produzo algo absolutamente novo, e eu nunca repito algo antigo" (p. 202). O que ele quis dizer? A primeira parte de sua declaração significa que, embora um movimento seja de alguma maneira novo, nunca é totalmente novo. Cada uma de suas tacadas assemelha-se a suas outras tacadas, possuindo seu próprio estilo de bater em uma bola de tênis. A segunda parte da declaração de Bartlett transmite a ideia de que cada movimento é novo, pois nunca foi realizado exatamente dessa forma antes.

Os problemas da novidade e de armazenagem para a teoria do programa motor discutidos na seção anterior, e na verdade, ao explicar a percepção aguçada de Bartlett em relação ao tacada do tênis, motivaram uma busca de maneiras alternativas de entender o controle motor. Houve um desejo de manter as partes atraentes da teoria do programa, mas modificá-las para resolver os problemas de armazenagem e da novidade. A ideia que surgiu foi a de que os programas de movimento podem ser generalizados (Schmidt, 1975). Esse programa motor generalizado (PMG) consiste em um padrão armazenado, como antes. Acredita-se que o programa generalizado armazenado na memória é considerado ajustado no momento da execução do movimento, possibilitando que a ação seja ligeiramente alterada para atender às demandas ambientais atuais.

TEORIA DO PROGRAMA MOTOR GENERALIZADO

A citação de Bartlett capta a essência da teoria do PMG: algumas características da tacada do tênis permanecem as mesmas de jogada a jogada e algumas características da tacada são alteradas a cada momento. Segundo a teoria do PMG, o que continua igual reflete as **características invariantes** de um programa motor – aquelas características que fazem o padrão parecer o mesmo, vez após vez. Características invariantes são a razão pela qual nosso estilo exclusivo de escrita parece o mesmo, independentemente de se estar usando uma caneta para escrever em um caderno, um pincel atômico para escrever grande o suficiente sobre um quadro branco, para que todos em uma classe extensa leiam ou o nosso dedo do pé para escrever algo na areia da praia.

O aspecto que possibilita mudanças de jogada a jogada (na citação de Bartlett) é representado na teoria de PMG como o relativamente superficial, ou as **características da superfície** do movimento. Se o padrão representa as características invariantes de seu estilo de escrita, então, modificar o que são chamados **parâmetros** determina como ele é executado, representando suas características superficiais. Escrever algo de maneira lenta ou rápida, grande ou pequena, em papel ou na areia, e com uma caneta ou um dedo, representa como o PMG é executado em qualquer momento. A palavra *parâmetro* vem da matemática, e representa valores numéricos em uma equação que não muda a *forma* da equação. Por exemplo, em uma equação linear, cuja forma geral é $Y = a + bX$, os valores a e b são parâmetros – Y e X estão relacionados um com o outro da mesma maneira que para quaisquer valores de a e b. A única performance que ocorre quando determinados parâmetros são alterados não altera as características invariantes do PMG – os parâmetros alteram apenas a maneira como o PMG é *expresso* em qualquer momento.

Na teoria PMG, acredita-se que os movimentos são produzidos como se segue. Como determinado por meio de informações sensoriais processadas no estágio de identificação do estímulo, um PMG para, por exemplo, arremessar (em oposição a chutar) é escolhido durante o estágio de seleção da resposta. Esse PMG é, então, recuperado da memória de longo prazo, quase da mesma maneira que você recupera o número de telefone do seu amigo da memória. Durante o estágio de programação do movimento, o programa motor é preparado para iniciação ou **parameterizado.**

Um dos processos necessários aqui é definir *como* executar esse programa. Que membro usar, com que velocidade, para que direção e a que distância arremessar, devem ser decididos com base nas informações do ambiente disponíveis imediatamente antes da ação. Essas decisões resultam na atribuição (provavelmente no estágio de seleção da resposta) de parâmetros do movimento – características que definem a natureza da execução do programa sem influenciar as características invariantes (que determinam a sua forma) do PMG. Os parâmetros incluem a velocidade de movimento, sua amplitude (tamanho geral) e o membro usado. Após os parâmetros serem selecionados e atribuídos ao programa, o movimento pode ser iniciado e realizado com esse conjunto particular de características de superfície.

Segundo a teoria do PMG, as principais variáveis a considerar são as que constituem as características invariantes do PMG e quais são os parâmetros ou características de superfície. Essas questões importantes são discutidas nas próximas seções.

Características invariantes de um PMG

Para começar a descobrir a natureza das representações do PMG, precisamos saber que características dos padrões de movimentos flexíveis permanecem invariantes, ou constantes, à medida que as características mais superficiais (como a velocidade do movimento, a amplitude do movimento e as forças) são alteradas. Quando o tempo do movimento é alterado, por exemplo, quase todos os outros aspectos do movimento também mudam: as forças e as durações das contrações, a velocidade dos membros e as distâncias que os membros percorrem, tudo pode mudar de maneira acentuada à medida que o movimento acelera.

Entretanto, o que aconteceria se fosse possível demonstrar que alguns aspectos desses movimentos

▌ Teoria de programa motor generalizado sugere que o programa motor para assinar seu nome retém suas características invariantes, independentemente do que esteja escrevendo.

permanecem constantes, embora quase todo o resto estivesse mudando? Se esse valor pudesse ser encontrado, os cientistas argumentaram, isso poderia indicar algo fundamental sobre a estrutura do PMG, que serve como base para todos esses movimentos, fornecendo assim evidências para como os programas motores são organizados ou representados na memória de longo prazo. Um valor tão constante é chamado de *invariância* e a invariância mais importante diz respeito à estruturação temporal do padrão (ou o "ritmo" do padrão).

Organização temporal relativa

O ritmo, ou organização temporal relativa, é uma característica fundamental de muitas de nossas atividades diárias. Evidentemente, o ritmo é muito importante em atividades como música e dança. Mas o momento oportuno também é uma característica básica de muitas atividades desportivas (como o balanço do golfe) e atividades de trabalho (p. ex., digitação, martelar). Existem fortes evidências que sugerem que um tempo relativo é uma característica invariável do PMG. Um exemplo é a evidência fornecida no estudo de Armstrong (1970), discutido no Foco na Pesquisa 5.3.

O gráfico na Figura 5.8 mostra uma amostra de ensaio em que um dos indivíduos de Armstrong (1970) produziu um padrão de memória que foi feito muito rapidamente (traço cinza claro, tempo geral de cerca de 3,2 s e não o movimento alvo [traço preto], a ser feito em cerca de 4,0 s). Mas compare o padrão de movimento cinza claro com o padrão alvo preto nessa figura – você vai perceber que o *movimento total* parecia acelerar com uma unidade. Ou seja, cada um dos picos (inversões do movimento) ocorreu cada vez mais cedo no tempo real, mas ocorreu quase na mesma hora em relação ao tempo global do padrão; portanto, o termo *tempo relativo* é usado para se referir à ocorrência constante desses picos (ver Gentner, 1987, ou Schmidt & Lee, 2011, para mais informações sobre essas questões).

A organização temporal relativa é a estrutura temporal fundamental de um padrão de movimento que é independente da sua velocidade ou amplitude global. A organização temporal relativa representa a "estrutura profunda" fundamental do movimento, em oposição às características de "superfície" observadas nas alterações facilmente

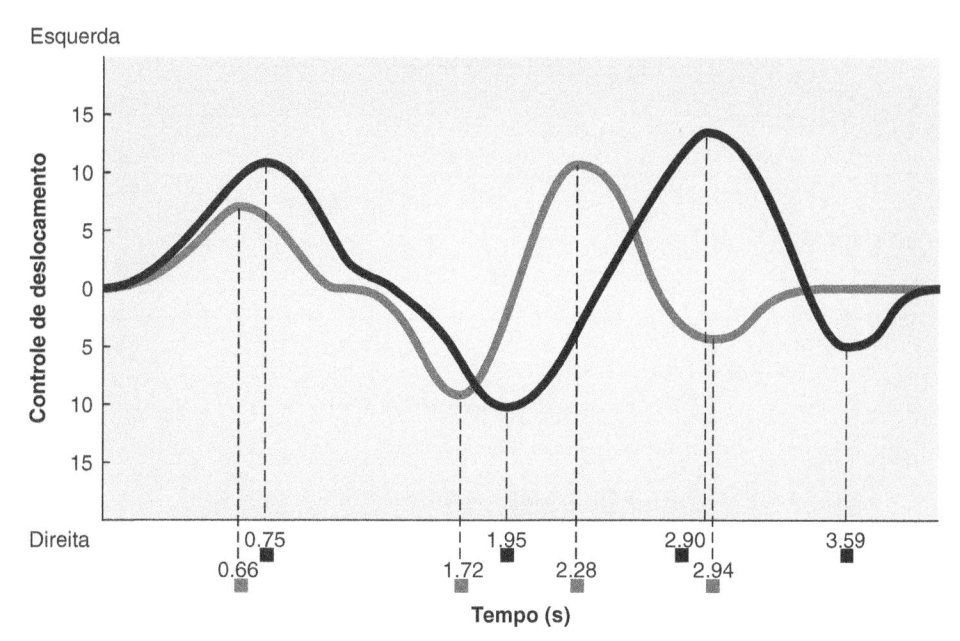

FIGURA 5.8 Indivíduos aprederam a fazer um movimento programado de alavanca com o braço direito. O padrão de movimento é representado pela linha preta. A linha cinza claro representa o movimento feito rapidamente; o erro das reversões aumenta à medida que o movimento se desenrola, que é o que aconteceria se o traço cinza claro fosse simplesmente uma versão acelerada do traço preto.

Adaptada com permissão de Armstrong, 1970.

modificadas no tempo do movimento. Essa organização temporal profunda nos movimentos parece invariante, mesmo quando as ações são produzidas em diferentes velocidades ou amplitudes.

Mais especificamente, a organização temporal relativa refere-se ao conjunto de proporções das durações dos vários intervalos dentro do movimento, tal como ilustrado na Figura 5.9. Considere dois movimentos hipotéticos de arremesso, sendo que o movimento 1 é realizado com um tempo de movimento mais curto do que o movimento 2. Imagine que você mede e registra os EMG de três dos músculos mais importantes envolvidos em cada ação (em princípio, praticamente qualquer característica do movimento poderia ser medida). Se você medir várias dessas durações de contração, você pode definir a organização temporal relativa por um conjunto de proporções, sendo que cada uma delas é a duração de uma parte da ação dividida pela duração total. Por exemplo, no movimento 1, as proporções b/a = 0,40, c/a = 0,30, e d/a: 0,60 podem ser calculadas a partir da figura. Esse padrão de proporções é típico desse movimento de arremesso, descrevendo a sua estrutura temporal de maneira relativamente precisa.

Esse conjunto de proporções (a organização temporal relativa) permanece o mesmo para o movimento 2 (embora a duração do movimento 2 seja mais longa), porque os valores de b/a, c/a, e d/a são os mesmos do movimento 1. Quando esse conjunto de proporções é constante em dois movimentos diferentes, dizemos que a organização temporal relativa era invariante. Observe que o movimento 2 parece ser simplesmente uma versão alongada (horizontalmente "esticada") do movimento 1, com todos os eventos temporais ocorrendo siste-

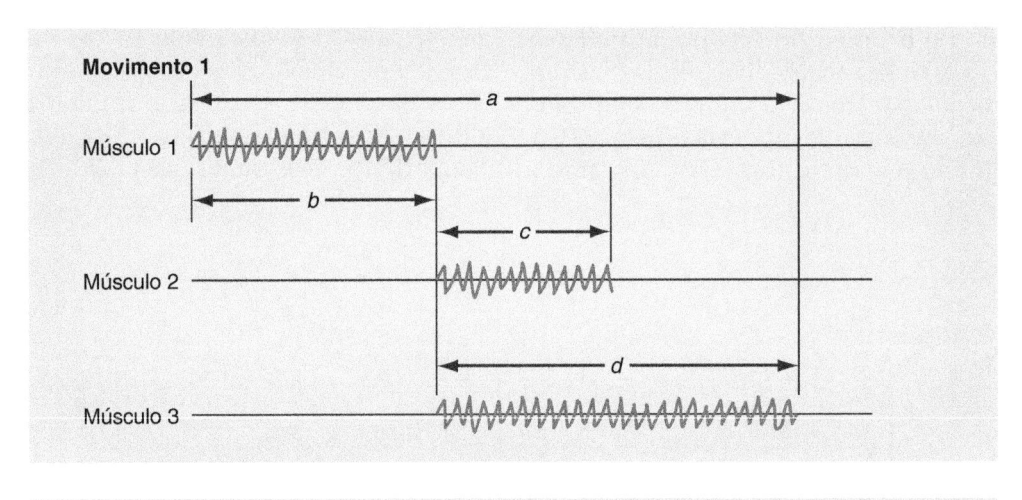

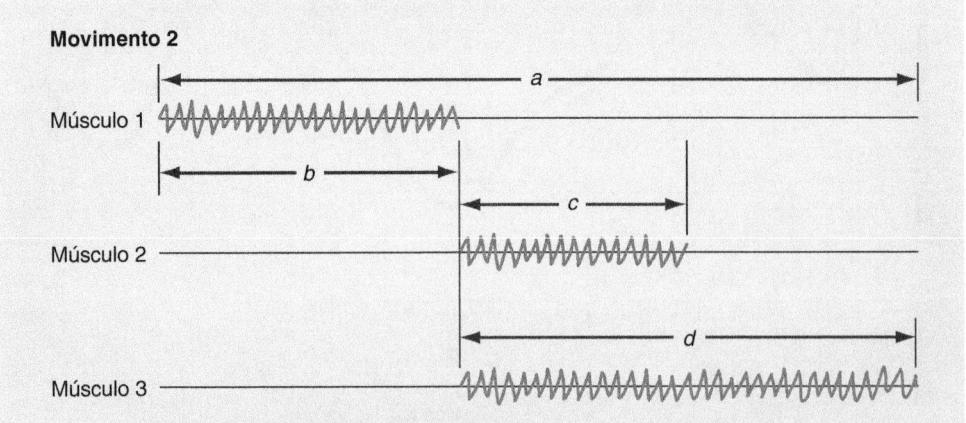

FIGURA 5.9 Temporização relativa hipotética em EMG de três músculos para dois movimentos hipotéticos. A razão de tempo relativo é calculada dividindo durações EMG muscular (isto é, b, c e d) para cada músculo (ou seja, 1, 2 e 3) pelo tempo global de movimento (ou seja, um). Observe que esses índices permanecem praticamente constantes em relação ao tempo de movimento das mudanças de ação (superior *versus* painel inferior).

Reproduzida com permissão de Schmidt e Lee, 2011.

Foco na
PESQUISA 5.3

Invariâncias e parâmetros

Uma contribuição importante para o desenvolvimento da teoria do PMG foi feita por Armstrong (1970) ao analisar padrões de movimentos que indivíduos fizeram em um de seus experimentos. No experimento de Armstrong, aprendizes tentaram mover uma alavanca (Figura 5.8) de um lado a outro de tal maneira que um padrão de movimento na articulação do cotovelo (definido no espaço e no tempo) ocorreu, como detalhado pela linha preta na Figura 5.8. Esse movimento alvo (linha preta) tinha quatro reversões importantes em direção, sendo que cada uma tinha de ser produzida em um momento particular na ação, com o movimento total ocupando cerca de 4 s.

Armstrong percebeu que quando o aprendiz fazia o primeiro movimento de reversão muito rapidamente (traço cinza claro), *todo* o movimento também era feito muito rapidamente. Observe que o primeiro pico de linha cinza claro (na reversão) era apenas um pouco mais cedo (a 0,66 e não a 0,75). A discrepância entre os tempos de reversão reais e alvo aumentaram quase que proporcionalmente à medida que o movimento progredia (1,72 *versus* 1,95; 2,28 *versus* 2,90; e 2,94 *versus* 3,59). Isso dá a impressão de que cada aspecto do padrão de movimento foi produzido essencialmente de maneira correta, mas que todo o padrão foi simplesmente executado de modo muito rápido.

Os achados de Armstrong forneceram um impulso para o desenvolvimento da ideia de que o programa motor pode ser generalizado (Schmidt, 1975). Aqui, o programa controlou a temporização relativa das reversões de movimento. Quando uma reversão precoce surgia mais cedo ou mais tarde do que o tempo alvo, então, todas as reversões subsequentes aceleravam ou ficavam proporcionalmente mais lentas.

Exploração adicional

1. Na figura de Armstrong (Figura 5.8), esboçar um gráfico de como você prevê uma ação com um tempo total de movimento de 4,5 s se o indivíduo tiver preservado a mesma estrutura de temporização relativa.
2. Suponha que os indivíduos de Armstrong tivessem realizado o padrão novamente, um mês após as sessões originais de prática. Qual você acha que seria mais bem lembrada, a temporização global ou a estrutura de tempo relativo do padrão? Forneça razões para sua resposta.

maticamente de modo mais lento. Isso sempre será encontrado quando a organização temporal relativa for invariante. De acordo com a teoria do PMG, o movimento 2 foi produzido com um parâmetro de organização temporal mais lento do que o movimento 1, de modo que todo o movimento foi retardado como uma unidade, mas sua organização temporal relativa foi preservada.

Um dos princípios importantes do controle do movimento é que, quando um movimento breve e rápido é mudado em termos da velocidade da ação (um arremesso rápido *versus* um arremesso lento), tamanho da ação (fazer a sua assinatura grande ou pequena) ou trajetória da ação (arremessar por cima do braço *versus* do lado do braço), estas alterações parecem ser feitas com uma organização temporal relativa invariante. A organização temporal relativa é invariante entre vários tipos diferentes de modificações "superficiais", de modo que a forma do movimento é preservada, embora suas características superficiais possam mudar. Há alguma controvérsia sobre se a organização temporal relativa é perfeitamente invariante (Gentner, 1987; Heuer, 1988), mas não pode haver dúvida de que a temporização relativa é pelo menos aproximadamente invariante.

Classes de movimentos

Você pode pensar em uma atividade, como o arremesso, como uma classe que consiste em um número quase infinito de movimentos específicos (por exemplo, jogar um objeto mais leve, jogar mais rapidamente). A teoria diz que toda a classe é representada por um único PMG, com uma estrutura de organização temporal relativa específica, rigidamente definida. Esse programa pode ter parâmetros em várias dimensões (p. ex., tempo de movimento, amplitude), possibilitando um número essencialmente ilimitado de combinações de movimentos de arremesso específicos, cada um contendo a mesma organização temporal relativa.

A locomoção representa outra classe de movimentos que poderiam ser considerados controlados por um PMG. No entanto, a pesquisa feita por Shapiro e colaboradores sugere que, na verdade, existem pelo menos dois PMG separados para marcha, cada um com organizações temporais relativas exclusivas – um para andar e outro para correr. Observe, no entanto, que podemos acelerar e desacelerar a marcha da caminhada ou corrida de maneira seletiva, sem ter de abandonar o PMG (ver Foco na Pesquisa 5.4).

Observe que a organização temporal relativa, na verdade, produzida por um realizador, pode ser pensada como uma espécie de *impressão digital* exclusiva de uma determinada classe de movimento. Esse padrão pode ser usado para identificar qual dos vários programas motores foi executado (Schneider & Schmidt, 1995; Young & Schmidt, 1990). O Foco na Prática 5.2 oferece mais exemplos de como nossos PMGs refletem outros tipos de "impressões digitais" biológicas.

Foco na PESQUISA 5.4

Organização temporal relativa na locomoção

Shapiro e colaboradores (1981) estudaram as mudanças na organização temporal relativa na locomoção. Eles filmaram pessoas em uma esteira a velocidades que variam de 3 a 12 km/h e mediram as durações das várias fases do ciclo do passo à medida que a velocidade aumentava. O ciclo de passo pode ser dividido em quatro partes, como mostrado na Figura 5.10 *a*. Para a perna direita, o intervalo entre o apoio do calcanhar à esquerda até que a perna tenha terminado a ação (flexão) sob o peso do corpo é chamado de fase de extensão 2 (ou E2) e o intervalo de flexão máxima até o despegue do dedo do pé é E3; juntos, E2 e E3 compõem a fase de apoio. O intervalo do despegue do dedo até flexão máxima do joelho é chamado de fase de flexão (F), e o intervalo entre a flexão máxima de pisada com calcanhar é E1; juntos F e E1 compõem a fase de balanço.

Os dados mostrados na Figura 5.10*b* são expressos como as proporções do ciclo da passada ocupadas por cada uma das quatro fases; a duração de cada fase é dividida pelo tempo total de ciclo da passada. Quando a velocidade da esteira variou de 3 a 6 km/h, todos os indivíduos caminharam, cada um com um padrão particular de organização temporal relativa. Cerca de metade do ciclo da passada foi ocupada por E3; cerca de 10% dela foram ocupados por F e E2 cada, com cerca de 28% ocupados por E1. Nota-se que como a velocidade aumentou de 3 para 6 km/h, quase não houve nenhuma alteração na temporização relativa para qualquer das partes do ciclo da passada. Quando a velocidade foi aumentada para 8 km/h, no entanto, onde agora todos os indivíduos estavam correndo, nós vemos que o padrão de organização temporal relativa era completamente diferente. Agora E1 teve a maior porcentagem do ciclo da passada (32%), e E2 teve a menor (15%). E3, que tinha a maior proporção do ciclo da passada na caminhada, agora era intermediária, a cerca de 28%. Mas, como a velocidade de corrida aumentou de 8 para 12 km/h, houve novamente uma tendência dessas proporções permanecerem quase invariantes.

A interpretação é que existem dois PMGs operando aqui – um para a caminhada e um para a corrida. Cada um tem seu próprio padrão de organização temporal relativo e é bastante diferente do outro. Quando a velocidade da esteira aumenta para a caminhada, os valores dos parâmetros são alterados, o que acelera o movimento com o mesmo programa enquanto mantém a organização temporal relativa. A cerca de 7 km/h, uma velocidade crítica é alcançada e o indivíduo muda abruptamente para um programa de corrida; a organização temporal relativa dessa atividade é mantida quase perfeitamente à medida que a velocidade de corrida é ainda mais aumentada.

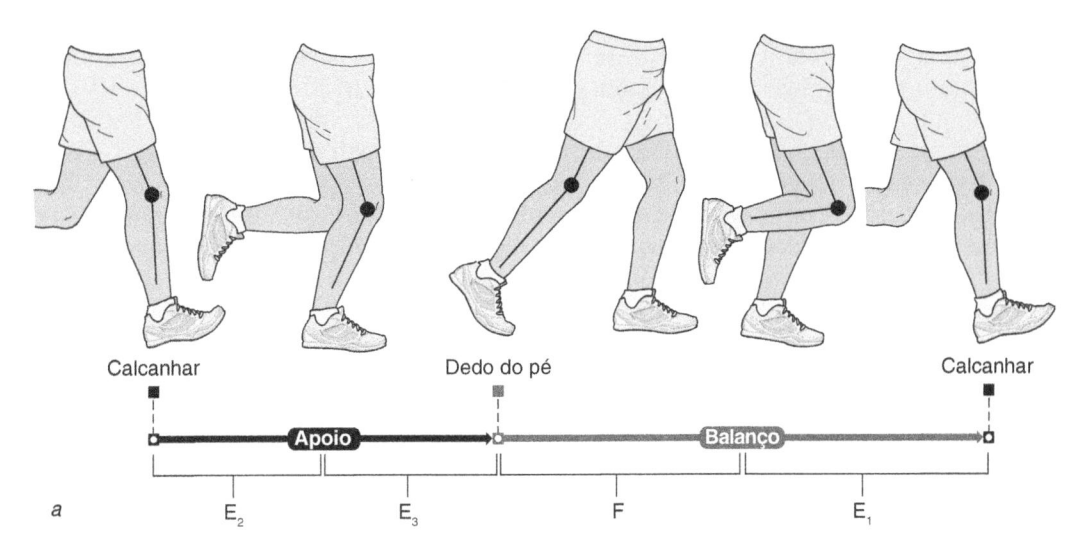

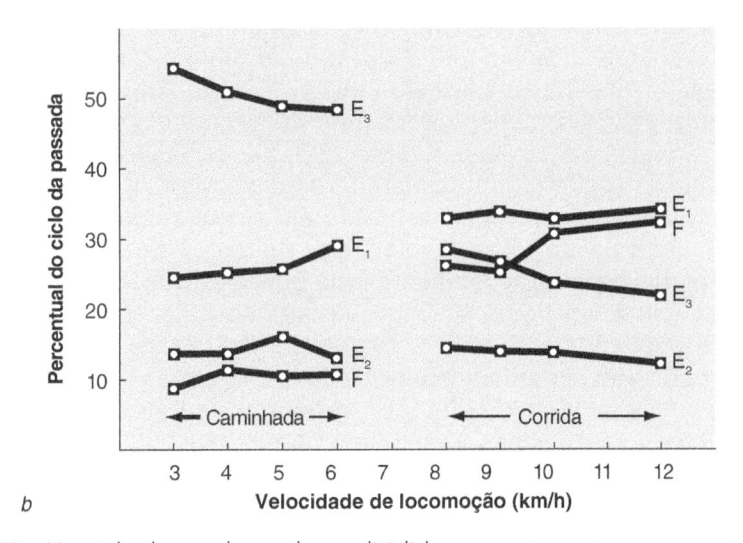

FIGURA 5.10 Um ciclo de marcha pode ser dividido em quatro partes, representando as porções de balanço e de apoio (*a*). Essas quatro partes do ciclo da passada ocupam organização temporal relativamente consistente dentro de velocidades de caminhada e corrida, mas mudam entre as formas de locomoção (*b*).

Reproduzida, com autorização, de Shapiro et al. 1981.

Exploração adicional

1. Suponha que Shapiro e seus colaboradores tenham descoberto que um único PMG controlou *tanto* a forma de locomoção caminhada como de corrida. Como o gráfico na Figura 5.10*b* teria aparecido, caso os achados tivessem sustentado esse resultado hipotético alternativo?
2. Outra forma de locomoção que os humanos, algumas vezes, usam é o salto. Dados os achados de Shapiro e colaboradores, como é que as várias partes do ciclo da passada apareceriam durante pular lentamente *versus* rapidamente?

Foco na
PRÁTICA 5.2

Impressões digitais de organização temporal relativa

A identificação de fraudes tem representado uma grande ameaça para a segurança há anos. Falsificar a assinatura de alguém em um cheque e invadir uma conta com a senha de alguém são apenas dois métodos utilizados por fraudadores para obter acesso ilegal a bens e informações. No entanto, as características invariantes do PMG de alguém fornecem uma ferramenta importante para combater o problema.

A assinatura de uma pessoa é geralmente considerada única e diferente da assinatura de qualquer outra pessoa. Forjar as características espaciais de uma assinatura não é uma tarefa muito difícil. Tudo que o falsificador precisa fazer é obter a assinatura de destino, comparar as assinaturas ilegais e legais e continuar a praticar por meio de melhorias nas imperfeições até que uma falsificação realista seja muito difícil de distinguir da original. Uma senha que é digitada em uma conta em um computador é ainda mais fácil de forjar se o fraudador conhecer os caracteres que tem de usar. Tudo o que tem de fazer é entrar com a sequência correta e o acesso é concedido. No entanto, a organização temporal relativa é o ingrediente que falta em ambos os casos de informações fraudulentas.

Suponha, por exemplo, que quando assinou o seu nome, os registros espaciais e temporais de cada um dos vários lacetes e cursivas para produzir as letras, assim como o tempo que leva para cortar os "t" e pingar os "i" e assim por diante, foram comparados com um banco de dados, em que um grande número de suas assinaturas anteriores foi armazenado. Segundo a teoria do PMG, as características invariantes de sua assinatura seriam repetidas independentemente da ferramenta usada para assinar o seu nome (p. ex., caneta familiar ou desconhecida), a superfície sobre a qual escreveu (p. ex., papel ou *tablet* digital), ou o tamanho do texto. Além disso, o fraudador que teve acesso apenas às características espaciais de sua assinatura ficaria completamente perdido para replicar sua temporização relativa.

É possível que digitar a senha também tenha uma característica de temporização relativa que é exclusivamente sua, em especial para aqueles, como os autores deste livro, que não são digitadores treinados. Todos nós temos o nosso próprio estilo de digitação – que letras são geralmente contactadas com que os dedos, quanto tempo cada tecla é pressionada (tempo de espera) e os tempos de transição que ocorrem geralmente entre determinadas letras. Mais uma vez, um banco de dados de execuções anteriores de nossas senhas daria origem a uma série de organizações temporais globais dos tempos de espera e de transição, a partir dos quais um "perfil" de organização temporal relativa poderia ser derivado e ao qual o fraudador não teria acesso.

Felizmente para nós, esses métodos de utilização de conhecimento digital dos nossos PMGs são atualmente uma realidade. Uma pesquisa na internet sobre "dinâmica de digitação" revela um grande número de artigos a respeito da teoria e tecnologia subjacente a este avanço de segurança, bem como informações sobre um número crescente de empresas de segurança que estão desenvolvendo essa indústria. De muitas maneiras, você pode pensar sobre sua assinatura e senhas como "impressões digitais" de sua temporização relativa que são sua exclusividade.

Parâmetros adicionados ao PMG

Na seção anterior, discutimos algumas características do movimento que permanecem as mesmas de um momento ao próximo – as características invariantes do PMG. De acordo com a teoria, as características de superfície precisam ser especificadas cada vez que um movimento é realizado. Isto é, o PMG precisa ser parametrizado antes que possa ser executado. Quais são alguns desses parâmetros?

Tempo de movimento

Tanto o estudo de Armstrong (Foco na Pesquisa 5.3), como o estudo feito por Shapiro e colaboradores (Foco na Pesquisa 5.4) forneceram evidências fortes de que o tempo de movimento global poderia ser variado sem afetar a organização temporal relativa do PMG. No estudo de Armstrong, o indivíduo que acelerava acidentalmente o padrão de movimento ainda mantinha aquela mesma organização temporal do movi-

▍ A temporização relativa ao PMG de uma pessoa para digitar um nome ou senha tem o potencial de servir como verificação de identidade.

mento. E os indivíduos no estudo de Shapiro e colaboradores poderiam variar as velocidades de caminhada e corrida sem perturbar a organização temporal relativa do ciclo da passada. Isso também é compatível com a experiência comum que temos, independentemente de acelerar ou reduzir um determinado movimento, como jogar uma bola em várias velocidades ou escrever com mais lentidão ou mais rapidamente. Esses achados indicam que, quando o tempo de movimento é mudado, o novo movimento preserva as características essenciais temporais de padrão do movimento antigo. Portanto, ambos os movimentos são representados por um padrão temporal (e sequencial) subjacente comum que pode ocorrer em diferentes velocidades. Logo, o tempo de movimento geral é um parâmetro do PMG.

Amplitude do movimento

A amplitude dos movimentos pode também ser facilmente modulada de uma maneira que é muito parecida com a variação do tempo. Por exemplo, você pode escrever a sua assinatura em um cheque ou cinco vezes maior no quadro negro, e em cada caso a assinatura é claramente "sua" (Lashley, 1942; Merton, 1972). Fazer essa mudança de tamanho parece quase trivialmente fácil.

O fenômeno de escrita foi estudado mais formalmente por Hollerbach (1978), que fazia os indivíduos escreverem a palavra "inferno" (*hell*) em diferentes tamanhos. Ele mediu as acelerações da caneta (ou, alternativamente, as forças aplicadas na caneta) durante a produção das palavras. Essas acelerações são representadas graficamente na Figura 5.11. Quando o traço se move para cima, isso indica aceleração (força) para longe do corpo; um traço para baixo indica aceleração em direção ao corpo. Obviamente, quando a palavra é escrita maior, a magnitude global das acelerações produzidas deve ser maior, observada como as amplitudes uniformemente maiores para a palavra maior. Mas o que é de maior interesse é que os padrões temporais de aceleração ao longo do tempo são quase idênticos para as duas palavras, com as acelerações tendo modulações semelhantes em oscilações para cima e para baixo.

Isso leva a uma observação semelhante àquela que acabou de ser feita sobre o tempo de movimento. É fácil aumentar a amplitude dos movimentos aumentando uniformemente as acelerações (forças) que são aplicadas, enquanto se preserva sua padronização temporal. Portanto, a mesma palavra ao ser escrita com diferentes amplitudes pode ser baseada em uma estrutura subjacente comum que pode ser executada com forças escalonadas que governam o movimento inteiro produzindo diferentes ações de diversos tamanhos. Portanto, a amplitude global de força é um parâmetro do PMG.

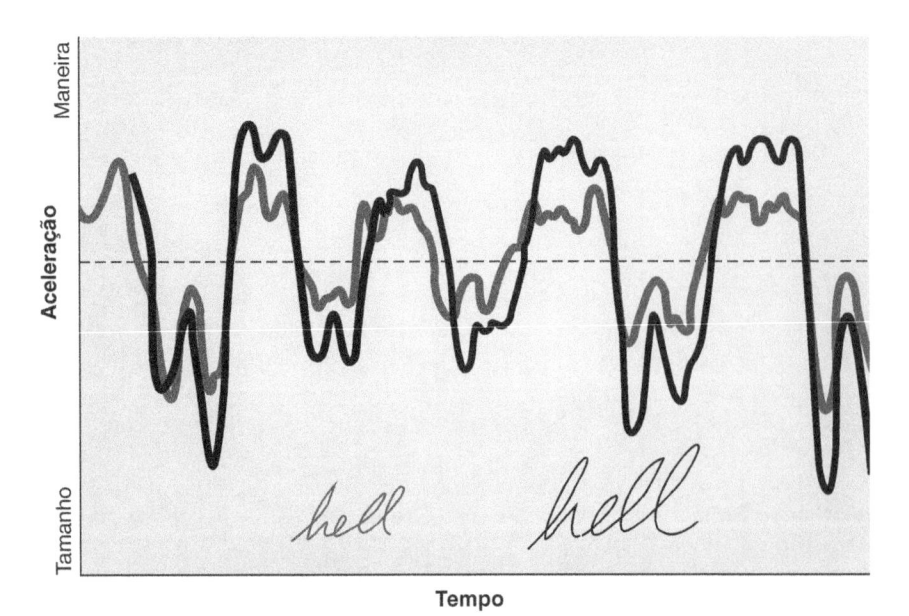

FIGURA 5.11 Traçados aceleração-tempo de duas maneiras de escrever a palavra "*hell*" uma em letra menor e novamente em letra maior. Embora as amplitudes (que são proporcionais às forças exercidas na caneta), para os dois traços sejam acentuadamente diferentes, a organização temporal da padronização continua quase a mesma nos dois casos.

Efetores

Um executante também pode modular um movimento usando um membro diferente – e, portanto, músculos diferentes – para produzir a ação. No exemplo da assinatura, escrever em um quadro negro envolve músculos e articulações muito diferentes do que escrever em um cheque. Ao escrever no quadro-negro, os dedos ficam principalmente fixos, e a escrita é feita com os músculos que controlam o cotovelo e o ombro. Na escrita no cheque, o cotovelo e o ombro estão principalmente fixos, e a escrita é feita com os músculos que controlam os dedos. No entanto, os padrões de escrita produzidos são essencialmente os mesmos. Isso indica que um determinado padrão pode ser produzido mesmo quando os efetores – e os músculos que os direcionam – são diferentes.

Esses fenômenos foram estudados por Raibert (1977), que escreveu a frase *"Able was I ere I saw Elba"* (um palíndromo, escrito da mesma maneira para trás e para frente) com diferentes efetores (isto é, membros). Na Figura 5.12, a linha *a* mostra sua escrita com a mão direita (dominante), linha *b* com o braço direito com o punho imobilizado e a linha *c* com a mão esquerda. Esses padrões são muito semelhantes. Ainda mais notável é que a linha *d* foi escrita com a caneta segurada entre os dentes! Evidentemente, há semelhanças entre os estilos de escrita e parece claro que a mesma pessoa escreveu cada uma delas, no entanto, o sistema efetor era completamente diferente para cada uma.

Isso tudo indica que mudar o membro e o sistema efetor pode preservar as características essenciais do padrão de movimento de maneira relativamente fácil. Portanto, a seleção de efetores pode ser considerada como uma espécie de "parâmetro" que deve ser selecionado antes da ação. Há alguma estrutura temporal subjacente comum a essas ações, que pode ser executada com diferentes sistemas efetores enquanto se usa o mesmo PMG.

Resumo dos conceitos de PMG

Alguns desses elementos da teoria de PMG podem ser resumidos como:

▶ O PMG está subjacente a uma classe de movimentos e está estruturado na memória com uma organização temporal rigidamente definida.

▶ Essa estrutura é caracterizada pela sua organização temporal relativa, que pode ser medida por um conjunto de proporções entre as durações de vários eventos no movimento.

▶ Variações no tempo do movimento, amplitude do movimento e o membro usado re-

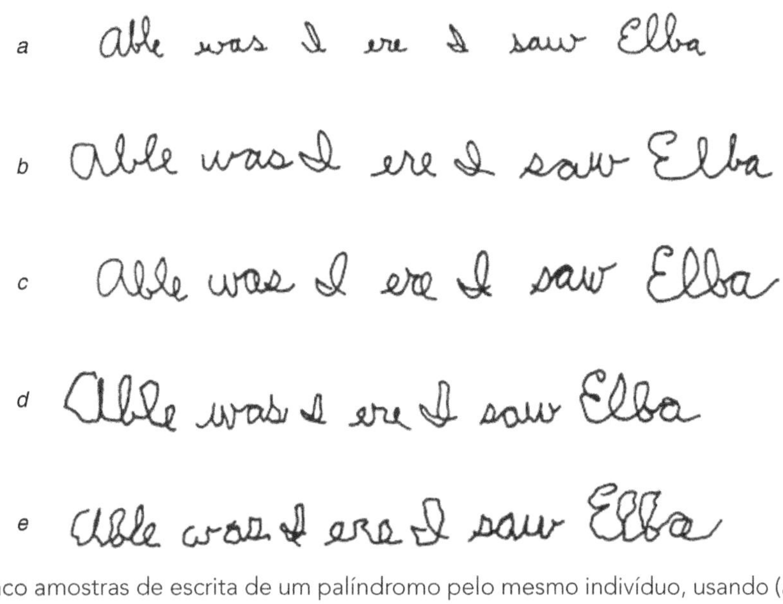

FIGURA 5.12 Cinco amostras de escrita de um palíndromo pelo mesmo indivíduo, usando (*a*) a mão dominante, (*b*) a mão dominante com o punho imobilizado, (*c*) a mão não dominante, (*d*) com a caneta presa nos dentes e (*e*) com a caneta presa entre os dedos do pé.

Reimpressa, com autorização, de Raibert 1977

Foco na
PRÁTICA 5.3

Analogia do sistema estéreo

Uma boa analogia para o PMG envolve o sistema padrão de toca-discos/estéreo em que uma plataforma giratória envia sinais de um disco para um amplificador, cuja saída é distribuída para os alto-falantes. Nessa analogia, ilustrada na parte superior da Figura 5.13, o disco do toca-discos, em si é o PMG e os alto-falantes são os músculos e membros. (Alguém se lembra do que é um disco?) O disco tem todas as características de programas, tal como informações sobre a ordem de eventos (a guitarra vem antes da gaita), a estrutura temporal entre os eventos (ou seja, o ritmo, ou temporização relativa) e as amplitudes relativas dos sons (a primeira batida é duas vezes mais alta que a segunda). Essas informações são armazenadas no disco, tal como a teoria do PMG diz que a informação análoga é armazenada no programa. Além disso, há muitos discos diferentes para escolher, assim como os humanos têm muitos programas motores para escolher (p. ex., arremesso, salto), cada um armazenado com tipos diferentes de informação.

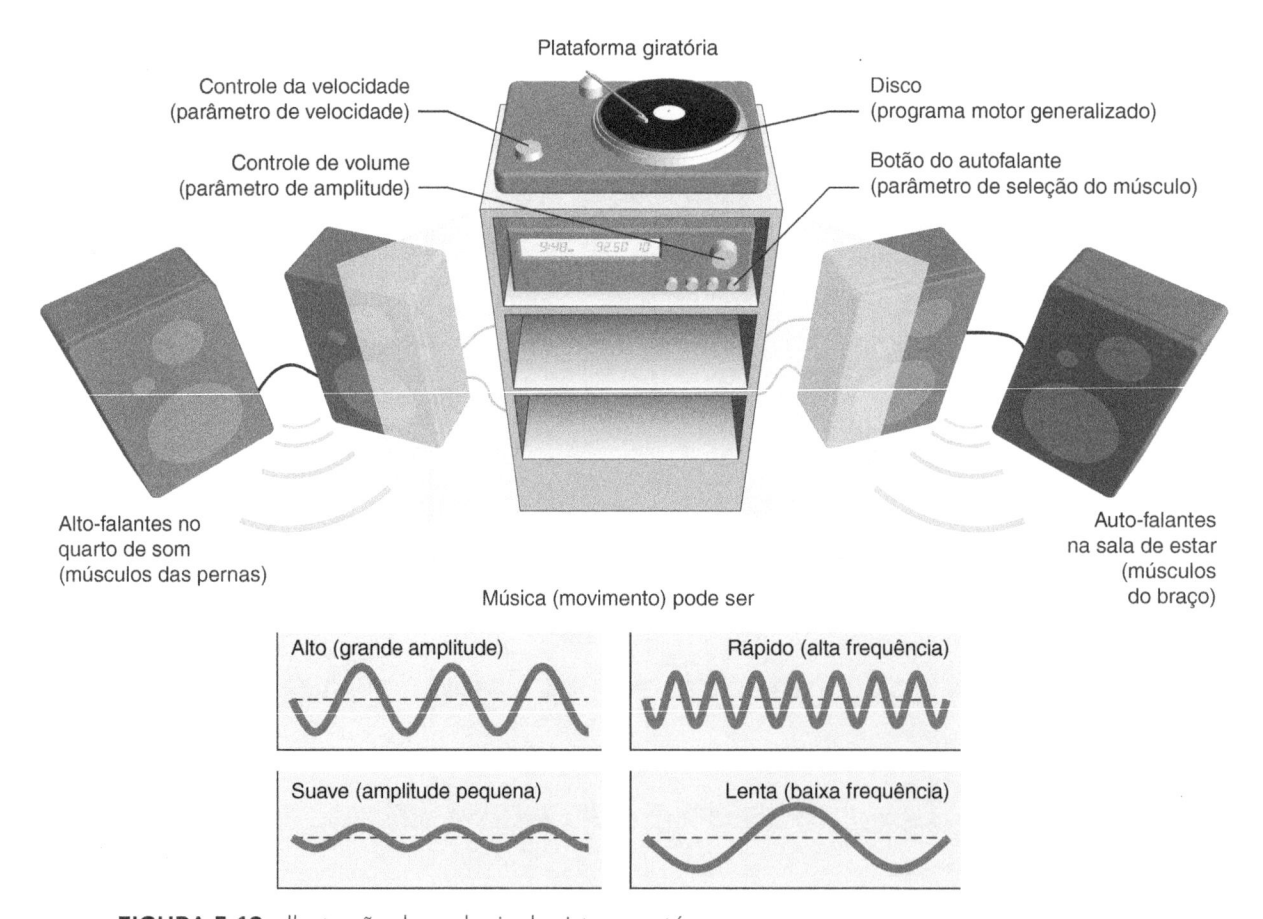

FIGURA 5.13 Ilustração de analogia do sistema estéreo.

Observe, porém, que o som do disco não é fixo (porção inferior da Figura 5.13): a velocidade do som pode ser alterada se a velocidade da plataforma giratória for aumentada. Ainda, a organização temporal relativa (ritmo) é preservada embora a velocidade da música seja aumentada. Você pode alterar a amplitude da saída por meio do aumento uniforme do volume; isto aumenta as amplitudes de todas as características dos sons. Além disso, você tem uma escolha de quais efetores usar: pode mudar a saída de um conjunto de alto-falantes no quarto de som para um segundo conjunto de alto-falantes na sala de estar; isso é análogo a martelar com a mão esquerda ou com a direita, ou com um martelo diferente, ainda usando o mesmo padrão. Talvez se você pensar na teoria do PMG em termos concretos, como um aparelho de som, consiga compreender a maior parte das características importantes da teoria mais facilmente. Por exemplo, quando indivíduos no estudo de Shapiro e colaboradores mudaram de caminhar para correr (Foco na Pesquisa 5.4), eles primeiro tiveram que remover o "disco" de andar e substituí-lo por um "disco" de correr. Em seguida, eles tiveram de estabelecer parâmetros, como configurar o volume, a velocidade e os controles dos alto-falantes. Essa analogia do PMG e seus parâmetros com as características de um sistema estéreo, algumas vezes, ajudam as pessoas a compreenderem a ideia básica.

presentam a estrutura da superfície do movimento conseguida executando-se a ação com diferentes parâmetros, enquanto a organização temporal relativa representa sua estrutura profunda, fundamental.

▶ Embora um movimento possa ser realizado com diferentes características de superfície (p. ex., duração, amplitude), a temporização relativa continua invariante.

▶ Embora as características da superfície sejam muito fáceis de serem alteradas pelo ajuste do parâmetro, a estrutura mais profunda de temporização relativa é muito difícil de alterar.

Uma maneira particularmente boa de compreender as características invariantes de um PMG com determinados parâmetros adicionados é considerar o movimento como você consideraria os vários componentes de um sistema estéreo (ver Foco na Prática 5.3).

Começamos esta seção sobre PMG expressando insatisfação com o programa motor simples como desenvolvido anteriormente no capítulo. Duas questões foram consideradas como especialmente problemáticas: o problema do armazenamento e o problema da novidade. A teoria do PMG fornece soluções para ambos os problemas. Para o problema do armazenamento, a teoria afirma que um número infinito de movimentos pode ser produzido por um único PMG, então, apenas um programa precisa ser armazenado para cada classe de movimento e não um número infinito. E para o problema da novidade, a teoria sugere que uma segunda representação de memória, um *esquema,* é a estrutura teórica responsável por fornecer

parâmetros necessários no momento da execução do movimento. Note-se que, usando um parâmetro não utilizado antes, a pessoa pode produzir uma ação nova. Muito mais será dito sobre o desenvolvimento de esquema nos próximos capítulos. Mas, por agora, pense no esquema como um mecanismo responsável pela seleção dos parâmetros para o PMG escolhido.

RESUMO

Em ações muito breves, não há tempo para o sistema processar *feedback* sobre os erros e para corrigi-los. O mecanismo que controla esse tipo de comportamento é em circuito aberto, chamado de "programa motor." Este capítulo é sobre as atividades de programação motora. Evidência considerável apoia a ideia do programa motor: (a) o tempo de reação é mais longo para movimentos complexos; (b) os movimentos complexos podem ser desencadeados em sua forma completa por determinados estímulos; (c) os animais privados de informações de *feedback* por deaferentação são capazes de movimentos fortes, relativamente eficazes; (d) alguns movimentos cíclicos em animais são controlados por geradores de padrão central herdados; e (e) os padrões de atividade muscular elétrica do músculo de um membro não são afetados por 100 a 120 ms quando o membro é bloqueado por uma perturbação mecânica.

Embora o programa motor seja responsável pelos principais eventos no padrão de movimento, há interação considerável com processos sensoriais, tais como a organização de vários processos reflexos para gerar correções rápidas, tornando o movimento flexível em face de novas exigências ambientais.

Finalmente, os programas motores são considerados generalizados por responder por uma *classe* de ações (como arremessar) e parâmetros devem ser fornecidos para definir a maneira como o padrão tem de ser executado (tal como arremessar rapida ou lentamente). O conceito do esquema e como um esquema é adquirido com experiência são amplamente discutidos no Capítulo 10.

AUXÍLIOS PARA APRENDIZAGEM

Aprendizagem interativa

Atividade 5.1: indicar se cada uma em uma lista de instruções aplica-se à teoria do programa motor simples ou teoria do programa motor geral.

Atividade 5.2: determinar se as habilidades motoras são controladas por processos de circuito aberto ou fechado, ou uma combinação de ambos.

Atividade 5.3: rever o modelo conceitual do controle motor, identificando quais elementos estão associados apenas a processos de controle de circuito aberto, processos de controle de circuito fechado, ou com processos de circuitos abertos e fechados.

Exercício de princípios para aplicação

Atividade 5.4: o exercício de princípios para aplicação para este capítulo leva a escolher uma habilidade e identificar componentes do movimento que uma pessoa controlaria usando o processamento de circuito aberto e de circuito fechado, bem como situações em que ambos os tipos de controle seriam importantes.

Verifique sua compreensão

1. Nomeie as duas partes distintas de um sistema de controle de circuito aberto. Como um sistema de controle de circuito aberto difere do sistema de controle de circuito fechado? Descrever como cada parte de um sistema de controle de circuito aberto pode funcionar para uma criança que joga blocos de brinquedo em um recipiente.
2. Evidências de pesquisa para a existência do controle do programa motor advêm de diversas áreas de pesquisa. Listar os seis tipos de evidências de pesquisas e discutir como duas dessas áreas fornecem evidências para movimentos que são planejados com antecedência.
3. Embora existam partes atrativas da teoria do programa motor, surgiu um desejo de modificar a teoria do programa motor para resolver problemas de armazenamento e novidades. Que ideia surgiu desse desejo? Como ela ajuda a explicar os movimentos novos? Como ele lida com o problema do armazenamento?

Aplique seus conhecimentos

1. Um estudante está embalando seu almoço para a escola. Liste três movimentos (ou componentes de movimentos) envolvidos na embalagem de um almoço que seriam controlados com o uso de processos de circuito aberto e três que seriam controlados usando processos de circuito fechado. Escolha um dos movimentos controlados de circuito aberto e descreva um parâmetro do programa motor generalizado que o estudante poderia modificar.

2. Um marceneiro está construindo um móvel que inclui partes grandes, pequenas, simples e complexas. Descrever dois PMGs que podem ser usados na construção do móvel e discutir dois parâmetros que o marceneiro poderia precisar para modificar durante todo o projeto para cada PMG.

Sugestões de leitura

Keele (1968) forneceu uma revisão histórica do conceito de programa motor. Selverston (2010) revisa os GCPs em modelos invertebrados. Os efeitos da complexidade da resposta no TR são revisados por Christina (1992). Mais sobre o paradigma do TR de sobressalto pode ser encontrado em Carlsen et al. (2011). Schmidt apresenta o conceito de PMG (1975) e mais tarde forneceu revisões sobre suas evidências (1985). Um tratamento mais abrangente de todas as questões discutidas neste capítulo podem ser encontradas no Capítulo 6 de Schmidt e Lee (2011). Consulte a lista de referências para estes recursos adicionais.

6

Princípios de Velocidade, Precisão e Coordenação

Movimentos de Controle e Organização Temporal

PALAVRAS-CHAVE

Amplitude
Amplitude efetiva do alvo (W)
Antifase
Auto-organização
Em fase
Índice de dificuldade
Largura
Lei de Fitts
Troca velocidade-precisão

PERFIL DO CAPÍTULO

Trocas velocidade-precisão
Fontes de erro em movimentos rápidos
Exceções para trocas velocidade-precisão
Análise de um movimento rápido: rebater uma bola de beisebol
Precisão em ações coordenadas
Resumo

OBJETIVOS DO CAPÍTULO

O Capítulo 6 descreve vários princípios e leis de ações simples e coordenadas. Este capítulo irá ajudá-lo a compreender

- ▶ a troca velocidade-precisão em movimentos simples de mirar,
- ▶ relações logarítmicas e lineares entre velocidade e precisão,
- ▶ a relação entre precisão de *timing* e tempo de movimento, e
- ▶ princípios de *timing* bimanual e o papel dos princípios de auto-organização.

A trabalhadora da construção está martelando as telhas de um novo telhado quando percebe que um temporal se aproxima. Ela acelera o ritmo, mas ao fazer isto, percebe que suas marteladas estão errando o prego com cada vez mais frequência – algo que raramente ocorre quando ela está trabalhando em seu ritmo normal. Por que isso acontece? Como trabalhar em um ritmo mais rápido e balançar o martelo com mais força contribuem para erros mais frequentes?

Este capítulo aborda questões como essas sobre o controle do movimento. Demonstrou-se que alguns princípios fundamentais da produção do movimento – análogo às leis simples de física – governam a relação entre velocidade do movimento, distância e precisão. Ao longo do caminho, revelamos algumas causas subjacentes de erros em movimentos e discutimos maneiras de minimizar esses erros. Essas leis de produção do movimento são consideradas primeiramente à medida que se aplicam ao controle de movimentos relativamente simples; adiante, no capítulo, discutiremos algumas das ideias relacionadas com ações mais complexas, coordenadas.

As primeiras seções deste capítulo lidam com as leis e os princípios de movimentos simples, descrevendo relações fundamentais, tais como a maneira como o tempo necessário para um movimento muda à medida que a distância a ser movida aumenta, e como a precisão é afetada pela velocidade do movimento. Esses princípios básicos formam a base de grande parte de nosso conhecimento sobre os movimentos. Um dos princípios mais fundamentais refere-se às relações entre a velocidade do movimento, sua amplitude e a precisão resultante.

TROCA VELOCIDADE--PRECISÃO

Todos sabem que quando você faz algo muito rapidamente, tende a fazer com menos precisão ou eficácia. O velho provérbio "a pressa é inimiga da perfeição" é a evidência de que essa ideia foi prevalente durante muitos séculos. Woodworth (1899) estudou esses fenômenos no início da história da pesquisa de habilidades motoras, mostrando que a precisão dos movimentos de desenho de linha diminuía à medida que seu comprimento e velocidade aumentavam. Uma contribuição importante para nossa compreensão deste problema foi fornecida em 1954 pelo psicólogo Paul Fitts, que descreveu pela primeira vez um princípio matemático de velocidade e precisão que se tornou conhecido como Lei de Fitts.

Lei de Fitts

Fitts usou um paradigma em que o indivíduo batia alternadamente entre duas placas-alvo o mais rapidamente possível. A separação entre os alvos (A, ou **amplitude** do movimento) e a largura dos alvos (W, ou **largura** do alvo) poderia ser variado em diferentes combinações (ver Figura 6.1). O tempo de movimento (TM) necessário para concluir essas batidas rápidas aumentou sistematicamente, tanto com aumentos na amplitude de movimento (devido a uma maior distância entre os alvos) como diminuições na largura do alvo (devido a uma menor área-alvo). Essas relações foram combinadas em uma declaração matemática formal que agora é conhecida como Lei de Fitts (ver Foco na Pesquisa 6.1).

A **Lei de Fitts** afirma que o TM é constante sempre que a razão entre amplitude de movimento (A) e largura do alvo (W) permanecem constantes. Assim, movimentos muito longos para alvos largos requerem quase que o mesmo tempo que movimentos muito curtos para alvos estreitos. Além disso, Fitts descobriu que o TM aumentou à medida que a proporção de A/W aumentou, seja tornando A maior, tornando W menor, ou ambos. Ele combinou esses vários efeitos em uma equação única:

$$TM = a + b\,[\text{Log}_2\,(2A/W)]$$

em que a e b são constantes (a intersecção TM e inclinação, respectivamente) e A e W são definidos como antes. As relações entre A, W, e TM são ilustradas na Figura 6.2 para um dos conjuntos de dados de Fitts. O termo $\text{Log}_2\,(2A/W)$ é chamado de **índice de dificuldade** (abreviação ID), o que parece definir a "dificuldade" das várias combinações de

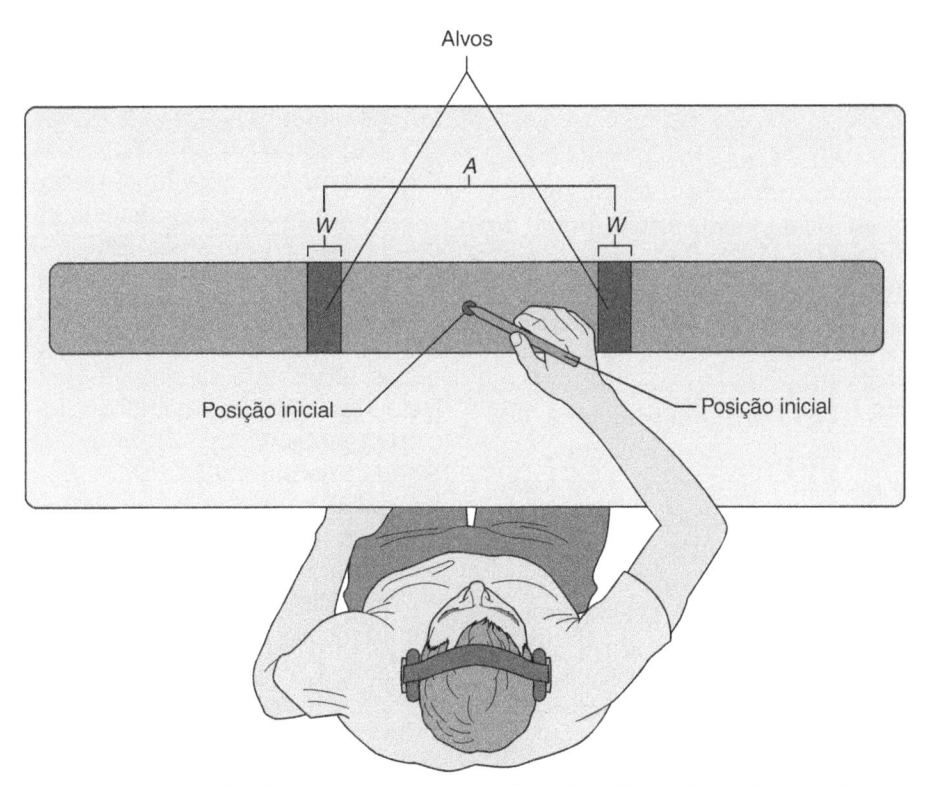

FIGURA 6.1 Ilustração de um indivíduo realizando uma tarefa de batidas de Fitts. O sujeito bate entre dois alvos de largura (W) variável e com diferentes amplitudes entre eles (A), na tentativa de se mover tão rapidamente quanto possível enquanto minimiza o número de erros do alvo.

Adaptada de Fitts, 1954.

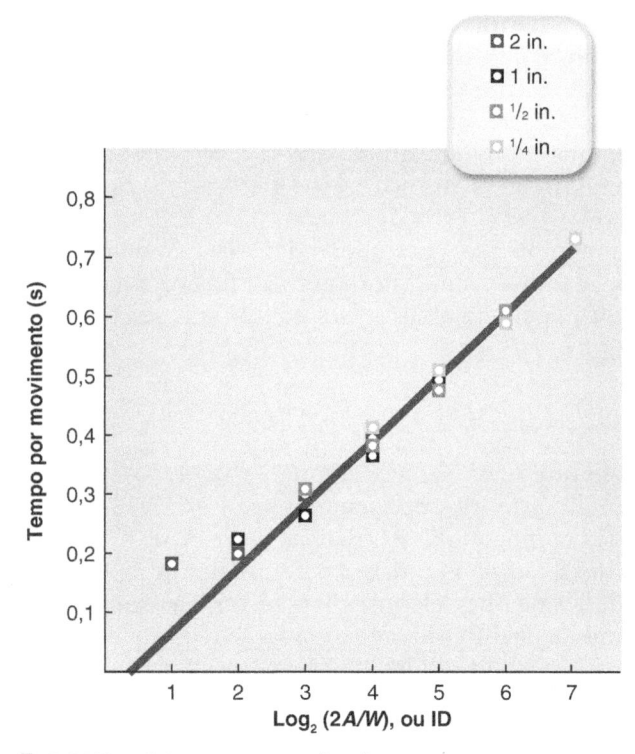

FIGURA 6.2 Tempo médio de movimento (TM) como função do índice de dificuldade (ID).

Reproduzida, com autorização, de Schmidt e Lee 2011; dados de Fitts, 1954.

A e W. Portanto, a Lei de Fitts diz que TM está linearmente relacionado com o Log_2 (2A/L), ou que TM está linearmente relacionado com o índice de dificuldade de movimento (ID).

Um ponto importante é que a Lei de Fitts descreve a tendência para os executantes trocarem velocidade por precisão. No que agora se tornou a tarefa de batidas de Fitts "típicas", os indivíduos são explicitamente instruídos a minimizar o número de erros do alvo. Em outras palavras, eles são instruídos a ajustar o tempo de movimento, de modo que os erros sejam aceitavelmente pequenos. Assim, quando o tamanho do alvo é aumentado, os requisitos de precisão são relaxados e TMs são menores do que quando alvos estreitos são utilizados. Isso levou à noção geral de **troca velocidade-precisão** – a tendência das pessoas a "abrir mão da velocidade", a fim de negociar a velocidade com níveis aceitáveis de precisão – como um dos princípios mais fundamentais de comportamento do movimento.

Observou-se que a Lei de Fitts, que descreve o TM como uma função da distância de movimento e dos requisitos de precisão de uma tarefa, mantém-se sob diversas condições (batida sob a água e em espaço externo), para muitas classificações diferentes de pessoas (crianças, idosos, indivíduos com problemas neurológicos) e para movimentos feitos por diferentes partes do corpo (dispositivos para as mãos, pés e até mesmo pontiagudos montados na cabeça) (ver Schmidt & Lee, 2011; Plamondon & Alimi, 1997). A Lei de Fitts também se aplica em muitas tarefas da vida diária (ver Foco na Prática 6.1).

Os movimentos estudados com a tarefa de batidas de Fitts são quase certamente combinações de ações programadas com *feedback* adicionado próximo do fim. Isto é, nesses movimentos o executante gera um segmento inicial programado da ação em direção ao alvo, provavelmente processa *feedback* visual sobre a exatidão desta ação durante o movimento e inicia uma (ou às vezes mais) correção a base de *feedback* para orientar o membro para a área-alvo (Keele, 1968). Como discutido no Capítulo 4, tais compensações visuais são provavelmente processadas por meio da corrente visual dorsal e podem não ser controladas conscientemente. Assim, a Lei de Fitts descreve a eficácia dos processos de circuito aberto e fechado que operam nestes tipos comuns de ações, em que potencialmente todos os processos de circuito aberto e fechado mostrados no modelo conceitual na Figura 4.10 estão funcionando em conjunto.

Finalmente, é razoável suspeitar que movimentos mais lentos são mais precisos, pelo menos em parte, porque há mais tempo para detectar erros e para fazer correções (como discutido no Capítulo 4), e que o tempo de movimento alonga quando o número de correções a ser feito aumenta. Dessa maneira, a principal razão de TM aumentar com larguras de alvo estreitas é que cada correção leva a uma quantidade finita de tempo, e os tempos para múltiplas correções contribuem, cada um, para TM. Meyer e colaboradores (1988) forneceram um modelo formal de processos envolvidos na troca velocidade-precisão que estende nossa compreensão dos princípios de Fitts.

Com o intuito de estender suas ideias para tarefas que são mais típicas e realistas, Fitts e Peterson (1964) usaram a mesma ideia e variáveis da tarefa de batida recíproca (Figura 6.1), mas usaram-nas com movimentos em que uma única ação foi necessária a partir de uma posição inicial para um único alvo. Esses alvos estavam localiza-

Foco na
PESQUISA 6.1

Tarefas de Fitts

Em seu experimento mais bem conhecido, Fitts (1954) pediu aos indivíduos para fazerem movimentos de estilo manual entre duas placas-alvo. Nessa tarefa, que é atualmente conhecida como tarefa de batidas de Fitts (ver Figura 6.1), as larguras (W) de cada alvo e a amplitude (A) entre os alvos foram variadas em diferentes condições, e o objetivo do indivíduo era bater alternadamente em cada alvo o mais rapidamente possível enquanto cometia o menor número de erros possível (em geral menos de 5% de erros). O experimentador mediria o número de batidas concluídas em, digamos, um ensaio de 20 s, e então computaria o tempo médio por movimento, ou tempo de movimento (TM).

No entanto, essa típica tarefa de Fitts não é a única variação de movimentos recíprocos que foi estudada neste tipo de paradigma de pontaria rápida. Na verdade, Fitts estudou duas variantes menos conhecidas em seu trabalho clássico (Fitts, 1954). A Figura 6.3 ilustra essas tarefas. Na Figura 6.3a, a tarefa dos indivíduos era mover pequenos discos de metal com orifícios centrais (como porcas de carpinteiro) de um quadro para outro. Na Figura 6.3b a tarefa era mover pequenos pinos (como os pinos usados no jogo de *cribbage*) de um orifício para outro. Em ambas as variações de tarefa, Fitts definiu o ID em termos de "espaço" entre os pinos-alvo e as porcas (parte a) ou o diâmetro dos orifícios na placa em relação ao diâmetro do pino (parte b). Definida dessa maneira, Fitts descobriu que a mesma equação [TM = a + b (ID)] manteve-se adequada na explicação dos efeitos dos parâmetros da tarefa de velocidade de movimento.

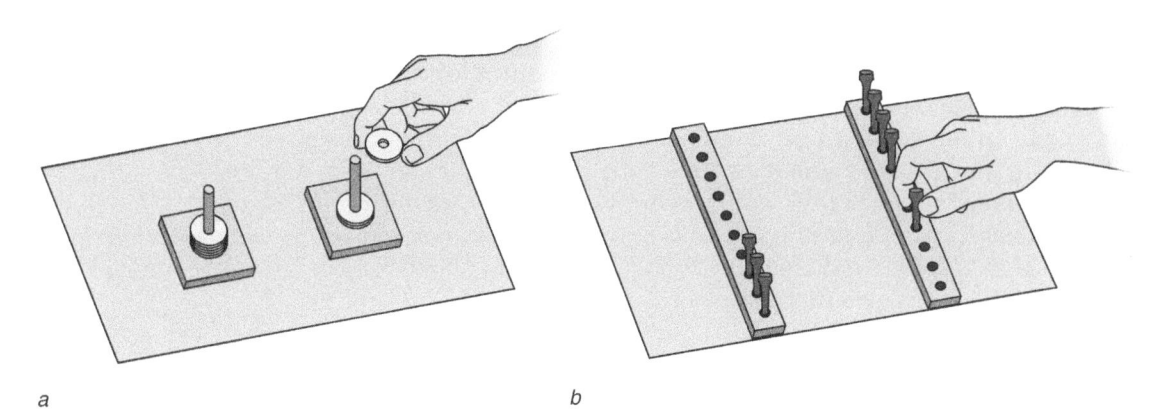

a   b

FIGURA 6.3 Tarefas de movimentos recíprocos alternativos usadas por Fitts (1954). (a) tarefa de transferência de disco; (b) tarefa de transferência de pino.

Como todas essas tarefas experimentais convertem para definir a Lei de Fitts? A primeira parte é fácil – amplitude é a porção de TM que cobre a distância e é comum a cada tarefa. O tamanho do alvo é mais complicado. Na tarefa com alvo, isso é essencialmente apenas a largura do alvo. No entanto, nas tarefas de transferência de disco (Figura 6.3a) e de transferência de pinos (Figura 6.3b), o tamanho do alvo é operacionalizado como a diferença entre tamanhos do objeto e do alvo. Por exemplo, na tarefa de transferência de pino, um orifício grande representa apenas um ID fácil se o pino que está sendo transferido for relativamente estreito. Se o pino for largo, então, a tarefa torna-se mais difícil, porque há menos tolerância para erros. Assim, todas as três

> *continua*

> *continuação*

tarefas convergem bem sobre o problema central da troca velocidade-precisão – como os parâmetros da tarefa fazem o indivíduo variar o TM, a fim de tornar o produto final do movimento almejado preciso.

Exploração adicional
1. Qual seria o ID para uma tarefa de batida que teve W = 4 e A = 16?
2. Quais as mudanças no tempo de percurso do pé do pedal do acelerador para o pedal do freio que você espera ver se você dobrou o tamanho do pedal de freio?

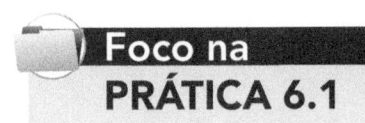

Foco na
PRÁTICA 6.1

Lei de Fitts nas ações cotidianas

A lei de Fitts tem muitas aplicações evidentes no esporte, na concepção de espaços de trabalho industrial e na organização dos controles em automóveis, aviões e assim por diante. Um exemplo, do qual você pode não estar ciente, é o *design* dos teclados e calculadoras. Dê uma olhada no teclado do seu computador, telefone celular, ou outro dispositivo de entrada de texto. Se o *layout* utiliza os princípios consistentes com a Lei de Fitts, você vai notar que algumas teclas são muito maiores do que outras (p. ex., "*Enter*", "*Backspace*" e "*Shift*"). Por exemplo, a barra de espaço na maioria dos *layouts* de teclado é muito maior do que qualquer uma das outras teclas. Ter uma tecla maior significa que nós podemos fazer movimentos para as teclas pressionadas com maior frequência ("*Backspace*" e "*Enter*" são outras) muito rapidamente, sem o risco de cometer um erro. Em outras palavras, podemos sacrificar uma quantidade considerável de precisão se almejamos uma tecla relativamente grande, em oposição a uma relativamente pequena. Esse recurso possibilita-nos mover muito rapidamente para essas teclas mais pressionadas. Que outras teclas do seu teclado possuem o mesmo "privilégio"? O *layout* do teclado de sua calculadora ou telefone celular têm vantagens semelhantes para uma ou mais teclas?

A navegação de um cursor em um monitor de computador também usa os princípios de Fittss, como observado em algum trabalho pioneiro de Card, English e Burr (1978). Por exemplo, o tamanho de um ícone afeta o tempo para "adquiri-lo"; ícones que são aumentados em tamanho à medida que o cursor se aproxima deles também influenciam o TM e o erro, e o tamanho e a distância de menus *pop-up* têm implicações evidentes para o tempo e os erros quando estamos direcionando o cursor para eles.

Alguns projetos usam a Lei de Fitts também no sentido oposto. Por exemplo, a próxima vez que navegar por um *website* com um anúncio *pop-up* que pode ser fechado clicando no ícone "x" em um dos cantos, observe o quão pequeno é o "x" e se é móvel ou fixo. Presumivelmente, quanto mais tempo levar para ir com o cursor até o ícone antes de clicar o botão do *mouse*, mais tempo a informação terá ficado sobre a tela para que você a processe (talvez involuntariamente). Nesse sentido, o *design reduz* propositalmente o tamanho do alvo para fazer o usuário demorar. Em quantas outras aplicações consegue pensar em que a intenção do *designer* é fazer você mover *mais lentamente* para ser preciso?

dos a várias distâncias (a) da posição inicial e eram de diferentes tamanhos (W). Como no paradigma recíproco, essas ações individuais tinham de ser realizadas o mais rapidamente possível, enquanto mantendo uma taxa de erro "aceitável" (para o experimentador). As variáveis independentes A e W e a variável dependente TM foram relacionadas uma com a outra essencialmente da mesma maneira que foram na tarefa recíproca. Ou seja, a equação da Lei de Fitts também aplicada ao paradigma de movimento único, o que aumenta nossa confiança de que a Lei de Fitts é uma das leis verdadeiramente fundamentais do comportamento motor.

Em resumo, a Lei de Fitts nos diz o seguinte:

- O tempo de movimento (TM) aumenta à medida que a amplitude de movimento (A) aumenta.
- O TM aumenta à medida que aumenta a necessidade de precisão do alvo, isto é, à medida que a largura (W) do alvo diminui.
- O TM é essencialmente constante para uma determinada razão de amplitude de movimento (A) e largura (W) do alvo.
- Esses princípios são válidos para uma ampla variedade de condições, variáveis do indivíduo, tarefas ou paradigmas, e partes do corpo utilizadas.

No entanto, uma série de outras questões ficou sem resposta. E os movimentos que são concluídos em um período de tempo *muito curto*, em que, presumivelmente, nenhum *feedback* está envolvido durante o movimento? Como o TM pode depender do número de correções quando não há tempo suficiente para fazer até mesmo uma única

Como a Lei de Fitts ajuda a explicar os tamanhos variados das teclas em um teclado.

correção? Algumas dessas perguntas são respondidas na próxima seção.

Troca linear velocidade-precisão

Suponha que você fosse fazer uma ação rápida para mover sua mão ou um objeto, como no exemplo de balançar um martelo no início deste capítulo. Como sua precisão muda à medida que o tempo para o movimento e a distância do movimento variam? Esses fatores foram estudados em movimentos de mirar, em que o indivíduo dirige uma caneta na mão de uma posição de partida para um alvo, com TM e distância de movimento sendo variados experimentalmente. O indivíduo é instruído a mover-se com um determinado TM (por exemplo, 150 ms) e recebe *feedback* após cada movimento para ajudar a manter o TM adequado. Um conjunto de resultados desse tipo de tarefa é mostrado na Figura 6.4, em que a precisão é expressa como a quantidade de "difusão" ou inconsistência dos pontos finais do movimento sobre a área-alvo. Essa medida, chamada de **largura de alvo efetiva (W_e)**, é o desvio-padrão dos pontos finais do alvo. Ela é análoga ao tamanho do alvo que o indivíduo "realmente usou" ao fazer a ação com o TM necessário. (Note-se que W_e é usada aqui como uma variante de W de Fitts.)

Observe, a partir da legenda na Figura 6.4, que esses movimentos são muito rápidos, com todos os TMs de 200 ms ou menos. A partir do capítulo anterior, seria de esperar que tais ações fossem controladas principalmente por processos de programação motora, com correções baseadas em *feedback* negligenciáveis. Mesmo com essas ações rápidas, à medida que a distância do movimento aumenta, há um aumento gradual da propagação dos movimentos, isto é, sua imprecisão em torno do alvo para cada uma das diferentes condições de TM (p. ex., compare a W_e para a condição de TM de 140 ms para as três distâncias diferentes). Da mesma maneira, a imprecisão do movimento aumenta à medida que o TM é reduzido em cada uma das distâncias (p. ex., compare a W_e para as três condições de TM aos 30 cm de distância). Esses dois efeitos são mais ou menos independentes, como se os efeitos do aumento da distância pudessem ser adicionados ao efeito de TM reduzido produzindo erros de pontaria.

Esses efeitos da distância de movimento e TM sugerem que os processos de circuito aberto necessários para produzir o movimento são igualmente sujeitos à troca velocidade-precisão. Ou seja, as reduções na precisão quando os TMs são curtos não são simplesmente causadas pelo fato de haver menos tempo para utilização de *feedback*; estes efeitos do TM ocorrem mesmo em movimentos muito breves para haver quaisquer modulações de *feedback* em tudo. Diminuições no TM também parecem ter efeitos sobre a consistência dos processos que geram as partes iniciais do movimento, ou seja, nos processos de circuito aberto necessários para produzir movimentos rápidos.

Isso é consistente com as ideias da Lei de Fitts. Nessa situação, se o indivíduo tenta fazer movimentos de uma determinada distância muito rapidamente, o resultado será muitas falhas em bater nos alvos (o que é inaceitável em termos das instruções do experimentador que geralmente demanda erros em não mais que cerca de 5% dos movimentos). Assim, o indivíduo deve diminuir a velocidade para atender as instruções do experimentador, diminuindo a variabilidade

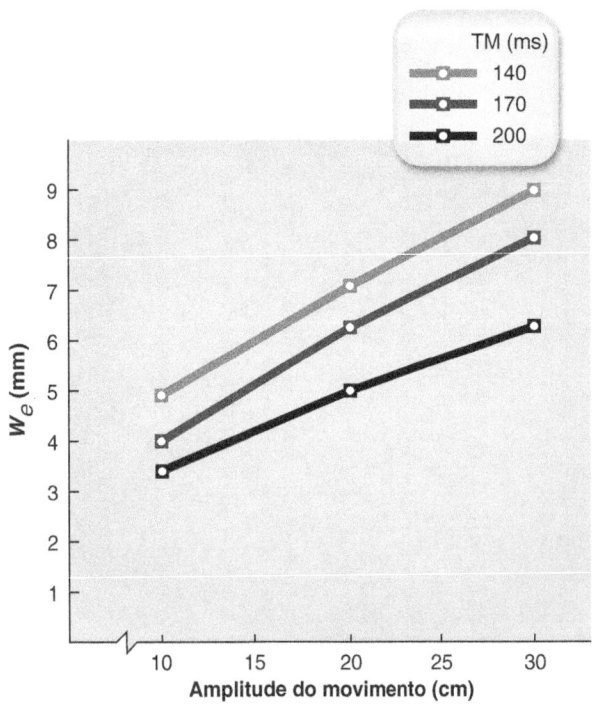

FIGURA 6.4 Variabilidade dos pontos finais do movimento (definidos como desvio-padrão das distâncias de movimento produzido ou largura eficaz do alvo, W_e) em uma tarefa de alvo rápido como função de TM e distância.

Reproduzida, com autorização, de Schmidt et al. 1979.

nos movimentos e atingindo o alvo com mais frequência.

Esses efeitos separados da amplitude do movimento e TM podem ser combinados em uma única expressão, mais ou menos como feito por Fitts. A pesquisa a partir do laboratório do primeiro autor mostrou que a quantidade de erro do movimento (W_e, a largura efetiva do alvo) estava linearmente relacionada com a velocidade média do movimento, ou seja, a razão A/TM (Schmidt et al., 1979). Por exemplo, na Figura 6.5 a variabilidade para acertar o alvo é colocada em gráfico contra a velocidade média do movimento (em centímetros por segundo, ou cm/s), mostrando que, à medida que a velocidade do movimento aumentava, os erros de pontaria aumentavam quase linearmente também. Esse princípio, a troca linear velocidade-precisão, sugere que, para várias combinações da amplitude de movimento e TM que têm uma razão constante (isto é, uma velocidade média constante), os erros de pontaria são quase os mesmos. Assim, aumentos da distância do movimento e reduções no TM podem ser trocados um com o outro para manter a precisão do movimento nessas tarefas rápidas.

FONTES DE ERRO EM MOVIMENTOS RÁPIDOS

Por que movimentos muito rápidos, em que há pouco tempo para o processamento de *feedback* e correções, produzem mais erros à medida que a distância do movimento aumenta ou o TM diminui? A resposta parece estar nos processos que traduzem a produção do programa motor no sistema nervoso central em movimentos da parte do corpo. Seções anteriores mostraram que os programas motores são responsáveis por determinar a ordem das contrações musculares e as quantidades de força que devem ser geradas nos músculos participantes. Como essas fontes de erro podem contribuir para a imprecisão do movimento?

Há muito se sabe que mesmo que o executante tente produzir a mesma força mais e mais em tentativas sucessivas, a força real produzida será um pouco inconsistente. Acredita-se que essa variabilidade é causada pelos processos relativamente "ruidosos" (ou seja, inconsistentes) que convertem impulsos do sistema nervoso central em ativação de unidades motoras musculares, que em última instância exercem forças sobre os ossos, causando assim os movimentos. Além disso, existe uma variabilidade nas contrações geradas por várias atividades reflexas.

A presença desses processos "ruidosos" no sistema significa que as forças realmente produzidas em uma contração não são exatamente o que era intencionado pelo nível do programa motor. Isso também pode ser observado na analogia do disco do fonógrafo apresentada no Capítulo 5, em que o ruído pode ser introduzido em vários lugares no sistema de som, tais como arranhões no disco, ruído inerente ao dispositivo eletrônico e fios que correm da plataforma giratória e qualidade dos alto-falantes. Esses desvios da *fidelidade* perfeita no sistema estéreo tornam os sons ouvidos por meio dos alto-falantes ligeiramente diferentes dos sons como originalmente gravados.

No controle do movimento, esses processos com ruídos não são constantes; eles mudam à medida que a quantidade de força de contração muda. Isso foi estudado com uso de tarefas em

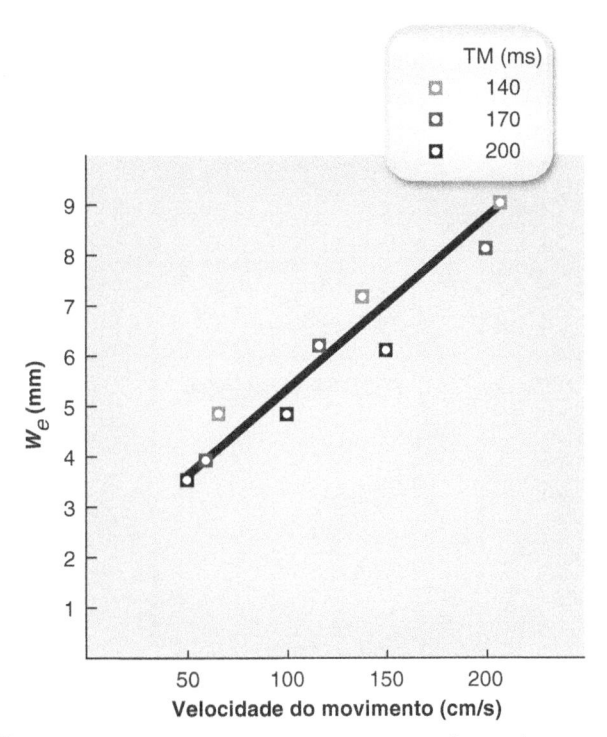

FIGURA 6.5 Variabilidade de pontos finais de movimento (W_e) em uma tarefa de pontaria rápida como função de velocidade média do movimento (A/TM).

Reproduzida, com autorização, de Schmidt et al. 1979.

que se pede ao indivíduo que produza aplicações força breve ("balística") no cabo de um aparelho; essas aplicações de força são tais que o pico da força produzido em qualquer contração coincide com uma força-alvo (submáxima). A Figura 6.6 tem um conjunto típico de resultados. Nota-se que à medida que a força de contração aumenta, existe maior variabilidade nessas forças, como se os processos com ruídos estivessem tornando-se maiores também. Na figura, a variabilidade nessas forças (isto é, o desvio-padrão dentro do indivíduo das produções de força), que é interpretada como o tamanho do componente de ruído, é mostrada como uma função do tamanho da contração, expressada como um percentual da força máxima do executante. Um componente de ruído geralmente aumenta à medida que a quantidade de força aumenta, até cerca de 70% do máximo do indivíduo. No entanto, quando as contrações são muito grandes, próximas dos valores máximos, a quantidade de variabilidade de força parece igualar-se novamente, talvez com uma ligeira diminuição da variabilidade da força em contrações quase máximas (Sherwood, Schmidt & Walter, 1988).

Como essas informações ajudam na compreensão da geração de erro? Para estender o exemplo discutido no início do capítulo, considere um movimento como o de martelar um prego em uma parede balançando o martelo com o braço e a mão. Nesse movimento, muitos músculos funcionam nas mãos, nos braços e na parte superior do tronco produzindo forças contra os ossos, que direcionam o martelo em direção ao prego. Pode acontecer de a direção de ação de alguns desses músculos ser alinhada com o movimento pretendido, mas a maioria deles não; em vez disso, os músculos são alinhados em vários ângulos para a ação, como mostrado na Figura 6.7. E, em muitas ações como essa, a gravidade atua como uma das forças que contribuem também. Para completar tal ação de maneira perfeita, os vários músculos devem contrair apenas com as quantidades corretas de força, em coordenação umas com as outras, de modo que a força *resultante* esteja alinhada com o movimento pretendido. Claro, se qualquer uma dessas forças estiver substancialmente em erro, por exemplo, se a contração do músculo 1 for demasiadamente grande, a direção do movimento estará em erro também, com o movimento errando o alvo.

Agora, o que acontece quando um determinado movimento é feito mais rapidamente? É claro que, à medida que o TM diminui, as forças exercidas contra os ossos do braço devem aumentar. Quando essas forças aumentam (até cerca de 70% do máximo), a Figura 6.6 mostra que o "ruído" destas forças aumenta também. Isso tem o efeito da adição de um ligeiro componente de erro (com as variações de força muscular sendo independentes) para a contração de cada um dos músculos envolvidos, fazendo com que contraiam de maneira um pouco

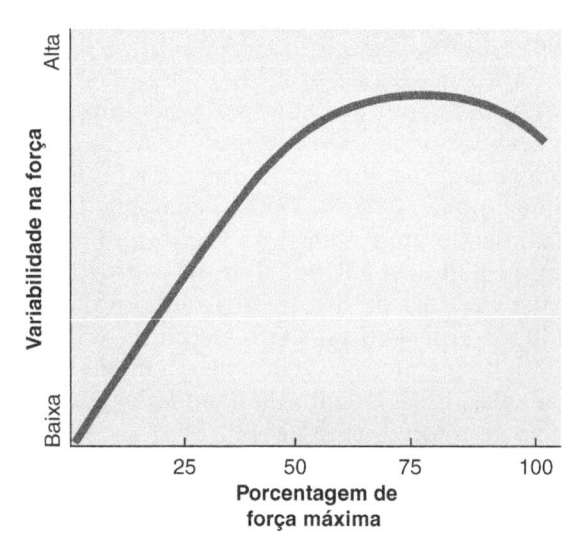

FIGURA 6.6 Relação entre a variabilidade da força produzida como função da porcentagem de força máxima utilizada.

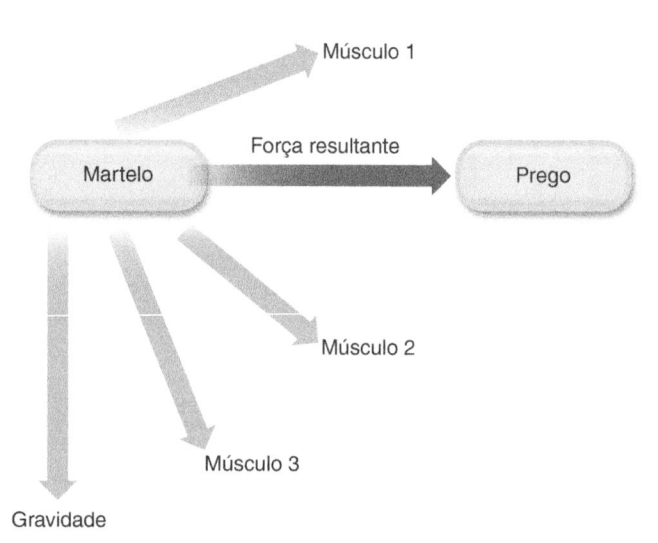

FIGURA 6.7 Um martelo, balançado em direção a um prego em uma placa vertical por um braço e uma mão, é influenciado por muitas forças.

diferente da maneira como o programa de movimento era pretendido. Se essas forças já não são perfeitamente coordenadas umas com as outras, o movimento tenderá a errar seu alvo. Assim, a imprecisão do movimento aumenta à medida que diminui o TM, principalmente devido ao aumento do ruído envolvido nas contrações musculares mais fortes.

Em resumo, essa é a razão por que o aumento da velocidade de um movimento rápido contribui para a sua imprecisão:

- As forças de contração relativas dos vários músculos participantes são um fator importante na determinação da trajetória final do membro.
- A inconsistência nessas forças aumenta com o aumento da força.
- Quando TM diminui, mais força é necessária.
- Quando a amplitude aumenta, mais força é necessária.
- Mais força gera uma maior variabilidade, o que leva o movimento a desviar da trajetória pretendida, resultando em erros.

EXCEÇÕES À TROCA VELOCIDADE-PRECISÃO

Tão comum quanto a troca velocidade-precisão parece ser para o comportamento do movimento, existem algumas situações em que ela não parece se manter, ou pelo menos nos casos em que os princípios são um pouco diferentes daqueles indicados nas seções anteriores. Essas situações envolvem casos em que (a) ações extremamente rápidas e potentes estão envolvidas e (b) precisão na organização temporal é a característica fundamental da ação.

Movimentos muito potentes

Muitos movimentos humanos, em especial aqueles nos esportes, exigem contração extremamente forte dos músculos, levando a velocidades de movimento quase máximas, como no chute de uma bola de futebol ou na batida em uma bola de golfe.

Fazer o movimento na velocidade próxima do máximo com frequência é apenas uma parte do problema, porque essas ações devem ser realizadas com grande precisão no espaço e no tempo. Como se vê, alterações na velocidade do movimento afetam essas ações quase máximas de maneira um pouco diferente de muitas das ações menos potentes discutidas até agora.

Considere um movimento rápido, horizontal, com braço reto em que uma vara de apontar é dirigida a um alvo, como se fosse uma bola a ser atingida. O que aconteceria com a precisão espacial se o TM necessário diminuísse, de modo que os movimentos ficassem cada vez mais perto da capacidade de força máxima do executante? Isso é semelhante ao balanço de um martelo cada vez mais forte, com o limite sendo suas próprias capacidades de força. Como você poderia esperar dos princípios de troca velocidade-precisão, os movimentos com TM mais curtos são menos espacialmente precisos, mas apenas até um ponto, como se vê na Figura 6.8. Quando o TM foi ainda mais reduzido de 102 para 80 ms (movendo para

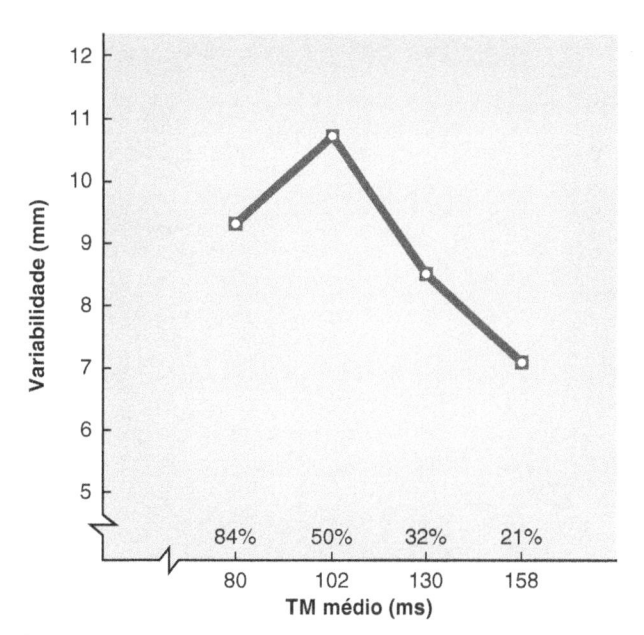

FIGURA 6.8 Efeito do tempo de movimento (TM) sobre a variabilidade de posicionamento em movimentos de balanço com braço horizontal. Os valores percentuais acima do eixo x (correspondente aos TMs médios) são as porcentagens de força máxima do indivíduo produzidas ao longo desses TMs. Assim, o movimento torna-se cada vez mais preciso com o aumento dos TMs.

Reproduzida com autorização de Schmidt e Sherwood, 1982.

a esquerda no gráfico de 158 ms a 102 ms, ou de 21 a 50% da capacidade de força máxima do indivíduo), o que aumentou a porcentagem de capacidade de força máxima necessária para melhorar, mas, a partir da Figura 6.8, diminuir o TM ainda mais de 102 para 80 ms aumentou o percentual de força máxima de 50 para 84%. Também aumentar a porcentagem de força máxima de 50 para 84% diminuiu a variabilidade da força (ver Figura 6.6). Assim, movimentos muito rápidos e muito lentos têm a precisão mais espacial e os movimentos de velocidade moderada têm a menor precisão. Esse conjunto de dados vai de encontro à visão estrita da troca velocidade-precisão, em que os movimentos mais rápidos são sempre menos espacialmente precisos.

Como é que esses movimentos podem ser realizados de modo tão rápido e ainda serem tão espacialmente precisos? Esses movimentos são muito parecidos com os ilustrados na Figura 6.7, em que vários músculos operam em coordenação para determinar a trajetória do membro. Também é preciso lembrar que, quando as forças são muito grandes, aproximando-se do máximo, a força-variabilidade nivela e na verdade diminui ligeiramente, como se vê na Figura 6.6 pela pequena

▌ Movimentos muito potentes realizados a uma velocidade quase máxima são exceção à troca velocidade-precisão.

desaceleração perto dos níveis mais altos de força. Portanto, os movimentos quase máximos na Figura 6.8 estão operando em uma faixa em que as forças estão começando mais consistentes com seu aumento. Essa variabilidade baixa da força possibilita que essas ações potentes sejam mais consistentes espacialmente.

Em resumo, aqui está como a teoria tenta explicar o que acontece quando um movimento requer níveis muito altos de contrações musculares (maior que cerca de 70% das capacidades do indivíduo):

▶ Aumentar a velocidade reduzindo o TM pode diminuir o erro espacial e de organização temporal.
▶ Pelo fato de uma demanda de força muscular maior na verdade aumentar a precisão nesta faixa, adicionar carga inercial ao movimento pode diminuir o erro, até certo ponto.
▶ Existe uma relação de U invertido entre a precisão espacial e as demandas de força, com menos precisão em níveis moderados de força.

Organização temporal do movimento

Em seções anteriores, a preocupação era com situações em que a precisão espacial foi o principal objetivo, e nós mostramos como isso muda à medida que a velocidade do movimento muda. No entanto, para muitas habilidades o principal objetivo é a *precisão temporal* (p. ex., rebater uma bola de beisebol). Em tais habilidades, um movimento deve ser *cronometrado* para que alguma parte dele seja produzida em um determinado momento (p. ex., o taco deve cruzar a placa ao mesmo em que a bola está lá). A precisão da organização temporal é fundamental para o sucesso do movimento. Por exemplo, um acorde perfeito na guitarra faz maior contribuição para a música quando é cronometrado corretamente.

No entanto, outras habilidades têm tanto objetivos temporais como espaciais, misturados de maneiras complicadas. Evidentemente, rebater uma bola de beisebol lançada requer precisão em termos de para onde balançar (espacial), bem como quando balançar (temporal). Mas uma habilidade importante no rebater exige que o executante seja capaz de cronometrar a *duração* do balanço. Saber ou prever a duração do balanço é crucial para o rebatedor determinar quando iniciá-lo de modo que

o taco chegue à placa coincidente com a chegada da bola. Assim, ser capaz de fazer um movimento rápido que ocupe uma quantidade previsível de tempo é um fator crucial na eficácia do rebatimento.

Nessa seção estamos preocupados com o componente temporal dessas habilidades, discutindo os fatores que afetam a precisão da organização temporal. O componente temporal pode ser um pouco isolado na tarefa rápida em que o executante faz um movimento rápido, cujo objetivo é produzir um determinado TM da maneira mais precisa possível. A precisão da organização temporal é estudada como uma função de mudanças no TM, bem como outras variáveis. O que acontece é que as habilidades com objetivos puramente temporais parecem seguir princípios um pouco diferentes daqueles que têm objetivos puramente espaciais (Schmidt et al., 1979).

O que acontece quando se pede aos indivíduos para produzir um desses movimentos de uma determinada distância, mas com a meta reduzida de TM de 300 para 150 ms? Pode-se esperar que pelo fato de a velocidade do movimento ser maior, haveria mais erros, como foi encontrado nas Figuras 6.4 e 6.5. Não é assim. Diminuir o TM tem o efeito de *reduzir* o erro de organização

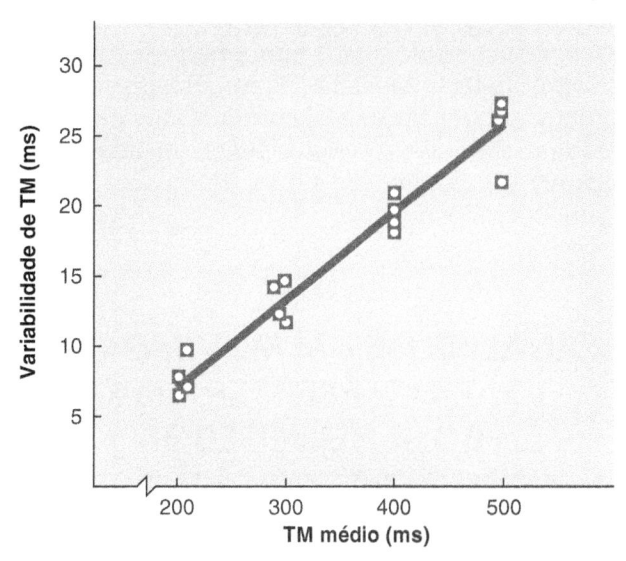

FIGURA 6.9 Efeito de uma duração média de TM sobre a variabilidade da organização temporal. À medida que o TM diminui (ou seja, movimentos são feitos mais rapidamente), a variabilidade da organização temporal diminui (ou seja, torna-se menos estável).

Reproduzida, com autorização, de Schmidt, Zelaznik e Frank, 1978.

temporal, tornando o movimento mais preciso no tempo. Isso pode ser visto na Figura 6.9, em que a variabilidade em ações cronometradas aumenta quase linearmente com o aumento da meta de TM: reduzir para metade o TM (dentro de limites) quase tende a reduzir pela metade os erros de cronometragem. Um achado adicional é que essa relação para TM e a variabilidade de organização temporal mantém-se não apenas para movimentos de ação simples, distintos, mas também para movimentos repetitivos (Wing & Kristofferson, 1973). Portanto, para habilidades em que o erro de organização temporal tem de ser reduzido, o principal fator é o TM, que é bem diferente da situação para habilidades com objetivos espaciais, como demonstrado nas Figuras 6.4 e 6.5 (Ver Schmidt et al., 1979).

Esses achados sobre erros de organização temporal não são tão estranhos quanto parecem à primeira vista, como você vai ver se fizer a seguinte demonstração simples. Use a função de cronômetro em um telefone celular ou relógio e, sem olhar para ele, inicie e pare o cronômetro, a fim de gerar exatamente 10 s. Faça isso 10 vezes no total e registre a quantidade de erros que comete em cada tentativa. Em seguida, faça 10 tentativas da tarefa novamente, mas desta vez tente gerar 5 s. Compare as medidas de erro geradas a partir das 10 tentativas nas duas tarefas. Você provavelmente vai achar que a quantidade de erro que comete ao estimar 5 s será cerca de metade da quantidade de erro para 10 s. Por quê? O sistema que gera essas durações (incluindo tanto as tarefas do cronômetro como do movimento do braço) é "com ruído" ou variável, e a quantidade desta variabilidade aumenta, ou se acumula, à medida que a duração do evento a ser cronometrado aumenta.

ANÁLISE DE UM MOVIMENTO RÁPIDO: REBATER UMA BOLA DE BEISEBOL

Pode parecer, a partir da leitura da seção anterior, que, às vezes, princípios contraditórios estejam envolvidos nessas ações rápidas. Para ajudar na compreensão, será útil aplicar esses princípios para uma tarefa familiar como as rebatidas no beisebol. Essa tarefa exige vários dos processos discutidos até agora, como antecipação e organização temporal, previsão da trajetória espacial da bola e seu tempo no ponto de coincidência e movimentos rápidos que devem ser tanto potentes como precisos, de modo que princípios possam ser aplicados em várias partes desta ação. Para examinar os efeitos da alteração do TM do balanço do taco, vamos supor que alguns fatores sejam mantidos constantes, como a natureza do lançamento e a situação no jogo.

Alguns fatos sobre linhas do tempo envolvidos no rebater de uma bola de beisebol estão resumidos na Figura 6.10. No beisebol de nível de habilidade de elite, um lançamento de 145 km/h requer cerca de 460 ms para trafegar do arremessador até a placa, e o TM do balanço do taco é de cerca de 160 ms (Hubbard & Seng, 1954). As evidências apresentadas anteriormente mostraram que o sinal interno para desencadear o balanço ocorre cerca de 170 ms antes de o movimento começar (Slater-Hammel, 1960; revisar Figura 5.5b e Foco na Pesquisa 5.2). Com essas durações de processos combinadas, o sinal para desencadear a ação deve ser dado cerca de 330 ms antes de a bola chegar à placa – ou seja, 170 ms para preparar o balanço mais 160 ms para realizá-lo. Portanto, a decisão sobre balanço ou não para a bola deve ser tomado bem antes de a bola ter trafegado metade do caminho até a placa, ou após apenas 130 ms do trajeto da bola. Embora algumas correções visualmente baseadas tardias no movimento sejam possíveis, como discutido no Capítulo 4, a maior parte da ação deve ser planejada com antecedência e iniciada pelo sistema nervoso central cerca de 330 ms antes de a bola chegar. Tomar decisões com relação à ocorrência desses momentos críticos desempenha um papel decisivo no sucesso de um rebatedor rebater uma bola lançada e também em fazer mudanças para uma decisão inicial de balançar (ver Foco na Prática 5.1 para mais informações sobre os balanços contidos).

Uma consideração importante, dada a discussão anterior sobre processos de velocidade e precisão no Capítulo, é a seguinte: o que aconteceria se o rebatedor pudesse acelerar o balanço, ou seja, de 160 para 140 ms? O TM de balanço do taco poderia ser feito mais curto por meio de instruções ou treinamento para tornar o movimento real mais rápido, por meio de encurtamento da distância do movimento reduzindo o *backswing* (um efeito muito leve), por meio do uso de um taco mais leve, ou por meio da mudança da biomecânica do movimento de várias maneiras. Re-

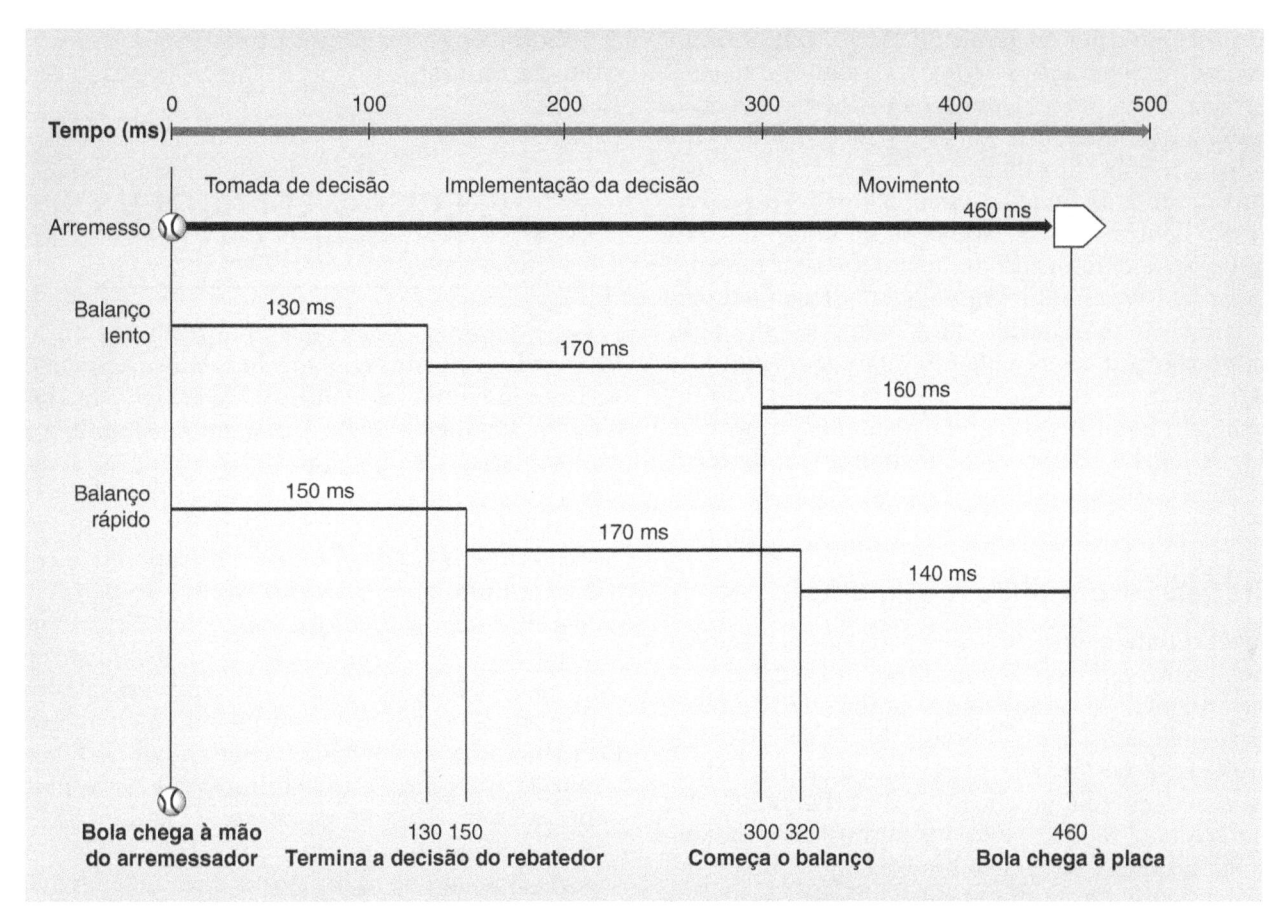

FIGURA 6.10 Linha do tempo de eventos à medida que uma bola de beisebol deixa a mão do arremessador e chega até a base. O arremesso está trafegando a uma velocidade de 145 km/h. Um balanço "rápido" (140 ms) tem 20 ms menos de TM do que um balanço mais lento (160 ms)

duzir o TM do balanço do taco em 20 ms afetaria vários fatores separados discutidos em algumas seções anteriores.

Processamento da informação visual

A Figura 6.10 mostra que o encurtamento do TM atrasa o início do balanço e, portanto, o ponto no qual os detalhes da ação têm de ser especificados, para uma posição vários metros mais tarde no voo da bola. Isso fornece tempo adicional para visualizar a trajetória da bola e para determinar o tempo de contato, e deve possibilitar antecipação mais precisa de onde e quando a bola chegará. Essa informação extra chega a um ponto em que é muito útil – quando a bola fica mais perto do rebatedor – tornando esses 20 ms extras de tempo de visualização particularmente benéficos. Portanto, o encurtamento do TM fornece antecipação mais efetiva da trajetória da bola.

Precisão de organização temporal do início do balanço

Se o balanço do taco for acelerado, a decisão sobre quanto iniciar o movimento é tomada mais tarde e é mais temporalmente precisa. Em um experimento em uma tarefa de rebatimento simulada, o encurtamento do TM estabilizou o tempo de início do movimento, como se o rebatedor tivesse mais certeza de quando iniciar o balanço (Schmidt, 1969). Começar o balanço em um momento mais estável traduz-se em momento mais estável para o ponto final do movimento na placa, o que produz maior precisão de organização temporal do movimento.

Precisão de organização temporal do movimento

Um processo pelo qual o rebatedor tem de passar ao planejar os balanços é estimar a duração de seu *próprio* movimento (Poulton [1974] denominou isso de "antecipação efetora"). Portanto, o rebatedor seleciona um TM, em seguida inicia essa ação em tal momento que o "meio" do movimento coincide com a chegada da bola na placa. Se o TM real for diferente daquele previsto, o "meio" do movimento ocorrerá demasiado cedo ou tarde, causando erros de organização temporal ao bater na bola. Como o TM reduzido aumenta a consistência da organização temporal do movimento (Figura 6.9), a duração real do movimento estará mais perto de estimativa da massa. Isso resulta em maior precisão em bater a bola, nomeadamente em termos de aspectos de organização temporal (ver também Schmidt, 1969).

Precisão espacial do movimento

Fazer o movimento de forma mais rápida também influencia na precisão espacial, como discutido anteriormente. Se o movimento já for relativamente lento, instruções para diminuir o TM têm um efeito prejudicial na precisão em bater a bola. No entanto, a maioria dos movimentos de balanço do taco já é bastante rápida, perto dos limites do executante em produzir força. Lembre-se de que quando os movimentos são muito rápidos e fortes, reduzir o TM tende a aumentar – não diminuir – a precisão (Figura 6.9), pois a variabilidade da força diminui nesta faixa com a diminuição do TM (Figura 6.6). Portanto, reduzir o TM quando ele já está bem curto resulta em melhora da precisão espacial, promovendo contato mais frequente com a bola.

Impacto da bola

Finalmente, com certeza, um balanço mais rápido confere mais impacto à bola se ela for rebatida – um fator fundamental no jogo particular de beisebol. Aumentar a carga por ter um taco mais pesado pode melhorar a precisão espacial (Schmidt & Sherwood, 1982) e teria apenas efeitos negativos mínimos na velocidade de movimento. Claramente, tanto a massa adicional do taco como um TM mais rápido contribuiriam para um maior impacto na bola, se e quando é atingida.

Seria de se esperar que quase todos os fatores associados à redução do balanço do taco discutidos aqui influenciassem as chances de se bater na bola. Talvez compreender esses fatores esclareça porque os rebatedores profissionais parecem balançar muito.

PRECISÃO EM AÇÕES COORDENADAS

A seção anterior deste capítulo apresentou vários fatores relacionados com a velocidade e a precisão ao fazer movimentos rápidos para atingir um alvo, principalmente de um único membro. Grande parte desta discussão concentrou-se em ações semelhantes à do tipo que se pode ver no movimento de um dedo ou membro em direção a um alvo (p. ex., mover o *mouse* do computador para apontar o cursor para um ícone ou mover seu pé do pedal do acelerador para o freio) ou mover um único objeto com mais de um membro (p. ex., balançar um taco de beisebol para rebater uma bola ou balançar um machado para cortar um pedaço de madeira). Os princípios já discutidos, como a Lei de Fitts e a relação entre força e variabilidade da força, parecem descrever bem as trocas velocidade-precisão para esses tipos de movimentos.

Mas, considere agora o que acontece quando coordenamos os membros não com o propósito de mover um único objeto (p. ex., um taco ou um machado), mas sim com objetivos distintos para cada membro. Por exemplo, um pianista frequentemente mantém um ritmo grave com a mão esquerda enquanto realiza um solo com a mão direita; a habilidade de tricotar requer que as duas mãos controlem os movimentos separados de duas agulhas, intercalados por segurar e mover o fio de acordo com uma representação mental do ponto desejado; um bombeiro hidráulico solda um cano segurando um maçarico em uma mão enquanto espalha uma gota de soldador sobre a junção com a outra mão. Esses tipos de ações são explicadas pelos mesmos princípios que foram discutidos anteriormente, ou são necessários princípios exclusivos para explicá-los?

Tarefas bimanuais com alvo

Realizar duas tarefas simultaneamente que requerem precisão espacial combina dois tópicos discutidos nos capítulos anteriores. No Capítulo 4, discutimos processos de circuito fechado – se o

TM é suficientemente longo, então, a precisão do ponto final é facilitada quando guiamos o membro visualmente em direção ao alvo. E, no Capítulo 3, dissemos que a atenção é limitada à produção e ao controle apenas de um programa motor por vez. Colocando essas duas discussões juntas, então, como o controle simultâneo, visualmente guiado de dois membros separados é atingido quando se move para alvos separados? Como veremos nas seções adiante, a velocidade e a precisão tornam-se uma questão muito mais complexa quando dois ou mais membros têm metas espaciais distintas.

Tarefa bimanual de Fitts

A tarefa bimanual de Fitts é uma variação simples da tarefa de membro único. Uma versão bimanual da tarefa contínua (Fitts, 1954) foi primeiramente utilizada por Robinson e Kavinsky (1976), e uma versão bimanual da tarefa distinta (Fitts & Peterson, 1964) foi introduzida por Kelso, Southerd e Goodman (1979). Na versão bimanual, ambos os membros poderiam receber tarefas idênticas, com ID baixo (Figura 6.11a) ou alto (Figura 6.11b). No entanto, os membros também poderiam receber tarefas diferentes (incongruentes), digamos uma com um ID baixo e uma com ID alto (Figura 6.11c). De acordo com a Lei de Fitts, o TM é uma função dos parâmetros da tarefa, com a largura (W) e a amplitude (A) – o TM para qualquer tarefa em particular deve ser simplesmente uma função de seu ID. Portanto, uma previsão rigorosa da Lei de Fitts seria que cada membro atingiria seu alvo em um TM que foi consistente com o ID daquela tarefa. Para tarefas congruentes, o TM deve ser semelhante; para tarefas incongruentes, o TM deve ser mais rápido para o membro em movimento para o menor ID.

Os estudos de Kelso e colaboradores (1979) mostraram que essas previsões não se mantiveram verdadeiras. Por exemplo, quando pareados com um membro em movimento para um ID alto, o TM do membro que se move para uma tarefa de ID baixo foi consideravelmente mais lento do que seria esperado. O conjunto de achados desta pesquisa é bastante complexo, mas em geral a conclusão foi de que o poder explicativo da Lei de Fitts é reduzido quando as demandas de tarefas separadas e incongruentes exigem os dois membros. Esse achado poderia ser resultado de uma tentativa por parte do executivo de lidar com uma exigência de atenção sobrecarregada por meio da emissão de um único programa motor que controla ambos os membros.

Tal conclusão é corroborada por outra pesquisa bimanual (Kelso, Putnam, & Goodman, 1983) em que um dos membros deve liberar uma barrei-

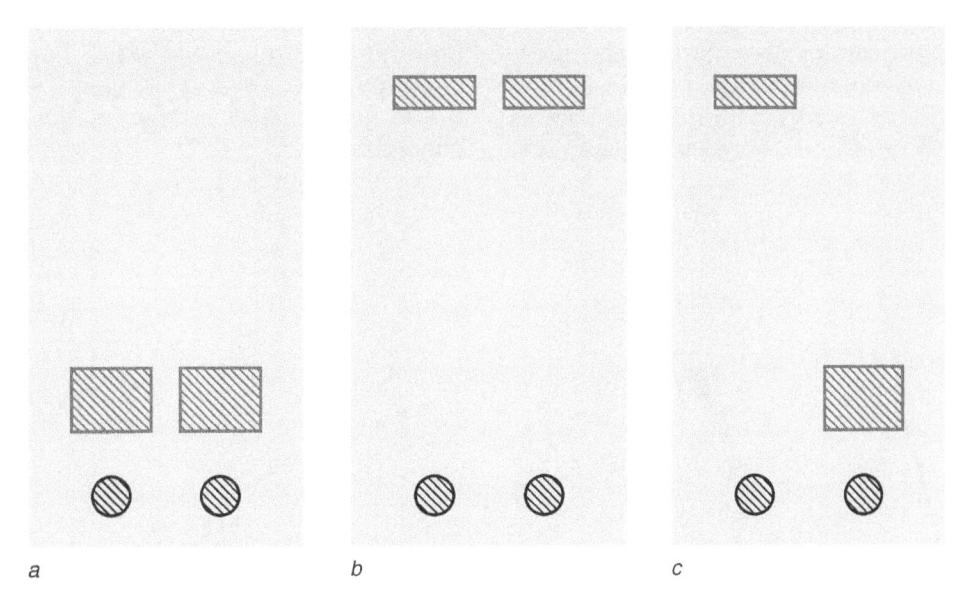

FIGURA 6.11 Três variantes da tarefa bimanual de Fitts: (a) ambos os membros movem-se para uma tarefa de baixo ID; (b) ambos os membros movem-se para uma tarefa de ID alto; e (c) atribuição incongruente membro-ID, em que a mão direita realiza uma tarefa de baixo ID e a mão esquerda realiza uma tarefa de alto ID. Observe que círculos hachurados representam os pontos iniciais para cada membro; os retângulos hachurados são os alvos.

ra física colocada entre a posição inicial e o alvo. A barreira exigia que o membro fosse elevado a fim de eliminá-la. No entanto, o membro sem a barreira não tinha de ser levantado desse modo. Esse último membro, embora não fisicamente necessário, foi levantado de modo a coincidir com o membro com barreira. Evidências cinemáticas comuns semelhantes foram encontradas em tarefas em que os indivíduos tiveram de alcançar e agarrar dois objetos em diferentes locais (Jackson, Jackson, & Kritikos, 1999). Juntos, esses achados dão suporte a uma visão em que o TM e a cinemática para ambos os membros não são determinados de maneira independente, mas sim por um comando conjunto.

O experimento gama-V

Tente fazer esse experimento simples consigo mesmo. Com um lápis em sua mão direita, pratique desenhar figuras pequenas (5 cm) que representam a letra grega gama (γ). Desenhe o "γ" de maneira relativamente rápida, sem modificação durante a sua produção. Comece com o lápis contra a borda de uma régua colocada sobre o papel e termine com o lápis contra a régua novamente. A figura tem de cruzar perto do centro e ter um fundo arredondado. Quando você conseguir fazer isso de maneira eficaz, use a outra mão para desenhar "V" regulares. O procedimento é o mesmo, exceto que agora a figura não deve atravessar sobre si mesma e deve ter um fundo pontiagudo. Baseado no Capítulo 5, cada figura é representada por seu próprio programa motor porque as estruturas temporais para as duas figuras são diferentes: para baixo-para cima para o "V" e para baixo sobre para cima para o "γ". A maioria das pessoas não tem qualquer dificuldade em produzir essas figuras quando cada uma é desenhada por conta própria.

Agora tente produzir essas duas figuras em conjunto, utilizando as mesmas mãos que antes. Você vai descobrir, como Bender (1987), que fazer ambas as tarefas ao mesmo tempo é muito difícil, com resultados como os mostrados na Figura 6.12. A maioria dos executantes mostra uma forte tendência a fazer a mesma figura com ambas as mãos, ou pelo menos produzir certas características de figuras diferentes com ambas as mãos (p. ex., um fundo redondo). Com certeza, o fato de que os indivíduos poderiam produzir essas ações separadamente foi evidência de que havia um programa motor para cada uma delas. Mesmo após prática considerável, a maioria das pessoas não consegue fazer essa tarefa dupla de maneira eficaz. Essa demonstração indica que, com programas separados para a produção de um "V" e um "γ", esses programas não podem ser executados ao mesmo tempo sem considerável interferência entre as mãos.

Esses achados, juntamente com os resultados de Robinson e Kavinsky (1976) e Kelso e colaboradores (1979, 1983), apresentados nas seções anteriores, podem ser interpretados para sugerir que o sistema motor pode produzir apenas um programa motor único de uma só vez. Isso é uma extensão da ideia expressa anteriormente de que o estágio de programação do movimento poderia organizar (durante o tempo de reação [TR]) apenas uma única ação de cada vez. Mas agora o foco é na produção do próprio movimento, após o TR ter sido concluído.

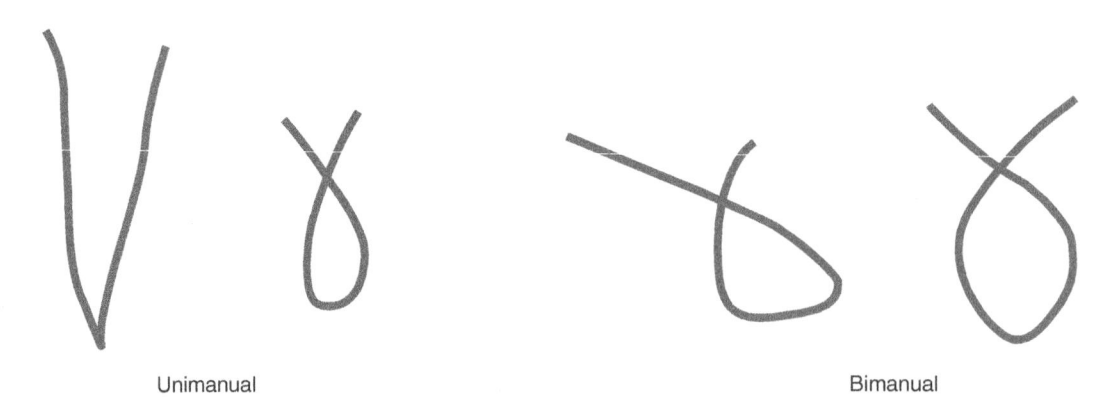

FIGURA 6.12 Tarefa gama-V. Pediu-se a alguns indivíduos que produzissem a letra maiúscula "V" com a mão esquerda e a letra grega gama ("γ") com a mão direita. Em tentativas unimanuais apenas uma letra é escrita de cada vez; nas tentativas bimanuais ambas as letras são escritas simultaneamente.

Reproduzida, com autorização, de Bender 1987.

Foco na
PRÁTICA 6.2

Coordenação no uso do taco de golfe

Quase todo instrutor de golfe alega que as oscilações do corpo durante a tacada de golfe são desvantajosas para a precisão – o jogador de golfe deve manter a parte inferior do corpo, o tronco, e, mais importante ainda, a cabeça, o mais imóvel quanto possível e simplesmente girar os ombros para mover o taco e golpear a bola. Mas, por inúmeras

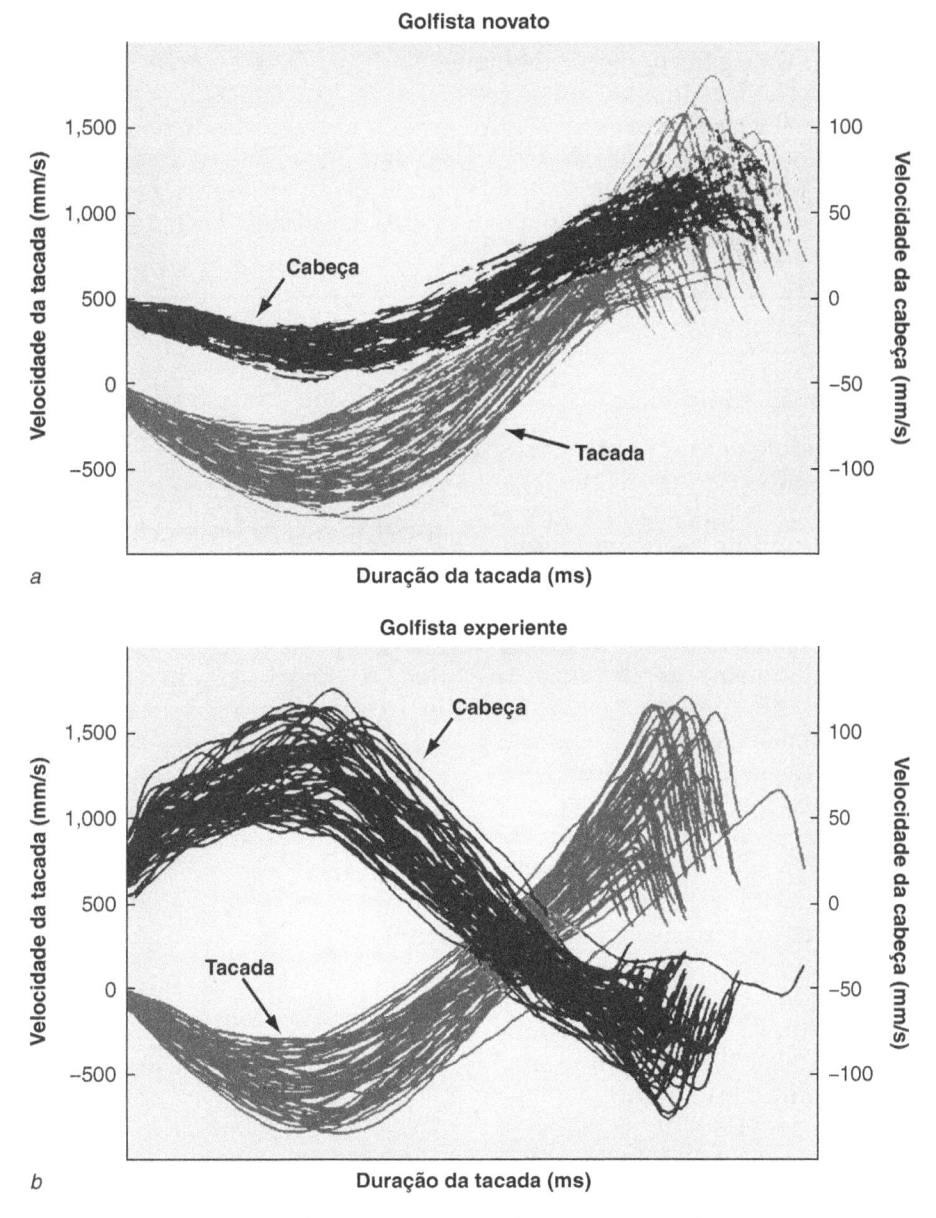

FIGURA 6.13 Traços de velocidade de 60 tacadas feitas por um golfista novato (a) e um golfista experiente (b). Cada linha representa a linha do tempo cinemática de uma tacada. Parece claro que ambos moveram suas cabeças durante a tacada – mas em direções opostas!

Reproduzida, com autorização, de Lee et al, 2008

> *continua*

> *continuação*

razões, isto é muito difícil de fazer. Por exemplo, um estudo das tacadas do golfe feito por Lee e colaboradores (2008) mostrou que ambos os golfistas novatos e experientes moveram suas cabeças consideravelmente durante uma tacada. No entanto, eles fizeram isso de maneiras fundamentalmente diferentes.

A Figura 6.13 ilustra 60 tacadas tomadas por um dos novatos (no alto) no estudo e uma do especialista (parte inferior). As linhas da cabeça mostram as velocidades do movimento da cabeça durante uma tacada, e as linhas da tacada traçam os perfis de velocidade do jogador durante o mesmo período de tempo. Observe que embora ambos tenham movido as cabeças durante cada tacada, eles o fizeram de maneiras fundamentalmente diferentes – enquanto o novato movia a cabeça na mesma direção do movimento do taco, o especialista movia a cabeça na direção *oposta* do taco.

Independentemente da direção do movimento da cabeça, dê outra olhada em ambos os gráficos. Você percebe algo semelhante entre eles? O ponto em que os traços de velocidade reverteram sua direção nos gráficos coincidiu em geral com a reversão da velocidade da cabeça. Tomamos essa evidência como sugestão de que a organização temporal dos movimentos tanto do taco como da cabeça são resultado do programa motor comum. O novato lida com o "problema da cabeça" movendo-a junto com o movimento do taco; o experiente lida com o problema da cabeça movendo-a em oposição ao movimento do taco.

Padrões de coordenação complexos

Uma versão mais complexa do experimento gama-V de Heuer, Schmidt e Ghodsian (1995) revelou mais evidências para esta visão do programa motor único. Nesse experimento, os indivíduos receberam prática extensa na realização de um movimento de braço de reversão única de uma alavanca com o braço esquerdo (flexão, depois extensão), juntamente com um movimento de alavanca de reversão dupla do braço direito (flexão, extensão, flexão). A análise da cinemática do movimento revelou um acoplamento firme (ou seja, correlações altas entre indivíduos [nas tentativas]) da ocorrência temporal de marcos específicos de cada padrão de membro, sugerindo novamente que tal coordenação complexa estava sendo governada por um único programa motor. Além disso, os indivíduos descobriram ser quase impossível mover um membro mais rapidamente que o outro se isso for solicitado. Além disso, pediu-se aos indivíduos que fizessem uma tarefa sonda-TR, envolvendo uma resposta do pé a um estímulo do tônus. Embora esses dados não sejam incluídos no trabalho, a forte impressão foi que as pessoas poderiam fazer a tarefa de coordenação das duas mãos mais ou menos automaticamente sem interferir na tarefa sonda-TR. Esse achado, mais a evidência de um *acoplamento* forte entre os braços, forneceu mais suporte para a ideia de que um PMG comum pode ser aplicado ao controle de ambos os braços para controlar uma ação coordenada e simultânea.

Tarefas bimanuais contínuas

Controlar o movimento contínuo de dois membros, cada um com seu próprio alvo espacial ou temporal (ou ambos), representa uma probabilidade diferente para o sistema de controle motor (p. ex., esfregar a cabeça enquanto bate na barriga). Pelo fato de os movimentos serem contínuos, o executivo tem a flexibilidade de usar um comando de movimento comum para controlar os movimentos de ambos os membros (como discutido para movimentos distintos) ou para alternar rapidamente a atenção entre as execuções das duas tarefas.

Organização temporal bimanual contínua

Tente este exemplo simples de uma tarefa bimanual contínua: aponte os dedos indicadores em ambas as mãos em frente de você, como se estivesse apontando duas pistolas para um alvo. Agora comece a mexer os dois dedos. A maioria das pessoas faz essa tarefa espontaneamente agitando cada dedo em direção a sua linha média, depois para outro local, indo para frente e para trás usando o que os pesquisadores chamam de modo de coor-

> Análise dos movimentos de golfistas novatos e experientes durante uma tacada mostraram padrões de coordenação diferentes entre o movimento da cabeça e o movimento do taco.

denação **em-fase**. Aqui, "em fase" significa que a flexão do dedo direito (e qualquer outra característica, como velocidade de pico, tempo de chegada ao ponto de reversão) e a flexão de dedo esquerdo correspondente ocorrem ao mesmo tempo e são controladas por uma estrutura comum com organização temporal relativamente fixa. Considerando as maneiras ilimitadas pelas quais se pode escolher balançar ambos os dedos ao mesmo tempo, por que a maioria das pessoas escolhe este modo de coordenação em fase?

Dois estudos do laboratório de Kelso fornecem evidência para uma resposta. Em um estudo (Kelso, Scholz & Schöner, 1986), os indivíduos foram instruídos a coordenar os seus dedos iniciando seja em uma posição em-fase, como definido agora, ou em uma posição antifase em que ambos os dedos apontam para a direita e depois para a esquerda, como os movimentos de limpadores de para-brisas em muitos carros. Os movimentos começaram lentamente e, em seguida, foram gradualmente acelerados em ritmo. De forma curiosa, o modo em-fase de coordenação foi mantido, independentemente do tempo, mas o modo antifase tornou-se muito variável. Em outro estudo, Kelso, Scholz e Schener (1988) pediram a indivíduos que começassem a se mover com um padrão de coordenação (seja em-fase ou antifase) e, em seguida, a mudar para o outro modo tão rapidamente quanto possível. A mudança levou mais tempo para atingir e estabilizar quando se passa de em-fase para antifase do que de antifase para em-fase. Juntos, esses dois conjuntos de achados sugerem que em-fase foi o mais estável dos dois padrões de coordenação – foi mais fácil mudar para dentro do que para fora e foi mais resistente aos efeitos da velocidade.

Assim, qual é a importância de ter padrões de coordenação estáveis, e ter um que é mais preferido? A partir de um ponto de vista, controlar a organização temporal de dois dedos como um *único* padrão de coordenação deveria reduzir a atenção demandada para controle, em comparação com controlá-los como dois eventos independentes (Temprado, 2004; ver também Foco na Pesquisa 6.2, "Coordenação como processo de auto-organização"). Em essência, em vez de ter linhas de controle distintas (incluindo comandos executivos separados e canais de *feedback*), os membros são controlados como uma unidade única, que reduz grandemente o papel do executivo na emissão de comandos e avaliação do *feedback*.

A vantagem de ter um padrão que seja *preferido* (ou seja, mais estável) sobre todos os outros provavelmente nos fornece uma maneira de lidar com a troca velocidade-precisão (embora isso seja descrito de maneira um pouco diferente daquela em discussão anterior no capítulo). Vamos voltar aos resultados de Kelso e colaboradores (1986) mais uma vez. Relembrar que os participantes realizaram movimentos rítmicos de dois dedos indicadores e gradualmente aumentaram sua velocidade. A precisão antifase e a estabilidade diminuíram com o aumento da velocidade, mas, surpreendentemente, apenas até um ponto. Kelso e colaboradores instruíram seus participantes a começar com um padrão específico (seja em-fase ou antifase), mas a continuar com o padrão que sentissem ser mais confortável se a estabilidade de coordenação se tornasse ameaçada em velocidades mais altas. A Figura 6.14 ilustra seus achados. As medidas de precisão (Figura 6.14*a*) e a estabilidade (Figura 6.14*b*) dos padrões em-fase e antifase são apresentadas como uma função da frequência de ciclagem. Como observado anteriormente, o aumento da velocidade fez que o padrão antifase perdesse precisão e estabilidade. Mas observe que algo curioso aconteceu, começando por volta de uma frequência de 2,25 Hz (Hertz = número de ciclos por segundo): o padrão antifase (definido como 180° em relação a fase, linha contínua) mudou para um padrão de coordenação em-fase (Figura 6.14*a*). Agora, observe a linha contínua no ponto correspondente (2,25 Hz) na Figura 6.14*b* – ao mesmo tempo em que o padrão antifase mudou para em-fase, a estabilidade do padrão foi drasticamente reduzida.

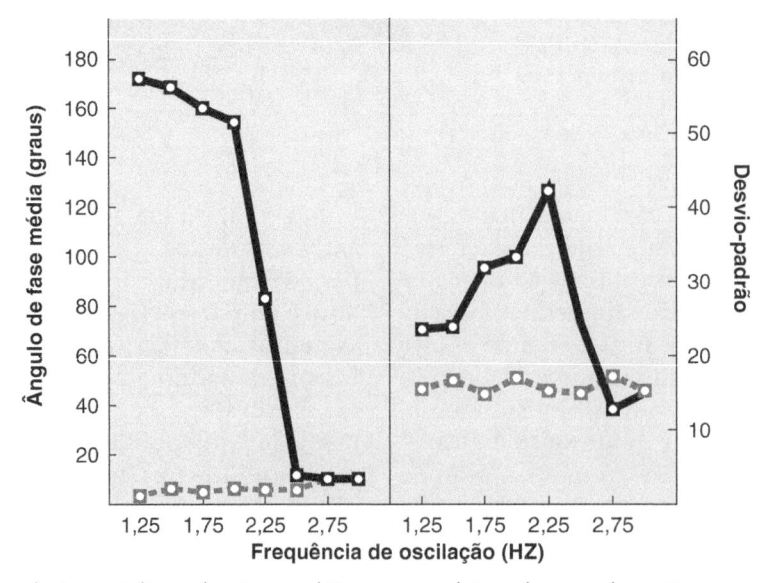

FIGURA 6.14 Fase relativa média e desvios padrão para padrões de coordenação que começam como em-fase (pontilhada) ou antifase (contínua), como função da velocidade do movimento.

Reproduzida, com autorizações de Kelso, Scholz e Shöner, 1986.

Foco na
PESQUISA 6.2

Coordenação como processo de auto-organização

A noção de programa motor não é isenta de críticas. Algumas delas com visões opostas ofereceram uma alternativa que é geralmente chamada de sistemas dinâmicos ou perspectiva auto-organizacional (Haken, Kelso & Bunz, 1985; Kelso, 1995; Turvey, 1977) ou simplesmente, perspectiva dinâmica. Esses críticos argumentam que a noção de programa supõe muita cognição, computação neural e controle direto pelo cérebro e pelos mecanismos medulares, de modo que todo movimento deve ter uma representação explícita armazenada no sistema nervoso central.

Os pesquisadores da perspectiva da **auto-organização** declaram que as regularidades dos padrões de movimento não são representadas nos programas, mas sim emergem naturalmente (isto é, por meio da física) a partir de interações complexas entre muitos elementos conectados ou graus de liberdade. Isso é análogo às maneiras pelas quais muitos sistemas físicos complexos atingem organização e estrutura sem ter qualquer programa central ou conjunto de comandos, como a súbita transformação de água parada para padrões de rolamento à medida que começa a ferver e a organização entre as moléculas para formar cristais. Assim como faria pouco sentido postular um programa central para reger os padrões na água fervente, esses pesquisadores argumentam que é incorreto pensar que padrões complexos da atividade motora humana são controlados por estes programas. Kelso e Engstronm (2005) fornecem uma analogia útil aqui. Pense na perspectiva do programa motor como uma orquestra cujas ações estão sob a supervisão de um maestro, e a perspectiva da auto-organização como uma orquestra sem maestro.

Um debate científico sobre essas questões mantém-se há várias décadas. Na melhor das hipóteses, o que emergiu foi um acordo para discordar. Os dois lados do debate tendem a estudar diferentes tarefas (p. ex., movimentos rápidos e distintos *versus* contínuos, cíclicos), então, há pouca base sobre a qual comparar as previsões teóricas. No final, é provável que nem a perspectiva teórica será correta em todos os aspectos, o que deve levar ao desenvolvimento de novas teorias com poderes de previsão mais fortes. E isso é algo bom, assim como o destino de uma ciência saudável.

Exploração adicional

1. Cite duas características de tarefas distintas que as tornam mais adequadas do que as tarefas contínuas para estudo do programa motor.
2. Nomeie duas características de tarefas contínuas que as tornam mais adequadas do que as tarefas distintas para o estudo auto-organizacional.

Troca velocidade-precisão reconsiderada

Os achados de Kelso e colaboradores (1986) são muito importantes, pois eles sugeriram que uma solução alternativa para a troca velocidade-precisão seja atingida em diferentes tipos de tarefas. Na primeira parte do capítulo observamos que o TM é retardado à medida que as demandas de tarefas são aumentadas a fim de manter a precisão (Lei de Fitts). Para movimentos muito rápidos (ou seja, breves), a troca linear velocidade-precisão sugeriu que o erro aumenta uniformemente à medida que o TM diminui. O efeito sobre a organização temporal foi variabilidade aumentada à medida que o TM ficava mais longo. No entanto, os achados de

A perspectiva de auto-organização visualiza o movimento humano como análogo a uma orquestra sem maestro.

Kelso e colaboradores (1986) sugerem que quando a precisão (ou estabilidade) da performance é ameaçada pelo aumento da velocidade, uma solução alternativa é que o sistema motor busca um padrão de coordenação diferente, mais estável, para tomar seu lugar. Em outras palavras, a precisão não continua a diminuir com o aumento da velocidade; em vez disso, o padrão de coordenação *muda* para que a estabilidade possa ser restabelecida.

Esses achados não são peculiares do movimento dos dedos – mudamos de uma caminhada para uma corrida quando a estabilidade da marcha é levada ao limite em altas velocidades de caminhada (Diedrich & Warren, 1995). E muitos animais de quatro patas têm três ou mais marchas a partir das quais escolher à medida que a tarefa demanda mudança (Alexander, 2003). Por que as soluções para a troca velocidade-precisão mudam quando os movimentos tornam-se mais complexos?

Presumivelmente, movimentos simultâneos dos dois membros têm mais maneiras de se organizar do que movimentos de um único membro. Ter mais graus de liberdade para organizar, embora pesado a partir de uma perspectiva organizacional, também fornece mais flexibilidade na maneira como resolver o problema. Quando aumentos na velocidade resultam em redução da precisão (mais instabilidade), o sistema motor é enfrentado com pelo menos três alternativas: (a) redução da velocidade e manutenção da precisão; (b) redução da imprecisão e manutenção da velocidade; ou (c) manutenção da velocidade e mudança do padrão de movimento para restabelecer a estabilidade.

RESUMO

A precisão de movimentos rápidos controlados por programas motores é influenciada por variações da velocidade e da amplitude, e essas ações exibem uma troca velocidade-precisão típica. Aumentos na velocidade (reduções no TM), em geral, rebaixam a precisão espacial a menos que os movimentos sejam rápidos e potentes. Por outro lado, reduzir o TM em geral aumenta a precisão da organização temporal. Esses efeitos são causados por processos de baixo nível relativamente ruidosos na medula espinal e os músculos que fazem as contrações diferem um pouco daqueles originalmente pretendidos. Os movimentos que envolvem mais de um membro não são controlados de maneira independente, mas sim por uma estrutura de comandos que coordena ambas as ações simultaneamente. O aumento da complexidade de coordenação de dois movimentos também fornece mais flexibilidade, de tal maneira que aumentos na velocidade resultam em mudanças no padrão de coordenação para manter a estabilidade.

AUXÍLIOS PARA APRENDIZAGEM

Aprendizagem interativa

Atividade 6.1: identificar a equação correta para a Lei de Fitts.

Atividade 6.2: selecionar o tipo de movimento ao qual cada declaração se aplica para melhor compreensão da troca velocidade-precisão e exceções a ela.

Exercício de princípios para aplicação

Atividade 6.3: os exercícios de princípios para a aplicação para este capítulo levam a identificar uma habilidade que envolve movimento rápido e requer precisão, em seguida exploram como o fenômeno de troca velocidade-precisão aplica-se à habilidade que escolheu e explicam as fontes de erro nos movimentos rápidos.

Verifique sua compreensão

1. Distinguir entre precisão temporal e espacial. Dar um exemplo de uma atividade (p. ex., jogo de tênis) em que ambos podem ser importantes. Descrever uma situação em que a precisão temporal é importante e explicar por que o é e, em seguida, fazer o mesmo para uma situação em que a precisão espacial é importante.

2. Explicar o que diz a Lei de Fitts sobre o controle motor e trocas velocidade-precisão.

3. Descrever uma tarefa de Fitts de único membro e bimanual. Explicar, em termos gerais, como os achados que usam a tarefa de Fitts bimanual foram diferentes daqueles que usam a tarefa de único membro. Que visão (juntamente com outros achados) essas diferenças sustentam?

Aplique seu conhecimento

1. Seu amigo veio com uma competição: no *driving range* você corre para ver quem chega a um cesto de bolas de golfe mais rapidamente, enquanto mantém precisão de atingir uma distância média. O vencedor é determinado por uma pontuação combinada de tempo e erro (distância do alvo). Discuta duas estratégias que você pode usar para ganhar a competição. Suas estratégias mudariam se o vencedor fosse determinado pelo tempo e a distância combinada de suas tacadas de corrida? O que ocorreria se competissem a precisão na organização temporal contando as tacadas?

Sugestões de leitura complementar

O legado de Woodsworth na pesquisa sobre velocidade e precisão é apresentado por Elliott, Helson e Chua (2001). Outros detalhes sobre as fontes de erro no controle motor para almejar movimentos foram revistos por Meyer e colaboradores (1988), que fornecem uma teoria interessante desses processos que se aplica a muitos tipos diferentes de situações de movimento dos membros. E Meyer e colaboradores (1990) escreveram uma revisão interessante e legível da história do pensamento sobre efeitos da troca velocidade-precisão. Wing (2002) fornece uma descrição detalhada de variabilidade da organização temporal a partir de um ponto de vista do processamento da informação, o que apresenta um contraste interessante com uma visão de auto-organização (ver Kelso, 1995). Ver lista de referências para estes recursos adicionais.

7

Diferenças Individuais
Como as Pessoas Diferem em Suas Capacidades de Performance

PALAVRAS-CHAVE

Capacidade
Capacidade motora geral
Coeficiente de correlação (*r*)
Diferenças individuais
Efeito da idade relativa
Habilidade
Hipótese da especificidade
Método diferencial
Método experimental
Predição
Supercapacidade
Testes de referência

PERFIL DO CAPÍTULO

Estudo das diferenças individuais
Capacidades *versus* habilidades
Há uma capacidade motora geral?
Capacidades e a produção de habilidades
Predição e seleção com base na capacidade

OBJETIVOS DO CAPÍTULO

O Capítulo 7 descreve a pesquisa que considera porque e como as pessoas diferem nas habilidades e capacidades motoras. Este capítulo irá ajudá-lo a compreender

- ▶ a abordagem científica do estudo de diferenças individuais,
- ▶ a natureza das capacidades e como elas são distinguidas das habilidades,
- ▶ duas abordagens para a conceituação do "atleta completo," e
- ▶ a dificuldade de prever futuros sucessos na performance motora.

Para ganhar a medalha de ouro nas Olimpíadas de verão de 2008, o decatleta Bryan Clay teve de conseguir performances em nível de elite no *sprint* de 100 m, no salto em distância, arremesso de peso, salto em altura, *sprint* de 400 m, 110 m com barreiras, arremesso de disco, salto com vara, lançamento de dardo e corrida de 1500 m. Muitos atribuem o título de "Maior Atleta Mundial" ao vencedor desse evento. Mas o que torna um atleta habilidoso em tantas habilidades díspares? Existe uma única capacidade atlética relevante para todos esses dez eventos ou há dez habilidades independentes entre si? Este capítulo irá abordar como podemos descrever e compreender a ampla variabilidade nas capacidades de performance motora das pessoas.

Este capítulo muda de método de maneira bastante acentuada, para lidar com uma área de psicologia e do comportamento motor que, pelo menos na superfície, parece ser muito diferente dos tópicos de habilidades motoras que discutimos nos capítulos anteriores. Anteriormente, o foco era nos efeitos de determinadas variáveis sobre o comportamento motor das pessoas *em geral*. Esse método é denominado **método experimental** porque os métodos geralmente envolvem a realização de experimentos reais (isto também é a base para o termo "psicologia experimental"). Essa tradição experimental é, de longe, a parte mais popular da ciência do movimento. Esse método experimental geralmente trata as pessoas de maneira idêntica e supõe, tacitamente, que todas elas se comportam iguais quando tratadas da mesma maneira. Na verdade, acredita-se que as diferenças entre as pessoas sejam uma das fontes de erro, ou "ruído", na tradição experimental; e uma grande quantidade de esforço é geralmente dedicada para eliminar ou reduzir essas fontes de variabilidade no experimento.

ESTUDO DAS DIFERENÇAS INDIVIDUAIS

A área de pesquisa que diverge do método experimental refere-se a *diferenças entre e dentre as pessoas* em alguma medida, com frequência em medidas de performance. Essa área, por vezes chamada de **método diferencial**, preocupa-se com o fato de que nem todos nós somos iguais e, como veremos à medida que o capítulo se desenrola, ele concentra-se nas maneiras como somos diferentes uns dos outros. Esse interesse diferente implica maneiras bem diferentes de pensar, de fazer pesquisa, e até mesmo de coletar dados e analisá-los estatisticamente; como resultado, a pesquisa em

diferenças individuais tende a parecer muito diferente da pesquisa experimental. Este subcampo da psicologia e do comportamento motor é, por vezes, chamado de diferenças individuais; mais formalmente, em psicologia, é chamado de psicologia diferencial. Considere o modelo conceitual apresentado na Figura 5.2 como ilustrando todas as maneiras pelas quais as diferenças individuais poderiam ocorrer. Essencialmente, cada um dos processos que discutimos nas partes anteriores do livro é um candidato a ter diferenças individuais em seu funcionamento.

É interessante notar que os muitos aspectos do método experimental que são vistos como "ruído" ou "erro" pela tradição experimental são, em muitos aspectos, precisamente o tema de interesse para o pesquisador de diferenças individuais. O estudo das diferenças individuais, na verdade, envolve duas ênfases bastante distintas: o estudo de capacidades e o estudo de **predição**. Estes são discutidos em seguida.

Estudo de capacidades

A primeira dessas ênfases é o estudo dos fatores fundamentais, geneticamente determinados que nos fazem ser diferentes uns dos outros. Uma pergunta típica pode ser: por que fulano é um cirurgião de tamanho destaque? Uma resposta, na qual nos concentramos na segunda parte do livro, refere-se à prática e A experiência. Ou seja, geralmente é o caso de que o famoso cirurgião dedicou muitas horas para praticar seu ofício e, evidentemente, todos nós sabemos que a prática contribui muito para a performance habilidosa.

Mas essa é toda a explicação? Podemos realmente explicar as diferenças entre todos nós considerando apenas a prática? A maioria dos cientistas, especialmente aqueles que estudam as diferenças individuais, responderiam esta pergunta com um sonoro "Não". Uma resposta a esses tipos de perguntas sugere que o cirurgião herdou certa capacidade fundamental que lhe possibilita produzir em um nível alto. Então, o que é essa potencialidade, qual é a sua natureza, como descobrimos o que é e como a medimos? A maioria dos cientistas na área do comportamento motor chama essa potencialidade de "capacidade". Nesse sentido, oferecemos a seguinte definição de capacidade: uma capacidade é uma característica fundamental de diferentes indivíduos que tende a ser subjacente a habilidades especiais; a capacidade é, em grande parte, herdada geneticamente e não é modificável pela prática.

Estudo da predição

O segundo aspecto da pesquisa das diferenças individuais diz respeito ao que é chamado de *predição*. Aqui, temos um exemplo típico do mundo real. Na indústria de seguros de automóveis nos são cobradas taxas que são dependentes, pelo menos em parte, à probabilidade de que teremos um acidente de automóvel. Por exemplo, os condutores jovens do sexo masculino (16-25 anos), estatisticamente, pelo menos, sofrem mais acidentes do que as mulheres; para esta faixa etária, esta taxa elevada de acidentes (*versus* aquela para motoristas idosos) parece ser maior com os condutores mais jovens de ambos os sexos. Na verdade, o que a companhia de seguros está fazendo é a estimativa da probabilidade de que você vai ter um acidente com base em sua idade, onde você mora, e seu histórico de condução em termos de citações e acidentes, entre outras coisas. A empresa de seguro sabe que existe uma relação entre certas características fundamentais dos condutores (p. ex., a idade do condutor, registros de acidentes), que são fortemente relacionadas com a propensão futura a acidentes. Todas essas características do motorista (como experiência de condução, idade) podem ser consideradas capacidades. Assim, poderíamos dizer que a companhia de seguros está prevendo sua probabilidade de acidentes com base em algumas medidas de suas capacidades. Evidentemente, a empresa não consegue prever com 100% de precisão se você vai ou não ter um acidente no próximo ano; mas se você encontra-se em uma faixa etária mais jovem, sua chance de ter um acidente é um pouco maior do que a de alguém em uma faixa etária mais velha.

A foto adiante mostra a medalhista de ouro por três vezes Misty May Treanor retornando uma bola de vôlei nas finais do campeonato de praia dos Jogos Olímpicos de 2012. A altura é uma capacidade evidente relacionada com vôlei de praia; Misty e sua parceira no vôlei (Keri Walsh Jennings, que tem 1,90 m) são bastante altas e a equipe Misty-Keri fez bom uso de suas capacidades para ganhar a medalha de ouro em 2012.

Misty May Treanor (à direita) tem uma capacidade (altura) que facilitou seu desenvolvimento como jogadora de vôlei de praia de alto nível.

Dentro do campo de comportamento motor, a predição está em tudo a nossa volta. O treinador de ginástica prevê quem não vai ser um ginasta colegiado com base em, digamos, configuração corporal. As pessoas que têm mais de 1,80 m de altura e que pesam mais de 95 kg são provavelmente mais adequadas para um esporte diferente. As universidades em geral usam várias medidas de teste como estimativas de quem, entre os candidatos, tem maior probabilidade de ser bem-sucedido em seus programas (p. ex., o teste SAT) e, em seguida, eles aceitam os estudantes mais promissores. Em outra área, algumas faculdades de odontologia usam vários testes de "capacidades espaciais", como meio para triar os candidatos para admissão em seus programas.

Definição das diferenças individuais

Aqui, definimos as *diferenças individuais* como diferenças estáveis, duradouras entre as pessoas em termos de alguma característica mensurável (p. ex., idade de alguém) ou talvez a performance em alguma tarefa (p. ex., tempo de reação de certa situação). Duas pessoas podem diferir em uma determinada performance de, pelo menos, duas maneiras diferentes. Primeiro, se o teste envolve uma medida muito estável, como o peso corporal, após uma única medida podemos concluir que uma pessoa está realmente mais pesada do que outra. Embora as balanças possam ter algum grau pequeno de variabilidade, a *repetibilidade* das medidas é muito boa. Esse é um exemplo de uma característica medida que revela uma diferença estável, duradoura, entre duas pessoas.

Uma segunda diferença entre as pessoas, no entanto, também pode ocorrer quando nenhuma diferença durável estável está realmente presente. Por exemplo, se uma pessoa faz um *strike* no boliche em uma tentativa e outra pessoa rola a bola na canaleta, pode não ser sensato concluir imediatamente que a primeira pessoa é um jogador melhor do que a segunda pessoa com base em apenas uma medida. Por que não? A resposta está relacionada com o fato de que quase tudo pode acontecer em uma determinada tentativa de performance por acaso, isoladamente, e diferenças individuais devem basear-se em diferenças *duradouras estáveis*. No primeiro caso (pesar pessoas em balanças), você está relativamente confiante nas diferenças estáveis, duradouras da característica medida, enquanto no segundo caso você não está.

Para resumir, as diferenças individuais em habilidades têm essas características:

- As diferenças tendem a ser estáveis de tentativa para tentativa.
- Diferenças duram ao longo do tempo.
- Diferenças em uma única medição frequentemente não são suficientes para estabelecer diferenças individuais.

CAPACIDADES *VERSUS* HABILIDADES

É útil distinguir entre os conceitos de capacidade e habilidade. Na linguagem comum, essas palavras são usadas de maneira mais ou menos intercambiável, como em "Fulano tem boa capacidade em (ou habilidade em) _____." No entanto, os cientistas geralmente definem uma **capacidade** como geneticamente determinada e, em grande parte, não modificável pela prática ou experiência. Uma capacidade, portanto, pode ser considerada como parte do "equipamento" básico que as pessoas herdam a fim de executar várias tarefas do mundo real. A **habilidade,** por outro lado, refere-se à proficiência em uma tarefa específica, como o arremesso de uma bola de basquete. Habilidades, evidentemente, podem ser modificadas pela prática, são incontáveis em número e representam o potencial da pessoa para realizar essas atividades particulares. Assim, pode-se dizer "Eric tem boa capacidade visual", implicando que ele geralmente pode ver muito bem; mas Eric desenvolveu a habilidade específica de identificar padrões de movimento no futebol por meio de prática considerável, e esta habilidade tem a capacidade visual de Eric como um componente subjacente. As diferenças entre as capacidades e habilidades estão resumidas na Tabela 7.1.

É útil pensar em capacidade como um fator que estabelece limites para a performance. Os autores deste livro nunca se tornarão *linemen* no futebol americano profissional, independentemente de quanto tempo eles dediquem à prática, porque eles não têm a capacidade de configuração corporal adequada para esta habilidade. As pessoas que são daltônicas nunca serão eficazes na habilidade de identificar e classificar flores silvestres e alguém com "capacidade de coragem" fraca (se é que isso realmente existe) provavelmente não deve ser encorajado a entrar no circo como equilibrista. Assim, observa-se que as limitações na capacidade exigida para uma determinada tarefa restringem o nível de performance que um determinado indivíduo pode subsequentemente atingir.

Por outro lado, se um principiante não executa muito bem uma determinada tarefa, isto pode levar à suspeita de que ele não tem a capacidade adequada para a tarefa. No entanto, grande parte desse déficit frequentemente pode ser composta por meio da prática efetiva, como discutiremos na última seção

TABELA 7.1 Algumas distinções importantes entre capacidade e habilidades

Capacidades	Habilidades
São traços herdados	São desenvolvidos com a prática
São estáveis e duráveis	São facilmente modificadas com a prática
Chegam a talvez 50	São essencialmente incontáveis
Cada uma é subjacente a muitas habilidades diferentes	Cada uma depende de várias capacidades

deste capítulo. Nota-se que, embora as medidas da habilidade mudem com a prática e aprendizagem, a capacidade subjacente a esta habilidade não mudaria com a prática (ver definição de capacidade apresentada anteriormente). Seria um erro fazer um julgamento firme e final sobre a capacidade de alguém para uma tarefa quando a pessoa atingiu apenas o nível iniciante de proficiência. Vários fatores podem mudar por meio da prática para melhorar a performance, como veremos adiante no capítulo.

HÁ UMA CAPACIDADE MOTORA GLOBAL?

O que o termo "atleta completo" realmente significa? A maioria de nós conheceu meninos na escola que se destacaram nas equipes de futebol e basquete e que também ganharam medalhas no atletismo. E depois havia aquelas outras crianças – os *não* atletas completos. Elas pareciam não ter proficiência em nenhuma habilidade motora. Como entendemos esses aparentes atletas completos e não atletas? Duas hipóteses bastante diferentes em sua abordagem para responder a esta pergunta foram propostas e são discutidas em seguida (ver também Foco na Prática 7.1).

Hipótese de capacidade motora geral

Uma visão obsoleta, popularizada na primeira metade do século XX, afirmava que todas as performances motoras baseavam-se em uma única capacidade chamada de **capacidade motora geral**. A partir desse ponto de vista, o atleta completo é aquele que possui uma forte capacidade *geral* para a performance motora habilidosa. Por outro lado, o "atleta não completo" é a pessoa que não tem uma habilidade motora geral forte e, assim, não é bem-sucedida em essencialmente nenhuma atividade física habilidosa.

Um conceito semelhante de uma potencialidade generalizada para *aprender* novas habilidades também era popular na época; este conceito foi chamado de *educabilidade motora* por Brace (1927). Análoga à ideia de quociente de inteligência (QI) – a potencialidade inata para aprender materiais cognitivos, geralmente – acreditava-se que a educabilidade motora representava alguma capacidade geral para *adquirir* novas habilidades motoras. As primeiras tentativas de criação de testes que mediriam a educabilidade motora foram feitas por Brace (1927: o Teste de Brace) e McCloy (1934: o Teste da Capacidade Motora Geral). Esses testes tenderam a usar ações de corpo inteiro que supostamente mediam a potencialidade geral para *aprender* habilidades atléticas. A educabilidade motora não é considerada um conceito viável atualmente, por razões que se tornarão claras mais adiante.

Não surpreendentemente, a ideia de uma capacidade motora geral tem muitas semelhanças com ideias populares do início do século XX sobre a estrutura de outras habilidades. Esse tipo de pensamento levou à ideia de "inteligência geral", que tentou explicar o suposto potencial de uma pessoa para atividades cognitivas em termos de uma abordagem global, valor unitário. Além disso, acreditava-se que a capacidade cognitiva geral (QI) e a capacidade motora geral eram relativamente separadas, com a inteligência não contribuindo muito para habilidades motoras e vice-versa.

Essa noção geral de capacidade motora pode ser resumida como se segue:

▶ Supõe-se uma única capacidade motora herdada.
▶ Essa capacidade presumivelmente está subjacente a todas as tarefas de movimento ou motoras.
▶ Uma pessoa com forte capacidade motora geral deve ser boa em todas as tarefas motoras

Hipótese de especificidade de Henry

Nas décadas de 1950 e 1960, Franklin Henry (1958/1968; comunicação pessoal, University of California, em Berkeley, 1965) examinou uma previsão estatística muito importante sobre a capacidade motora geral. Ele raciocinou dessa maneira: suponha que um número relativamente grande de pessoas foi testado em cada uma de duas habilidades, A e B. Henry argumentou que, se uma pessoa era um executante notável na habilidade A, então, suporíamos que esta pessoa também pontuaria bem na tarefa B, que também dependia de capacidade motora geral. Em contrapartida, se outra pessoa não pontuasse bem na habilidade A, pelo menos parte da razão seria que esta pessoa tinha uma capacidade motora geral fraca e seria de se esperar que essa pessoa pontuaria de maneira relativamente ruim na habilidade B também. Dessa maneira, a habilidade A e a habilidade B estão *relacionadas* uma com a outra, na medida em que "boas"

Foco na
PRÁTICA 7.1

Babe (Mildred "Babe" Zaharias)

Se um único atleta tivesse de receber o rótulo de "atleta completo certamente seria Mildred "Babe" Zaharias. Ela jogou basquete profissional, beisebol, tênis e boliche; ganhou duas medalhas de ouro e uma de prata no atletismo nos Jogos Olímpicos de Verão de 1932; e dominou o golfe feminino, tanto no nível amador como no profissional por duas décadas. Na verdade, Babe Zaharias foi a primeira mulher a jogar em um evento da Associação Profissional de Golfistas, 65 anos antes de Annika Sorenstam ganhar notoriedade por fazê-lo no torneio Colonial em 2003. A Babe certamente teria continuado a impressionar as pessoas com sua forma atlética caso não tivesse falecido por câncer aos 45 anos de idade.

Mildred "Babe" Zaharias – maior atleta completa de todos os tempos.

Mas, o que tornava Babe Zaharias tão especial? Uma opinião é a de que ela possuía uma *capacidade* completa, muito forte, que era superior à capacidade da maioria das outras pessoas e que possibilitava a ela desempenhar muitas habilidades motoras em um nível superior. Outra opinião é a de que ela possuía muitas capacidades distintas que lhe possibilitavam desenvolver determinadas habilidades específicas nas quais era altamente proficiente.

Foco na
PESQUISA 7.1

Correlação: a estatística das diferenças individuais

Um conceito importante para a compreensão de capacidades é a correlação, uma estatística para medir a força de uma relação entre dois ou mais testes. Suponha que administramos dois testes, A e B, para um grupo grande de indivíduos (digamos, 100 pessoas), de tal maneira que cada pessoa foi medida em ambos os testes. Os objetivos são determinar se os dois testes estão relacionados uns com os outros e se eles compartilham quaisquer características subjacentes, tais como capacidades.

> *continua*

> *continuação*

A Figura 7 1 mostra gráficos especiais chamados gráficos de dispersão, com o teste A em um eixo e o teste B no outro. O escore de cada indivíduo é representado como um ponto único em cada um dos dois testes. Se os pontos tendem a ficar ao longo de uma linha, então dizemos que o teste A e o teste B estão *relacionados* um com o outro, pois esses escores em um teste estão associados aos escores no outro. No caso da Figura 7.1*a*, essa relação é forte e positiva: aqueles indivíduos com altos escores no teste A tendem a ser os mesmos com escores altos no teste B. O gráfico de dispersão na Figura 7.1*b* mostra apenas uma pequena relação positiva: os escores no teste A são praticamente não relacionados com aqueles no teste B. A direção do relacionamento é dada pelo sinal do coeficiente de correlação.

A correlação pode variar em tamanho de –1,0 a +1,0. O tamanho da correlação indica a força da relação, ou quão perto os pontos individuais estão da linha mais adaptável que passa através deles. Se a linha for negativamente inclinada – descendente para a direita – então, o sinal da correlação será negativo. Se os pontos estiverem perto da linha, como estão na Figura 7.1*a*, a correlação está próxima de 1,0, indicando uma tendência muito forte de a habilidade em A estar associada à habilidade em B ($r = +90$). Se os pontos estiverem relativamente longe da linha, como na Figura 7.1*b*, a correlação fica mais próxima de zero, indicando uma tendência fraca de os escores em A serem associados aos escores em B ($r = +15$). A força de uma relação é estimada pelo coeficiente de correlação ao quadrado multiplicado por 100. Assim, a correlação de +0,15 significa que os dois testes têm $0,15^2 = (0,15 \times 0,15) \times 100$, ou cerca de 2%, em comum um com o outro. Nota-se que o tamanho da correlação não tem nada a ver com o seu sinal, porque uma forte correlação pode ser positiva ou negativa. Finalmente, uma correlação de 0,00 indica que a linha de melhor ajuste é uma linha horizontal (uma inclinação de 0), com os pontos espalhados sobre ela de maneira aleatória. Em tal caso, os testes A e B não estariam relacionados.

As correlações são usadas no estudo de capacidades. Se dois testes estão relacionados um com o outro, então, eles têm algumas características subjacentes em comum. No estudo de habilidades, supõe-se que essas características comuns são capacidades que estão subjacentes aos dois testes em questão. Se a correlação entre dois testes é grande em termos de valor (p. ex., ±0,80), concluímos que há pelo menos uma capacidade que está subjacente a ambos os testes. Por outro lado, se a correlação estiver perto de zero, podemos concluir que não existem capacidades subjacentes a ambos os testes; em outras palavras, as capacidades subjacentes a um teste são separadas daquelas subjacentes ao outro.

Exploração adicional

1. Qual seria o valor de correlação esperado que apoiaria uma capacidade subjacente geral para correr rápido (escore de tempo baixo) e saltar longe (escore de grande distância)?
2. Qual seria o valor de correlação esperado para a visão de Henry sobre especificidade para as duas habilidades da questão 1?

---

pontuações em A vão com "boas" pontuações em B, e pontuações "precárias" em A acompanham pontuações "precárias" em B.

Com esse tipo de relação, se fôssemos colocar em gráfico a habilidade A contra a habilidade B, como fizemos na Figura 7.1, na qual cada ponto representa um único indivíduo medido em ambos os testes A e B, esses dois testes devem traçar linearmente um com o outro, o que eles tendem a fazer na Figura 7.1*a*. No entanto, se a habilidade A e a habilidade B não estão relacionadas uma com a outra, então, elas devem ser colocadas em gráfico mais ou menos como se vê na Figura 7.1 *b*. Uma interpretação desses gráficos é a da Figura

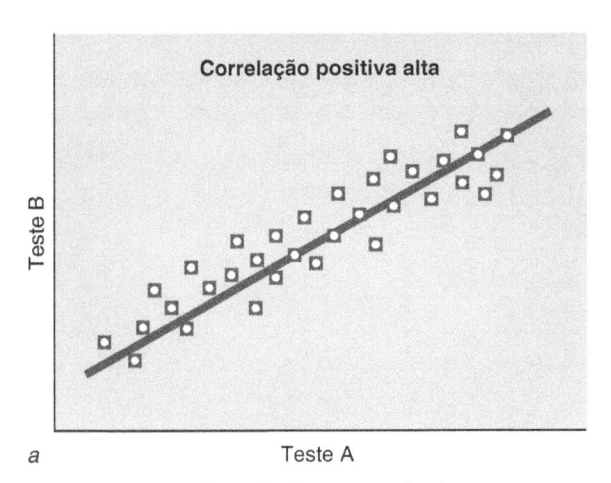

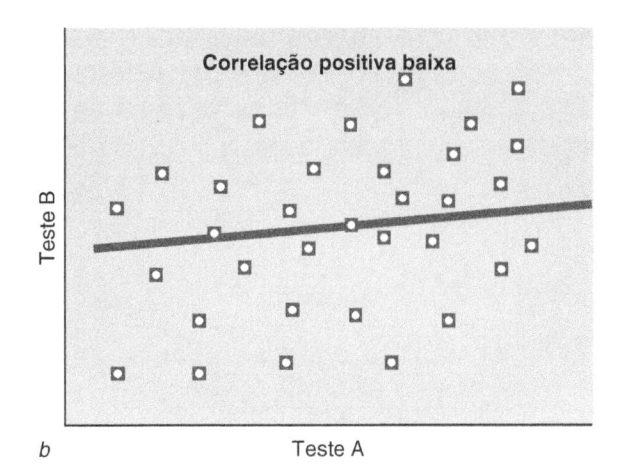

FIGURA 7.1 Gráfico de dispersão de dois testes que revelam uma alta correlação positiva (a) e uma correlação positiva muito baixa (b). Cada ponto na figura representa a performance de um indivíduo, representando a performance em um teste contra a performance no outro teste.

7.1 *a*, habilidade A e habilidade B tendem a serem medidas da mesma maneira, e a interpretação habitual é que ambas são medidas da capacidade. Na Figura 7.1*b*, por outro lado, seríamos forçados a dizer que a habilidade A e a habilidade B não são medidas da mesma capacidade. Isso leva à previsão direta de que se existe capacidade motora geral, com todas as habilidades sendo dependentes de uma única capacidade motora geral, então todas as habilidades devem apresentar relações fortes entre elas, como na Figura 7.1*a*.

Estatisticamente, um gráfico de dispersão como aquele da Figura 7.1*a* implica que as duas habilidades estão *correlacionadas* umas com as outras; ou seja, o **coeficiente de correlação (r)** estatisticamente computado entre esses dois testes deve ser perto de +1, e muito longe de zero. O gráfico de dispersão ilustrado na Figura 7.1*b* implica uma correlação muito baixa positiva entre os dois ensaios e um valor de *r* apenas ligeiramente acima de zero. (Ver Foco na Pesquisa 7.1 para mais informações sobre correlações.)

Correlações entre várias habilidades

Os cientistas examinaram tanto dados de campo como de laboratório para determinar se correlações altas entre habilidades motoras poderiam ser encontradas. Existem inúmeros conjuntos de dados na literatura, mas um realizado por Drowatzky e Zuccato (1967) chega particularmente bem ao ponto. Os autores examinaram seis testes de equilíbrio normalmente encontrados na literatura sobre educação física. Um grupo grande de indivíduos foi submetido a todos os seis testes, e as correlações entre cada par de testes foram computadas (15 pares no total). Esses valores são mostrados na matriz de correlação na Tabela 7.2, que contém a correlação de cada teste com cada um dos outros testes. A maior correlação em toda matriz foi entre os testes chamados de "*bass stand*" e "*sideward stand*" (r = 0,31). Todas as outras correlações foram numericamente menores do que isso, variando de 0,03 a 0,26. Mesmo a maior correlação de 0,31 significa que havia apenas $0,31^2 \times 100 = 9,6\%$ em comum entre esses dois testes: mais de 90% das capacidades subjacentes aos dois testes foram diferentes (ou seja, 100% − 9,6% = 90,4% sendo diferente). Com base nesses dados, é impossível argumentar que havia alguma única capacidade motora geral subjacente à capacidade motora geral que foi responsável pelas diferenças individuais em todos esses testes.

O argumento para a capacidade motora geral é ainda mais fraco, considerando que os testes neste estudo eram todos testes de diferentes maneiras de equilíbrio. Parecia não haver nenhuma capacidade geral mesmo para o equilíbrio, com cada teste medindo alguma capacidade separada para controlar a postura. Lotter (1960) obteve resultados semelhantes para as correlações entre as tarefas que se propõem a medir a velocidade de movimento; a maior correlação entre quaisquer duas tarefas era 0,36. Em um estudo de 50 testes no Programa de Testes das Forças Armadas (Fleishman & Parker, 1962), as correlações entre as tarefas eram, em geral, menores que 0,50, a menos que os testes fossem praticamente idênticos uns aos outros.

Henry baseou a maior parte de seu pensamento em inúmeros estudos que examinaram correlações

TABELA 7.2 Correlações entre seis testes de equilíbrio

	Diver's stand	Stick stand	Sideward stand	Bass stand	Balance stand
Stork stand	0,14	-0,12	0,26	0,20	0,03
Diver's stand	–	-0,12	-0,03	-0,07	-0,14
Stick stand	–	–	-0,04	0,22	-0,19
Sideward stand	–	–	–	0,31	0,19
Bass stand	–	–	–	–	0,18
Balance stand	–	–	–	–	–

Adaptada, com autorização, de Drowatzky e Zuccato 1967.

entre habilidades, sendo que todos eles apresentaram padrões semelhantes ao observado na Tabela 7.2. Ao buscar mais evidências sobre especificidade, no entanto, Henry (comunicação pessoal, University of California, em Berkeley, 1964) uma vez estudou quatro populações diferentes que representam diferentes agrupamentos esportivos: jogadores de basquete, ginastas, atiradores e as pessoas que nunca participaram de uma equipe esportiva. Ele comparou esses grupos em quatro novas habilidades em laboratório. Se a visão de uma habilidade motora geral estivesse correta, então seria de se esperar que os atletas, que supostamente possuíam fortes habilidades gerais, superassem o grupo de não atletas nas habilidades de laboratório. Henry descobriu que todos os grupos atuaram de maneira essencialmente semelhante, o que tendeu a apoiar sua **hipótese de especificidade** e forneceu ainda mais evidências contra a noção de capacidade motora geral.

Esse grande número de publicações sobre correlações entre habilidades é notavelmente consistente para dar suporte às seguintes conclusões:

- Correlações computadas entre diferentes habilidades são geralmente muito baixas.
- Mesmo habilidades que parecem ser bastante semelhantes em geral correlacionam-se de maneira precária.
- Essa ausência geral de correlação entre habilidades é um argumento contra o conceito de uma capacidade motora geral.
- Por outro lado, duas habilidades com apenas diferenças menores (p. ex., arremesso de 10 m arremesso de 15 m para precisão) podem estar fortemente correlacionadas.

- Os dados dizem-nos que há muitas capacidades e não simplesmente uma única capacidade motora geral.

CAPACIDADES E PRODUÇÃO DE HABILIDADES

A partir da evidência apresentada, os cientistas foram forçados a concluir que uma capacidade motora geral única simplesmente não existe. Tal ideia não pode lidar com a massa de evidências correlacionais como as observadas na Figura 7.2. Alternativamente, os cientistas argumentaram que há muitas capacidades, cada uma com um grupo relativamente restrito de tarefas que ele suporta. Isso deixa muitas perguntas sem resposta, como quantas capacidades existem, que capacidades podem estar subjacentes a alguma performance em particular de interesse e como essas capacidades são organizadas com relação umas às outras.

No beisebol, por exemplo, poderíamos suspeitar que a velocidade de corrida é uma das capacidades subjacentes, ou que sustenta a corrida para a base. Deve haver muitas dessas capacidades úteis em várias tarefas de performance humana, como acuidade visual e visão de cores, configuração corporal (altura e constituição física), capacidade numérica, velocidade de reação, destreza manual e sensibilidade cinestésica. Mas só algumas destas serão relacionadas com o beisebol. Evidentemente, essas várias capacidades são disseminadas por todo o sistema motor. A pesquisa de diferenças individuais no comportamento motor baseia-se em uma ampla variedade de tarefas, que variam desde habilidades laboratoriais simples até habilidades relativamente complexas associadas a pilotar um avião. Embora haja ainda muita pesquisa a ser feita, no momento compreendemos muita coisa sobre a estrutura das capacidades motoras humanas.

Tipos de habilidade motora

O pesquisador de diferenças individuais Edwin Fleishman (1964) conduziu inúmeras pesquisas de capacidades que estão subjacentes a habilidades. Adiante encontra-se uma lista breve (existem muito mais capacidades que são listadas aqui). Por muitos anos, Fleishman empregou uma técnica estatística chamada *análise fatorial,* que usa como ponto de partida as correlações entre habilidades (informação análoga àquela observada na Tabela 7.2). Essa lista breve fornece o nome da capacidade (gerada por Fleishman), uma breve descrição do que se acredita que ela mede e um exemplo de atividades do mundo real que podem usar essa habilidade.

- *Tempo de reação.* Importante em tarefas com um único estímulo e uma resposta ao estímulo, em que a velocidade de reação é fundamental, como em tempo de reação simples. Um exemplo é um começo de uma corrida ou competição de natação.
- *Orientação da resposta.* Envolve escolhas rápidas entre uma série de movimentos alternativos, mais ou menos como na escolha do tempo de reação. Um exemplo é a rebatida no beisebol, em que a natureza do campo e, assim, o posicionamento do taco são incertos.
- *Velocidade do movimento.* Subjacente a tarefas em que o(s) braço(s) tem de se mover rapidamente, mas sem um estímulo para o tempo de reação, sendo que o objetivo é simplesmente minimizar o tempo de movimento. Um exemplo é balançar o taco de criquete.
- *Destreza dos dedos.* Envolve tarefas em que pequenos objetos são manipulados pelos dedos e pelas mãos. Um exemplo é enfiar uma agulha.
- *Destreza manual.* Subjacente a tarefas em que objetos relativamente grandes são manipulados com as mãos e os braços. Um exemplo é driblar uma bola de basquete.
- *Integração da resposta.* Envolvida nas tarefas em que muitas fontes de informações sensoriais devem ser integradas para tornar uma resposta eficaz. Um exemplo é jogar como *quarterback* no futebol americano.
- *Capacidades de proficiência física.* Fleishman (1964) também identificou várias capacidades que não têm muito a ver com as habilidades, mas sim envolvem o que ele chamou de "proficiência física." Aqui, nove capacidades adicionais, tais como força dinâmica, força explosiva, coordenação corporal grossa e resistência (resistência cardiovascular) foram identificadas. Há provavelmente muitas outras: este grupo de testes pode ser mais bem considerado como tendo relações com o que em geral é chamado de aptidão física.

Essas ideias sobre as habilidades têm implicações graves para algumas das crenças mais comuns de treinadores, comentaristas esportivos e o público em geral sobre a estrutura da capacidade de movimento. Considere declarações frequentemente ouvidas como "B.B. tem boas mãos." O que isso quer dizer? Para muitas pessoas, isso normalmente significa que, dadas as muitas atividades diferentes das quais B.B. pode participar, o uso de suas mãos é geralmente eficaz. Mas examine a lista anterior de capacidades. Exceto para proficiência física, *cada* capacidade envolve as mãos de alguma maneira, quer para mover objetos pequenos ou grandes, mover-se rapidamente para pressionar um botão ou para acompanhar um alvo em movimento com um aparelho portátil. Ainda assim, cada capacidade é independente das outras. Portanto, não deve haver nenhuma capacidade geral de "boas mãos"; em vez disso, as capacidades necessárias para uma determinada tarefa dependem do que se pede que as mãos façam.

Aqui está outro exemplo. Muitas vezes, ouvimos algo, como "Jessie Mae é rápido", com a pessoa querendo dizer que Jessie Mae geralmente reage, responde e move-se rapidamente sempre que são necessárias ações rápidas. No entanto, a lista anterior inclui pelo menos três capacidades separadas para agir rapidamente: (a) o tempo de reação (tempo de reação simples), em que um único estímulo leva a uma resposta única; (b) orientação da resposta (tempo de reação de escolha), em que um de diversos estímulos é apresentado, sendo que cada um requer a sua própria resposta acelerada; e (c) velocidade de movimento (tempo de movimento), que mede o tempo de um movimento produzido sem um estímulo iniciador (isto é, não incluindo o tempo de reação). Subjetivamente, cada uma dessas capacidades envolve o que poderíamos chamar de "rapidez". No entanto, como na situação com as "boas mãos" de B.B, essas capacidades são separa-

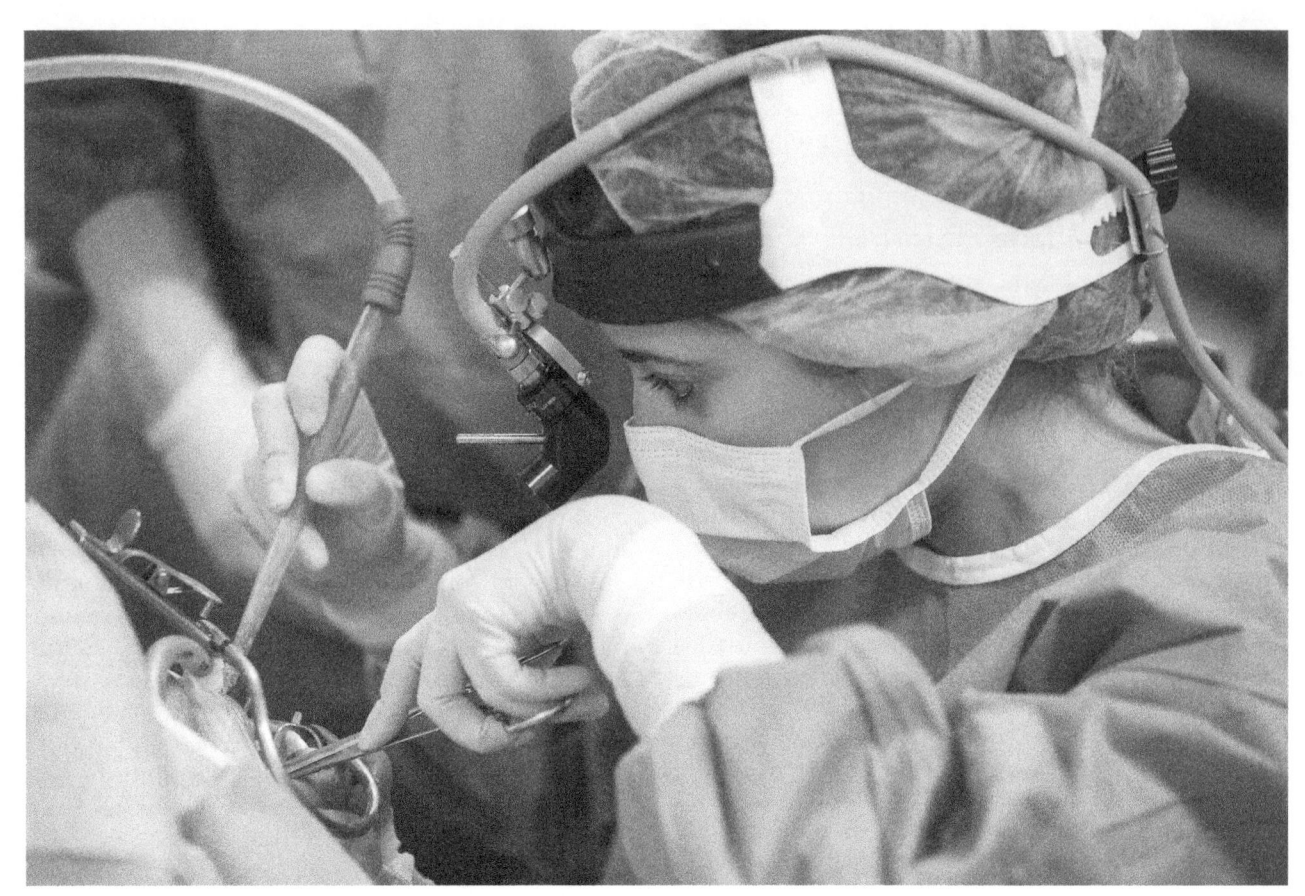

Que tipos de capacidade motora contribuiriam para o sucesso de um cirurgião especialista?

das e independentes, indicando que existem pelo menos três maneiras de a capacidade ser rápida. Portanto, ser rápido depende de circunstâncias específicas em que respostas rápidas são necessárias.

Capacidade motora geral reconsiderada

Olhando coletivamente a pesquisa sobre os tipos diferentes de capacidade motora, pode haver uma maneira muito menos importante em que uma hipótese de capacidade motora geral realmente faz sentido, afinal. Embora as correlações entre habilidades sejam geralmente muito baixas, elas não são exatamente zero, significando que os testes correlacionam-se entre si em uma extensão muito menor (como ilustrado na Figura 7.2). Assim, pode haver um fator geral muito fraco subjacente à maioria das habilidades motoras, dando uma ligeira vantagem aos indivíduos com uma capacidade tão forte. Isto é, por vezes, chamado de **supercapacidade**, para distingui-la da noção anterior de capacidade motora geral. Em qualquer caso, tal supercapacidade não deve ser muito forte, uma vez que as correlações entre as habilidades são geralmente bem baixas. Talvez, capacidades para habilidades sejam semelhantes às capacidades para atividades intelectuais: acredita-se que uma capacidade intelectual geral fraca (QI) seja subjacente a quase todo o funcionamento cognitivo, mas várias capacidades específicas são muito mais importantes (p. ex., capacidades numéricas e capacidades verbais); algo semelhante parece ser o caso para as habilidades motoras.

Tenha cuidado, porém, porque esse argumento de modo nenhum torna correta a noção anterior de que todas as potencialidades de movimento são baseadas em uma única capacidade motora geral. Simplesmente, há muita evidência contra essa visão, e ela não tem lugar no nosso pensamento moderno sobre capacidades motoras humanas.

Essa seção sobre capacidades pode ser resumida com um diagrama de como os conceitos importantes de supercapacidade, capacidades e habilidades estão relacionadas. A Figura 7.2 mostra apenas algumas das capacidades e habilidades discutidas até aqui. À esquerda desta estrutura está a supercapacidade, que contribui de maneira menos

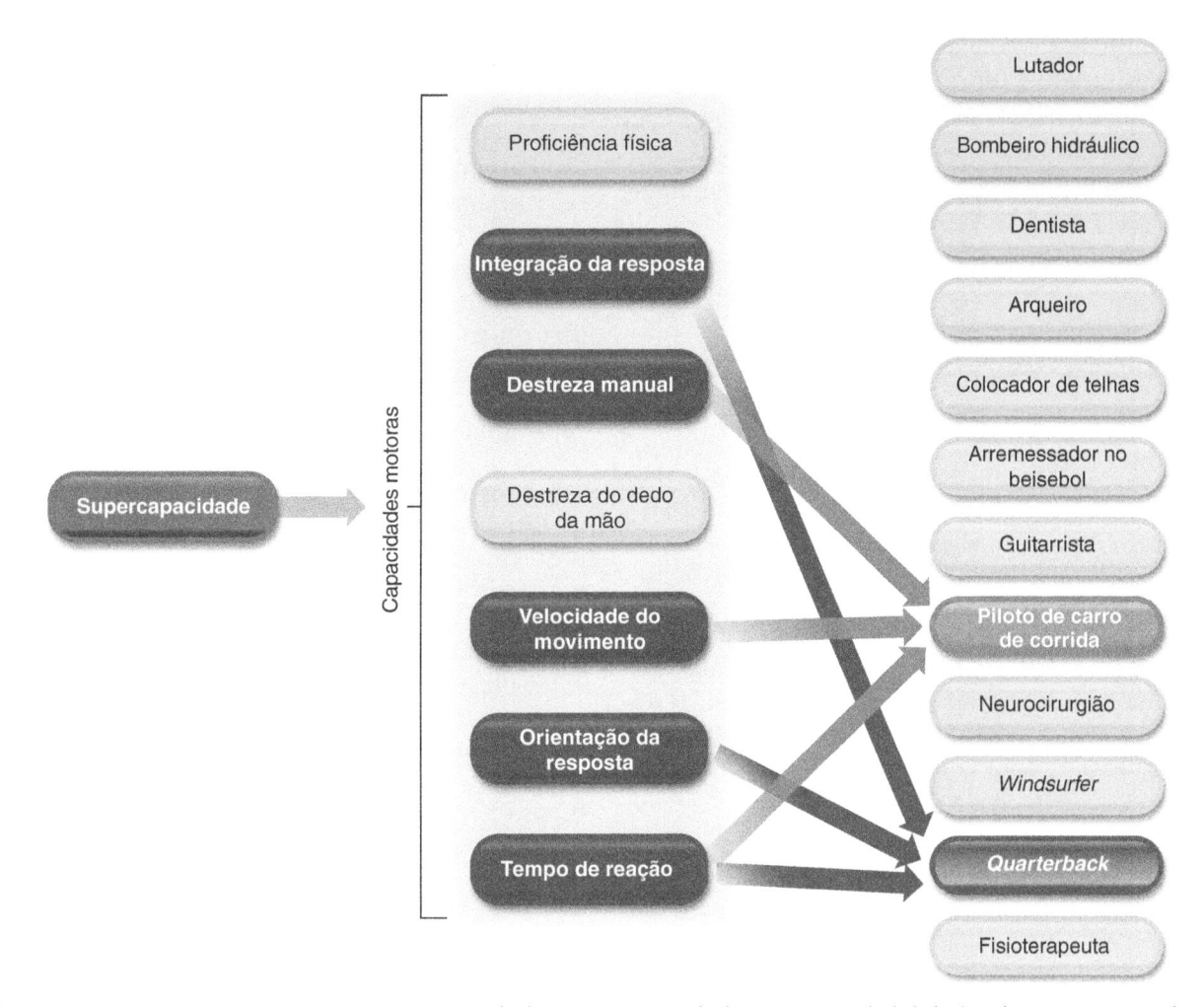

FIGURA 7.2 Ligação entre uma supercapacidade, várias capacidades motoras e habilidades de movimento selecionadas. Toda tarefa é composta de uma seleção de capacidades e qualquer capacidade pode contribuir para inúmeras tarefas separadas.

importante para todas as habilidades motoras separadas. Em seguida viriam 20 a 50 capacidades motoras (apenas 7 são mostradas), que fornecem capacidades específicas para executar essas muitas habilidades.

Há várias características importantes para destacar aqui. Uma determinada habilidade, por exemplo, aquela do piloto de carro de corrida, recebe contribuição de um pequeno número das capacidades subjacentes. Poderíamos imaginar que a velocidade de movimento, a destreza manual e o tempo de reação são representados nesta habilidade, enquanto outras habilidades (p. ex., orientação de resposta) não são. Isso acompanha a visão de que habilidades específicas são baseadas em combinações de várias capacidades subjacentes. Além disso, diferentes habilidades podem usar subconjuntos sobrepostos de capacidades. Um padrão bem-sucedido de capacidades de um *quarterback* é diferente daquele do piloto de carro de corrida; embora algumas das mesmas capacidades sejam utilizadas em ambas as habilidades (p. ex., possivelmente tempo de reação), enquanto outras capacidades não são compartilhadas entre os dois (p.ex., possivelmente, a destreza dos dedos). Por isso, há inúmeras habilidades individuais e apenas relativamente poucas capacidades que podem apoiá-las.

Para resumir o envolvimento de capacidades na produção de habilidades, as seguintes conclusões podem ser declaradas:

▶ Qualquer habilidade tem contribuições de várias capacidades motoras fundamentais
▶ Algumas das capacidades subjacentes a uma habilidade desempenham papéis muito do-

minantes, enquanto outras têm um papel relativamente fraco.
- Duas habilidades diferentes terão padrões diferentes de capacidades subjacentes.
- Duas habilidades diferentes podem ter algumas capacidades em comum.

Capacidades como base para classificação de habilidade

No Capítulo 1, classificamos as habilidades em (a) habilidades abertas *versus* fechadas, (b) habilidades seriadas-contínuas-discretas, e assim por diante. O estudo das diferenças individuais também nos leva a identificar os tipos de capacidade que fundamentam as habilidades, o que possibilita classificação adicional da habilidade. Essas classificações são importantes para aplicação prática porque possibilitam que os instrutores orientem os métodos de instrução e prática para requisitos de tarefa específicos, facilitando assim a performance e acelerando a aprendizagem. As classificações ajudam na instrução de várias maneiras.

1. Os princípios de performance e aprendizagem são um pouco distintos para diferentes classes de atividades. Portanto, para aplicar esses princípios de maneira adequada para a classificação da ação – não misturar princípios destinados para tarefa tipo A quando se tenta ensinar a tarefa tipo B, para a qual o princípio pode não se aplicar, parece essencial.
2. Em segundo lugar, saber que a tarefa tem um forte componente cognitivo ou tem uma ênfase especial na sensação cinestésica poderia influenciar as maneiras como você instrui o aluno durante a prática. Você pode orientar os métodos de instrução e prática para requisitos de tarefas particulares, facilitando assim a performance e acelerando a aprendizagem.
3. Por fim, a análise de tarefas informa a categoria em que a tarefa que você está ensinando pode se encaixar para que possa ajustar seus métodos avançados de ensino de acordo.

Portanto, a classificação efetiva possibilita ao instrutor assegurar que os princípios de aprendizagem que estão sendo usados são apropriados para a habilidade que está sendo ensinada, para fornecer ao aluno mais assistência com características subjacentes da habilidade importantes para o controle do movimento e para escolher um indivíduo para treinamento avançado com base na correspondência de capacidades possuídas pela pessoa e envolvidas na tarefa.

As classificações em termos de capacidades podem ser feitas tanto casual como formalmente, com precisão diferente como resultado. Em um nível muito casual, você pode simplesmente produzir uma "adivinhação instruída" sobre as capacidades subjacentes em uma habilidade perguntando a si mesmo quais ações parecem exigir quais capacidades. Alternativamente, muitos têm usado o método pelo qual os especialistas ou treinadores são questionados sobre a estrutura fundamental da tarefa. Pelo fato de executantes especialistas, professores e treinadores poderem ser muito sofisticados sobre as habilidades, esse tipo de análise tem o potencial de descobrir muita informação útil (p. ex., Fleishman & Stephenson, 1970).

A desvantagem desse método é que, muitas vezes, executantes altamente proficientes não sabem como eles fazem o que fazem. Como você aprendeu, muitos processos em habilidades são inconscientes, tais como a execução de programas motores e a detecção de padrões de fluxo ópticos; assim, os executantes não têm bom acesso consciente a eles e não podem dizer a você como eles os utilizam. Um exemplo pertinente vem de Polanyi (1958), que descobriu que ciclistas campeões não conseguiam explicar os princípios de equilíbrio na bicicleta, o que evidentemente era fundamental para sua tarefa. Além disso, o famoso tenista Bjorn Borg afirmou que imediatamente antes de bater na bola em um golpe *forehand*, ele "rolaria" a raquete "sobre a bola", o que produziria *topspin* na bola de maneira que ela cairia mais rapidamente depois de cruzar a rede. Braden (comunicação pessoal, 1975) teve uma oportunidade de observar Borg no Vic Braden Tenis College, onde ele fez gravações de vídeo em alta velocidade do golpe *forehand* de Borg. Braden detectou que Borg não girava sua raquete imediatamente antes do contato com a bola. Era verdade que Borg golpeava a bola com a raquete em uma orientação "girada", com certeza para ajudar no *topspin*, mas esta rotação ocorria muito cedo em seu golpe – não imediatamente antes de golpear a bola como Borg afirmou. É fácil imaginar como um instrutor de tênis bem intencionado que supôs que a caracterização de Borg estava correta poderia pedir aos alunos para tentar "rolar a raquete sobre a bola," exatamente como Borg havia dito. Existem muitos exemplos como esse no mundo dos esportes. Muito pode ser aprendido com executantes campeões, mas você deve estar preparado para não acreditar em tudo o que eles lhe dizem.

PREVISÃO E SELEÇÃO COM BASE NA CAPACIDADE

Como indicado no início deste capítulo, uma grande parte do trabalho sobre as diferenças individuais refere-se à previsão da performance ou habilidade. Nós discutimos a tentativa da companhia de seguros de prever a possibilidade de que você vai ter um acidente automotor com base em determinadas características, ou habilidades. Na indústria, um diretor pessoal pode querer prever quais de vários candidatos a um emprego será o mais bem-sucedido no trabalho, não agora, mas após um ano de treinamento e experiência. No esporte, Ed Fleishman (comunicação pessoal, 1970) descreveu o esforço feito pelo proprietário do então – time de beisebol profissional Kansas City Royals para desenvolver um procedimento pelo qual as capacidades encontradas como críticas para o beisebol adulto poderiam ser medidas em jogadores relativamente jovens (escola secundária). Sabendo quais dos jogadores mais jovens tinham as capacidades "certas" para o beisebol adulto, os treinadores da equipe poderiam dedicar atenção extra e tempo de prática para aqueles jogadores que possuem habilidades relacionadas ao beisebol de nível adulto, evidentemente com a ideia de elaborá-las mais tarde.

Existem várias características comuns a todos esses exemplos. Primeiro, alguém quer saber algo sobre as capacidades de performance *futura* de um indivíduo em alguma "habilidade criteriosa" – a habilidade final em que a pessoa está interessada. Seria simples estimar quem *atualmente* é um bom executante, mas é outra questão ser capaz de prever quem – após o crescimento, maturação ou treinamento adicional – vai tornar-se mais hábil no teste-critério (ver Fleishman & Hempel, 1955). Em segundo lugar, esse processo de previsão exige saber quais capacidades são importantes para a tarefa-critério. O processo poderia envolver medição das capacidades em funcionários já habilitados na indústria, ou medir capacidades de atletas talentosos. Em terceiro lugar, o processo envolve a medição (ou, pelo menos, alguma estimativa) das capacidades observadas na performance presente dos candidatos que poderia prever qual dos candidatos tem o padrão de capacidades que corresponde à habilidade de critério mais completamente.

Foco na PRÁTICA 7.2

Moneyball

O recente livro e o filme feito a partir dele, ambos intitulados *Moneyball*, fornecem um exemplo realista dessas ideias advindas do beisebol profissional. Antigamente, as variáveis (medidas nos jogadores do ensino médio ou universitários), que foram utilizadas para prever quem poderia se tornar jogador de beisebol profissional, usando variáveis de previsão bastante óbvias, como média de rebatidas e *home runs* atingidas. Mas uma equipe, a Oakland Athletics, decidiu que essas variáveis não eram tão importantes como algumas outras, tais como o número de vezes que um jogador atingia a primeira base (por qualquer meio) e o número de saídas *ground-ball* que um rebatedor induziu em um jogo. O livro e o filme estabeleceram alguns dos sucessos dessas tentativas de prever o sucesso no beisebol profissional. Métodos de mudança pareceram compensar para o time Oakland.

Foco na
PESQUISA 7.2

Efeito da idade relativa

Este é um fenômeno interessante. Suponha que está analisando as estatísticas sobre jogadores de hóquei de alto nível no Canadá (ou seja, aqueles que jogam nos times Junior A ou profissional). Essas estatísticas, utilizadas principalmente para fins promocionais, incluem coisas como altura, peso de cada jogador, posição em que joga, cidade natal e data de aniversário. Se examinar os aniversários desses jogadores, você vai descobrir que quase ninguém na equipe nasceu nos últimos meses do ano e a maioria nasceu em janeiro, fevereiro e março. Por que deveria ser o caso de a maioria dos jogadores de hóquei de alto nível ter nascido no começo do ano? Astrologia?

Começando com a pesquisa de Barnsley, Thompson e Legault (1992) seguida de muitas investigações desde então (revisada por Cobley et al., 2009), existe uma explicação muito convincente e razoável. (Malcolm Gladwell, autor de vários livros, como *The Tipping Point* [2000] e *Outliers* [2008], também tinha algumas ideias interessantes sobre o assunto).

O hóquei, no Canadá, é um esporte muito especial e tradicional. Aparentemente, a maioria das crianças sonha em fazer sucesso no mais alto nível possível no hóquei. Como resultado, o hóquei canadense está estruturado de modo que equipes de muitas faixas etárias estão disponíveis para as crianças participarem, começando com uma idade muito precoce (apenas 5 anos de idade). Geralmente, nas ligas em que eles jogam, os jogadores são distribuídos em equipes com base nos agrupamentos de idade anos-calendário. O resultado é que uma criança que joga em um time de 10 anos de idade no ano de 2014, por exemplo, teria nascido em algum momento do ano de 2004; se o aniversário da criança fosse no início de 2005, então, ela seria direcionada para o time de 9 anos. Métodos muito semelhantes são usados para diversos esportes de jovens em muitos países ao redor do mundo.

Esse procedimento cria um viés muito interessante. Por exemplo, uma criança nascida em 1º de janeiro de 2005 iria jogar no time de 9 anos, enquanto uma criança nascida em 31 de dezembro de 2004 iria jogar em um time de 10 anos de idade, embora essas duas crianças tenham apenas um dia de diferença de idade. Sabemos, é claro, que, especialmente em meninos, um ano de idade (em especial aos 10 anos) faz uma grande diferença em termos de maturidade, tamanho do corpo e assim por diante; meninos mais velhos (ou seja, aqueles com uma data de nascimento mais no início do ano-calendário) tendem a ser maiores, mais rápidos e mais fortes, sendo que outros fatores são iguais. Naturalmente, os treinadores dessas equipes por faixa etária concentram a maior parte de sua atenção nos jogadores mais eficazes, estabelecendo o cenário para um fenômeno do "rico fica mais rico". Como resultado, eles progridem mais do que as crianças nascidas mais no final do ano, que são transferidas para a equipe da próxima faixa etária: assim, eles têm uma vantagem porque (a) ainda são mais velhos do que as crianças nascidas no final do ano e (b) têm o treinamento e a atenção extras durante o ano anterior, porque são mais velhos, e assim por diante.

Esse fenômeno foi rotulado de "**efeito da idade relativa**" porque os jogadores que nascem no início de um determinado ano são "relativamente mais velhos" do que os jogadores nascidos mais tarde naquele ano, apesar de, por métodos tradicionais, eles poderem ter a "mesma idade". De certa maneira, esse argumento vai contra a ideia de que os jogadores campeões nascem com as capacidades "certas"; em vez disso, esse argumento sugere que os jogadores que tiveram "sorte suficiente" de nascerem no início do ano, têm uma vantagem sobre suas contrapartes nascidas no final do ano. Esse tema – de que executantes de habilidades de alto nível eram simplesmente "sortudos" de várias maneiras – ocorre repetidamente no *Outliers* de Gladwell (2008).

Exploração adicional

1. Suponha que equipes esportivas na escola foram baseadas nas datas de nascimento anos-escola, em vez de datas de nascimento ano-calendário. Quais crianças (nascidas em quais meses) seriam beneficiárias e perdedoras nessa "sorte de sorteio"?
2. Além das habilidades do hóquei, cite duas habilidades motoras que podem ser afetadas de maneira semelhante por este efeito de idade relativa e duas habilidades motoras que você pode prever que não seriam afetadas.

Portanto, tentativas de previsão envolvem esses componentes:

► Compreender as capacidades subjacentes à tarefa-critério
► Estimar a força dessas capacidades em candidatos como indicações de suas potencialidades futuras na tarefa-critério
► Estimar (ou prever) o potencial (ou seja, futuro) nível de habilidade na tarefa-critério com base em informações atuais sobre os candidatos

Se o potencial do indivíduo para desempenho habilidoso subsequente em alguma tarefa pode ser estimado, muitas vantagens podem ser conseguidas. Novatos poderiam ser direcionados para aquelas atividades para as quais eles poderiam tornar-se mais adequados. Evidentemente, todas as pessoas poderiam ser treinadas por um tempo prolongado, e as que são bem-sucedidas no final deste período de treinamento poderiam, então, simplesmente ser selecionadas ou contratadas. Mas o treinamento em geral é caro e demanda tempo. A predição fornece um método para reduzir a quantidade total de tempo de treinamento que deve ser usada para uma determinada tarefa. Além disso, dessa maneira, a formação pode ser mais focada nos indivíduos selecionados. Para aqueles indivíduos não selecionados para uma determinada atividade, o treinamento pode ser focado em outras atividades para as quais são mais adequados. Esse é o fundamento para o treinamento olímpico e os procedimentos de seleção usados por muitos países recentemente.

Padrões de capacidades mudam com a prática

Um fenômeno importante a considerar quando se tenta prever performance habilidosa é que o padrão de capacidades subjacentes a determinadas tarefas muda com a prática e a experiência. Em um nível, isso é evidente. Para iniciantes, atividade cognitiva considerável é envolvida em decidir o que fazer; lembrando o que vem depois do que; e tentando definir as instruções, as regras, a pontuação da tarefa e outras coisas do gênero. Com alguma experiência, à medida que se aprende sobre as partes intelectuais da tarefa, essas capacidades cognitivas são substituídas por mais capacidades motoras relacionadas com o movimento do membro.

Essa ideia geral foi mostrada em um estudo realizado por Fleishman e Hempel (1955). Eles usaram o que são chamados de "**testes de referência**", testes relativamente bem compreendidos de estudos anteriores (alguns deles são referidos no início do capítulo), que são usados para medir capacidades de diversos tipos (p. ex., tempo de reação, tempo de movimento, relações espaciais). Fleishman e Hempel administraram esses testes de referência para um grupo de indivíduos para identificar o nível de várias capacidades de cada um. Os indivíduos, em seguida, praticaram uma tarefa de tempo de reação (TR) de discriminação visual complexa. A tarefa envolvia uma série de quatro luzes coloridas (duas vermelhas e duas verdes) dispostas em um padrão quadrado. Quatro botões de alarme horizontais, que poderiam ser empurrados ou puxados, foram usados para responder às luzes, dependendo de uma relação espacial complexa entre os estímulos. Os pesquisadores entraram com os escores nos testes de referência, juntamente com os resultados do teste de TR de discriminação, em uma análise fatorial, o que possibilitou a eles medir quanto da performance no teste de TR de discriminação poderia ser explicado por cada uma das capacidades medidas pelos testes de referência. Mais importante ainda, essas análises fatoriais possibilitaram aos pesquisadores determinar como a relação entre tarefa e os testes de referência *se alteraram como função da prática na tarefa de discriminação*.

Em primeiro lugar, observe a grande área sombreada na parte inferior da Figura 7.3 rotulada como "tempo de reação de discriminação, específico." Essa linha começa em cerca de 20% (significando que é um contribuinte moderadamente grande para a performance); então, aumenta em toda prática para um valor próximo de 40% – em que torna-se o maior contribuinte individual para a performance. Isso pode ser interpretado como indicando que o teste de TR de discriminação torna-se cada vez mais *específico* com a prática, ou seja, o TR de discriminação depende cada vez menos de vários testes de referência à medida que a prática continua, ou que o TR da discriminação correlaciona-se cada vez menos com outros testes, ou ambos. Em essência, o TR de discriminação torna-se cada vez mais a sua "própria tarefa", sem tanta dependência em outras capacidades.

Em segundo lugar, observe que as contribuições dos vários testes de referência também parecem mudar à medida que a prática continua. Por exemplo, o segundo painel de cima para baixo no gráfico da Figura 7.3 representa as contribuições das "relações espaciais" do teste de referência. No primeiro ensaio, as "relações espaciais" são de longe a capacidade mais importante nessa tarefa, sendo responsável por mais variância (cerca de 30%) do que qualquer outro dos testes de referência. Mas sua contribuição diminui acentuadamente durante a prática, até o ponto em que contribui apenas com cerca de 5% para a performance no 15° ensaio. Observe também que a "taxa de movimento" do teste de referência aumenta sua con-

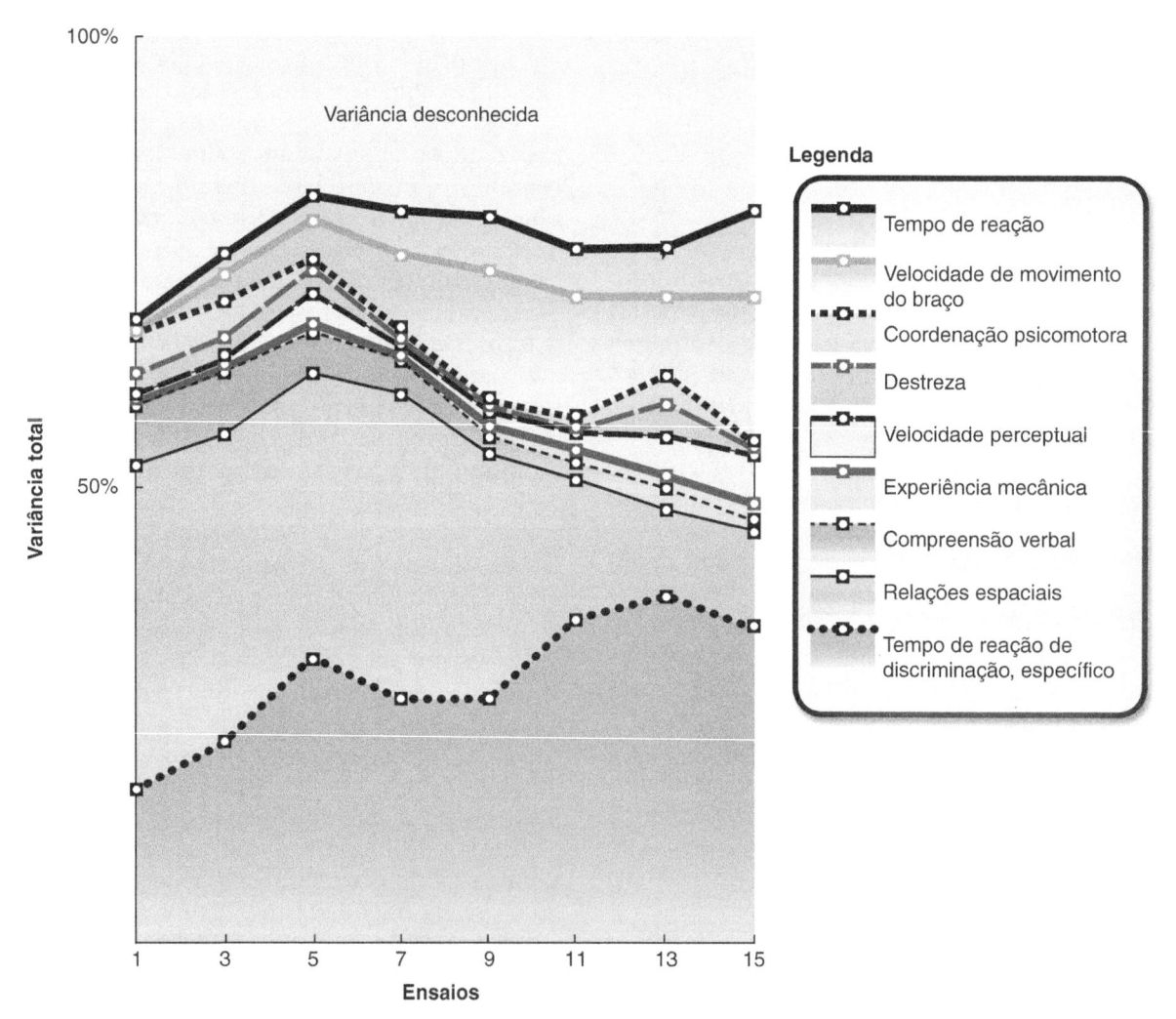

FIGURA 7.3 Resultados de Fleishman e Hempel (1955), mostrando as alterações na variância explicadas por testes de referência sobre uma tarefa de TR de discriminação como função da prática.

Reproduzida, com autorização, de Fleishman e Hempel 1955.

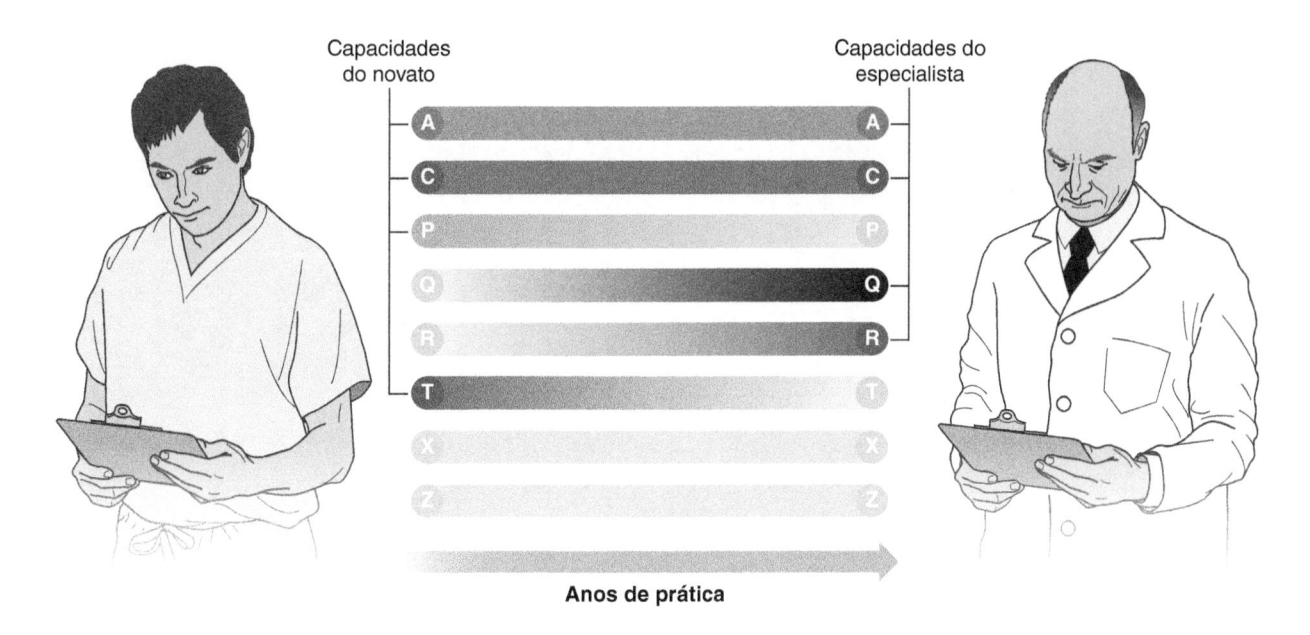

FIGURA 7.4 Mudanças nas capacidades subjacentes à medida que o aprendiz evolui de novato para especialista. Algumas capacidades desaparecem e são substituídas por outras, enquanto outras capacidades permanecem.

tribuição para o TR de discriminação no mesmo momento. Ou seja, a estrutura dessa tarefa parece "mudar" com a prática; a performance parece depender de (ou estar relacionada com) capacidades diferentes no início da prática se comparado com o seu fim. Ou seja, a prática produziu mudanças nas contribuições relativas das várias capacidades – não mudanças nas capacidades em si.

Considere uma atividade como a cirurgia e suponha que se sabe quais capacidades são subjacentes a esta habilidade quando os executantes são essencialmente novatos. Como se vê na Figura 7.4, quando a pessoa é novata, essa tarefa é composta por capacidades hipotéticas A, C, P e T (observe a posição do final escurecido de cada barra). Com treinamento adicional nessa tarefa, esse padrão de habilidades muda gradualmente, de modo que o padrão de capacidades do especialista envolve capacidades A, C, Q e R. Observe que duas das capacidades, A e C, estão presentes, tanto em executantes novatos como experientes. Outras capacidades, T e P, saem para serem substituídas por capacidades não representadas anteriormente – Q e R. Talvez, as capacidades T e P fossem capacidades cognitivas, que saíram como prática continuada (p. ex., ver estágios de Fitts de aprendizagem no Capítulo 9). Ainda outras capacidades, X e Z, nunca são representadas nesta habilidade, independentemente do nível de habilidade. Lembre-se, as capacidades são geneticamente definidas e não modificáveis pela prática. É o uso, ou a seleção, das capacidades que muda com a prática.

A dificuldade é que, embora um indivíduo possa ter capacidades adequadas para a performance novata (capacidades A, C, T e P na Figura 7.4), isto frequentemente não é o padrão adequado de capacidades necessário para a performance especialista (capacidades A, C, Q e R). Portanto, selecionar pessoas por que elas são boas como novatas – ou por terem fortes capacidades em A, C, T e P, o que é a mesma coisa – irá capturar apenas uma parte do trabalho de predição. A maior parte do conhecimento sobre capacidades baseia-se em performances de nível relativamente novato; e, infelizmente, pouco se sabe sobre as capacidades que são subjacentes às performances de muito alto nível, o que torna a tarefa de predizê-las bastante difícil.

Performances na prática inicial

Essa mudança de capacidades com prática e experiência pode ser um problema se você tentar selecionar executantes com base em sua performance na prática inicial. Um procedimento comum é convidar um grupo grande de jovens para experimentar uma determinada equipe ou atividade. Após um período de prática relativamente breve

Velocidade de corrida é uma capacidade que provavelmente influencia o sucesso na corrida de base. Que outras capacidades seriam importantes, seja para um *base-runner* novato ou especialista?

de algumas horas, aqueles executantes mais habilidosos nessas atividades são convidados a permanecer no time, e aos outros se diz que não ficarão. Você talvez veja dificuldade nesse procedimento. Referindo-se à Figura 7.4 novamente, suponha que as pessoas que foram bem-sucedidas nesse estágio inicial da prática são fortes nas capacidades A, C, T e P. Essas pessoas, após prática extensa, podem não estar muito bem adaptadas para proficiência de alto nível porque podem não ser fortes nas capacidades Q e R.

O problema é ainda mais grave do que isso. Considere um indivíduo que tem as capacidades adequadas para a performance *especialista* (ou seja, A, C, Q e R, para usar nos exemplo atual). Embora essa pessoa tenha as capacidades para realizar essa habilidade no final da prática, ela não tem as capacidades adequadas para a performance *novata;* observe que se as capacidades T e P não são fortes, há a probabilidade de que ela nem será selecionada para permanecer com a equipe após o período de prática inicial breve. Pelo fato de as capacidades subjacentes a uma habilidade mudarem com o nível de proficiência, temos uma grande probabilidade de perder as pessoas "certas" se basearmos a seleção na performance no nível de novato. A solução para esse problema parece ser possibilitar que o maior número de executantes possível tenha a oportunidade de participar por mais tempo possível, de modo que os candidatos possam gradualmente moverem-se em direção a seus próprios níveis mais altos de proficiência. Então, avaliando níveis altos de habilidade e padrões especializados estáveis de capacidades, técnicos e treinadores podem selecionar de maneira mais confiável.

Quão eficaz é a previsão de habilidade?

A previsão para o futuro sucesso, em princípio, soa maravilhosamente bem, mas há várias dificuldades na prática atual. Por exemplo, em várias tentativas de prever sucesso em atividades como pilotagem militar, os indivíduos são medidos em um grande número de "testes de predição", que são presumivelmente (como determinado por pesquisa de análise fatorial anterior – testes de referência) medidas de várias capacidades subjacentes. A relação entre essa bateria de testes de predição e a tarefa-critério de pilotagem é computada usando-se uma técnica estatística chamada de regressão múltipla. Aqui, não está no nosso escopo fornecer uma discussão da regressão múltipla; vamos apenas dizer que os procedimentos de regressão múltipla aplicam pesos (indicando "importância em") em vários testes preditores, de tal maneira que a soma pesada das variáveis preditoras correlaciona-se maximamente com o critério.

Essas correlações (chamadas correlações múltiplas, abreviadas R) em geral, não são muito altas nas situações de predição de habilidades – talvez 0,30 ou 0,40; a *maior* dessas correlações que vimos relatada na literatura foi apenas 0,70 (Adams, 1953, 1956; Fleishman, 1956). Lembre-se, com correlações, isso significa que apenas $0,70^2 \times 100$ ou 49% das capacidades subjacentes à tarefa-critério de pilotagem estão sendo medidas pela bateria de testes; as capacidades remanescentes subjacentes à pilotagem são desconhecidas. A situação é ainda menos favorável no atletismo porque este problema não recebeu quase nenhum estudo sistemático, enquanto a predição da pilotagem teve muito suporte de pesquisas. O resultado é que a predição em situações esportivas não é muito eficaz.

Por que a previsão eficaz é tão difícil de alcançar, mesmo com tarefas que têm atraído esforços fortes de pesquisa? Vários fatores contribuem para o problema.

Padrões de capacidades geralmente não são conhecidos

Uma dificuldade é que o padrão de capacidades subjacente à performance bem-sucedida de várias tarefas-critério geralmente não é muito bem compreendido. Os treinadores e instrutores em geral têm algumas ideias gerais sobre essas capacidades, evidentemente, como as capacidades de serem altos no basquete e grandes no futebol americano. Além disso, no entanto, a determinação das capacidades de várias atividades esportivas baseia-se principalmente em um trabalho de adivinhação. Relacionado a isso está o fato de que, mesmo se as capacidades não forem conhecidas, ninguém sabe ao certo como medi-las. Portanto, pelo fato de as habilidades subjacentes a um determinado esporte e a performance geralmente serem mal-compreendidas e de difícil mensuração, há pouca base para predição eficaz.

Muitas capacidades são subjacentes a uma determinada habilidade

Mesmo que algumas das capacidades de uma atividade-critério específica fossem compreendidas e pudessem ser medidas, há provavelmente muitas outras capacidades subjacentes a esta tarefa. Por exemplo, se 15 das 50 ou mais habilidades devem ser medidas para se prever de maneira eficaz, imagine o tempo e o gasto para medir cada habilidade em cada um dos grandes grupos de candidatos. Evidentemente, alguns sucessos na predição podem ser conseguidos usando apenas um ou dois testes, mas a vantagem será relativamente pequena, devido a muitas capacidades relevantes que não são consideradas.

Geralmente, a previsão de sucesso em habilidades de movimento não é muito eficaz no comportamento motor pelas seguintes razões:

▶ As habilidades subjacentes nas performances motoras não foram estudadas sistematicamente e não são bem compreendidas.
▶ O número dessas capacidades subjacentes é provavelmente grande, exigindo que muitas capacidades sejam medidas.
▶ O padrão de capacidades relevantes muda com a prática e a experiência, dificultando a predição de performances especialistas.

RESUMO

Há muitos aspectos interessantes das diferenças individuais entre as pessoas e as maneiras pelas quais essas variações podem ser compreendidas. Um conceito fundamental é o de uma capacidade, que é definida como um traço durável, estável, principalmente genético, que é subjacente à performance de várias tarefas. Uma capacidade é distinguida de uma habilidade, que é proficiente em alguma tarefa em particular. A pesquisa de Henry (e de outros) nos diz que o velho conceito de uma capacidade motora (ou atlética) geral, com uma capacidade considerada subjacente a toda proficiência motora, é simplesmente incorreta. Em geral, as relações (medidas por correlações) entre várias habilidades são baixas, sugerindo que há diversas capacidades, que são específicas de tarefas particulares. Parece haver muitas capacidades motoras – talvez 50 ou algo em torno disso, quando elas são todas descobertas – que devem ser capazes de ser responsáveis pelas performances motoras.

A capacidade de prever o sucesso dos executantes em alguma atividade futura é uma consideração de diferença individual fundamental, e o sucesso da predição baseia-se na noção das capacidades. No entanto, mesmo nas áreas mais minuciosamente estudadas da performance motora, a predição não é muito efetiva, com certeza por causa da compreensão incompleta das capacidades fundamentais que são subjacentes à performance. Isso ocorre particularmente no esporte, em que a maioria das áreas recebeu pouco estudo científico. Finalmente, o padrão de capacidades para uma habilidade em particular muda com a prática, exigindo cautela nas tentativas de prever o sucesso final de um executante com base nas performances na prática inicial.

AUXÍLIOS PARA APRENDIZAGEM

Aprendizagem interativa

Atividade 7.1: explorar a distinção entre uma capacidade e uma habilidade, indicando qual em uma lista de descrições se aplica a cada um.

Atividade 7.2: teste a sua compreensão das correlações entre habilidades por meio da interpretação de dois gráficos de correlação e como suas habilidades de performance mais provavelmente se correlacionariam.

Atividade 7.3: identificar os fatores para prever a potencialidade de performance futura de um indivíduo para uma tarefa específica.

Exercício de princípios para aplicação

Atividade 7.4: o exercício de princípios para aplicação para este capítulo levam-o a identificar um esporte ou atividade e analisar as capacidades e habilidades que afetariam sua performance, bem como considerar as questões que surgem quando se prevê quem seria bem-sucedido no esporte ou na atividade e que desafios podem surgir.

Verifique sua compreensão

1. Como as correlações estatísticas foram usadas para examinar as capacidades? O que os pesquisadores descobriram sobre as correlações entre as habilidades? O que isso diz a você sobre o conceito de uma capacidade motora geral?

2. Descreva três componentes envolvidos nas tentativas de predição de um futuro nível de habilidade em uma tarefa-critério. Quão eficaz é a predição da habilidade em uma situação de esporte?

Aplique seu conhecimento

1. Explique as diferenças entre uma capacidade e uma habilidade. Como você ilustraria essas diferenças para uma amiga que lhe disse que gostaria de treinar rapidez em seu jovem time de hóquei de campo? O que você poderia sugerir incluir na prática para melhorar as habilidades que exigem velocidade?

2. Que dificuldades que um caçador de talentos para uma equipe de natação de alto nível pode encontrar ao prever que as crianças em um acampamento de natação provavelmente se sairão bem em um nível alto? Como as habilidades necessárias para um bom desempenho como um novato podem diferir daquelas necessárias após vários anos de treinamento?

Sugestões de leitura complementar

A leitura adicional sobre o pensamento inicial sobre diferenças individuais do controle motor pode ser encontrada em Henry (1958/1968); outros tratamentos foram escritos por Fleishman (1957; Fleishman & Bartlett, 1989); e uma breve discussão está incluída na revisão de Adams (1987). Ackerman realizou grande parte da pesquisa mais recente e teorização na área de diferenças individuais (p. ex., Ackerman, 2007). Uma discussão geral sobre a história e a natureza das capacidades motoras pode ser encontrada em Schmidt e Lee (2011, Capítulo 9). Consulte a lista de referência para estes recursos adicionais.

PARTE II

Princípios de Aprendizagem de Habilidade

Até este ponto do texto, nosso foco tinha sido a compreensão de alguns dos fatores que estão subjacentes ao comportamento motor: os princípios de controle do movimento. A maioria das grandes variáveis que determinam a qualidade da produção do movimento foi introduzida e discutida. Além disso, desenvolvemos um modelo conceitual de comportamento motor. Esse modelo concentra em um só lugar a maioria dos fatores importantes que determinam a produção motora e indica suas interações, fornecendo um diagrama relativamente completo que representa como as habilidades são controladas. Esse modelo conceitual é compatível com as evidências de pesquisa; na verdade, nenhum processo teria sido incluído no modelo, a menos que os dados empíricos sugerissem que deveria ser incluído. Nesse ponto, então, você deve ter uma compreensão geral razoavelmente boa de como as habilidades são executadas e quais poderiam ser alguns dos fatores limitantes.

Agora é a hora de colocar esse modelo em funcionamento para ajudar na compreensão de como as habilidades são adquiridas e melhoradas com a prática, e também a maneira como o sistema motor pode adaptar-se depois de um acidente vascular cerebral ou uma lesão, de modo que o comportamento motor seja novamente possível. Os conceitos e a terminologia na Parte II devem ser familiares, pois são essencialmente os mesmos que foram utilizados na Parte I. Um dos principais focos da Parte II é nas maneiras como os componentes do modelo conceitual podem mudar com a prática e a experiência, bem como nos princípios baseados em pesquisas que regem tais mudanças. Assim, como na Parte I, uma grande ênfase está na pesquisa que indica como determinadas variações na prática contribuem para a futura potencialidade para o movimento. Como você verá, muitas dessas variações de prática estão disponíveis para o treinador ou o instrutor para usar diretamente com os aprendizes; portanto, essa discussão inclui muitas maneiras pelas quais a prática pode ser variada em contextos do mundo real para maximizar a aprendizagem. Outra ideia importante se refere à noção de transferência de aprendizagem – o conceito de que a prática em uma variação da tarefa pode realizar, ou "transferir para", alguma tarefa diferente. Por isso, uma das principais preocupações é como a prática em simuladores pode, ou não, realizar bem alguma outra tarefa diferente. Outra questão relacionada diz respeito à extensão até onde as habilidades são mantidas ao longo do tempo, de modo que possam ser úteis para o executante no futuro. O leitor orientado para a prática achará esta seção do texto útil.

8

Introdução à Aprendizagem Motora
Conceitos e Métodos na Pesquisa e Prática

PALAVRAS-CHAVE

Aprendizagem motora
Curva de performance
Curvas de aprendizagem
Potencialidade
Teste de retenção
Teste de transferência
Transferência de aprendizagem

PERFIL DO CAPÍTULO

Aprendizagem motora definida
Como a aprendizagem motora é medida?
Distinção entre aprendizagem e performance
Transferência de aprendizagem
Resumo

OBJETIVOS DO CAPÍTULO

O Capítulo 8 introduz o conceito de aprendizagem motora e descreve os princípios de como ele é estudado. Este capítulo irá ajudá-lo a compreender

- uma definição clara de aprendizagem motora e como ela difere da performance motora,
- efeitos temporários e "relativamente permanentes" de variáveis de prática,
- *designs* de transferência e sua importância na pesquisa de aprendizagem, e
- medição de transferência de habilidades motoras.

Imagine que você é um instrutor em um curso de dois dias de ressuscitação cardiopulmonar (RCP), encarregado de ensinar um conjunto de habilidades para um grupo de adultos. Para definir os conceitos, você quer medir os níveis de habilidade no final do curso, mas está confuso sobre como fazê-lo. A melhor medida de habilidade levaria em consideração os níveis de proficiência dos alunos no início da aula? Você mediria a quantidade aprendida no final de um curso, quando a fadiga pode influenciar as medições? Ou mediria a habilidade em algum momento mais tarde, após o término do curso, pois algum esquecimento pode ter ocorrido? Quais as habilidades deve pedir aos alunos para realizar como teste – a mesma praticada anteriormente ou pequenas variações dela? E sob quais condições o teste seria realizado – nas condições livres de estresse em que as habilidades foram ensinadas, ou nos níveis elevados de agitação que, sem dúvida, colocariam as habilidades do teste em uma emergência real, ou algo entre essas hipóteses?

Este capítulo trata da aprendizagem de habilidades motoras, o conjunto notável de processos por meio do qual a prática e a experiência podem gerar ganhos grandes, quase permanentes na performance humana. O foco inicial é na compreensão do conceito de aprendizagem, estabelecendo algumas ideias básicas sobre como a aprendizagem é definida e conceituada. Então, nos voltamos para como, e com que normas, pode-se medir e avaliar a eficácia da prática, tanto em laboratório como em ambientes práticos com relevância para o ensino. Portanto, é uma discussão de transferência de aprendizagem, por meio da qual as habilidades adquiridas em uma situação podem ser aplicadas em outra.

A capacidade de aprender é fundamental para a existência biológica porque possibilita que organismos se adaptem às particularidades de seus ambientes e lucrem com a experiência. Para os humanos, esse aprendizado é muito importante. Pense como seria passar pela vida equipado apenas com a capacidade herdada no momento do nascimento. Os humanos seriam na verdade seres relativamente simples, sem a capacidade de falar, escrever ou ler, e, certamente, sem a capacidade de realizar as habilidades de movimento complexas observadas no esporte, na música ou na indústria. Embora a aprendizagem ocorra para todos os tipos de performances humanas – cognitivas, verbais, interpessoais e assim por diante,– o foco aqui é sobre os processos que estão subjacentes à aprendizagem das potencialidades cognitivas e motoras que levam a habilidades como definido anteriormente.

A aprendizagem parece ocorrer quase continuamente, como se tudo que você faz hoje gere conhecimento ou capacidades que afetam a maneira como faz outras atividades no futuro.

No entanto, este livro aborda uma visão mais restrita de aprendizagem, em que o foco está em situações que envolvem a prática, isto é, tentativas deliberadas de melhorar a performance de uma habilidade ou ação particular. A prática, evidentemente, frequentemente ocorre em aulas ou lições, seja em grupos, como poderia ser observado no exemplo da RCP apresentada antes, ou individualmente, como em aulas particulares de esqui ou sessões de fisioterapia. Em geral, mas nem sempre, há um instrutor, terapeuta ou treinador para orientar essa prática, para avaliar o progresso do aprendiz e dar *feedback* sobre isso, e decidir sobre as atividades futuras para maximizar o progresso. Este foco na prática com um instrutor define uma classe importante de atividades humanas e requer investigação de muitos fatores – tais como a natureza das instruções, avaliação e agendamento – que coletivamente determina a eficácia da prática.

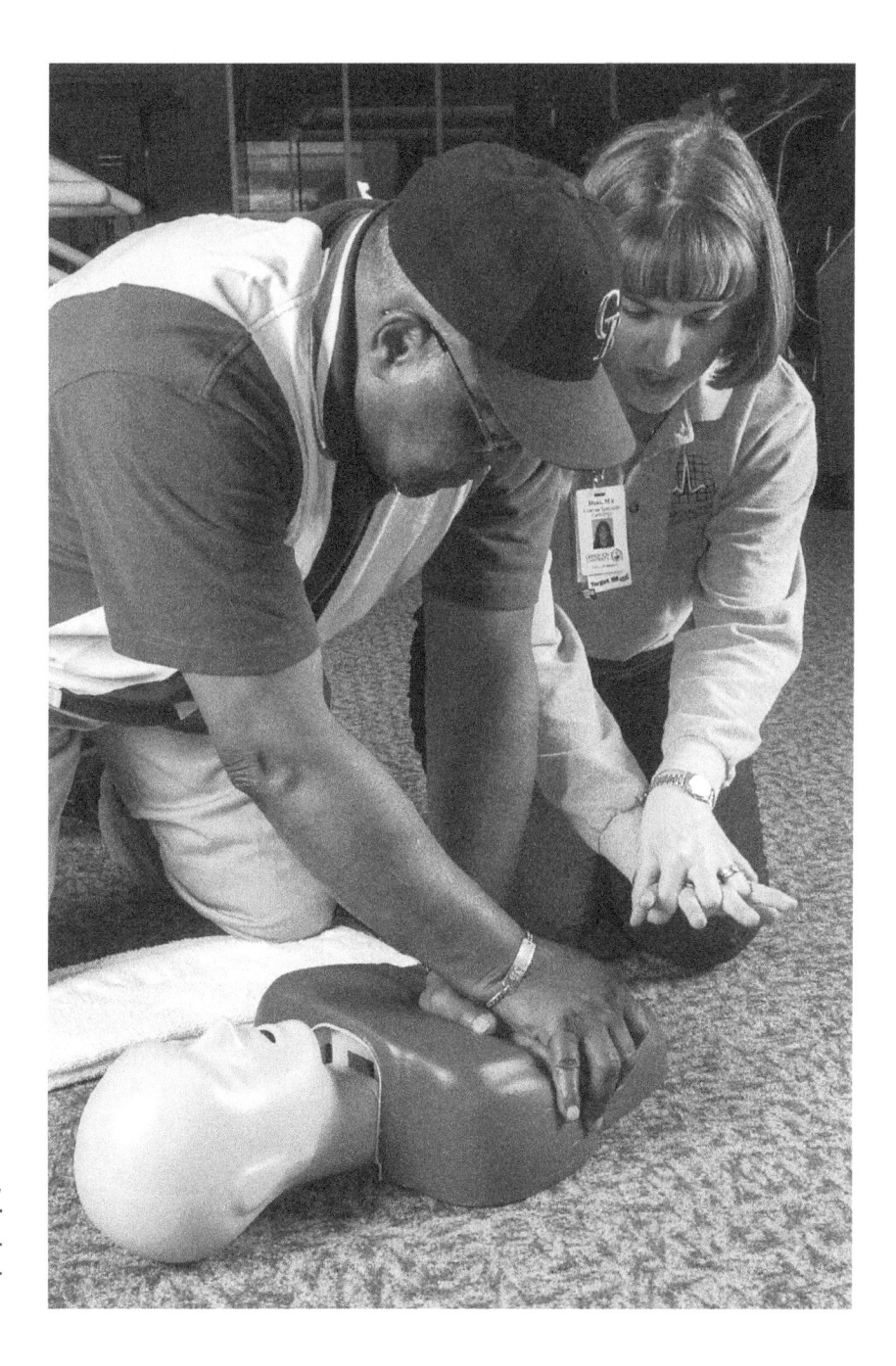

▌Para alunos aprendendo RCP, como a aprendizagem pode ser estruturada para que a habilidade seja transferida para situações da vida real?

Os instrutores responsáveis pela prática estão em uma posição importante para influenciar a aprendizagem se eles tiverem uma compreensão sólida dos processos fundamentais subjacentes às situações de prática. Um ponto de partida crítico é a compreensão da natureza e a definição de aprendizagem.

APRENDIZAGEM MOTORA DEFINIDA

Quando uma pessoa pratica, o resultado óbvio é quase sempre um nível melhor de performance, que pode ser medido de várias maneiras, tais como uma pontuação menor no golfe, tempo reduzido para concluir uma operação cirúrgica simples ou um maior número de telhas pregadas em um período de 20 min. Mas há mais na aprendizagem do que apenas um desempenho melhorado. Os psicólogos descobriram que é útil definir aprendizagem em termos de ganho na *potencialidade* subjacente para a performance desenvolvida durante a prática, com a potencialidade melhorada levando a um melhor desempenho.

Mas esteja ciente de que um melhor desempenho não define, por si só, a aprendizagem. Em vez disso, uma performance melhorada é uma indicação de que a aprendizagem *pode* ter ocorrido, o que representa uma distinção importante. Essa ideia pode ser formalizada por uma definição:

Aprendizagem motora é um conjunto de processos associados à prática ou experiência que leva a ganhos relativamente permanentes na potencialidade para a performance qualificada.

Há vários aspectos importantes para esta definição que são discutidos nas próximas seções.

A aprendizagem afeta a potencialidade

O termo "**potencialidade**" para a performance pode parecer estranho, mas simplesmente reflete o fato de que qualquer performance isolada pode não refletir o nível de habilidade que está na base da performance. Assim como o corredor mais rápido nem sempre ganha a corrida, qualquer performance pode ser superior ou ficar aquém da sua verdadeira capacidade teórica. Então, estamos interessados em medir a potencialidade subjacente (ou capacidade) para a performance, lembrando que em qualquer ocasião o aluno pode não realizar o máximo de sua potencialidade por várias razões.

A aprendizagem resulta da prática ou experiência

Todos sabem que há muitos fatores que melhoram a capacidade para a performance habilidosa. No entanto, a aprendizagem está relacionada apenas com alguns destes fatores – aqueles relacionados com a prática ou experiência. Por exemplo, a performance das potencialidades das crianças aumenta à medida que elas amadurecem e crescem. No entanto, esses fatores de crescimento não são evidência de aprendizagem porque não estão relacionados com a prática. De maneira semelhante, os ganhos em resistência cardiovascular ou força poderiam ocorrer em programas de treinamento, levando a performance mais efetiva em atividades como o futebol; mas estas mudanças não estão relacionadas com a prática como considerado aqui.

A aprendizagem não é diretamente observável, mas seus produtos são

Durante a prática, existem muitas alterações do sistema nervoso central, que alguns chamam de "plasticidade cerebral", em que o termo "plasticidade" se refere a um cérebro que é mutável sob várias condições. Algumas dessas alterações ajudam a estabelecer alterações relativamente permanentes na potencialidade do movimento. Contudo, esses processos em geral não são diretamente observáveis, assim sua existência deve ser inferida a partir das mudanças na performance que presumivelmente apoiam. É útil pensar que essas mudanças estão ocorrendo para os processos de tomada de decisão fundamental e de controle de movimento, discutidos nos capítulos anteriores, que são colocados juntos no modelo conceitual de performance humana. A Figura 8.1 mostra novamente o modelo conceitual, desta vez destacando alguns dos processos de desempenho humano considerados como influenciados pela prática.

Alguns exemplos de alterações desses processos são (a) automaticidade aumentada, juntamente com velocidade e precisão, ao analisar as informações ambientais e de *feedback* do movimento (durante identificação do estímulo); (b) melhorias nas maneiras como as ações são selecionadas (durante a seleção de resposta) e parametrizadas (na programação do movimento); (c) construção de

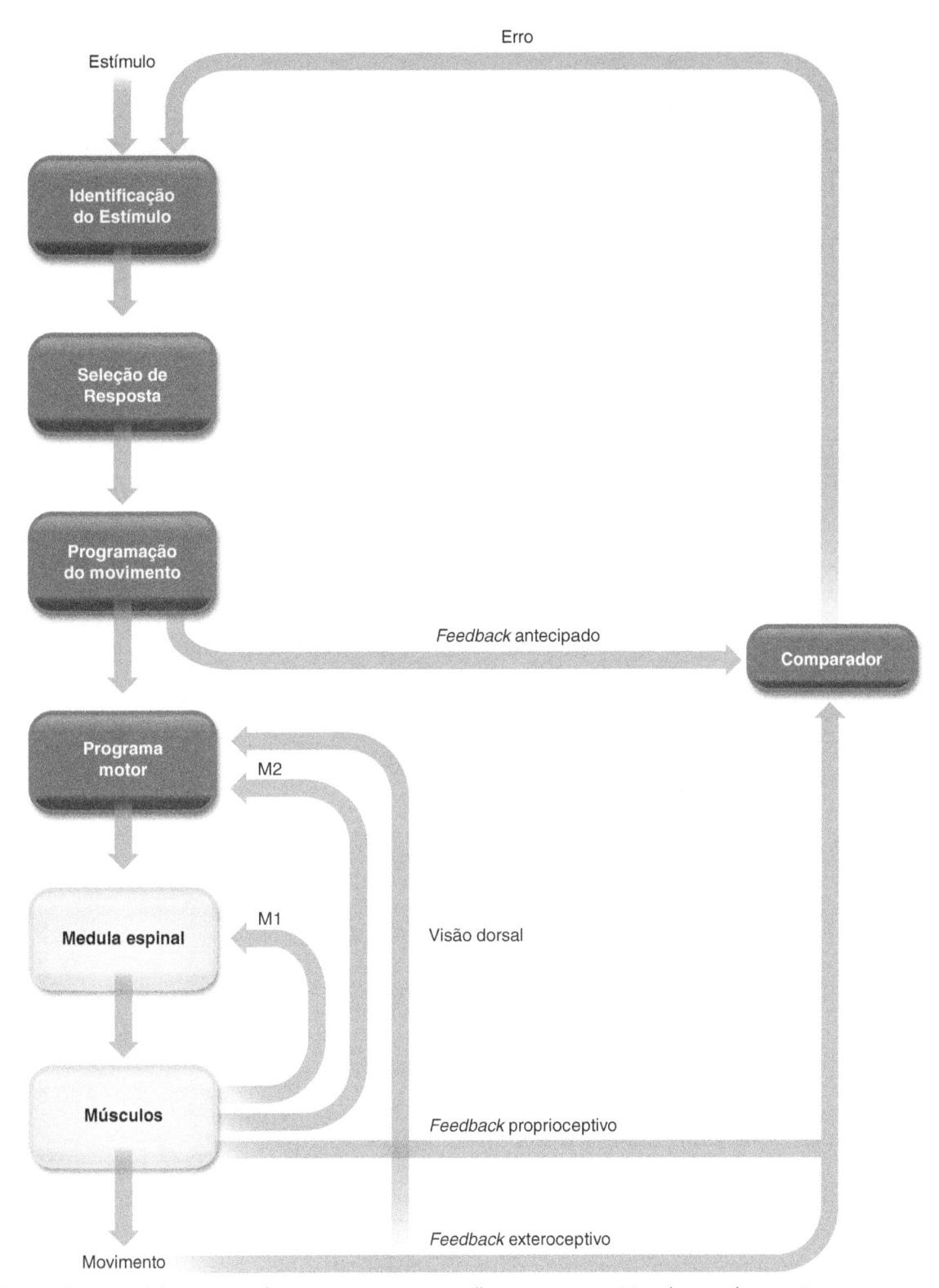

FIGURA 8.1 Modelo conceitual com processos que melhoram com a prática destacados em cinza escuro.

programas motores generalizados e efetores mais eficazes; (d) fornecimento de *feedback* mais exato e preciso de várias maneiras, e (e) estabelecimento de referências mais precisas de taxa de correção para ajudar, por exemplo, o equilíbrio. Na verdade, a aprendizagem pode ocorrer em todos os níveis do sistema nervoso central, mas os níveis em destaque na Figura 8.1 são responsáveis pelas maiores mudanças. Evidentemente, todos esses processos foram discutidos antes; agora é apenas adicionada a noção de que eles podem ser melhorados de várias maneiras por meio da prática, levando a uma performance mais eficaz.

Embora os processos subjacentes não sejam diretamente observáveis, podemos, em geral, observar e medir os produtos do processo de aprendizagem por meio da medição das mudanças na habilidade. Alterações nos processos subjacentes levam a potencialidade mais eficaz para a habilidade, que então possibilita performances mais hábeis. Portanto, as evidências sobre o desenvolvimento desses processos podem ser adquiridas por meio do exame de testes de desempenho cuidadosamente escolhidos. Em geral, supõe-se que os ganhos de performance desses testes resultam de ganhos na habilidade.

A aprendizagem requer alterações relativamente permanentes

Uma importante qualificação deve ser adicionada à seção anterior. Para que uma mudança no nível de performance habilidosa seja considerada como decorrente da aprendizagem, a mudança deve ser *relativamente permanente*. Muitos fatores diferentes afetam o nível momentâneo de performance habilidosa, sendo que alguns são temporários e transitórios. Por exemplo, as habilidades podem ser afetadas por drogas, perda de sono, humor, estresse, motivação, e muitos outros fatores. A maioria dessas variáveis altera a performance apenas para o momento, e seus efeitos desaparecem em breve. Considere cafeína, por exemplo; os ganhos de performance do estado descafeinado não são decorrentes da aprendizagem, pois as mudanças são transitórias e reversíveis por nova adição de cafeína. Há muitas variações de prática que podem ser demonstradas por afetar muito a performance, mas com frequência esses efeitos gradualmente desaparecem, possibilitando que a performance retorne ao seu nível anterior. Essas alterações por certo não foram relativamente permanentes.

Ao estudar a aprendizagem, é importante compreender aquelas variáveis práticas que afetam a performance de maneira relativamente permanente. Essa capacidade alterada é em seguida uma parte relativamente permanente da composição da pessoa e está disponível em algum momento futuro, quando essa habilidade é necessária.

Uma analogia pode ser útil. Quando a água é aquecida para fervura, há mudanças em seu comportamento (análogo ao desempenho). Evidentemente, esses não são permanentes, pois a água regressa ao estado original, assim que os efeitos da variável (aquecimento) dissipam-se. Essas alterações, por conseguinte, não seriam análogas às alterações de aprendizagem, pois não são relativamente permanentes. No entanto, quando um ovo é fervido, o seu estado é também alterado. Essa mudança é relativamente permanente porque o resfriamento do ovo não reverte seu estado para o original. As mudanças relativamente permanentes no ovo são análogas às mudanças no ser humano devido à aprendizagem. Quando as pessoas aprendem, mudanças relativamente permanentes ocorrem e sobrevivem à mudança para outras condições ou à passagem do tempo. Depois de aprender, você não é mais a mesma pessoa que era antes, assim como o ovo não é o mesmo.

A percepção de que as alterações da performance devido à aprendizagem devem ser relativamente permanentes conduziu a métodos especiais para a medição de aprendizagem e avaliação dos efeitos da prática. Essencialmente, esses métodos possibilitam aos cientistas separar mudanças relativamente permanentes (devido à aprendizagem) de alterações temporárias (devido a fatores transitórios). Voltamos a essa ideia em uma seção posterior.

Para enfatizar as características de definição de aprendizagem, é importante manter as seguintes afirmações em mente:

▶ A aprendizagem resulta da prática ou experiência.

▶ A aprendizagem não é diretamente observável.

▶ Mudanças de aprendizagem são inferidas a partir de determinadas mudanças de performance.

▶ A aprendizagem envolve um conjunto de processos no sistema nervoso central.

▶ Nem todas as mudanças na performance são decorrentes da aprendizagem

- A aprendizagem produz uma potencialidade adquirida para a performance habilidosa.
- As mudanças de aprendizagem são relativamente permanentes, não transitórias.

COMO A APRENDIZAGEM MOTORA É MEDIDA?

Para ambos os efeitos experimentais de aprendizagem em laboratório e os efeitos práticos de aprendizagem em aplicações da vida diária, a medição de aprendizagem e a avaliação do progresso são realizadas alinhadas com os mesmos princípios gerais. Alguns são apresentados nesta seção.

Curvas de desempenho

De longe, a forma mais comum e tradicional para avaliar o progresso de aprendizagem durante a prática é por meio de **curvas de performance**. Suponha que um grande número de pessoas está praticando alguma tarefa e as medidas de performance para cada uma de suas tentativas foram coletadas. A partir desses dados, um gráfico da performance média para cada tentativa pode ser desenhado, como na Figura 8.2. Esses dados foram gerados a partir de uma tarefa de rastreamento de perseguição rotativa, em que indivíduos tentaram manter uma caneta segurada na mão em contato com um alvo em constante movimento. A medida da performance, tempo-no-alvo (a média do número de segundos em contato durante um ensaio de 10 s), mostra uma melhora à medida que ensaios acumulam-se ao longo de cinco dias de prática (Adams, 1952).

Para a prática com outras tarefas, a curva inclina para baixo, tais como aquelas em que o tempo ou os erros são as medidas de desempenho. A Figura 8.3 envolve uma tarefa em que os indivíduos tentaram adaptar-se a um padrão de meta complexa de movimento do braço. Um erro na realização do padrão adequado (denominado raiz quadrada do erro quadrático médio, ou erro RMSE; ver Capítulo 1) é a medida de performance, e é reduzido de forma rápida no início, depois mais lentamente à medida que continua a prática. Semelhante ao que é observado na Figura 8.2, há uma pequena regressão na performance entre os dias de prática, devido ao esquecimento e outros processos (como a redução de exercícios preparatórios; ver Capítulo 9), mas depois de alguns ensaios os aprendizes recuperaram seus níveis de performance anteriores e continuaram a melhorar.

Comparando as Figuras 8.2 e 8.3, pode-se observar imediatamente que as curvas de performance inclinam para cima e para baixo de-

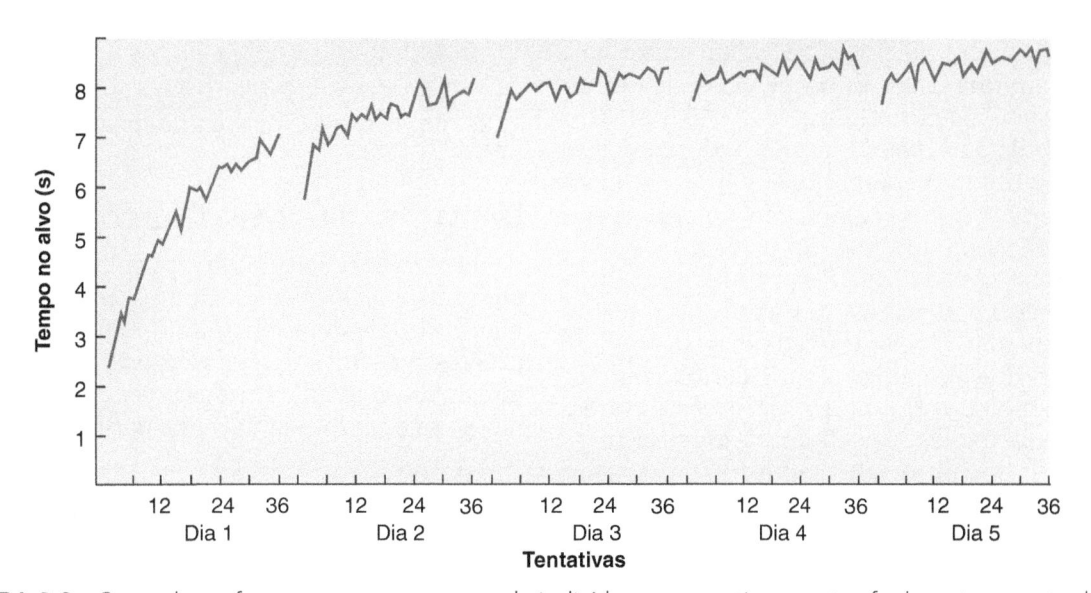

FIGURA 8.2 Curva de performance para um grupo de indivíduos que pratica uma tarefa de rastreamento de perseguição rotativa. O escore reflete a quantidade de tempo em contato com o objeto a ser rastreado durante um ensaio de 10 s.

De Adams (1952), American Journal of Psychology. Copyright 1952 por Board of Trustees da University of Illinois. Usada, com permissão, da University of Illinois Press.

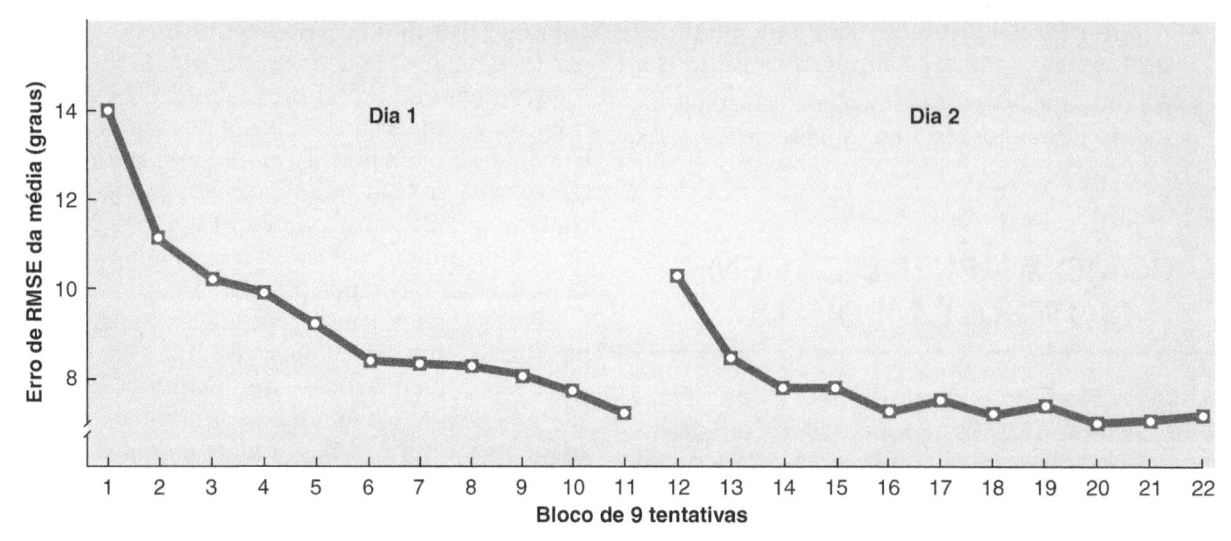

FIGURA 8.3 Curva de performance para um grupo de indivíduos praticando uma tarefa de padronização do braço. O escore reflete a quantidade de erros (expressada como raiz quadrada do erro quadrático médio [RMSE]), que indica o quanto perto os movimentos estavam do padrão de meta.

Reimpressa, com permissão, de Weinstein e Schimdt 1990.

pendendo de os dados de medição aumentarem (distância percorrida, número de conclusões bem-sucedidas, e assim por diante) ou diminuírem (erros, tempo) com a prática e a experiência. Outra característica das curvas de performance que é tipificada em ambas as figuras é que alterações grandes ocorrem no início da prática e em seguida, gradualmente, mais tarde. Em alguns casos, as melhorias podem ser quase concluídas depois de várias dezenas de ensaios, enquanto em outros casos as melhorias poderiam continuar por anos, embora estas alterações fossem muito pequenas em anos posteriores.

Essa forma geral de curvas de performance – íngreme no início e gradual mais tarde – é uma das características mais comuns de aprendizagem de qualquer tarefa e reflete um princípio fundamental, chamado de "lei da prática" (Snoddy, 1926). A forma matemática dessas curvas e como elas mudam com várias características da tarefa e da natureza dos aprendizes foi discutida com algum pormenor por inúmeros escritores na área de habilidade (p. ex., Newell, Liu & Mayer-Kress, 2001, 2009). De volta à década de 1960, Franklin Henry (ver Capítulo 1) estava fazendo um ajuste considerável da curva logarítmica usando dados, tanto das tarefas de aprendizagem motora como das tarefas de fadiga e tentou entender várias mudanças nas formas dessas curvas de performance (comunicação pessoal, University of California, em Berkeley, 1962).

Os principais pontos, até agora, sobre as curvas de performance podem ser resumidos como se segue:

▶ Curvas de performance são plotagens de performance individual ou média contra ensaios práticos.
▶ Tais curvas podem aumentar ou diminuir com a prática, dependendo do modo particular como a tarefa é pontuada.
▶ A lei da prática diz que melhoras são a princípio rápidas e muito mais lentas depois – um princípio quase universal de prática.

Limitações de curvas de performance

Existem muitas formas úteis para usar as curvas de performance, tais como exibir os ganhos de performance de um determinando aprendiz ou traçar o progresso de um grupo de indivíduos. Ao mesmo tempo, diversas dificuldades potenciais exigem cautela ao se fazer interpretações a partir dessas curvas.

Curvas de performance não são curvas de aprendizagem

Mesmo as curvas de performance sendo úteis para ilustrar o progresso dos aprendizes, várias características limitam sua utilidade. Primeiramente, essas não são **curvas de aprendizagem**, como se tivessem de alguma maneira mapeado o progresso

Foco na
PESQUISA 8.1

Curvas de aprendizagem: fatos ou artefatos?

Em um importante artigo antigo, Bahrick e colaboradores (1957) identificaram uma série de artefatos das chamadas curvas de aprendizado. Os indivíduos praticaram uma tarefa de rastreamento na qual os movimentos da mão de uma alavanca foram usados para acompanhar um cursor variável apresentado em uma tela. Os pesquisadores registraram as performances para análise e posteriormente pontuaram de três maneiras diferentes. Primeiro, eles definiram uma faixa estreita de exatidão em todo o percurso (5% da largura da tela) e contaram o número de segundos de cada tentativa de 90 s que o indivíduo estava sobre aquele alvo. Essas pontuações, chamadas escores de tempo-no-alvo (TNA), medem a precisão do indivíduo. Em seguida, Bahrick e colaboradores estimaram o TNA usando uma banda de correção que foi um pouco maior (15% da largura da tela) e, em seguida, eles fizeram isso novamente por uma grande banda alvo de correção (30% da largura da tela). Em seguida, eles colocaram esses vários escores TNA para cada ensaio, produzindo as três curvas mostradas na Figura 8.4.

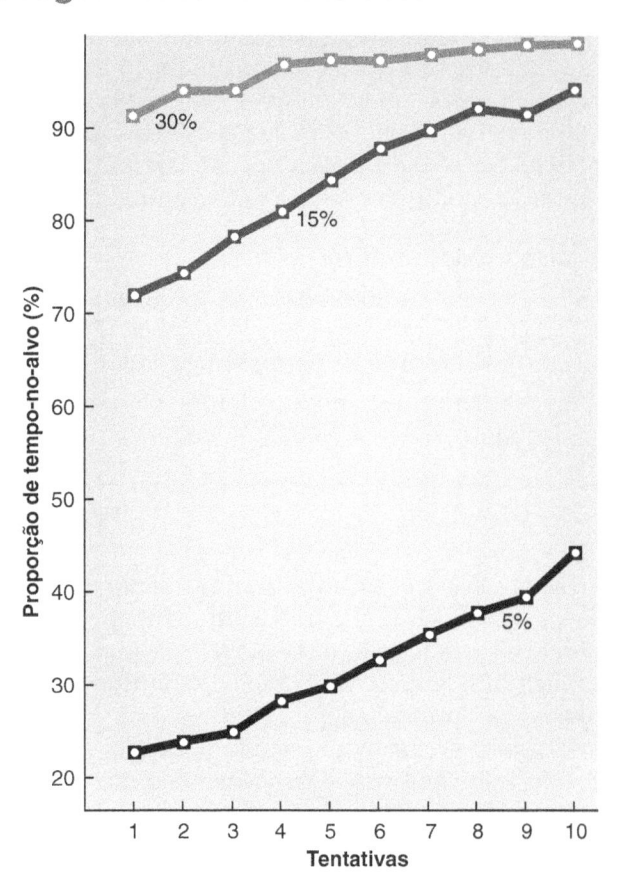

FIGURA 8.4 Proporção de tempo-no-alvo para um grupo de indivíduos que pratica uma tarefa de rastreamento, pontuada com três critérios diferentes. O desempenho foi considerado "no alvo" sempre que a resposta do indivíduo ficava próxima do curso dentro de 5, 15, ou 30% da largura da tela.

Adaptada, com permissão, da Bahrick, Fitts, e Briggs, 1957.

Lembre-se que essas curvas vieram das *mesmas* performances dos mesmos indivíduos, que não estavam cientes da pontuação que Bahrick e colaboradores fizeram depois. Se você tivesse que pensar neles como curvas de aprendizagem, seria forçado a três conclusões contraditórias: (a) os ganhos de aprendizagem foram rápidos no início e depois mais lentos (curva de 30%); (b) os ganhos de aprendizagem foram lineares em toda a prática (curva de 15%); e (c) os ganhos de aprendizagem foram lentos no início e mais rápidos depois (curva de 5%). Na verdade, apenas uma taxa de aprendizagem foi experimentada por cada indivíduo, mas foi estimada de três maneiras diferentes, o que levou a três conclusões diferentes sobre as mudanças com a prática. Essas diferenças são causadas pelos chamados "artefatos" de pontuação. Esses artefatos ocorrem sempre que os escores medidos se tornam menos sensíveis aos ganhos na potencialidade interna para responder

> *continua*

> *continuação*

à medida que ficam mais perto do possível melhor escore em um ensaio. Quando o máximo de performance é alcançado isso é chamado de efeito *teto* porque um escore *mais alto* de performance não é possível. Nesse estudo, 100% TNA representa o teto.

Os mínimos de performance também podem representar um artefato de pontuação. Se o erro de rastreamento tivesse sido medido nesse estudo (por exemplo, usando a raiz quadrada do erro quadrático médio, ou RMSE), então, zero erro seria a pontuação mínima possível, e seria chamado de *efeito chão*, pois um escore de performance *menor* do que esse não é possível. Esse experimento alerta para a dificuldades na utilização de curvas de performance e os erros potenciais que podem ser cometidos ao tirar conclusões a partir dessas curvas. Isso pode dar alguma pista sobre a origem do título de seu artigo *Curvas de aprendizagem: fatos ou artefatos?*

Pesquisa complementar

1. Pense em outra tarefa de aprendizagem motora; descreva como as mudanças no critério para o sucesso poderiam ser feitas e como estas alterações podem afetar a forma da curva de performance ao longo de ensaios de prática.
2. Dê um exemplo de um efeito chão e um efeito teto na tarefa descrita para a pergunta 1.

---

da aprendizagem. Essas curvas são simplesmente gráficos de performance (em geral média) sobre tentativas práticas, que (como será visto nas próximas seções) não indicam, necessariamente, muito sobre o progresso na potencialidade relativamente permanente para a performance, como a aprendizagem foi definida antes (ver também Foco na Pesquisa 8. 1).

Efeitos entre indivíduos são mascarados

Uma das principais razões para a utilização de curvas de performance é que elas fazem a média ou "suavizam" as performances discrepantes de diferentes aprendizes. Por meio da média de um grupo grande de pessoas juntas, alterações de performance no indivíduo médio (mítico) podem ser observadas e, espera-se, que podem ser feitas inferências sobre as mudanças na proficiência geral. Isso é particularmente útil em ambientes de pesquisa, em que a diferença entre dois grupos de indivíduos é estudada como uma função de métodos diferentes da prática, por exemplo.

O inconveniente é que esse processo de realização da média esconde as diferenças entre as pessoas, chamadas de diferenças individuais no Capítulo 7. Devido a isso, o método de média dá a impressão de que todos os indivíduos melhoram na mesma taxa, ou da mesma maneira, o que sabemos que não é correto na maioria dos casos.

Variabilidade intraindivíduos é mascarada

Uma terceira desvantagem das curvas de performance é que as oscilações de performance *dentro* de uma única pessoa tendem a ser obscurecidas por procedimentos de realização de média. Ao examinar as curvas de performance "suavizadas", como aquelas nas Figuras 8.2 e 8.3, é tentador supor que as performances de aprendizes isolados que contribuem para as curvas também evoluíram de maneira suave e gradual. No entanto, olhe novamente para essas figuras, em especial a Figura 8.3. Nota-se que o rótulo no eixo horizontal especifica que cada ponto de dados representa um bloco de nove tentativas. O que isso significa é que das nove tentativas separadas para qualquer indivíduo isolado calcula-se a média para produzir uma única pontuação, da qual é então feita a média do grupo de indivíduos em uma condição experimental. Assim, o processo de cálculo da média produz uma curva que mascara, tanto a variabilidade intra- como entreindivíduos.

DISTINÇÃO ENTRE APRENDIZAGEM E PERFORMANCE

Criticamente importante, não só para o estudo experimental da aprendizagem, mas também para avaliar a aprendizagem em contextos práticos, está a distinção entre aprendizagem e performance. De acordo com essa visão, a prática pode ter dois tipos diferentes de influências sobre a performance – uma que é relativamente permanente e decorrente da aprendizagem, e outra que é apenas temporária e transitória.

Efeitos temporários e relativamente permanentes da prática

Um produto da prática é a aprendizagem – o estabelecimento de uma melhoria relativamente permanente na capacidade de realizar. Esse efeito produz uma mudança relativamente permanente da pessoa (que na verdade poderia ser o resultado de mudanças em uma coleção de processos, como se vê na Figura 8.1), que possibilita ao indivíduo realizar uma determinada ação no futuro e que perdura ao longo de muitos dias, ou mesmo muitos anos. Essencialmente, a preocupação de pesquisadores que estudam a aprendizagem motora é a descoberta de condições de prática que maximizam o desenvolvimento dessas mudanças relativamente permanentes, de modo que estas condições podem ser utilizadas em vários contextos práticos para melhorar a aprendizagem.

É importante lembrar, no entanto, que muitas condições da prática têm efeitos temporários bem como relativamente permanentes. Alguns efeitos são positivos e contribuem para o aumento dos níveis de performance (p. ex., motivação), enquanto outros são negativos e degradam um pouco a performance (p. ex., fadiga). Uma das principais preocupações é identificar quais são esses efeitos e distinguir seu impacto sobre a performance *versus* aprendizado.

Por exemplo, vários tipos de instruções ou incentivo durante a prática elevam a performance devido a um efeito motivador ou "energizante". Como observado no Capítulo 11, fornecer ao aprendiz as informações sobre como ele está progredindo durante a prática de uma tarefa pode ter um efeito de elevação sobre a performance. Fornecer orientação na forma de ajuda física ou instruções verbais durante a prática também pode beneficiar o desempenho. Vários estados de humor podem da mesma maneira elevar o desempenho temporariamente, como o fazem determinados fármacos. Outros fatores de prática temporária podem ser negativos, degradantes para a performance temporariamente. Por exemplo, por vezes, a prática gera cansaço físico ou mental, que pode deprimir a performance comparada com condições em que se está descansado. Performances letárgicas podem ocorrer se a prática for entediante ou se os aprendizes ficarem desanimados com a falta de progresso; este efeito é mais ou menos oposto aos efeitos "energizantes" já mencionados. Inúmeros outros fatores associados à prática poderiam gerar efeitos similares.

A prática pode ter inúmeros efeitos importantes sobre o aprendiz:

▶ Efeitos relativamente permanentes que persistem durante muitos dias, até mesmo anos
▶ Efeitos temporários que desaparecem com o tempo ou uma mudança nas condições
▶ Efeitos simultâneos temporários e relativamente permanentes que podem influenciar acentuadamente a performance

Separação de efeitos temporários e relativamente permanentes

Suponha que você está interessado em experimentar um novo instrumento de ensino para melhorar as habilidades de alinhamento de um jogador de golfe ao se preparar para fazer um *putt*. (O dispositivo não é legal para a competição real e pode ser utilizado apenas durante as sessões de prática.) Certamente, a sua avaliação dos benefícios desse novo auxiliar de ensino para a aprendizagem será baseada no fato de se a performance melhora ou não de uma maneira relativamente permanente – isto é, depois de o dispositivo ter sido removido (talvez como no jogo de golfe). Afinal, se os efeitos positivos do auxiliar de ensino desaparecem assim que ele é removido, o auxílio pode não ter tido muita vantagem como um método de ensino.

Sempre que os aprendizes praticam e, especialmente, quando os instrutores intervêm para melhorar a aprendizagem (p. ex., dando instruções e *feedback*), é importante ter uma maneira de separar os efeitos da prática relativamente permanentes dos efeitos temporários. Com frequência, em ambientes de pesquisa, e, às vezes, em ambientes de prática, os aprendizes são divididos em duas classes ou grupos separados. Por exemplo, vamos supor que um grupo de jogadores de golfe pratica tentando fazer *putts* de 1,8 m com o auxílio de alinhamento, e outro grupo pratica sem o auxílio. Os dois grupos podem praticar sob essas duas condições diferentes durante um período de tempo, talvez ao longo de 10 sessões, e registrar a porcentagem de *putts* realizada. Você pode fazer a média de todas as pontuações dos jogadores de golfe para cada grupo separadamente e fazer o gráfico das curvas de performance, assim como foi feito nas Figuras 8.2 e 8.3. Tal gráfico pode parecer com o da Figura 8.5, em que a porcentagem média de *putts* realizada a partir de 1,8 m é colocada em gráfico para as 10 sessões.

Que condição é mais eficaz para a aprendizagem – prática com o auxílio de alinhamento ou sem ele? Isso pode parecer uma pergunta sem importância. A observação do gráfico da Figura 8.5 revela que os golfistas que utilizam o auxílio do alinhamento melhoraram sua performance na prática mais rapidamente do que os jogadores sem o auxílio, e seu nível de performance final (na última sessão) também foi maior. Parece óbvio que a performance da prática com o auxílio de alinhamento foi mais precisa do que sem ele, e a diferença pode ser devida ao aprendizado, o que seria mais interessante. Conforme argumentado na seção anterior, no entanto, a diferença entre esses dois grupos poderia ser apenas um efeito de performance temporária, que poderia desaparecer assim que o auxílio de alinhamento fosse removido.

O problema pode ser colocado de maneira mais sistemática na forma de hipóteses sobre as duas condições:

Hipótese 1: o grupo que praticou com o auxílio de alinhamento aprendeu mais do que o grupo que praticou sem ele (uma potencialidade mais forte relativamente permanente para a performance foi desenvolvida).

Hipótese 2: embora o grupo que praticou com o auxílio de alinhamento tenha tido uma performance mais precisa durante as sessões de prática do que o grupo que praticou sem ela, eles não eram melhores na potencialidade relativamente permanente para a performance.

Qual dessas duas hipóteses é a correta? A resposta, com base apenas nos dados da Figura 8.5, é desconhecida. As informações não apresentam nenhuma maneira de saber se a vantagem do grupo com o novo dispositivo é decorrente de algum efeito relativamente permanente (aprendizagem) ou decorrente de algum efeito (performance) temporário que tem probabilidade de desaparecer após o auxílio de alinhamento não estar mais disponível. Esse é um problema crítico porque não há nenhuma base real para decidir que método de aprendizagem é o melhor. Felizmente, procedimentos adicionais estão disponíveis e possibilitam a separação dos efeitos de aprendizagem e performance.

Designs de transferência

Um chamado *design* de transferência pode analisar se uma mudança que melhore a performance na prática também melhora a aprendizagem separando os efeitos relativamente permanentes e os efeitos temporários de uma variável. Esse método tem duas características importantes. Primeiro, deve-se deixar que os efeitos temporários da variável se dissipem. No nosso exemplo de golfe, os efeitos temporários do auxílio de alinhamento (se houver) podem ser informativos ou físicos (um tipo de orientação), operando principalmente durante a performance real, de maneira que seria necessário muito pouco tempo para a dissipação. Como resultado, quaisquer outros efeitos temporários (como o aumento da motivação) iriam se dissipar de maneira relativamente rápida e certamente dissipariam antes da próxima sessão. (Outras variáveis poderiam ter efeitos temporários com tempos muito mais longos para dissipação, tal como uma semana ou um mês). Em segundo lugar, os aprendizes de ambos os grupos são testados novamente em condições comuns em um teste de transferência (ou retenção), sejam ambos com ou sem o auxílio de alinhamento. Isso é feito para equalizar quaisquer efeitos temporários que as condições de teste em si podem ter na performance de retenção. Caso contrário, os resultados seriam difíceis de interpretar.

Em geral, o termo **teste de transferência** se refere a uma mudança de condições da tarefa, enquanto

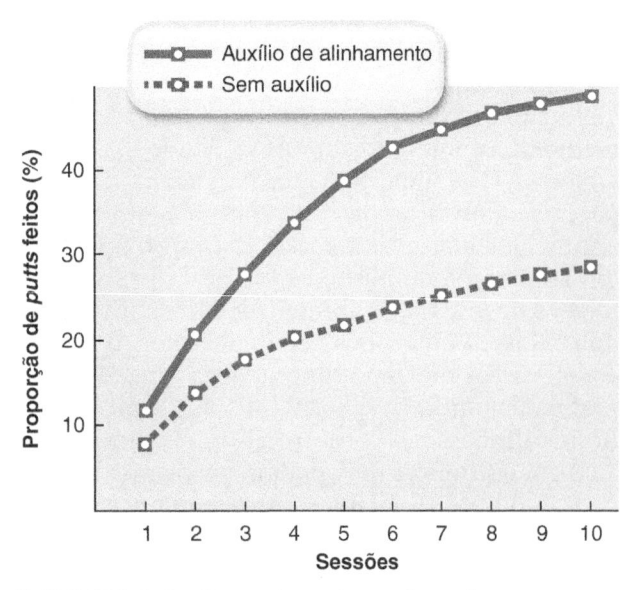

FIGURA 8.5 Curvas hipotéticas de performance para dois grupos que praticam *putt* no golfe com ou sem auxílio de alinhamento.

Foco na
PRÁTICA 8.1

Autoavaliações de aprendizagem

Na maioria das atividades assim da vida diária, o aprendiz é responsável por tomar as decisões sobre como praticar, como a frequência e a duração da sessão. A prática para uma competição com habilidades motoras não é diferente de outros tipos de estudo – você determina como praticar e a duração da prática, e para de praticar quando se sente competente ou confiante em sua potencialidade *prevista* para executar quando isso conta (p. ex., em um exame). A questão crucial é: qual é a base para fazer essa previsão?

O problema é que a maioria dos aprendizes interpreta os indicadores temporários de performance como indicadores permanentes de aprendizagem ou memorização. A prática das habilidades motoras também pode resultar em uma sensação semelhante de excesso de confiança. Um dos fatores que é abordado no Capítulo 10 se refere à programação da prática bloqueada *versus* aleatória. A prática do tipo memorização ou ordenada por bloqueio, geralmente, produz performance melhor do que as tentativas de prática aleatoriamente ordenadas. E, se solicitados a prever, qual seria a sua performance em um **teste de retenção**, os indivíduos empenhados na prática bloqueada preveem que terão atingido uma aprendizagem muito maior se comparados com indivíduos empenhados na prática aleatória. Contudo, a realidade é muito diferente (na verdade o inverso), (ver Capítulo 10 para detalhes); e ilustra que os julgamentos de autoavaliação da aprendizagem podem ser não confiáveis, especialmente quando se baseiam em indicadores *atuais* de performance durante a prática. Uma boa revisão da pesquisa e natureza aplicada dessas questões de memória e de aprendizagem é fornecida por Bjork (2011).

---

um *teste de retenção* se refere a um teste dado após um período vazio sem prática (na realidade, no entanto, os termos são frequentemente usados de maneira intercambiável). Os testes podem ser aplicados um dia ou mais após a última sessão de prática ou vários minutos após a última sessão. Pelo fato de o exemplo do interesse no auxílio de alinhamento no golfe ser principalmente no efeito da ajuda de alinhamento na performance quando o auxílio já não está disponível (o que é análogo a uma competição), a decisão é testar ambos os grupos sem o auxílio. A lógica subjacente a um teste de transferência ou retenção é esta: se os efeitos temporários já se dissiparam no momento do teste e não se permite que eles reapareçam (ou reapareçam, mas com a mesma taxa em ambos os grupos), então, quaisquer diferenças observadas no teste tardio devem ser decorrentes dos efeitos relativamente permanentes adquiridos por meio do treinamento com o auxílio durante as sessões de prática. Dessa maneira, os efeitos de aprendizagem do auxílio de alinhamento não são avaliados durante a prática, mas sim no teste de transferência ou retenção, quando os efeitos temporários já desapareceram, deixando os efeitos relativamente permanentes para trás para serem revelados no teste.

As características essenciais de um *design* de transferência podem ser resumidas como se segue:

▶ Dar tempo suficiente (repouso) para os supostos efeitos temporários da prática se dissiparem. A quantidade de tempo vai variar dependendo da natureza particular dos efeitos temporários.

▶ Avaliar os aprendizes novamente em um teste de transferência ou retenção, com todos os grupos com performances sob condições idênticas.

▶ Quaisquer diferenças observadas nesse teste de transferência são devidas a uma diferença na capacidade relativamente permanente para performance adquirida durante prática anterior, ou seja, na aprendizagem.

Considere os possíveis desfechos do teste de transferência do experimento hipotético que acabou de ser descrito. Algumas dessas possibilidades são mostradas na Figura 8.6, marcados A, B, C, e D na parte direita (transferência) da figura. No desfecho de transferência A, as performances dos dois grupos são diferentes em aproximadamente a mesma quantidade que estava presente no fim das sessões de prática (compare a performance na sessão 10 com o desfecho de transferência A). Nesse caso, a conclusão apropriada seria que toda a diferença entre os grupos alcançada pela última sessão de prática era devida a um efeito relativamente permanente, pois possibilitar que os efeitos temporários (se houver) dissipem não alterou em nada o estado relativo dos grupos. *Conclusão*: o auxílio de alinhamento foi mais eficaz para a aprendizagem do que a prática sem o auxílio.

Agora, considere o desfecho de transferência B na Figura 8.6, em que a performance de transferência do grupo que pratica com o auxílio de alinhamento é mais precisa do que a do outro grupo, mas a diferença não é tão grande como era na última sessão de prática. A partir dos resultados desses testes pode-se argumentar que parte da diferença entre as performances da sessão de prática desses grupos foi decorrente dos efeitos temporários, pois a dissipação reduziu um pouco a diferença. No entanto, nem toda a diferença da sessão de treinos foi temporária porque parte dela permaneceu no teste de transferência, após os efeitos temporários terem se dissipado. *Conclusão*: o auxílio de alinhamento elevou a performance temporariamente, mas também produziu alguns efeitos duradouros sobre a aprendizagem, em comparação com a prática sem o auxílio.

Em seguida, examine o resultado de transferência C na Figura 8.6, em que as performances de transferência dos dois grupos são essencialmente as mesmas, mas no nível do grupo sem auxílio no final da prática. Aqui, quando os efeitos temporários já se dissiparam, todas as diferenças que haviam acumulado entre os grupos durante a prática também se dissiparam. Isso leva à conclusão de que todo o efeito do auxílio na prática era decorrente de alguma alteração de elevação temporária e nenhuma era decorrente de aprendizagem. *Conclusão*: o auxílio de alinhamento elevou a performance em comparação com a performance sem o auxílio, mas não teve efeito duradouro sobre a aprendizagem.

Por fim, examine o desfecho D, em que a performance do grupo que havia praticado como o auxílio de alinhamento resultou na performance de transferência que era menos precisa do que aquela do grupo que havia praticado sem o auxílio. Esse é um resultado um pouco estranho e contraintuitivo, pois revela que todas as vantagens de performance do auxílio de alinhamento não só desaparecem quando os efeitos temporários dissipam, mas que o auxílio de alinhamento resultou em um efeito de aprendizagem que foi menor do que a prática sem ele. *Conclusão*: vamos ver alguns resultados que se parecem com esse nos próximos capítulos. O auxílio de alinhamento elevou a performance durante a prática, mas teve um efeito degradante sobre a aprendizagem em comparação com o grupo que praticou sem o auxílio.

Medição da aprendizagem em condições de prática

As questões que acabaram de ser discutidas podem parecer, à primeira vista, relacionadas principalmente com a avaliação de aprendizagem em situações de pesquisa. Todavia, os *designs* de transferência formam a base para a avaliação da aprendizagem em muitas situações de ensino também. Por exemplo, quando um aprendiz pratica alguma habilidade, produzindo a quantidade adequada de pressão na ressuscitação cardiopulmonar (RCP), o nível de proficiência alcançado no final de uma sessão de prática pode

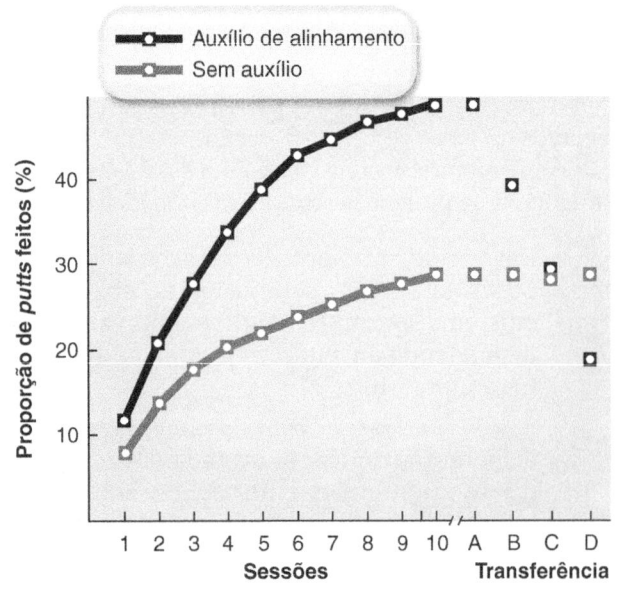

FIGURA 8.6 Efeitos hipotéticos sobre testes de transferência de dois grupos que praticam o *putt* do golfe com ou sem o auxílio de alinhamento. Quatro possíveis desfechos diferentes no teste de transferência são ilustrados nos desfechos de transferência A, B, C, e D.

não refletir a potencialidade de performance real atingida. Pelo fato de a prática e vários fatores envolvidos nela poderem também afetar a performance temporariamente, eles podem mascarar a potencialidade adquirida subjacente para responder.

As condições de prática também podem não refletir com precisão as condições emocionais sob as quais algumas habilidades são necessárias. Por exemplo, as habilidades de RCP são geralmente necessárias em situações de emergência, em que o estresse emocional pode ser elevado drasticamente em comparação com situações sob as quais a prática é normalmente realizada. Por isso, vários tipos de testes de retenção e de transferência podem ser necessários para avaliar o verdadeiro nível de habilidades aprendidas durante a prática.

Uma questão relacionada diz respeito à avaliação para o propósito de atribuição de notas. Se a nota de um aprendiz em alguma atividade está relacionada com a *quantidade* aprendida, então, basear a nota na performance em direção ao fim de alguma sessão prática seria imprudente. O nível de aprendizagem tenderia a ser mascarado por vários efeitos de prática temporários. Um método muito melhor seria o de avaliar a performance do aprendiz em um teste de transferência ou retenção tardio, administrado em um tempo suficientemente longo, após a prática, para que os efeitos temporários da prática tivessem se dissipado.

Além disso, as pessoas podem ser afetadas de maneira diferente por esses fatores temporários – mais uma forma de diferenças individuais (ver Capítulo 7). Por exemplo, um aprendiz que é mais suscetível à fadiga do que outro mostrará maiores decréscimos temporários na performance do que durante a prática, talvez levando à falsa conclusão de que o progresso da aprendizagem foi lento. Avaliar o nível de aprendizagem por um teste tardio sob condições relativamente descansadas fornece uma representação mais completa do real progresso de aprendizagem.

TRANSFERÊNCIA DE APRENDIZAGEM

A transferência, intimamente relacionada com a aprendizagem, é observada quando a prática em uma tarefa contribui para a potencialidade da performance em alguma outra tarefa. A transferência pode ser positiva ou negativa, dependendo se aumenta ou diminui a performance na outra tarefa, geralmente em comparação com uma condição de controle de não prática. Uma variação importante das ideias sobre a aprendizagem abordadas até o momento requer uma discussão mais aprofundada – **transferência de aprendizagem**. Como o nome indica, esse conceito envolve o aprendizado conseguido em uma tarefa ou em uma configuração prática quando é aplicada para a performance de alguma outra tarefa, ou em alguma outra configuração, ou ambos. Um bom exemplo que envolve a transferência de aprendizagem é a habilidade com arma de fogo de um policial. A transferência é uma noção particularmente importante para os instrutores dos policiais, pois as condições sob as quais a prática é conduzida são, obviamente, muito diferentes das condições de uma situação verdadeira na qual o envolvimento com a arma é necessário. No entanto, para a segurança do público e das pessoas envolvidas, as habilidades adquiridas na prática devem ser maximamente transferíveis para a mais ampla gama de condições de "transferência" possível. Portanto, o ensino para a transferência, ou a organização da prática e instrução para facilitar a transferência de aprendizagem, é um objetivo importante para a maioria dos programas de instrução.

Papel de transferência em situações de aprendizagem de habilidades

Transferência é suposta sempre que as habilidades aprendidas em uma tarefa são aplicadas com êxito para a performance de alguma outra versão da tarefa. Considere os policiais que passaram por prática de tiro com arma de fogo, por exemplo. Atirar em alvos em uma escala de prática sob condições de descanso, não estressantes, talvez suponha que esta experiência irá ser transferida para atirar em uma situação de vida ou morte. Nessa situação, a transferência da prática para a situação de habilidade da tarefa de transferência deve ser substancial. Se não for, praticar os exercícios poderia ser uma grande perda de tempo.

A transferência também está envolvida quando os instrutores modificam as habilidades para torná-las mais fáceis de praticar. Por exemplo, habilidades seriadas, de duração relativamente longa, como fazer uma rotina de ginástica, podem ser decompostas em seus elementos para a prática. Praticar as ações em isolamento deve beneficiar a performance de toda a rotina (*tarefa-critério*), que é

Habilidades complexas podem ser decompostas em elementos mais simples para aprendizes iniciantes, mas para ter valor, esta aprendizagem deve em seguida ser transferida para uma tarefa-critério.

composta de ações individuais. No entanto, em habilidades mais rápidas, como o serviço no jogo de tênis, geralmente não está tão claro que decompor a habilidade em porções de lançamento da bola e batimento da bola para prática parcial será eficaz para transferência para toda a tarefa. Os princípios de transferência aplicáveis a essas situações são tratados no Capítulo 9.

Como a transferência é medida?

As questões relativas à medição de transferência estão intimamente relacionadas com as questões de medição de aprendizagem discutidas antes. Essencialmente, queremos estimar o nível de desempenho da tarefa-critério, com os efeitos relativamente permanentes da aprendizagem separados de quaisquer efeitos temporários de performance. No entanto, em vez de perguntar como as variações da prática de uma determinada tarefa afetam a aprendizagem, a transferência diz respeito a como a performance sobre a tarefa de transferência é influenciada pela prática em alguma outra tarefa.

Suponha que você queira saber se a prática de golfe no *driving range* é transferida para o jogo real de golfe. Considere três grupos hipotéticos de indivíduos com diferentes tipos de experiências de prática. O grupo 1 pratica por 4 h no *driving range*; o grupo 2 não recebe qualquer prática; e o grupo 3 pratica por 4 h em um minicampo de golfe. Após essas várias atividades práticas, todos os grupos transferem para (são testados em) cinco partidas de golfe em uma quadra de golfe real. Os resultados desse experimento hipotético são apresentados na Figura 8.7, em que os escores médios para as cinco partidas de golfe são traçados separadamente para os três grupos. Assumindo que os grupos são equivalentes no início da experiência, o único motivo para eles serem diferentes nas primeiras (e subse-

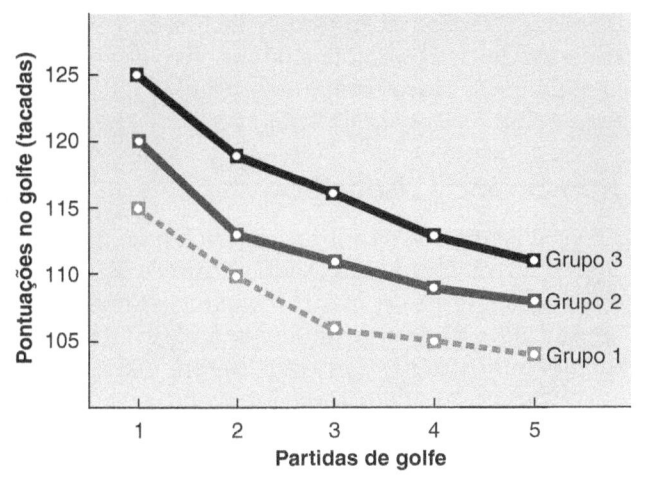

FIGURA 8.7 Pontuações médias hipotéticas para uma partida de golfe em função de experiências de prática anterior. Primeiramente, o grupo 1 (linha pontilhado) praticou em um *driving range*, o grupo 3 (linha preto) praticou em minicampo de golfe e o grupo 2 (linha cinza) não recebeu nenhuma prática. As diferenças entre os grupos 1 e 2 demonstram transferência positiva da prática no *driving range*. As diferenças entre os grupos 2 e 3 revelam transferência negativa da prática no minicampo de golfe.

quentes) partidas do golfe é que as experiências anteriores de alguma forma contribuíram para, ou prejudicaram, a habilidade real do golfe. Portanto, o foco para a transferência estaria nas diferenças relativas entre os grupos na tarefa-critério.

A Figura 8.7 mostra que o grupo 1, que praticou no *driving range* antes de cinco partidas de golfe, teve uma performance mais eficaz do que o grupo 2, que não recebeu prática anterior. Essa diferença geralmente é medida no primeiro ensaio, ou, pelo menos, nos primeiros poucos ensaios, antes da prática adicional na tarefa-critério poder alterar muito os níveis de habilidade. Nesse caso, nós teríamos dito que a experiência na *driving range* foi transferida *positivamente* para o golfe, pois facilitou a performance no golfe melhor do nenhuma prática. Se esse fosse um experimento real, você poderia concluir que as habilidades desenvolvidas no *driving range* eram aplicáveis, de alguma maneira, para aqueles no campo de golfe, mas não para aqueles no minicampo de golfe.

A transferência também pode ser negativa, como você pode ver comparando os grupos 2 e 3 na Figura 8.7. Note que o grupo 3, que teve prática apenas na tarefa em minicampo de golfe, teve performance mais precária nas partidas que o grupo 2, que não teve nenhuma prática anterior. Nesse caso, a experiência em minicampo de golfe foi transferida *negativamente* para a performance no golfe. Se isso tivesse acontecido em uma experiência real, você poderia concluir que as habilidades aprendidas em minicampos de golfe não só eram diferentes daquelas necessárias em um campo de golfe, mas na verdade levou a perturbações na performance e na aprendizagem dessas habilidades necessárias no jogo.

Quanta transferência positiva ocorreu e como podemos colocar um número de medições nela? Uma maneira é por meio da chamada transferência percentual. Uma forma de fazer isso consiste em fornecer uma estimativa da quantidade total de melhoria do grupo que não tinha nenhuma prática anterior em qualquer tarefa – neste caso, o grupo 2 e, em seguida, comparar isso com a performance inicial do grupo que tinha o tipo de prática que estava sendo avaliada. Simplesmente pegar o escore de performance inicial do grupo de não prática (120 tacadas) e subtrair o escore final de performance (109 tacadas) revela um aumento de 120 – 109 = 11 tacadas. Em seguida, vemos que o grupo 1 (prática no *driving range*) e o grupo 2 (nenhuma prática anterior) diferem em cerca de cinco tacadas na primeira sessão; isto é, das 11 tacadas totais de melhoria que o grupo 2 realizou, cinco delas foram obtidas na prática no *driving range*. Os pesquisadores costumam descrever essas mudanças em termos de porcentagens – aqui, 5/11 = 45% de transferência.

Alternativamente, alguns pesquisadores representam a transferência em termos de um "escore de economia", em que a quantidade de economia (aqui, em tempo de prática) gerada na tarefa-critério é o resultado de ter praticado no *driving range*. Nesse exemplo, consultando novamente a Figura 8.7, se tivermos de desenhar uma linha horizontal desde a performance inicial do grupo 1 (115 tacadas) até ela cruzar a linha de tendência para o grupo 2, e em seguida deixado cair em uma linha perpendicular ao eixo X, podemos calcular um escore de economia – neste caso cerca de 1,7 partidas de golfe para o grupo 1. Isto é, como resultado de ter praticado no *driving range*, o grupo 1 "economizou" cerca de 1,7 partidas de prática de golfe.

Essas medidas de quantidade de transferência são claramente confundidas ou perturbadas por conceitos já discutidos neste capítulo. Uma das ideias fundamentais é que a performance e suas formas são muitas vezes arbitrariamente definidas por escolhas que o experimentador faz antes do estudo (p. ex., o tamanho do alvo; ver Figura 8.4 e a discussão relacionada). Assim, em termos da porcentagem de medição de transferência, com base na medição de transferência nas mudanças que o grupo sem prática prévia produziu também é arbitrária, produzindo um escore de transferência percentual arbitrário. Um argumento semelhante pode ser feito para o escore de economia; como mostra a Figura 8.7, a forma inicial da curva de performance do grupo 2 também é um pouco arbitrária. O melhor que podemos dizer é que essas medidas oferecem formas úteis de descrever os resultados de transferência em termos relativos, mas não devem ser levadas muito a sério.

Transferência específica

As seções anteriores sobre a medição da aprendizagem talvez tenham deixado a impressão de que a única maneira de medir a quantidade relativa aprendida é por performance em algum teste de retenção tardio. Essa provavelmente é a maneira mais importante de estimar a aprendizagem, mas outras formas são possíveis e algumas são até mesmo preferíveis em algumas situações.

▎ Pelo fato de um lance livre no basquete ser uma habilidade fechada que ocorre em um ponto fixo na quadra, a transferência específica da prática é fácil de atingir e medir.

A questão essencial é o que queremos que os aprendizes sejam capazes de fazer após o treinamento. Em alguns casos, os aprendizes são treinados para ser proficientes em uma tarefa específica com uma gama limitada de variações. Por exemplo, jogadores de basquete tomam lances livres utilizando um determinado lance de uma distância de 4,6 m para a cesta (ou seja, a partir da linha de lance livre). Assim, parece perfeitamente razoável dedicar prática considerável ao arremesso sem pulo a partir da linha de lance livre porque o arremesso sem pulo é um tipo específico de habilidade do basquete que normalmente não é realizado em qualquer outro local na quadra. Muitas tarefas fechadas compartilham as mesmas características.

Transferência generalizada

Um aspecto crítico de muitas definições de treinamento é a extensão em que a prática é transferida para situações diferentes, ainda que muito semelhantes no mundo real. Isso, às vezes, é chamado de *transferência próxima*, sendo que a meta de aprendizagem é uma tarefa relativamente semelhante à tarefa de treinamento. Um bom exemplo que contrasta bem com o lance livre é o arremesso com pulo no basquete. O arremesso com pulo pode ser feito de um número infinito de lugares da quadra e sob uma variedade de situações de jogo. Ser capaz de ter uma performance em condições tão variadas e imprevisíveis é uma marca de um executante altamente habilitado. Portanto, os testes de transferência em que a performance é medida em alguma variante da tarefa que é semelhante, ainda que diferente, daquelas condições da prática seria um teste razoável de transferência generalizada.

Às vezes, os instrutores querem treinar os aprendizes a desenvolver capacidades mais gerais para uma grande variedade de habilidades, sendo que apenas algumas são realmente experimentadas na prática. Isso, geralmente, é denominado de *transferência distante* porque o objetivo subsequente é bastante diferente daquele na situação de prática original. Por exemplo, crianças do ensino fundamental são ensinadas a lançar, pular e correr; a principal preocupação é a extensão até onde essas atividades são transferidas para atividades futuras que envolvem arremessar, pular e correr, mas ocorrendo em situações muito diferentes.

Em todas essas situações, a avaliação de eficácia do treinamento não se baseia exclusivamente na forma como os alunos dominam as habilidades durante a prática real. Em vez disso, se a transferência para atividades relativamente diferentes for o objetivo, o programa de treinamento mais eficiente será aquele que produz a melhor performance em algum teste de transferência realizado no futuro – um que possa envolver habilidades bastante diferentes daquelas realmente praticadas. Aqui, a eficácia de um programa de treinamento é medida pela quantidade de transferência para alguma atividade diferente.

RESUMO

A aprendizagem motora é definida como um conjunto de processos associados à prática. Como tal, a ênfase é sobre os determinantes dessa capacidade, que apoia ou é subjacente à performance. Assim, os fatores que afetam a performance precisam apenas temporariamente ser distinguidos dos fatores que afetam essa capacidade subjacente, o que torna o uso de curvas de "aprendizagem" um pouco arriscado para a avaliação de aprendizagem.

No entanto, efeitos temporários e de aprendizagem podem ser separados por meio da utilização de testes de transferência ou de retenção. Em alguns experimentos sobre a aprendizagem, grupos de aprendizes praticam sob diferentes condições de aquisição; após um intervalo, eles são testados para a mesma tarefa, mas sob condições que são idênticas para todos os grupos. Esse procedimento concentra a atenção na performance relativa nos teste de retenção como medidas de aprendizagem.

AUXÍLIOS PARA APRENDIZAGEM

Aprendizagem interativa

Atividade 8.1: usando uma figura do texto, interprete os achados ou um estudo de *design* de transferência para compreender os efeitos de um auxílio mecânico na aprendizagem.

Atividade 8.2: reveja os tipos de transferência de aprendizagem combinando os termos com suas definições.

Atividade 8.3: verifique o seu entendimento sobre a definição de aprendizagem motora por meio de um exercício de preencher lacunas.

Exercício de princípios para aplicação

Atividade 8.4: o exercício de princípios para aplicação para este capítulo o prepara para escolher uma habilidade e examinar os efeitos da prática para uma pessoa que está aprendendo aquela habilidade. Você irá identificar os possíveis efeitos temporários e permanentes de prática e considerar como pode coletar evidências para distinguir efeitos temporários dos permanentes.

Verifique sua compreensão

1. Defina aprendizagem motora e indique por que cada um dos seguintes termos é importante para essa definição.
   - Potencialidade
   - Prática e experiência
   - Performance

2. Distinga entre transferência próxima e transferência distante e entre transferência positiva e transferência negativa. Dê um exemplo de cada.

3. Liste e descreva duas limitações de se usar curvas de performance para avaliar o progresso da aprendizagem.

Aplique seu conhecimento

1. Liste três características essenciais de um *design* de transferência. Como essas características seriam incluídas em um experimento para examinar se o uso de um poste (barra) para auxiliar no equilíbrio durante uma tarefa de postura em um pé só é benéfico para a aprendizagem para realizar a tarefa de equilíbrio em um pé só sem o poste?

2. Descreva um ambiente prático em que o nível de proficiência atingido no final de uma sessão de prática pode não refletir a potencialidade de performance real obtida sob condições em que a habilidade irá em seguida ser necessária. Como você poderia avaliar o verdadeiro nível de habilidades aprendidas durante a prática?

Sugestões de leitura adicional

Precauções importantes sobre a distinção aprendizagem-performance são fornecidas por Kantak e Winstein (2012) e Cahill, McGaugh e Weinberger (2001). Uma análise das chamadas "curvas de aprendizagem" é dada por Stratton e colaboradores (2007). Mais informações sobre a medição da aprendizagem podem ser encontradas em Schmidt e Lee (2011, Capítulo 11) e também sobre a retenção e a transferência de aprendizagem (Capítulo 14). Ver a lista de referência para estes recursos adicionais.

9

Aquisição, Retenção e Transferência de Habilidade

Como se obtém *Expertise*

PALAVRAS-CHAVE

Analogia da mudança de marcha
Capacidade de detecção de erro
Decremento do aquecimento
Especificidade da aprendizagem
Esquecimento
Estágio autônomo
Estágio cognitivo da aprendizagem
Estágio de fixação (associativo ou motor)
Exercícios educativos
Fidelidade física
Fidelidade psicológica
Generalizabilidade
Grau de liberdade
Prática global
Prática parcial
Prática parcial progressiva
Problema dos graus de liberdade
Repetição
Set
Simulador
Tarefa-critério

PERFIL DO CAPÍTULO

Aquisição de habilidade
Retenção de habilidade
Transferência de habilidade
Resumo

OBJETIVOS DO CAPÍTULO

O Capítulo 9 descreve os processos que influenciam a aquisição, a retenção e a transferência de habilidade. Este capítulo irá ajudá-lo a compreender

- ▶ os princípios básicos do processo de aquisição de habilidades,
- ▶ duas conceituações de estágios de aprendizagem durante a aquisição de habilidades,
- ▶ fatores que influenciam a retenção de habilidades após períodos de nenhuma prática, e
- ▶ fatores que influenciam a transferência de habilidades para novas tarefas ou situações de performance.

Tocar violão fornece um bom exemplo de como a prática leva ao desenvolvimento de *expertise* motora. Considere os acordes iniciais de uma canção como o clássico de Link Wray, "Rumble". Os três primeiros acordes são D, D, e E. Para um violonista destro, o acorde D é obtido pressionando para baixo na terceira casa da segunda corda mais a segunda casa da terceira corda com a mão esquerda, enquanto dedilha a segunda, terceira, quarta e quinta cordas com a mão direita. O acorde D é tocado duas vezes; em seguida, os dedos da mão esquerda mudam para fazer um acorde E, que exige que os dedos da mão esquerda pressionem na primeira casa da terceira corda e a segunda casa da quarta e quinta cordas enquanto a mão direita agora dedilha todas as seis cordas.

O violonista iniciante é confrontado com inúmeros problemas a serem resolvidos simultaneamente, como saber que dedos são colocados em quais casas, tendo que evitar cordas que não devem ser tocadas, lembrando-se que posições compõem quais acordes e quais cordas a mão direita deve dedilhar, em seguida movendo a mão e os dedos para criar um acorde novo completo. E isso nem mesmo considera a estrutura de tempo que deve estar subjacente a esses acordes. É muito impressionante, de fato, que qualquer pessoa possa aprender a tocar violão de acordo com o que acabamos de dizer; no entanto, muitos tocam, e muitos fazem isso muito bem.

Aprender a dirigir um carro fornece outro bom exemplo dos temas apresentados neste capítulo. Geralmente, o motorista iniciante passa por mudanças na progressão da habilidade, chamadas de estágios de aprendizagem motora. Determinados princípios de aprendizagem aplicam-se a quase toda a aprendizagem motora, e estes princípios resultam na aquisição de um conjunto específico de sub-habilidades que dão suporte ao desempenho ao dirigir. Mas isso não é toda a história sobre a aprendizagem motora. Um tempo longe da tarefa de condução exerce um impacto na performance futura, pois se espera que a *retenção* de habilidades seja diferente para diferentes tipos de tarefas; assim, ser capaz de classificar o dirigir como um membro de uma das várias classes de habilidades é importante. E, por último, a aprendizagem motora seria muito ineficiente se tivéssemos de evoluir por meio de todo o processo de aquisição da habilidade para cada veículo que dirigimos e toda situação em que nos encontramos. Ou seja, esperamos que nossas habilidades de condução generalizem (ou sejam *transferidas*) para veículos, situações e ambientes diferentes; portanto, as informações sobre os fatores que se espera que afetem a transferência constituem um componente crítico de qualquer discussão do processo de aprendizagem.

AQUISIÇÃO DA HABILIDADE

De maneira bastante simples, o mais importante fator que leva à aquisição de habilidades motoras é a *prática*. No entanto, "prática" é também provavelmente um dos termos mais mal-compreendidos e mal-usados quando aplicado ao conceito de aprendizagem. Nesta seção, vamos descrever alguns princípios da prática, como eles afetam a aprendizagem e o que ocorre como resultado da prática.

Princípios básicos da prática

Quase não se fala que a variável mais importante para a aprendizagem é a prática em si. Não há uma maneira fácil relativa a ela; e como regra geral, mais prática produz mais aprendizagem. Mas a quantidade de *tempo* de prática não é a única preocupação aqui, e nem todos os métodos de prática são iguais em seus impactos sobre a aprendizagem. Nesta seção descrevem-se os princípios básicos de práticas eficazes, e que poderiam (ou não poderiam) levar à aquisição eficaz e eficiente de habilidades.

A prática é mais do que apenas repetição

Um substituto frequentemente mal-usado para o termo prática é "repetição", e muitos instrutores e treinadores bem-intencionados confundem os dois conceitos. Para nós, o termo "**repetição**" invoca a ideia de repetir um movimento, de novo, e de novo, e assim por diante. O conceito traz à mente a ideia de que movimentos repetitivos de alguma maneira "sulcam" ou "carimbam" a memória, com mais repetições levando a um sulco mais profundo ou um carimbo mais durável na memória. A metáfora gera uma reflexão (incorretamente, ao nosso ver) da aprendizagem como um conceito semelhante à hipertrofia muscular, que resulta do exercício repetitivo.

Considere as seguintes citações de dois teóricos muito influentes como contrapontos à visão tradicional da "prática como repetição".

Bartlett: Quando eu faço a tacada (tênis) eu não... produzo algo absolutamente novo, e eu nunca repito algo antigo. (Bartlet, 1932, p. 202)

Bernstein: O processo de prática para a realização de novos hábitos motores consiste essencialmente no sucesso gradual de uma pesquisa para soluções motoras ideais para os problemas adequados. Por causa disso, a prática, quando devidamente empreendida, não consiste em (simplesmente) repetir a... *solução* de um problema motor de tempos em tempos, mas (em vez disso) no *processo de resolver* este problema de novo e de novo por meio de técnicas que mudamos e aperfeiçoamos de repetição em repetição. Já é aparente aqui que, em muitos casos, a "prática é um tipo particular de repetição sem repetição, e esse treinamento motor, se esta posição for ignorada, é a mera repetição mecânica pelo hábito, um método que tem sido desacreditado na pedagogia há algum tempo." (Bernstein, 1967, p. 134)

O modelo conceitual que desenvolvemos durante o livro representa os componentes mais importantes do sistema de processamento humano da informação que estão envolvidos no controle do movimento. Esses componentes oscilam devido a fatores temporários, melhoram com o desenvolvimento, e regridem com o avanço da idade. De maneira importante, no entanto, os componentes do sistema de processamento tornam-se mais eficazes e eficientes com a aprendizagem. Em nosso ponto de vista, a aprendizagem mais efetiva ocorre quando uma repetição ativa tantos componentes individuais do sistema quanto possível. Desse modo, uma repetição é bem-sucedida na medida em que envolve todo o modelo conceitual apresentado na Figura 8.1.

Especificidade da prática

Embora a transferência seja uma característica da aprendizagem (discutida em mais detalhes mais adiante neste capítulo e no Capítulo 11), um achado consistente na literatura é que a aprendizagem motora é bastante específica. Em geral, a **especificidade de aprendizagem** sugere que o que se aprende depende em grande medida do que se pratica. Efeitos de especificidade são amplos. Este exemplo pode esclarecer melhor a ideia: se você quer que seu time de futebol tenha um bom desempenho no escuro, na chuva e na frente de muitos torcedores barulhentos, então, você deve praticar no escuro, na chuva, e na frente dos torcedores. Praticar em um ambiente ou espaço de trabalho em particular com frequência leva a uma performance melhor, principalmente (às vezes apenas) nesse espaço de trabalho, em comparação com um espaço de trabalho diferente ou alterado (esta é, talvez, uma das bases da chamada vantagem do campo doméstico; Carron, Loughhead e Bray, 2005). Outro achado importante é que o *feedback* sensorial (p. ex., visual, auditivo, tátil) resultante da performance durante tipos ou locais específicos de prática torna-se parte da representação aprendida para a habilidade, de tal maneira que a performance posterior é mais hábil quando essa *mesma* informação sensorial está disponível, em comparação com as situações em que um ou mais desses canais de *feedback* são alterados (Proteau, 1992). Assim, enquanto um importante objetivo da prática é facilitar a transferência (isto é, melhoria da performance para situações ou contextos não praticados), é importante reconhecer que a especificidade da aprendizagem é a característica dominante.

Aprendizagem *versus* performance durante a prática

Talvez seja óbvio que, quando os aprendizes adquirem uma nova habilidade, eles o fazem por realizar algo *diferente* do que haviam feito anteriormente. Os processos que conduzem à aprendizagem exigem que o iniciante *mude algo* na padronização do movimento, com as esperanças de que a performance torne-se mais eficaz. No entanto, ao auxiliar os aprendizes durante a prática, muitos instrutores incentivam a "fazer o seu melhor" em cada tentativa de prática. Isso gera dois objetivos conflitantes da prática: realizar tão bem quanto possível na prática *versus* aprender tanto quanto possível na prática pela tentativa de mudança da padronização do movimento.

O aprendiz que tenta executar tão bem quanto possível na prática tende a ser inibido a modificar ("experimentar com") movimentos de tentativa em tentativa, o que prejudica a aprendizagem. A abordagem para maximizar a performance, repetindo o padrão mais eficaz descoberto até o momento, não é eficaz para a aprendizagem em parte porque desencoraja tal experimentação. Uma maneira de separar essas metas práticas conflitantes é proporcionar duas atividades fundamentalmente diferentes durante a prática – sessões práticas e sessões de teste.

Em primeiro lugar, proporcionar sessões de prática em que você instrui os aprendizes apenas a evitar repetir o que fizeram anteriormente. Peça ao iniciante para experimentar diferentes estilos de controle do movimento para descobrir algum padrão de ação mais eficaz. Você pode orientar a aprendizagem sugerindo maneiras específicas para alterar o movimento, ajudando a eliminar padrões inadequados. O iniciante deve saber que a qualidade da performance não é crítica durante este período de prática, e que o único objetivo é descobrir uma nova maneira de executar a habilidade que será mais eficaz no longo prazo.

Evidentemente, a medida da eficácia desse progresso de aprendizagem é um *teste* de algum tipo. Depois de vários minutos na sessão de prática, o instrutor poderia anunciar uma mudança para uma "sessão de teste", em que as próximas cinco tentativas são tratadas como "um teste". Na sessão de teste o aprendiz tem de ter o melhor desempenho possível, usando a melhor estimativa adquirida até então do padrão de movimento para a performance mais proficiente. Após a sessão de teste, o aprendiz tem alguma ideia de seu progresso e pode voltar ao modo da prática para continuar a procurar padronização mais eficaz do movimento. Tais testes poderiam ser formalmente avaliados e pontuados, mas também podem ser eficazes se fornecidos apenas para informação do próprio iniciante. Avaliar o progresso pedindo aos iniciantes para compilar seus próprios resultados de testes é um método excelente de ajudá-los a avaliar seu próprio progresso; é tanto motivador como educacional.

Benefícios da prática

Obviamente, um dos principais objetivos da prática é a performance eficaz, que pode ser imaginada como o desenvolvimento da *capacidade* de executar alguma habilidade na demanda futura. No entanto, existem vários outros benefícios da prática que deixam o aprendiz com capacidades não tão diretamente relacionadas com a proficiência da tarefa real. Na verdade, o termo "aprendizagem motora" é um termo errado, pois o que

Foco na PRÁTICA 9.1

Princípios da prática do golfe

Uma queixa frequente dos golfistas que tentam melhorar suas habilidades por meio da prática no *driving-range* é que sua performance raramente se iguala à do campo de golfe. Na verdade, a queixa: "mas eu estava acertando a bola tão bem durante os treinos" parece resumir muito bem a falta de progresso que agrava o "jogador de fim de semana." O golfista típico aluga um balde de bolas no *driving range* local, vai até uma tenda pequena com um tapete artificial para treino e coloca uma bola no pino de borracha. Depois de um aquecimento breve, um taco de golfe é retirado da bolsa, um alvo pretendido no *range* é selecionado, a direção da jogada é determinada, a postura é tomada, e a tacada é realizada. Em seguida, com muito pouca hesitação, uma nova bola é colocada no pino e outra tacada é feita. Esse processo continua por 5, 10, 20 ou mais tacadas, até que finalmente o golfista decide tentar um taco diferente. E assim vai. Vamos dar uma olhada neste comportamento na prática típica no *driving range* e compará-lo com os princípios da prática discutidos neste capítulo.

1. *Repetições*. O foco do jogador está no balanço, pois essa é a mensagem de quase todos os vídeos instrutivos e os que o jogador já assistiu. Se uma tacada bem-sucedida é feita, o objetivo imediato do golfista é repeti-la. A repetição é a chave, e muito pouco tempo e energia são gastos, tanto em preparação para a tacada como para contemplar o resultado depois.
2. *Projeto de prática*. Nosso jogador realmente não tem a motivação para fazer um plano sério para a sessão prática. O único plano é tentar melhorar – geralmente com maior ênfase no balanço.
3. *Especificidade*. Embora isso não seja uma falha do jogador de golfe, considerar a própria natureza da construção da maioria dos *driving ranges* do golfe. As áreas de batida usam tapetes de grama artificial; a bola fica em uma posição boa, plana; e não existem obstáculos para serem contornados. Em outras palavras, a tacada típica no *driving range* é feita sob condições ideais – condições bem diferentes daquelas que o jogador terá de enfrentar no campo. Assim, ele aprende a bater quase sob ótimas condições.
4. *Aprendizagem e metas de performance*. Muito simplesmente, o jogador típico equaciona boa performance na prática, com o sucesso da aprendizagem. E essa ilusão de progresso, talvez mais do que qualquer outro fator, é o que mais frustra o golfista.

Para ser justo, no entanto, não deveríamos criticar tanto os nossos golfistas. Afinal, essas "violações" dos princípios da prática não são incomuns na maioria dos tipos de habilidades de esporte, ambientes de treinamento no local de trabalho e ambientes de reabilitação. E na realidade, não seria preciso muito esforço para tornar a prática no campo de golfe mais eficaz para a aprendizagem. Aqui vão algumas ideias:

- Esboce um plano para a sessão de prática antes de ir para o intervalo. Estabeleça metas claras e como você pretende alcançá-las.
- Faça a "contagem" de cada tacada. Tente criar uma imagem de como seria seu campo favorito para cada tacada. Relembre sua rotina típica pré-tacada antes de golpear a bola e avalie um número de diferentes componentes da tacada depois,

> *continua*

> *continuação*

- talvez em termos de uma lista de verificação (p. ex., balanço, contato com a bola, voo da bola, posição final em relação ao alvo).
▶ Tente criar diferentes tipos de tacadas a serem feitas, mesmo se imaginárias (p. ex., tacada baixa contra o vento ou uma tacada alta sobre uma árvore).
▶ Introduza "testes" na prática, como jogos curtos (tacadas curtas e *putting* de três locais em torno do *green*), seja por si mesmo ou competindo com um amigo.

A questão básica aqui é que as habilidades necessárias para jogar golfe são as mesmas que são necessárias para se praticar no *driving range*. As frustrações que assolam o golfista típico provavelmente surgem em grande parte da maneira como a prática é realizada.

---

resulta da prática é muito mais do que apenas a aprendizagem "motora". Nesta seção descrevemos brevemente alguns dos benefícios a serem esperados da prática.

Habilidades perceptuais

O jogo de xadrez promoveu um início improvável para essa importante área de pesquisa. DeGroot (1946), Chase e Simon (1973) mostraram a especialistas e não especialistas um jogo de xadrez parcialmente reproduzido em um tabuleiro que tinha um número semelhante de peças colocadas aleatoriamente (ou seja, um agrupamento de peças de xadrez que era pouco provável de ocorrer em um jogo real). Depois de visualizar o tabuleiro por apenas cerca de 5 s, pedia-se aos indivíduos que recriassem a cena que tinham acabado de ver colocando as peças em outro tabuleiro. Como esperado, os especialistas eram muito melhores do que os não especialistas em recriar o tabuleiro que tinha uma "estrutura de jogo." Mas não houve diferença entre especialistas e novatos quando eles recriaram o tabuleiro aleatoriamente disposto. Esse estudo forneceu evidências importantes de que a capacidade de lembrar informação apresentada brevemente é específica para as habilidades do observador – aqui, para os especialistas de xadrez, adquiridos ao longo de muitos anos de prática.

Os estudos de xadrez iniciaram um paradigma de pesquisa que desde então abordou a vantagem perceptual que é obtida com a prática e a experiência. Diferentes métodos são utilizados para avaliar essa vantagem. Um exemplo é mostrar vídeos de atividades específicas (como em eventos esportivos) em que uma porção crítica do vídeo (p. ex, os movimentos do braço pré-liberação da bola de um arremessador de beisebol) é cortada da visualização, e pede-se aos indivíduos (geralmente especialistas e não especialistas) para prever algo sobre o resultado da ação obstruída (p. ex., algo sobre o voo da bola; ver Williams, Ward & Smeeton, 2004, para revisão). Outra estratégia de pesquisa é monitorar os movimentos dos olhos e da cabeça feitos por executantes de diferentes habilidades para avaliar se a busca ativa por informações é alterada pela prática (p. ex., Vickers, 2007). Resultados dessa área geral de pesquisa tendem a apoiar os achados originais com jogadores de xadrez – que esta experiência é bastante específica à natureza da habilidade que foi praticada. A pesquisa mostra também que os especialistas tendem a procurar informações mais específicas e estreitamente focadas em uma exibição perceptual, e a pegar essa informação muito no início da ação, comparados com os não especialistas (ver Abernathy et al., 2012. para uma revisão excelente).

Atenção

A atenção representa um foco importante do Capítulo 3. Apresentamos vários conceitos diferentes de atenção, que podem agora ser considerados a partir de uma perspectiva de aprendizagem – o efeito da prática sobre esses conceitos de atenção. Consideramos dois desses nessa seção.

Demandas de capacidade reduzida Um dos conceitos fundamentais do Capítulo 3 foi o de que a maioria das tarefas exige alguma atenção

Jogadores de xadrez especialistas são capazes de lembrar melhor e recriar arranjos de peças semelhantes a jogos em um tabuleiro, demonstrando as vantagens de percepção adquiridas por meio da prática.

para sua performance e esta sofre quando a demanda global ultrapassa a capacidade disponível de atenção (p. ex., ver a discussão sobre a condução distraída em Foco na Pesquisa 3.1). Assim, um benefício da prática é a atenção reduzida que é exigida por tarefas que foram bem aprendidas. Um estudo por Leavitt (1979) ilustra bem esse conceito. Em seu estudo, Leavitt comparou jogadores de hóquei jovens de diversas idades, e diferentes habilidades de jogo dentro de cada idade, na performance de uma tarefa de patinação (que foi a "tarefa principal"), feita tanto sem taco e disco ou quando manipulando um disco com o taco. O tempo necessário para patinar ao longo de uma distância fixa foi medido. A patinação no gelo sem controlar um disco simultaneamente pareceria uma tarefa que demanda muito menos atenção do que quando se controla um disco com um taco ao mesmo tempo.

Os resultados de Leavitt (1979) estão ilustrados na Figura 9.1. Alguns pontos muito interessantes são exemplificados nesta figura. Primeiro, observe que os tempos de patinação com o taco e um disco são, em geral, mais longos do que durante a patinação sem o taco e um disco. Em segundo lugar, a limitação no tempo devido a patinação com o disco tornar-se progressivamente menor à medida que as crianças ficam mais velhas (ou seja, à medida que avançam da faixa etária de *Novice* [menos de 9 anos] para *Atom* [menos de 11 anos] para *Peewee* [menos de 13 anos] para *Bantam* [menos de 15 anos]). E, por fim, até mesmo dentro de cada faixa etária, jogadores mais altamente qualificados sofreram menos decréscimo no tempo quando patinaram com o disco do que os jogadores *Novice*. Toda essa evidência sugere que o decréscimo para a performance na patinação que ocorre quando os jogadores devem manipular um disco com o taco simultaneamente ao patinar é reduzido na proporção que a habilidade melhora.

Redução da competição do efetor Outro importante conceito de atenção é a interferência que pode surgir quando uma tarefa exige que façamos

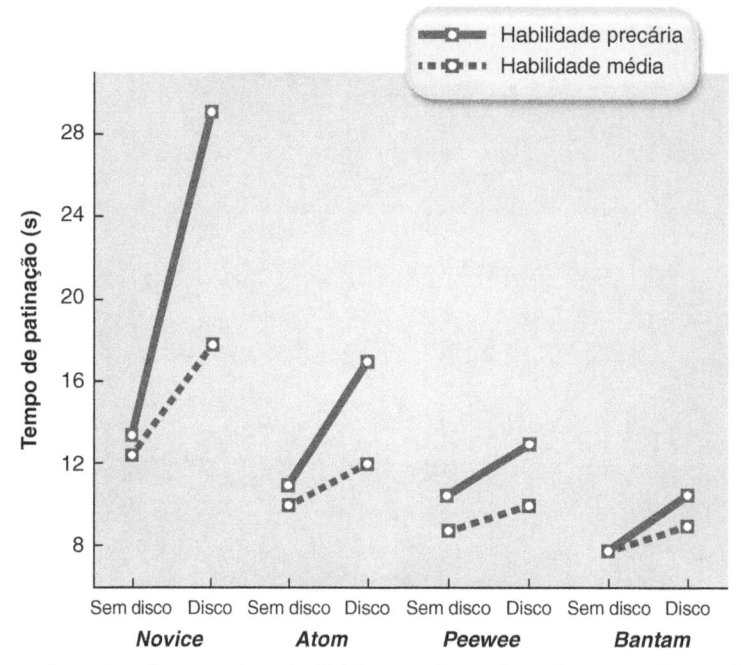

FIGURA 9.1 Os tempos de patinação quando os indivíduos estão patinando apenas (a condição "sem disco") e quando eles estavam patinando e manuseando o taco (a condição "com disco") simultaneamente. (Novice = menos de 9 anos de idade em média; Atom = menos de 11 anos em média; Pewee = menos de 13 anos; Bantam = menos de 14 anos).
Dados de Leavitt 1979.

duas ou mais coisas diferentes ao mesmo tempo. O exemplo clássico de bater na cabeça e esfregar a barriga ao mesmo tempo ilustra o problema aqui (ver Figura 9.2). A questão compartilha algumas semelhanças com o conceito de atenção-demanda, como discutido na seção anterior e no Capítulo 3, mas é única no sentido de que não há problema em esfregar (ou bater) na cabeça e na barriga ao mesmo tempo. Assim, não é uma questão de fazer duas coisas ao mesmo tempo. Mas uma questão de fazer duas *coisas diferentes* ao mesmo tempo.

A interferência ocorre quando um efetor tem uma meta ou padrão de movimento que é diferente da meta (ou padrão de movimento) do outro efetor. A pesquisa de Bender (1987), discutida no Capítulo 6, ilustra bem o problema e os benefícios que resultam da prática. Ela descobriu que a produção da letra em inglês "V" com uma mão e a letra grega "γ" com a outra mão era quase impossível quando essas ações tinham de ser realizadas ao mesmo tempo. Talvez isso ocorra devido à competição entre programas motores subjacentes (ver Figura 6.12). No entanto, a competição efetora (ou programa motor) foi de algum modo reduzida com prática considerável, talvez devido ao desenvolvimento de um único programa motor que foi responsável por controlar os dois membros como se

FIGURA 9.2 Problema típico de coordenação que pode ser resolvido com a prática.

fossem um só (isto é, com um único programa motor; ver também Schmidt et al., 1998). A dificuldade parece ser que o sistema está tentando executar dois programas diferentes ao mesmo tempo (ver Capítulo 6 para mais discussão) e a prática move o aprendiz para mais perto de ter um único programa motor que rege ambas as ações.

Programas motores

Um tema de destaque na literatura sobre aprendizagem motora sugere que muitas habilidades motoras são aprendidas por meio do desenvolvimento de programas motores, como discutido em detalhe no Capítulo 5. Como esses programas motores são aprendidos? A **analogia do câmbio de marchas** fornece uma maneira útil para responder a essa pergunta. Quando se aprende pela primeira vez a mudar as marchas de um carro de transmissão padrão, o motorista iniciante passa por cada um dos sete passos ilustrados na Figura 9.3, sendo que o movimento para cada uma dessas etapas é controlado por programas motores separados. À medida que se obtém um pouco de proficiência, algumas dessas etapas são combinadas em programas motores de maiores dimensões que são capazes de controlar os movimentos de duas ou mais etapas individuais. No nível mais alto de habilidade (p. ex., com um motorista de carro de corrida) todas as sete etapas são controladas por um único programa motor.

O fato de uma sequência de ações ser ou não controlada por um, dois, ou talvez mais programas motores em sequência foi abordado pela investigação destinada a identificar as unidades de ação. Imagine que uma análise cinemática de um movimento possibilitou a medição do tempo de determinadas características cinemáticas (p. ex., tempo de aceleração de pico, tempo de velocidade máxima). Como essas características cinemáticas dos movimentos são altamente correlacionadas no tempo ao longo de muitas execuções de teste individuais (entre os indivíduos), então vamos supor que essas ações foram executadas com um único programa motor. A baixa correlação temporal entre qualquer par desses marcos é uma evidência de programas separados (Schneider & Schmidt, 1995). Esse tipo de pesquisa pode ter muitas aplicações. Por exemplo, usando essa lógica, os pesquisadores analisaram isqueiros de butano com segurança para crianças e forneceram evidências de que mais do que um programa motor era necessário para concluir todas as etapas de acender o isqueiro (Schmidt et al., 1996) – demonstrando que a característica de segurança provavelmente era eficaz.

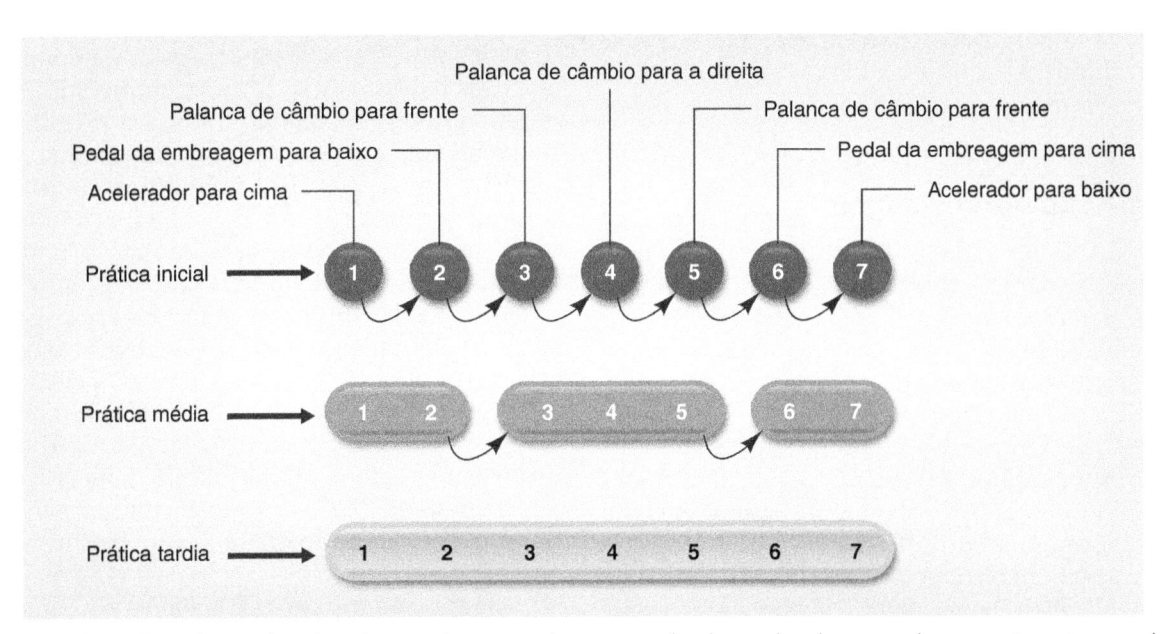

FIGURA 9.3 A analogia da caixa de marchas, usando o exemplo de mudar da segunda para a terceira marcha de um carro de transmissão padrão. A prática resulta na reorganização de sete programas motores individuais em um programa.

Reimpressa, com autorização, de Schimdt e Lee 2011; adaptado de MacKay, 1976.

Detecção de erro

A **capacidade de detecção de erros** representa outra meta da prática. Por exemplo, quando um estudante está aprendendo as habilidades da ressuscitação cardiopulmonar (RCP), o instrutor geralmente está presente durante a prática. Portanto, a autodetecção de erros não é fundamental porque o instrutor está lá para apontá-los e sugerir correções. No entanto, quando o aprendiz tenta executar esta habilidade em uma emergência real, o instrutor não estará disponível para fornecer a informação corretiva. O aprendiz que é capaz de detectar e analisar os seus erros de maneira independente, e, assim, fazer as correções "no momento", será um prestador de RCP muito mais qualificado. Essa detecção de erros e capacidade de correção tende a tornar o aprendiz autossuficiente, o que é uma meta global da prática. Teremos muito mais a dizer no Capítulo 11 sobre como as habilidades de detecção de erros podem ser promovidas (ou desencorajadas) pela maneira pela qual o *feedback* aumentado é apresentado.

As tarefas diferem no que diz respeito à saliência de diferentes tipos de informação sensorial, evidentemente. O som do motor é particularmente importante para o piloto de corridas, e o som do violão é, obviamente, importante para o músico. A informação visual é fundamental para o dentista, embora quando fornecida por um espelho, aquela informação requer habilidades especiais de tradução. Pessoas que perderam a visão podem tornar-se particularmente adeptas de discriminação tátil usando movimento (p. ex., usando *Braille*).

Estágios de aprendizagem

É útil considerar a aprendizagem como uma série de estágios (ou fases) relativamente distintos que podem ser identificados no processo de aquisição de habilidades. Esses estágios não devem ser confundidos com os estágios de processamento da informação discutidos no Capítulo 2. Ao contrário, eles são descritores dos diferentes níveis de desenvolvimento de habilidades. Duas contribuições importantes dos estágios de aprendizagem foram feitas, uma por Fitts e outra por Bernstein, cada uma de uma perspectiva muito diferente (ver Anson, Elliott, e Davids, 2005, para uma discussão mais aprofundada).

Estágios de Fitts

Os estágios sugeridos por Fitts (1964; Fitts & Posner, 1967) foram especificamente projetados para considerar a aprendizagem *perceptual-motora*, com ênfase tanto nos componentes perceptuais como motores envolvendo a aquisição de habilidade. Essa perspectiva coloca forte ênfase na maneira como os processos cognitivos aplicados na performance motora mudam como função da prática.

Estágio 1 de Fitts: estágio cognitivo Como o nome do estágio indica (**estágio cognitivo de aprendizagem**), o primeiro problema do aprendiz é cognitivo, em grande parte verbal (ou verbalizável); as perguntas dominantes dizem respeito a identificação do objetivo, avaliação da performance, o que fazer (e o que não fazer), quando fazer, como fazê-lo e uma série de outras coisas. Como resultado, as habilidades verbais e cognitivas (discutidas no Capítulo 7) dominam neste estágio. Descobrir o que olhar no ambiente (ou ouvir, ou sentir, e assim por diante) e gerar uma tentativa adequada de movimento é crucial.

Instruções, demonstrações, cenas de filmes e outras informações verbalizáveis são também particularmente úteis neste estágio. Um dos objetivos de instrução é fazer o aprendiz transferir as informações de aprendizagem passadas para esses níveis iniciais de habilidade. Por exemplo, muitas habilidades têm requisitos de postura semelhantes, de modo que instruções que trazem posições já conhecidas deveriam ser úteis para o ensino de uma nova (p. ex, "adotar uma postura como você faria na habilidade x"). Com frequência, vários movimentos previamente aprendidos podem ser sequenciados em conjunto para aproximar da habilidade desejada (p. ex., mudar de marcha, *pisar* na embreagem, *mover* a alavanca de câmbio para baixo e *soltar* a embreagem enquanto pressiona suavemente o acelerador), e pode proporcionar um início para aprendizagem posterior. Ganhos em proficiência neste estágio são muito rápidos e grandes, o que indica que estratégias mais eficazes para a performance estão sendo descobertas. Não é de muita preocupação que a performance nesse estágio seja hesitante, errática, incerta e mal--cronometrada para o ambiente externo; este é apenas o ponto de partida para ganhos posteriores de proficiência.

Alguns aprendizes envolvem-se em uma grande quantidade de autoconversa, guiando-se verbalmente por meio das ações. No entanto, esta atividade exige atenção considerável e pode interferir no processamento de outros eventos sensoriais que podem estar ocorrendo ao mesmo tempo. Contudo, a atividade verbal é eficaz nessa fase inicial, facilitando uma aproximação grosseira da habilidade e provavelmente vai deixar de ocorrer mais tarde.

Estágio 2 de Fitts: estágio de fixação O executante em seguida entra no **estágio de fixação** (algumas vezes chamado de **estágio associativo** ou **estágio motor**). A maior parte dos problemas cognitivos que lidam com os estímulos ambientais que precisam ser atendidos e as ações que precisam ser realizadas foi resolvida. Assim, agora o foco do aprendiz muda para a organização de padrões de movimento mais eficazes para produzir a ação. Em habilidades que exigem movimentos rápidos, como a tacada do tênis, o aprendiz começa a "construir" um programa motor para realizar as exigências do movimento. Em movimentos mais lentos, como o equilíbrio na ginástica, o aprendiz constrói maneiras de usar *feedback* produzido pelo movimento.

Vários fatores mudam acentuadamente durante o estágio de fixação, associado a padrões de movimento mais eficazes. A performance melhora de maneira constante. Alguma inconsistência decorrente da tentativa é observada à medida que o aprendiz tenta novas soluções para os problemas de movimento. No entanto, a inconsistência diminui gradualmente; os movimentos envolvendo habilidades fechadas começam a ser mais estereotipados, e aqueles que envolvem habilidades abertas tornam-se mais adaptáveis ao ambiente em mudança (Gentile, 1972). A eficiência aprimorada do movimento reduz custos de energia e a autoconversa torna-se menos importante para a performance. Os executantes descobrem que regularidades ambientais servem como indícios eficazes de temporização. A previsão se desenvolve rapidamente, tornando os movimentos mais suaves e menos apressados. Além disso, os aprendizes começam a monitorar seu próprio *feedback* e detectar seus erros. Esse estágio geralmente dura muito mais tempo do que o estágio cognitivo.

Estágio 3 de Fitts: estágio autônomo Depois de prática considerável, o aprendiz gradualmente entra no **estágio autônomo**. Esse é um estágio em geral associado ao atingimento de performance especialista – previsão perceptual (Capítulo 2) é alta, o que acelera o processamento da informação ambiental. O sistema geralmente programa sequências mais longas de movimento; isto significa que menos programas precisam ser organizados e iniciados durante um determinado intervalo de tempo, o que diminui a carga sobre os processos de iniciação do movimento que demanda atenção.

A diminuição da atenção exigida, tanto por processos perceptuais como motores, libera o indivíduo para realizar atividades cognitivas de ordem mais alta e simultânea, como tomar decisões de nível mais alto sobre estratégias no esporte, expressar emoção e afeto na música e dança e lidar com o estresse e o caos em atividades de atendimento de emergência. A autoconversa sobre a performance muscular real é quase ausente e a performance frequentemente parece sofrer se a autoanálise for tentada. No entanto, a autoconversa poderia continuar em termos de aspectos estratégicos de ordem superior. A autoconfiança aumenta e a capacidade de detectar e corrigir aos próprios erros torna-se mais refinada.

É importante lembrar que as melhorias na performance no estágio autônomo são lentas, porque o aprendiz já é muito capaz quando este estágio começa. No entanto, a aprendizagem está longe de terminar, como é mostrado em muitos estudos (ver Foco na Pesquisa 9.1, por exemplo).

Estágios de Bernstein

Em contrapartida com a ênfase de Fitts nos aspectos de processamento da informação de componentes perceptuais e motores da habilidade, Bernstein identificou estágios de aprendizagem a partir de um controle motor combinado e uma perspectiva biomecânica.

Estágio 1 de Bernstein: redução de graus de liberdade O problema inicial que o aprendiz enfrenta é o que fazer com todos os graus possíveis de liberdade de movimento que estão disponíveis para o corpo. Um único **grau de liberdade**, na visão de Bernstein, se refere a apenas um (a partir de todas as outras maneiras) em que os vários músculos e articulações são livres para se movimentar. Bernstein considerou que a solução para os chamados **graus de problema de liberdade** (isto é, como o sistema pode controlar todos os graus de liberdade) foi reduzir o movimento de partes do corpo redundantes não essenciais ou partes do

Foco na PESQUISA 9.1

Aprendizagem nunca termina

A forma do perfil clássico de aquisição da habilidade, algumas vezes, erroneamente chamada de "curva de aprendizagem", é ilustrada na prática por ganhos rápidos no início da prática, melhorias que diminuem à medida que se obtém alguma proficiência, em seguida uma desaceleração gradual para um ponto eventual em que nenhuma outra melhora na habilidade é detectada. Então, seria correto dizer que a aprendizagem terminou neste ponto? Dois estudos clássicos na literatura sobre aprendizagem motora sugerem que a resposta é não.

Bryan e Harter (1897, 1899) estudaram a habilidade perceptual-motora da telegrafia – que envolve a linguagem de enviar e receber código Morse. Eles estudaram telégrafos de vários níveis de experiência e descobriram muitos achados importantes. Por exemplo, a habilidade perceptual de receber o código Morse tornou-se mais rápida e mais eficiente com a prática. No entanto, isso foi conseguido não apenas por meio de melhorias quantitativas (velocidade de detecção da letra), mas também por meio de mudança qualitativa – à medida que a habilidade se desenvolveu, os telegrafistas evoluíram por perceber letras isoladas em um primeiro momento, depois agrupamentos de letras, então palavras inteiras, e depois frases comuns ou agrupamentos de palavras. A temporização de pontos e traços é um componente crítico do envio do código Morse e Bryan e Harter descobriram que a consistência na temporização do movimento continuou a melhorar ao longo de muitos anos de experiência (ver Lee & Swinnen. 1993, para uma análise melhor). Em resumo, não houve nenhuma evidência de que as melhorias deixaram de ser feitas seja na habilidade perceptual ou motora. Pelo contrário, a performance tornou-se mais eficiente e menos variável com a prática continuada.

Crossman (1959) apresentou um tipo muito diferente de análise de uma habilidade. Ele seguiu a performance de enroladores de charutos que usavam uma máquina para combinar folhas de tabaco em um produto acabado, um charuto. Crossman descobriu que melhorias no tempo de performance estabilizavam somente após sete anos de experiência (ou 10 milhões de charutos!) terem sido acumulados. No entanto, o platô na performance não foi devido a uma limitação da performance humana. Em vez disso, a performance nivelou-se porque os limites do tempo de ciclo da máquina foram atingidos. Presumivelmente, os rolos de charutos continuariam a melhorar se não tivessem atingido o limite de ciclo da máquina.

A ilusão de que a aprendizagem terminou é quase sempre causada pelos limites alcançados na sensibilidade da ferramenta de medição para revelar mais mudanças. Novas ferramentas de medição continuam sendo desenvolvidas e revelando o processo de aprendizagem motora em mais detalhes. Por exemplo, estudos recentes de aprendizagem motora revelaram efeitos acentuadamente diferentes da estimulação magnética transcraniana (EMT) sobre a performance dependendo se foi aplicada cedo (após 5 sessões) ou tarde (após 16 sessões) na prática (Platz et al., 2012a, 2012b). Nós suspeitamos que estudos futuros que usam essas e outras medidas de plasticidade cerebral irão fornecer evidências mais claras de que a aprendizagem nunca para.

Exploração adicional

1. Considere-se uma habilidade, como arco e flecha, que pode ser medida em termos de desfecho de performance (tais como precisão e consistência) e proficiência do movimento (p. ex., firmeza). Como essas diferentes medidas podem mudar com taxas diferentes como uma função da prática?
2. Pense em outra tarefa motora e descreva como a *expertise* pode continuar a progredir com a prática continuada. Quais sistemas de medida seriam necessários para observar essas mudanças continuadas?

corpo redundantes no estágio inicial de aprendizagem – em essência, *congelando* esses graus de liberdade. De certa maneira, essa solução alcançou o mesmo objetivo que o primeiro estágio de Fitts de aprendizagem – uma vez que o número de graus de liberdade que precisam ser controlados é reduzido, há menos movimentos do corpo que exigem o controle consciente, o que possibilita que a atenção seja dedicada aos poucos graus de liberdade que proporcionam o máximo controle de aspectos rudimentares da ação.

Estágio 2 de Bernstein: liberação de graus de liberdade Como o controle de um número mínimo de graus de liberdade no estágio 1 começa a resultar em alguns sucessos iniciais, o aprendiz típico tenta melhorar a performance *liberando* alguns dos graus de liberdade que foram inicialmente "congelados". Essa liberação dos graus de liberdade pareceria particularmente útil em tarefas que requerem potência ou velocidade, pois os graus de liberdade que foram liberados poderiam possibilitar um acúmulo mais rápido e maior de forças.

▎ À medida que jogadores jovens de hóquei aumentam seu nível de habilidade, as tarefas para manter o equilíbrio e manusear o disco requerem menos atenção, possibilitando a eles concentrar-se em outros aspectos do jogo.

Foco na
PRÁTICA 9.2

Fitts e Bernstein aprendem a jogar hóquei no gelo

Uma maneira de conceitualizar os diferentes estágios de perspectivas de aprendizagem propostos por Fitts e por Bernstein é com um exemplo. O hóquei no gelo envolve duas tarefas principais: patinação (movimentos do corpo todo usando duas botas ajustadas com lâminas afiadas que cortam o gelo) e manuseio do taco (usando um taco de hóquei para passar, lançar e manipular um disco plano de borracha). O que se segue é uma análise referente a como os estágios de aprendizagem podem prosseguir de acordo com Fitts e Bernstein.

Estágio de Fitts 1

A partir da perspectiva de Fitts, o processo de manutenção do equilíbrio é uma preocupação primária, que requer quantidades maciças de recursos de atenção apenas para ficar ereto. Segurar o taco é altamente verbalizável, e fazê-lo de modo correto é uma consideração importante. Para os jogadores destros, a mão esquerda segura o taco próximo do topo da haste e a mão direita segura-o um pouco abaixo da haste. Lançar, passar e manipular o disco requerem recursos conscientes consideráveis, pois cada uma dessas atividades perturba o equilíbrio e representa uma ameaça para a postura do aprendiz.

Estágio de Bernstein 1

Para Bernstein, o mesmo problema de ficar ereto e bater no disco é resolvido reduzindo o movimento do corpo. Uma base estável é fundamental; portanto, os movimentos que desestabilizariam essa base, como dar um passo largo durante o ato de lançamento ou de passagem de um disco, são em grande parte evitados ou reduzidos em magnitude. Os movimentos do corpo durante a patinação são bastante rígidos, mais uma vez para evitar desestabilização do equilíbrio. O taco é usado como uma "muleta" durante esse estágio para ajudar a manter o equilíbrio.

Estágio de Fitts 2

Habilidade rudimentar foi alcançada no início desse estágio – o iniciante adquiriu as habilidades básicas para patinar, lançar, passar e manipular o disco, embora isso requeira recursos cognitivos consideráveis para coordenar ao mesmo tempo. Atenção para patinação e manipulação do taco foi reduzida, no entanto, possibilitando ao iniciante participar de outros atributos de percepção da situação, por exemplo, localizar membros da equipe oposta e prever os movimentos dos companheiros de equipe.

Estágio de Bernstein 2

Para Bernstein, as habilidades de patinação do aprendiz melhoraram drasticamente devido à liberação dos graus de liberdade do corpo. Em vez de parecer "andar" em patins, o iniciante dá um impulso para o lado com um patim e desliza para frente com o outro. Consideravelmente mais torção do tronco é usada para o movimento, resultando em velocidade de patinação muito mais rápida. O controle do disco também melhorou por meio de mais envolvimento dos músculos do punho, antebraço e ombro. O resultado é uma maior produção de força e precisão no lançamento e na passagem do disco, bem como controle mais efetivo do manuseio do taco.

Estágio de Fitts 3

No estágio autônomo de Fitts, muito pouca atenção é dada aos processos envolvidos na patinação e no controle do disco, ou mesmo a coordenação simultânea dessas habilidades. Agora, o envolvimento cognitivo do iniciante é investido em atividades de maior ordem do jogo – detectando padrões do fluxo do jogo por membros de ambas as equipes, planejando jogadas estratégicas por meio das quais o aprendiz vai para locais no gelo que podem fornecer uma vantagem ofensiva ou defensiva, ou levar vantagem de fraqueza percebida.

Estágio de Bernstein 3

O estágio final de Bernstein explora a energia que vem com o jogo rápido e dinâmico. Os jogadores aprendem a parar, virar, acelerar e desacelerar com precisão e o uso de dinâmica passiva de seu próprio corpo, mas também a energia obtida a partir de objetos no gelo, tanto animados (outros jogadores) como inanimados (p. ex., parede da pista ou "placas"). Equipamentos modernos (patins e tacos) são fabricados com materiais compostos, que são projetados para ser plenamente explorados apenas pelos jogadores mais altamente habilitados.

Resumo

Esta análise representa apenas um exemplo de como os estágios de Fitts e Bernstein de aprendizagem podem caracterizar as maneiras como o desenvolvimento de habilidades prossegue. Como você pode ver a partir dessa comparação, as perspectivas de Fitts e Bernstein não devem ser vistas como competitivas entre si. Ao contrário, representam duas abordagens teóricas diferentes que conceitualizam alguns conjuntos distintos de processos que mudam com a prática.

Estágio 3 de Bernstein 3: exploração de dinâmica passiva No estágio final de Bernstein, o executante aprende a explorar a dinâmica passiva do corpo – essencialmente, a energia e o movimento que vêm "gratuitamente" com a ajuda da física (como gravidade, características semelhantes a mola do músculo e impulso). Assim, no estágio final de Bernstein, o movimento torna-se maximamente habilitado em termos de *eficácia* (atingindo o resultado final com máxima certeza) e *eficiência* (mínimo dispêndio de energia)

Limitações dos estágios de Fitts e Bernstein

Um fator que é importante manter em mente sobre ambas as perspectivas de Fitts e Bernstein é que nenhuma estava destinada a descrever a aprendizagem como uma série de estágios distintos, não lineares e unidirecionais. A progressão de um estágio para outro não é categórico, como deixar um cômodo de uma casa e entrar em outro. De muitas maneiras, esses estágios destinam-se a ser considerados como descrições genéricas de capacidades de performance e tendências em qualquer momento no processo de aprendizagem, com a condição de que estas capacidades mudem à medida que a aprendizagem progride.

Há inúmeros outros aspectos desses dois esquemas que precisam ser considerados. Por exemplo, Fitts considerou a mudança da performance como *regressiva*, bem como progressiva, no sentido de que se esperava que ela, sob condições de alta excitação ou após uma longa dispensa da prática, produziria tendências de performance típicas de um estágio anterior (Fitts et al., 1959).

Diferenças de tarefas também desempenham um papel importante nas visões de estágio, tanto de Fitts como de Bernstein. Por exemplo, "automaticidade" no estágio final de Fitts pode ser alcançada para algumas tarefas, mas nunca alcançadas para outras. Como um exemplo, responder "automaticamente' a um estímulo específico com uma resposta específica pode ser aprendido com muitas horas de prática dedicada (p. ex., Schneider & Shiffrin, 1977), embora possa ser impossível em algum momento desenvolver a automaticidade para uma tarefa de movimento nova, complexa, seriada ou continuada.

De maneira semelhante, a natureza da tarefa pode limitar a aplicação dos estágios de Bernstein (Newell & Vaillancourt). Podemos pensar em dois exemplos comuns de habilidades cujo aprendizado parecia contradizer a caracterização do estágio 2 de Bernstein. Um desses envolve fazer uma parada de mão nas argolas fixas na ginástica masculina. O iniciante parece começar a aprender essa tarefa usando quase todos os graus disponíveis de liberdade (p. ex., a manutenção do equilíbrio com os movimentos de quadril e tronco, usando os braços). Quando o iniciante claramente passou o estágio inicial, em vez de liberar graus de liberdade, ele parece *congelá*-los. Todos os movimentos descontrolados de quadril e braço parecem desaparecer, deixando para trás o controle de equilíbrio apenas pelos punhos: isto parece ser exatamente a ordem inversa da visão de Bernstein, em que o iniciante parece ganhar proficiência congelando, em seguida liberando graus de liberdade. Outro exemplo, diz respeito à habilidade do aprendiz para o *windsurf*. Primeiramente, o aprendiz usa movimentos descontrolados do quadril, joelho e braço para manter o equilíbrio na prancha, de maneira muito semelhante ao que o ginasta faz nas argolas nesta fase. Em seguida, quando claramente passou a primeira fase, ele parece congelar o quadril, e os movimentos do joelho de modo que o corpo fique parado e rígido, e o controle seja devido a movimentos muito pequenos do velejar com movimentos pequenos de cotovelo e punho, novamente com congelamento prosseguindo para liberação. Konczak, Vander Velden e Jaegel (2009) descobriram que, de maneira semelhante a estes ginasta e windsurfista, os violinistas especialistas desenvolveram sua habilidade aprendendo a reduzir em vez de liberar movimentos de seu braço em curva.

Em resumo, acreditamos que as ideias de estágio de Fitts e Bernstein retêm mérito considerável e sua longevidade como análises descritivas do processo de aprendizagem atesta uma proeminência continuada na literatura sobre a aprendizagem motora. No entanto, não se deve perder de vista o fato de que essas são descrições bastante generalizadas, não teorias firmes sobre o processo de aprendizagem.

RETENÇÃO DA HABILIDADE

Esta seção diz respeito ao "destino" de habilidades motoras, após um período de tempo durante o qual nenhuma outra prática é adotada, durante o qual pode ocorrer **esquecimento**. Esse intervalo de tempo é frequentemente chamado de "intervalo de retenção". Como veremos, a ausência de prática é frequentemente prejudicial para a performance de habilidosos.

Esquecimento

Uma das obviedades da vida é que algumas habilidades parecem nunca serem esquecidas, enquanto outras são perdidas bem rapidamente. O exemplo do primeiro é andar de bicicleta, uma habilidade que nós parecemos reter por períodos muito longos de tempo durante o qual nós não experimentamos nenhuma prática de intervenção. Em contrapartida, algumas memórias são esquecidas muito rapidamente, tais como a sequência de números de seu primeiro número de telefone.

Considere os seguintes dois estudos que são representativos desse contraste. No primeiro estudo, realizado há muitos anos por Neumann e Ammons (1957), os experimentadores pediram aos indivíduos para aprender a combinar os locais de uma série de oito interruptores e luzes emparelhados. Essa tarefa parecia ter um componente de memória verbal relativamente pesado para ela, em que os participantes tinham de aprender e lembrar que interruptor era de qual luz. A prática continuou até que os indivíduos realizaram duas tentativas sem erros, que, como ilustrado na Figura 9.4, exigia cerca de 63 tentativas, em média. Nesse ponto, os indivíduos foram divididos em cinco subgrupos, cada um definido pelo período de tempo após o qual o teste de retenção seria realizado – intervalos de retenção de 1 min, 20 min, dois dias, sete semanas ou um ano inteiro. Os resultados ilustrados na Figura 9.4 são muito claros. A performance de retenção foi drasticamente afetada pelo intervalo de retenção, com um ano sem nenhuma prática, tanto produzindo a performance menos habilidosa na primeira tentativa de retenção como retornando este grupo essencialmente para o nível em que eles começaram no primeiro dia. Esse decréscimo exigiu o maior número de ensaios (se comparado com outros grupos) para recuperar o critério de duas tentativas sem erros. É de interesse observar que a taxa de melhora após um ano sem prática foi um pouco maior do que a prática original, sugerindo que talvez nem toda habilidade foi perdida durante este intervalo de retenção.

Agora, o contraste resulta do estudo de Neumann e Ammons (Figura 9.4) com os achados relatados por Fleishman e Parker (1962), apresentados na Figura 9.5. A tarefa exigiu a produção de movimentos de rastreamento complexos envolvendo movimento das mãos nas dimensões X (esquerda-direita) e Y (para frente e para trás) e movimento dos pés na dimensão X, usando um taco do tipo aeronave e controles de leme. Testes de retenção foram realizados após nove meses ou um ou dois anos. Tal como ilustrado na Figura 9.5, a perda de retenção foi acentuadamente pequena, mesmo após dois anos sem nenhuma prática. É claro que o tipo de tarefa influencia a performance de retenção.

O que a diferença nos resultados desses dois estudos significa? Argumenta-se que a retenção de longo prazo depende em larga medida da natureza das tarefas – tarefas distintas (em especial aquelas com um componente cognitivo relativamente grande, como o utilizado no estudo de Neumann e Ammons) são esquecidas de maneira relativamente rápida. Por outro lado, as tarefas contínuas, exemplificadas pela tarefa no estudo de Fleishman-Parker, são mantidas muito bem durante longos períodos de nenhuma prática. Com certeza, a quantidade de prática original terá muito a dizer sobre a quantidade relativa de retenção para essas funções (p. ex., Ammons et al., 1958). Mas, em geral, as tarefas contínuas, como andar de bicicleta, são conservadas por períodos muito mais longos de tempo do que as tarefas distintas.

Decremento do aquecimento

A depressão inicial da atividade motora no início de uma performance representa o que muitos pesquisadores acreditam ser um tipo diferente de

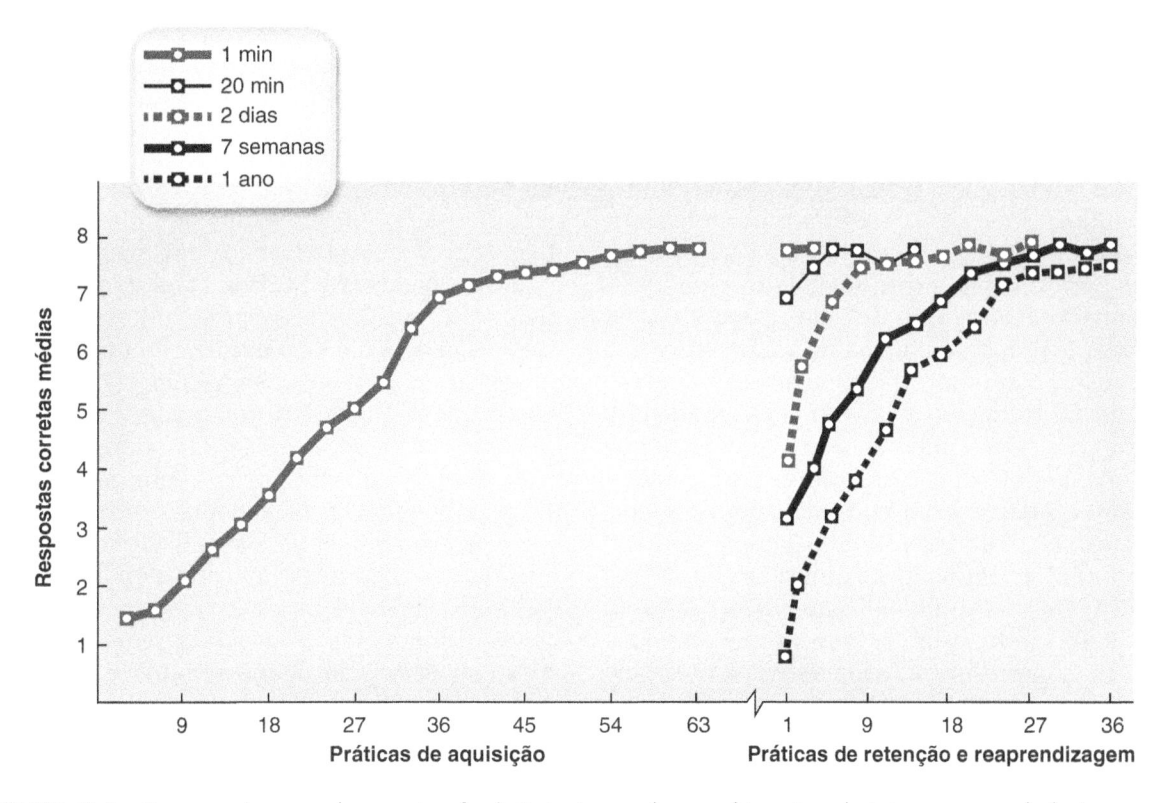

FIGURA 9.4 O esquecimento de uma tarefa distinta (aprender combinações de interruptores de luz) ocorreu rapidamente, e mais ensaios de prática adicional foram necessários para readquirir o critério original à medida que o intervalo de retenção aumentou.

Reimpressa, com permissão, de Neumanm e Ammons, 1957.

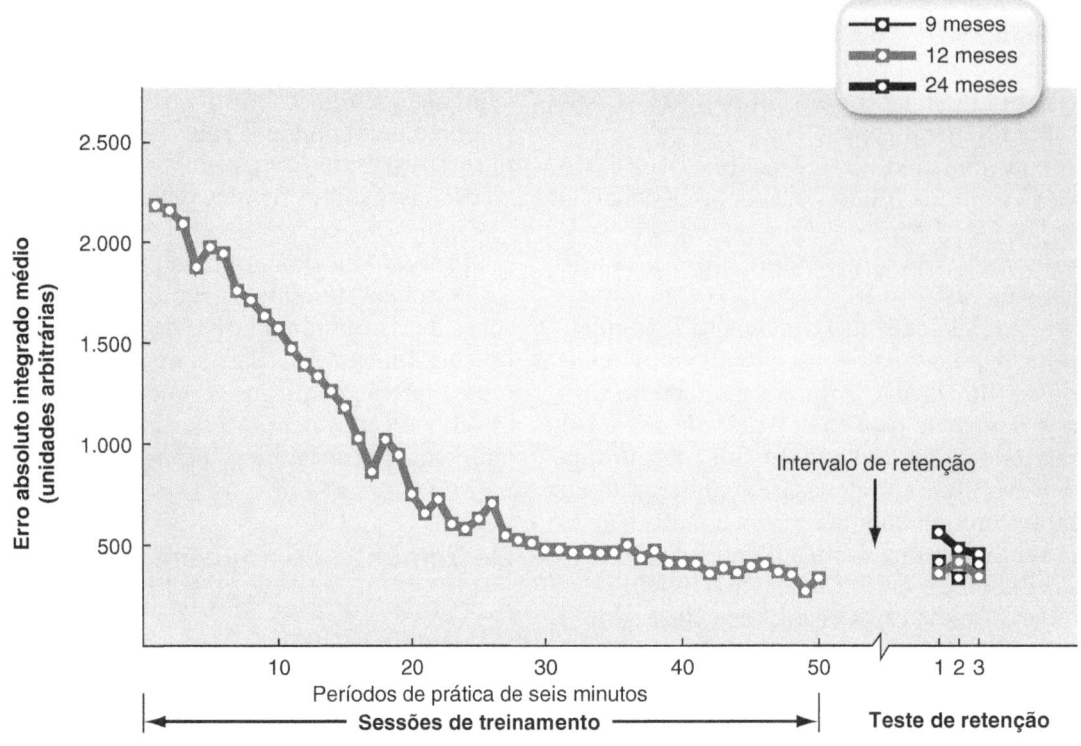

FIGURA 9.5 Resultados de Fleishman e Parker (1962). Performance de rastreamento de habilidade motora foi bem retido durante períodos de até dois anos após a prática original.

Reimpressa, com autorização, de Fleishman e Parker 1962.

déficit de retenção (Adams, 1961). Existem muitos exemplos. Um músico pode ter problemas para entrar no ritmo adequado ou humor para sustentar uma performance ideal; um goleiro de hóquei que é substituído no final do jogo pode não estar mentalmente preparado para a velocidade do jogo. Nesses casos, o aprendiz em geral sofre um decremento de performance relativamente grande e é impedido por certo tempo de executar em seu potencial máximo. Essa perturbação da performance é eliminada rapidamente após alguns ensaios de prática serem experimentados – essencialmente como com a condição do intervalo de retenção de 20 min no estudo de Neumann e Ammons (Figura 9.4). Ainda assim, os fatos de que esses decréscimos da performance são relativamente grandes, e que eles aparecem confiavelmente em tantas tarefas diferentes e sob circunstâncias muito diferentes, esta área de pesquisa ganhou seu próprio termo: *decremento do aquecimento*.

Observe que o termo "aquecimento" não é usado aqui no mesmo sentido de "aquecer" fisiologicamente para fazer uma corrida, por exemplo. Em vez disso, o **decremento de aquecimento** é considerado um fator psicológico que é provocado pela passagem do tempo longe de uma tarefa e é eliminado quando o executante começa novamente a realizar algumas tentativas. Muitos consideram o decremento do aquecimento resultado de uma perda do "*set*" (uma espécie de sintonização ou processo de ajuste não relacionado com a memória para a tarefa em si), que facilita a performance antes do intervalo de retenção, e que, depois de ter sido perdido durante o intervalo de retenção, agora impede um retorno ao potencial máximo de performance por um curto período de tempo. Esses decrementos, sendo relativamente grandes, têm um papel importante em tarefas para as quais o executante deve responder tão bem quanto possível na primeira tentativa após uma parada de alguns minutos (p. ex., tiros de lance livre no basquete).

O termo "*set*", quando se refere a decremento do aquecimento, tem um significado muito específico (Adams, 1961). De acordo com os pesquisadores, **set** é um conjunto de atividades, estados psicológicos, ou ajustamento e processos (p. ex., o alvo do foco atencional, o foco perceptual de alguém e os ajustes posturais). Esses processos são

Algumas habilidades são retidas, mesmo sem nenhuma prática, durante longos períodos de tempo. (Ao contrário do que muitas pessoas acreditam, esta não é uma foto do segundo autor.)

apropriados para, e sustentam a performance enquanto uma atividade está em andamento, mas são "perdidos" quando um conjunto diferente é usado para sustentar as atividades adotadas durante o repouso (p. ex., um conjunto de ajustes adequados para o repouso).

Uma explicação para a ocorrência de um decremento de aquecimento é que ele apenas representa um tipo de esquecimento motor. Essa explicação não recebeu muito suporte dos pesquisadores, no entanto, porque atividades de reintegração do *set* que não influenciam a memória para a tarefa, adotadas perto do fim do intervalo de retenção, mostraram reduzir ou eliminar o decremento de aquecimento. Em contrapartida, atividades (como testes de força de preensão máxima) que são deliberadamente projetadas para interferir no *set* para uma tarefa (como um posicionamento delicado de uma alavanca em um trilho) produzem aumentos no decremento do aquecimento (Nacson & Schmidt, 1971). Esses achados parecem argumentar contra a ideia de que o decremento do aquecimento é apenas uma forma de perda de memória (esquecimento) da tarefa principal.

A reposição do *set* antes de prosseguir com a performance pode eliminar grande parte do decremento do aquecimento que acumula durante um intervalo de retenção, mesmo que breve. Esse achado provavelmente ajuda a explicar alguns dos benefícios que ocorrem devido à rotina de pré-lançamentos observados em muitos tipos de eventos desportivos (p. ex., tacadas do golfe, lances livres do basquetebol), quando um atleta realiza um *set* altamente individualizado de comportamentos pouco antes da ação "real". Esses podem envolver quicar a bola de basquete de uma determinada maneira ou seguir um conjunto de procedimentos antes de bater em uma bola de golfe. Mas a maioria dos atletas de alto nível faz essas atividades de maneira semelhante a cada vez. A performance de sucesso tem muito a ver com essas rotinas pré-lançamento e a pesquisa sugere que superar os efeitos negativos do decremento de aquecimento é parte da razão para esse sucesso (Boutcher & Crews, 1987).

TRANSFERÊNCIA DE HABILIDADE

A transferência, que às vezes é chamada de *generalização,* é um objetivo importante da prática. Refere-se à ideia de que a aprendizagem adquirida durante a prática de uma determinada tarefa pode ser aplicada a, ou transferida para, outras situações de trabalho. Um instrutor não pode estar satisfeito se os aprendizes conseguem executar apenas as variações de tarefas que eles praticaram de maneira específica. O instrutor quer que eles sejam capazes de generalizar a aprendizagem específica para as muitas novas variações que eles enfrentarão no futuro (ver Foco na Prática 9.3). A preocupação é como organizar a prática para maximizar a generalização.

Quais habilidades serão transferidas?

Lembre-se do Capítulo 8, que a transferência é definida como o ganho ou perda da capacidade de executar uma tarefa como resultado da prática ou experiência em outra tarefa. A transferência é tarefa positiva se melhora a performance na outra habilidade, negativa se degrada-a e zero se não tem efeito de maneira alguma. As questões que envolvem a transferência, e particularmente que maximizam a transferência ajustando os métodos de ensino e estilos, são bem abrangentes e precisam ser discutidas brevemente aqui.

Transferência e semelhança

Uma ideia antiga em psicologia e aprendizagem motora é que a transferência de aprendizagem entre duas tarefas aumenta à medida que a "semelhança" entre elas aumenta. Uma ideia era a de elementos idênticos (Thorndike & Woodworth, 1901), de acordo com a qual a aprendizagem de determinados elementos em uma situação era transferida para outra habilidade porque a segunda habilidade usou os mesmos elementos. Por mais simples que essa ideia possa parecer, sempre houve problemas com ela. Um deles é que os conceitos de "semelhança" e "elementos idênticos" nunca são explicitamente definidos. Por exemplo, jogar uma bola de beisebol é mais semelhante com passar uma bola de futebol americano ou um lançamento no basquetebol? Quais são exatamente os elementos que estão envolvidos? Essa visão particular de "semelhança" não foi levada muito a sério como resultado. No entanto, outras visões de semelhança e transferência foram sustentadas pela pesquisa.

Padronização fundamental do movimento Muitos sugeriram que o chamado padrão acima do braço é subjacente ao lançamento de uma bola de beisebol, do serviço no tênis, cortada no voleibol e muitas outras ações que requerem movimentos forçados acima do braço para rebater ou jogar um objeto. Tudo isso envolve rotação dos quadris e ombros e ações balísticas do ombro-braço-punho, terminando finalmente com ação punho-mão para realizar a meta particular. Uma ideia análoga comum entre os ginastas é que determinadas ações fundamentais (p. ex., extensão aguda do quadril em um *kip*) podem ser aplicadas em muitos eventos com aparelhos. Em ambos os exemplos, se a prática é dada em uma variante da classe de movimentos que partilham o mesmo padrão geral, então, o aprendiz deve ser capaz de transferir a aprendizagem para qualquer outra variante usando este mesmo padrão. Evidentemente, a prática de uma ação de *kip* não seria transferida para uma ação acima do braço ou vice-versa, porque essas habilidades usam padrões muito diferentes, que pertencem, como devem, a classes de movimento separadas.

Elementos perceptivos A "semelhança" também é evidente nos inúmeros elementos perceptivos subjacentes a muitas tarefas. Por exemplo, a aprendizagem para interceptar bolas que voam de vários tipos (bolas de beisebol, bolas de futebol, bolas de tênis, e assim por diante) depende de aprender as características comuns de voo da bola, que se baseiam nos princípios da física. De modo semelhante, estagiários da polícia devem estar em sintonia com as pistas de percepção que os alertam para uma situação perigosa. Aprender a reagir de maneira adequada a esses indícios em uma situação facilita a transferência para outras situações em que os elementos perceptuais são semelhantes.

Semelhanças estratégicas e conceituais As estratégias, regras, diretrizes ou conceitos semelhantes estão presentes em muitas atividades diferentes. Por exemplo, comportamentos para dirigir, sinalizações, semáforos e "regras da estrada" gerais são comuns dentro de uma população restrita ou comunidade, o que facilita a performance ao dirigir quando se viaja para partes do país que são novas para você. Contudo seria de se esperar muito menos transferência, ou talvez até alguma transferência negativa, quando as regras da estrada diferem

Foco na
PRÁTICA 9.3

Ensinar para transferência de aprendizagem

A ideia geral de "ensino para transferência" envolve não apenas a maximização da transferência desde a aprendizagem mais inicial, mas também a seleção de métodos e maneiras de organizar a prática que maximiza a transferência e a generalizabilidade. Esta seção de foco considera várias maneiras em que os instrutores podem melhorar a generalização por meio da organização da prática e *feedback*.

Destaque de semelhanças (ou diferenças) entre habilidades

Lembre-se do que foi dito anteriormente no capítulo que o primeiro estágio de aprendizagem de Fitts é altamente cognitivo e verbal. O instrutor pode usar este conhecimento a seu favor destacando para o aprendiz que uma determinada habilidade que está sendo praticada pela primeira vez é semelhante a outra já aprendida anteriormente. Por exemplo, um aluno de cirurgia que está aprendendo a suturar uma ferida aberta pode ser lembrado de que essas ações são semelhantes à costura de dois pedaços de tecido ou duas partes de pele de pêssego.

Destacar as diferenças fundamentais pode ser útil também. Um exemplo é explicar a diferença entre um *flop shot* e um *chip shot* no golfe – o primeiro é como tentar acertar um arremesso por baixo através de um aro do basquetebol (aro alto, pouco giro), enquanto o último é como rolar uma bola de boliche em direção a um alvo (aro baixo, giro considerável). Emprestar detalhes de um padrão de ação de aprendizagem anterior dá ao estudante uma vantagem em compreender como executar uma nova habilidade, particularmente na aprendizagem precoce.

Use dicas verbais para enfatizar a transferência

Semelhanças também podem ser enfatizadas por várias dicas de ensino. Na ginástica é útil usar rótulos consistentes para as habilidades. Por exemplo, é uma boa ideia enfatizar o fato de que *kips* na barra horizontal, nas argolas e nas barras paralelas é realmente a "mesma" habilidade e referir a todos eles como "*kips*." Além disso, muitas habilidades têm princípios mecânicos semelhantes, tais como mudar o *momentum* quando começar a caminhar ou correr ou precisar de uma base mais ampla de suporte para o equilíbrio máximo ao caminhar sobre gelo. Essas dicas são comumente usadas por fisioterapeutas na reabilitação, por exemplo.

Enfatizar a transferência para as habilidades futuras

É tentador pensar em prática como contribuinte apenas para a habilidade que o aprendiz está tentando no momento. Funciona de outra maneira também. Na prática de uma determinada habilidade, perguntar ao aprendiz como aplicar uma estratégia ou conceito particular a esta nova configuração. Alguns métodos, como a prática variável (discutido no Capítulo 10), têm esta característica como meta – as técnicas específicas atuais sendo pelo menos parcialmente direcionadas para a **generalizabilidade** futura. Um fisioterapeuta pode pedir ao paciente para levantar de uma cadeira usando muitos tipos e estilos diferentes de cadeiras ou ações quanto possível. O objetivo aqui é que o aprendiz adquira estratégias fundamentais que serão transferidas, no futuro, para cadeiras novas, não previamente encontradas.

drasticamente, como quando os turistas dirigem no lado oposto da estrada em um país estrangeiro (p. ex., americanos dirigindo na Austrália).

Em geral, o conceito de "semelhança" entre habilidades envolve várias classes de características comuns:

▶ Padronização do movimento comum
▶ Elementos de percepção comuns
▶ Elementos estratégicos ou conceituais comuns

Transferência motora à medida que a aprendizagem evolui

Os princípios de transferência que acabaram de ser discutidos aplicam-se melhor quando o aluno está apenas começando a aprender uma habilidade. Uma extensão importante do princípio de especificidade de Henry, discutido nos capítulos anteriores, de que a quantidade de transferência de aprendizagem anterior deve cair acentuadamente quando o aluno torna-se mais habilidoso na habilidade a ser transferida. Essa diminuição na transferência ocorre porque, com a prática continuada e o aumento da capacidade, uma habilidade torna-se mais específica (ver Capítulo 7 para uma revisão) e partilha menos com outras habilidades do mesmo tipo de movimento (Henry, 1968). Na prática inicial um arremesso sobre o ombro e um saque do tênis realmente parecem semelhantes, e relacioná-los pode ajudar o novato a obter a ideia fundamental para as tentativas iniciais. No entanto, um saque no tênis e um arremesso sobre o ombro não são a mesma tarefa, e em níveis mais altos de proficiência as duas habilidades ficam mais distintas. Quais, então, são os princípios de transferência para os estágios posteriores da aprendizagem?

Transferência motora é pequena Entre duas tarefas razoavelmente bem aprendidas que parecem um pouco semelhantes, em geral há muito pouca transferência. A transferência que realmente aparece em geral é pouco positiva, sendo que as habilidades geralmente facilitam umas às outras em algum grau. Mas a quantidade de transferência geralmente é tão baixa que ela deixa de ser uma meta importante da prática; isso ocorre em contraste com a situação nos estágios iniciais da prática, em que a transferência é uma meta importante. Portanto, ensinar uma determinada habilidade A (que não é de maior interesse), simplesmente porque gostaria que ela fosse transferida para a habilidade B (que *é* de maior interesse), não é muito eficaz, especialmente quando se considera o tempo gasto na habilidade A, que poderia ser gasto em vez disso na habilidade B. A transferência é boa quando recebida "de graça" na prática inicial, mas em geral requer muito tempo na prática posterior.

O princípio que acabamos de mencionar também se aplica para o uso de vários "**educativos**". Essas ações em geral não são interessantes em si, mas são consideradas apenas como meio para outra meta – a transferência para outra habilidade. Por exemplo, aprender a suturar feridas começando com uvas é uma atividade educativa custo-efetiva para o trabalho com simuladores mais reais ou pacientes. Em geral, no entanto, aprender essas atividades preliminares tende a transferir até o grau em que elas são efetivamente "semelhantes" às condições da meta, que nós iremos discutir com mais detalhes em breve.

Não transferência de habilidades básicas Um equívoco comum é que as capacidades fundamentais (ver Capítulo 7) podem ser treinadas por meio de vários exercícios de repetição ou outras atividades. A ideia é que, com alguma capacidade mais forte, o aprendiz veja ganhos na performance para tarefas que têm essa capacidade subjacente. Por exemplo, os atletas muitas vezes recebem vários exercícios de "rapidez", com a esperança de que estes exercícios vão treinar alguma habilidade fundamental para ser rápido, possibilitando respostas mais rápidas em seus esportes em particular. Os treinadores e fisioterapeutas muitas vezes usam vários exercícios de repetição de equilíbrio com o objetivo de aumentar a capacidade de equilíbrio geral; exercícios de movimento ocular são usados com o objetivo de melhorar as habilidades visuais gerais; e há muitos outros exemplos. Essas tentativas de treinar habilidades fundamentais podem soar muito bem, mas em geral simplesmente não funcionam (p. ex., Abernethy & Wood, 2001; Lindeburg, 1949). Recursos (tempo, dinheiro) seriam mais bem gastos praticando as habilidades de meta subsequentes.

Há duas maneiras corretas de pensar nesses princípios. Em primeiro lugar, não há capacidade geral para ser rápido, equilibrar ou usar a visão, como discutido no Capítulo 7 sobre as diferenças individuais. Em vez disso, a agilidade, o equilíbrio e a visão em várias tarefas são, cada uma, baseadas em muitas capacidades diversas, então não há uma única capacidade de agilidade, por exemplo, mesmo que pudesse ser treinada. Em segundo lugar, mesmo se houvesse essas habilidades gerais, elas são, por definição, essencialmente determinadas de forma genética e não estão sujeitas a modificação por meio da prática. Portanto, as tentativas para modificar uma capacidade com um exercício de repetição inespecífico são geralmente ineficazes. Um aprendiz pode adquirir habilidade adicional no exercício de repetição (que é, afinal, uma habilidade em si), mas essa aprendizagem não é transferida para a habilidade principal de interesse.

Transferência de uma prática parcial para a performance integral

Algumas habilidades são extremamente complexas, como tocar um instrumento musical e desempenhar a rotina de um ginasta. É evidente que, em tais situações o instrutor não pode apresentar todos os aspectos da habilidade de uma só vez para a prática, pois o aluno seria sobrecarregado e provavelmente não entenderia quase nada disso. Uma abordagem frequente é dividir a tarefa em unidades que podem ser isoladas para prática parcial separada. O objetivo é integrar essas unidades praticadas à habilidade integral para performance mais tarde. Isso não é tão simples como pode parecer porque existem vários fatores que dificultam um pouco a integração das unidades aprendidas de volta para a habilidade integral.

A questão é como criar subunidades de habilidades e como elas podem ser praticadas para transferência máxima para a habilidade integral. É uma questão simples dividir as habilidades em partes. Você poderia separar uma rotina de ginástica em acrobacias que a compõem; você poderia dividir as mãos esquerda e direita da prática de piano em componentes separados para a prática. E cada subparte poderia ser ainda mais dividida. Mas a verdadeira questão é saber se essas partes, praticadas em isolamento, serão eficazes para o aprendizado da habilidade integral, que é o objetivo geral. Assim, a **prática parcial** baseia-se nos princípios de transferência de aprendizagem definidos anteriormente: a subunidade será transferida para a tarefa integral que a contém? Quanto (se é que há) tempo deve ser gasto na prática parcial e esse tempo seria mais efetivamente gasto praticando a tarefa integral?

À primeira vista, as respostas a essas perguntas parecem evidentes. Pelo fato de a parte da tarefa praticada em isolamento parecer a mesma parte da tarefa integral, a transferência a partir da parte para a tarefa integral pareceria ser quase perfeita. Isso pode ser assim em determinados casos, mas existem muitas outras situações em que a transferência está longe de ser perfeita. Essas diferenças na eficácia da prática parcial dependem da natureza da habilidade.

Habilidades em série de longa duração

Em muitas habilidades em série, o problema do aprendiz é organizar um conjunto de atividades na ordem adequada, como com o ginasta que monta uma rotina de acrobacias. Praticar subtarefas específicas é geralmente eficaz para a transferência para sequências integrais. A transferência parcial funciona melhor em tarefas seriadas de duração muito longa e, em casos em que as ações (ou erros) de uma parte não influenciam marcadamente as ações da próxima parte. Ou seja, a prática parcial é

Ginasta agrupando uma rotina (aqui, Richard Schmidt, o primeiro autor, há muito tempo atrás) deve tornar-se habilidoso no desempenho da rotina como um todo, já que cada movimento deve ser modificado em resposta ao movimento anterior.

mais eficaz para habilidades em que as partes são realizadas de maneira relativamente independente. O aprendiz pode dedicar mais tempo de prática para as partes problemáticas sem praticar os elementos mais fáceis, tornando o tempo de prática mais eficiente.

No entanto, em muitas habilidades em série no esporte, a performance em uma parte frequentemente determina o movimento que deve ser feito na próxima parte. Se o corredor de esqui sai de uma curva muito baixo e rápido, isso afeta a abordagem para a próxima curva. Pequenos erros de posicionamento na trave em um movimento determinam como o ginasta deve realizar o próximo. Se uma interação parte a parte é grande, como deve ser se a sequência for executada rapidamente, modificando uma determinada ação como uma função de performance em uma ação anterior é um componente importante da habilidade. No entanto, essas interações entre as partes da habilidade integral não podem ser praticadas e aprendidas na prática parcial isolada; a **prática integral** é necessária. A ginasta pode ser capaz de fazer todas as acrobacias individuais em sua rotina, mas ela ainda pode não ser capaz de realizar uma rotina eficaz em uma reunião porque ela nunca aprendeu a modificar cada movimento componente baseado no anterior.

Habilidades distintas de curta duração

Qualquer habilidade é, em certo sentido, seriada porque determinadas partes dela vêm antes de outras partes, como rebater uma bola de beisebol, que contém os elementos passo, giro do quadril e balanço. Em algum ponto, porém, essas partes isoladas, quando vistas separadamente, deixam de ser partes da habilidade integral. Dividir um balanço do golfe em partes arbitrárias cada vez menores destrói um aspecto crucial que possibilita que as partes sejam caracterizadas como um componente do balanço; ou seja, a divisão parece perturbar as características essenciais da ação. A prática nessas subpartes pode ser ineficaz, mesmo prejudicial, para a aprendizagem da tarefa integral (ver Lersten, 1968).

Vários experimentos sugerem que praticar partes de uma tarefa distinta em isolamento transfere pouco ou nada para a tarefa integral (p. ex., Lersten, 1963; Schmidt & Young, 1937), especialmente se a tarefa for rápida e balística. Isso provavelmente está relacionado com o fato de que os componentes em tarefas rápidas em geral interagem fortemente, o que significa transferência menos eficaz. Na verdade, a transferência da parte para o todo pode até mesmo ser negativa em determinados casos, de modo que praticar a parte isolada do todo poderia ser pior para a tarefa integral do que não praticar nada!

Essa evidência sugere que, quando habilidades muito rápidas são divididas em partes arbitrárias, essas partes tornam-se alteradas a partir das "mesmas" partes na tarefa integral de modo que a prática parcial contribui muito pouco para o todo. Em tarefas como bater uma bola de golfe, por exemplo, praticar o *backswing* separadamente a partir do *downswing* muda a dinâmica da ação no topo do *backswing*, que é dominado pelos músculos em alongamento ativo cujas propriedades semelhantes à mola possibilitam que o *downswing* seja suave e poderoso. Portanto, praticar o *backswing* em isolamento, que elimina o papel dessas propriedades semelhantes à mola, é muito diferente de realizar o mesmo *backswing* no contexto da habilidade integral.

Programas motores e o princípio da especificidade

De acordo com o conceito de programa motor introduzido anteriormente, as ações rápidas são um ciclo essencialmente aberto controlado, com as decisões sobre a estrutura da ação programadas com antecedência. Realizar somente uma parte dessa ação na prática parcial, em especial se a parte tem uma dinâmica diferente (p. ex., no balanço do golfe), quando realizada de forma isolada, requer o uso de um programa diferente, ou um que seja responsável por apenas a parte em isolamento. Praticar esse programa parcial contribui para a performance da parte em isolamento, mas provavelmente não irá contribuir para a produção de todo o movimento, o que poderia ser baseado em um programa motor diferente. Assim, na prática parcial, o aprendiz desenvolve dois programas de um movimento separado – um para a parte e um para a tarefa integral. Isso é compatível com a visão de especificidade de Henry (1968) de aprendizagem do movimento, em que o isolamento de uma parte e sua mudança ligeira para a prática separadamente muda as capacidades subjacentes até o ponto em que não esteja mais relacionado com a parte original no contexto da habilidade integral.

Prática parcial progressiva

Mesmo com ações muito rápidas, porém, alguma prática parcial pode ser útil, particularmente se os elementos da ação forem muitos em número e fornecerem dificuldade inicial para o aprendiz sequenciá-los de modo adequado. A prática parcial muito precoce pode ser benéfica neste caso. No entanto, para minimizar problemas de aprender ações que não transferem para o todo, muitos instrutores usam **prática parcial progressiva**. Nesse método as partes de uma habilidade complexa são apresentadas separadamente, mas as partes são integradas em partes cada vez maiores e por fim no todo, assim que são adquiridas.

Os princípios da prática parcial podem ser facilmente resumidos:

▶ Para tarefas muito lentas, seriadas, sem interação de componentes, a prática parcial nos elementos difíceis é muito eficiente.

▶ Para ações breves, programadas, a prática das partes em isolamento raramente é útil e pode até mesmo ser prejudicial para a aprendizagem.

▶ Quanto mais os componentes de uma tarefa interagem uns com os outros, menor a eficácia da prática parcial.

Simulação e transferência

Princípios de transferência são comumente usados na área de simulação. Um **simulador** é um dispositivo de prática concebido para imitar as características de uma tarefa do mundo real. Os simuladores são frequentemente muito elaborados, sofisticados e caros, como os dispositivos para treinar pilotos para voar em aeronaves (Figura 9.6). Mas os simuladores não precisam ser elaborados em tudo, como os consoles de videogames sem fio (ver Foco na Pesquisa 9.2). Os simuladores podem ser uma parte importante de um programa instrucional, especialmente quando a habilidade é cara ou perigosa (por exemplo, aprender a pilotar um avião a jato), em que as instalações são limitadas (p. ex.,

FIGURA 9.6 Simulador de cabine de aeronave.

Foco na
PESQUISA 9.2

Sistemas de jogos para treinamento virtual

Um dos avanços mais recentes da pesquisa em transferência de treinamento emprega um produto comercial comum – consoles de jogos, como o popular sistema Nintendo Wii (Figura 9.7). As vantagens do uso desses sistemas são muitas, como o preço relativamente baixo (ferramentas de pesquisa de *hardware* e *software* especialmente criadas em geral custam milhares de dólares), a sofisticação da tecnologia da computação e a motivação intrínseca para a praticar e aprender que esses sistemas de jogos desencadeiam (Levac, Rivard e Missiuna, 2012).

De muitas maneiras, esses sistemas de jogos são, nada mais, nada menos, que simuladores comerciais de baixo custo, embora tenham sido criados para fins de entretenimento e não com um objetivo de transferência específico em mente. No entanto, os pesquisadores começaram a usar esses sistemas de jogos altamente motivadores para melhorar metas finais específicas, como a reabilitação física para crianças neurologicamente desafiadas (Levac et al., 2010) e adultos que sofreram AVC (Hijmans et al., 2011), bem como intervenção cognitiva para indivíduos com doença de Alzheimer (Fenney e Lee, 2010).

Não há dúvidas sobre o valor do entretenimento desses sistemas de jogos. No entanto, seu valor funcional, medido em termos de transferência de treinamento, ainda tem de ser avaliado. Para isso, usaríamos os mesmos métodos de avaliação aplicados em simuladores não comerciais e dispositivos de treinamento.

Exploração adicional

1. Descreva como um jogo interativo popular específico pode ser usado em um ambiente de reabilitação pós-AVC.
2. Usando a justificativa apresentada na Figura 9.8 (e descrita no texto), explique como avalia o valor da intervenção de jogos descritos para a pergunta 1.

FIGURA 9.7 Sistemas de videogame envolvem as pessoas de todas as idades na realização de atividades e aprendizagem de novas habilidades motoras.

andar em uma bicicleta ergométrica, em vez de em um velódromo), ou onde a prática real não é viável (p. ex., usar pacientes artificiais em vez de humanos para a prática de cirurgia).

Avaliação da eficácia do simulador

Evidentemente, um simulador deve fornecer resultados positivos para justificar a sua utilização. Portanto, a quantidade de transferência resultante do tempo gasto em um simulador é uma consideração importante na determinação de sua eficácia e eficiência. Considere a Figura 9.8, mostrando as curvas hipotéticas de performance em uma nova tarefa de aprendizagem motora para dois grupos de indivíduos. O grupo do simulador começa a prática na **tarefa-critério** depois de ter 3 h de prática em uma tarefa no simulador, projetado para fornecer transferência positiva para a tarefa-critério. O grupo do não simulador não recebe nenhuma prática anterior no simulador.

A Figura 9.8 ilustra a performance de ambos os grupos na tarefa-critério. Note que o ponto no eixo correspondente a 0 h de prática refere-se ao primeiro ensaio na tarefa-critério para ambos os grupos (este ponto ocorre depois de 3 h de prática na tarefa de simulador para o grupo simulador). A partir da Figura 9.8 podemos ver que existe transferência positiva considerável do simulador para a tarefa-critério, observada como ganho em probabilidade de sucesso a partir de 0,30 a 0,50 (a diferença marcada "A" na Figura 9.8). Agora olhe para a diferença marcada "B" na Figura 9.8. Essa diferença sugere que o grupo do simulador começou em um nível (0,50) que exigiu do grupo sem simulador de 1,5 h de prática na tarefa-critério a ser realizada. Assim, em alguns aspectos, a experiência com simulador "economizou" cerca de 1,5 h de prática na tarefa-critério.

No entanto, existe outra maneira de olhar esse resultado. Lembre-se que o grupo do simulador já havia gasto 3 h de prática no simulador. Como o grupo do simulador teve 3 h de prática no simulador, mas o grupo sem simulador "compensou" em 1,5h, a simulação na verdade *custou* 1,5 h de tempo do simulador real (muitas vezes muito cara). Visto dessa maneira, o simulador não foi eficaz em nada na redução do tempo de treinamento.

Contudo, o tempo não é o único fator relevante aqui. A eficácia de um simulador por vezes também deve ser julgada em relação aos custos financeiros relativos de prática com simulador e prática de tarefa-critério, a disponibilidade de recursos e instalações, segurança, e assim por diante. Em relação ao custo da prática em um simulador de voo, o custo da prática em um avião real seria surpreendente, e há preocupações óbvias quanto à segurança de pessoas, aos equipamentos e assim por diante. Assim, a avaliação de simuladores em uma definição de instrução pode ser complicada, e deve considerar alguns fatores importantes na tomada de decisões sobre sua utilização e eficácia.

Fidelidade física versus psicológica

Lembre-se que o objetivo geral de simulação é para a aprendizagem no simulador ser transferida para a tarefa-critério. Os cientistas que realizam investigação nessa área referem-se à "qualidade" da simulação em termos de *fidelidade* – o grau até o qual o simulador imita, ou é "fiel à" tarefa-critério. Mas dois tipos diferentes de construtos de fidelidade surgiram na literatura. A **fidelidade física** se refere ao grau até o qual as características físicas ou de superfície da simulação e tarefas-critério em si são idênticas. Em contrapartida, a **fidelidade psicológica** se refere ao grau em que os comportamentos e processos produzidos no simulador replicam aquelas exigidas pela tarefa-critério. Embora aqueles pareçam construções semelhantes, na verdade são bem diferentes e têm o potencial de

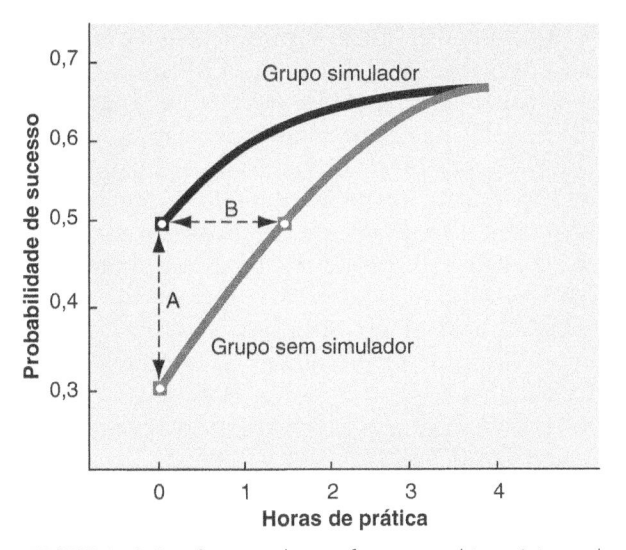

FIGURA 9.8 Curvas de performance hipotéticas de dois grupos de aprendizes em uma nova tarefa de aprendizagem motora. O grupo simulador praticou uma tarefa de simulação por 3 h antes da prática inicial na tarefa-critério, enquanto o grupo sem simulador não o fez.

resultar em efeitos muito diferentes na transferência (p. ex., Kozlowzki & Deshon, 2004).

Pelo fato de se esperar que a transferência aumente com a semelhança da tarefa, essa ideia naturalmente levou à noção de que a fidelidade física deve ser tão elevada quanto possível. O simulador da cabine de aeronaves (Figura 9.6, por exemplo) replicou a cabine de uma aeronave real de maneira muito precisa (embora fazer isso frequentemente seja muito caro). Outro exemplo são os manequins para reanimação cardiorrespiratória (RCP), que são projetados para serem tão anatomicamente corretos quanto possível, com a finalidade de treinamento de habilidades que salvam vidas. A fidelidade física se refere ao grau em que o simulador reproduz as características físicas da tarefa-critério – possuindo o máximo do aspecto, som e sensação da tarefa-critério quanto possível.

A fidelidade psicológica é menos preocupada com a semelhança física entre o simulador e as tarefas-critério e mais preocupada com as habilidades e comportamentos-alvo necessários para executar a tarefa-critério. No caso de manequins de RCP, por exemplo, o treinamento no simulador pode enfatizar os processos de percepção e tomada de decisão que são apresentados em uma situação de emergência, de acordo com os níveis elevados de estresse, e talvez sob desafios ambientais (p. ex., calor ou frio extremo). A fidelidade psicológica está preocupada com o treinamento de habilidades que serão exigidas do usuário final na tarefa-critério.

A fidelidade física e psicológica deve ser vista como complementar e não como metas concorrentes, de acordo com Kozlowzki e DeShon (2004). Ainda assim, podem surgir situações em que muita fé é colocada na fidelidade física, sem atenção suficiente dedicada para os processos psicológicos. Voltando ao nosso exemplo de RCP, alguns manequins fornecem fidelidade física muito exata – os suspiros, sons e *feedback* proprioceptivo que pareceria promover excelente transferência de habilidades perceptuais e motoras. No entanto, apenas usar o manequim sem considerar como estruturar as condições de prática e como fornecer *feedback* aumentado seria um erro importante, já que seria de se esperar que os comportamentos praticados durante o treinamento afetariam a transferência para situações de emergência reais.

Essas questões de treinamento de comportamentos de habilidades motoras são o principal foco dos dois próximos capítulos. Como veremos, como a prática é estruturada e como o *feedback* é aumentado durante a prática, determinam a qualidade de aprendizagem motora que resulta da prática.

RESUMO

A aprendizagem motora é uma necessidade fundamental que com frequência consideramos como certa, mas é exigida em praticamente todos os aspectos da nossa vida diária. À medida que as pessoas praticam, elas geralmente passam por estágios de aprendizagem que descrevem o estado atual da sua proficiência na habilidade. Embora exista algum debate sobre como melhor caracterizar esses estágios, a prática resulta em alguns princípios básicos sobre como as novas habilidades motoras são adquiridas e um conjunto específico de benefícios resultantes.

Mas períodos de nenhuma prática também são um fato da vida, e a retenção de habilidades aprendidas depois de um longo tempo longe delas representa uma área importante de pesquisa. A retenção de habilidades é muito influenciada pela sua classificação; habilidades contínuas são em geral mantidas de maneira muito mais completa, e por períodos de tempo mais longos, do que habilidades discretas. O decremento do aquecimento refere-se a um tipo específico de déficit de retenção decorrente da perda de um conjunto de atividades. Ser capaz de executar uma atividade aprendida em uma nova situação refere-se à questão da transferência de habilidade. Simuladores de vários tipos podem mimetizar de maneira eficiente elementos importantes de uma habilidade em casos em que praticar a habilidade real seria muito caro, perigoso ou impraticável.

AUXÍLIOS PARA APRENDIZAGEM

Aprendizagem interativa

Atividade 9.1: indicar se um determinado entendimento de um estágio de aprendizagem encaixa-se no modelo de Fitts ou de Bernstein de aquisição de habilidades.

Atividade 9.2: distinguir os objetivos da prática e sessões de teste, indicando se cada uma de uma série de instruções aplica-se na prática ou nos testes.

Atividade 9.3: rever a terminologia de aquisição de habilidades, retenção e transferência por meio de um exercício correspondente.

Exercícios de princípio para aplicação

Atividade 9.4: o exercício de princípios para aplicação para este capítulo pede para escolher uma habilidade de movimento, identificar o objetivo da prática para essa habilidade e explorar maneiras adicionais pelas quais a prática pode afetar a performance desta habilidade.

Verifique sua compreensão

1. Contraste os estágios de Fitts e Bernstein de aprendizagem. Nomeie cada estágio e forneça uma descrição breve. Cite uma limitação de cada uma dessas perspectivas.
2. Defina o decremento do aquecimento e explique como seus efeitos podem ser reduzidos.
3. Distinga entre performance e aprendizagem durante a prática. Como podem ter objetivos conflitantes, e como isso pode ser superado?

Aplique seus conhecimentos

1. Liste quatro benefícios de prática discutidos neste capítulo, e forneça um exemplo de como cada um pode ser ilustrado por um estudante de caratê (luta marcial) e um motorista de caminhão.
2. Seu vizinho diz que vai aprender a escalar em uma academia de escalada em rochas. Ele fala sobre como escalar pode ser difícil porque existem muitas partes para colocar o equipamento de segurança corretamente e as decisões tomadas podem influenciar o próximo movimento. A partir do que ele fala sobre as lições, parece que o instrutor irá utilizar a prática parcial progressiva. Por que o instrutor pode ter escolhido este método? Que alternativas provavelmente o instrutor teria considerado e por que estas não foram escolhidas?

Sugestões para leitura

A especificidade da aprendizagem, que continua sendo um tópico duradouro em habilidades motoras foi revisada a partir de diferentes perspectivas por Marteniuk (1974) e mais tarde por Proteau (1992). O desenvolvimento de *expertise* foi o tema de uma série de capítulos de um volume editado por Starkes e Allard (1993). Diferentes pontos de vista sobre os estágios de aprendizagem foram explorados por Anson, Elliott e Davids (2005). E uma variedade de tópicos sobre a transferência de aprendizagem foi revisada por vários autores no livro editado por Cormier e Hagman (1987). Ver a lista de referência para esses recursos adicionais.

10

Organização e Programação da Prática

Como a Estrutura da Prática Influencia a Aprendizagem

PALAVRAS-CHAVE

Aprendizagem observacional
Autorregulação
Demonstração
Elaboração de hipótese
Estabelecimento de metas
Hipótese de esquecimento
Modelagem
Prática constante
Prática distribuída
Prática em blocos
Prática maciça
Prática mental
Prática randômica (intercalada)
Prática variável
Teoria do esquema

PERFIL DO CAPÍTULO

Considerações anteriores à prática
Organização da prática e do repouso
Prática variável *versus* constante
Prática em blocos *versus* randômica
Resumo

OBJETIVOS DO CAPÍTULO

O Capítulo 10 descreve a influência das maneiras como a prática é estruturada e várias condições sob as quais a prática é conduzida. Este capítulo irá ajudá-lo a compreender

- ▶ fatores que ocorrem durante a realização da prática física,
- ▶ conceitos básicos relativos à natureza da prática,
- ▶ organizações do programa de prática e seu impacto na performance e aprendizagem, e
- ▶ o papel da variabilidade da prática na aprendizagem motora.

Não é surpresa para ninguém que aumentar o tempo de prática ou aumentar a eficiência de uma determinada quantidade de prática é uma meta importante dos instrutores interessados na eficácia da prática. O tempo de prática não é o único fator, contudo; a *qualidade* da prática também deve ser considerada. Assim, é importante estruturar ou organizar uma determinada quantidade de prática para maximizar a sua eficácia.

Imagine que você é responsável por projetar um plano para o ensino de um grupo de aprendizes de um conjunto especial de habilidades. Eles podem ser futuros quiropráticos aprendendo diferentes técnicas de manipulação ou uma classe de marcenaria do ensino médio ou talvez uma aula de educação física aprendendo um conjunto de exercícios de rolamento. Ou, talvez não haja nenhum professor envolvido e você, o aprendiz, esteja querendo saber a melhor maneira de estruturar sua prática de música. Como você organizaria seu tempo? Como você programaria a prática física e o descanso? Em que ordem você vai praticar várias habilidades, quanta variação das habilidades introduziria na sua prática, e quanta prática vai permitir em uma variação da tarefa antes de passar para a próxima? Perguntas como essas afetam a maneira como você planejaria a instrução e este capítulo apresenta os princípios que o ajudam a resolver esses problemas relativos a como e quando praticar.

A prática, ou vários tipos de experiência, em habilidades específicas, é um conceito amplo, difícil de especificar com precisão. A prática pode ocorrer em muitas épocas e lugares diferentes, sob condições variadas, e isso pode ser quase não intencional ou altamente orientado e estruturado. Em experimentos, muitas características de situações da prática podem ser variadas de maneira sistemática e observou-se que estes fatores tornam a prática mais ou menos eficaz; muitos estão sob o controle direto do instrutor. Evidentemente, estar embasado, como você está, de princípios de performance e aprendizagem do movimento facilitará tais decisões, equipando-o para fazer escolhas sensatas sobre a estruturação da prática para produzir os resultados mais eficazes – em geral, a maximização da aprendizagem.

CONSIDERAÇÕES SOBRE A PRÁTICA SEM TAREFA

Vários aspectos importantes da situação de prática ocorrem muito cedo no processo. Na verdade, muitos podem ocorrer na ausência de qualquer prática física em tudo (embora eles geralmente sejam mais eficazes se forem intercalados com a prática física, como discutiremos mais adiante). Essas considerações incluem preocupações em relação à motivação para a aprendizagem, instruções, demonstrações e prática mental (e imagens).

MOTIVAÇÃO

Os instrutores muitas vezes têm a impressão de que a motivação do aluno não é um problema – que um aluno evidentemente iria querer aprender uma determinada habilidade. No entanto, os aprendizes nem sempre compartilham do entusiasmo de seus instrutores pela aprendizagem. Um aprendiz desmotivado não é propenso à pratica e o resultado pode ser pouca ou nenhuma aprendizagem. O aluno motivado dedica maior esforço à tarefa, com prática mais séria e períodos mais longos, levando a aprendizagem mais eficaz. Como os instrutores conseguem influenciar essa motivação para aprender?

A *motivação intrínseca* para a aprendizagem diz respeito ao impulso internalizado do aprendiz – aqui, um impulso para aprender uma habilidade. Um número considerável de pesquisas foi conduzido para compreender como a motivação intrínseca afeta o aprendiz em uma grande variedade de situações e habilidades, e resultou em importantes avanços na teoria (p. ex., Deci & Ryan, 2000) e prática (p. ex., Weinberg & Gould, 2011). Para nossos propósitos, no entanto, consideramos especificamente as ferramentas e técnicas que podem influenciar uma motivação intrínseca do aprendiz.

Deci e Ryan (2000) sugerem que uma motivação intrínseca do indivíduo é largamente determinada por três necessidades básicas: autonomia (controle de seu próprio destino), competência (domínio de habilidades) e relações (ser aceito dentro de um contexto social). Evidentemente, a ponderação relativa de cada uma dessas necessidades básicas difere em cada indivíduo. Portanto, como instrutor, familiarizar-se com o indivíduo, e compreender como a aquisição de uma habilidade motora se encaixa em suas necessidades, é um longo caminho até se determinar a melhor maneira de responder em um contexto de aprendizagem. As seções seguintes discutem como a aprendizagem motora pode ser afetada por fatores específicos que influenciam a motivação.

Estabelecimento de meta

Um método motivacional importante é o **estabelecimento de meta**, em que os aprendizes são estimulados a adotar metas de performance específicas. Esse método tem tido inúmeras aplicações, particularmente na indústria, e tem fortes implicações para a aprendizagem no esporte e na educação física (Locke & Latham, 1985). Em uma experiência, Boyce (1992) estabeleceu metas específicas ou instruiu os participantes a fazerem isso, ou simplesmente disse aos participantes para "fazerem o melhor que pudessem". A performance ao longo de um período de três semanas de prática em que esses métodos de definição de metas foram aplicados é apresentada na Figura 10.1, juntamente com os resultados de um pré-teste (feito antes de a definição de metas ser aplicada) e de um teste de retenção, em que as instruções de definição de metas já não estavam em vigor. Os achados mostraram claramente que a adoção de uma meta específica melhorou a performance em comparação com o grupo do "faça o melhor". Além disso, esse efeito foi mantido em um teste de retenção. Esse é um dos poucos estudos que demonstram efeitos das instruções de definição de metas, tanto sobre a performance (isto é, durante a prática) quanto sobre a aprendizagem (isto é, em um teste de retenção – ver Capítulo 8 para uma discussão sobre a utilização de testes de retenção para distinguir entre performance e aprendizagem).

Esses resultados sugerem que os instrutores incentivam seus alunos a definir metas realistas, que podem ser razoavelmente alcançadas com prática e esforço. O aprendiz pode ficar desanimado por nem sequer se aproximar dos níveis de meta que são demasiadamente elevados. No entanto, os objetivos que são muito facilmente atingidos podem resultar em tédio e motivação reduzida. Ser incentivado a comprometer-se com uma meta específica, "desafiadora" (mas não impossível) é fortemente motivador e tem efeitos positivos sobre a performance e a aprendizagem.

Feedback aumentado

Embora o *feedback* aumentado – informações que são fornecidas para o aprendiz a partir de uma fonte externa – é o foco de todo o próximo capítulo, reconhecemos aqui como ele serve como motivador para uma meta importante. Lewthwaite e Wulf (2012) recentemente revisaram um corpo de evi-

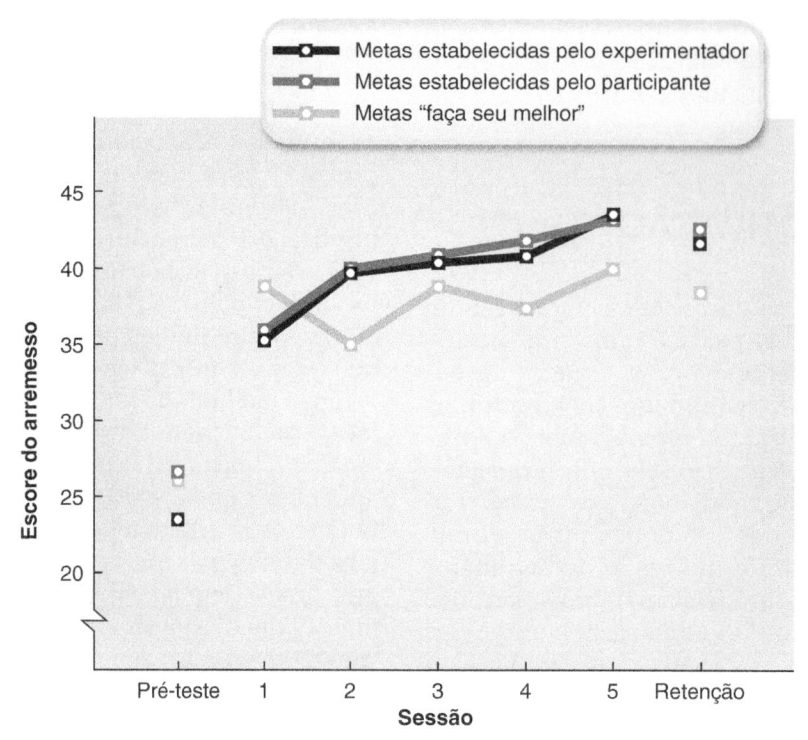

FIGURA 10.1 Resultados do estudo de Boyce (1992) em que os aprendizes praticaram uma tarefa de arremesso após diferentes atribuições de estabelecimento de metas.
Adaptada, com autorização, de Boyce, 1992.

dências de crescimento rápido que sugere que o *feedback* positivo aumentado pode fornecer um impulso à aprendizagem motora, mesmo que o *feedback* não seja inteiramente verdadeiro.

Por exemplo, em um estudo por Lewthwaite e Wulf (2010, ver Figura 10.2), usando uma tarefa de equilíbrio, os indivíduos em um grupo (símbolos cinza escuro na Figura 10.2) foram informados de que a sua performance era 20% mais precisa do que a performance de outros que tinham participado do experimento (denominado "*feedback* normativo-falso-positivo"). A performance desse grupo foi comparada com a de outro grupo (símbolos pretos) que recebeu *feedback* normativo falso-negativo – foi dito a eles que sua performance foi 20% *menos* precisa do que a média. Um terceiro grupo (controle) (símbolos cinza claro) recebeu apenas seus resultados, sem qualquer menção sobre a posição normativa dos indivíduos. Os resultados dessas condições de *feedback* são mostrados na Figura 10.2, que ilustra os benefícios claros para o grupo de *feedback* normativo falso-positivo durante toda a prática e na retenção. Curiosamente, não houve diferenças (significativas) entre o grupo falso-negativo e o grupo controle, sugerindo que o *feedback* normativo forneceu um impulso à aprendizagem quando positivo, mas não degradou a aprendizagem de maneira confiável quando foi negativo. Esses e outros estudos dos efeitos de um *feedback* sobre a motivação são discutidos em detalhes por Lewthwaite e Wulf (2012) e são revisitados no próximo capítulo.

Autorregulação da prática

Fornecer algum controle sobre o ambiente de aprendizagem é outro fator que, se acredita, influencia a motivação e melhora a aprendizagem. Os pesquisadores chamam isso de "**autorregulação**"; refere-se a fornecer aos aprendizes a "propriedade" sobre alguns dos componentes de prática. Nesses estudos, geralmente diz-se aos aprendizes que eles podem controlar quanta prática realizar, quando o *feedback* aumentado será fornecido ou como organizar o programa de prática (revisado por Sanli et al., 2012). Um componente importante desses estudos é a inclusão de grupos de controle (emparelhados), que fornecem o mesmo programa de distribuição de *feedback* que o grupo autosselecionado. No entanto, essas condições emparelhadas são determinadas inteiramente com antecedência e não estão sob con-

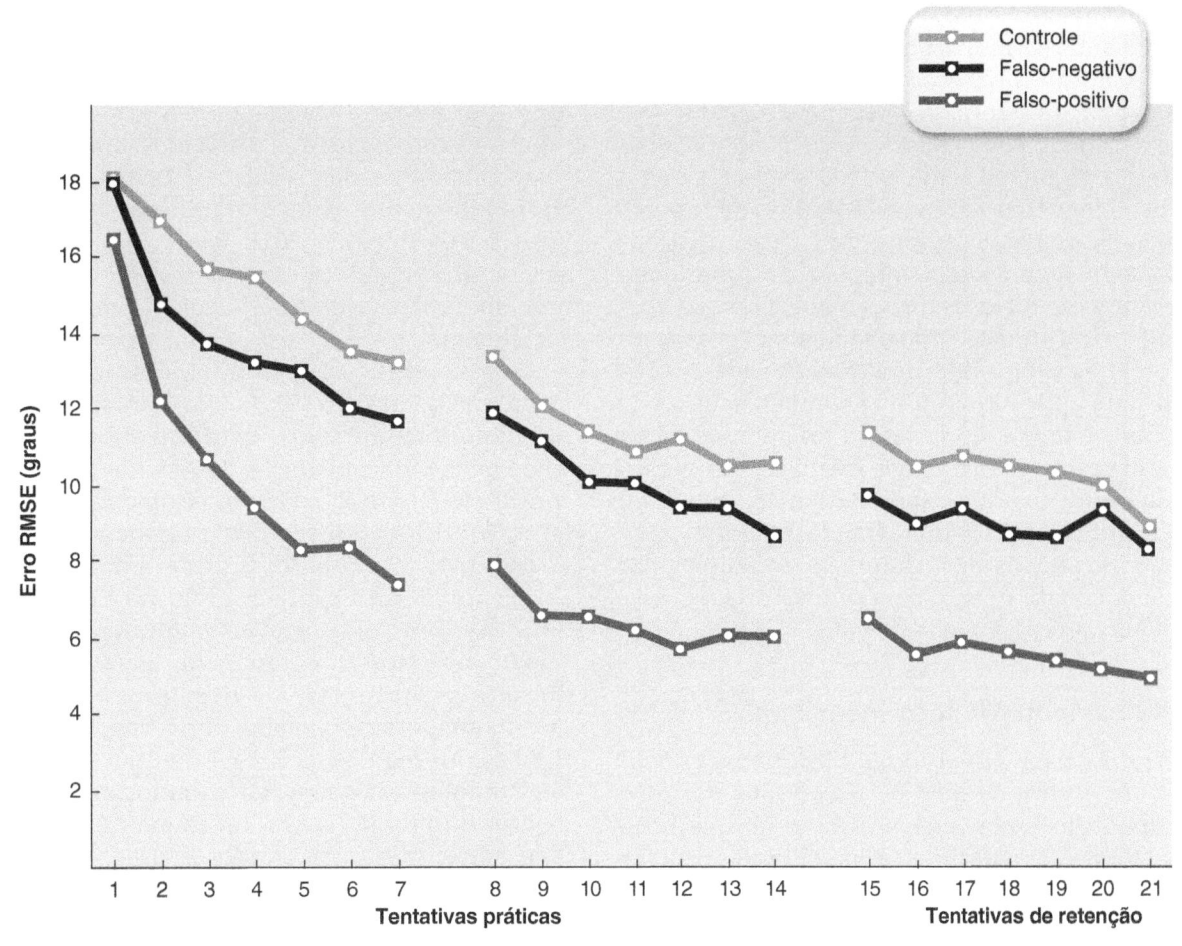

FIGURA 10.2 Resultados do estudo de Lewthwaite e Wulf (2010), usando uma tarefa de equilíbrio. Um grupo recebeu *feedback* falso-positivo sobre sua performance (cinza escuro), outro recebeu *feedback* falso-negativo (preta), e um recebeu apenas *feedback* verdadeiro (cinza claro). RMSE = raiz quadrada do erro quadratico médio (ver Capítulo 1).

Reimpressa, com autorização, de Lewthwaite e Wulf, 2010

trole do aprendiz. Esses estudos revelaram mais aprendizagem sob condições de *feedback* autorregulado, levando alguns a especular que fornecer aos aprendizes controle sobre seu ambiente de aprendizagem fornece um incentivo extra para aprender. Isso parece satisfazer a necessidade de autonomia, tal como sugerido na teoria de autodeterminação de Deci e Ryan (2000) (ver Lewthwaite e Wulf, 2012).

Instruções

Dar instruções é uma característica de quase todo cenário de ensino. As instruções, em geral, são faladas (embora possam ser escritas ou demonstradas) e fornecem informações sobre os primeiros aspectos da habilidade. Dicas sobre onde e como posicionar-se, como segurar o aparelho ou outro implemento, para o que olhar e o que fazer frequentemente são partes de instruções típicas. As informações sobre o que é provável que aconteça também ajudam, tal como uma declaração como: "Se você fizer essa manipulação (quiropraxia) corretamente, você deve sentir isto acontecer." Considerando a dificuldade que os alunos têm sem nenhuma instrução, esses procedimentos são fundamentais para elevar o nível de habilidade na prática muito precoce. Declarações diretas simples que colocam as pessoas no caminho certo podem ser eficazes na redução da confusão inicial do processo de aprendizagem. Instrutores eficazes frequentemente até mesmo começam uma **demonstração** apenas dizendo: "Faça isso.".

As instruções podem ser exageradas, no entanto. Um problema é que as palavras são uma maneira relativamente bruta, imprecisa de descrever os aspectos sutis de movimentos, então as descrições verbais são de forma provável, mais adequadas apenas para a maioria dos recursos elementares. Tente descrever como amarrar um cadarço em palavras e o problema será óbvio. Na mesma linha, muitos defendem explicar habilidades em termos de suas bases biomecânicas, ou físicas, utilizando conceitos, como transferência de quantidade de movimento e forças de ação-reação. Parte disso pode ser útil, mas supõe-se que os aprendizes compreendem os princípios físicos bem o suficiente para aplicá-los às novas competências.

Dois exemplos de pesquisa de aprendizagem motora em que as instruções foram determinadas para desempenhar um papel particularmente forte são discutidos em seguida. Um deles diz respeito a uma forma de instrução muito verbal (direcionar foco atencional); o outro é na sua maioria não verbal (demonstrações e modelagem).

Direcionamento do foco atencional

Anteriormente, no Capítulo 3, discutimos os efeitos sobre a performance de direcionar um foco atencional do executante por meio de instrução verbal. Para a maioria dos executantes (talvez com exceção dos iniciantes), instruí-los a prestar atenção ao *resultado* pretendido de uma ação (um "foco externo") produz performance mais habilidosa do que uma instrução para prestar atenção aos aspectos do movimento em si (um "foco interno"). Esse resultado básico foi replicado para muitas atividades esportivas diferentes, como o golfe, beisebol, basquetebol e voleibol, bem como outras atividades como saltar e equilibrar (ver Lohse, Wulf & Lewthwaite, 2012, para uma revisão), e este efeito de performance também foi estendido para aprendizes que estão adquirindo uma nova habilidade.

Por exemplo, grupos de aprendizes em um estudo realizado por Wulf e colaboradores (2003) praticou uma tarefa de equilíbrio enquanto ficava de pé em um tipo de "gangorra" de prancha de equilíbrio (chamada de "estabilômetro"). A tarefa de equilíbrio foi realizada também enquanto se segurava um tubo cilíndrico em suas mãos. Um grupo controle (traço preto na Figura 10.3) de indivíduos não recebeu nenhuma instrução sobre para onde direcionar seu foco de atenção durante o equilibrar. Os demais grupos foram orientados a tentar se equilibrar enquanto mantinham um foco específico – manter as mãos na horizontal (traço cinza claro, um foco interno) ou manter o tubo na horizontal (traço cinza escuro, foco externo). Os resultados dessas instruções, na Figura 10.3, mostram a redução no erro de equilíbrio ao longo de dois dias de prática e em

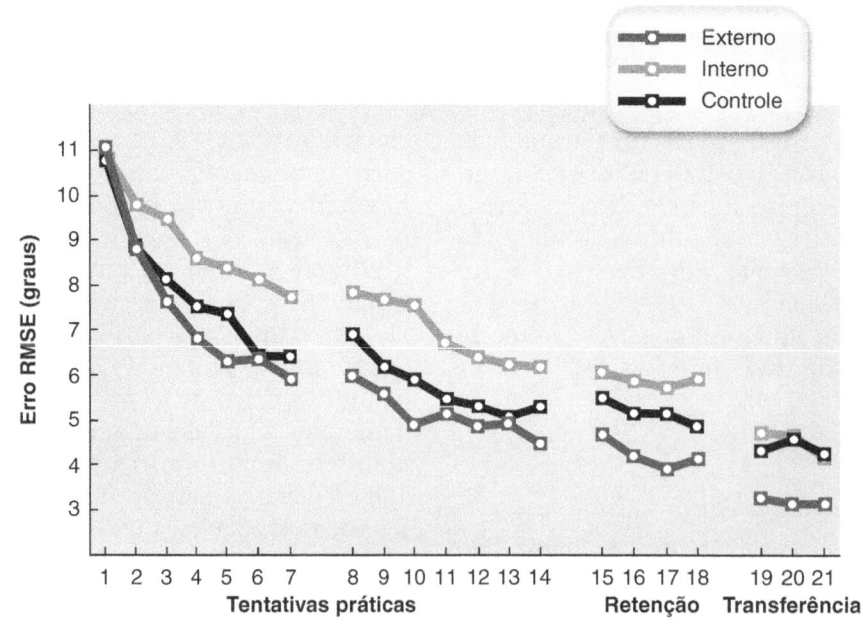

FIGURA 10.3 Efeitos do foco atencional na prática durante dois dias (ensaios 1-14) e em testes de retenção e transferência. RMSE = raiz quadrada do erro quadrático médio (ver Capítulo 1).

Reimpressa, com autorização, de Wulf et al. 2003

testes de retenção (em que nenhuma instrução de foco atencional foi fornecida) e transferência (em que nenhum dos indivíduos segurou o tubo). O achado de tubo/não tubo é notável, pois manter as mãos horizontalmente é quase a mesma instrução que manter o tubo na horizontal (porque as mãos seguram o tubo).

Os achados ilustrados na Figura 10.3 poderiam ser interpretados a partir de duas perspectivas: (1) de que instruções de foco atencional externo *facilitavam* a performance (durante os ensaios de prática) e aprendizagem (como medido nos testes de retenção e de transferência), ou (2) que as instruções de foco atencional interno *prejudicavam* a performance e a aprendizagem (pelo menos na retenção). Ou, talvez os resultados indicam alguma combinação dessa facilitação e os efeitos de degradação.

Demonstrações e modelagem

Bons companheiros para pré-praticar instruções são os vários recursos visuais, como imagens estáticas, clipes de vídeo e demonstrações ao vivo por um instrutor ou pelos próprios aprendizes (algumas vezes chamado **modelagem**). Uma vantagem clara de transmitir informações dessa maneira é observada, provavelmente porque a modelagem não é limitada por palavras. Esse procedimento vem sob o título geral de **aprendizagem observacional**, em que o aprendiz obtém informação observando a performance de outro.

O processo de modelagem foi estudado por pesquisadores de maneira bastante intensa ao longo das duas últimas décadas. O resultado é um conjunto complexo de variáveis moderadoras que influenciam o processo de aprendizagem observacional. A decisão sobre como maximizar a eficácia de um modelo parece depender de uma série de fatores, que são resumidos por Ste-Marie et al., 2012. A maneira como a aprendizagem observacional funciona sem movimento ativo por parte do aprendiz é uma questão que tem levantado muito debate. Mas há pouca dúvida de que uma quantidade considerável de aprendizagem, particularmente no início da prática, venha de estudar e imitar as ações dos outros. Capitalizar sobre essas situações de ensino é um bom procedimento.

Prática mental

Uma adição útil à coleção de atividades em uma sessão de prática é pedir para o aprendiz praticar habilidades a serem aprendidas mentalmente, sem a realização da prática física real, ostensiva. Em tal **prática mental** o aprendiz pensa sobre as habilidades que estão sendo aprendidas, pratica cada um dos passos sequencialmente e imagina fazer as ações que resultariam no atingimento da meta.

Esse método pode realmente contribuir para a aprendizagem? Por muitos anos, os cientistas e educadores na área de aprendizagem motora tiveram muitas dúvidas de que a aprendizagem *motora* poderia ser realizada por meio da prática mental. A compreensão da prática e da aprendizagem na época declarava que a ação física ostensiva era essencial para a aprendizagem. A maioria dos pesquisadores pensava que a prática mental estava produzindo ganhos nos aspectos cognitivo-conceituais da tarefa, e foi difícil de compreender como qualquer aprendizado poderia ocorrer sem movimento, prática ativa e *feedback* a partir do movimento para sinalizar erros.

No entanto, evidências de vários experimentos demonstraram de maneira convincente que os procedimentos de prática mental na verdade geram aprendizagem motora. Embora a prática mental não resulte em tanta aprendizagem quanto a mesma quantidade de prática física, ela realmente resulta em muito mais aperfeiçoamento do que os grupos controle sem nenhuma prática (ver Feltz & Landers, 1983, para uma revisão). A Figura 10.4, de Hird e colaboradores (1991) fornece resultados de duas tarefas distintas, o *pegboard* e o rotor de perseguição (por exemplo), que não parece ter muita aprendizagem cognitiva envolvida além dos primeiros ensaios, sugere fortemente que a aprendizagem de controle motor deve estar envolvida com a prática mental.

Como a prática mental funciona?

Há vários pontos de vista a respeito de como a prática mental gera nova aprendizagem de tarefa. Uma ideia é que a prática mental facilita a aprendizagem do "o que fazer" (Heuer, 1985). Por exemplo, um jogador de tênis poderia decidir que lançamento fazer; um jogador de beisebol poderia pensar como segurar o taco e um esquiador poderia ensaiar a sequência de voltas na pista de esqui. Acredita-se que esses elementos cognitivos estejam presentes apenas nos primeiros estágios de aprendizagem (fase cognitiva discutida anteriormente); assim, previa-se que os efeitos da prática mental se aplicassem apenas para a apren-

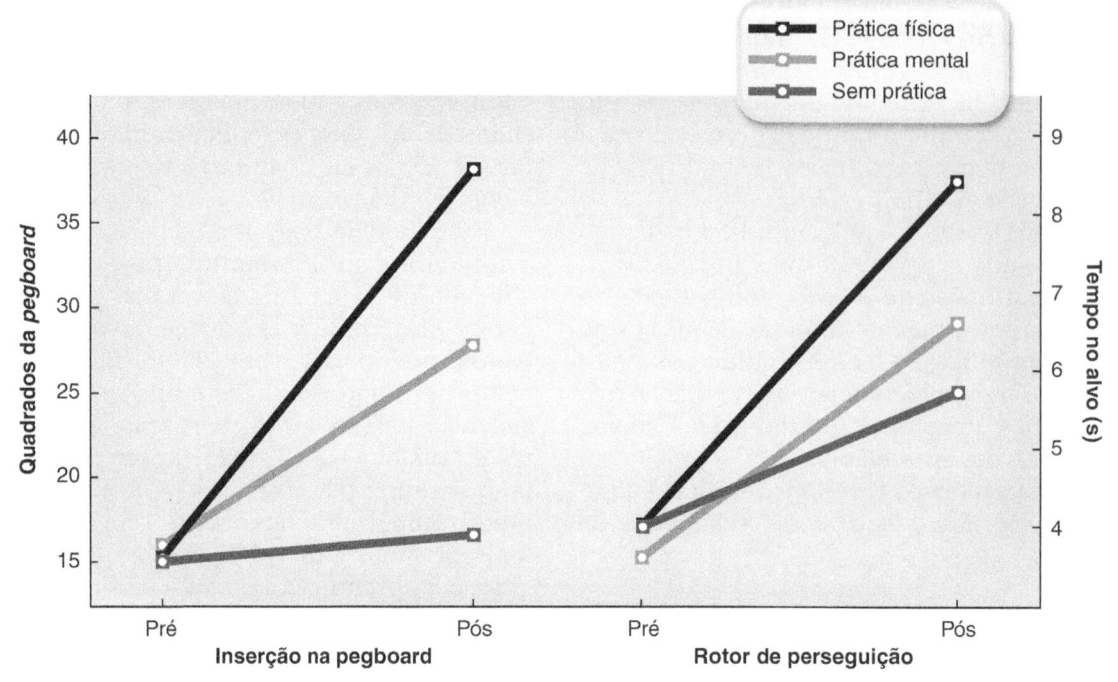

FIGURA 10.4 Efeitos da prática física (preta) e mental (cinza clara) comparados com controle, condição sem prática (cinza escura) em grupos que estão aprendendo a tarefa de inserção na *pegboard* (esquerda) e uma tarefa de rotor de perseguição (direita).

Dados de Hird et al, 1991.

dizagem precoce também. Embora os elementos cognitivos da aprendizagem sejam, sem dúvida, um fator importante da prática mental, evidências como a ilustrada na Figura 10.4 (e no Foco na Prática 10.1) sugerem que há mais coisas envolvidas do que apenas isso. Além desses estágios iniciais de prática, tanto a tarefa de inserção na *pegboard* como o rotor de perseguição envolvem aprendizagem de controle motor considerável, pois essas tarefas parecem em grande parte desprovidas de componentes cognitivos ou conceituais. Rawlings e colaboradores (1972) também estudaram a prática mental com a tarefa de rotor de perseguição, e os seus resultados foram muito semelhantes aos de Hird e colaboradores Claramente, a prática mental não é apenas aprendizagem cognitiva ou simbólica.

Outra noção mais antiga é que, durante a prática mental, o sistema motor produz contrações minúsculas da musculatura participante, com essas contrações sendo muito menores em amplitude do que aquelas necessárias para produzir ação. Sob essa óptica, o "movimento" é realizado no sistema nervoso central fornecendo "prática" mesmo sem movimento corporal observável. Embora as EMGs (registros de eletromiografia dos sinais elétricos dos músculos) realmente mostrem alguma evidência de atividades fracas durante a prática mental, a padronização dessas EMGs não lembra a dos movimentos reais com muita precisão, o que torna difícil compreender como essas atividades elétricas isoladamente poderiam ser a base para aprendizagem melhorada. Essa ideia de que a prática mental produz contrações musculares minúsculas não gerou muito apoio de pesquisa.

Quando e como usar a prática mental

O aprendiz precisa ser cuidadosamente instruído sobre os métodos da prática mental. Não basta apenas sugerir que o aprendiz vá a algum lugar e "pratique mentalmente"; procedimentos sistêmicos são necessários. Weinberg e Gould (2011) fornecem dicas adicionais para maximizar o uso de imagens e prática mental, como a sua performance em muitas situações diferentes quanto possível. Pelo fato de a prática mental e a realização

> A prática mental realmente contribui para a aprendizagem, embora a maneira exata como se faz isso não esteja clara. Uma maneira pode ser possibilitar ao aprendiz praticar a tomada de decisão, como um jogador de tênis escolher que tacada fazer.

de imagens não exigir nenhum aparato, grupos grandes de aprendizes podem praticar ao mesmo tempo. O instrutor inteligente encontrará maneiras de intercalar os dois modos de prática para promover ganhos máximos, por exemplo, instando a prática mental durante a fase de descanso entre os ensaios de uma tarefa fatigante ou romper uma longa cadeia de ensaios de prática física repetitiva.

ORGANIZAÇÃO DA PRÁTICA E REPOUSO

Certamente, escalonar a prática é uma preocupação importante na concepção de um programa de instrução. Isso inclui quantos dias por semana as habilidades devem ser praticadas, promover dias de dispensa, quanta prática promover em cada dia,

Foco na PRÁTICA 10.1

Prática mental na reabilitação de AVC

A aplicação da prática mental como um método para melhorar as habilidades motoras tem sido uma meta do esporte há anos. Em alguns esportes as instalações estão restritas a estações do ano, portanto, a prática mental seria um ajuste perfeito para a prática de esporte fora das temporadas, quando as instalações não estão disponíveis. Quando a pesquisa sobre a prática mental, tal como aquela mostrada anteriormente neste capítulo, começou a revelar efeitos positivos na aprendizagem motora, instrutores e terapeutas começaram a usar esses métodos no seu ensino e nas terapias, respectivamente – nomeadamente, na reabilitação de AVC eles tinham razões para usar esses métodos.

O AVC é uma doença que resulta em danos para o cérebro. Frequentemente, o dano é de um lado (hemisfério) do cérebro, resultando em deficiências de controle motor para o lado oposto do corpo. O objetivo da reabilitação é recuperar a função por meio de reparo do cérebro por meio de movimentos guiados por objetivos. Ativações continuadas, de prática física ativa, podem levar à recuperação e compensação parcial ou total.

No entanto, existem limitações para a quantidade e frequência de tratamentos de reabilitação envolvendo um terapeuta. O movimento ativo fora do horário de terapia pode ser encorajado, mas a menos que especificado e monitorado, pode não ser sempre sensato (p. ex., por várias razões). Felizmente, a pesquisa recente mostrou que a prática mental (e imagens) gera ativações neurais do cérebro que são semelhantes ao movimento real (Garrison, Winstein & Aziz-Zadeh, 2010). Como a prática mental não pode substituir a reabilitação física como uma técnica terapêutica eficaz, a combinação de prática física e mental é mais eficaz do que qualquer forma isolada (Cha et al, 2012; Dickstein & Deutsch, 2007; Nilsen, Gillen, & Gordon, 2010). Parece haver pouca dúvida de que a prática mental serve como um complemento eficaz para o arsenal de ferramentas de reabilitação de terapeutas ocupacionais e fisioterapeutas.

---

e quanto repouso fornecer durante o período de prática de modo que a fadiga não se torne um problema. Algumas dessas questões foram estudadas em laboratório e em contextos aplicados, revelando implicações interessantes e úteis para a aprendizagem de habilidades.

Existem inúmeras maneiras de organizar a prática, evidentemente, mas como essas variações afetam a aprendizagem e a troca entre si é complicado. Várias características comuns de sessões de prática foram bem estudadas, tais como as duas correntes de pesquisa nesta seção: (1) pesquisa que estuda o efeito do repouso entre os períodos de prática; e (2) pesquisa sobre a prática mental e observação fornecida durante os intervalos entre períodos de prática.

Com que frequência praticar

Uma das primeiras decisões diz respeito a quantas vezes os aprendizes irão praticar. Por um lado, um dos principais objetivos de um instrutor é, geralmente, facilitar a aprendizagem máxima antes da primeira oportunidade de executar as habilidades em uma situação "real". A maioria dos programas de treinamento envolve um período limitado de tempo em que determinadas habilidades são praticadas (p. ex., um número fixo de semanas); uma ideia seria a de fornecer o máximo de prática possível por semana, concentrando-se para maximizar o tempo de prática.

No entanto, como mostrado por Baddeley e Longman (1978) com habilidades de teclado, provavelmente há um limite superior para a quantidade de prática por dia que é eficaz para a aprendizagem. Nesse estudo, os trabalhadores dos correios foram retreinados por um total de 80 h de tempo de prática (60 h apenas para um grupo). A prática era variada em termos da quantidade de tempo de prática por sessão (1 ou 2 h) e o número de sessões por dia (uma ou duas), de modo que entre três grupos que receberam 80 horas no total de treinamento, dois grupos completaram o treinamento em 40 dias (em qualquer uma das duas, sessões de 1 h ou uma sessão de 2 h por dia) e um grupo completou em 20 dias (com duas sessões de duas horas por dia). O grupo que recebeu um total de 60 horas de treinamento o concluiu em 60 dias (uma sessão de 1 h por dia). Os dados na Figura 10.5 apresentam os resultados para a última parte do período de treinamento para todos os quatro grupos, mais os resultados para três testes de retenção realizados meses mais tarde. (Observe que uma peculiaridade desse estudo foi que o grupo que tinha prática menos concentrada [1 h, uma vez por dia] recebeu menos tempo total de prática do que os outros três grupos.)

Um achado consistente na Figura 10.5 durante toda a prática e na retenção foi a performance relativamente fraca do grupo de prática mais concentrado – os indivíduos que praticaram durante 4 horas por dia (sessões de 2 h, duas vezes por dia, traço pontilhado). Resultados um pouco semelhantes, com concentração de prática em uma única sessão que leva a menos habilidade em um teste de retenção do que distribuir a prática por meio das sessões, foram obtidos em um estudo de aprendizagem de habilidade de golfe (Dail & Christina, 2004).

Outro achado interessante no estudo de Baddeley-Longman foi que o programa de prática que produziu a menor aprendizagem (4 h por dia, traço pontilhado), como medido nos testes de retenção foi o mais popular entre os treinandos. Isso ilustra uma consideração importante: os aprendizes nem sempre sabem que procedimentos funcionam de maneira mais eficaz em termos de objetivo global de aprendizagem. (Veremos mais evidências dessa compreensão menos que ideal do processo de aprendizagem mais adiante neste capítulo).

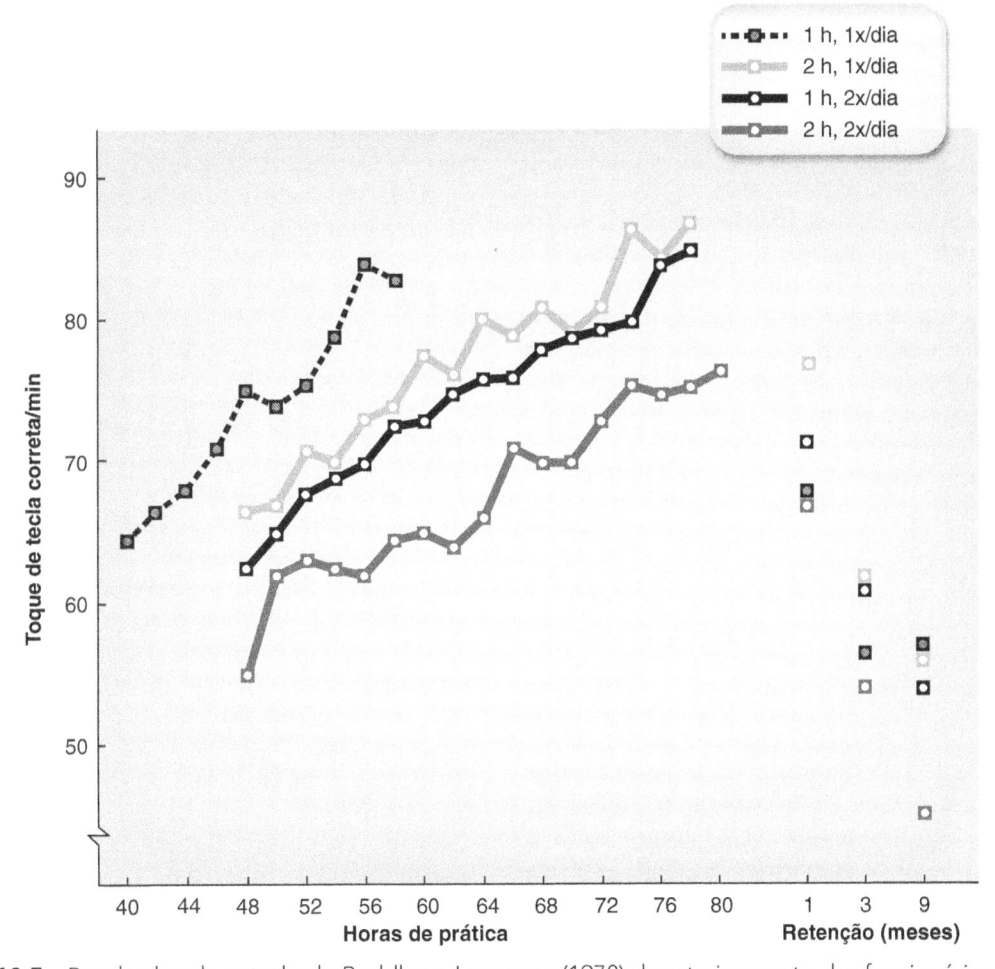

FIGURA 10.5 Resultados do estudo de Baddley e Longman (1978) de retreinamento dos funcionários dos correios em tarefas de teclado sob diferentes condições de prática distribuída.

Reimpressa, com autorização, de Schmidt e Lee, 2011; Dados de Baddeley e Longman, 1978.

A insatisfação dos treinandos com as extensões curtas do treinamento na condição de 1 hora/dia destaca uma preocupação importante no que se refere à questão da *eficiência* da prática *versus eficácia* da prática. O estudo de Baddeley e Longman demonstrou claramente que embora praticar 4 h/dia fosse o programa menos eficaz em termos de aprendizagem, foi o mais eficiente em termos de tempo total de prática (ou seja, a menor quantidade de tempo gasto no ambiente de prática, trabalhando e descansando). A decisão de negociar eficácia *versus* eficiência ao determinar como distribuir o trabalho e períodos de descanso durante os dias não é algo simples e deve considerar outros fatores, como os déficits motivacionais prováveis que podem ocorrer com períodos prolongados de prática e os efeitos que produzem fadiga da tarefa.

Períodos de trabalho e descanso durante uma sessão de prática

Diferentemente das questões relativas à programação da prática durante uma semana, as questões relativas à organização da prática e ao descanso durante uma única sessão foram estudadas por muito tempo no laboratório. Para os fins aqui, podemos definir duas classes de distribuição da prática e repouso fornecidos, chamados de prática *maciça* e prática *distribuída* na literatura.

A **prática maciça** fornece relativamente pouco descanso entre os ensaios. Por exemplo, se uma tarefa tem ensaios de prática de 30 s de duração, um programa de prática maciça pode precisar de períodos de descanso de apenas 5 s ou talvez nenhum descanso (a chamada prática contínua). Por outro lado, a **prática distribuída** exige muito mais descanso, talvez com um período de descanso entre os ensaios que é tão longo quanto um ensaio em si (30 s, neste exemplo). Não há linha divisória fixa entre a prática maciça e a distribuída, mas a prática maciça geralmente tem descanso reduzido, se comparada com a prática distribuída.

Os pesquisadores interessados em prática maciça e distribuída (ver Lee & Genovese, 1988, para uma revisão) geralmente têm se preocupado com os efeitos dos estados semelhantes à fadiga física e mental sobre a eficácia da aprendizagem. Para um determinado número de ensaios de prática, reduzir a quantidade de descanso entre os ensaios reduz o tempo disponível para a dissipação de fadiga, degradando a performance no próximo ensaio e talvez interferindo na aprendizagem. Muitos pesquisadores usaram um número fixo de ensaios práticos em uma sessão de aquisição, variaram a quantidade de descanso entre estes ensaios e então mediram a aprendizagem em um teste de retenção. Esses programas de trabalho e de descanso têm efeitos diferentes sobre a performance e a aprendizagem para tarefas discretas e contínuas.

Tarefas discretas

Alguns dos experimentos de distribuição de prática usaram tarefas discretas relativamente rápidas. Geralmente, quando a tarefa envolve práticas de performance que são de apenas alguns décimos de segundo, como em um lançamento ou chute, é muito difícil fazer os períodos de descanso curtos o suficiente para afetar a performance. No laboratório, mesmo quando os períodos de repouso foram de apenas 300 ms, aparentemente muito mais curtos do que para qualquer sessão de prática do mundo real, o resultado tem sido nenhuma queda no desempenho ou na aprendizagem ou talvez até mesmo pequenas vantagens para condições maciças (ver Carron, 1967; Lee & Genovese, 1989). Pode ser melhor concluir que, para tarefas discretas, não há nenhuma evidência de que a redução do tempo de descanso durante a prática maciça afete a aprendizagem.

Tarefas contínuas

De longe, a maior parte da pesquisa de prática maciça e distribuída envolveu habilidades contínuas análogas a tarefas do mundo real, tais como natação ou digitação. Nessas tarefas, os estados semelhantes à fadiga têm muito mais oportunidade de serem construídos dentro de uma prática, de modo que a redução do descanso entre os ensaios tem efeitos maiores. Isso pode ser observado em um estudo de Bourne e Archer (1956), em que grupos de indivíduos realizaram tentativas de 30 s em uma tarefa de rotor de perseguição que foram separados por períodos de descanso entre os ensaios – 0, 15, 30, 45 ou 60 s. Os resultados da performance nas tentativas de prática e em um teste de retenção são ilustrados na Figura 10.6. Três conclusões gerais podem ser tiradas dessa figura; estas tipificam os resultados observados geralmente com experimen-

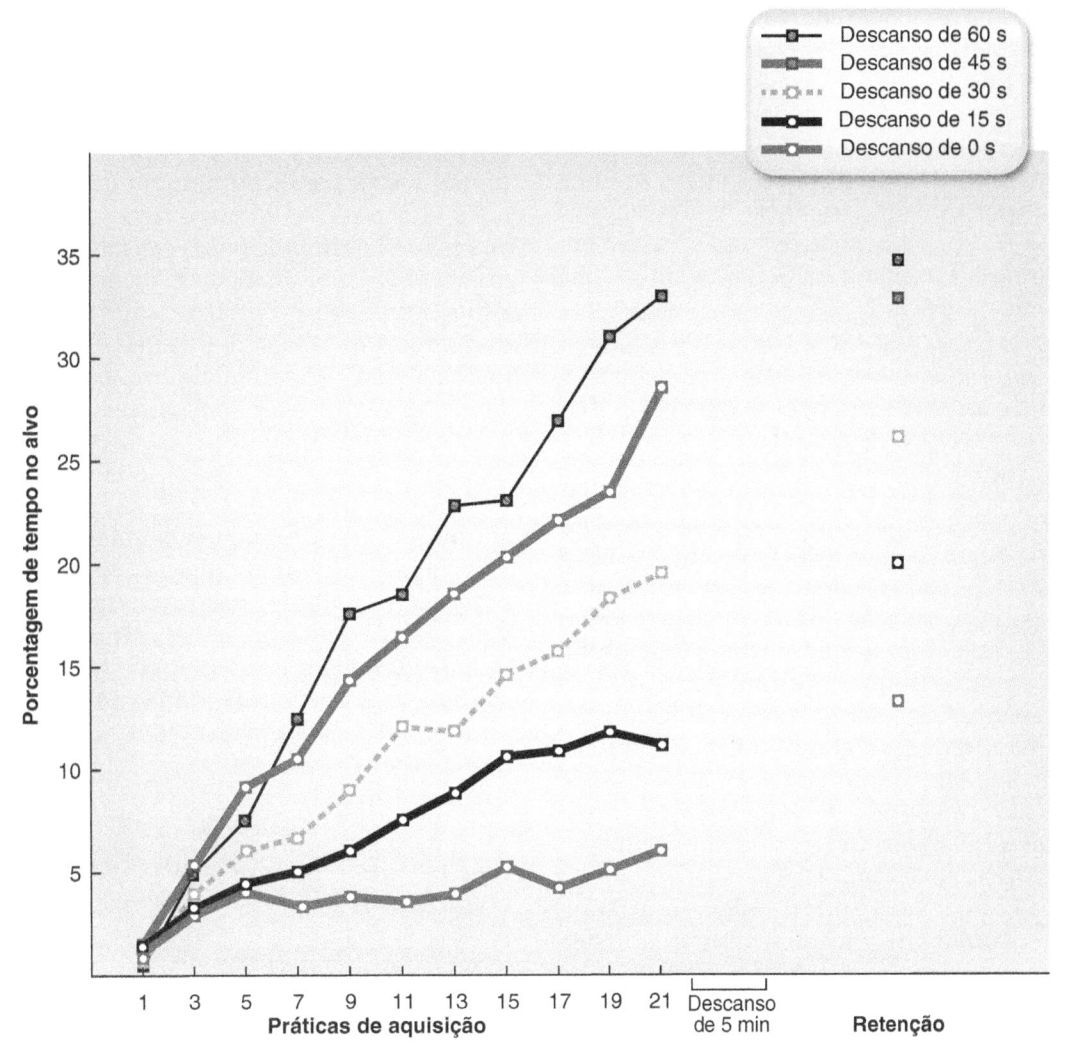

FIGURA 10.6 Resultados do estudo de Bourne e Archer (1956) que examinou os efeitos de intervalos de descanso de duração diferente, inseridos entre períodos de prática de 30 s em uma tarefa de rotor de perseguição.
Reimpressa, com autorização, de Bourne e Archer, 1956.

tos de distribuição de prática que utilizam tarefas contínuas (Lee & Genovese, 1988):

1. Períodos mais longos de descanso geralmente levam a performance mais habilidosa durante a prática (isto é, a distribuição de prática tem um efeito na performance).
2. Ao medir a aprendizagem, o tamanho das diferenças entre grupos é, em geral, reduzido, como medido após um intervalo de retenção.
3. O efeito positivo de intervalos de descanso mais longos na performance continua grande no teste de retenção (isto é, a distribuição de prática tem um efeito de aprendizagem).

Implicações dos efeitos de distribuição de prática

Os efeitos de descanso entre as práticas têm importância considerável quando vistos a partir do ponto de vista da eficácia da prática *versus* eficiência da prática. Claramente, períodos de descanso mais longos têm efeitos positivos sobre a performance e a aprendizagem. No entanto, esses efeitos vêm com um "custo", porque, em essência, os períodos de descanso são "tempo perdido." Em termos econômicos, o custo da introdução de períodos de descanso em uma aplicação de treinamento (p. ex., em um simulador de cabine de avião) pode superar os benefícios para a aprendizagem. Felizmente, existem alternativas para o "descanso" que podem tornar o tempo entre os ensaios de práticas físicas tanto eficaz *como* eficiente a partir de um ponto de vista de aprendizagem. Duas delas – prática mental e observação – foram discutidas anteriormente neste capítulo. Consideramos essas alternativas novamente nas próximas seções como um meio para melhorar a eficácia e a eficiência da prática (Ong & Hodges, 2012).

Inserção da prática mental e observação

Do ponto de vista da distribuição de prática, inserir períodos de prática mental ou observação durante o "descanso" entre ensaios práticos faz sentido a partir de um ponto de vista de eficiência da prática. Em vez de ver o descanso como "tempo perdido," pode-se usar esses intervalos de maneira produtiva para melhorar a aprendizagem motora, ao mesmo tempo em que os aprendizes se recuperam da fadiga. Com efeito, essa estratégia tornaria a prática distribuída simultaneamente eficaz e eficiente em comparação com a prática maciça. Nesse sentido, ambos os intervalos de prática física e mental ou demonstrações contribuiriam com efeitos positivos na aprendizagem.

Uma segunda perspectiva refere-se a como o descanso durante os períodos de prática física pode incentivar a autoavaliação dos desfechos de performance, o que deve contribuir para a aprendizagem. Um dos princípios que discutimos no próximo capítulo refere-se a como o uso do *feedback* aumentado possibilita que os aprendizes se tornem autossuficientes na capacidade de avaliar sua própria performance e aprender a se ajudarem por meio de correções de erros. Intercalar períodos de prática mental, demonstrações ou observações, ou ambos entre períodos de prática física incentiva os aprendizes a tentar avaliar e compreender melhor o que torna, às vezes, o seu próprio desempenho eficaz e ineficaz em outros momentos.

Finalizando, misturar a prática física com períodos de demonstração ou observação e prática mental provavelmente também teria efeitos positivos sobre a motivação. Esses períodos fornecem um tempo para o pensamento reflexivo sobre as coisas positivas que ocorreram durante a prática física e sobre como os aspectos negativos podem ser melhorados na próxima oportunidade de performance.

PRÁTICA VARIÁVEL *VERSUS* CONSTANTE

Em última análise, o objetivo da prática é preparar um aprendiz para ter um nível de performance o mais alto possível quando necessário – como ao aplicar as habilidades de ressuscitação cardiopulmonar (RCP) em uma emergência. A tarefa nessas situações deve ser bastante familiar para o aprendiz porque a ação, à medida que é praticada, assemelha-se muito à tarefa-critério. No entanto, essas situações são poucas; com certeza, a situação mais comum ocorre quando a tarefa muda um pouco entre prática e performance da tarefa na situação-critério. A prática, nesses casos, deve preparar o aprendiz para ser altamente adaptável às exigências da tarefa de modo que os aprendizes possam apresentar uma performance como nunca apresentada antes. Como a pessoa se prepara para essas diferentes tarefas-critério e, mais importante, quais são as características de prática que possibilitam a performance em situações tão novas com habilidade e destreza?

Revisão: programas motores e parâmetros

Lembre-se do Capítulo 5 que a habilidade de arremesso, por exemplo, representa uma coleção, ou *classe,* de movimentos. Por exemplo, no futebol americano, a habilidade de passar a bola inclui a habilidade de produção de muitas distâncias diferentes de lançamento, com trajetórias em arco ou planas, e alvos parados ou em movimento e também envolve muitas outras variações potenciais. Mesmo com essas variações, há algo fundamental, consistente e típico sobre um passe da bola de futebol americano, tal como a maneira particular de segurar a bola, o passo e a concretização, a ação do braço e o movimento do punho que produz uma espiral. Essas características são chamadas de invariâncias (Capítulo 5). Pode-se determinar que uma ação é membro de uma determinada classe de ações porque ela tem as mesmas características invariantes dos outros membros da classe. Além disso, essas características diferem entre as classes, pois não há uma maneira de mudar uma tacada de *putting* para um passe de futebol americano, por exemplo. Membros de uma classe têm essas características:

- Sequenciamento de movimento comum existe entre os elementos.
- Existe organização temporal ou rítmica comum.
- A mesma ação pode muitas vezes ser realizada com diferentes efetores (por exemplo, membros).
- A mesma ação pode diferir em características de superfície (p. ex., velocidade) em duas ocasiões diferentes, o que é especificado por parâmetros de movimento diferentes.

Agora retorne ao modelo conceitual de performance humana desenvolvido anteriormente, para o exemplo na Figura 8.1. Os padrões de ação são regidos por programas motores generalizados (PMGs), cada um com uma organização temporal quase invariante. Uma vez aprendido, o PMG para o passe no futebol pode ser aplicado em muitas situações específicas de arremesso, especificando parâmetros no estágio de programação do movimento, que define como ele é produzido. O aprendiz avalia o ambiente, decide que tipo de passe é necessário neste caso particular, e em seguida especifica os parâmetros adequados para o programa (aqueles que são suscetíveis de atingir os objetivos do movimento como avaliado). As partes do modelo conceitual envolvido neste processo são mostradas na

O passe de uma bola de futebol de maneira precisa exige que o jogador arremesse com diferentes velocidades e trajetórias sob condições variáveis. Como um aprendiz pode praticar para maximizar a capacidade de realizar essa habilidade?

Figura 8.1. As perguntas são: como os parâmetros adequados são selecionados e como o executante aprende a *generalizar* para todas as distâncias de arremesso na classe?

Teoria do esquema

Uma conceitualização para responder a essas perguntas é a **teoria do esquema** (Schmidt, 1975), em que o aprendiz adquire um conjunto de regras, chamadas de esquemas, que relacionam as características de superfície de arremesso (p. ex., distâncias, velocidades) com os valores de parâmetro necessários para a produção dessas ações. A Figura 10.7 ilustra a maneira como isso poderia funcionar para a dimensão da distância no passe do futebol como um exemplo. No eixo horizontal estão todas as possíveis distâncias em que a bola de futebol foi arremessada no passado, com um máximo de 40 m para este aprendiz. Sempre que a bola é arremessada, o aprendiz registra brevemente a distância que a bola atingiu, bem como o parâmetro que foi utilizado para o PMG para aquele arremesso. Com o tempo, com muitos desses arremessos registrados, o aprendiz então abstrai (ou generaliza) a relação entre as últimas distâncias de arremesso e os parâmetros da tarefa que foram utilizados para o PMG (Schmidt, 1975). A Figura 10.7 mostra a abstração. Para evitar o problema de armazenamento, o aprendiz armazena esses valores o tempo suficiente para atualizar o esquema após cada arremesso e depois são descartados ou esquecidos. Segundo a teoria do esquema, esse processo é responsável pela aprendizagem motora associada à aprendizagem para parametrizar os PMGs – um problema comum para o jogador que usa PMG sempre.

Uma questão importante para os pesquisadores é como o esquema é aprendido. O processo de aprendizagem, de acordo com a teoria do esquema é também ilustrado na Figura 10.7. Suponha que o aprendiz começa o processo de aprendizagem gerando o parâmetro, o que leva a uma distância de arremesso de 29 m. Em tentativas subsequentes, o aprendiz escolhe o parâmetro B, que leva a um arremesso de aproximadamente 18 m. Em seguida, ele emite o parâmetro C, que leva a um arremesso de cerca de 34 m, e assim por diante. A cada lance, o aprendiz associa (abstrai ou generaliza) o valor do parâmetro de PMG usado com a distância de arremesso resultante (visto como a coleção de pontos de dados isolados (cinza escuro) na Figura 10.7). No futuro, quando a pessoa quiser fazer um arremesso de X_1m, ela escolhe a distância de X_1 sobre o eixo X, em que ela utiliza a linha vertical cinza claro para acessar o esquema (linha cinza escuro) e isto resulta na utilização do valor do parâmetro Y_1. Da mesma maneira, desejando uma dis-

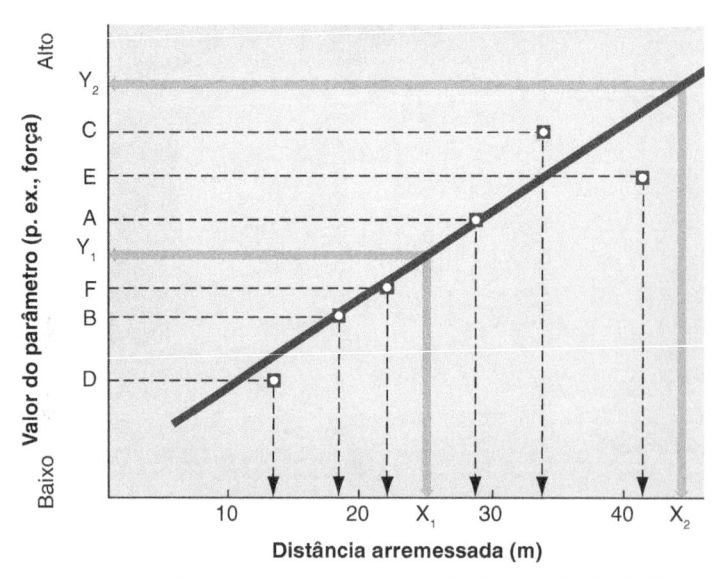

FIGURA 10.7 O esquema relaciona valores do parâmetro com distâncias de desfecho. Para produzir um arremesso de 25 m (X_1) ou 45 m (X_2), o aprendiz confia no esquema para gerar valores de parâmetro iguais a Y_1 e Y_2, respectivamente.

tância de arremesso de X_2m, ele escolhe um valor de parâmetro de Y_2.

Esse processo gera um movimento com os valores dos parâmetros com base na experiência pregressa do aprendiz no uso deste programa. Mais importante, esse processo possibilita ao aprendiz fazer um movimento que ele nunca fez anteriormente. Suponha que esse aprendiz nunca produziu um passe de 45 m antes (X_2 na Figura 10.7). Sem problemas: O aprendiz simplesmente fornece a melhor estimativa dos valores de parâmetros necessários do esquema e, em seguida realiza o PMG com este valor de parâmetro (Y_2 na Figura 10.7), produzindo, assim, uma nova ação que ainda não foi realizada antes.

Prática variável melhora aprendizagem do esquema

Evidências consideráveis sugerem que a prática variável deve ser particularmente eficaz em casos como esse. Um paradigma de pesquisa básica contrasta dois grupos de aprendizes: um deles é um grupo de **prática constante**, que pratica apenas um único membro de uma classe de tarefas; o segundo é um grupo de **prática variável**, que pratica vários membros da classe de tarefas (para o exemplo do passe do futebol americano, isso significaria praticar distâncias variadas do passe do futebol). Os dois grupos têm a mesma quantidade de prática, mas diferem na quantidade de variabilidade prática que recebem.

O grupo constante normalmente supera o grupo variável durante a fase de aquisição. Em geral, um aprendiz pode produzir instâncias de uma única versão de um movimento de maneira mais eficaz do que várias versões, particularmente se essas versões forem intercaladas. No entanto, quando os indivíduos de ambos os grupos são mudados para uma versão nova da tarefa em um teste de transferência, o grupo que recebeu a prática variável apresenta performance pelo menos tão boa quanto a do grupo constante, e frequentemente de maneira muito mais hábil (p. ex., McCracken & Stelmach, 1977). Essa evidência foi interpretada como significando que os aprendizes adquirem esquemas quando praticam e que a prática variável aumenta o seu desenvolvimento, possibilitando performance mais eficaz da nova tarefa no futuro. Em outras palavras, a prática variável aumenta a *generalizabilidade*, possibilitando ao executante aplicar o aprendizado passado para ações não especificamente experimentadas anteriormente na prática.

Essa generalização pode ser vista na Figura 10.8 (de Catalano & Kleiner, 1984); grupos praticaram uma tarefa de *timing* coincidente (prevendo a chegada de uma luz em movimento que simula uma bola em movimento fazendo uma resposta com a mão) com velocidades-alvo de apenas uma velocidade (8; 11; 14,5 ou 18 km/h) sob condições de prática constante; ou outro grupo praticava todas as velocidades (8; 11; 14,5 *e* 18 km/h) em condições de prática variável, com as diferentes velocidades-alvo apresentadas em uma ordem aleatória sobre ensaios. Testes de transferência foram então aplicados nas versões de tarefas que não tinham experiência anterior por qualquer grupo (a 1,6; 4,8; 24 e 21 km/h). Na Figura 10.8 três dos quatro testes de transferência de velocidade, a prática variável levou a erros muito menores do que a prática constante; assim, a prática variável produziu generalização. Evidentemente, muitas habilidades requerem que produzamos variações que nunca foram produzidas antes e a prática é um dos meios de maximizar a capacidade de mover-se efetivamente desta maneira.

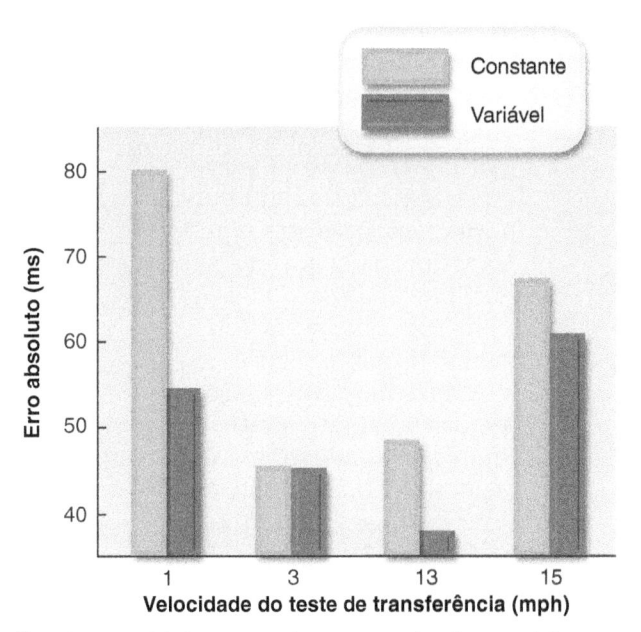

FIGURA 10.8 Erros de *timing* absoluto médio em quatro velocidades-alvo de transferência de temporização coincidente após a prática em uma condição de prática constante (cinza claro) ou variável (cinza escuro).

Dados de Catalano e Kleiner, 1984.

Foco na
PESQUISA 10.1

Habilidades especiais: uma exceção à prática variável?

A teoria do esquema, e na verdade apenas o senso comum, sugere que, se alguém se depara com a aprendizagem para produzir uma classe de ações, essa prática deve ser estruturada de maneira a ser variável, considerando as variações ilimitadas a serem experimentadas na versão-critério da habilidade. Mas como a prática seria estruturada se apenas uma variação da tarefa-critério fosse experimentada? Em outras palavras, as habilidades que devem ser realizadas de uma maneira apenas são representadas diferentemente na memória em comparação com uma classe de habilidades que podem ser realizadas de infinitas maneiras?

Essa última questão foi abordada em uma série de experimentos envolvendo habilidades de lançamento no basquetebol (Keetch, Lee & Schmidt, 2008; Keetch et al., 2005). Dois tipos de arremessos são comumente usados no basquetebol – arremessos com salto (que, como o nome indica, envolve o jogador pular no ar antes de liberar a bola) e os arremessos sem salto (em que o jogador permanece em contato com o solo durante o arremesso). Os arremessos com saltos são geralmente feitos de qualquer lugar da quadra, mas os arremessos sem salto em geral são realizados apenas na linha de falta (ou no lance livre).

Keetch e colaboradores previram que se a prática variável (arremesso com salto) resulta no desenvolvimento de um esquema para a classe de ações, então a performance em um local deve ser altamente relacionada com a performance em todos os outros locais, incluindo arremessos na linha do lance livre. Em contrapartida, a prática constante (do arremesso sem salto, praticado apenas na linha de lance livre) pode resultar em uma vantagem específica para a performance naquele local em particular. E essa previsão deve ser particularmente forte para jogadores muito experientes, que treinaram milhares de arremessos sem salto no desenvolvimento de sua *expertise*.

Os dados dos jogadores de basquete universitários que fizerem arremessos sem salto e com salto de cinco locais (incluindo um de 4,57 m – linha de falta) são apresentados na Figura 10.9. A precisão do arremesso com salto diminuiu quase linearmente à medida que o jogador distanciava-se do cesto. Em contrapartida, embora o arremesso sem salto diminuísse em precisão à medida que a distância aumentava, em geral, a performance na marca dos 4,57 m era marcadamente mais precisa do que o esperado com base nas performances em outros locais de arremesso.

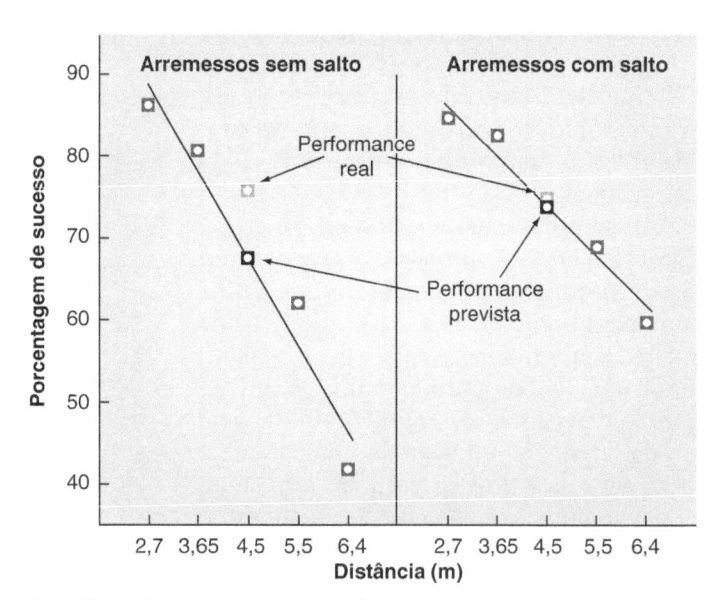

FIGURA 10.9 Performance de arremessos com e sem salto de cinco locais diferentes. Performance do arremesso sem salto mostra uma vantagem na linha de falta, enquanto não se observa nenhuma vantagem específica para os arremessos com salto.

Reimpressa, com autorização, de Keetch, Schmidt, Lee e Young, 2005.

Esses achados apresentam algumas implicações interessantes para a aprendizagem, pois parecem sugerir que a prática seja estruturada de acordo com as demandas de critério da tarefa – como as habilidades serão realizadas na situação de "teste". Se a flexibilidade na produção de uma variação de uma classe de habilidades for necessária, então faz sentido continuar com a prática variável. No entanto, se apenas uma versão da tarefa for realizada em toda a vida, então concentrar a prática a partir de um local parece ter mérito prático (Breslin et al., 2012).

Exploração adicional

1. Nomeie outra habilidade, geralmente realizada a partir de um único local específico, que pode mostrar um efeito semelhante ao do arremesso sem salto no basquete.
2. Para a tarefa citada na questão 1, descrever uma metodologia experimental que avalie se a performance mostra ou não uma vantagem específica a partir desse local.

Uma advertência para a prática variável

A teoria do esquema prevê que a prática variável é mais adequada para a performance que aplica novos parâmetros de movimento para apenas uma única versão do PMG, como arremesso de lance livre do basquete. No entanto, a prática variável seria também ideal para o aprendizado em situações em que um critério em que apenas uma única versão do PMG é necessária? Evidências recentes apresentadas no Foco na Pesquisa 10.1 levantam algumas dúvidas.

PRÁTICA BLOQUEADA *VERSUS* ALEATÓRIA

Em muitas situações do mundo real, se não na maioria, a meta do aprendiz é adquirir mais do que uma única habilidade ou tarefa em um período de prática limitada, algumas vezes, até mesmo em um período de prática individual. Os médicos praticam diferentes habilidades relacionadas com cirurgia (como habilidades de sutura e amarração de nó), os músicos praticam várias músicas ao mesmo tempo, os jogadores de tênis praticam o saque e voleio, bem como as tacadas mais usuais de solo durante uma única sessão, e assim por diante. Uma questão importante que confronta o aprendiz ou o instrutor é como sequenciar a prática nessas várias tarefas durante a sessão de modo a maximizar a aprendizagem. Duas variações têm efeitos poderosos sobre a aprendizagem: prática em blocos e prática aleatória.

Suponha-se que o aluno tem três tarefas (tarefas A, B, e C) para aprender em uma sessão de prática e que estas tarefas são fundamentalmente diferentes, como o saque, os voleios e as rebatidas do tênis. Isto é, as tarefas são escolhidas de tal forma que não se pode argumentar que qualquer uma delas é da mesma classe ou utiliza o mesmo PMG. Um método de senso comum da programação dessas tarefas seria praticar todos os ensaios de uma tarefa antes de passar para o segundo, em seguida terminar a prática mudando para o segundo antes de mudar para o terceiro. Essa prática é chamada **prática em blocos,** em que todos os ensaios de uma determinada tarefa (para aquele dia) são concluídos antes de avançar para a tarefa seguinte. A prática em blocos é típica de alguns treinos em que uma habilidade é repetida mais e mais, com o mínimo de interrupção por outras atividades. Esse tipo de prática parece fazer sentido na medida em que possibilita aos aprendizes concentrarem-se em uma tarefa específica de cada vez e aperfeiçoá-la e corrigi-la.

Outra variação da programação da prática é chamada de **prática randomizada (intercalada);** em que a ordem de apresentação da tarefa é mista, ou intercalada, em todo o período de prática. Os aprendizes fazem um rodízio entre as três tarefas de exemplo para que, nos casos mais extremos, eles nunca (ou raramente) pratiquem a mesma tarefa em duas tentativas consecutivas. E a partir de uma perspectiva do senso comum, o método aleatório, com seu alto nível de variabilidade tentativa-a-tentativa, seu elevado nível de variabilidade de prática-a-prática, seu alto nível de interferência contextual não pareceria ideal para a aprendizagem.

O experimento de Shea e Morgan

John Shea e Robyn Morgan (1979) conduziram um experimento inovador que revolucionou a maneira como os cientistas pensam sobre os processos envolvidos na prática. Acompanhando algumas das ideias originais de William Battig (1955), Shea e Morgan fizeram indivíduos praticarem três tarefas diferentes (A, B e C), que envolviam responder a um estímulo de luz com uma série correta de movimentos rápidos da mão e do braço, com cada tarefa tendo uma sequência predeterminada diferente. Um grupo de indivíduos praticou as tarefas em uma ordem bloqueada, completando toda a prática da tarefa A antes de mudar para a tarefa B, que eles completaram antes de mudar para a tarefa C. Um segundo grupo praticou em uma ordem aleatória; não mais que dois ensaios consecutivos poderiam ocorrer para qualquer uma das tarefas. Os dois grupos tinham a mesma quantidade da prática em tarefas A, B, e C e tinham a mesma quantidade de prática total – eles diferiam apenas na ordem em que as tarefas eram apresentadas.

Os resultados são apresentados na Figura 10.10. O objetivo foi o de responder ao estímulo e completar os movimentos tão rapidamente quanto possível, assim tempos totais mais baixos indicam performance mais habilidosa. Note que, durante a aquisição, a condição bloqueada foi muito mais eficaz para a performance (com tempos menores) do que a condição aleatória. Mas lembre-se que as diferenças durante a aquisição não podem ser interpretadas como diferenças de aprendizagem; em vez disso, os testes de retenção (ou transferência) atrasados são necessários para avaliar a aprendizagem (estes conceitos foram apresentados no Capítulo 8).

Shea e Morgan testaram a aprendizagem conduzindo testes de retenção após 10 min e 10 dias; esses testes foram conduzidos sob condições randomizadas ou em blocos, que produziram quatro subgrupos. As seguintes abreviações indicam a condição em aquisição e a condição em retenção, respectivamente: R-B, R-R, B-R e B-B. O primeiro caracter no par indica a condição durante a aquisição (aleatório ou R e em blocos ou B), e o segundo membro do par indica as condições de performance em retenção.

Quando os testes de retenção estavam sob condições aleatórias, o grupo que teve prática aleatória na aquisição (R-R, cinza claro) superou muito o grupo com condições em blocos em aquisição (B-R, preta). Quando os testes de retenção estavam sob condições em blocos, novamente a condição aleatória na aquisição (R-B) superava aqueles que tinham condições em blocos na aquisição (B-B),

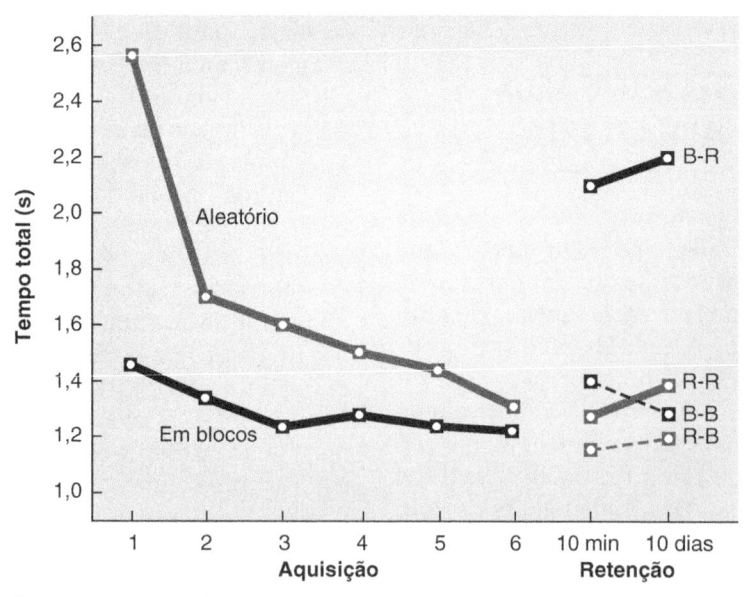

FIGURA 10.10 A performance em tarefas de movimento com velocidade sob condições de prática aleatória e em blocos durante a aquisição e em testes de retenção em ordem aleatória e em ordem em blocos.
Adaptada, com permissão, de Shea e Morgan, 1979.

mas essas diferenças foram muito menores do que para os testes de retenção aleatórios. Com certeza, as condições aleatórias na aquisição eram sempre mais eficazes para a retenção, mas esse benefício foi claramente dependente da natureza do teste de retenção.

Uma questão em relação à prática variável foi mencionada anteriormente. Um fator muito importante refere-se a como a prática variável é programada; esta questão torna-se agora mais bem compreendida devido aos resultados de Shea e Morgan (1979). Estudos em que a prática variável foi programada em uma ordem aleatória de ensaio-a-ensaio mostraram vantagens bastante grandes em relação à prática constante (p. ex., Catalano & Kleiner, 1984; também Pigott & Shapiro, 1984). Os achados de Shea e Morgan sugerem que a programação de como a prática variável é ordenada influencia sua eficácia.

Porque a prática aleatória é tão eficaz

Os achados de Shea e Morgan surpreenderam muitos cientistas da área, mostrando que, embora as condições aleatórias resultem em performance muito menos habilidosa do que as condições em blocos na aquisição, as condições de prática aleatória produzem mais aprendizagem. Os achados foram uma grande surpresa, pois a maioria dos pontos de vista convencionais sugeriria que a aprendizagem deve ser maximizada por aquelas condições que tornam os aprendizes mais proficientes *durante* a prática – não havia teorização da aprendizagem motora que poderia explicar este resultado oposto. Como resultado, algumas hipóteses interessantes foram oferecidas para explicar os achados.

Shea e Zimny (1983) argumentaram que mudar a tarefa em toda a tentativa de prática aleatória tornou as tarefas mais distintas umas das outras e mais significativas, resultando em representações de memória mais *elaboradas*. Como revelado nas entrevistas após o experimento, os indivíduos da prática aleatória tendiam a relacionar a estrutura da tarefa com matérias já aprendidas (criação de "significação"), como descobrir que a tarefa B tinha essencialmente a forma de um "Z" de cabeça para baixo. Além disso, eles fariam distinções entre as tarefas, como "a Tarefa A é essencialmente parecida com a tarefa C, exceto que a primeira parte é invertida" (criando a "distinção"). Os indivíduos da prática bloqueada, por outro lado, tenderam a não fazer tais declarações. Em vez disso, falaram sobre executar as performances mais ou menos automaticamente, sem pensar muito sobre ela, e a prática bloqueada não induziu o tipo de esforços comparativos e contrastantes que foram experimentados durante a prática aleatória. De acordo com essa **hipótese de elaboração**, a significação e a distinção aumentadas produzem memórias mais duráveis para as tarefas e, assim, capacidades aumentadas de performance em testes de retenção e transferência.

Uma hipótese alternativa explica os efeitos benéficos da prática aleatória de maneira um pouco diferente. Lee e Magill (1983) sugeriram que quando o aprendiz muda da tarefa A para a tarefa B, a "solução" que foi gerada (em memória de curto prazo; ver Capítulo 2) para a realização da tarefa B gera o esquecimento da solução previamente gerada para a tarefa A. Quando a tarefa A é encontrada novamente algumas práticas depois, o aprendiz deve gerar a solução novamente; portanto, a performance na prática é relativamente precária. No entanto, esse processo de solução-geração é assumido como benéfico para a aprendizagem (ver também Cuddy & Jacoby, 1982). Na prática bloqueada, por outro lado, o executante lembra a solução gerada em uma determinada prática e simplesmente aplica a próxima prática, o que minimiza o número de vezes que o aprendiz deve gerar novas soluções. Portanto, a performance durante a prática em um programa em blocos é muito eficaz porque a solução, uma vez gerada, é lembrada por uma série de ensaios. No entanto, a aprendizagem é precária porque o aprendiz não é solicitado a gerar uma "nova" solução para a tarefa em cada ensaio. Dessa maneira, o foco principal da hipótese de esquecimento é o fato de que novas soluções são com frequência necessárias na prática aleatória, mas não na prática bloqueada; assim, o desenvolvimento de solução para a tarefa é a característica-chave que facilita a aprendizagem. Curiosamente, a **hipótese de esquecimento** sugere a ideia um pouco irônica e contraintuitiva de que "o esquecimento facilita a aprendizagem".

Uma série de investigações avaliou e deu suporte a ambas as hipóteses. Por exemplo, em um estudo por Wright (1991), membros de um grupo de prática em blocos foram incentivados a fazer comparações explícitas da tarefa imediatamente praticada com uma das outras tarefas a serem aprendidas – em essência induzindo este grupo a praticar "mentalmente" as tarefas com o processamento significativo e distinto. Esse grupo de prática em blocos especial superou os outros grupos de prática que tiveram uma intervenção semelhante, mas sem os benefícios do processamento comparativo e contrastivo explícito. Os resultados fornecem suporte às previsões de hipótese de elaboração por causa da inserção dessas atividades de processamento mental específicas.

Uma previsão importante da hipótese de esquecimento era que a prática aleatória força operações de planejamento mais extensas sobre cada ensaio em comparação com a prática bloqueada. Um estudo realizado por Lee e colaboradores (1997) tentou reduzir a necessidade dessas operações de planejamento, apresentando um "modelo" poderoso antes de cada ensaio de prática. Esse modelo foi projetado de maneira a informar os indivíduos sobre como realizar o próximo ensaio, e pelo fato de o modelo fornecer orientações de memória extremamente fortes para a próxima prática, levantou-se a hipótese de que o modelo evitava o processo de construção (porque o modelo forneceu a solução para a próxima prática). No experimento, a presença do modelo foi combinada com a prática aleatória. O modelo, eliminando como ele eliminou, a necessidade de o indivíduo reconstruir a "solução" para o próximo ensaio, interferiria na performance e na aquisição mais ou menos como a prática bloqueada o fez. Como mostra a Figura 10.10, o modelo eliminou os benefícios habituais da prática aleatória.

No experimento, as condições aleatórias e bloqueadas são contrastadas com esta condição especial "aleatório + modelo". Claramente, o modelo foi benéfico para a performance durante a aquisição (quando o modelo estava presente), como observado no lado esquerdo da Figura 10.11, em que o grupo "aleatório + modelo" era muito mais habilidoso do que o grupo que tinha apenas prática aleatória. No entanto, nos testes de retenção, em que o modelo foi retirado, o grupo aleatório + modelo regrediu consideravelmente, ao ponto que esta condição levou a mais erro no teste de retenção posterior. Fornecer o modelo poderoso antes de cada ensaio de prática, embora ele fosse benéfico para o desempenho quando estava presente, foi

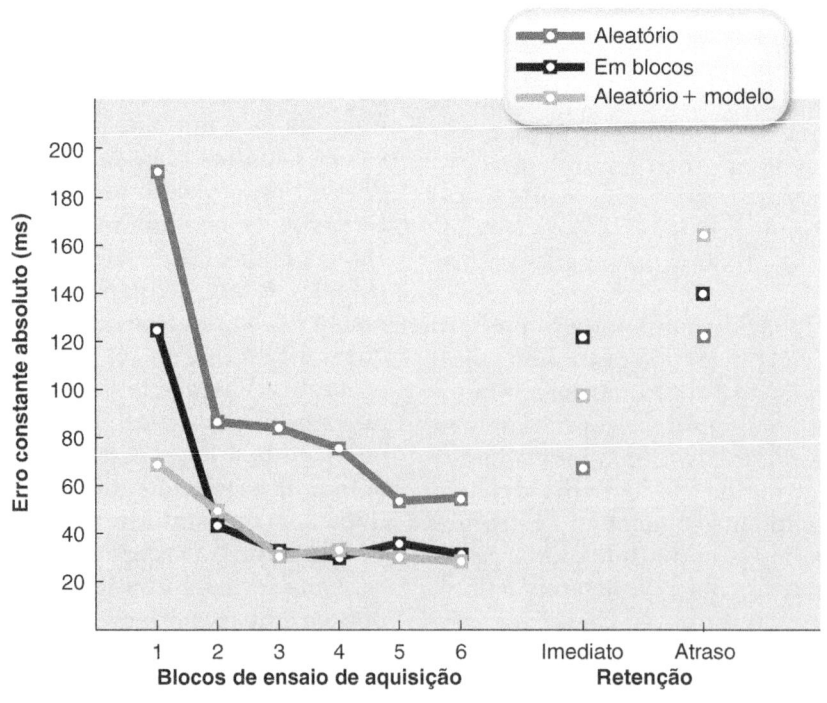

FIGURA 10.11 Fornecer um modelo de planejamento de operações reduzido e orientadores em um modelo + grupo de prática aleatória, o benefício-aleatório usual para a aprendizagem. (De Lee et al., 1997).

desastroso para a aprendizagem. O modelo obliterou as vantagens benéficas de prática aleatória. Esses achados fornecem forte apoio à hipótese do esquecimento para o efeito de prática aleatória-*versus*-bloqueada e mostram que a prática aleatória não é necessariamente a "bala mágica" para a aprendizagem motora efetiva.

Alguns estudos forneceram evidências que dão suporte à hipótese de elaboração e alguns deram suporte à hipótese do esquecimento; mas não surgiu nenhum "vencedor" evidente. Como resultado, provavelmente é uma ideia melhor considerar essas hipóteses como explicações complementares, em vez de competitivas, dos efeitos da prática aleatória *versus* em blocos. Os efeitos benéficos da prática aleatória sobre a prática em blocos parecem ser decorrentes de vários fatores:

▶ A prática aleatória força o aprendiz a tornar-se mais ativamente envolvido no processo de aprendizagem por meio da prevenção de repetições simples de ações.

▶ A prática aleatória dá ao aprendiz memórias mais significativas e distinguíveis das diversas tarefas, aumentando a força de memória e diminuindo a confusão entre tarefas.

▶ A prática aleatória leva o aprendiz a esquecer as soluções de curto prazo (da memória de trabalho) para o problema de movimento após cada mudança de tarefa.

▶ Esquecer a solução de curto prazo força o aprendiz a gerar a solução novamente na próxima prática da tarefa, o que é benéfico para a aprendizagem.

Mais pesquisas

Os achados de Shea e Morgan foram muito influentes. Centenas de estudos foram realizados so-

▍ Este jardim para caminhadas possibilita aos pacientes em reabilitação praticar caminhada com muletas sobre muitas superfícies, possibilitando uma prática variável e aleatória.

bre a prática aleatória e em blocos desde que a pesquisa foi publicada, e muitos artigos de discussão foram escritos sobre como conduzir a prática em atividades diárias (p. ex., Schmidt & Lee, 2012). As próximas seções resumem algumas das pesquisas que surgiram nos anos seguintes à publicação desse estudo de referência.

Efeitos de interferência contextual em tarefas não laboratoriais

Como seria de se esperar, o estudo de Shea e Morgan (1970) motivou um grande número de pesquisadores a examinar os programas de prática aleatória e bloqueada em tarefas fora do laboratório. Goode e Magill (1986) encontraram efeitos aleatório em blocos semelhantes em participantes que estavam aprendendo três tipos diferentes de saques no *badminton*. Hall, Domingues e Cavazos (1994) produziram um efeito análogo usando um grupo de jogadores universitários de beisebol que se envolveram em prática extra de rebater, rebater diferentes tipos de lançamentos em ordem aleatória ou em blocos. E Ste-Marie e colaboradores (2004) encontraram efeitos benéficos semelhantes para prática aleatória em escolares que estavam aprendendo as habilidades de caligrafia. Os achados laboratoriais de Shea e Morgan parecem estender-se para a aquisição de tarefas do mundo real também.

Limitações da prática aleatória

Os efeitos benéficos da prática aleatória não são universais, contudo, e alguns estudos não resultaram em diferenças de aprendizagem. Lee (dados não publicados, Louisiana State University, 1981), usando a tarefa de rotor de perseguição, falhou em produzir os benefícios da prática aleatória esperada. O rotor de perseguição, no entanto, como uma forma de tarefa de rastreamento, não requer muita preparação antecipada entre os ensaios. Talvez isso possa ser tomado como evidência de que os benefícios da prática aleatória somente ocorrem em tarefas para as quais uma preparação pré-prática considerável é necessária.

Guadagnoli e Lee (2004) revisaram as variedades de evidências e sugeriram que a prática aleatória tem probabilidade de ser menos eficaz quando as exigências das tarefas são tão altas desde o começo que os executantes têm um momento muito difícil produzindo até mesmo uma única tentativa do comportamento. Isso pode ocorrer quando os indivíduos estão praticando uma tarefa muito "difícil" ou quando os próprios aprendizes são, de alguma forma, não "apropriados" para a tarefa a ser aprendida. Um bom exemplo pode ser tentar ensinar a aprendizes muito jovens uma tarefa "de adulto" que demanda muito. Em tais casos, a prática aleatória tornaria o ambiente de prática muito desafiador e, talvez, contraprodutivo para uma aprendizagem eficaz.

Alternativas para prática em blocos e aleatória

As práticas em blocos e aleatória representam os "extremos" do contínuo de programação da prática – a prática aleatória envolve muito pouca repetição (ou não) da mesma tarefa a partir de um ensaio de prática para o próximo, e a prática em blocos não envolve quase nenhuma intercalação de prática em outras tarefas. Esses extremos de programação podem ser responsáveis pelas mudanças bastante drásticas observadas na performance e na retenção, com a prática em blocos facilitando a performance na prática, mas tendo um efeito prejudicial sobre a retenção (e vice-versa para a prática aleatória). Assim, uma necessidade de busca de uma alternativa para um programa de prática aleatória *versus* em bloco diz respeito àquele fato que não "otimiza" nem a performance e nem a aprendizagem; isto é, também não é uma estrutura de prática que facilita a aprendizagem sem os efeitos degradantes observados durante o período de prática.

Há outra razão para a procura de alternativas à prática em blocos e aleatória. Simon e Bjork (2001) pediram aos participantes para fazer previsões sobre sua performance um pouco antes de um teste de retenção. Os resultados, apresentados na Figura 10.12 revelaram uma *ilusão* sobre a aprendizagem. Pediu-se aos indivíduos com prática sob condições de aquisição aleatória ou em blocos para prever como eles se sairiam em um teste de retenção. A prática em blocos "enganou" os aprendizes fazendo-os pensar que eles tinham aprendido muito mais do que realmente tinham, enquanto a prática aleatória levou os aprendizes a acreditar que eles haviam aprendido menos do que aprenderam. Assim, fornecer aos aprendizes um sentido mais preciso de como a aprendizagem está avançando pode ser outro motivo para buscar alternativas à prática em blocos e aleatória.

Programas híbridos Alguns pesquisadores descobriram que os níveis "moderados" de prática aleatória, com o programa de prática incluindo sequências curtas intercaladas de prática em blocos, por exemplo, são benéficos para a performance e aprendizagem. Por exemplo, Landin e Hebert (1997) fizeram novatos praticarem uma tarefa de arremesso do basquetebol de diferentes locais na quadra de acordo com uma ordem em blocos, uma ordem seriada (uma condição quase aleatória, mas mais estruturada do que a prática puramente aleatória), ou uma ordem "moderada", em que a prática ia de uma tarefa para outra depois de "miniblocos" de três tentativas da mesma distância serem realizadas. Como pode ser visto na Figura 10.13, esse formato de prática "moderada" foi bem-sucedido na redução do déficit de performance em geral observado durante a prática puramente aleatória e facilitou a aprendizagem como medida, tanto em um teste de retenção em blocos como em um aleatório (ver também Pigott & Shapiro, 1984).

Contingências de prática Embora a abordagem híbrida para a prática pareça representar o melhor dos dois mundos – ela permanece insensível às diferenças individuais. Por exemplo, embora três sessões de prática em blocos possam ser ideais para uma pessoa, cinco blocos de três sessões de prática ou nenhuma repetição de tarefa pode ser o ideal para outras duas pessoas.

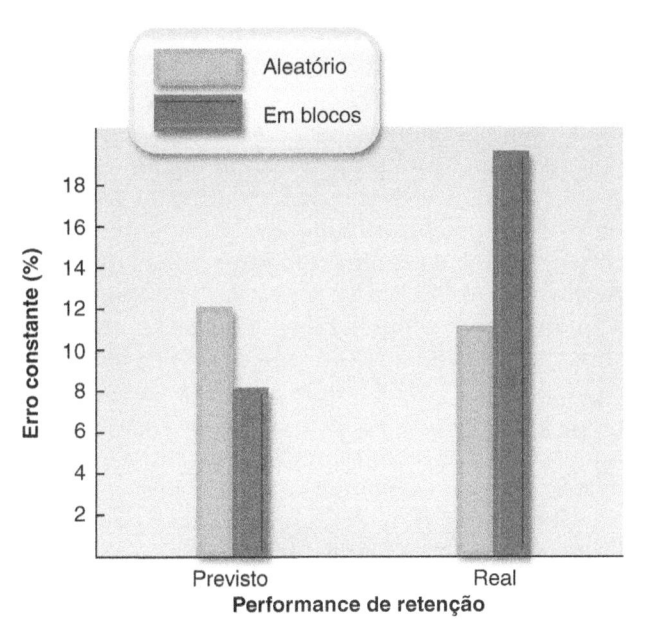

FIGURA 10.12 Antes da performance em um teste de retenção (mostrado), indivíduos que haviam praticado em uma ordem em blocos (cinza escuro) previram que eles seriam mais habilidosos (barras "previstas") do que aqueles que praticaram em uma ordem aleatória (cinza claro), (barras "previstas"). Na realidade, a performance de retenção do grupo em blocos foi menos habilitada do que aquela do grupo aleatório (barras "reais").
Dados de Simon e Bjork, 2001.

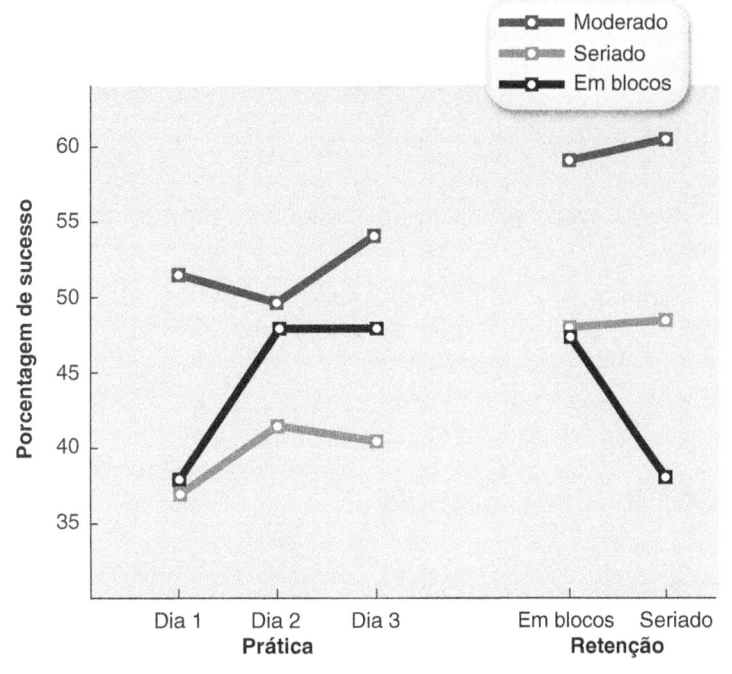

FIGURA 10.13 Programa de prática híbrida (moderada), que incluiu pequenos blocos de prática em blocos, facilitou a performance e a aprendizagem no basquetebol em comparação com os programas de prática puramente em blocos e seriada.
Adaptada, com autorização, de Landin e Hebert 1997.

Um tipo de programação que é mais sensível a essas diferenças individuais é um programa de "contingência", pelo qual a "dificuldade" da tarefa (Choi et al., 2008) e a decisão de repeti-la ou mudar para uma tarefa mais fácil ou mais difícil (p. ex., Simon, Lee & Cullen, 2008) depende do sucesso da performance do indivíduo. Essas contingências estão apenas começando a ser examinadas por pesquisadores e representam uma nova abordagem atrativa para o tópico.

RESUMO

A prática física é apenas uma maneira de "ensaiar" uma tarefa. Vários métodos que não envolvem práticas físicas também mostraram melhorar a aprendizagem. A observação (de um modelo humano) fornece informações objetivas que os aprendizes podem usar para organizar seu pensamento sobre a tarefa. A prática mental e as imagens refletem métodos importantes para realizar esta organização de pensamentos.

Períodos de descanso durante a prática física (em relação a condições sem descanso) produzem ganhos de aprendizagem, especialmente para tarefas contínuas. No entanto, longos períodos de descanso têm a desvantagem de tornar a prática menos eficiente no tempo. A pesquisa sugere que esses períodos de descanso podem ser usados de maneira mais eficiente se combinados com períodos de observação, prática mental ou ambos.

A prática variável envolve variações intencionais de uma determinada tarefa. Em comparação com a prática constante, em que apenas uma única variante é praticada, a prática variada facilita a retenção e a generalizabilidade para uma nova situação cuja variante específica não recebeu prática anterior. Acredita-se que a prática variável funciona gerando esquemas mais fortes, que definem a relação entre os parâmetros para um PMG e os desfechos do movimento.

Grandes ganhos de aprendizagem podem ser feitos por meio da organização de prática eficaz e programação. Um conceito importante é a prática aleatória, em que ensaios de várias tarefas são intercalados durante a aquisição. Em relação à prática bloqueada, em que os ensaios de uma única determinada tarefa são apresentados repetidamente, a prática aleatória produz uma performance muito mais hábil em retenção (isto é, mais aprendizagem). A prática aleatória funciona impedindo o aprendiz de repetir o mesmo movimento final em ensaios sucessivos e intercalando a experiência adquirida de performance de diferentes atividades em ensaios adjacentes.

AUXÍLIOS PARA APRENDIZAGEM

Aprendizagem interativa

Atividade 10.1: conceituar melhor as possíveis formas de prática de organização identificando o padrão representado por cada uma das cinco representações gráficas e o tipo de prática ilustrada.

Atividade 10.2: explorar os caminhos pelos quais a prática aleatória leva a uma melhor aprendizagem do que a prática bloqueada comparando descrições, seja para a hipótese de elaboração ou a hipótese de esquecimento.

Atividade 10.3: responder a uma série de perguntas sobre a maneira como os instrutores podem influenciar os níveis de motivação dos aprendizes.

Exercício de princípios para aplicação

Atividade 10.4: o exercício de princípios para aplicação para este capítulo pede para escolher uma atividade que envolva várias habilidades motoras, em seguida, identificar um aprendiz específico e projetar uma sessão de prática que incluiria prática bloqueada e prática aleatória e por que esses tipos de práticas são usados para cada habilidade.

Verifique sua compreensão

1. Explique como descanso e atividades cognitivas entre os períodos de prática influenciam a aprendizagem motora.
2. Explique por que incluir prática variável e aleatória ao ensinar uma pessoa a jogar vôlei pode ser benéfico para a aprendizagem. Há habilidades de voleibol para as quais esse tipo de prática não seria benéfica? Por que ou por que não?
3. Discutir as diferenças entre instruções de foco interno e foco externo. Dê um exemplo de cada uma para alguém aprender a tocar piano. Qual dos seus exemplos seria mais benéfico para a aprendizagem para um aluno intermediário?

Aplique seus conhecimentos

1. Discutir três ferramentas motivacionais ou técnicas que um fisioterapeuta poderia usar para ajudar a garantir que um cliente está motivado durante um programa de recuperação. Quais fatores você consideraria para integrar a aprendizagem observacional ou prática mental para o programa do cliente?
2. Você se voluntariou para treinar o time de futebol de seu sobrinho para o verão. Duas das habilidades que você gostaria de trabalhar com sua equipe nesta temporada são pênaltis e condução da bola. Como você pode organizar períodos de trabalho-descanso durante a prática para cada uma dessas habilidades? Como pode você incluir uma quantidade de variabilidade de tarefa apropriada para cada habilidade? Há alguma característica de seus jogadores que você precisaria levar em consideração ao organizar a prática? Por quê?

Sugestões para leitura complementar

A revisão por Ste-Marie e seus colaboradores (2012) fornece uma estrutura sólida para considerar vários fatores relacionados com a aprendizagem observacional. Uma metanálise (revisão estatística) da literatura de prática mental é fornecida por Feltz e Landers (1983). Uma metanálise de distribuição da prática e revisão foi publicada por Lee e Genovese (1988). Para saber mais sobre a prática variável e desenvolvimento de esquema, consulte Schmidt (1975) e Schmidt e Lee (2011; Capítulo 13). A literatura sobre variabilidade da prática é revista em Shapiro e Schmidt (1982). E existem inúmeras revisões da literatura sobre interferência contextual, incluindo as de Magill e Hall (1990), e Merbah e Meulemans (2011) e Lee (2012). Ver a lista de referência para esses recursos adicionais.

11

Feedback Aumentado

Como o Fornecimento de Feedback Influencia a Aprendizagem

PALAVRAS-CHAVE

Atraso das tentativas com *feedback*
Atraso pós-*feedback*
Conhecimento de performance (CP)
Conhecimento de resultados (CR)
Feedback
Feedback aumentado
Feedback concorrente
Feedback de faixa de amplitude
Feedback decrescente
Feedback inerente (ou intrínseco)
Feedback instantâneo
Feedback intrínseco
Feedback médio
Feedback síntese
Frequência absoluta de *feedback*
Frequência relativa do *feedback*
Hipótese da orientação
Intervalo de atraso de *feedback*
Orientação
Precisão do *feedback*

PERFIL DO CAPÍTULO

Classificações de *feedback*
Funções de *feedback* aumentado
Quanto *feedback* fornecer
Quando fornecer *feedback*
Resumo

OBJETIVOS DO CAPÍTULO

O Capítulo 11 descreve a influência do *feedback* aumentado na performance e aprendizagem motora. Este capítulo irá ajudá-lo a compreender

- os tipos de *feedback* aumentado e o seu papel no modelo conceitual,
- como as funções do *feedback* aumentado influenciam a performance e a aprendizagem,
- as várias propriedades de *feedback* aumentado, e
- a influência das diferentes maneiras pelas quais o *feedback* aumentado pode ser fornecido.

Este capítulo pode ser considerado uma extensão dos Capítulos 9 e 10 porque também diz respeito à organização da prática. Aqui, porém, o foco está em como um instrutor organiza e fornece **feedback** – informações sobre a performance ou erros que o aluno pode usar para fazer correções futuras. Aqui, discutimos alguns princípios de como o *feedback* influencia a aprendizagem, examinando questões sobre frequência de *timing* e os tipos mais eficazes de *feedback* para a aprendizagem.

Sem dúvida, um dos processos de aprendizagem mais importantes diz respeito ao uso de *feedback* sobre ações tentadas na prática. Como discutido no Capítulo 4, o *feedback* pode ser uma consequência natural do movimento, como ver um prego martelado tornar-se nivelado com um bloco de madeira ou ouvir o som de uma tecla que foi pressionada em um teclado. O *feedback* também pode ser fornecido de várias maneiras "artificiais" que não são tão óbvias para o aprendiz, como a pontuação do executante em um exame para tirar carteira de habilitação ou um comentário sobre uma "pernada de sapo" ao realizar o nado peito. Evidentemente, o *feedback* verbal está sob o controle direto do instrutor; assim, ele torna-se uma grande parte da organização da prática.

CLASSIFICAÇÕES DO *FEEDBACK*

O termo "*feedback*" surgiu originalmente a partir da análise dos sistemas de controle de circuito fechado (ver Capítulo 4), referindo-se à informação sobre a diferença entre uma performance e algum estado-meta desejado. Na terminologia do sistema de circuito fechado, o *feedback* é considerado como sendo as informações sobre erro. Em sistemas de performance humana, no entanto, o termo *feedback* assume um significado mais geral: informações sobre o movimento e os desfechos do movimento e não apenas erros.

É útil formar um sistema claro de classificação de *feedback* porque muitos dos seus tipos seguem princípios um pouco diferentes. Um sistema aparece na Figura 11.1, em que a categoria global de todas as informações disponíveis para o aprendiz é dividida em várias subclasses. Primeiro, evidentemente, há uma grande quantidade de informação sensorial "lá fora", sendo que a maior parte delas não está relacionada com o movimento que a pessoa está aprendendo. Mas das informações que estão relacionadas com o movimento, é útil categorizá-las como disponíveis antes ou como resultado do movimento. As informações antes da ação são fundamentais para o planejamento do movimento (discutido nos Capítulos 4 e 5) e é em grande parte proveniente da última tentativa de prática. Essa informação influencia os processos envolvidos na previsão, decisão, seleção de parâmetros, e assim por diante. No entanto, é a informação fornecida durante ou depois do movimento que é comumente considerada *feedback*. O *feedback* pode ainda ser dividido em duas categorias principais: *feedback inerente* (ou *intrínseco*) e *aumentado* (ver Figura 11.1).

Feedback inerente

Às vezes, também chamado de "***feedback* intrínseco**", o ***feedback* inerente** é a informação fornecida como uma consequência natural de se fazer uma ação. Quando você faz um balanço em uma bola de tênis, sente seus quadris, ombros e braços movendo; vê o trajeto da raquete; vê, ouve e sente o contato da bola; e vê e ouve para onde a bola vai. Todos esses tipos de informações são inerentes à realização da tarefa, e você consegue percebê-los mais ou menos diretamente, sem métodos ou dispositivos especiais. Outros tipos de informação inerente podem ser os sons ou cheiros feitos pelo motor de um carro de corrida ou ao ver o progresso de uma lâmina de serra enquanto corta um pedaço de madeira. Essa classe geral de *feedback* foi discutida em todo o texto durante o desenvolvimento do modelo conceitual de performance humana.

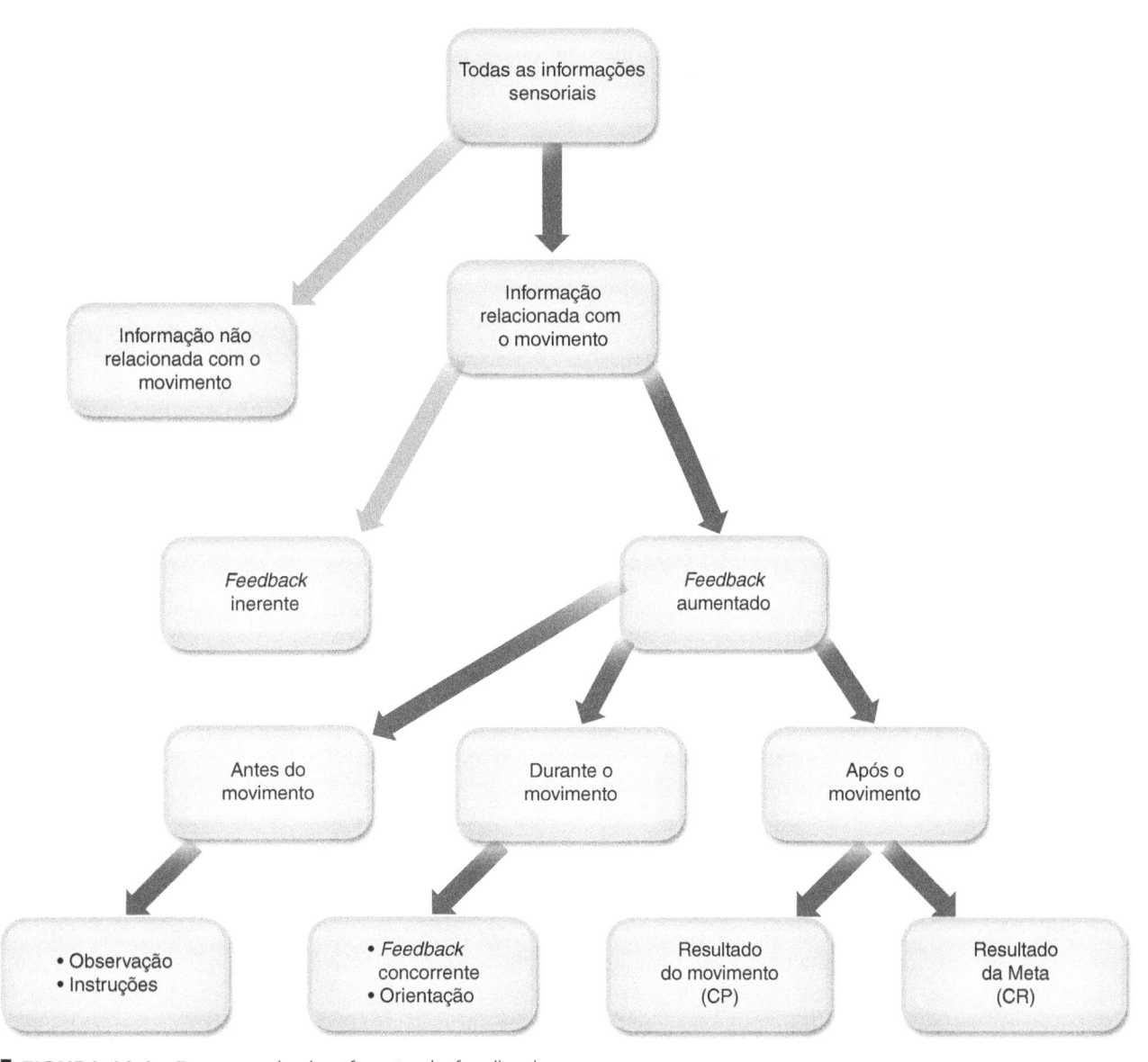

FIGURA 11.1 Esquema de classificação de *feedback*.

Feedback aumentado

Agora é hora de finalizar o modelo conceitual de performance humana adicionando o *feedback* aumentado, mostrado como a linha cinza escuro na Figura 11.2. Às vezes, chamado de "*feedback* extrínseco", o **feedback aumentado** consiste em informação do desempenho medido da performance, que é retroalimentado para o aprendiz por alguns meios artificiais, como a voz em um vídeo de um instrutor reproduzido em um computador ou telefone celular. Assim, o *feedback* aumentado é a informação fornecida para o aprendiz que está acima daquela contida no *feedback* inerente. Como o nome sugere, o *feedback* aumentado serve para complementar a informação naturalmente disponível (inerente). Mais importante, esse *feedback* é a informação sobre a qual o instrutor tem controle; assim, pode ser ou não fornecida, em momentos diversos e de diferentes maneiras para influenciar a aprendizagem. Os cientistas na aprendizagem motora tendem a usar o termo "*feedback*" como abreviação para *feedback* aumentado e nós também usamos o termo desta maneira.

Conhecimento de resultados

O **conhecimento de resultados (CR)** é uma categoria particularmente importante do *feedback* aumentado mostrado na Figura 11.2 com a nova linha cinza escuro. O CR é informação aumentada, geralmente verbal (ou, pelo menos, verbalizável) sobre o sucesso de uma ação com relação à meta ambiental. Em muitas atividades diárias, o CR é redundante com a informação inerente. Dizer a alguém que errou o prego com o martelo e dizer para uma jogadora de basquete que ela perdeu o lance livre são exemplos de CR (informação verbal) que duplica as informações que o executante receberia de qualquer maneira.

No entanto, o CR nem sempre é redundante com o *feedback* inerente. Residentes em cirurgia, um mergulhador de salto ornamental e dançarinos devem aguardar os escores de avaliação para saber do sucesso da sua performance. Em esportes com rifles e arcos nem sempre é possível ver onde o projétil atinge a área do alvo, então as informações de CR aumentadas devem ser recebidas de um treinador ou um dispositivo de exibição da pontuação. Nestes casos, o CR é muito importante para a performance e aprendizagem porque, em tarefas em que o *feedback* inerente está ausente ou incompleto, os aprendizes não conseguem saber sobre os desfechos de suas ações sem alguma forma de CR.

CR é frequentemente usado em pesquisa, em que aspectos específicos relativos a como a informação é fornecida aos aprendizes pode ser controlada. Pesquisadores usam esse método geral para examinar como os processos de *feedback* influenciam a aprendizagem. Pesquisas anteriores foram frequentemente conduzidas com tarefas muito simples, como tarefas de posicionamento do membro com os olhos vendados, em situações em que os aprendizes não poderiam usar o *feedback* inerente. Esses experimentos em geral mostram que, sem qualquer CR, não haveria aprendizagem nenhuma (p. ex., Thorndike, 1927; Trowbridge & Cason, 1932). Por outro lado, fornecer CR sobre erros possibilitou uma rápida melhora em toda a prática, de tal forma que as melhoras de performance permaneceram em testes de retenção, mesmo quando o CR não foi fornecido. Esses resultados sugerem que quando os aprendizes não conseguem detectar seus próprios erros de performance através do *feedback* inerente, não ocorre nenhuma aprendizagem a menos que *alguma* forma de *feedback* seja fornecida. Essa é uma das razões pela qual o *feedback* é considerado a única variável mais importante para a aprendizagem além da prática em si (Bilodeau, 1966).

Isso não é dizer contudo que a aprendizagem não pode ocorrer sem CR. Você provavelmente aprendeu muitas tarefas do mundo real sem CR (como definido aqui) fornecida por um instrutor, como na prática de lances livres por si só. Você recebeu informações sobre atingimento de meta (ou seja, se a bola entrou ou não no cesto) através de *feedback* inerente, e ele foi a base para sua aprendizagem. Assim, o principio é o seguinte: algumas informações relacionadas com atingimento de meta devem ser recebidas, seja por meio de fontes inerentes ou fontes aumentadas, para que qualquer aprendizagem ocorra.

Conhecimento da performance

O **conhecimento da performance (CP)**, algumas vezes chamado de "*feedback* cinemático", é informação aumentada sobre o padrão do movimento que o aprendiz acabou de fazer. Frequentemente, é usado pelos instrutores em situações do mundo real. Por exemplo, você com frequência ouve treinadores dizerem coisas como: "Aquele passe foi muito lento" no hóquei no gelo, "Seu grupado não estava firme o suficiente" no salto ornamental ou "Seu *backswing* foi muito curto" no golfe. Cada uma dessas formas de CP diz para o aprendiz algo sobre cinemática (o movimento ou padrões do movimento). Observe que a informação de CP, ao con-

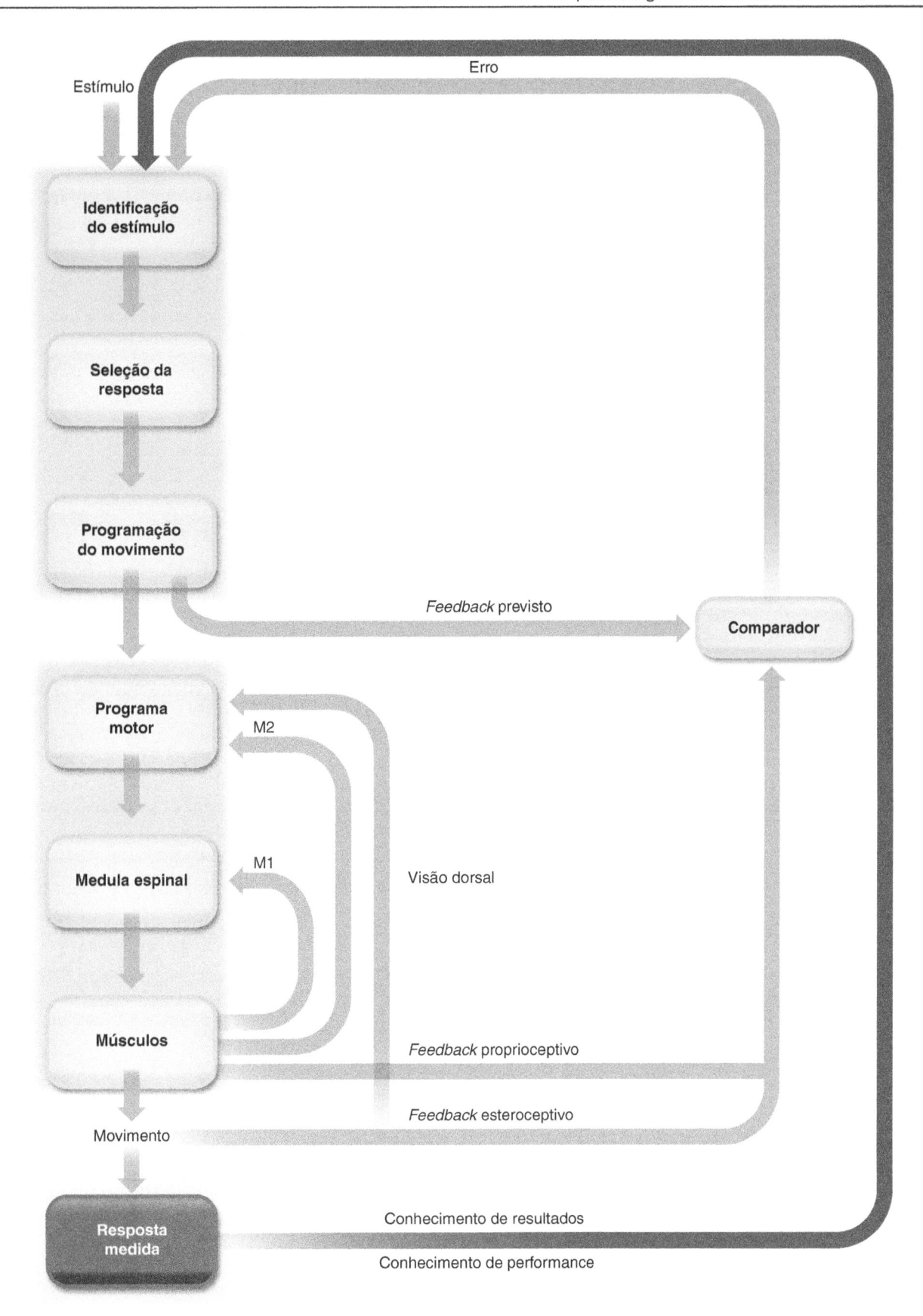

FIGURA 11.2 Modelo conceitual com adição de *feedback* aumentado.

trário do CR, não fala necessariamente sobre sucesso no movimento em termos de atingir a meta ambiental. Em vez disso, o *feedback* cinemático fala sobre a natureza do padrão de movimento que o aprendiz realmente produziu. Alguns das principais semelhanças e diferenças entre CR e CP estão resumidas na Tabela 11.1.

FUNÇÕES DO *FEEDBACK* AUMENTADO

Depois de uma tentativa de movimento, um instrutor de música diz ao aluno: "O ritmo estava muito bom, mas tente retardar tudo um pouco da próxima vez." Pense em todos os sentidos que uma declaração tão simples poderia ter para o aprendiz. Em primeiro lugar, o *feedback* pode ter uma função motivadora, energizante ou desencorajadora: poderia tornar o aprendiz ligeiramente mais entusiasmado com a atividade e encorajá-lo a tentar mais. Em segundo lugar, há é claro a informação sobre o ritmo e o *timing* absoluto dos movimentos, que pode ser combinada com outras informações (p. ex., como o movimento foi sentido) para gerar novos conhecimentos. Em terceiro lugar, o *feedback* ajuda a direcionar a atenção do aprendiz para a produção de movimento (um foco de atenção interno) ou para o produto final ou o efeito do movimento no ambiente (um foco externo). Por fim, o *feedback* pode também produzir um tipo de dependência, de modo que a performance é reforçada quando o *feedback* está presente por causa de sua influência sobre o próxima tentativa, mas faz com que a performance deteriore quando é posteriormente retirada.

Em geral, em situações do mundo real, o *feedback* aumentado opera de quatro maneiras interdependentes simultaneamente; estas funções são com frequência muito difíceis de separar. Para resumir, o *feedback* aumentado faz essas coisas:

▶ Produz motivação, ou energiza o aprendiz a aumentar o esforço.
▶ Fornece informações sobre erros como base para correções.
▶ Dirige a atenção do aprendiz para o movimento ou meta do movimento.
▶ Cria uma dependência, levando a problemas na retirada de *feedback*.

Propriedades motivacionais

O instrutor de música diz ao estudante de piano esforçado, "Persevere, você está indo bem." Esse comentário ocasional motiva o aluno a continuar indo um pouco mais adiante na prática. Certamente, uma função importante do *feedback* é motivar o aprendiz, por exemplo, ajudando-o a empenhar mais esforço para suportar a tarefa. Além disso, uma pesquisa inicial revelou que, se a performance estava deteriorando (nas chamadas tarefas de vigilância), os executantes mostraram um aumento imediato na proficiência, como se o *feedback* estivesse atuando como uma espécie de "estimulante" para energizá-los novamente (Arps, 1920; Crawley, 1926). Além disso, os aprendizes que receberam *feedback* dizem

TABELA 11.1 Semelhantes e diferenças entre CR e CP

Conhecimento de resultados (CR)	Conhecimento de performance (CP)
Semelhanças	
Verbal (ou verbalizável)	Verbal (ou verbalizável)
Aumentado	Aumentado
Fornecida após movimento (geralmente)	Fornecida após movimento (geralmente)
Diferenças	
Informações sobre o resultado da meta	Informações sobre o padrão do movimento
Frequentemente redundante com *feedback* inerente	Em geral distinto com *feedback* inerente
Geralmente fornecido como um escore	Geralmente informação cinemática
Frequentemente usado em pesquisa de laboratório	Frequentemente fornecido em atividades da vida diária

Para um mergulhador, o *feedback* aumentado poderia incluir uma pontuação fornecida por um juiz ou a avaliação de um técnico do padrão de movimento do mergulhador.

que gostam mais da tarefa, tentam com mais empenho e querem praticar mais. Em resumo, a menos que ele seja exagerado, os aprendizes parecem gostar de *feedback*. Mesmo quando um instrutor tem outra razão primária para fornecer *feedback* (p. ex., corrigir um erro), este benefício extra motivacional é conseguido "gratuitamente".

Você pode aproveitar esse recurso de *feedback* na prática. Pense em maneiras de fornecer *feedback* aos aprendizes com relativa frequência. No entanto, isso não é tão simples quanto parece, pois em classes numerosas não se tem muito tempo para se dedicar a um único aprendiz. Em qualquer dos casos, tente evitar longos períodos sem fornecer *feedback*, porque a motivação pode diminuir e a prática pode ser muito ineficiente ou cessar completamente. Manter os aprendizes informados de seu progresso geralmente traduz-se em conseguir mais esforço para a tarefa, que pode apenas beneficiá-los em termos de aprendizagem.

Os efeitos de *feedback* como uma ferramenta de motivação discutidos antes são principalmente *indiretos* em sua influência. Por exemplo,

CR incentiva o aprendiz a continuar praticando, e os resultados desta prática adicional são o que influenciam a aprendizagem. No entanto, a pesquisa recente sugere que o *feedback* motivacional também pode ter um *efeito direto* sobre a aprendizagem. Considere o estudo de Chiviacowsky e Wulf (2007), por exemplo. Os aprendizes, neste estudo, praticaram uma tarefa de arremesso de sacos de feijão em que a visão da exatidão do resultado final foi obstruída, tornando o *feedback* do experimentador (CR) fundamental para a melhora da performance. Indivíduos no grupo "CR/bom" receberam *feedback* sobre a performance em relação às três performances mais habilidosas de seis ensaios anteriores, em blocos repetidos de prática. Em contrapartida, os indivíduos do grupo de "CR precária" receberam informações sobre suas três performances menos habilidosas durante esses mesmos períodos de prática. A aprendizagem, como ilustrado pela performance de retenção na Figura 11.3, foi facilitada pelo "bom" *feedback*.

Os achados de Chiviacowsky e Wulf (2007) ressaltam os efeitos benéficos da motivação sobre

Foco na
PESQUISA 11.1

Revisão de ideias sobre como o *feedback* funciona

As tradições de pesquisa que foram estabelecidas na literatura de aprendizagem animal no início do século XX influenciaram bastante o pensamento sobre como o *feedback* deve trabalhar em aprendizagem motora. Em um exemplo, uma recompensa alimentar era fornecida se um animal com fome pressionasse uma alavanca em um período de 5 s após ouvir um sinal. Durante os ensaios, o animal aprendeu a pressionar a alavanca de maneira bastante confiável quando o som ocorria. Seu novo cachorrinho aprende rapidamente a sentar sob comando se você der um biscoito ou um tapinha amigável quando ele executa a ação. Nesse caso, a recompensa alimentar está servindo como *feedback* por responder corretamente ao estímulo (sentar-se sob comando).

Os cientistas perceberam que a natureza e o momento de ocorrência do *feedback* exerciam influência acentuada sobre a aprendizagem da resposta desejada. Estes achados foram capturados e resumidos pela *Lei do Efeito* (1927) de Thorndike, em que o reforço (ou *feedback*) desempenhou um papel proeminente – associações (ou "ligações") entre o estímulo e a resposta "correta" foram presumivelmente fortalecidos quando eles eram reforçados por (ou eram acompanhados por) *feedback*. Fatores que aumentaram o imediatismo ou a frequência dessas apresentações de *feedback* presumivelmente reforçaram essas ligações, aumentando ainda mais a aprendizagem. Para ver isto de outra maneira, se o *feedback* fosse retido após um determinado ensaio e o aprendiz não pudesse saber o desfecho por *feedback* inerente, então não poderia haver nenhum aumento do fortalecimento da ligação para aquele ensaio, tornando esse ensaio de prática inútil para melhoria da aprendizagem. Essas noções básicas deram origem à ideia geral de que um *feedback* eficaz é apresentado tão imediata e frequentemente quanto possível, o que logo se tornou uma crença padrão na literatura sobre habilidades de movimento.

Ao longo das últimas décadas, os cientistas viram pouco na literatura que contradissesse este ponto de vista básico sobre *feedback* para aprendizagem de habilidade. Gradualmente, com base nas ideias de Thorndike, um conjunto de generalização de *feedback* surgiu, sugerindo que:

> *Qualquer variação de feedback durante a prática que torna a informação mais imediata, mais precisa, mais frequente, mais rica em termos de informação ou geralmente mais útil seria benéfica para a aprendizagem.*

Essa visão produziu bom senso comum – parece apenas lógico que fornecer mais informações para o aprendiz deve beneficiar a aprendizagem – e tornou-se amplamente adotada como resultado. O princípio tem fortes implicações para a estrutura de prática, encorajando qualquer coisa que forneceria mais informações para o aprendiz.

Como você verá ao longo deste capítulo, contudo, a generalização anterior provavelmente está errada em vários aspectos. Uma das principais dificuldades desse princípio surgiu da pesquisa sobre a frequência relativa de *feedback* – uma variável essencial que define com que frequência ele é programado em uma sessão de aprendizagem. Outras variáveis, como atraso de *feedback*, resumos de *feedback* e *feedback* de faixa de amplitude, falharam em operar das maneiras previstas pelas visões de Thorndike.

No final, esses princípios teóricos iniciais foram importantes porque levaram a mais pesquisas, novas ideias e uma melhor compreensão dos processos de *feedback* na aprendizagem motora. Essas interpretações mais modernas da investigação constituem a maior parte da teorização apresentada neste capítulo. Uma avaliação importante da literatura sobre *feedback* por Salmoni, Schmidt e Walter (1984) oferece muito mais sobre o contexto histórico deste trabalho.

Exploração adicional

1. Por que o experimento típico em condicionamento de animais proporciona um período de "extinção"?
2. De quais maneiras o *feedback* aumentado na aprendizagem motora funciona de modo semelhante ao fornecimento de *feedback* em estudos de condicionamento animal? De que maneira os princípios diferem?

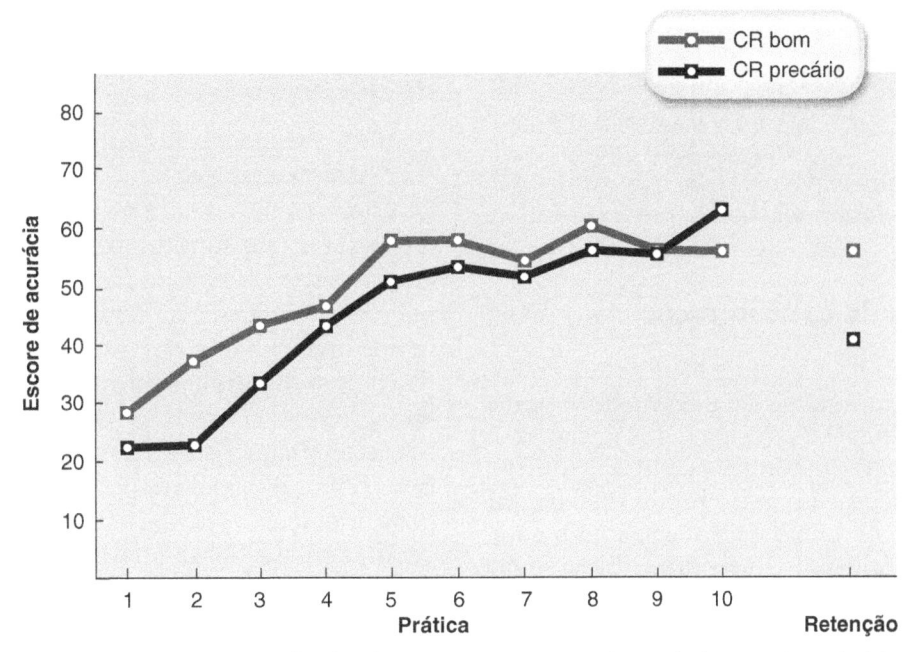

FIGURA 11.3 Fornecer aos alunos *feedback* sobre suas três tentativas mais hábeis após cada bloco de seis ensaios (o grupo "CR bom", cinza) resultou em performance de retenção mais forte do que fornecer aos aprendizes *feedback* sobre suas três tentativas menos hábeis durante a prática (o grupo "CR precário", preto).

Reimpresso, com permissão, de Chiviacowsky e Wuff 2007.

a aprendizagem, como discutido no Capítulo 10, e sugerem que o *feedback* motivacional também pode ter um efeito direto sobre a aprendizagem. Esses e outros achados recentes sobre esse novo avanço na literatura sobre *feedback* são discutidos por Lewthwaite e Wulf (2012).

Propriedades informativas

Provavelmente o componente mais importante do *feedback* para a aprendizagem motora é a informação que ele fornece sobre padrões de ação. Esse *feedback* sobre erros, que fornece orientações para modificar a performance futura, é o foco que torna o instrutor tão importante para a aprendizagem motora. Enquanto uma máquina pode distribuir balas pela performance eficaz, um instrutor qualificado pode conhecer os padrões adequados de ação para os quais o *feedback* deve ser fornecido. Devido à importância desse componente de *feedback*, a maior parte do restante do capítulo trata dos princípios de sua operação para a aprendizagem.

Considere agora o exemplo mencionado anteriormente, em que o instrutor de música diz para o aluno que o ritmo estava bom, mas o tempo poderia ser mais lento de modo geral. Essa informação define claramente a base para fazer correções na próxima tentativa, trazendo a performance mais próxima dos valores que caracterizam a performance "mais qualificada". Não há dúvida de que dar informação orienta o aprendiz em direção à meta do movimento. O uso contínuo desse *feedback* mantém erros a um mínimo e garante que sejam corrigidos rapidamente, mantendo assim o padrão de movimento muito próximo do objetivo.

Reconhecer que o *feedback* aumentado é principalmente informativo levanta muitas questões importantes para o instrutor. Por exemplo, que tipo de informação o aprendiz pode utilizar de maneira mais eficaz (p. ex., informações sobre posição dos membros, temporização do membro, coordenação), em que forma ele pode ser apresentado (p. ex., verbalmente, em *replays* de vídeo, graficamente), quando ele pode ser apresentado (logo após uma ação, um pouco atrasado) e com que frequência pode ser apresentado (em todo ensaio, apenas alguns ensaios?) Essas perguntas são abordadas em detalhes mais tarde neste capítulo.

Propriedades de concentração na atenção

Uma discussão importante em dois capítulos anteriores abordou o papel do foco atencional na performance (Capítulo 3) e aprendizagem (Capítulo 10). Em muitas situações, é provável ser o caso de que a performance e a aprendizagem sejam aumentadas quando a atenção do aprendiz é direcionada para o produto de movimento (ou a realização da meta do movimento) – tipicamente referido como um foco de atenção externa. Em contrapartida, um foco atencional que é dirigido para o próprio movimento (um foco interno) muitas vezes, leva a um mau desempenho e má aprendizagem.

Agora, considere os papéis dos CR e CP nessa discussão. Por sua própria natureza, o CR fornece informações sobre o sucesso da performance em relação ao objetivo do movimento. Colocado de maneira diferente, o CR direciona o aprendiz a pensar sobre a informação externamente direcionada. O conteúdo informacional de CP, por outro lado, é sobre a natureza do *movimento* que foi produzido, tais como a forma espacial ou temporal da ação. Assim, o conteúdo das informações de CP direciona a atenção do aluno para a informação relacionada com o movimento do processo – um processo internamente focado.

As propriedades com foco de atenção de CR e CP preparam o aprendiz para um conflito potencial nas metas de prática. Como o CP é reconhecido como sendo a maneira preferida de *feedback* para fazer alterações na cinemática e na cinética da ação em si (p. ex., Newell & Walter, 1981), como ele pode ser usado sem o impacto negativo de uma atenção internamente focada? Felizmente, os pesquisadores estudaram maneiras de programar a provisão do *feedback*, de modo que o conteúdo mais útil da informação pode ser distribuído sem os efeitos potencialmente detrimentais que podem ocorrer quando um foco atencional (interno) é criado por aquele *feedback*. Discutimos uma parte dessa literatura nas seções adiante.

Propriedades produtoras de dependência

Quando o *feedback* que contém informações para correção de erro é dado com frequência, tende a guiar o comportamento na direção do movimento-alvo. Em um sentido, esse processo opera em grande parte da mesma maneira que os procedimentos de orientação fazem, como nós discutiremos mais adiante neste capítulo. A **orientação física** atua de forma significativa para reduzir os erros, às vezes, impedindo-os completamente. Isso é bom, contanto que a orientação esteja presente, mas o aprendiz também pode tornar-se dependente da orientação, possibilitando que a performance deteriore de modo acentuado quando a orientação é removida e o aprendiz tenta executar sem ela (Salmoni, Schmidt, &: Walter, 1984).

Assim como com a orientação física, o *feedback* aumentado tende a manter o movimento voltado para o objetivo, possibilitando ao aprendiz corrigir erros rapidamente e, assim, manter a forma correta ou o desfecho do movimento. O problema levou à **hipótese da orientação** (Salmoni, Schmidt & Walter, 1984), que sustenta que o aprendiz pode tornar-se dependente desse *feedback*, de modo que ele usa essa fonte aumentada de informação em vez de processos gerados internamente para manter o movimento no alvo. Se o *feedback* do instrutor for então removido em um teste de retenção, a performance poderia sofrer muito se o aprendiz não tivesse desenvolvido a capacidade de produzir o movimento de maneira independente. Várias maneiras foram desenvolvidas para estruturar o *feedback* para minimizar os efeitos produtores de dependência, como discutido nas seções que seguem.

QUANTO *FEEDBACK* FORNECER

Um instrutor poderia fornecer *feedback* sobre inúmeras características da ação após cada tentativa de performance. Assim, sobrecarregar o aprendiz com excesso de informação é um problema em potencial. O processamento da informação e as capacidades de memória do aprendiz – particularmente uma criança – são limitados, por isso é duvidoso que o aprendiz jovem possa obter e reter muita informação durante várias apresentações de *feedback*. É também duvidoso que o aprendiz consiga ser muito eficaz em corrigir a próxima ação de mais de uma maneira, particularmente com *feedback* sobre padronização motora. O *feedback* (que leva talvez a muitos outros comentários e pensamentos) como o tipo processado pelo aprendiz na Figura 11.4 seria muito difícil de traduzir em uma correção efetiva.

Em geral, informação demasiada não é útil. Por exemplo, a reprodução de vídeo é apenas moderadamente eficaz como ferramenta de *feedback*, apesar de seu apelo generalizado (ver Foco na Pesquisa 11.2) visto que há muita informação em um *replay* de vídeo. Uma boa regra é decidir que erro é mais fundamental e focar o *feedback* nisso.

Precisão de *feedback*

O *feedback* sobre os erros de movimento pode ser expresso em termos seja da direção do erro, da magnitude do erro, ou de ambos, e com diferentes níveis de precisão. Adiante temos alguns dos princípios envolvidos.

As informações qualitativas sobre a direção do erro do aprendiz (inicial *versus* tardio, alto *versus* baixo, esquerda *versus* direita, e assim por diante) são cruciais para trazer o movimento em linha com a meta. Além disso, geralmente é útil relatar alguma magnitude quantitativa dos erros como parte do *feedback* tal como: "Seu movimento foi de 2 cm

FIGURA 11.4 Fornecer mais *feedback* do que pode ser processado de fato para correção do movimento é provavelmente prejudicial para a performance e a aprendizagem.

Adaptada, com autorização, ©Bob Scavetta. Qualquer adaptação ou reprodução de "1.5 seconds of Thought" é proibida sem a permissão por escrito do detentor dos direitos autorais.

Foco na
PESQUISA 11.2

Feedback aumentado a partir de replays de vídeos

O conhecimento da performance (CP) tem uma longa história na investigação das habilidades motoras. Os primeiros pioneiros em métodos de *feedback* registraram traçados força-tempo nas largadas de *sprints* em papel de registro (Howell, 1956). Os registros foram então exibidos para o aprendiz como *feedback* CP com o traçado correto sobreposto sobre o traçado do aprendiz (ver Tiffin & Rogers, 1943, para um estudo muito precoce usando métodos semelhantes com tarefas industriais).

Filmes também eram populares, particularmente envolvendo equipes esportivas profissionais e colegiadas; estes foram utilizados como *feedback* para que um jogador pudesse analisar erros e determinar as ações mais eficazes para usar na próxima vez. Como ferramentas de aprendizagem, contudo, os filmes eram limitados porque o tempo necessário para o seu desenvolvimento era geralmente bastante longo, problemático e dispendioso. Além disso, muitos eventos intervinham entre uma determinada ação e o *feedback* a partir dela, fazendo com que ficasse difícil para os aprendizes lembrarem o que eles fizeram para produzir erros particulares e como evitar cometer esses erros na próxima vez.

O *videotape* resolveu muitos dos problemas com o filme: o *feedback* sobre performances poderia ser visto depois de apenas alguns segundos de rebobinagem da fita e esses *replays* capturariam os detalhes do movimento muito bem. E, evidentemente, a imagem digital levou esse tipo de *feedback* para um nível totalmente novo. Registros nítidos, claros, de alta definição de performances podem ser capturados com nada mais do que um telefone celular e podem então ser distribuídos para outros em segundos. Fornecer *feedback* "ao vivo" para o usuário nunca foi mais fácil, mais barato, ou mais informativo.

Mas, uma questão importante permanece: apresentar *replays* de vídeos é um método eficaz de fornecer *feedback* aumentado? Logo no início, Rothstein e Arnold (1976) revisaram as evidências sobre *replays* de *videotape* e, surpreendentemente, descobriram que esse *feedback* nem sempre era útil para a aprendizagem. Uma explicação pode ser que *replays* de *videotape* fornecem excesso de informação, de modo que o aprendiz fica confuso sobre o que extrair como *feedback*. Isso leva à sugestão de que *dar uma dica*, em que o instrutor direciona o aprendiz para que ele analise alguma característica particular do movimento como *feedback*, poderia ser uma técnica eficaz.

Kernodle e Carlton (1992) forneceram evidências para apoiar as sugestões de Rothstein e Arnold. Os indivíduos em cada um dos quatro grupos praticaram uma tarefa de arremesso (usando uma bola de espuma leve, organizada de modo que o aprendiz não conseguisse detectar sua precisão por conta própria) com seu membro não dominante e receberam testes de retenção para aprendizagem imediatamente antes de cinco sessões de treinos separados. Um grupo recebeu apenas um CR sobre a distância do arremesso. Os outros três grupos receberam os *replays* de *videotape* de suas performances – um grupo sem *feedback* adicional, outro grupo com dicas para direcionar a atenção para determinadas partes do vídeo e um terceiro grupo com dicas suplementares indicando quais as alterações a fazer na próxima tentativa. Os resultados, ilustrados na Figura 11.5, foram bastante claros. Fornecer CP de *feedback* do vídeo sem informação adicional não era uma panaceia – a aprendizagem não era mais eficaz do que quando apenas CR era fornecido. No entanto, fornecer *feedback* de vídeo com a adição de atenção de dicas de direcionamento da atenção ou, ainda melhor, com sugestões sobre que erros corrigir, era de fato eficaz para a aprendizagem.

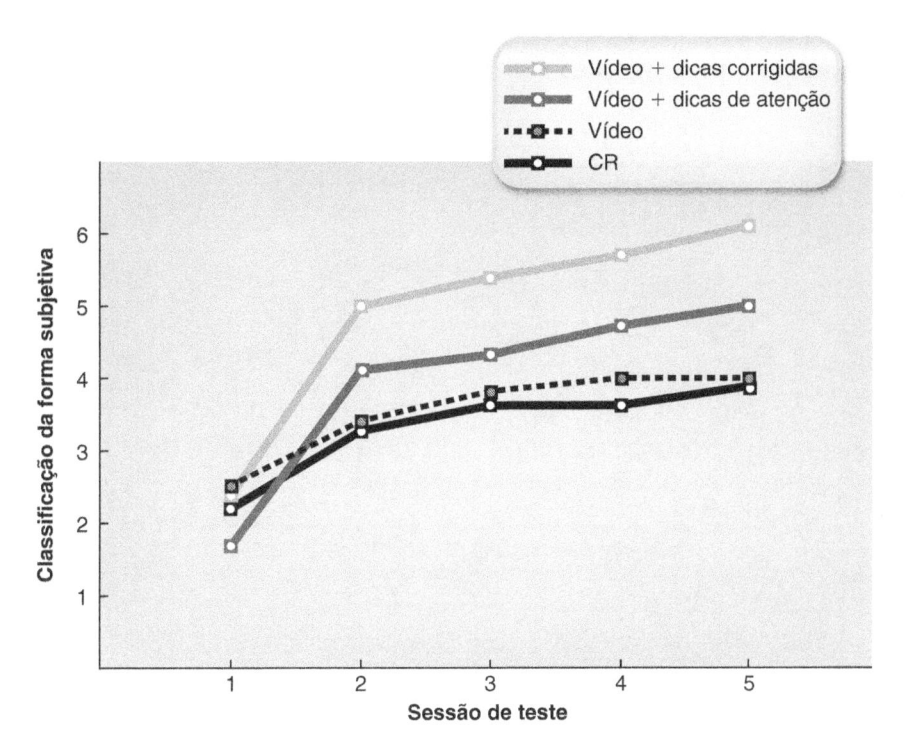

FIGURA 11.5 Fornecer *feedback* aumentado em tempo real facilita a aprendizagem apenas se suplementada com dicas adicionais, como indicado por cinco testes de retenção conduzidos antes da prática durante vários dias.

Reimpressa, com autorização, de Schmidt e Lee 2011: Dados de Kernodle e Carlton, 1992.

Exploração adicional

1. Descreva como você pode realizar um experimento, semelhante ao de Kernodle e Carlton (1992), usando uma tarefa de reabilitação física, como a correção de uma marcha a pé assimétrica.
2. A maior parte das pesquisas com *replays* de vídeos foi conduzida usando tecnologia mais antiga (*feedback* com *videotape*). Você esperaria que a tecnologia de vídeo mais recente produzisse resultados semelhantes ou diferentes daqueles do estudo de Kernodle e Carlton (1992)?

---

para esquerda do alvo." A **precisão do *feedback*** baseia-se no nível de precisão com que o *feedback* descreve o movimento ou desfecho. Você pode imaginar *feedback* que apenas grosseiramente aproxima-se da característica do movimento, como aprender a fazer sustentação de peso parcial em muletas. *Feedback* como: "Você colocou um pouco de excesso de peso em sua perna esquerda naquele momento" seria considerado menos preciso (e produziria aprendizagem menos eficaz) do que: "Você colocou 2 kg, muito peso na sua perna esquerda naquele momento" (Trowbridge & Cason, 1932).

O nível de precisão de *feedback* a ser fornecido parece depender da habilidade do aprendiz. No início da prática, os erros do aprendiz são tão grandes que as informações precisas sobre o tamanho exato dos erros não importam, simplesmente porque o iniciante não tem a precisão do controle de movimento para combinar com a precisão da correção especificada pelo *feedback*. Usando o mesmo argumento, o controle de movimento será muito mais preciso em níveis mais elevados de habilidade e, consequentemente, *feedback* mais preciso pode ser usado de maneira eficaz. Evidentemente, o instrutor eficaz terá bom nível de escolaridade na forma adequada da ação e em como detectar erros para que o *feedback* descreva bem os aspectos importantes do movimento.

A tecnologia tornou o fornecimento de *feedback* por vídeo para atletas mais fácil do que nunca, mas é mais eficaz quando acompanhado de dicas para ajudar o aprendiz a focar em detalhes relevantes.

Frequência de *feedback* absoluta e relativa

A literatura sobre *feedback* definiu dois descritores gerais para frequência de *feedback*. A **frequência absoluta de *feedback*** refere-se ao número total de apresentações de *feedback* fornecidos para um aprendiz durante um conjunto de ensaios de prática. Se houver 400 tentativas práticas e o instrutor fornecer *feedback* em 100 delas, então a frequência absoluta é de 100 – simplesmente o número total de apresentações de *feedback*. A **frequência relativa de *feedback***, por outro lado, refere-se à porcentagem de tentativas práticas que recebem *feedback*. Nesse exemplo, a frequência relativa de retorno é de 25% (100 tentativas práticas com *feedback*, de um total de 400 tentativas práticas).

Considere a seguinte situação: um aprendiz pratica uma tarefa como tiro com rifle em um alvo distante, em que os erros não podem ser detectados sem *feedback* aumentado. Pelo fato de o instrutor estar ocupado fornecendo *feedback* para outros alunos, informações sobre as performances podem ser dadas apenas ocasionalmente. Discutimos os benefícios de aprendizagem das tentativas práticas que realmente recebem *feedback*, mas e sobre as tentativas práticas de não *feedback* nesse meio tempo? Eles são úteis para a aprendizagem? Essas chamadas tentativas em branco (sem *feedback*) têm alguma função para a aprendizagem, ou são simplesmente um desperdício de tempo? Anteriormente, os instrutores suspeitaram que as tentativas sem *feedback* eram geralmente ineficazes, o que levou ao desenvolvimento de alguns métodos artificiais (e caros) para dar *feedback* sobre a performance quando o instrutor estava ocupado. Quais são as questões aqui?

Essas perguntas sobre as chamadas tentativas "em branco" podem ser respondidas através da análise do efeito da frequência relativa de *feedback* para a aprendizagem. A pesquisa mostrou que as tentativas em branco podem ser na verdade benéficas para a aprendizagem, embora os indivíduos não recebam nenhum *feedback* sobre elas e não possam detectar seus erros para si mesmos (Winstein & Schmidt, 1990). Isso pode ser observado na Figura 11.6. Utilizando uma tarefa de padronização do membro, o grupo de 100% recebeu *feedback* após cada tentativa (100% frequência relativa) e 50% do grupo recebeu *feedback* após apenas metade das tentativas (frequência relativa de 50%), com o mesmo número total de tentativas. Os grupos melhoraram quase com a mesma taxa de aquisição. No entanto, nos testes de aprendizagem realizados sem qualquer *feedback*, houve um efeito forte para o grupo de 50% ter aprendido mais do que o grupo de 100%, embora metade das tentativas do grupo de 50% não tenham envolvido nenhum *feedback*. Esse achado desafia a perspectiva de Thorndike de que os ensaios sem *feedback* não devem produzir nenhuma aprendizagem (ver Foco na Pesquisa 11.1).

Feedback decrescente

Uma característica essencial do estudo de Winstein e Schmidt (1990) era que aquela frequência de *feedback* reduzido foi conseguida usando **feedback decrescente**. Nesse método, o aluno recebe *feedback* a frequências relativas altas (essencialmente 100%) na prática inicial, que tem o efeito de orientar o aprendiz fortemente para a meta de movimento. O instrutor então de forma gradual reduz a frequência relativa de *feedback* à medida que a habilidade se desenvolve, a fim de impedir que o aprendiz desenvolva uma dependência neste *feedback*. Com habilidade avançada, a performance não se deteriora muito quando o *feedback* é totalmente retirado por alguns ensaios. Se a performance realmente começa a cair, o instrutor pode fornecer *feedback* novamente por uma ou duas tentativas para trazer o comportamento de volta para o alvo, depois retirá-lo novamente. O instrutor pode ajustar a programação do *feedback* para o nível de proficiência e a taxa de melhoria de cada aprendiz separadamente, adaptando assim o *feedback* para as diferenças individuais em capacidades. A meta final é gerar capacidade para o aprendiz produzir a ação por conta própria, sem uma dependência de *feedback*. Embora o *feedback* seja crucial para o desenvolvimento do movimento dentro de um padrão de habilidade, parece que deve ser subsequentemente removido para atingir a aprendizagem de habilidade permanente.

Feedback de faixa de amplitude

Um método que combina ambos os tipos qualitativos e quantitativos de informações, discutido mais cedo, bem como o método decrescente de

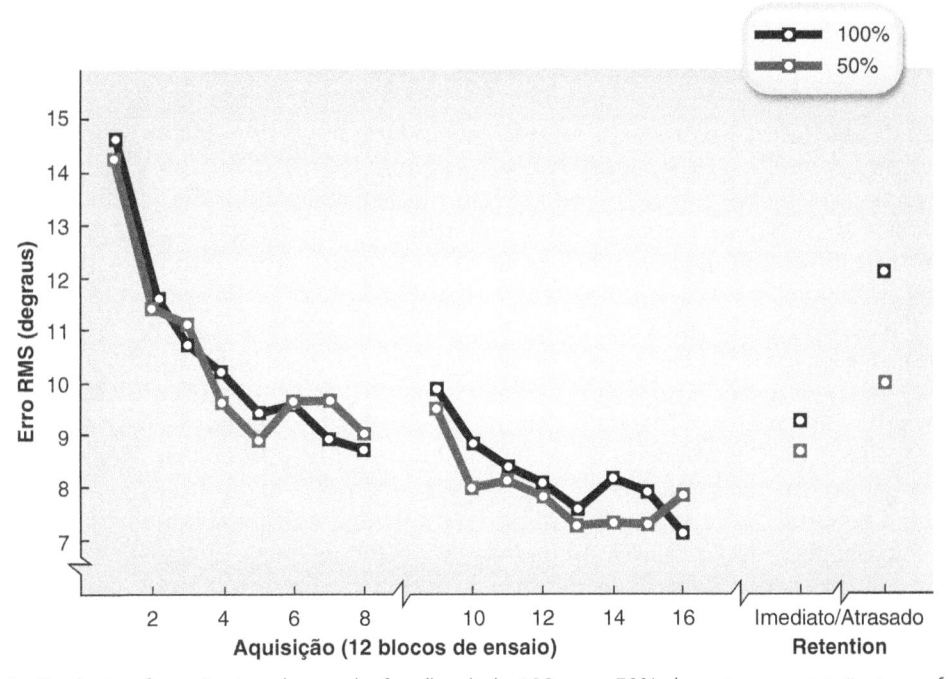

FIGURA 11.6 Reduzir a frequência relativa de *feedback* de 100 para 50% durante a aquisição tem efeitos benéficos sobre a aprendizagem. RMSE = raiz quadrada do erro quadrático médio (ver Capítulo 1)

Reimpressa, com autorização, de Winstein e Schmidt 1990.

redução da proporção relativa de *feedback*, é conhecido como **feedback de faixa de amplitude** (Sherwood, 1988). Nesse método, a decisão de fornecer *feedback* para um aprendiz baseia-se em um grau pré-estabelecido de aceitabilidade da performance. Por exemplo, se um residente está suturando uma ferida após uma cirurgia, o médico que está instruindo pode dizer "bom trabalho" se os pontos forem realizados de maneira satisfatória ou o tempo para realizar a cirurgia for aceitável. Se a exatidão ou o tempo não for aceitável, contudo, o médico pode fornecer *feedback* preciso sobre a natureza dos erros cometidos e que aspectos da performance precisam ser melhorados.

Há duas regras gerais na utilização do método de faixa de amplitude (Sherwood, 1988). Primeiro, nenhum *feedback* é fornecido se alguma medida de performance falhar dentro de um nível (ou faixa) aceitável de correção. No entanto, para o método de faixa de amplitude funcionar corretamente, deve-se falar para o aprendiz interpretar com antecedência a ausência de *feedback* para dizer que a performance foi essencialmente "correta" (Lee & Carnahan, 1990). Em segundo lugar, o *feedback* preciso que indica a quantidade e a direção do erro é fornecido se e quando o desempenho cai fora do intervalo de aceitabilidade. Dessa maneira, o método de faixa de amplitude combina tanto com formas qualitativas como quantitativas de *feedback*.

Você pode ter deduzido, por agora, que uma questão-chave no uso do método de faixa de amplitude é decidir qual nível de tolerância de erro é apropriado para um aprendiz. Uma ilustração simples deste conceito é apresentada na Figura 11.7. A faixa hachurada na figura ilustra uma largura de faixa de amplitude estreita (-1 a +1 mm). Nesse caso, o aprendiz não receberia nenhum *feedback* nos ensaios 5, 8, 9, e 10 (mas teriam sido instruídos que receber nenhum *feedback* significaria que esses movimentos estavam essencialmente corretos) e receberia *feedback* preciso nos outros ensaios. A faixa cinza claro (-2 a +2 mm) ilustra uma faixa de amplitude maior que poderia ser usada em vez disso. Aqui, o aprendiz não receberia *feedback* sobre os ensaios 2, 3, 4, 5, 8, 9, e 10 e receberia *feedback* de erro preciso apenas dos ensaios 1, 6 e 7.

Obviamente, o tamanho da faixa de amplitude terá uma influência determinante sobre a frequência com que o aprendiz receberá *feedback* de erro preciso *versus feedback* de que a performance estava "correta." E, na verdade, o tamanho da faixa de amplitude em si tem um efeito importante sobre a

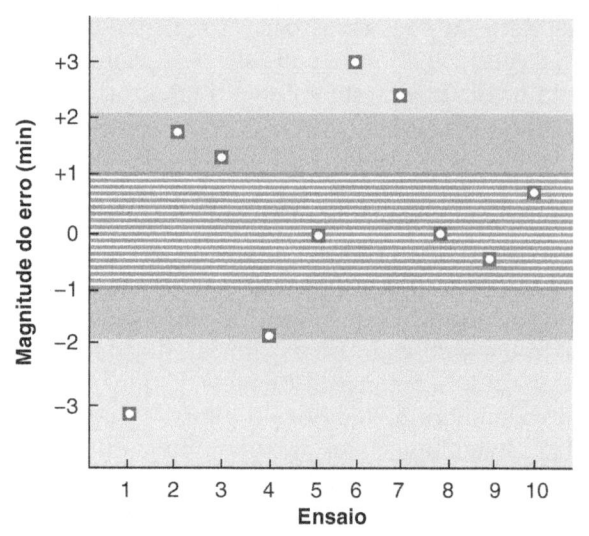

FIGURA 11.7 Método de *feedback* de faixa de amplitude. O estabelecimento de um nível pré-estabelecido de tolerância (as duas faixas cinza claro) determina que tipo de *feedback* é fornecido para o aprendiz. Duas faixas potenciais de correção são mostradas aqui – uma faixa estreita (hachurado) e uma faixa mais larga (que inclui tanto o cinza mais claro como hachurado). Se o desempenho fica fora da faixa de tolerância escolhida, então o *feedback* de erro é fornecido. Desempenho que não exceda a faixa escolhida resulta em nenhum *feedback*, o que significa que a performance foi "correta" e isso foi dito para o aprendiz.

aprendizagem. Por exemplo, Sherwood (1988) descobriu que uma faixa de amplitude maior (10% da meta-alvo) produziu mais aprendizagem do que as faixas de amplitude menores (5% ou 1%).

O método de faixa de amplitude é compatível com inúmeros princípios bem-estabelecidos para a aprendizagem. Primeiramente, o método produz reduzida frequência de *feedback* decrescente como um subproduto (que Winstein & Schmidt [1990] descobriram ser uma variável de *feedback* importante em si). Quando o aprendiz está apenas começando, os movimentos muitas vezes tendem a estar fora do nível de tolerância, levando a um *feedback* frequente do instrutor. À medida que a habilidade melhora, mais performances caem dentro da faixa, levando a *feedback* de erro menos frequente nos ensaios de erro que, como discutiremos mais tarde, tem uma influência positiva importante na aprendizagem em si). Em segundo lugar, com melhoras na performance (resultando em mais performances dentro da faixa de amplitude), a diminuição da frequência de *feedback* de erro resulta em aumento da frequência de *feedback* de recompensa. E como já discutimos duas vezes anteriormente, recompensar os aprendizes com *feedback* motivador tem uma função de aprendizagem significativa. Finalmente, manter a informação em um conjunto de ensaios que caem na faixa de amplitude alimenta ações mais estáveis, consistentes. Eliminar essas pequenas correções ensaio-a-ensaio tem uma influência estabilizadora na performance, porque o aprendiz não é encorajado a mudar a ação em cada ensaio.

Feedback síntese

Outra maneira de evitar os efeitos prejudiciais do *feedback* de cada ensaio é fornecer *sínteses* de *feedback*. Nesse método, o *feedback* é mantido por uma série de ensaios – ou seja, após uma série de 5 a 20 tentativas de performance – após o que o *feedback* para toda a série é resumido para o aprendiz, talvez fornecendo um gráfico de todas as tentativas de performance anteriores naquele bloco de ensaios. Na superfície, o *feedback* síntese pareceria particularmente ineficaz para a aprendizagem. O conteúdo de informação do *feedback* seria gravemente degradado porque o aprendiz não seria capaz de associá-lo com qualquer tentativa particular de prática e, portanto, não teria nenhuma base para correções ensaio-a-ensaio para melhorar a performance.

Ainda assim, a pesquisa mostrou que o ***feedback* síntese** pode ser particularmente eficaz para a aprendizagem (p. ex., Lavery, 1962; Schmidt et al., 1989). Geralmente, embora o *feedback* síntese seja menos eficaz do que o *feedback* de cada ensaio para performance durante a prática, quando o *feedback* foi retirado em testes de retenção, os indivíduos que haviam recebido o *feedback* síntese apresentaram performance mais habilidosa do que os indivíduos que haviam recebido *feedback* a cada ensaio. Portanto, o *feedback* síntese é mais eficaz para a aprendizagem do que o *feedback* de cada ensaio. Como o *feedback* síntese pode ser tão eficaz? Para nós, a melhor pergunta é por que o *feedback* de cada ensaio é tão ineficaz para a aprendizagem?

Quantos ensaios sintetizar?

Quantos ensaios você deve incluir no *feedback* síntese? Pode haver número demasiado de ensaios sintetizados? Evidências sugerem que há um número ideal de ensaios para incluir em relatórios de *feedback* síntese, com número demasiadamente pequeno ou grande de ensaios diminuindo a aprendizagem. Por quê? Com *feedback* para cada ensaio (uma síntese de um ensaio), o aprendiz é orientado fortemente para a meta; mas isto também maximiza os efeitos produtores de dependência. Por outro lado, se o *feedback* resume um número muito grande de ensaios (digamos, 100), os efeitos produtores de dependência são muito reduzidos, mas o aprendiz também se beneficia menos das propriedades informacionais do *feedback* que o orientam para a meta. Essa lógica sugere a existência de um número ideal de ensaios de *feedback* síntese em que os benefícios de ser guiado para a meta são balanceados exatamente com os custos das propriedades produtoras de dependência.

Essa previsão foi confirmada em experimentos realizados por Schmidt, Lange & Young (1990), que estudaram diferentes números de ensaios de *feedback* síntese em uma tarefa em laboratório semelhante ao rebatimento no beisebol. Como se vê na Figura 11.8, havia uma relação ideal entre extensão da síntese e aprendizagem, com o *feedback* síntese de 5 ensaios sendo ideal. *feedback* uma vez, embora a condição de 1 ensaio (feedback para cada ensaio) fosse melhor para a performance durante a prática anterior, quando o *feedback* estava sendo apresentado, a condição de 5 ensaios era ideal para a aprendizagem.

Como o feedback *síntese funciona?*

Quais são os processos por trás dos benefícios de *feedback* síntese? Adiante estão três maneiras de como o *feedback* síntese (em relação a cada ensaio) poderia funcionar para auxiliar o aprendizado:

1. *Feedback* síntese pode evitar os efeitos que produzem dependência de *feedback* frequente porque faz com que o aprendiz tenha uma performance independente para várias tentativas antes de finalmente receber *feedback*. Em seguida, o aprendiz pode fazer correções para o padrão geral de movimento produzido nas tentativas anteriores.

2. O *feedback* síntese parece produzir movimentos mais estáveis porque o *feedback* é retirado durante várias tentativas, não fornecendo ao aprendiz nenhuma base para uma mudança

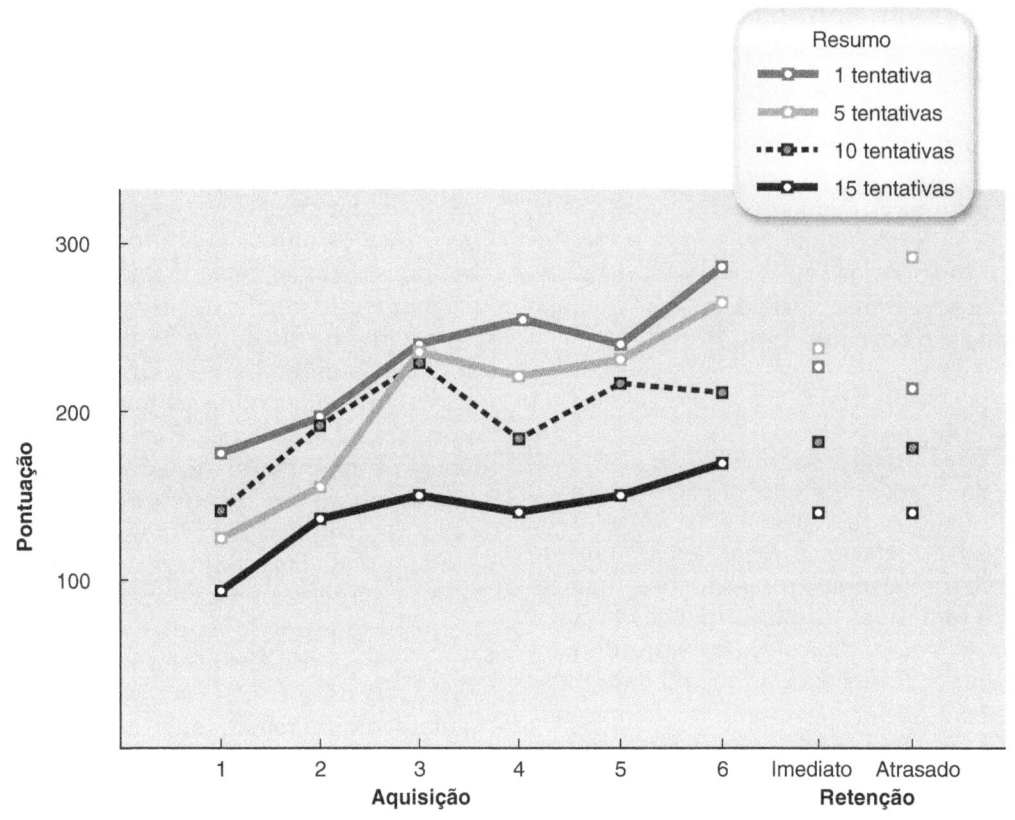

FIGURA 11.8 Escore de performance para vários números de ensaios incluídos em uma apresentação de *feedback* síntese para a aquisição (esquerda) e retenção imediata e tardia (direita).

Reimpressa, com permissão, de Schmidt, Lange e Young, 1990.

no movimento de tentativa a tentativa. *Feedback* frequente, por outro lado, mais ou menos incentiva o aprendiz a mudar o movimento em cada tentativa, o que impede que o movimento atinja a estabilidade necessária para a performance subsequente.

3. *Feedback* síntese parece encorajar os aprendizes a analisar seu *feedback* inerente produzido pelo movimento (cinestésico, visual e assim por diante) para aprender a detectar os seus próprios erros (este conceito foi discutido no Capítulo 9). O *feedback* frequente informa aos aprendizes sobre erros, eliminando a necessidade de processar o *feedback* inerente, de modo que os aprendizes não precisam processar a informação sobre seus erros, pois o CR fornece isso para eles.

Feedback médio

Em uma variante do *feedback* síntese chamado **feedback médio**, os aprendizes esperam por uma série de tentativas antes de receber informações de *feedback* sobre seus escores (como com *feedback* síntese), mas agora recebem apenas a nota *média* nessas tentativas, em vez de uma síntese tentativa-a-tentativa. Por exemplo, o instrutor de golfe pode observar o aprendiz fazer 10 balanços antes de comentar: "O seu *backswing* ficou curto em cerca de 6 polegadas naquelas últimas 10 tacadas." Os resultados de estudos realizados por Young e Schmidt (1992) e Yao, Fischman e Wang (1994; ilustrado na figura 11.9) mostraram que o *feedback* médio e as sínteses de *feedback* eram muito mais eficazes para a aprendizagem (ou seja, retenção) do que o *feedback* de cada tentativa (preto). O *feedback* médio parecia ser ligeiramente mais eficaz para a aprendizagem do que o *feedback* síntese.

O *feedback* médio e o *feedback* síntese podem funcionar da mesma maneira – bloqueando os efeitos prejudiciais, produtores de dependência do *feedback* de cada tentativa. O *feedback* médio também possibilita que o instrutor formule uma ideia mais completa do que venha a ser a tendência de erro do aprendiz. Em qualquer tentativa, exatamen-

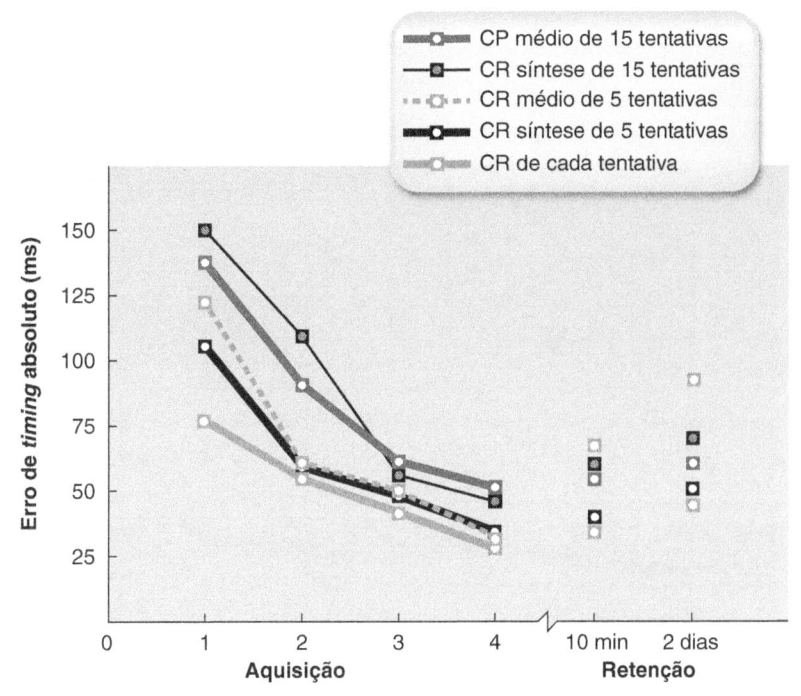

FIGURA 11.9 *Feedback* médio produziu benefícios semelhantes ao *feedback* síntese.
Reimpresso, com autorização, de Yao, Fischman e Wang 1994.

te nada pode ocorrer por acaso sozinho (porque as performances variam muito de tentativa para tentativa). No entanto, observando o executante fazer várias tentativas, o instrutor pode "filtrar" esta variabilidade interindivíduo (isto é, por meio da média) para detectar o erro que um aprendiz *tipicamente* (isto é, em média) tende a fazer. Assim, o *feedback* médio fornece ao executante informações mais confiáveis sobre o que mudar e quanto mudar, nas próximas tentativas de prática.

Programas de *feedback* determinados pelo iniciante

Uma abordagem diferente para o estudo de *feedback* programado fornece controle ao iniciante sobre quando receber *feedback*, em vez de ter isto determinado pelo instrutor. De muitas maneiras, isso produz o bom senso comum – o aprendiz está frequentemente na melhor situação para saber quando o *feedback* seria mais benéfico. Em um estudo conduzido por Janelle e colaboradores (1997), os indivíduos praticaram arremessos com seu membro não dominante, com dois grupos recebendo CP sobre a qualidade do movimento do arremesso. Num grupo, cada indivíduo recebeu *feedback* sempre que o aluno solicitava. Para cada indivíduo no outro grupo, o programa de *feedback* era combinado com (ou seja, emparelhado com) aquele de um membro do grupo autodeterminado, garantindo assim que a quantidade de *feedback* e sua programação fossem idênticas para os dois grupos – apenas a *determinação* de distribuição de *feedback* foi diferente (isto é, aprendiz *versus* determinado pelo experimentador). Um terceiro grupo-controle não recebeu nenhum *feedback* CP.

Considere os resultados do estudo de Janelle e colaboradores (1997), mostrados na Figura 11.10 e concentre-se em primeiro lugar na parte inferior da figura. Os símbolos aqui representam a frequência com qual os aprendizes no grupo autodeterminado solicitam *feedback* em cada um dos 20 blocos de ensaios de prática ao longo dos dois dias do experimento. Note que os iniciantes tendiam a solicitar o *feedback* de maneira relativamente infrequente (em 11% dos ensaios, global, traço cinza escuro, metade inferior da Figura 11.10), e também que eles tendiam a decrescer (ou "afastar-se") o *feedback* à medida que a prática continuava (variando de 21% no primeiro bloco de prática a 7% no último bloco).

Agora, considere essas manipulações de *feedback* sobre performance e aprendizagem, representadas na metade superior da Figura 11.10. Primeiramente, compare o grupo determinado pelo ex-

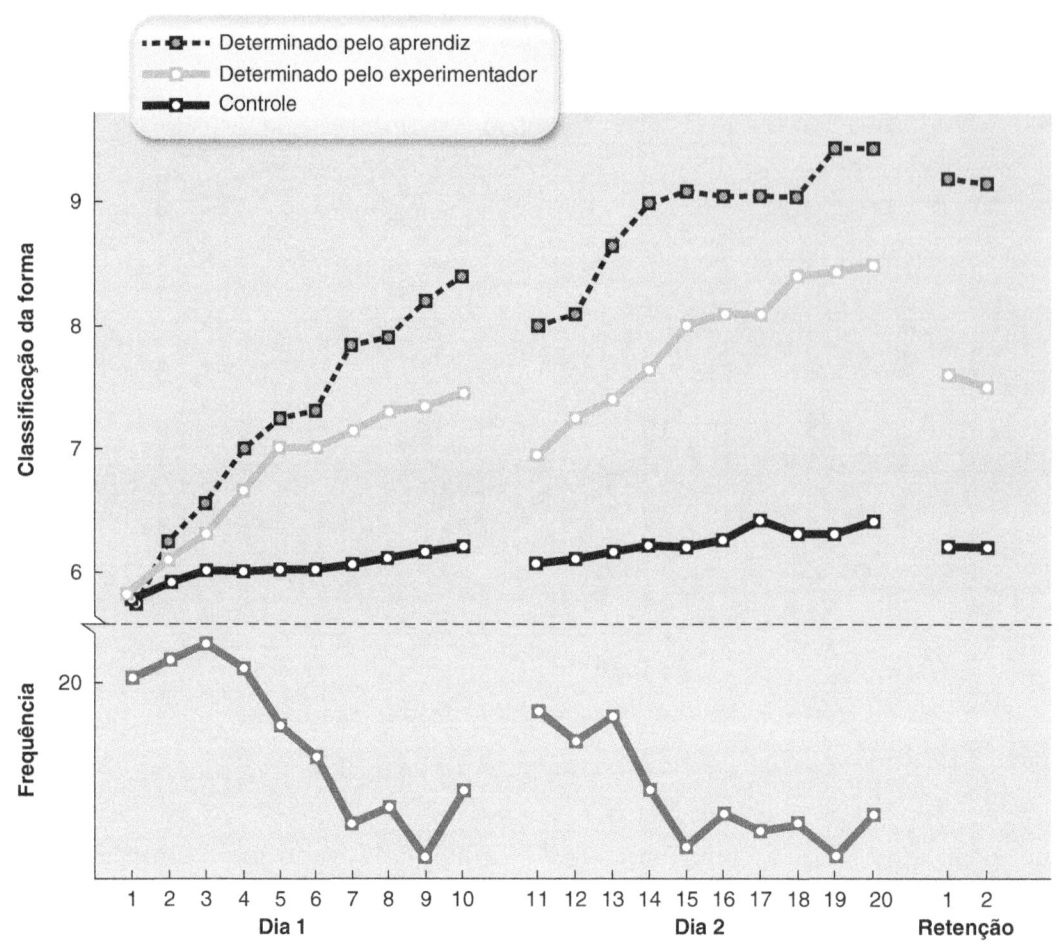

FIGURA 11.10 *Feedback* autodeterminado (pontilhado) em comparação com uma condição de controle acoplada (cinza claro) e uma condição de controle não *feedback* (preto) para otimizar a aprendizagem.
Adaptada de Janelle et al. 1997.

perimentador (emparelhado) (cinza claro) e o grupo controle (preto). Evidentemente, fornecer *feedback* CP, o que também foi decrescente durante as tentativas para esse grupo emparelhado, foi benéfico para a performance e a aprendizagem. Agora compare os grupos determinados pelo experimentador (cinza claro) e determinados pelo iniciante (pontilhado). Dar a decisão para o aprendiz determinar quando o *feedback* seria fornecido promoveu um impulso para a performance e a aprendizagem que foi acima e além daquele gerado pelo *feedback* decrescente. Por que isso poderia ser assim?

Uma implicação desse estudo é que os iniciantes provavelmente precisam (ou, pelo menos, pedem) *feedback* de maneira muito menos frequente do que os instrutores tendem a fornecê-lo. Mas há um outro aspecto de *feedback* determinado pelo iniciante que deve ser mencionado. A investigação conduzida por Chiviacowsky e Wulf (2002) revelou que a os iniciantes tendem a solicitar *feedback* mais frequentemente após ensaios que percebem que realizaram bem, em comparação com ensaios que eles achavam que tiveram um mau desempenho. Assim, como discutido anteriormente neste capítulo (ver também a Figura 11.3), pode haver um importante componente motivacional de condução do pedido de *feedback* que, por sua vez, tem um efeito benéfico sobre a aprendizagem quando esse *feedback* é fornecido.

QUANDO FORNECER *FEEDBACK*

Partindo do princípio de que é desejável fornecer *feedback* sobre uma performance especial, uma questão importante que permanece é esta: para maximizar a aprendizagem, quando ela iria ser dada? Com frequência ouvimos que o *"feedback imediato"* é desejável (ver a seção seguinte sobre isso), levando à ideia de que um instrutor iria se esforçar para dar *feedback* o mais rapidamente possível após uma performance para maximizar a aprendizagem (novamente, revise Foco na Pesquisa 11.1). Qual é o papel, se há algum, do *timing* das informações que nós fornecemos?

O *timing* do *feedback* pode ser descrito em termos de três intervalos, mostrados na Figura 11.11. Quando fornecido durante o movimento contínuo, é tipicamente chamado **feedback concorrente**. (Note-se que a *orientação física* entra nessa definição também, pois consiste em informação aumentada, embora informação não verbal, que ajuda a sinalizar erros e é fornecida durante um movimento em curso). O intervalo de tempo após a conclusão do movimento até o *feedback* ser apresentado é chamado de **intervalo de atraso de *feedback***. E o intervalo após o fornecimento do *feedback* até o próximo movimento começar é o intervalo de **atraso pós-*feedback***.

Feedback durante o movimento

Uma das maneiras mais consistentes de fornecer o *feedback* é fornecê-lo enquanto o movimento está em curso. A informação pode ser usada para regular ações contínuas (particularmente de longa duração), dando uma base para a correção de erros e "empurrando" o movimento para mais próximo das metas de ação. Dois métodos são tipicamente usados para fornecer informações contínuas: (1) *feedback* concorrente, no qual informação aumentada sobre o erro do movimento (ou o movimento correto) é fornecida por meios verbais, visuais ou sonoros; e (2) orientação física, em que a informação háptica ou cinestésica é sinalizada para o aprendiz por meio de um dispositivo de orientação fisicamente restrito ou uma pessoa (p. ex., terapeuta) que restringe fisicamente o movimento. Apesar de suas diferenças aparentes, os dois métodos influenciam processos semelhantes que governam a aprendizagem motora.

Feedback concorrente

Um experimento clássico, que fornece *insight* considerável sobre alguns dos processos envolvidos no *feedback* concorrente, foi realizada por Annett (1959). Ele pediu a indivíduos para aprender a produzir uma determinada quantidade de pressão contra uma alavanca operada manualmente. Durante o movimento, um grupo de indivíduos recebeu *feedback* visual concorrente em uma tela que mostra a quantidade de pressão que eles exerceram em relação à meta enquanto o outro grupo não. Como esperado, o *feedback* concorrente facilitou muito a performance durante a prática. No entanto, em um teste de retenção com *feedback* removido, este grupo apresentou uma performance muito precária, com alguns indivíduos pressionando tanto que eles danificaram o aparelho! Os indivíduos que tinham aprendido a tarefa com esse *feedback* concorrente foram incapazes de realizar sem ele. Resultados semelhantes, mostrando performance aumentada, mas retenção precária, foram apresentados em Schmidt e Wulf (1997).

Técnicas de orientação física

O *feedback* concorrente, como aquele fornecido nos estudos que acabamos de citar, fornece informações que ajudam o aprendiz a evitar cometer erros, a corrigir erros rapidamente, ou ambos. Técnicas de orientação muitas vezes funcionam de maneira mais direta – para *evitar* que o aprendiz cometa erros por meios físicos (p. ex., Foco na Prática 11.1).

Técnicas de orientação física representam uma grande classe de métodos em que o aprendiz é "forçado a" produzir um padrão de movimento correto. Os dispositivos de orientação têm vários objetivos; o principal é reduzir ou eliminar erros e garantir que o padrão adequado seja realizado. Isso é particularmente importante quando o mo-

FIGURA 11.11 Termos usados para descrever os vários momentos em que o *feedback* pode ser fornecido.

vimento é perigoso, como na ginástica, em que quedas prejudiciais podem ser evitadas através de vários métodos de localização, ou na natação, em que iniciantes com medo podem usar dispositivos de flutuação. A orientação também é útil para o treinamento com equipamento caro, em que os erros podem ser custosos, bem como perigosos, como com aprender a dirigir um carro ou pilotar um avião.

Métodos de orientação variam amplamente entre as situações. Algumas formas de orientação são muito soltas, dando ao aprendiz apenas pequenas ajudas para o desempenho. Um exemplo é o instrutor que fornece leve pressão com a mão para orientar o aprendiz ou que fala com ele através da ação. Outras formas de orientação são muito mais poderosas e invasivas. Um instrutor pode restringir os movimentos do aprendiz fisicamente, como quando o fisioterapeuta "força" os movimentos do paciente para um caminho adequado, evitando uma queda grave. Os dispositivos de orientação física são muito populares em esportes como o golfe, em que os auxílios restringem o padrão de movimento fisicamente de várias maneiras, com a esperança de que os sujeitos vão aprender isso.

Cada método fornece ao aprendiz algum tipo de ajuda temporária durante a prática. O desejo, evidentemente, é que a aprendizagem, como medida pelo desempenho no futuro sem o auxílio, será reforçada. Mas a pesquisa sugere que, embora a aprendizagem possa ser facilitada por pequenas quantidades de orientação, o impacto negativo na aprendizagem acumula rapidamente (Hodges & Campagnaro, 2012).

Um estudo realizado por Armstrong (1970) fornece uma importante declaração sobre os efeitos da orientação e uma comparação empírica de *feedback* concorrente e *feedback* terminal também. Ao longo de três dias de prática, os indivíduos aprenderam a mover uma alavanca com movimentos de extensão e flexão do cotovelo (ver Figura 5.8) a fim de produzir uma sequência cinemática cronometrada específica ou um padrão de movimento (ver também Foco na Pesquisa 5.3). Tal como ilustrado na Figura 11.12, a maior parte

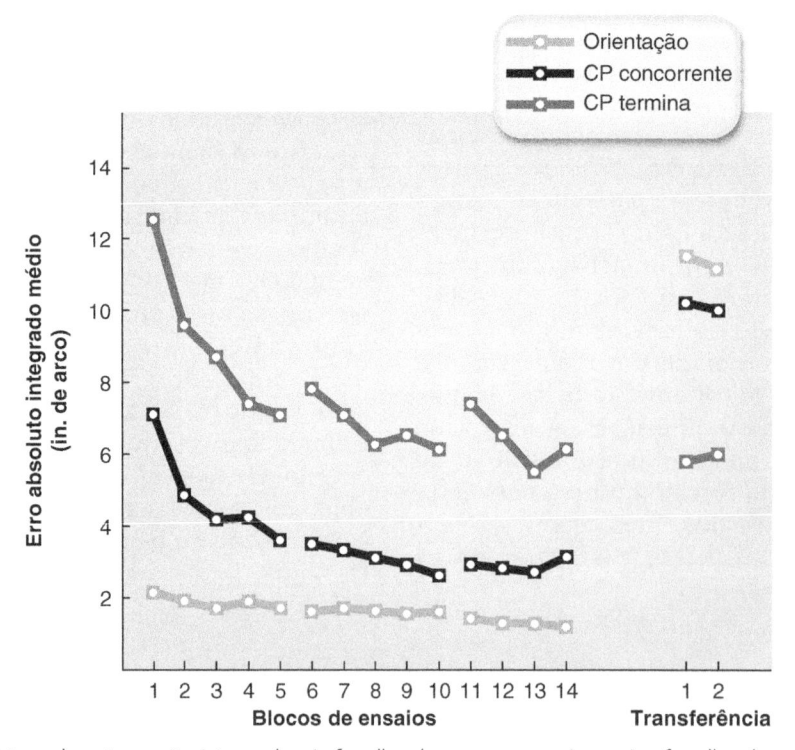

FIGURA 11.12 Efeitos da orientação (cinza claro), *feedback* concorrente (preto) e *feedback* terminal (cinza escuro) na performance e no teste de retenção/transferência de não *feedback* da aprendizagem.

Reimpressa, com permissão, de Schmidt e Lee 2011; Adaptado de Armstrong, 1970.

Foco na
PRÁTICA 11.1

Orientação física na reabilitação de AVC

Os efeitos do AVC agudo são muitas vezes devastadores, e muitos indivíduos que sofrem um acidente vascular cerebral nunca recuperam totalmente a capacidade motora que foi perdida em decorrência da lesão cerebral. Mas muitas pessoas, de fato, recuperam-se. Parte dessa recuperação é espontânea, à medida que o cérebro se cura após o traumatismo. E parte da recuperação também pode ser atribuída a intervenções terapêuticas intensas que envolvem o movimento.

A orientação física é uma técnica utilizada com frequência na reabilitação e tipicamente baseia-se em dois pressupostos básicos fundamentais: (1) que a aprendizagem é um processo de repetição e (2) que repetir ou "corrigir" um padrão de movimento ideal resulta em mais aprendizagem do que repetir um movimento que é subótimo, incorreto ou com erros. Técnicas de orientação física são projetadas com essas duas premissas em mente. Ambos esses pressupostos têm validade questionável; porém, vamos abordar em uma seção posterior.

Os pacientes que tiveram um acidente vascular cerebral muitas vezes se cansam facilmente por causa de fraqueza extrema. Uma das vantagens de técnicas de orientação dos membros superiores, por exemplo, é que elas podem ser utilizadas para mover o membro para o paciente (movimento "passivo") ou para sustentar o peso do membro, pelo menos parcialmente, de modo que o movimento ativo possa ser feito com esforço minimizado. Uma vantagem, portanto, é que muito menos fadiga ocorre durante uma sessão de terapia com um dispositivo de orientação, e mais repetições podem ser consequentemente realizadas, satisfazendo o primeiro princípio. Por esse ponto de vista, então, mais prática deve levar a desfechos de reabilitação mais completos (ver Barnett et al., 1973).

O segundo princípio é mais controverso. A visão de otimizar a aprendizagem como um processo de repetição de um padrão de movimento "correto" ou desejável é basicamente uma extensão da Lei do Efeito de Thorndike (ver Foco na Pesquisa 11.1). Esse ponto de vista caracteriza a aprendizagem como um processo de fortalecimento da associação entre uma meta (p. ex., deslocar-se de uma determinada maneira, "corretamente") e uma resposta (p. ex., de fato mover-se corretamente). Para Thorndike, o *feedback* aumentado, sob a forma de "recompensa", era o agente que servia para aumentar a repetição desta associação. Assim, em teoria, restringir fisicamente a resposta de modo que *apenas* o movimento correto seja realizado deve otimizar a Lei do Efeito.

Como discutimos neste capítulo, no entanto, as evidências de estudos com adultos saudáveis sugerem que a orientação física é um método ineficaz de prática, por várias razões importantes. Além disso, o uso de orientação física como intervenção terapêutica na reabilitação de AVC está sob crítica crescente (Mehrholz et al., 2008; Timmermans et al., 2009). O resultado é que novas técnicas estão agora sendo elaboradas, com o objetivo de maximizar os benefícios positivos conferidos pelos dispositivos de orientação que prestam assistência apenas quando necessário – possibilitando ao paciente cometer e experimentar alguns erros em movimento, mas não aqueles que levariam ao agravamento da lesão (Banala et al., 2009).

do erro de movimento foi evitada em um grupo de orientação que recebeu uma padronização fisicamente restrita produzida por restrições hápticas leves (isto é, toque) para ações repletas de erros. O erro de movimento não foi impedido inteiramente, mas foi eliminado de modo rápido em um grupo de *feedback* concorrente cujos indivíduos eram capazes de ver o traçado cinemático do movimento contínuo em uma tela de computador, sobreposto ao modelo-alvo. E o erro foi eliminado gradualmente ao longo da prática em um grupo que recebeu *feedback* CR após a realização de um ensaio. A Figura 11.12 mostra que, mesmo depois de três dias de prática, indivíduos no grupo de *feedback* terminal não atingiram o nível de performance dos outros grupos. Claramente, esse procedimento de orientação fez seu trabalho, assegurando que os aprendizes continuassem no alvo.

Mas agora considere as respectivas performances desses grupos em um teste de retenção, em que todos os grupos foram transferidos para uma condição de teste sem o benefício de qualquer orientação aumentada ou *feedback* aumentado (lado direito da Figura 11.12). Várias coisas devem ser destacadas aqui. Primeiramente, o grupo de *feedback* terminal, que era o que mais possuía erros dos três grupos durante a prática, mostrou claramente a maior aprendizagem, como medido nestas tentativas de retenção. Em segundo lugar, na ausência de *feedback* aumentado, o grupo de *feedback* terminal manteve o nível de performance que tinha atingido no fim das tentativas de prática. E, finalmente, a performance do grupo de orientação física foi o que teve mais erros na retenção, mostrando que a orientação durante a prática foi particularmente ruim para a aprendizagem. Note também que tanto o grupo de orientação como o grupo de *feedback* concorrente deterioraram notavelmente durante o intervalo de retenção. Na verdade, a performance de ambos esses grupos deteriorou quase até o nível de desempenho exibido pelo grupo de *feedback* terminal em seu primeiro bloco de prática, o que sugere que a orientação e o *feedback* concorrente eram quase completamente ineficazes para a aprendizagem.

Como mencionado anteriormente, no entanto, nem toda orientação física é prejudicial para a aprendizagem. A orientação certamente desempenha um papel importante em situações perigosas ou assustadoras; aqui seria indesejável continuar a prática na ausência de orientação. E a orientação também pode ter uma função útil nos estágios iniciais de aprendizagem de uma habilidade; aqui, a comunicação de informações a um aprendiz é particularmente difícil, a menos que ele seja também conduzido através dos movimentos. Pesquisas recentes também sugerem que a redução ou retirada de orientação à medida que o aprendiz desenvolve habilidade na tarefa é um procedimento de aprendizagem proveitoso (ver também Foco em Aplicação 11.2).

Processos comuns em feedback concorrente e orientação física

A evidência discutida nas seções anteriores aponta para um princípio importante. A orientação e o *feedback* concorrente, quase por definição, são eficazes para a performance quando presentes durante a prática. Afinal, esses suplementos são projetados para ajudar o executante a fazer a ação correta, evitar erros, ajudar na confiança, e assim por diante, para que haja pouca surpresa de que a performance beneficia-se da orientação. Mas o verdadeiro teste de eficácia da orientação é quão bem os indivíduos se saem quando a intervenção é removida, e é aqui que estes procedimentos frequentemente falham. Quando a fonte de informação em curso é removida para testes de retenção, a performance geralmente cai para o nível daqueles de aprendizes que não têm nenhuma orientação, ou às vezes abaixo deles. Isto é, a orientação não é uma variável muito eficaz para a aprendizagem se não for usada de maneira sensata.

Como esses princípios de orientação podem ser entendidos? Provavelmente, a melhor interpretação é que, durante a prática, em que a orientação está presente, o aprendiz depende muito de suas propriedades poderosas de melhora da performance, o que realmente muda a tarefa de várias maneiras. A orientação física pode modificar a "sensação" da tarefa. Os processos de tomada de decisão mudam quando o instrutor ou a orientação diz ao aprendiz o que fazer. Além disso, o aprendiz não tem a oportunidade de experimentar erros, ou de corrigir erros, durante o movimento guiado ou sobre o próximo movimento. O aprendiz terá falhado em adquirir a capacidade necessária para executar em um teste de retenção ou em uma competição em que as orientações não estão presentes.

Observe que essa interpretação é realmente uma declaração da visão de especificidade discutida nos capítulos anteriores. Se a prática guiada muda as exigências da tarefa acentuadamente (como ela faz), a tarefa não é realmente a mesma tarefa sob condições não guiadas. Se essas modi-

Foco na
PRÁTICA 11.2

Orientação física na aprendizagem de natação

No texto, talvez tenhamos deixado a impressão de que toda a orientação física é prejudicial para a aprendizagem. Na verdade, existem algumas situações em que a orientação física é muito útil. Aqui temos apenas uma delas.

Quando um de nós (RAS) era estudante de pós-graduação na Universidade de Illinois, foi designado para ministrar um curso de natação para iniciantes. Esse curso deveria ter sido chamado algo como "ensinando o não nadador persistente a nadar", já que muitos desses alunos não conseguiam dar uma braçada, e muitos tinham verdadeiro pavor da água.

Depois de uma semana, mais ou menos, aprendendo a familiarizar-se com a água (p. ex., na extremidade rasa da piscina, fazer bolhas, aprender a abrir os olhos debaixo d'água, contar dedos de colega debaixo d'água), a próxima tarefa era que os alunos aprendessem o nado elementar de costas como um nado salvador de vida em caso de caírem na água em algum lugar. Esse processo envolve as técnicas habituais (na parte rasa da piscina): aprender a flutuar de costas, deslizar de costas após um impulso a partir da lateral da piscina, em seguida adicionando a "pernada de sapo" e, em seguida, adicionando uma braçada.

Depois veio a parte assustadora: nadar com o nado de costas elementar da parte rasa para a parte mais funda da piscina. Naturalmente, a maioria dos alunos ficou bastante apreensiva sobre esta tarefa, por isso desenvolvemos vários métodos para aliviar o medo. Uma delas envolveu o uso de estacas de madeira longas (4,57 m), de cerca de 2,5 cm de diâmetro. Na primeira tentativa o instrutor andaria à beira da piscina ao lado do nadador na água apenas tocando a estaca na parte mais distante do quadril do nadador. Isso fazia duas coisas: primeiro, fornecia uma medida de garantia para o nadador, uma vez que tudo o que ele tinha que fazer em caso de emergência era segurar a estaca e o instrutor poderia puxá-lo para a borda da piscina. Em segundo lugar, no entanto, esse método não interferiu no próprio nado do nadador possibilitando a ele ganhar confiança e aprender o nado.

Esse método foi um enorme sucesso. Na verdade, como "exame final", os alunos tiveram de nadar uma milha sem tocar nos lados ou extremidades da piscina. Por essa altura a maioria deles tinha "desmamado" da ajuda da estaca de madeira e era capaz de nadar distâncias relativamente longas (embora muito lentamente). Durante o curso de cerca de 10 anos em que este curso foi ministrado, a porcentagem média de alunos que completaram 2,5 km nadando foi de mais de 70%! O corpo docente orgulhosamente apresentou para cada nadador bem-sucedido um certificado extravagante com uma estrela dourada nele (adequado para ser emoldurado), dizendo essencialmente, "Eu nadei uma milha na Universidade de Illinois". O olhar de orgulho nos rostos desses alunos era impossível de descrever.

Essas foram as duas principais chaves para o sucesso deste procedimento:

▶ Aliviar quase completamente o medo para que o aluno pudesse aprender o nado
▶ Fazer isso de uma maneira não muito invasiva para que a orientação não interferisse nas ações que o aluno estava tentando produzir.

Dispositivos especiais estão sendo desenvolvidos para ajudar pacientes que sofreram AVC em suas tentativas de recuperar a função motora, em que fatores como a quantidade e variabilidade da prática entram em ação.

ficações são grandes (como em procedimentos de orientação física muito fortes), então a prática na versão guiada pode ser pensada como envolvimento da prática em uma tarefa diferente, em vez da prática na versão não guiada. Sob a visão da especificidade, a prática na versão guiada será eficaz para um teste de retenção apenas sob condições guiadas; ela não será eficaz para um teste de retenção realizado sob condições não guiadas. Isso adequa-se ao princípio de que a transferência tende a ser maximizada quando as duas tarefas são semelhantes. Versões guiadas e não guiadas da mesma tarefa são consideradas dessemelhantes, levando a transferência precária entre elas.

Feedback depois do movimento

A perspectiva de processamento de informações sobre o *feedback* sustenta que o aprendiz usa o *feedback* para corrigir os erros. Se a apresentação de *feedback* é separada no tempo (atraso de *feedback*) da ação e o aprendiz esquece os vários aspectos do movimento quando o *feedback* chega, o *feedback* não seria menos útil em fazer correções? Em experimentos de condicionamento de animais, os ratos de laboratório que estão aprendendo a pressionar uma barra após um tom apresentado sofrem um decréscimo na aprendizagem devido a atrasos de *feedback*; e, se o atraso for longo o suficiente, não há aprendizagem. Alguns pesquisadores acreditam que o mesmo se aplicaria a humanos e à aprendizagem motora. Mas o que a evidência diz?

Atrasos de feedback *vazios*

Primeiro, considere simplesmente estender o intervalo de tempo entre um movimento e seu *feedback*, com o intervalo livre de outras atividades que demandam atenção (conversas, outras tentativas, e assim por diante). A visão do processamento da informação esperaria que intervalos mais longos interferissem na aprendizagem. No entanto, quando os atrasos de *feedback* vazios foram examinados em pesquisas com humanos, os cientistas quase nunca encontraram efeitos sistemáticos sobre a aprendizagem (Salmoni, Schmidt & Walter, 1984) com atrasos que variam de vários segundos a vários minutos. A ausência de qualquer aprendizagem degradada quando os atrasos de *feedback* são estendidos tem sido surpreendente. Em qualquer caso, a evidência parece sugerir que, sem outras atividades no intervalo entre um movimento e seu *feedback*, o instrutor não precisa se preocupar com o atraso no fornecimento de *feedback*.

Feedback instantâneo

Há uma exceção para essa generalização sobre atraso de *feedback*, contudo – situações em que ele é apresentado *muito* cedo após um movimento. Sob a crença de que o *feedback* fornecido será rapidamente benéfico para a aprendizagem, muitos instrutores têm tentado minimizar os seus atrasos, essencialmente fornecendo *feedback* que é *quase simultâneo* com o complemento do movimento. O *feedback* instantâneo é comum em muitos simuladores, por exemplo, como os manequins médicos, em que o *feedback* sobre a pressão é exibido imediatamente após uma compressão torácica ser realizada.

Note que o **feedback instantâneo** não é, tecnicamente, o mesmo que *feedback* concorrente, porque está sendo fornecido após o movimento ter terminado. Mas os efeitos sobre a performance e a aprendizagem são notavelmente semelhantes aos do *feedback* concorrente. As pesquisas mostram que fornecer *feedback* instantaneamente, em oposição a atrasá-lo por alguns segundos, é na verdade prejudicial para a aprendizagem (Swinnen et al., 1990). Isso pode ser visto na Figura 11.13: indivíduos na condição de *feedback* instantâneo (cinza) realizaram uma tarefa de rebatimento simulada de maneira mais precária do que o grupo tardio (preto) no segundo dia de prática e em vários testes de retenção fornecidos até quatro meses mais tarde. Uma interpretação é que o *feedback* fornecido instantaneamente bloqueia o indivíduo de processar o *feedback* inerente (isto é, como o movimento é sentido, ouvido e visto). Atender ao *feedback* aumentado do instrutor provavelmente restringiu a aprendizagem de capacidades de detecção de erros, como discutido no Capítulo 9.

Uma extensão interessante desses achados é que o bloqueio do *feedback inerente* (ou *intrínseco*) por alguns segundos depois de um ensaio deve também ser eficaz para a aprendizagem. Isso poderia ser feito bloqueando-se a visão do jogador de

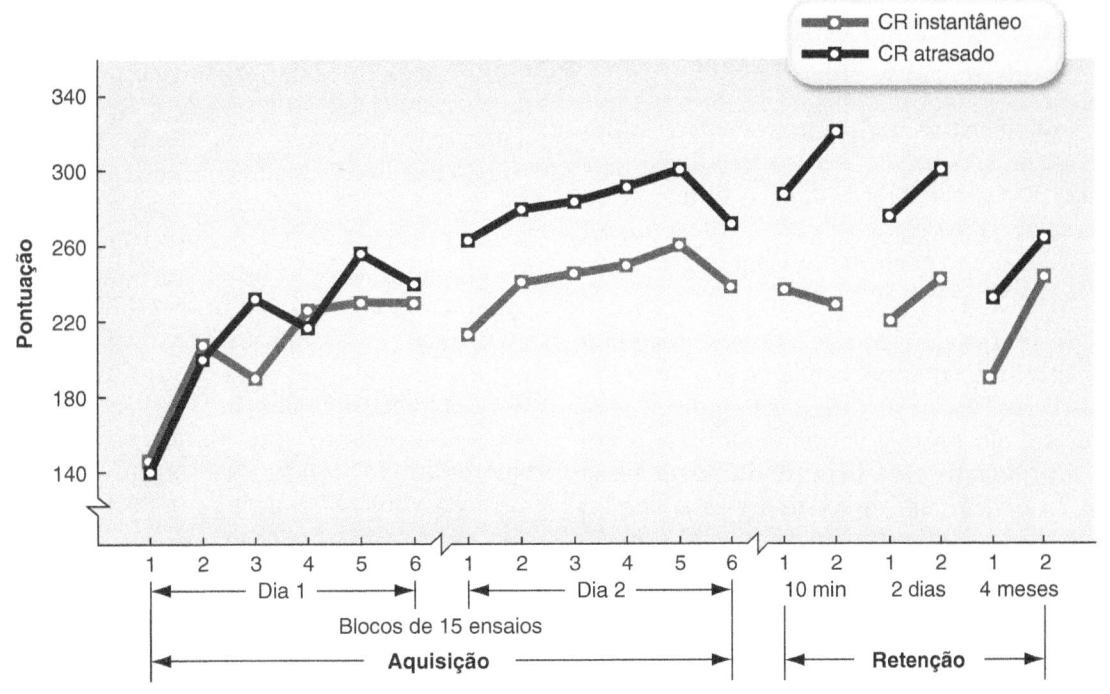

FIGURA 11.13 *Feedback* instantâneo degrada a aprendizagem se comparado com *feedback* atrasado.
Reimpressa, com permissão, de Swinnen et al. 1990.

golfe do voo da bola no *driving range*, ou usando uma venda nos olhos para a prática de drible do basquete. Curiosamente, um estudo bastante antigo realizado por Griffith (1931) usou exatamente este método para ensinar golfe. Depois de várias semanas, os aprendizes que haviam praticado sem o auxílio da visão do taco entrando em contato com a bola superaram a performance de outro grupo que praticou com a visão. Para o nosso conhecimento, esses métodos não foram estudados muito exaustivamente, assim essa extensão dos achados deve ser considerada com cautela.

Intervalos preenchidos com atraso de feedback

Quando os atrasos são longos em muitas situações do mundo real, outras atividades que demandam atenção podem ocorrer entre um determinando movimento e seu *feedback*. Essas atividades de intervenção podem incluir conversar com um amigo, praticar outra tarefa ou mesmo tentar outros ensaios do dado movimento, assim como com os métodos de *feedback* síntese e *feedback* médio discutidos anteriormente neste capítulo. Os achados da pesquisa dividem-se em duas classes, dependendo da natureza de intervenção.

Atividades de intervenção de uma tarefa diferente Imagine que a atividade que ocorreu entre um determinado movimento e seu *feedback* é uma tarefa diferente que interfere de alguma maneira. Essa atividade pode ser um ensaio de uma tarefa motora diferente ou mesmo uma tarefa que envolve operações mentais, como o registro das pontuações de alguém ou fornecer *feedback* para um amigo. Esses eventos durante o intervalo do movimento até o *feedback* geralmente degradam a aprendizagem como medido nos testes de retenção (Marteniuk, 1986; Swinnen, 1990).

Técnica de tentativas – atraso Mas o que acontece se a atividade de intervenção é apenas outra tentativa da mesma tarefa motora? Por exemplo, o instrutor pode fornecer ao aprendiz vários minutos para a prática de uma habilidade, em seguida fornecer *feedback* sobre o primeiro movimento após o aluno ter concluído várias outras tentativas nesse ínterim. Por exemplo, o *feedback* de um terapeuta para um paciente quando praticando ficar de pé a partir de uma posição sentada pode incluir declarações como: "Em sua primeira tentativa você começou a se levantar antes de seus pés estarem devidamente posicionados sob seus joelhos", mas isso é fornecido após várias outras tentativas de sentar-levantar terem sido concluídas. Isso foi chamado de **atrasos de tentativas de feedback**, com outras tentativas de uma determinada ação intervenientes entre o movimento e seu *feedback*.

Embora o procedimento de atraso das tentativas possa parecer evitar que o aprendiz associe o movimento e o *feedback* correspondente, a evidência diz que não é em nada prejudicial; e pode ser mais eficaz para a aprendizagem do que apresentar um *feedback* após cada tentativa (Lavery & Suddon 1962). Na verdade, os pesquisadores sugeriram que a performance de ensaios de intervenção antes de fornecer o *feedback* tem o efeito de aumentar a consciência do *feedback* inerente disponível depois da realização da tarefa, talvez tornando-a mais importante ou valiosa quando é então apresentada ao aprendiz (Anderson et al., 2005).

Estimativas subjetivas intervenientes As conclusões de Anderson e colaboradores (2005) que acabamos de discutir sustentam uma visão de que a aprendizagem é reforçada quando o processamento de *feedback* inerente ocorre antes de o *feedback* aumentado ser fornecido. Essa ideia foi examinada mais diretamente nos estudos que promoveram estimativa subjetiva de performance da tarefa durante o período de atraso de CR. Por exemplo, os aprendizes que praticavam uma tarefa de arremesso com seu membro não dominante realizado mais habilmente em testes de retenção se eles fizessem estimativas subjetivas de sua técnica de arremesso durante a prática (Liu & Wrisberg, 1997). E um estudo realizado por Guadagnoli e Kohl (2001) revelou que os efeitos negativos de 100% da frequência de CR foram revertidos se os aprendizes fizessem estimativas subjetivas de erro antes do fornecimento de *feedback* em cada ensaio (ver Figura 11.14). Observe, no entanto, que um grupo (preto) que se beneficiou de ter o *feedback* apresentado em apenas 20% dos seus ensaios (os ensaios restantes não receberam qualquer *feedback*) não recebeu qualquer outro benefício (em comparação com o grupo pontilhado) de estimativa de erro, talvez porque este grupo de 20% estava estimando espontaneamente nos ensaios não *feedback*.

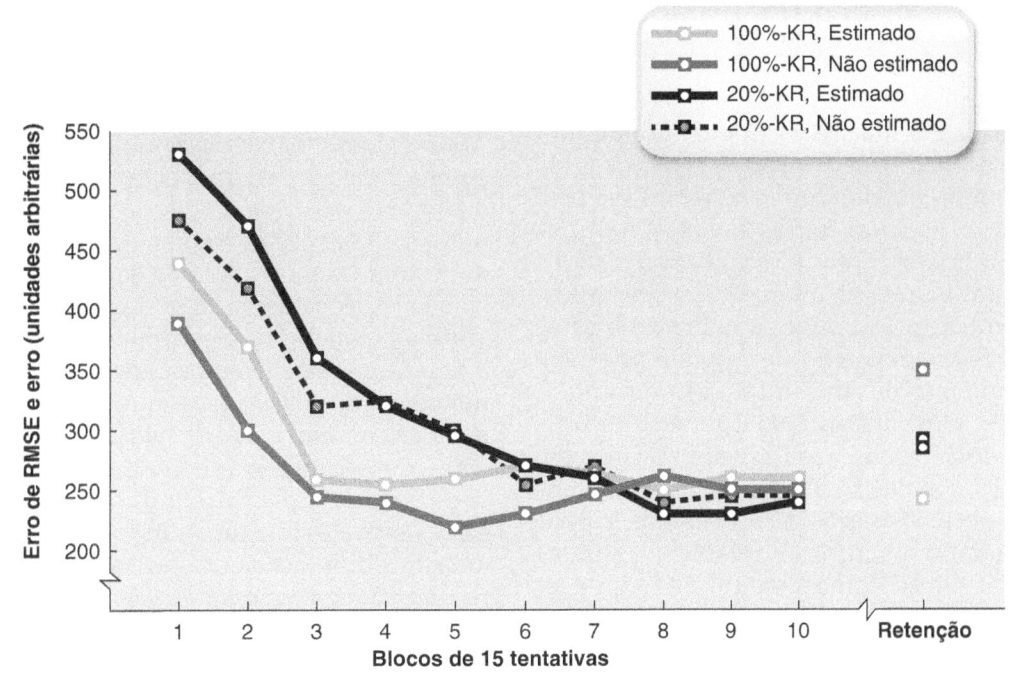

FIGURA 11.14 Os efeitos negativos de apresentação de *feedback* em cada ensaio (CR de 100%) foram revertidos quando os indivíduos realizaram um procedimento de estimativa de erro. RMSE = raiz quadrada do erro quadrático médio (ver Capítulo 1)

Reimpressa, com autorização, de Guadagnoli e Kol 2001

Juntamente com os resultados dos estudos de ensaios de atraso, esses achados sustentam um papel forte para o processamento das informações do *feedback* inerente (intrínseco) que leva, evidentemente, a uma estimativa de pontuação. É importante lembrar que os testes de retenção em todos esses estudos foram realizados sem *feedback* aumentado. Assim, a única informação que um aprendiz poderia usar para verificar a acurácia da performance em inúmeras tentativas era as fontes inerentes de *feedback* que estão sempre disponíveis, com *feedback* inerente sendo a base para correções tentativa-a-tentativa. Condições de prática que incentivam uma avaliação mais abrangente e uso da informação fornecida por *feedback* inerente promovem a aprendizagem. Essas condições são adequadas para a performance, tanto (a) em estes testes de *feedback* não aumentado como (b) na maioria das aplicações do mundo real dessas ideias.

Intervalos de atraso pós-*feedback*

Depois de receber *feedback* para um movimento, no atraso pós-*feedback* (ver Figura 11.11) o aprendiz tenta criar um outro movimento que é pelo menos um pouco diferente do anterior – um movimento que eliminará os erros assinalados pelo *feedback*. Quanto tempo é necessário para o processamento dessa informação, e em quanto tempo o próximo movimento pode começar? A pesquisa sobre essas questões mostra que, se esse intervalo for demasiado curto (menos do que 5 s), a performance no próximo ensaio sofrerá, provavelmente por causa do tempo insuficiente para planejá-la. No entanto, se o intervalo for um pouco mais longo (por exemplo, maior do que 5 s), não há nenhuma vantagem em dar ao aprendiz ainda mais tempo para planejar e gerar o próximo movimento (Weinberg, Guy, e Tupper, 1964). O intervalo seria provavelmente um pouco mais longo em uma tarefa que é relativamente complexa ou em que muitas decisões diferentes têm de ser feitas sobre estratégias e métodos de movimento alternativos. No geral; porém, o intervalo pós-*feedback* não é particularmente poderoso na determinação de aprendizagem e você pode concentrar-se nos aspectos mais importantes do ambiente de aprendizagem.

RESUMO

Um aprendiz pode receber vários tipos de informações sensoriais, mas o *feedback* aumentado sobre erros do instrutor é um dos aspectos mais críticos do ambiente de aprendizagem. Esse tipo de informação pode ter várias funções simultâneas: ela pode servir como um "energizador" para aumentar a motivação; pode fornecer informação, caso em que sinaliza a natureza e direção de erros e como corrigi-los; e pode produzir uma dependência do aprendiz, caso em que a performance sofre quando a informação é retirada. O *feedback* pode assumir muitas formas, tais como *replays* de videotape, filmes e evidentemente, descrições verbais. O *feedback* verbal é melhor quando é simples e refere-se a apenas uma característica do movimento de cada vez, uma característica do movimento que o aprendiz pode controlar.

Os maiores erros podem ser corrigidos no início da aprendizagem com *feedback* frequente. Após algumas tentativas, contudo, a aprendizagem é mais forte se a frequência de *feedback* for gradualmente reduzida (isto é, decrescente) durante a prática. O *feedback* síntese, em que um conjunto de resultados de tentativa é descrito por um gráfico mostrado para o aprendiz somente após o conjunto ser concluído é particularmente eficaz para a aprendizagem; mas o número ideal de ensaios incluído no resumo irá diminuir à medida que aumenta a complexidade da tarefa. Um princípio inicial – de que qualquer coisa que torne o *feedback* mais frequente, preciso e útil melhora a aprendizagem – está sendo substituído por pontos de vista mais recentes que se concentram nos aspectos sutis da natureza de programação do *feedback*.

AUXÍLIOS PARA APRENDIZAGEM

Aprendizagem interativa

Atividade 11.1: revise os tipos de *feedback*, combinando cada um com sua definição.

Atividade 11.2: dados os exemplos de *feedback*, determine se cada um representa conhecimento dos resultados ou o conhecimento de performance.

Atividade 11.3: responda uma série de perguntas que irão ajudá-lo a compreender os efeitos do *feedback* concorrente e orientação física.

Atividade 11.4: junte conceitos discutidos ao longo do livro, selecionando rótulos para completar um modelo conceitual de performance motora.

Exercício de princípios para aplicação

Atividade 11.5: o exercício de princípios para aplicação para este capítulo pede para escolher uma atividade e um aprendiz, juntamente com um aspecto da performance atual do aprendiz. Você vai então criar uma estratégia para fornecer *feedback* para aquele aprendiz da maneira mais benéfica possível.

Verifique sua compreensão

1. Defina *feedback* inerente e aumentado, destacando as diferenças entre eles. Defina conhecimento dos resultados e conhecimento da performance, destacando as diferenças entre eles. Dê um exemplo de cada um desses tipos de *feedback* que um artista de aquarela iniciante pode enfrentar.

2. Explique brevemente como cada um dos seguintes aspectos pode afetar a aprendizagem.
   - Frequência de *feedback*
   - Precisão do *feedback*
   - Programas de *feedback*
   - *Timing* de apresentação de *feedback*

3. Liste e discuta brevemente quatro propriedades de *feedback* aumentado.

Aplique seus conhecimentos

1. Um treinador de *wrestling* universitário está ensinando sua equipe algumas novas maneiras de terminar uma queda. Um lutador compete há 10 anos e é o atual campeão nacional, enquanto outro está em seu primeiro ano de universidade e tem muito menos experiência. Discuta alguns fatores que o treinador pode considerar ao fornecer *feedback* para cada um dos lutadores. Explique como o treinador pode fornecer *feedback* a fim de beneficiar a aprendizagem das novas habilidades e transferir para um combate de *wrestling*.

2. Um professor de educação física está começando uma nova unidade, ensinando o jogo de *goalball* para sua classe de ensino médio. (No jogo de *goalball* cada jogador fica de olhos vendados e a bola usada para o jogo emite um sinal sonoro.) Discuta três tipos de *feedback* aumentado que o professor pode utilizar para fornecer *feedback* para os alunos durante a aula. A quantidade, precisão e frequência de *feedback* muda em relação a sua unidade inicial de ensino de handebol? Se sim, como isso mudaria?

Sugestões de leitura adicional

Uma revisão completa da pesquisa publicada sobre *feedback* e aprendizagem motora por Salmoni, Schmidt e Walter (1984) oferece detalhes mais completos dos princípios discutidos aqui. Uma revisão excelente da pesquisa de orientação foi escrita por Hodges e Campagnaro (2012). Uma avaliação inicial importante em *replays* de fita de vídeo para a aprendizagem motora foi apresentada por Rothstein e Arnold (1976). E o Capítulo 12 de Schmidt e Lee (2011) fornece mais detalhes sobre cada uma das seções apresentadas neste capítulo. Ver lista de referência para esses recursos adicionais.

Glossário

abordagem de processamento de informações – abordagens para o estudo do comportamento que trata o humano como um processador de informação, concentrando-se em armazenamento, codificação, recuperação e transformação da informação.

aceleração não intencional – aceleração violenta, não comandada, súbita de um veículo acompanhado pela percepção de uma perda de eficácia dos freios.

acidentes do tipo olhei-mas-não consegui-ver – acidentes de trânsito em que o motorista olhou, mas não percebeu (viu) a presença de um ciclista ou pedestre; acredita-se que esteja relacionado com a cegueira por desatenção.

amplitude – distância entre os dois centros-alvo em tarefas de pontaria ("A" na Lei de Fitts).

amplitude do alvo – tamanho de um alvo em tarefas com alvo ("W" na Lei de Fitts).

amplitude efetiva do alvo (W) – quantidade de dispersão, ou variabilidade, dos pontos finais do movimento sobre um alvo em uma tarefa com alvo: representa o tamanho do alvo "efetivo" do executante; o desvio-padrão entre os indivíduos das distâncias do movimento para um conjunto de tentativas.

analogia do câmbio de marchas – modelo referente à aprendizagem de programas motores usando a analogia da aprendizagem de mudanças de marchas em um automóvel com transmissão manual.

antífase – um padrão de *timing* em que dois componentes de movimento oscilam em sincronia (0° fase relativa).

antifase – um padrão de *timing* em que dois componentes de movimento oscilam em oposição (fase relativa de 180°).

aparelho vestibular – receptores na orelha interna que são sensíveis à orientação da cabeça em relação à gravidade, à rotação da cabeça e ao equilíbrio.

aprendizagem motora – um conjunto de processos internos associado à prática ou experiência que leva a ganhos relativamente permanentes na capacidade para performance habilidosa.

aprendizagem observacional – processo pelo qual o aprendiz adquire a capacidade de ação observando demonstrações do modelo.

armazenamento sensorial de curto prazo (ASCP) – armazenamento de memória funcionalmente ilimitado para manter informações sensoriais literais dos vários sentidos muito brevemente (por apenas 1 s).

arranjo óptico – coleção de raios de luz que são refletidos a partir dos objetos no ambiente visual.

assincronia de início dos estímulos (SOA) – intervalo entre os inícios dos dois estímulos em um paradigma de dupla estimulação; às vezes, chamado de intervalo interestímulos.

atenção – capacidade limitada ou conjunto de capacidades para processar a informação.

atenção sustentada – manutenção de atenção durante longos períodos de trabalho, como monitoramento de um dispositivo de detecção de aeronaves com radar; algumas vezes, chamado de vigilância.

ativação – estado interno de vigilância ou excitação.

atraso pós-*feedback* – intervalo de tempo entre a apresentação de *feedback* aumentado e início do próximo movimento.

auto-organização – visão que descreve o controle motor como emergindo da interação dos componentes do sistema de movimento e do ambiente.

autorregulação – técnica usada em estudos de aprendizagem motora em que os aprendizes determinam como planejar a prática ou *feedback* ou algum outro aspecto do planejamento.

capacidade – traço estável, duradouro, geneticamente definido que é subjacente à performance, é em grande parte herdada, e não é modificável pela prática.

capacidade de detecção de erro – capacidade aprendida para detectar os próprios erros por meio de análise de *feedback* inerente.

capacidade motora geral – visão mais antiga, incorreta, em que se acreditava que uma única capacidade geral era subjacente a diferenças individuais no comportamento motor; algumas vezes, chamada de educabilidade motora.

característica de superfície – um aspecto facilmente mutável de um movimento, como tempo ou amplitude de movimento, que não afeta a "estrutura profunda" (características invariáveis).

característica invariante – característica de uma classe de movimentos que permanece constante, ou invariante, enquanto características da superfície mudam (p. ex, *timing* relativo)

cegueira por desatenção – falha na percepção de objetos no ambiente visual quando a atenção é dirigida para outros objetos ou eventos.

circuito M1 – reflexo monossináptico com latência de 30 a 50 ms.

circuito M2 – reflexo polissináptico ou funcional com latência de 50 a 80 ms.

circuito M3 – resposta de tempo de reação voluntária a um estímulo, com latência de 120 a 180 ms.

coeficiente de correlação (r) – método estatístico que avalia a força de uma relação entre duas variáveis; não implica causalidade.

colapso – cenário no qual um executante muda a rotina normal ou falha em adaptar-se a uma situação de mudança, resultando em uma performance fracassada.

comparador – componente de controle do circuito fechado que compara o *feedback* antecipado com o *feedback* real, finalmente produzindo um sinal de erro.

compatibilidade estímulo-resposta – grau de "naturalidade" (ou diretividade) entre o estímulo e a resposta atribuída a ele.

conhecimento da performance (CP) – informações aumentadas sobre o padrão de movimento que o aprendiz acabou de fazer; por vezes, referido como *feedback* cinemático.

conhecimento de resultados (CR) – informações verbais aumentadas (ou pelo menos verbalizáveis) realimentadas para o aprendiz sobre o sucesso da ação com relação à meta ambiental.

controle de circuito aberto – tipo de controle do sistema no qual as instruções para o sistema efetor são determinadas com antecedência e desaparecem sem *feedback*.

controle de circuito fechado – tipo de controle do sistema que envolve *feedback*, detecção de erro e correção de erros que é aplicável para manter uma meta do sistema.

curva de performance – gráficos de performance média para um indivíduo ou um grupo plotados contra ensaios práticos; às vezes, incorretamente chamada de curva de aprendizagem.

curvas de aprendizagem – um rótulo, às vezes, aplicado à curva de performance (gráfico da performance média *versus* tentativas), na crença errônea de que as mudanças na performance espelham mudanças na aprendizagem.

deaferentação – procedimento cirúrgico que envolve o corte de uma ou mais das raízes dorsais de um animal, evitando que impulsos nervosos da periferia trafeguem para a medula espinal.

decremento de aquecimento – piora temporária da performance que é provocada pela passagem do tempo longe de uma tarefa e que é eliminado rapidamente quando o executante começa novamente.

demonstração – performance de uma habilidade por um instrutor (ou um modelo) para facilitar a aprendizagem observacional.

diferenças individuais – diferenças estáveis, duradouras entre as pessoas em termos de alguma característica mensurável (p. ex., idade) ou performance de alguma tarefa (p. ex., tempo de reação).

efeito de idade relativa – fenômeno no qual os membros de um grupo normativo pela idade que nasceram no início de um determinado ano são "relativamente mais velhos" do que os participantes que nasceram no final do ano.

efeito de interferência contextual – o achado de que grupos de indivíduos que praticam sob interferência contextual alta não têm um bom desempenho em relação aos indivíduos de prática bloqueada durante a aquisição, mas têm performance superior aos indivíduos de prática bloqueada quando avaliados em testes de transferência ou retenção; ver *interferência contextual*.

efeito do olho quieto – período de tempo em que o executante fixa os olhos em um alvo apenas antes do início do movimento.

efeito festa de coquetel – fenômeno de atenção em que os humanos podem participar de uma única conversa em um encontro barulhento, negligenciando a maioria (mas não todos) dos outros estímulos.

emparelhamento – tipo de procedimento de controle em que uma escala de prática é determinada por (e combinado com) um aprendiz em um grupo ou condição experimental diferente.

erro absoluto (EA) – desvio absoluto da média de cada um de um conjunto de escores de um valor-alvo: a medida de erro global.

erro constante (EC) – diferença assinalada de um escore em uma determinada tentativa a partir de um valor-alvo; uma medida de tendência para aquela tentativa.

erro constante absoluto (EC) – o valor absoluto do EC para um indivíduo; uma medida da quantidade de tendência sem relação com sua direção.

erro variável (EV) – o desvio-padrão de um conjunto de pontuações sobre o próprio escore médio (EC) do sujeito; uma medida de (in)consistência do movimento

especificidade de aprendizagem – visão de que o que você pratica é o que você aprende. Ver *hipótese de especificidade*.

especificidade de diferenças individuais – uma visão de habilidades motoras que mantêm que essas tarefas são compostas de muitas habilidades não relacionadas.

esquecimento – perda de uma capacidade adquirida para responder; perda de memória.

esquema – regra aprendida relacionando os resultados de membros de uma classe de ações com os parâmetros que foram utilizados para produzir esses resultados.

estabelecimento de meta – procedimento motivacional em que o aprendiz é incentivado a estabelecer metas de performance durante a prática.

estágio autônomo – o terceiro de três estágios de aprendizagem propostos por Fitts, em que as demandas de atenção da realização de uma tarefa foram grandemente reduzidas.

estágio cognitivo da aprendizagem – o primeiro de três estágios de aprendizagem propostos por Fitts, em que as performances dos aprendizes são fortemente baseadas nos processos cognitivos ou verbais.

estágio de fixação (associativa ou motora) – segundo de três estágios de aprendizagem propostos por Fitts, em que os alunos estabelecem padrões motores.

estereótipos populacionais – relações estímulo-resposta que dominam o comportamento devido à aprendizagem cultural específica.

estreitamento perceptual – tendência para o campo perceptivo "encolher", às vezes, chamado visão de túnel ou "foco de arma" em trabalho da polícia.

exercícios educativos – tarefas especiais projetadas para serem aprendidas antes da prática de uma tarefa-critério mais complicada ou perigosa.

exterocepção – informações sensoriais decorrentes principalmente da parte externa do corpo.

feedback – informação fornecida para o iniciante sobre a ação que acabou de ser realizada; frequentemente sinônimo de *feedback* aumentado.

feedback **aumentado** – informação do resultado de performance medido que é retornada para o iniciante por algum meio artificial; algumas vezes, chamado de *feedback* extrínseco.

feedback **concomitante** – *feedback* aumentado (geralmente contínuo) que é apresentado simultaneamente com uma ação em curso.

feedback **de amplitude** – procedimento para distribuição de *feedback* em que os erros são sinalizados somente se não se enquadram em algum intervalo de correção.

feedback **decrescente** – prática de distribuir *feedback* por meio da qual a frequência de *feedback* é reduzida sistematicamente em todos os ensaios.

feedback **determinado pelo iniciante** – escala em que o fornecimento de *feedback* é determinado pelo iniciante.

feedback **extrínseco** – ver *feedback aumentado*.

feedback **inerente** – informação fornecida como uma consequência natural de fazer uma ação; às vezes, chamado de *feedback* intrínseco.

feedback **instantâneo** – *feedback* aumentado fornecido imediatamente após conclusão do movimento (sem atraso).

feedback médio – tipo de *feedback* aumentado que apresenta uma média estatística de duas ou mais tentativas, em vez de resultados sobre qualquer um deles.

feedback normativo falso-negativo – procedimento experimental em que os iniciantes são (des)informados de que sua performance é menos habilitada que a de outros.

feedback normativo falso-positivo – procedimento experimental em que os iniciantes são (erroneamente) informados de que sua performance em alguma tarefa é mais habilidosa do que a dos outros.

feedback resumo – informação sobre a efetividade da performance em uma série de tentativas que é apresentada apenas após a série ser completada.

feedback retardado – procedimento em que a apresentação de *feedback* para um movimento é adiada; durante o atraso, o iniciante pratica uma ou mais tentativas da mesma tarefa.

feedforward – consequências sensoriais previstas do movimento que devem ocorrer se o movimento for correto.

fenômeno de reversão do reflexo – o fenômeno pelo qual um determinado estímulo pode produzir duas respostas reflexivas diferentes, dependendo da função do membro em movimento.

fidelidade física – grau em que as características de superfície de uma simulação e a tarefa-critério são idênticas.

fidelidade psicológica – grau em que os comportamentos produzidos em um simulador são idênticos aos comportamentos necessários para uma tarefa-critério.

fluxo dorsal – informações visuais, usadas especificamente para o controle do movimento dentro do ambiente visual, que é enviado a partir do olho para o córtex parietal posterior; às vezes, chamado de visão ambiental.

fluxo óptico – mudança nos padrões de raios de luz do ambiente à medida que "fluem" sobre a retina durante o movimento contínuo do olho através do ambiente, possibilitando a percepção do movimento, a posição e o *timing*.

fluxo ventral – informação útil para a identificação de um objeto que é enviado para o córtex inferotemporal; às vezes, chamado de visão ventral.

foco externo de atenção – atenção direcionada para fora do corpo, para um objeto ou meta ambiental.

foco interno de atenção – atenção dirigida para locais dentro do corpo, ou informações motoras ou sensoriais.

frequência absoluta de *feedback* – o número real de apresentações de *feedback* fornecidas em uma série de tendências práticas.

frequência decrescente – programação de *feedback* em que a frequência relativa é elevada no início da prática e reduzida na prática posterior.

frequência relativa de *feedback* – proporção de tentativas durante a prática em que o *feedback* é dado; frequência absoluta dividida pelo número de tentativas.

fuso muscular – estrutura localizada em paralelo com as fibras musculares que fornece informação sobre o comprimento do músculo.

generalizabilidade – processo de aplicação do que é aprendido na prática de uma tarefa para uma ou outras tarefas inexperientes.

gerador central de padrão (GCP) – um mecanismo de controle centralmente localizado que produz em especial ações geneticamente definidas, tais como andar.

graus de liberdade – coleção de movimentos separados de um sistema que precisa ser controlado: ver *problema de graus de liberdade*.

habilidade – capacidade de produzir um resultado final com certeza máxima, energia mínima ou tempo mínimo; proficiência na tarefa que pode ser modificada pela prática.

habilidade aberta – habilidade para a qual o ambiente é imprevisível ou instável, evitando organização prévia do movimento.

habilidade contínua – uma tarefa em que a ação é realizada sem qualquer início ou fim reconhecível.

habilidade distinta – uma tarefa que tem início e fim reconhecível; geralmente de duração breve.

habilidade fechada – habilidade para a qual o ambiente é estável e previsível, possibilitando a organização prévia do movimento.

habilidade seriada – uma tarefa composta por várias ações distintas ordenadas juntas, frequentemente com a ordem das ações sendo crucial para o sucesso.

habilidades especiais – representação específica para uma habilidade (p. ex., lance livre no basquete) dentro de uma classe mais ampla de habilidades (p. ex., conjunto de arremessos no basquete).

hipervigilância – estado elevado de excitação que leva a tomada de decisão ineficaz e mau desempenho; pânico.

hipótese da orientação – visão que enfatiza as propriedades de orientação de *feedback* aumentado, que promove a performance eficaz quando está presente, mas tem efeitos produtores de dependência (semelhantes à orientação) nos testes de retenção da aprendizagem.

hipótese de elaboração – a ideia de que a mudança frequente entre tarefas (p. ex., prática aleatória) torna as tarefas mais distintas umas das outras e mais significativas, resultando em representações de memória mais fortes; uma explicação do efeito de interferência contextual.

hipótese de especificidade – a hipótese de que diferenças individuais são baseadas em diversas habilidades independentes.

hipótese do esquecimento – hipótese de que a alternância de tarefas frequentes na prática aleatória causa esquecimento do planejamento feito nas tentativas anteriores, levando a mais planejamento da próxima tentativa e resultando em representações mais fortes de memória; uma hipótese para explicar o efeito contextual-interferência.

identificação de estímulo – primeiro estágio do processamento de informação em que um estímulo é reconhecido e identificado.

índice de dificuldade (ID) – a "dificuldade" teórica de um movimento na tarefa de bater de Fitts ou ID = $\log_2 (2A/L)$, em que A é amplitude de movimento até o alvo e W é a amplitude do alvo.

interferência contextual – interferência na performance e na aprendizagem que surge a partir do desempenho de uma tarefa no contexto de outras; a prática bloqueada tem baixa interferência contextual e a prática aleatória tem alta interferência contextual.

intervalo de atraso do *feedback* – intervalo de tempo desde o fim do movimento até o *feedback* ser apresentado.

intervalo interestímulo – ver *feedback inerente*.

Lei de Fitts – o princípio de que o tempo de movimento em tarefas com alvo é linearmente relacionado como $\log_2 (2A/L)$, quando: A = amplitude de movimento e W = amplitude do alvo.

Lei de Hick – descrito matemático que mostra uma relação linear entre o tempo de reação de escolha e o logaritmo (para a base 2) do número de alternativas estímulo-resposta.

memória de curto prazo (MCP) – armazenamento da memória com uma capacidade de cerca de sete elementos, capazes de manter brevemente as informações (talvez até 30 s); às vezes, chamado de "memória de trabalho".

memória de longo prazo (MLP) – armazenamento de memória praticamente ilimitado para informações, fatos, conceitos e relações; presumivelmente, armazenamento para programas de movimento.

método diferencial – método de compreensão do comportamento focando nas diferenças e habilidades individuais.

método experimental – método de compreensão do comportamento enfatizando princípios comuns entre pessoas e por meio do uso de experimentos.

modelagem – procedimento de prática em que outra pessoa demonstra as habilidades a serem aprendidas.

neuropatia sensorial – condição médica em pacientes que são incapazes de processar e responder à maior parte de seu próprio *feedback* sensorial.

órgãos tendinosos de Golgi – pequenos receptores de alongamento localizados nos tendões que fornecem informações precisas sobre a tensão muscular.

orientação – procedimento utilizado na prática em que o aprendiz é física ou verbalmente direcionado por meio da performance para melhorá-la.

paradigma de estimulação dupla – método para estudar o processamento de informação em que um determinado estímulo (que leva a uma resposta) é seguido de perto por um segundo estímulo (que leva a outra resposta).

parameterizado – processo pelo qual parâmetros são fornecidos ao programa motor generalizado para definir suas características superficiais.

parâmetros – valores aplicados a um programa motor generalizado que determinam características de superfície de um movimento, como velocidade, amplitude ou membro utilizado.

período refratário psicológico (PRP) – atraso na resposta ao segundo de dois estímulos estreitamente espaçados.

potencialidade – representação interna da habilidade, adquirida durante a prática, que possibilita performance em alguma tarefa.

prática acumulada – programa de prática em que a quantidade de repouso entre as tentativas de prática é relativamente curto (frequentemente menos que o tempo para a tentativa).

prática aleatória (ou intercalada) – programa em que as tentativas de prática em várias tarefas diferentes são misturadas, ou intercaladas, por meio do período de prática; interferência contextual alta.

prática constante – sequência prática em que apenas uma variação de uma determinada classe de tarefas é experimentada.

prática distribuída – programa de prática em que a duração de repouso entre tentativas de prática é "relativamente longa"; o tempo em prática é frequentemente menor do que o tempo em repouso.

prática em blocos – programação em que muitas tentativas sobre uma única tarefa são praticadas consecutivamente; interferência contextual baixa.

prática global – procedimento no qual uma habilidade é praticada na sua totalidade, sem separação de suas partes.

prática mental – procedimento de prática em que o aprendiz imagina a ação bem-sucedida sem a prática física.

prática parcial – procedimento em que uma habilidade complexa é quebrada em partes que são praticadas separadamente.

prática parcial progressiva – procedimento em que partes de uma habilidade são gradualmente integradas em unidades maiores durante a prática.

prática variável – programação da prática em que muitas variações de uma classe de ações são praticadas.

pré-período – em uma tarefa de tempo de reação, o intervalo de tempo entre o sinal de alerta e um estímulo para responder.

precisão do *feedback* – nível de precisão com o qual um *feedback* aumentado descreve o movimento ou o resultado produzido.

predição – processo de utilização da capacidade das pessoas para estimar seu provável sucesso em várias situações.

previsão espacial – previsão de qual dos vários estímulos possíveis ocorrerão; às vezes, chamado de previsão de evento.

previsão temporal – previsão de quando um determinado estímulo irá chegar ou quando um movimento será feito.

princípio do U invertido – princípio de que o aumento da ativação melhora a performance apenas até um ponto.

problema da novidade – preocupação de que teorias simples não podem explicar a produção de movimentos novos, não praticados.

problema de graus de liberdade – o problema de explicar como um movimento com muitos graus de liberdade é controlado ou coordenado; ver *graus de liberdade*.

problema do armazenamento – preocupação de que teorias de programa simples exigiriam uma capacidade de armazenamento quase ilimitada para movimentos diferentes quase incontáveis.

processamento automático – modo de processamento da informação rápido, é feito em paralelo, não demanda atenção e é frequentemente involuntário.

processamento controlado – um modo de processamento da informação que é relativamente lento, seriado, que exige atenção e é voluntário.

programa motor – conjunto pré-estruturado dos comandos de movimento que define os detalhes essenciais da ação habilidosa, com envolvimento mínimo (ou não) de *feedback* sensorial.

programa motor generalizado (PMG) – programa motor cuja resposta pode variar ao longo de determinadas dimensões para produzir novidade e generalizabilidade em movimento.

programação do movimento – terceiro estágio de processamento da informação em que o sistema motor está preparado para a ação planejada.

propriocepção – informação sensorial decorrente de dentro do corpo, resultando no sentido de posição e movimento; às vezes, chamada de cinestesia.

raiz quadrada do erro quadrático médio (RMSE) – raiz quadrada dos desvios quadrados médios de um conjunto de valores a partir de um valor-alvo: geralmente usado como uma medida de proficiência de rastreamento global.

rastreamento – classe de tarefas em que um caminho em movimento deve ser seguido, geralmente por movimentos de um controle manual.

reações disparadas – reações coordenadas instruídas para as perturbações que se manifestam em grandes segmentos do corpo; a reação disparada tem uma latência menor do que o TR ainda que mais longa do que o reflexo de circuito longo (50 a 80 ms).

receptor cutâneo – receptor localizado na pele que fornece informações inerentes sobre o toque (sensações hápticas).

receptores articulares – receptores sensoriais localizados na cápsula articular que fornece informações sobre a posição articular.

repetição – tipo de prática ineficaz em que um movimento é repetido várias vezes.

seleção de resposta – segundo estágio de processamento da informação em que o sistema seleciona uma resposta de um número de alternativas.

set – coleção de atividades psicológicas ou ajustes que são subjacentes à performance, mas que podem ser "perdidos" depois de um descanso.

simulador – dispositivo de treinamento que imita várias características de alguma tarefa do mundo real.

supercapacidade – capacidade geral fraca que se acredita que contribui para todas as tarefas.

tarefa-critério – última versão, condição ou situação em que a habilidade aprendida na prática tem de ser aplicada; a meta final da prática.

tau (τ) – variável que fornece informações ópticas sobre tempo de contato; tamanho da imagem da retina dividido pela taxa de mudança da imagem.

técnica tarefa-teste – método que utiliza uma tarefa de TR como uma tarefa secundária (teste) durante a performance de uma tarefa-critério primária para avaliar as demandas de atenção da tarefa-critério.

tempo de movimento (TM) – intervalo desde o início de um movimento até o seu término.

tempo de reação (TR) – intervalo desde a apresentação de um estímulo não previsto até o início da resposta.

tempo de reação de escolha – variação do procedimento de TR em que o executante, quando um determinado estímulo é dado, deve escolher uma resposta (a resposta "correta") a partir de um número de possíveis respostas predeterminadas; o intervalo temporal entre a apresentação de um determinado estímulo e o início da sua resposta associada.

tempo de resposta – soma de tempo de reação mais tempo de movimento; algumas vezes, chamado tempo total.

Teoria de Adams (circuito fechado) – teoria da aprendizagem motora proposta por Adams (1971), que se concentra fortemente na aprendizagem de movimentos de posicionamento lentos.

teoria de esquema – teoria de controle motor e aprendizagem baseada nos programas motores generalizados e esquemas.

teste de retenção – teste de performance em uma determinada tarefa fornecido após intervalo de retenção sem prática; algumas vezes, chamado de teste de transferência.

teste de transferência – teste de performance em que a tarefa ou condições da tarefa mudaram; frequentemente fornecido após um intervalo de retenção sem prática.

testes de referência – testes bem estudados que se acredita que meçam as capacidades de vários tipos (p. ex., tempo de reação, tempo de movimento, relações espaciais).

timing **relativo** – estrutura temporal ou ritmo de ação; as durações dos vários segmentos de uma ação divididas pelo total de tempo de movimento.

TR de sobressalto – reação rápida (<100 ms de latência) a um estímulo inesperado, muito forte; usado para estudar a liberação involuntária de programas motores.

TR simples – situação de tempo de reação em que há apenas um estímulo possível e uma resposta.

transferência de aprendizagem – ganho ou perda de proficiência em uma tarefa, como resultado da prática ou experiência em outra tarefa.

transferência distante – transferência de aprendizagem de uma tarefa para outra ou para uma situação muito diferente.

transferência para perto – transferência de aprendizagem de uma tarefa ou situação a outra que é muito semelhante.

troca velocidade-precisão – tendência para a precisão diminuir à medida que a rapidez ou a velocidade de um movimento aumenta e vice-versa.

visão cega – condição médica na qual o paciente pode responder a determinados estímulos visuais, enquanto considerado legalmente cego por outros critérios.

visão do ambiente – ver *fluxo dorsal*.

visão ventral – ver *fluxo ventral*.

Referências

Abbs, J.H., Gracco, V.L., & Cole, K.J. (1984). Control of multimovement coordination: Sensorimotor mechanisms in speech motor programming. *Journal of Motor Behavior, 16,* 195-232.

Abernethy, B., Farrow, D., Gorman, A., & Mann, D. (2012). Anticipatory behavior and expert performance. In N.J. Hodges & A.M. Williams (Eds.), *Skill acquisition in sport: Research, theory, and practice* (2nd ed.) (pp. 287-305). London, UK: Routledge.

Abernethy, B., & Wood, J.M. (2001). Do generalized visual training programmes for sport really work? An experimental investigation. *Journal of Sports Sciences, 19,* 203-222.

Ackerman, P.L. (2007). New developments in under--standing skilled performance. *Current Directions in Psychological Science, 16,* 235-239.

Adams, J.A. (1952). Warmup decrement in performance on the pursuit-rotor. *American Journal of Psychology, 65,* 404-414.

Adams, J.A. (1953). *The prediction of performance at advanced stages of training on a complex psychomotor task.* Res. Bull. 5349. Lackland Air Force Base, TX: Human Resources Research Center.

Adams, J.A. (1956). *An evaluation of test items measuring motor abilities.* Research Rep. AFPTRCTN5655. Lackland Air Force Base, TX: Human Resources Research Center.

Adams, J.A. (1961). The second facet of forgetting: A review of warmup decrement. *Psychological Bulletin, 58,* 257-273.

Adams, J.A. (1971). A closed-loop theory of motor learning. *Journal of Motor Behavior, 3,* 111-150.

Adams, J.A. (1976). *Learning and memory: An introduction.* Homewood, IL: Dorsey.

Adams, J.A. (1987). Historical review and appraisal of research on the learning, retention, and transfer of human motor skills. *Psychological Bulletin, 101,* 41-74.

Adams, J.A., & Dijkstra, S. (1966). Short-term memory for motor responses. *Journal of Experimental Psychology, 71,* 314-318.

Alexander, R.M. (2003). *Principles of animal locomotion.* Princeton, NJ: Princeton University Press.

Allard, F., & Burnett, N. (1985). Skill in sport. *Canadian Journal of Psychology, 39,* 294-312.

Ammons, R.N., Farr, R.G., Block, E., Neumann, E., Dey, M., Marion, R., & Ammons, C.H. (1958). Long-term retention of perceptual motor skills. *Journal of Experimental Psychology, 55,* 318-328.

Anderson, D.I., Magill, R.A., Sekiya, H., & Ryan, G. (2005). Support for an explanation of the guidance effect in motor skill learning. *Journal of Motor Behavior, 37,* 231-238.

Annett, J. (1959). Learning a pressure under conditions of immediate and delayed knowledge of results. *Quarterly Journal of Experimental Psychology, 11,* 3-15.

Anson, J.G., Elliott, D., & Davids, K. (2005). Information processing and constraints-based views of skill acquisition: Divergent or complementary? *Motor Control, 9,* 217-241.

Armstrong, T.R. (1970). *Training for the production of memorized movement patterns.* Tech. Rep. No. 26. Ann Arbor, MI: University of Michigan, Department of Psychology.

Arps, G.F. (1920). Work with knowledge of results versus work without knowledge of results. *Psychological Monographs, 28,* 1-41.

Asundi, K., & Odell, D. (2011). Effects of keyboard keyswitch design: A review of the current literature. *Work, 39,* 151-159.

Ayres, T.J., Schmidt, R.A., Steele, B.D., & Bayan, F.P. (1995). Visibility and judgment in car-truck night accidents. In D.W. Pratt (Ed.), *Safety engineering and risk analysis–1995* (pp. 43-50). New York: American Society of Mechanical Engineers.

Baddeley, A.D., & Longman, D.J.A. (1978). The influence of length and frequency of training session on the rate of learning to type. *Ergonomics, 21,* 627-635.

Bahrick, H.P., Fitts, P.M., & Briggs, G.E. (1957). Learning curves—facts or artifacts? *Psychological Bulletin, 54,* 256-268.

Banala, S.K., Kim, S.H., Agrawal, S.K., & Scholz, J.P. (2009). Robot assisted gait training with active leg exoskeleton (ALEX). *IEEE Transactions on Neural Systems and Rehabilitation Engineering, 17,* 2-8.

Barnett, J.L., Ross, D., Schmidt, R.A., & Todd, B. (1973). Motor skills learning and the specificity of training principle. *Research Quarterly, 44,* 440-447.

Barnsley, R.H., Thompson, A.H., & Legault, P. (1992). Family planning: Football style, the relative age effect in football. *International Review for the Sociology of Sport, 27,* 77-78.

Bartlett, F.C. (1932). *Remembering: A study in experimental and social psychology.* Cambridge: Cambridge University Press.

Battig, W.F. (1966). Facilitation and interference. In E.A. Bilodeau (Ed.), *Acquisition of skill* (pp. 215-244). New York: Academic Press.

Beilock, S.L. (2010). *Choke: What the secrets of the brain reveal about success and failure at work and at play.* New York: Simon & Schuster.

Beilock, S.L., Carr, T.H., MacMahon, C., & Starkes, J.L. (2002). When paying attention becomes counterproductive: Impact of divided versus skill-focused attention on novice and experienced performance of sensorimotor skills. *Journal of Experimental Psychology: Applied, 8,* 6-16.

Belen'kii, V.Y., Gurfinkel, V.S., & Pal'tsev, Y.I. (1967). Elements of control of voluntary movements. *Biofizika, 12,* 135-141.

Bender, P.A. (1987). *Extended practice and patterns of bimanual interference.* Unpublished doctoral dissertation, University of Southern California.

Bernstein, N.A. (1967). *The co-ordination and regulation of movements.* Oxford: Pergamon Press.

Bilodeau, I.M. (1966). Information feedback. In E.A. Bilodeau (Ed.), *Acquisition of skill* (pp. 255-296). New York: Academic Press.

Bjork, R.A. (2011). On the symbiosis of learning, remembering, and forgetting. In A.S. Benjamin (Ed.), *Successful remembering and successful forgetting: A Festschrift in honor of Robert A. Bjork* (pp. 1-22). London, UK: Psychology Press.

Blouin, J., Gauthier, G.M., Vercher, J.L., & Cole, J. (1996). The relative contribution of retinal and extraretinal signals in determining the accuracy of reaching movements in normal subjects and a deafferented patient. *Experimental Brain Research, 109,* 148-153.

Bourne, L.E. Jr., & Archer, E.J. (1956). Time continuously on target as a function of distribution of practice. *Journal of Experimental Psychology, 51,* 25-33.

Boutcher, S.H., & Crews, D.J. (1987). The effect of a preshot attentional routine on a well-learned skill. *International Journal of Sport Psychology, 18,* 30-39.

Boyce, B.A. (1992). Effects of assigned versus participant-set goals on skill acquisition and retention of a selected shooting task. *Journal of Teaching in Physical Education, 11,* 220-234.

Brace, D.K. (1927). *Measuring motor ability.* New York: A.S. Barnes.

Breslin, G., Hodges, N.J., Steenson, A., & Williams, A.M. (2012). Constant or variable practice: Recreating the especial skill effect. *Acta Psychologica, 140,* 154-157.

Bridgeman, B., Kirch, M., & Sperling, A. (1981). Segregation of cognitive and motor aspects of visual information using induced motion. *Perception & Psychophysics, 29,* 336-342.

Brown, I.D. (2005). *Review of the "looked but failed to see" accident causation factor.* Road Safety Res. Rep. No. 60. Cambridge, England: Ivan Brown Associates.

Brown, I.D., Tickner, A.H., & Simmons, D.C.V. (1969). Interference between concurrent tasks of driver and telephoning. *Journal of Applied Psychology, 53,* 419-424.

Bryan, W.L., & Harter, N. (1897). Studies in the physiology and psychology of the telegraphic language. *Psychological Review, 4,* 27-53.

Bryan, W.L., & Harter, N. (1899). Studies on the telegraphic language: The acquisition of a hierarchy of habits. *Psychological Review, 6,* 345-375.

Cahill, L., McGaugh, J.L., & Weinberger, N.M. (2001). The neurobiology of learning and memory: Some reminders to remember. *Trends in Neurosciences, 24,* 578-581.

Card, S.K., English, W.K., & Burr, B.J. (1978). Evaluation of mouse, rate-controlled isometric joystick, step keys, and text keys for text selection on a CRT. *Ergonomics, 21,* 601-613.

Carlsen, A.N., Maslovat, D., Lam, M.Y., Chua, R., & Franks, I.M. (2011). Considerations for the use of a startling acoustic stimulus in studies of motor preparation in humans. *Neuroscience and Biobehavioral Reviews, 35,* 366-376.

Carron, A.V. (1967). *Performance and learning in a discrete motor task under massed versus distributed conditions.* Unpublished doctoral dissertation, University of California, Berkeley.

Carron, A.V., Loughhead, T.M., & Bray, S.R. (2005). The home advantage in sport competitions: Courneya and Carron's (1992) conceptual framework a decade later. *Journal of Sports Sciences, 23,* 395-407.

Catalano, J.F., & Kleiner, B.M. (1984). Distant transfer in coincident timing as a function of practice variability. *Perceptual and Motor Skills, 58,* 851-856.

Cha, Y.J., Yoo, E.Y., Jung, M.Y., Park, S.H., & Park, J.H. (2012). Effects of functional task training with mental practice in stroke: A meta analysis. *NeuroRehabilitation, 30,* 239-246.

Chabris, C.F., & Simons, D.J. (2010). *The invisible gorilla: And other ways our intuitions deceive us.* New York: Crown.

Chase, W.G., & Simon, H.A. (1973). Perception in chess. *Cognitive Psychology, 4,* 55-81.

Cherry, E.C. (1953). Some experiments on the recognition of speech, with one and two ears. *Journal of the Acoustical Society of America, 25,* 975-979.

Chiviacowsky, S., & Wulf, G. (2002). Self-controlled feedback: Does it enhance learning because performers get feedback when they need it? *Research Quarterly for Exercise and Sport, 73,* 408-415.

Chiviacowsky, S., & Wulf, G. (2007). Feedback after good trials enhances learning. *Research Quarterly for Exercise and Sport, 78,* 40-47.

Choi, Y., Qi, F., Gordon, J., & Schweighofer, N. (2008). Performance-based adaptive schedules enhance motor learning. *Journal of Motor Behavior, 40,* 273-280.

Christina, R.W. (1992). The 1991 C.H. McCloy research lecture: Unraveling the mystery of the response complexity effect in skilled movements. *Research Quarterly for Exercise and Sport, 63,* 218-230.

Chun, M.M., Golomb, J.D., & Turk-Browne, N.B. (2011). A taxonomy of external and internal attention. *Annual Review of Psychology, 62,* 73-101.

Cobley, S., Baker, J., Wattie, N., & McKenna, J. (2009). Annual age-grouping and athlete development: A meta-analytical review of relative age effects in sport. *Sports Medicine, 39,* 235-256.

Cormier, S.M., & Hagman, J.D. (Eds.) (1987). *Transfer of learning: Contemporary research applications.* New York: Academic Press.

Crawley, S.L. (1926). An experimental investigation of recovery from work. *Archives of Psychology, 13,* 85.

Crossman, E.R.F.W. (1959). A theory of the acquisition of speed skill. *Ergonomics, 2,* 153-166.

Cuddy, L.J., & Jacoby, L.L. (1982). When forgetting helps memory. An analysis of repetition effects. *Journal of Verbal Learning and Verbal Behavior, 21,* 451-467.

Dail, T.K., & Christina, R.W. (2004). Distribution of practice and metacognition in learning and retention of a discrete motor task. *Research Quarterly for Exercise and Sport, 75,* 148-155.

Davies, D.R., & Parasuraman, R. (1982). *The psychology of vigilance.* New York: Academic Press.

Davis, R. (1988). The role of "attention" in the psychological refractory period. *Quarterly Journal of Experimental Psychology, 11,* 127-134.

Deci, E.L., & Ryan, R.M. (2000). The "what" and "why" of goal pursuits: Human needs and the self-determination of behavior. *Psychological Inquiry, 11,* 227-268.

de Gelder, B., Tamietto, M., van Boxtel, G., Goebal, R., Sahraie, A., van den Stock, J., Stienen, B.M.C., Weiskranz, L., & Pegna, A. (2008). Intact navigation skills after bilateral loss of striate cortex. *Current Biology, 18,* R1128-R1129.

deGroot, A.D. (1946/1978). *Thought and choice in chess.* The Hague: Mouton. (Original work published in 1946).

Dickstein, R., & Deutsch, J.E. (2007). Motor imagery in physical therapist practice. *Physical Therapy, 87,* 942-953.

Diedrich, F.J., & Warren, W.H. Jr. (1995). Why change gaits? Dynamics of the walk-run transition. *Journal of Experimental Psychology: Human Perception and Performance, 21,* 183-202.

Donders, F.C. (1969). On the speed of mental processes. In W.G. Koster (Ed. & Trans.), *Attention and performance II.* Amsterdam: North-Holland. (Original work published in 1868).

Drowatzky, J.N., & Zuccato, F.C. (1967). Interrelationships between selected measures of static and dynamic balance. *Research Quarterly, 38,* 509-510.

Easterbrook, J.A. (1959). The effect of emotion on cue utilization and the organization of behavior. *Psychological Review, 66,* 183-201.

Elliott, D., Hansen, S., & Grierson, L.E.M. (2010). The legacy of R.S. Woodworth: The two-component model revisited. In D. Elliott & M. Khan (Eds.), *Vision and goal-directed movement: Neurobe-havioral perspectives* (pp. 5-19). Champaign, IL: Human Kinetics.

Elliott, D., Helsen, W.F., & Chua, R. (2001). A century later: Woodworth's (1899) two-component model of goal-directed aiming. *Psychological Bulletin, 127,* 342-357.

Elliott, D., & Khan, M. (Eds.) (2010). *Vision and goal-directed movement: Neurobehavioral perspectives.* Champaign, IL: Human Kinetics.

Eysenck, M.W., Derakshan, N., Santos, R., & Calvo, M.G. (2007). Anxiety and cognitive performance: Attentional control theory. *Emotion, 7,* 336-353.

Farrell, J.E. (1975). The classification of physical education skills. *Quest, 24,* 63-68.

Feltz, D.L., & Landers, D.M. (1983). The effects of mental practice on motor skill learning and performance: A meta-analysis. *Journal of Sport Psychology, 5,* 25-57.

Fenney, A., & Lee, T.D. (2010). Exploring spared capacity in persons with dementia: What Wii can learn. *Activities, Adaptation & Aging, 34,* 303-313.

Fischman, M.G., Christina, R.W., & Anson, J.G. (2008). Memory drum theory's C movement: Revelations from Franklin Henry. *Research Quarterly for Exercise and Sport, 79,* 312-318.

Fitts, P.M. (1954). The information capacity of the human motor system in controlling the amplitude of movement. *Journal of Experimental Psychology, 47,* 381-391.

Fitts, P.M. (1964). Perceptual-motor skills learning. In A.W. Melton (Ed.), *Categories of human learning* (pp. 243-285). New York: Academic Press.

Fitts, P.M., Bahrick, H.P., Noble, M.E., & Briggs, G.E. (1959). *Skilled performance.* Contract No. AF 41 [657]-70. Columbus, OH: Ohio State University, Wright Air Development Center.

Fitts, P.M., & Peterson, J.R. (1964). Information capacity of discrete motor responses. *Journal of Experimental Psychology, 67,* 103-112.

Fitts, P.M., & Posner, M.I. (1967). *Human performance.* Belmont, CA: Brooks/Cole.

Fleishman, E.A. (1956). Psychomotor selection tests: Research and application in the United States Air Force. *Personnel Psychology, 9,* 449-467.

Fleishman, E.A. (1957). A comparative study of aptitude patterns in unskilled and skilled psychomotor performances. *Journal of Applied Psychology, 41,* 263-272.

Fleishman, E.A. (1964). *The structure and measurement of physical fitness.* Englewood Cliffs, NJ: Prentice Hall.

Fleishman, E.A., & Bartlett, C.J. (1969). Human abilities. *Annual Review of Psychology, 20,* 349-380.

Fleishman, E.A., & Hempel, W.E. (1955). The relation between abilities and improvement with practice in a visual discrimination task. *Journal of Experimental Psychology, 49,* 301-312.

Fleishman, E.A., & Parker, J.F. (1962). Factors in the retention and relearning of perceptual motor skill. *Journal of Experimental Psychology, 64,* 215-226.

Fleishman, E.A., & Stephenson, R.W. (1970). *Development of a taxonomy of human performance: A review of the third year's progress.* Tech. Rep. No. 726-TPR3. Silver Spring, MD: American Institutes for Research.

Forssberg, H., Grillner, S., & Rossignol, S. (1975). Phase dependent reflex reversal during walking in chronic spinal cats. *Brain Research, 85,* 103-107.

Fritsch, G., & Hitzig, E. (1870). Über die elektrischeErregbarkeit des Grosshirns. *Archiv Anatomie Physiologie, 37,* 300-332.

Fullerton, G.S., & Cattell, J. (1892). On the perception of small differences. *University of Pennsylvania Philosophical Series,* No. 2.

Furley, P., Memmert, D., & Heller, C. (2010). The dark side of visual awareness in sport: Inattentional blindness in a real-world basketball task. *Attention, Perception & Psychophysics, 72,* 1327-1337.

Garrison, K.A., Winstein, C.J., & Aziz-Zadeh, L. (2010). The mirror neuron system: A neural substrate for methods in stroke rehabilitation. *Neurorehabilitation and Neural Repair, 24,* 404-412.

Gentile, A.M. (1972). A working model of skill acquisition with application to teaching. *Quest, 17,* 3-23.

Gentile, A.M. (2000). Skill acquisition: Action, movement, and neuromotor processes. In J.H. Carr & R.H. Shepherd (Eds.), *Movement science: Foundation for physical therapy in rehabilitation* (2nd ed.) (pp. 111-180). Gaithersburg, MD: Aspen.

Gentner, D.R. (1987). Timing of skilled motor performance: Tests of the proportional duration model. *Psychological Review, 94,* 255-276.

Ghez, C., & Krakauer, J. (2000). The organization of movement. In E.R. Kandel, J.H. Schwartz, & T.M. Jessell (Eds.), *Principles of neural science* (pp. 653-673). New York: McGraw-Hill.

Gibson, J.J. (1966). *The senses considered as perceptual systems.* Boston: Houghton Mifflin.

Gladwell, M. (2000). *The tipping point: How little things can make a big difference.* New York: Little, Brown.

Gladwell, M. (2008). *Outliers: The story of success.* New York: Little, Brown.

Goode, S., & Magill, R.A. (1986). Contextual interference effects in learning three badminton serves. *Research Quarterly for Exercise and Sport, 57,* 308-314.

Gray, R. (2009). How do batters use visual, auditory, and tactile information about the success of a baseball swing? *Research Quarterly for Exercise and Sport, 80,* 491-501.

Griffith, C.R. (1931). An experiment on learning to drive a golf ball. *Athletic Journal, 11,* 11-13.

Grillner, S. (1975). Locomotion in vertebrates: Central mechanisms and reflex interaction. *Physiological Reviews, 55,* 247-304.

Guadagnoli, M.A., Dornier, L.A., & Tandy, R.D. (1996). Optimal length for summary knowledge of results: The influence of task-related experience and complexity. *Research Quarterly for Exercise and Sport, 67,* 239-248.

Guadagnoli, M.A., & Kohl, R.M. (2001). Knowledge of results for motor learning: Relationship between error estimation and knowledge of results frequency. *Journal of Motor Behavior, 33,* 217-224.

Guadagnoli, M.A., & Lee, T.D. (2004). Challenge point: A framework for conceptualizing the effects of various practice conditions in motor learning. *Journal of Motor Behavior, 36*, 212-224.

Guthrie, E.R. (1952). *The psychology of learning.* New York: Harper & Row.

Haken, H., Kelso, J.A.S., & Bunz, H. (1985). A theoretical model of phase transitions in human hand movements. *Biological Cybernetics, 51*, 347-356.

Hall, K.G., Domingues, D.A., & Cavazos, R. (1994). Contextual interference effects with skilled baseball players. *Perceptual and Motor Skills, 78*, 835-841.

Helmuth, L.L., & Ivry, R.B. (1996). When two hands are better than one: Reduced timing variability during bimanual movement. *Journal of Experimental Psychology: Human Perception and Performance, 22*, 278-293.

Henry, F.M. (1968). Specificity vs. generality in learning motor skill. In R.C. Brown & G.S. Kenyon (Eds.),n *Classical studies on physical activity* (pp. 331-340). Englewood Cliffs, NJ: Prentice Hall. (Original work published in 1958).

Henry, F.M., & Rogers, D.E. (1960). Increased response latency for complicated movements and a "memory drum" theory of neuromotor reaction. *Research Quarterly, 31*, 448-458.

Heuer, H. (1985). Wiewirktmentale Übung? [How does mental practice operate?] *Psychologische Rundschau, 36*, 191-200.

Heuer, H. (1988). Testing the invariance of relative timing: Comment on Gentner (1987). *Psychological Review, 95*, 552-557.

Heuer, H., Schmidt, R.A., & Ghodsian, D. (1995). Generalized motor programs for rapid bimanual tasks: A two-level multiplicative-rate model. *Biological Cybernetics, 73*, 343-356.

Hick, W.E. (1952). On the rate of gain of information. *Quarterly Journal of Experimental Psychology, 4*, 11-26.

Hijmans, J.M., Hale, L.A., Satherley, J.A., McMil-lan, N.J., & King, M.J. (2011). Bilateral upper-limb rehabilitation after stroke using a movement-based game controller. *Journal of Rehabilitation Research and Development, 48*, 1005-1014.

Hird, J.S., Landers, D.M., Thomas, J.R., & Horan, J.J. (1991). Physical practice is superior to mental practice in enhancing cognitive and motor task performance. *Journal of Sport and Exercise Psychology, 13*, 281-293.

Hodges, N.J., & Campagnaro, P. (2012). Physical guidance research: Assisting principles and supporting evidence. In N.J. Hodges & A.M. Williams (Eds.), *Skill acquisition in sport: Research, theory and practice* (2nd ed.) (pp. 150-169). London, UK: Routledge.

Hollerbach, J.M. (1978). *A study of human motor control through analysis and synthesis of handwriting.* Unpublished doctoral dissertation, Massachusetts Institute of Technology, Cambridge.

Howell, M.L. (1953). Influence of emotional tension on speed of reaction and movement. *Research Quarterly, 24*, 22-32.

Howell, M.L. (1956). Use of force-time graphs for performance analysis in facilitating motor learning. *Research Quarterly, 27*, 12-22.

Hubbard, A.W., & Seng, C.N. (1954). Visual movements of batters. *Research Quarterly, 25*, 42-57.

Humphrey, N. (1974). Vision in a monkey without striate cortex: A case study. *Perception, 3*, 241-255.

Hyman, I.E. Jr., Boss, S.M., Wise, B.M., McKenzie, K.E., & Caggiano, J.M. (2010). Did you see the unicycling clown? Inattentional blindness while walking and talking on a cell phone. *Applied Cognitive Psychology, 24*, 597-607.

Hyman, R. (1953). Stimulus information as a determinant of reaction time. *Journal of Experimental Psychology, 45*, 188-196.

Irion, A.L. (1966). A brief history of research on the acquisition of skill. In E.A. Bilodeau (Ed.), *Acquisition of skill* (pp. 1-46). New York: Academic Press.

Ishigami, Y., & Klein, R.M. (2009). Is a hands-free phone safer than a handheld phone? *Journal of Safety Research, 40*, 157-164.

Jackson, G.M., Jackson, S.R., & Kritikos, A. (1999). Attention for action: Coordinating bimanual reach-to--grasp movements. *British Journal of Psychology, 90*, 247-270.

James, W. (1890). *The principles of psychology* (Vol. 1). New York: Holt.

James, W. (1891). *The principles of psychology* (Vol. 2). New York: Holt.

Janelle, C.M., Barba, D.A., Frehlich, S.G., Tennant, L.K., & Cauraugh, J.H. (1997). Maximizing performance feedback effectiveness through videotape replay and a self-controlled learning environment. *Research Quarterly for Exercise and Sport, 68*, 269-279.

Kahneman, D. (2011). *Thinking, fast and slow.* New York: Farrar, Straus, and Giroux.

Kantak, S.S., & Winstein, C.J. (2012). Learning– performance distinction and memory processes for motor skills: A focused review and perspective. *Behavioural Brain Research, 228*, 219-231.

Keele, S.W. (1968). Movement control in skilled motor performance. *Psychological Bulletin, 70*, 387-403.

Keele, S.W., & Posner, M.I. (1968). Processing of visual feedback in rapid movements. *Journal of Experimental Psychology, 77*, 155-158.

Keetch, K.M., Lee, T.D., and Schmidt, R.A. (2008). Especial skills: Specificity embedded within generality. *Journal of Sport and Exercise Psychology, 30,* 723-736.

Keetch, K.M., Schmidt, R.A., Lee, T.D., and Young, D.E. (2005). Especial skills: Their emergence with massive amounts of practice. *Journal of Experimental Psychology: Human Perception and Performance, 31,* 970-978.

Kelso, J.A.S. (1995). *Dynamic patterns: The self-organization of brain and behavior.* Cambridge, MA: MIT Press.

Kelso, J.A.S., & Engstrøm, D.A. (2005). *The complementary nature.* Cambridge, MA: MIT Press.

Kelso, J.A.S., Putnam, C.A., & Goodman, D. (1983). On the space-time structure of human interlimb co-ordination. *Quarterly Journal of Experimental Psychology, 35A,* 347-375.

Kelso, J.A.S., Scholz, J.P., & Schöner, G. (1986). Nonequilibrium phase transitions in coordinated biological motion: Critical fluctuations. *Physics Letters A, 118,* 279-284.

Kelso, J.A.S., Scholz, J.P., & Schöner, G. (1988). Dynamics governs switching among patterns of coordination in biological movement. *Physics Letters A, 134,* 8-12.

Kelso, J.A.S., Southard, D.L., & Goodman, D. (1979). On the coordination of two-handed movements. *Journal of Experimental Psychology: Human Perception and Performance, 5,* 229-238.

Kelso, J.A.S., Tuller, B., Vatikiotis-Bateson, E., & Fowler, C.A. (1984). Functionally specific articulatory cooperation following jaw perturbations during speech: Evidence for coordinative structures. *Journal of Experimental Psychology: Human Perception and Performance, 10,* 812-832.

Kernodle, M.W., & Carlton, L.G. (1992). Information feedback and the learning of multiple-degree-of-freedom activities. *Journal of Motor Behavior, 24,* 187-196.

Klapp, S.T. (1996). Reaction time analysis of central motor control. In H.N. Zelaznik (Ed.), *Advances in motor learning and control* (pp. 13-35). Champaign, IL: Human Kinetics.

Konczak, J., vander Velden, H., & Jaeger, L. (2009). Learning to play the violin: Motor control by freezing, not freeing degrees of freedom. *Journal of Motor Behavior, 41,* 243-252.

Kozlowski, S.W.J., & DeShon, R.P. (2004). A psychological fidelity approach to simulation-based training: Theory, research, and principles. In E. Salas, L.R. Elliott, S.G. Schflett, & M.D. Coovert (Eds.), *Scaled worlds: Development, validation, and applications* (pp. 75-99). Burlington, VT: Ashgate.

Lachman, R., Lachman, J.L., & Butterfield, E.C. (1979). *Cognitive psychology and information processing: An introduction.* Hillsdale, NJ: Erlbaum.

Landin, D., & Hebert, E.P. (1997). A comparison of three practice schedules along the contextual interference continuum. *Research Quarterly for Exercise and Sport, 68,* 357-361.

Langham, M., Hole, G., Edwards, J., & O'Neil, C. (2002). An analysis of "looked but failed to see" accidents involving parked police vehicles. *Ergonomics, 45,* 167-185.

Lashley, K.S. (1917). The accuracy of movement in the absence of excitation from the moving organ. *American Journal of Physiology, 43,* 169-194.

Lashley, K.S. (1942). The problem of cerebral organization in vision. In J. Cattell (Ed.), *Biological symposia. Vol. VII. Visual mechanisms* (pp. 301-322). Lancaster, PA: Jaques Cattell Press.

Lavery, J.J. (1962). Retention of simple motor skills as a function of type of knowledge of results. *Canadian Journal of Psychology, 16,* 300-311.

Lavery, J.J., & Suddon, F.H. (1962). Retention of simple motor skills as a function of the number of trials by which KR is delayed. *Perceptual and Motor Skills, 15,* 231-237.

Lawrence, M., & Barclay, D.M. (1998). Stuttering: A brief review. *American Family Physician, 57,* 2175-2178.

Leavitt, J.L. (1979). Cognitive demands of skating and stickhandling in ice hockey. *Canadian Journal of Applied Sports Science, 4,* 46-55.

Lee, D.N. (1980). Visuo-motor coordination in space-time. In G.E. Stelmach & J. Requin (Eds.), *Tutorials in motor behavior* (pp. 281-295). Amsterdam: North-Holland.

Lee, D.N., & Aronson, E. (1974). Visual proprioceptive control of standing in human infants. *Perception & Psychophysics, 15,* 529-532.

Lee, D.N., & Young, D.S. (1985). Visual timing of interceptive action. In D. Ingle, M. Jeannerod, & D.N. Lee (Eds.), *Brain mechanisms and spatial vision* (pp. 1-30). Dordrecht: Martinus Nijhoff.

Lee, T.D. (2012). Contextual interference: Generalizability and limitations. In N.J. Hodges & A.M. Williams (Eds.), *Skill acquisition in sport: Research, theory, and practice* (2nd ed.) (pp. 79-93). London, UK: Routledge.

Lee, T.D., & Carnahan, H. (1990). Bandwidth knowledge of results and motor learning: More than just a relative frequency effect. *Quarterly Journal of Experimental Psychology, 42A,* 777-789.

Lee, T.D., & Genovese, E.D. (1988). Distribution of practice in motor skill acquisition: Learning and performance effects reconsidered. *Research Quarterly for Exercise and Sport, 59,* 277-287.

Lee, T.D., & Genovese, E.D. (1989). Distribution of practice in motor skill acquisition: Different effects for discrete and continuous tasks. *Research Quarterly for Exercise and Sport, 60,* 59-65.

Lee, T.D., Ishikura, T., Kegel, S., Gonzalez, D., & Passmore, S. (2008). Do expert golfers really keep their heads still while putting? *Annual Review of Golf Coaching, 2,* 135-143.

Lee, T.D., & Magill, R.A. (1983). The locus of contextual interference in motor-skill acquisition. *Journal of Experimental Psychology: Learning, Memory, and Cognition, 9,* 730-746.

Lee, T.D., Magill, R.A., & Weeks, D.J. (1985). Influence of practice schedule on testing schema theory predictions in adults. *Journal of Motor Behavior, 17,* 283-299.

Lee, T.D., & Swinnen, S.P. (1993). Three legacies of Bryan and Harter: Automaticity, variability and change in skilled performance. In J.L. Starkes & F. Allard (Eds.), *Cognitive issues in motor expertise* (pp. 295-315). Amsterdam: Elsevier.

Lee, T.D., Wishart, L.R., Cunningham, S., & Carnahan, H. (1997). Modeled timing information during random practice eliminates the contextual interference effect. *Research Quarterly for Exercise and Sport, 68,* 100-105.

Lee, W.A. (1980). Anticipatory control of postural and task muscles during rapid arm flexion. *Journal of Motor Behavior, 12,* 185-196.

Lersten, K.C. (1968). Transfer of movement components in a motor learning task. *Research Quarterly, 39,* 575-581.

Levac, D., Pierrynowski, M.R., Canestraro, M., Gurr, L., Leonard, L., and Neeley, C. (2010). Exploring children's movement characteristics during virtual reality video game play. *Human Movement Science, 29,* 1023-1038.

Levac, D., Rivard, L., & Missiuna, C. (2012). Defining the active ingredients of interactive computer play interventions for children with neuromotor impairments: A scoping review. *Research in Developmental Disabilities, 33,* 214-223.

Lewthwaite, R., & Wulf, G. (2010). Social-comparative feedback affects motor skill learning. *Quarterly Journal of Experimental Psychology, 63,* 738-749.

Lewthwaite, R., & Wulf, G. (2012). Motor learning through a motivational lens. In N.J. Hodges & A.M. Williams (Eds.), *Skill acquisition in sport: Research, theory and practice* (2nd ed.) (pp. 173-191). London, UK: Routledge.

Lindeburg, F.A. (1949). A study of the degree of transfer between quickening exercises and other coordinated movements. *Research Quarterly, 20,* 180-195.

Liu, J., & Wrisberg, C.A. (1997). The effects of knowledge of results delay and the subjective estimation of movement form on the acquisition and retention of a motor skill. *Research Quarterly for Exercise and Sport, 68,* 145-151.

Locke, E.A., & Latham, G.P. (1985). The application of goal setting to sports. *Sport Psychology Today, 7,* 205-222.

Lohse, K.R., Wulf, G., & Lewthwaite, R. (2012). Attentional focus affects movement efficiency. In N.J. Hodges & A.M. Williams (Eds.), *Skill acquisition in sport: Research, theory and practice* (2nd ed.) (pp. 40-58). London, UK: Routledge.

Lotter, W.S. (1960). Interrelationships among reaction times and speeds of movement in different limbs. *Research Quarterly, 31,* 147-155.

Mackworth, N.H. (1948). The breakdown of vigilance during prolonged visual search. *Quarterly Journal of Experimental Psychology, 1,* 6-21.

MacLeod, C.M. (1991). Half a century of research on the Stroop effect: An integrative review. *Psychological Bulletin, 109,* 163-203.

Magill, R.A., & Hall, K.G. (1990). A review of the contextual interference effect in motor skill acquisition. *Human Movement Science, 9,* 241-289.

Marteniuk, R.G. (1974). Individual differences in motor performance and learning. *Exercise and Sport Sciences Reviews, 2,* 103-130.

Marteniuk, R.G. (1976). *Information processing in motor skills.* New York: Holt, Reinhart & Winston.

Marteniuk, R.G. (1986). Information processes in movement learning: Capacity and structural interference effects. *Journal of Motor Behavior, 18,* 55-75.

McCloy, C.H. (1934). The measurement of general motor capacity and general motor ability. *Research Quarterly, 5* (Suppl. 5), 45-61.

McCracken, H.D., & Stelmach, G.E. (1977). A test of the schema theory of discrete motor learning. *Journal of Motor Behavior, 9,* 193-201.

McLeod, P. (1980). What can probe RT tell us about the attentional demands of movement? In G.E. Stelmach & J. Requin (Eds.), *Tutorials in motor behavior* (pp. 579-589). Amsterdam: Elsevier.

Mehrholz, J., Platz, T., Kugler, J., & Pohl, M. (2008). Electromechanical and robot-assisted arm training for improving arm function and activities of daily living after stroke. *Cochrane Database of Systema-*

tic Reviews, 4. CD006876. doi:10.1002/14651858. CD006876.pub2.

Merbah, S., & Meulemans, T. (2011). Learning a motor skill: Effects of blocked versus random practice. A review. *Psychologica Belgica, 51*, 15-48.

Merkel, J. (1885). Die zeitlichen Verhaltnisse der Willensthaütigkeit. *Philosophische Studien, 2*, 73-127. (Cited in Woodworth, R.S. [1938]. *Experimental psychology*. New York: Holt.)

Merton, P.A. (1972). How we control the contraction of our muscles. *Scientific American, 226*, 30-37.

Meyer, D.E., Abrams, R.A., Kornblum, S., Wright, C.E., & Smith, J.E.K. (1988). Optimality in human motor performance: Ideal control of rapid aimed movements. *Psychological Review, 95*, 340-370.

Meyer, D.E., Smith, J.E.K., Kornblum, S., Abrams, R.A., & Wright, C.E. (1990). Speed-accuracy tradeoffs in aimed movements: Toward a theory of rapid voluntary action. In M. Jeannerod (Ed.), *Attention and performance XIII* (pp. 173-226). Hillsdale, NJ: Erlbaum.

Nacson, J., & Schmidt, R.A. (1971). The activity-set hypothesis for warm-up decrement. *Journal of Motor Behavior, 3*, 1-15.

Nashner, L., & Berthoz, A. (1978). Visual contribution to rapid motor responses during postural control. *Brain Research, 150*, 403-407.

Neisser, U., & Becklen, R. (1975). Selective looking, attending to visually specified events. *Cognitive Psychology, 7*, 480-494.

Neumann, E., & Ammons, R.B. (1957). Acquisition and long-term retention of a simple serial perceptual-motor skill. *Journal of Experimental Psychology, 53*, 159-161.

Newell, K.M., Liu, Y.-T., & Mayer-Kress, G. (2001). Time scales in motor learning and development. *Psychological Review, 108*, 57-82.

Newell, K.M., Liu, Y.-T., & Mayer-Kress, G. (2009). Time scales, difficulty/skill duality, and the dynamics of motor learning. In D. Sternad (Ed.), *Progress in motor control* (pp. 457-476). Berlin: Springer.

Newell, K.M., & Vaillancourt, D.E. (2001). Dimensional change in motor learning. *Human Movement Science, 20*, 695-715.

Newell, K.M., & Walter, C.B. (1981). Kinematic and kinetic parameters as information feedback in motor skill acquisition. *Journal of Human Movement Studies, 7*, 235-254.

Nilsen, D.M., Gillen, G., & Gordon, A.M. (2010). Use of mental practice to improve upper-limb recovery after stroke: A systematic review. *American Journal of Occupational Therapy, 64*, 695-708.

Norman, J. (2002). Two visual systems and two theories of perception: An attempt to reconcile the constructivist and ecological approaches. *Behavioral and Brain Sciences, 25*, 73-144.

Ong, N.T., & Hodges, N.J. (2012). Mixing it up a little: How to schedule observational practice. In N.J. Hodges & A.M. Williams (Eds.), *Skill acquisition in sport: Research, theory and practice* (2nd ed.) (pp. 22-39). London, UK: Routledge.

Pearson, K., & Gordon, J. (2000). Spinal reflexes. In E.R. Kandel, J.H. Schwartz, & T.M. Jessell (Eds.), *Principles of neural science* (pp. 713-736). New York: McGraw-Hill.

Perkins-Ceccato, N., Passmore, S.R., & Lee, T.D. (2003). Effects of focus of attention depend on golfers' skill. *Journal of Sports Sciences, 21*, 593-600.

Peterson, L.R., & Peterson, M.J. (1959). Short-term retention of individual verbal items. *Journal of Experimental Psychology, 58*, 193-198.

Pfordresher, P.Q., & Dalla Bella, S. (2011). Delayed auditory feedback and movement. *Journal of Experimental Psychology: Human Perception and Performance, 37*, 566-579.

Pigott, R.E., & Shapiro, D.C. (1984). Motor schema: The structure of the variability session. *Research Quarterly for Exercise and Sport, 55*, 41-45.

Plamondon, R., & Alimi, A.M. (1997). Speed/accuracy tradeoffs in target-directed movements. *Behavioral and Brain Sciences, 20*, 279-349.

Platz, T., Roschka, S., Christel, M.I., Duecker, F., Rothwell, J.C., & Sack, A.T. (2012a). Early stages of motor skill learning and the specific relevance of the cortical motor system—a combined behavioural training and theta burst TMS study. *Restorative Neurology and Neuroscience, 30*, 199-211.

Platz, T., Roschka, S., Doppl, K., Roth, C., Lotze, M., Sack, A.T., & Rothwell, J.C. (2012b). Prolonged motor skill learning – a combined behavioural training and theta burst TMS study. *Restorative Neurology and Neuroscience, 30*, 213-224.

Polanyi, M. (1958). *Personal knowledge: Towards a post-critical philosophy*. London: Routledge and Kegan Paul.

Posner, M.I., & Keele, S.W. (1969). Attentional demands of movement. *Proceedings of the 16th Congress of Applied Psychology*. Amsterdam: Swets and Zeitlinger.

Poulton, E.C. (1957). On prediction in skilled movements. *Psychological Bulletin, 54*, 467-478.

Poulton, E.C. (1974). *Tracking skill and manual control*. New York: Academic Press.

Proteau, L. (1992). On the specificity of learning and the role of visual information for movement control. In L. Proteau & D. Elliott (Eds.), *Vision and motor control* (pp. 67-103). Amsterdam: Elsevier.

Raibert, M.H. (1977). *Motor control and learning by the state space model*. Tech. Rep. No. AI-TR-439. Cambridge: Massachusetts Institute of Technology, Artificial Intelligence Laboratory.

Rasmussen, J. (1986). *Information processing and human-machine interaction: An approach to cognitive engineering.* New York: North-Holland.

Rawlings, E.I., Rawlings, I.L., Chen, S.S., & Yilk, M.D. (1972). The facilitating effects of mental rehearsal in the acquisition of rotary pursuit tracking. *Psychonomic Science, 26,* 71-73.

Redelmeier, D.A., & Tibshirani, R.J. (1997). Association between cellular-telephone calls and motor vehicle collisions. *New England Journal of Medicine, 336,* 453-458.

Robinson, G.H., & Kavinsky, R.C. (1976). On Fitts' law with two-handed movement. *IEEE Transactions on Systems, Man, and Cybernetics, 6,* 504-505.

Rosenbaum, D.A., Chapman, K.M., Coelho, C.J., Gong, L., and Studenka, B.E. (2013). Choosing actions. *Frontiers in Psychology, 4,* 273. doi:10.3389/fpsyg.2013.00273.

Rothstein, A.L., & Arnold, R.K. (1976). Bridging the gap: Application of research on videotape feedback and bowling. *Motor Skills: Theory Into Practice, 1,* 35-62.

Salmoni, A.W., Schmidt, R.A., & Walter, C.B. (1984). Knowledge of results and motor learning: A review and critical reappraisal. *Psychological Bulletin, 95,* 355-386.

Sanli, E.A., Patterson, J.T., Bray, S.R., & Lee, T.D. (2013). Understanding self-controlled motor learning protocols through the self-determination theory. *Frontiers in Movement Science and Sport Psychology, 3,* 611. doi:10.3389/fpsyg.2012.00611.

Schmidt, R.A. (1969). Movement time as a determiner of timing accuracy. *Journal of Experimental Psychology, 79,* 43-47.

Schmidt, R.A. (1975). A schema theory of discrete motor skill learning. *Psychological Review, 82,* 225-260.

Schmidt, R.A. (1982). *Motor control and learning: A behavioral emphasis.* Champaign, IL: Human Kinetics.

Schmidt, R.A. (1985). The search for invariance in skilled movement behavior. *Research Quarterly for Exercise and Sport, 56,* 188-200.

Schmidt, R.A. (1989). Unintended acceleration: A review of human factors contributions. *Human Factors, 31,* 345-364.

Schmidt, R.A., Heuer, H., Ghodsian, D., & Young, D.E. (1998). Generalized motor programs and units of action in bimanual coordination. In M. Latash (Ed.), *Progress in motor control, Vol. 1: Bernstein's traditions in movement studies* (pp. 329-360). Champaign, IL: Human Kinetics.

Schmidt, R.A., Lange, C., & Young, D.E. (1990). Optimizing summary knowledge of results for skill learning. *Human Movement Science, 9,* 325-348.

Schmidt, R.A., & Lee, T.D. (2011). *Motor control and learning: A behavioral emphasis* (5th ed.). Champaign, IL: Human Kinetics.

Schmidt, R.A. & Lee, T.D.(2012). Principles of practice for the development of skilled actions: Implications for training and instruction in music. In A.Mornell (ed.), Art in motion II: Motor skills, motivation, and musical practice. (pp.17-41). Frankfurt am Main, Germany. Peter Lang.

Schmidt, R.A., & Sherwood, D.E. (1982). An inverted-U relation between spatial error and force requirements in rapid limb movements: Further evidence for the impulse-variability model. *Journal of Experimental Psychology: Human Perception and Performance, 8,* 158-170.

Schmidt, R.A., Wood, C.T., Young, D.E., & Kelkar, R. (1996). *Evaluation of the BIC J26 child guard lighter.* Tech. Rep. Los Angeles: Failure Analysis Associates, Inc.

Schmidt, R.A., & Wulf, G. (1997). Continuous concurrent feedback degrades skill learning: Implications for training and simulation. *Human Factors, 39,* 509-525.

Schmidt, R.A., & Young, D.E. (1987). Transfer of movement control in motor learning. In S.M. Cormier & J.D. Hagman (Eds.), *Transfer of learning* (pp. 47-79). Orlando, FL: Academic Press.

Schmidt, R.A., Young, D.E., Swinnen, S., & Shapiro, D.C. (1989). Summary knowledge of results for skill acquisition: Support for the guidance hypothesis. *Journal of Experimental Psychology: Learning, Memory, and Cognition, 15,* 352-359.

Schmidt, R.A., Zelaznik, H.N., and Frank, J.S. (1978). Sources of inaccuracy in rapid movement. *Information Processing in Motor Control and Learning.* New York: Academic Press, 197.

Schmidt, R.A., Zelaznik, H.N., Hawkins, B., Frank, J.S., & Quinn, J.T. Jr. (1979). Motor-output variability: A theory for the accuracy of rapid motor acts. *Psychological Review, 86,* 415-451.

Schneider, D.M., & Schmidt, R.A. (1995). Units of action in motor control: Role of response complexity and target speed. *Human Performance, 8,* 27-49.

Schneider, W., & Shiffrin, R.M. (1977). Controlled and automatic human information processing: I. Detection, search, and attention. *Psychological Review, 84,* 1-66.

Scripture, C.W. (1905). *The new psychology.* New York: Scott.

Selverston, A.I. (2010). Invertebrate central pattern generator circuits. *Philosophical Transactions of the Royal Society B, 365,* 2329-2345.

Shapiro, D.C., & Schmidt, R.A. (1982). The schema theory: Recent evidence and developmental implications. In J.A.S. Kelso & J.E. Clark (Eds.), *The deve-

lopment of movement control and co-ordination (pp. 113-150). New York: Wiley.

Shapiro, D.C., Zernicke, R.F., Gregor, R.J., & Diestel, J.D. (1981). Evidence for generalized motor programs using gait pattern analysis. *Journal of Motor Behavior, 13,* 33-47.

Shea, J.B., & Morgan, R.L. (1979). Contextual interference effects on the acquisition, retention, and transfer of a motor skill. *Journal of Experimental Psychology: Human Learning and Memory, 5,* 179-187.

Shea, J.B., & Zimny, S.T. (1983). Context effects in memory and learning movement information. In R.A. Magill (Ed.), *Memory and control of action* (pp. 345-366). Amsterdam: Elsevier.

Sherrington, C.S. (1906). *The integrative action of the nervous system.* New Haven, CT: Yale University Press.

Sherwood, D.E. (1988). Effect of bandwidth knowledge of results on movement consistency. *Perceptual and Motor Skills, 66,* 535-542.

Sherwood, D.E., Schmidt, R.A., & Walter, C.B. (1988). The force/force-variability relationship under controlled temporal conditions. *Journal of Motor Behavior, 20,* 106-116.

Simon, D.A., & Bjork, R.A. (2001). Metacognition in motor learning. *Journal of Experimental Psychology: Learning, Memory, and Cognition, 27,* 907-912.

Simon, D.A., Lee, T.D., & Cullen, J.D. (2008). Win-shift, lose-stay: Contingent switching and contextual interference in motor learning. *Perceptual and Motor Skills, 107,* 407-418.

Simons, D.J., & Chabris, C.F. (1999). Gorillas in our midst: Sustained inattentional blindness for dynamic events. *Perception, 28,* 1059-1074.

Simons, D.J., & Levin, D.T. (1998). Failure to detect changes to people in a real-world interaction. *Psychonomic Bulletin & Review, 5,* 644-649.

Slater-Hammel, A.T. (1960). Reliability, accuracy and refractoriness of a transit reaction. *Research Quarterly, 31,* 217-228.

Snoddy, G.S. (1926). Learning and stability: A psychophysical analysis of a case of motor learning with clinical applications. *Journal of Applied Psychology, 10,* 1-36.

Snyder, C., & Abernethy, B. (Eds.) (1992). *The creative side of experimentation: Personal perspectives from leading researchers in motor control, motor development, and sport psychology.* Champaign, IL: Human Kinetics.

Sperling, G. (1960). The information available in brief visual presentations. *Psychological Monographs, 74* (11, Whole No. 498).

Starkes, J.L., & Allard, F. (Eds.) (1993). *Cognitive issues in motor expertise.* Amsterdam: Elsevier.

Ste-Marie, D.M., Clark, S.E., Findlay, L.C., & Latimer, A.E. (2004). High levels of contextual interference enhance handwriting skill acquisition. *Journal of Motor Behavior, 36,* 115-126.

Ste-Marie, D.M., Law, B., Rymal, A.M., O, J., Hall, C., & McCullagh, P. (2012). Observation interventions for motor skill learning and performance: An applied model for the use of observation. *International Review of Sport and Exercise Psychology, 5,* 145-176.

Stephen, L., Macknik, S.L., King, M., Randi, J., Robbins, A., Teller, J.T., & Martinez-Conde, S. (2008). Attention and awareness in stage magic: Turning tricks into research. *Nature Reviews: Neuroscience, 9,* 871-879.

Sternberg, R.J. (Ed.) (1989). *Advances in the psychology of human intelligence* (Vol. 5). Hillsdale, NJ: Erlbaum.

Stratton, S.M., Liu, Y.T., Hong, S.L., Mayer-Kress, G., & Newell, K.M. (2007). Snoddy (1926) revisited: Time scales of motor learning. *Journal of Motor Behavior, 39,* 503-515.

Strayer, D.L., & Johnston, W.A. (2001). Driven to distraction: Dual-task studies of simulated driving and conversing on a cellular telephone. *Psychological Science, 12,* 462-466.

Stroop, J.R. (1935). Studies of interference in serial verbal reactions. *Journal of Experimental Psychology, 18,* 643-662.

Swinnen, S.P. (1990). Interpolated activities during the knowledge-of-results delay and post-knowledge-of-results interval: Effects on performance and learning. *Journal of Experimental Psychology: Learning, Memory, and Cognition, 16,* 692-705.

Swinnen, S.P., Schmidt, R.A., Nicholson, D.E., & Shapiro, D.C. (1990). Information feedback for skill acquisition: Instantaneous knowledge of results degrades learning. *Journal of Experimental Psychology: Learning, Memory, and Cognition, 16,* 706-716.

Taub, E. (1976). Movement in nonhuman primates deprived of somatosensory feedback. *Exercise and Sport Sciences Reviews, 4,* 335-374.

Taub, E., & Berman, A.J. (1968). Movement and learning in the absence of sensory feedback. In S.J. Freedman (Ed.), *The neuropsychology of spatially oriented behavior* (pp. 173-192). Homewood, IL: Dorsey.

Temprado, J.J. (2004). A dynamical approach to the interplay of attention and bimanual coordination. In V.K. Jirsa & J.A.S. Kelso (Eds.), *Coordination dynamics: Issues and trends* (pp. 21-39). Berlin: Springer.

Thompson, L.L., Rivara, F.P., Ayyagari, R.C., & Ebel, B.E. (2013). Impact of social and technological distraction on pedestrian crossing behaviour: An observational study. *Injury Prevention, 19,* 232-237.

Thorndike, E.L. (1927). The law of effect. *American Journal of Psychology, 39,* 212-222.

Thorndike, E.L., & Woodworth, R.S. (1901). The influence of improvement in one mental function upon the efficiency of other functions. *Psychological Review, 8,* 247-261.

Tiffin, J., & Rogers, H.B. (1943). The selection and training of inspectors. *Personnel, 22,* 3-20.

Timmermans, A.A.A., Seelen, H.A.M., Willmann, R.D., & Kingma, H. (2009). Technology-assisted training of arm-hand skills in stroke: Concepts on reacquisition of motor control and therapist guidelines for rehabilitation technology design. *Journal of Neuroengineering and Rehabilitation, 6,* 1. doi:10.1186/1743-0003-6-1.

Trowbridge, M.H., & Cason, H. (1932). An experimental study of Thorndike's theory of learning. *Journal of General Psychology, 7,* 245-260.

Turvey, M.T. (1977). Preliminaries to a theory of action with reference to vision. In R. Shaw & J. Bransford (Eds.), *Perceiving, acting, and knowing* (pp. 211-265). Hillsdale, NJ: Erlbaum.

Umiltà, C., Priftis, K., & Zorzi, M. (2009). The spatial representation of numbers: Evidence from neglect and pseudoneglect. *Experimental Brain Research, 192,* 561-569.

Ungerleider, L.G., & Mishkin, M. (1982). Two cortical visual systems. In D.J. Ingle, M.A. Goodale, & R.J.W. Mansfield (Eds.), *Analysis of visual behavior* (pp. 549-586). Cambridge, MA: MIT Press.

Valls-Solé, J., Kumru, H., & Kofler, M. (2008). Interaction between startle and voluntary reactions in humans. *Experimental Brain Research, 187,* 497-507.

Verbruggen, F., & Logan, G.D. (2008). Response inhibition in the stop-signal paradigm. *Trends in Cognitive Sciences, 12,* 418-424.

Vickers, J. (2007). *Perception, cognition, and decision training.* Champaign, IL: Human Kinetics.

Vidmar, P. (1984). *Public-domain comments.* New York: American Broadcasting Company.

Wadman, W.J., Denier van der Gon, J.J., Geuze, R.H., & Mol, C.R. (1979). Control of fast goal-directed arm movements. *Journal of Human Movement Studies, 5,* 3-17.

Weinberg, D.R., Guy, D.E., & Tupper, R.W. (1964). Variation of postfeedback interval in simple motor learning. *Journal of Experimental Psychology, 67,* 98-99.

Weinberg, R.S., & Gould, D. (2011). *Foundations of sport and exercise psychology* (5th ed.). Champaign, IL: Human Kinetics.

Weinberg, R.S., & Ragan, J. (1978). Motor performance under three levels of trait anxiety and stress. *Journal of Motor Behavior, 10,* 169-176.

Weiskrantz, L. (2007). Blindsight. *Scholarpedia, 2* (4), 3047. www.scholarpedia.org/article/Blind sight.

Weiskrantz, L., Warrington, E.K., Sanders, M.D., and Marshall, J. (1974). Visual capacity in the hemianopic field following a restricted occipital ablation. *Brain, 97,* 709-728.

Welford, A.T. (1952). The "psychological refractory period" and the timing of high-speed performance– a review and a theory. *British Journal of Psychology, 43,* 2-19.

Welford, A.T. (1980). *Reaction times.* London: Academic Press.

Weltman, G., & Egstrom, G.H. (1966). Perceptual narrowing in novice divers. *Human Factors, 8,* 499-505.

Wickens, C.D., & McCarley, J.S. (2008). *Applied attention theory.* Boca Raton, FL: CRC Press.

Williams, A.M., Ward, P., & Smeeton, N.J. (2004). Perceptual and cognitive expertise in sport: Implications for skill acquisition and performance enhancement. In A.M. Williams & N.J. Hodges (Eds.), *Skill acquisition in sport: Research, theory and practice* (pp. 328-347). London: Routledge.

Wing, A.M. (2002). Voluntary timing and brain function: An information processing approach. *Brain and Cognition, 48,* 7-30.

Wing, A.M., & Kristofferson, A.B. (1973). The timing of interresponse intervals. *Perception & Psychophysics, 13,* 455-460.

Winstein, C.J., & Schmidt, R.A. (1990). Reduced frequency of knowledge of results enhances motor skill learning. *Journal of Experimental Psychology: Learning, Memory and Cognition, 16,* 677-691.

Wolfe, J.M., Horowitz, T.S., & Kenner, N.M. (2005). Rare items often missed in visual searches: Errors in spotting key targets soar alarmingly if they appear only infrequently during screening. *Nature, 435,* 439-440.

Woodworth, R.S. (1899). The accuracy of voluntary movement. *Psychological Review Monographs, 3* (Whole No. 13).

Woodworth, R.S. (1938). *Experimental psychology.* New York: Holt.

Wright, D.L. (1991). The role of intertask and intratask processing in acquisition and retention of motor skills. *Journal of Motor Behavior, 23,* 139-145.

Wulf, G. (2007). *Attention and motor skill learning.* Champaign, IL: Human Kinetics.

Wulf, G., Weigelt, M., Poulter, D.R., & McNevin, N.H. (2003). Attentional focus on supra-postural tasks affects balance learning. *Quarterly Journal of Experimental Psychology, 56A,* 1191-1211.

Yao, W., Fischman, M.G., & Wang, Y.T. (1994). Motor skill acquisition and retention as a function of average feedback, summary feedback, and performance variability. *Journal of Motor Behavior, 26,* 273-282.

Yerkes, R.M., & Dodson, J.D. (1908). The relation of strength of stimulus to rapidity of habitformation.

Journal of Comparative Neurology and Psychology, 18, 459-482.

Young, D.E., & Schmidt, R.A. (1990). Units of motor behavior: Modifications with practice and feed-back. In M. Jeannerod (Ed.), *Attention and performance XIII* (pp. 763-795). Hillsdale, NJ: Erlbaum.

Young, D.E., & Schmidt, R.A. (1992). Augmented kinematic feedback for motor learning. *Journal of Motor Behavior, 24,* 261-273.

Zehr, E.P. (2005). Neural control of rhythmic human movement: The common core hypothesis. *Exercise and Sport Sciences Reviews, 33,* 54-60.

Índice

Obs: os números das páginas seguidos de f ou um t indicam uma figura ou uma tabela, respectivamente.

A

aceleração não intencional 58
acidentes "olhei-mas-não-consegui--ver" 44-45
acidentes de carro-caminhão noturnos 84-85
Adams, J. A. 36
agitação e desempenho
　colapso sob pressão 56, 59-60
　definida 56
　estreitamento perceptual 59
　hipervigilância e 58
　princípio do U invertido 56-59, 57f
agrupamento 52
Ammons, R.B. 212, 213, 214
análise fatorial 159
analogia do câmbio de marcha 205, 205f
analogia do toca-discos para PMG 118-119, 118f
Anderson, L.P. 282
Annett, J. 275
ansiedade
　atenção e 60
　desempenho e 56
antecipação
　avaliação de habilidade de antecipação 33
　benefícios da 32-34
　custos da 34-35
　estratégias para 32
　tempo de reação e 31-32
　tipos de 32
antecipação espacial 32
antecipação temporal, 32
aparelho vestibular 65
aprendizagem. *Ver também* efeito da aprendizagem motora na potencialidade 178
　autoavaliações de 187
　continuação após aquisição de habilidades 208
　designs de transferência 186-188, 188f
　devido à prática ou experiência 178
　estágios de 206-207, 210-211
　exigência de mudança permanente 180
　instrução de natação 279
　mensuração 188-189, 190-192, 191f
　não observabilidade 178, 180
　observacional 233
　papel das situações na transferência de aprendizagem 189-190
　perceptivo-motor 206-207
　por pacientes com AVC 236
　separação efeitos temporários de permanentes 185-186, 186f
　simulações em vídeo e computador para 266-267, 267f
　transferência de aprendizagem definida 189
　transferência específica e 192-193
　transferência generalizada 193
aprendizagem motora
　aprendizagem devido à prática ou experiência 178
　autoavaliações de aprendizagem 187
　definido 178, 180-181
　designs de transferência 186-188, 188f
　efeito da aprendizagem na potencialidade 178
　exigência de mudança permanente 180
　mensuração 181-184, 188-189
　modelo conceitual 179f
　não observabilidade de aprendizagem 178, 180
　resumo e revisão 193-195
　separação de efeitos temporários dos permanentes 185-186, 186f
　sobre 176-178
　transferência de aprendizagem 189-193, 191f
aprendizagem observacional 233
aprendizagem perceptual-motora 206-207
aquisição de habilidades
　benefícios da prática 202-206, 204f
　continuação da aprendizagem 208
　estágios de aprendizagem 206-207, 210-212
　princípios básicos da prática 199-200
　princípios de prática de golfe 201-202
　resumo e revisão 224-226
　sobre 198-199
Archer. E.J. 238
armazenamento sensorial de curto prazo (ASCP) 35
Armstrong, T.R. 109, 111, 115, 276
Arnold. R.K. 266
Aronson, E. 79
arranjo óptico 77, 77f
artefatos e curvas de performance 183-184, 183f
ASCP (armazenamento sensorial de curto prazo) 35
assincronia de início dos estímulos (SOA) 51f
atenção
　aquisição de habilidades e 202-205, 204f
　competição de efetor reduzido 203-205, 204f
　descrito 40, 41
　gargalos de 50, 52, 53f
　interferência da tarefa e 41-42, 42f
　limitações de identificação de estímulo 42-46, 43f, 44f
　limitações de seleção de resposta 46-49
　natureza do conceito 40
　papéis da 41
　período refratário psicológico 50, 51, 52-55, 53f

programação de movimento e 55-56
propriedades de foco atencional de *feedback* 264
realização de ajustes e 48, 50
resumo e revisão 60-62
técnica de tarefa-teste 53-55, 54f
tomada de decisão sob estresse 56-60
atenção sustentada 45-46
atividades educativas 218
audição
   controle motor e 85-87
   informação exteroceptiva e 65
autorregulação da prática 230-231

B
Baddeley, A. D. 236
Bahrick, H.P. 183
Barnsley, R. H. 164
Bartlett, Sir Fredrick 107, 199
Battig, W. 246
Becklen, R. 44
Beilock, S. L. 60
beisebol
   análise da rebatida 136-138, 137f
   correção de erro na rebatida 70
   balanços contidos 100
Bender. PA. 140, 204
Bernstein, N.l. 199
Bjork, R.A. 187, 250
Borg, Bjorn 162
Bourne, L.E. Jr. 238
Boyce, B.A. 229
Brace, D.K. 154
Braden, V. 162
Bridgeman, B. 75
Bryan. W.L. 46, 208
Burr, B. J. 128

C
capacidades
   definidas 151
   estudos 151
   habilidade *versus* 153-154, 153t
   previsão e seleção para. *Ver* previsão e seleção com base na capacidade
   produção de habilidade e 158, 161-162
   relacionado com a prática 165-167, 166f, 167f
características invariantes de programas motores
   classes de movimento 112
   invariâncias e parâmetros 109f, 111
   sobre 108-109
   timing relativo e 109-111, 109f, 110f, 112, 113, 113f
Card, S.K. 128
Carlton, L.G. 266
Cavazos, R. 250
cegueira por desatenção 43-45
Chabris, C. F. 44
Chase, W.G. 202
Cherry, E.C. 43
Chiviacowsky, S. 261, 263, 274
Clay, Brian 150
comparador 68
competição reduzida do efetor 203-205, 204f
computadores e Lei de Fitts 128
conhecimento de performance (CP)
   atenção e 264
   feedback aumentado e 261-262, 262f, 266
   feedback determinado pelo iniciante e 273-274
   sobre 258, 259f, 260, 260t
conhecimento de resultados (CR)
   atenção e 264
   feedback aumentado e 266, 267f
   feedback determinado do iniciante e 273-274
   sobre 258, 260t
conjunto 214-215
construtos hipotéticos 5
controle do olhar (olhar fixo) 82
controle visual de habilidades de movimento
   controle de movimento de fluxo ventral 80-81
   controle do movimento de fluxo dorsal 76-80, 77f, 79f
   informação exteroceptiva e 65
   princípios de controle 74-76, 74f
   sobre 76
coordenação
   modos em fase e antifase de 142-145, 144f
   troca velocidade-precisão 141-142, 141f
CP. *Ver* conhecimento da performance
CR. *Ver* conhecimento de resultados
Crossman, E.R. 208
curvas de performance
   fatos ou artefatos e 183-184, 183f
   limitações de 182-184, 182f
   sobre 181-182, 181f, 182f

D
Deci, E.L. 229, 231
decremento de aquecimento 213-215
decrementos na vigilância 45
DeGroot, A. D. 202
demonstração durante a instrução 231-233
DeShon, R.P. 224
diferença individual
   capacidades *versus* habilidades 153-154, 153t
   classificações de habilidade 162-163
   correlação entre habilidades 157-158, 158t
   definido 152-153
   estudo das capacidades 151
   gráfico de correlação e 155-156, 157f
   hipótese de capacidade motora geral 154, 160-162, 161f
   hipótese de especificidade 154, 156-157, 157f, 158
   método diferencial do estudo 150-151
   método experimental do estudo 150
   previsão e. *Ver* previsão e seleção com base em capacidade
   produção de capacidades e habilidades 158-163, 161f
   resumo e revisão 169-171
   tipos de capacidade motora 159-160
Dijkstra. S. 36
dirigir distraído 48, 49
Domingues, D. A. 250
Donders, F. C 26
Douglas, Gabrielle 2
drible em esportes 52-53
Drowatzky, J.N. 157

E
EA (erro absoluto) 10-11
Easterbrook, J.A. 59
EC (erro constante) 10
educabilidade do motor 154
efeito da interferência contextual 250
efeito de idade relativa na previsão 164
efeito do olho quieto 82
efeito festa de coquetel 43
efeito McGurk 85, 86
efeito Stroop 43, 43f
Egstrom, G.H. 59

EMT (estimulação magnética transcraniana) 208
English, W. K. 128
Engstrøm, D.A. 145
equilíbrio e visão 78-80, 79f
erro absoluto (EA) 10-11
erro constante (EC) 10
erro variável (EV) 11
erros de temporização 135-136, 138, 135f
escores de erro
  em tarefas contínuas 13
  em tarefas discretas 10-11
especificidade da prática e aquisição de habilidade 199-200
especificidade de aprendizagem 200, 220
esquecimento e retenção de habilidade 212-213, 213f, 214f
estágio associativo de aprendizagem 207
estágio autônomo de aprendizagem 207
estágio cognitivo da aprendizagem 206-207
estágio de fixação da aprendizagem 207
estágio de identificação de estímulo de processamento de informação 21
estágio de programação do movimento de processamento de informação 21-22
estágio de seleção de resposta do processamento de informação 21
estágio motor de aprendizagem 207
estágios de aprendizagem de 207, 209-211
estágios de processamento de Donders 26-27
estereótipos da população 29-30
estimulação magnética transcraniana (EMT) 208
estímulo-resposta
  alternativas 23-25, 25f
  compatibilidade e 28-29, 29f, 30
estreitamento perceptivo 59
estresse e tomada de decisão
  ativação definida 56
  colapso sob pressão 56, 59-60
  estreitamento perceptivo 59
  hipervigilância e 58
  princípio do U invertido 56-59, 57f
EV (erro variável) 11
Experimento de prática de Shea e Morgan 245-247, 246f

experimento gama-V 140, 140f
Experimento TR de Henry-Rogers 95-96
experimentos de deaferentação 97-98
exploração da dinâmica passiva 211

F
feedback
  auditivo 85-87
  aumentado. *Ver feedback* aumentado
  classificações de 256-257, 257f
  decrescente 269
  faixa de amplitude 269-271, 270f
  fornecimentos determinados pelo iniciante 273-274, 274f
  frequência absoluta e relativa 268-269, 269f
  inerente 64-65, 257
  integração de central e controle de *feedback* 104-106
  médio 272-273
  orientação e 275-280
  precisão de 265, 267-268
  processamento visual 81
  propriedades do foco de atenção de 264
  resumo e revisão 271-273, 272f, 284-285
  revisão de ideias sobre 262-263
  sobre 256
feedback aumentado
  conhecimento de performance e 261-262, 262f, 266
  conhecimento de resultados e 266, 267f
  definido 258
  modelo conceitual 259f
  motivação e 229-230, 260-261, 263, 263f
  propriedades de foco atencional 264
  propriedades de produção de dependência 264
  propriedades informacionais 263-264
  valor de *replays* de vídeo 266-267, 267f
feedback concorrente 275, 278-280
feedback extrínseco. *Ver feedback* aumentado
feedback fornecido após o movimento
  atrasos de tempo vazio de *feedback* 280-281

feedback instantâneo 281-282, 281f
  intervalo de atraso pós-*feedback* 283
  intervalos de atraso de *feedback* preenchido 282-283
feedback fornecido durante o movimento
  feedback concorrente 275
  orientação física. *Ver* orientação física e *feedback*
  processos comuns em orientação e concorrente 278, 280
feedback háptico 64, 65, 66, 275, 277
feedback instantâneo 281-282, 281f
feedback intrínseco. *Ver feedback* inerente
feedback síntese 271-273, 272f
feedforward 68
fenômeno de reversão do reflexo 104-106, 105f
fidelidade física 223-224
fidelidade psicológica 223-224
Fischman, M.G. 272
Fitts, Paul 125, 127, 129
Fleishman, Edwin 159, 163, 165, 213
flexibilidade do movimento 105-106
fluxo dorsal
  controle do movimento e 76-80, 77f, 79f
  princípios de controle 74-76, 74f
  visão de processamento no modelo conceitual e 82-83
fluxo óptico, 77, 77f
fluxo ventral
  controle de movimento e 80
  princípios de controle 74-76, 74f
  processamento da visão no modelo conceitual e 82-83
  processamento de *feedback* visual 81
  visão e planejamento de movimento 80-81, 80f
foco atencional 232-233, 232f, 264
foco de atenção 55-56
fornecimento de *feedback* determinado pelo iniciante 273-274, 274f
frequência absoluta de *feedback* 268-269, 269f
frequência relativa de *feedback* 268-269, 269f
Furley, P. 44
fusos musculares 65

G

gargalos 52, 53f
gerador central de padrão (GCP) 98, 98f, 105
Ghodsian, D. 142
Gibson. J. J. 76-77
Gladwell, Malcolm 164
golfe
   coordenação no *putting* do golfe 141-142, 141f
   estudo da transferência de habilidades 190-192
   prática parcial e total e 220
   princípios da prática 201-202
   valor de *feedback* durante a prática 281-282
Goode, S. 250
Goodman, D. 139
Gould, D. 234
Griffith, CR. 282
Guadagnoli, M.A. 250, 282
Guthrie, E.R. 6

H

habilidades
   abertas ou fechadas 8-9, 9t
   capacidade *versus* 151-152
   ciência da aprendizagem motora e performance 4-6
   classificações de 162-163
   componentes de 7-8
   compreensão de performance e aprendizagem 12
   contínuas 9, 9t, 13
   correlação entre 157-158, 158t
   definições e características de 6-7
   discretas 9, 9t, 10
   escores de erro em tarefas contínuas 13
   escores de erro em tarefas discretas 10
   potencialidade humana e 2-4
   razões para estudar as habilidades motoras 4
   resumo e revisão 14-15
Hall, A.K. 250
Harter, N. 46, 208
Hebert, E. P. 251
Hempel, W.E. 165
Henry, Franklin M. 5, 93, 95, 154, 157, 182, 220
Heuer, H. 142
hipervigilância 58
hipótese de capacidade motora geral 154, 160-162, 161f
hipótese de elaboração 247, 249
hipótese de especificidade 154, 156-157, 157f, 158
Hipótese de especificidade de Henry 154, 156-157, 157f, 218
hipótese de orientação de *feedback* 264
hipótese de utilização de dicas 59
hipótese do esquecimento 247-248, 249
Hird, J.S. 233
Hollerbach, J.M. 116
Hyman, R. 27

I

ID (índice de dificuldade) 125-126, 126f
identificação de estímulo e atenção
   atenção sustentada 42, 45-46
   cegueira por desatenção 43-45, 44f
   processamento paralelo 42, 43, 43f
ilusão tamanho-peso 86
ilusões, visuais 86
impressões digitais, *timing* relativo 114
índice de dificuldade (ID) 125-126, 126f
informação de tempo para contato 77-78, 77f
informação sensorial
   audição e controle motor 85, 86
   controle de circuito fechado. *Ver* sistemas de controle de circuito fechado
   controle do olhar 82
   controle visual de habilidades do movimento 76-81, 77f, 79f
   feedback inerente 64-65
   ilusões visuais 86
   informação exteroceptiva 64, 65
   informações proprioceptivas 64, 65-67
   princípios de controle visual 74-76, 74f
   resumo e revisão 87-88
   visão no modelo conceitual 82-83, 83f
   visibilidade noturna em acidentes carro-caminhão 84-85
informações exteroceptivas 64, 65
informações proprioceptivas 64, 65-67, 72-73, 73f
inibição da ação 98-100, 101-102
instrução de natação 279
integração de controle central e de *feedback*
fenômeno de reversão do reflexo 104-105, 105f
flexibilidade do movimento 105-106
interferência de tarefas e atenção 46
interruptores de luz e compatibilidade E-R 28-31, 29f
intervalo de atraso pós-*feedback* 283
intervalos de atraso de *feedback* preenchidos 282-283

J

Jaeger, L. 212
James, William 41, 92
Janelle, C.M. 273
Jennings, Keri Walsh 152

K

Kavinsky, R.C. 139, 140
Keele, S.W. 54, 81
Kelso, J.A.S. 139, 140, 143, 144, 145, 146
Kernodle, M.W. 266
Kiley, David 2
Knaub, Jim 2
Kohl, R.M. 282
Konczak, J. 212
Kozlowski. S.W.J. 224

L

Landin, D. 251
Lange, G.A. 271
largura de alvo eficaz 130
Lashley, K.S. 97
Leavitt, J.L. 203
Lee, David N. 79
Lee, T.D. 141, 247, 248, 250
Legault, P. 164
lei da prática 182
Lei de Fitts
   aplicada a teclados e calculadoras 128
   equação para 125
   estágios de aprendizagem 206-207, 210-211
   estudos de movimentos recíprocos 127-128, 127f
   informações fornecidas por 129-130
   processos de circuito aberto e fechado e 126
   tempo de movimento e 125, 125f, 126f
   troca velocidade-precisão e 126
Lei de Hick 25, 27-28
Lei do Efeito 262, 277

Lei do efeito de Thorndike 262
Lewthwaite, R. 229, 230
liberação de graus de liberdade 209, 211
locomoção e *timing* relativo 112-113, 113f
Longman, D.J.A. 236
Lotter, W.S. 157

M
Mackworth, N.H. 45
Magill, R. A. 247, 250
McLeod, P. 55
MCP (memória de curto prazo) 35-36, 36f
memória de curto prazo (MCP) 35-36, 36f
memória de longo prazo (MLP) 36
Merkel, J. 27
Meyer, D.E. 126
MLP (memória de longo prazo) 36
modelagem 233
modelo conceitual
   aprendizagem motora 179f
   controle de circuito aberto no 93, 94f
   controle de circuito fechado e 68-70, 69f
   feedback aumentado e 259f
   modelo de processamento de informações e 22, 22f
   prática e 241-242, 245
   programa motor e 103-106
   visão no 82-83, 83f
modos em fase e antifase da coordenação 142-146, 144f
Moneyball 163
Morgan, R.L. 245, 247, 250
motivação
   autorregulação da prática 230-231
   definição de meta 229, 230f
   feedback aumentado e 229-230, 260-261, 263, 263f
   intrínseco 229
movimentos oculares de perseguição simples 82
movimentos sacádicos discretos 82

N
Neisser, U. 44
Neumann, E. 212, 213, 214
nível efetor em sistemas de circuito fechado 91, 92
nível executivo em sistemas de circuito fechado 91, 92

O
Oakland Athletics 163
órgãos tendinosos de Golgi 65
orientação física e *feedback*
   efeitos de orientação 276-278, 276f
   na aprendizagem da natação 279
   na reabilitação de AVC 277
   processos comuns em 278-280
   sobre 275-276
Outliers (Gladwell) 164

P
pacientes com neuropatia sensorial 97
paradigma de sinal de parada 99-100, 101-102
paradigma dupla estimulação 50, 51, 51f
Parker, J.F. 213
performance
   aprendizagem versus 185-189, 186f, 188f
   ativação e 56-60
   ciência de 4-6, 12
   conhecimento de. *Ver* conhecimento de performance
   curvas de performance 181-184, 183f
   na prática inicial 167-168
   predição de sucesso da performance 151-152
   princípios básicos da prática e 199-200
período refratário psicológico (PRP) 50, 51, 52-53, 53f
perspectiva de auto-organizacional 145
perspectiva dinâmica 145
Peterson, J. R. 35, 129
Peterson, M.J. 35
plasticidade cerebral 178
PMG. *Ver* programa motor generalizado
Polanyi, M. 162
Posner, M.J. 54, 81, 206
potencialidade e aprendizagem e motora 178
prática
   amplitude do conceito 228
   aprendizagem motora devido a 178
   autorregulação de 230-231
   benefícios da 202-206, 204f
   capacidades relacionadas com 165-167, 166f, 167f
   classes de movimentos 240-241
   distribuída 238-240, 239f
   Ver prática em blocos *versus* aleatória
   estabelecimento de metas e 229, 230f
   feedback aumentado e motivação para 229-230
   frequência e duração de 236-238, 237f
   instruções e 231-233
   massiva 238-240, 239f
   modelo conceitual e 241-242
   motivação intrínseca e 229
   parte para o todo 219-221
   princípios de aquisição de habilidades 199-200
   programas motores e 92-93
   resumo e revisão 252-253
   técnicas de prática mental 233-235, 234f, 236, 240
   teoria do esquema e 242-245, 242f
   tomada de decisão e quantidade de 30-31
   uso do simulador para 221, 223
   variável *versus* constante 240-245
prática aleatória ou randômica
   alternativas para 250-252, 251f
   eficácia do 247-249, 248f
   experiência que investiga 245-247, 246f
   limitações 250
   mais pesquisas sobre 249-251
   sobre 245
prática em blocos *versus* aleatória
   alternativas a 250-252, 251f
   eficácia da prática aleatória 247-249, 248f
   investigação experimental 245-247, 246f
   mais pesquisas sobre 249-251
   sobre 245
prática global 220
prática mental 233-235, 234f, 236, 240
prática variável e teoria do esquema 243-245, 243f
precisão em ações coordenadas. *Ver também* troca velocidade-precisão
   coordenação no exemplo de *putting* do golfe 141-142, 141f
   padrões de coordenação complexos 142
   tarefas bimanuais contínuas 138-142
precisão temporal, 135-136, 135f

predição e seleção com base na capacidade
  componentes de predição 165
  efeito da idade relativa 164
  eficácia da predição de habilidade 168-169
  estudo de predição 151-152
  fatores no processo de predição 163
  fatores que influenciam predição eficaz 169
  padrões de capacidades relacionados com a prática 165-167, 166f, 167f
  performances em prática inicial 167-168
princípio de U invertido 56-59, 57f
problema de armazenamento em programas motores 106, 119
problema de novidade em programas motores 106-107, 119
problema dos graus de liberdade 209
processamento automático
  custos e benefícios de automaticidade 47-48
  desenvolvimento de automaticidade 48
  sobre 46
processamento controlado 46
processamento de informação
  atenção e. *Ver* expansão do modelo conceitual de atenção 22, 22f
  estágio de identificação do estímulo 21
  estágio de programação do movimento 21-22
  fatores que influenciam a tomada de decisão. *Ver* fluxo de informação de tomada de decisões 20-21, 21f
  resumo e revisão 36-38
  sistemas de memória e 35-36, 36f
  sobre 20
  tempo de reação. *Ver* estágio de seleção de resposta de tempo de reação 21
processamento paralelo 42, 43, 43f
programa motor
  aplicabilidade de controle de circuito aberto 91-92, 91f
  audição e controle motor 85-87
  característica do controle de circuito aberto 91-92, 91*f*
  características invariantes 108-113

controle de circuito aberto no modelo conceitual 93, 94f, 103
estímulos mínimos exigidos 106
evidência de tempo de reação para 93, 95-97
experimentos de deaferentação e 97-98
física do beisebol e 100
gerador de padrão central e 98, 105
inibição da ação e 98-100, 101-102
modelo conceitual e 103-106
padrões de resposta muscular e 100, 102, 103f
princípio de especificidade 220
problema da notoriedade 106-107, 119
problema de armazenamento 106, 119
programa motor generalizado e. *Ver* programa motor generalizado
resumo e revisão 119-121
sobre 90-91
programa motor generalizado (PMG)
  amplitude de movimento 116, 116f
  analogia do sistema estéreo ou do toca-discos 118-119, 118f
  características e parâmetros 107
  características invariantes. *Ver* características invariantes de programas motores
  efetores 117, 117f
  processo de produção movimento 107-108
  resumo 117, 119
  tempo de movimento 115-116
  teoria do esquema e 242
programação do movimento e atenção
  ajustes feitos durante a execução 48, 50
  foco de atenção e 55-56
  gargalos 52, 53f
  período refratário psicológico 50, 51, 52-53, 53f
  técnica de tarefa-teste 53-55, 54f
propriedades informativas de *feedback* 263-264
propriedades produtoras de dependência de *feedback* 264
PRP (período refratário psicológico) 50, 51, 52-53, 53f

Q
QI (quociente de inteligência) 154
quociente de inteligência (QI) 154

R
Ragan, J. 56
Raibert, M.H. 117
raiz quadrada do erro quadrático médio (RMSE) 9, 13
rastreamento 9, 70, 71
Rawlings, I.L. 234
RCP (ressuscitação cardiopulmonar) 176, 188-189, 206, 224, 240
reabilitação de AVC 236, 277
reações de sobressalto 96-97
receptores articulares 65
receptores cutâneos 65
reflexo de espasmo de joelho 72
repetição e aquisição de habilidade 199
resposta de colapso 56, 59-60
ressuscitação cardiopulmonar (RCP) 176, 188-189, 206, 224, 240
retenção de habilidade
  decremento do aquecimento 213-215
  esquecimento 212-213, 213f, 214f
  resumo e revisão 224-226
RMSE (raiz quadrada do erro quadrático médio) 9, 13
Robinson, G.H. 139, 140
Rogers, Donald 93, 95
Rothstein, A.L. 266
Ryan. R.M. 229, 231

S
Salmoni, A.W. 262
Schimdt, R. A. 142, 262, 269, 271, 272, 275
Scholz, J. P. 143
Schöner, R.A. 143
Scripture, C. W. 22
seleção de resposta e atenção
  condução distraída e 48, 49
  interferência de tarefa e 46
  processamento automático 46-48
Shapiro, D.C. 112, 115
Shea, J. B. 245, 247, 250
Sherwood, D.E. 270
Simon, H.A. 202, 250
Simons, D.J. 44
simulação

avaliação de eficácia de
simulador 223
fidelidade física *versus*
psicológica 223-224
sistemas de jogos para
treinamento virtual 222
uso do simulador para a prática
221, 223
simulações de vídeo e de
computador para aprendizagem
266-267, 267f
sistema de Wii para treinamento
222
sistemas de controle. *Ver* sistemas
de controle de circuito fechado;
sistemas de controle de circuito
aberto
sistemas de controle de circuito
aberto
aplicabilidade 92-93
características 91-92, 91f
modelo conceitual e 93, 94f,
103
sistemas de controle de circuito
fechado 67-68, 67f
correção de erros em rebatidas
70
limitações 70-71
modelo conceitual e 68-70, 69f
nível efetor em 91, 92
proprioceptivos 72-73, 73f
sistemas de jogos para treinamento
virtual 222
sistemas de memória
armazenamento sensorial de
curto prazo 35
de curto prazo 35-36, 36f
de longo prazo 36
Slater-Hammel, Arthur 101
SOA (assincronia de início dos
estímulos) 51f
Sorenstam, Annika 155
Southard, D. 139
Sperling, A. 35
Ste-Marie, D.M. 233, 250
supercapacidade 160

T
tarefa-critério 223
tarefas alvo bimanuais
coordenação no *putting* do golfe
141-142, 141f
experimento gama-V 140, 140f
padrões de coordenação
complexos 142
sobre 138-139

tarefa bimanual de Fitts 139-140,
139f
tarefas bimanuais contínuas
142-146
tarefas de batida recíproca 127-129,
127f
teclados
feedback háptico e 66
Lei de Fitts e 128
técnica da tarefa-teste 53-55, 54f
técnica de atraso de tentativas para
feedback 282
técnicas de instrução
demonstração e 231-233
direcionamento do foco
atencional 232-233, 232f
modelagem 233
telefones celulares e dirigir
veículos 48, 49
tempo de fornecimento de
feedback. *Ver feedback* fornecido
após o movimento; *feedback*
fornecido durante o movimento
tempo de movimento (TM)
características de PMG e 108,
111, 119
Lei de Fitts e 125-130
programa motor generalizado e
115-116
sobre 23, 23f
tempo de reação
antecipação 31-35
definido 22
efeitos da complexidade da
resposta 93, 95-96
evidência de um programa motor
93, 95-97
fatores que influenciam. *Ver*
tomada de decisão
mensuração 22-23, 23f
reações de sobressalto 96-97
tempo de reação de escolha 24-25
tempo de resposta 23. *Ver também*
tempo de reação
teoria de controle atencional 60
teoria do esquema
aprendizagem e 242-243
prática variável e 243-245, 243f
sobre 119, 242, 242f
testes de referência 165-167, 166f,
167f
Thompson, L.L. 48, 164
Thorndike, E.L. 262, 269, 277
timing relativo 109-111, 109f, 110f,
112, 114
TM. *Ver* tempo de movimento
tomada de decisão

alternativas de estímulo-resposta
23-25, 25f
colapso sob pressão 59
compatibilidade
estímulo-resposta 28-29, 29f, 30
estágios de Donders de
processamento 26-27
estereótipos da população 29-30
estreitamento perceptivo 59
hipervigilância e 58
princípio do U invertido 56-59,
57f
quantidade de prática e 30-31
transferência de aprendizagem
186-188, 188f
transferência de habilidades
ensino 217
prática parcial para prática global
219-221
progressão de aprendizagem de
transferência motora 218-219
resumo e revisão 224-226
similaridade e 216, 218
simulação e 221-224, 223f
termo de generalização 216
transferência generalizada. *Ver*
transferência de habilidade
Treanor, Misty May 151-152
troca velocidade-precisão
análise de rebatidas de beisebol
136-138, 137f
coordenação no exemplo de
putting do golfe 141-142, 141f
exceções a 133-136, 133f, 135
fontes de erros em movimentos
rápidos 131-133, 132f
Lei de Fitts 125-130
padrões de coordenação
complexos 142
perspectiva auto-organizacional
145
perspectiva dinâmica 145
reconsiderada 145-146
resumo e revisão 146-148
sobre 124-125
tarefas bimanuais contínuas
142-146, 144f
tarefas de alvo bimanuais
138-142
troca linear velocidade-precisão
130-131, 130f

V
vander Velden, H. 212
Vidmar, Peter 46
visão cega 75-76

W
Walter, C.B. 262
Wang, M.Q. 272
Weinberg, R. S. 56, 234
Weiskrantz, L. 75
Weltman, G. 59

Winstein, C. J. 269
Winter, Johnny 2, 3f
Woodworth, R. S. 81, 124
Wright, D. L. 248
Wulf, G. 56, 229, 230, 232, 261, 263, 274, 275

Y
Yao, W. 272
Young, D.E. 271, 272
Zaharias, Mildred "Babe" 155
Zimmy, S. T. 247
Zuccato, F.C. 157